Andreas Gehrlach

DIEBE

Andreas Gehrlach

DIEBE

Die heimliche Aneignung als
Ursprungserzählung in Literatur, Philosophie
und Mythos

Wilhelm Fink

Gedruckt mit freundlicher Unterstützung
der Deutschen Forschungsgemeinschaft (DFG).

Umschlagabbildung:
Pieter Bruegel der Ältere, 1568.
(leicht verändert)

Bibliografische Information der Deutschen Nationalbibliothek

Die Deutsche Nationalbibliothek verzeichnet diese Publikation in der Deutschen
Nationalbibliografie; detaillierte bibliografische Daten sind im Internet über
http://dnb.d-nb.de abrufbar.

Alle Rechte, auch die des auszugsweisen Nachdrucks, der fotomechanischen
Wiedergabe und der Übersetzung, vorbehalten. Dies betrifft auch die Vervielfältigung
und Übertragung einzelner Textabschnitte, Zeichnungen oder Bilder durch alle Verfahren
wie Speicherung und Übertragung auf Papier, Transparente, Filme, Bänder, Platten und
andere Medien, soweit es nicht §§ 53 und 54 UrhG ausdrücklich gestatten.

© 2016 Wilhelm Fink, Paderborn
(Wilhelm Fink GmbH & Co. Verlags-KG, Jühenplatz 1, D-33098 Paderborn)

Internet: www.fink.de

Einbandgestaltung: Evelyn Ziegler, München
Printed in Germany
Herstellung: Ferdinand Schöningh GmbH & Co. KG, Paderborn

ISBN 978-3-7705-6000-4

Inhalt

Vorwort 9

Einführung 11

ERSTER TEIL

Herr und Knecht – und Dieb:
Das Unvermögen der Philosophie, den Dieb zu denken

Erstes Kapitel: Die bürgerliche Philosophie und der Diebstahl 25
  1|1|1 Eine Fahrraddiebin verwirrt die Revolutionstheoretiker 25
  1|1|2 Die philosophischen Begriffe des ‚Habens' und des ‚Seins' 29
  1|1|3 Das phantastische Diebstahlsgesetz des Alten Ägypten und
          das diebische Konzept doppelten Eigentums 35
  1|1|4 Die Eigentumsverbrechen Raub und Diebstahl in der
          Perspektive der bürgerlich-sozialtheoretischen Philosophie 45
  1|1|5 Mangel und vorgängige Beraubtheit – woher die Motivation
          des Diebes zum Verbrechen stammt 49
  1|1|6 Der Dieb im philosophischen Mythos von
          „Herr und Knecht" 53
  1|1|7 Der Räuber als Rebell und der Dieb als Krimineller 59

*Zweites Kapitel: Der Niedergang des Räuberwesens und der
Auftritt der Diebe* 67
  1|2|1 Der Wechsel des Vorzeigekriminellen im 19. Jahrhundert 67
  1|2|2 Die ursprüngliche Enteignung der Landbevölkerung
          und die Entstehung des „Lumpenproletariats" 74
  1|2|3 Der junge Karl Marx und das bürgerliche Trauerspiel
          der *Debatten über das Holzdiebstahlsgesetz* 81

Exkurs 1: Eine semantische Analyse der Begriffe ‚Wert' und ‚Eigentum' 91

ZWEITER TEIL

Der Mythos von Prometheus zwischen Feuerdiebstahl und Gabenfest

Erstes Kapitel: Über Prometheus, der kein stolzer Fackelträger ist 99
2|1|1 Hesiod begründet den Prometheuskomplex 99
2|1|2 Die Gabe als Machtmittel und als Gegenteil
       des Diebstahls 108
2|1|3 Epimetheus, der willige Empfänger aller Plagen
       der Menschheit 117

Zweites Kapitel: Die Arbeit am Prometheus-Mythos 123
2|2|1 Die parallele Logik von Gabe und Diebstahl
       und die historische Rezeption des Prometheus-Mythos 123
2|2|2 Platons Prometheus als eifriger Götterdiener 126
2|2|3 Der Kaiser Julian entschärft den Mythos zum Gabenfest 129
2|2|4 Was die frühen Christen am Dieb Prometheus schätzen 132
2|2|5 Der kosmologische Diebstahl der Unendlichkeit
       am Grunde der Kopernikanischen Revolution 139
2|2|6 Der gaunerhafte Prometheus Blumenbergs
       gegen den heroischen Prometheus Heideggers 148

DRITTER TEIL

Der wiederholte Anfang: Ödipale und diebische Ursprungsmythen der Bibel und ihre Deutungen

Erstes Kapitel: Oberfläche und Archäologie des Textes 157
3|1|1 Der blinde Fleck am Ursprung geschlossener Systeme 157
3|1|2 Freuds erschlagener Moses und die gestohlenen Götter 169

Zweites Kapitel: Von einem stibitzten Hausgott
zum geplünderten Ägypten: Diebstähle in den Mosesbüchern 179
3|2|1 Text- und Familiengeschichte der biblischen Erzählungen 179
3|2|2 „Und Rahel stahl ihres Vaters Hausgott" 184
3|2|3 Ein wahrer Sohn der Diebin Rahel:
       Der schelmische Josef in Ägypten 189
3|2|4 Die Plünderung Ägyptens und die Religion der
       Erinnerung an den Exodus 196
3|2|5 Das verinnerlichte Diebesgut 201

INHALT 7

VIERTER TEIL

Die *civitas terrena* als Gewaltherrschaft und die Kirche als Diebesbande

Erstes Kapitel: Roms Gründungsgeste als Untergangspräfiguration der Ewigen Stadt 215
    4|1|1 Das Ende der Antike und die Versuche
            der Anknüpfung an ihre diskursive Tradition 215
    4|1|2 Der Ursprungsmythos Roms in Vergils *Aeneis*
            und seine sich verändernden Interpretationsmöglichkeiten 224

Zweites Kapitel: Der Diebstahl des Wahrheitsgoldes 239
    4|2|1 Die ‚Gemeinschaft der Heiligen' als Diebesbande 239
    4|2|2 Der Diebstahl zur Begründung des wahren Christentums –
            und der *multitude* gegen das kapitalistische *Empire* 247

FÜNFTER TEIL

Diebstahl in autobiografischen Texten:
Naschen von den Süßigkeiten des Herrn

Erstes Kapitel: Jugendliche Fehltritte in Autobiographien 253
    5|1|1 Individuelle Verfehlungen und ihre Bekenntnisse 253

Zweites Kapitel: Für eine Hand voll Birnen –
Die Dringlichkeit einer Jugendsünde 261
    5|2|1 Der Birnendiebstahl des Heiligen Augustinus 261
    5|2|2 Die Sünde des Diebstahls und die Möglichkeit
            anthropologischen Erkennens bei Augustinus 272
    5|2|3 Die literarische und philosophische Wirksamkeit Augustins 281

Drittes Kapitel: Die kleptomanen Tendenzen des Bürgers
Jean-Jacques Rousseau 287
    5|3|1 Die Unaufrichtigkeit Rousseaus als Erzähler 287
    5|3|2 Das Leben *Lazarillo de Tormes'* als schelmischer
            Bezugspunkt Rousseaus 292
    5|3|3 Rousseau in der zeitgenössischen Rezeption als
            der Prototyp des Diebes und Eigentumsverächters 296
    5|3|4 Die moderne Interpretation Rousseaus als
            der Prototyp des Empfangenden und Bestraften 301
    5|3|5 Der Apfeldiebstahl des kleinen Rousseau 305

Viertes Kapitel: Gott der Eigentümer, Eva die Diebin 313
    5|4|1 Rousseaus Mythos vom Sündenfall der bürgerlichen
          Gesellschaft 313
    5|4|2 Was geschah im Paradies? 317

Exkurs 2: Möglichkeiten einer alternativen Literaturgeschichte:
Der Diebstahl als eine abgemilderte Version
von Harold Blooms ödipaler ‚Anxiety of Influence' 327

SECHSTER TEIL

Entwendete Worte, stehlende Dichter, diebische Götter: Elemente einer Sprachphilosophie des Diebstahls

Erstes Kapitel: Der Herrensignifikant wird gestohlen 333
    6|1|1 Edgar Allan Poes *Der Entwendete Brief* 333
    6|1|2 Jacques Lacans Deutung des *Entwendeten Briefes*:
          Die Ellipse des Subjekts und die Rückkehr der
          Worte zum Ursprung 339
    6|1|3 Jacques Derridas Antwort auf Lacan:
          Der entwendete Brief wird dem Dieb erneut gestohlen 346
    6|1|4 Die Perspektive auf die Entwendung im *Entwendeten Brief*:
          Der Dieb wird zum schelmisch-poetischen Akteur
          der Sprache 350

Zweites Kapitel: Hermes, der Gott der Diebe und der Sprache 359
    6|2|1 Der Trickster Hermes als kindlicher Dieb,
          als Dichter und als angemaßter Gott 359
    6|2|2 Der *Hermeshymnos*, der von der Überlistung Apollons
          und der Selbstvergöttlichung eines Diebes erzählt 364
    6|2|3 Hellenistische Hermesdichtung als philosophierende
          Sprachreflexion: Das gestohlene *Ei* des Simias von Rhodos ... 367
    6|2|4 Die Sprache der Dichter, das Sprechen der Diebe 377

Abschlussbemerkungen 381

Literaturverzeichnis 391

Register 415

Vorwort

Auch wenn dieses Buch versucht, einer langen Chronologie zu folgen, eine möglichst offene Perspektive zu bewahren und an die Frage nach dem Diebstahl von einer Vielzahl an historischen sowie theoretischen Blickwinkeln heranzutreten, ist es eine allen Überlegungen gemeinsame Beunruhigung, die die Grundlage der hier vorgestellten Gedanken bildet. Diese Beunruhigung betrifft die Kategorie des Eigentums, dessen Relevanz in den Kulturwissenschaften erneut bemerkbar geworden ist. Die Konflikte um die Verteilung und Präsentierung des Eigentums nehmen einen wieder zunehmenden Teil des gesellschaftlichen Gesprächs ein, und es sind nicht nur diejenigen prekarisiert, die einen nur geringen Teil am gesellschaftlichen Besitz auf sich ziehen können, sondern das über lange Zeit stabile Konzept des Eigentums selbst scheint zunehmend fragiler geworden zu sein. Nach dem sozialphilosophischen Burgfrieden der Neunzigerjahre, der durch den Wegfall des belagernden Ostens jenseits seiner eigenen Mauern hergestellt werden konnte, sind es nun andere interne und externe Kräfte, die scheinbar Anspruch auf das Eigentum erheben, das in bestimmten Teilen der Welt angesammelt werden konnte. Dass Eigentum und Besitz offene, relativ unbestimmte und äußerst bewegliche Konzepte sind, und dass in jeder Epoche und in all den Kulturen, aus denen unsere Zivilisation amalgamiert wurde, jeweils andere und bereits in sich selbst disparate Formen des Besitzens, Teilens und Austauschens praktiziert wurden, scheint für einige Zeit eine verschleierte Tatsache gewesen zu sein. Ein Blick auf die Prekarität dessen, was allzu selbstverständlich als Eigenes oder Eigentum begriffen wird, ist erst dadurch wieder möglich, dass ein Blick auf diejenigen geworfen werden kann, die einen zu geringen Zugang zu Eigentum haben, die Verbotenes damit tun oder sich dieses Eigentum aneignen, ohne dass ihnen eine Erlaubnis dazu erteilt wird. Wenn Eigentum und seine Aneignung wieder zu einem wissenschaftlichen Untersuchungsobjekt und zur Zielscheibe von Kritik werden können, so bedeutet dies vor allem, dass seine Begründung und Absicherung fraglich geworden ist und dass die Frage nach der Legitimation von Aneignung und Zueignung sich mit erneuter Vehemenz stellt. Hier soll diese Frage ohne den Anspruch einer Lösung gestellt werden, also ohne Rückbezüglichkeit auf Menschheitserlösungmodelle oder Großkonzepte irgendeiner Art, aber mit einem Blick, der die kleinen Versuche honoriert, mit denen Diebe manchmal vollendete Tatsachen schaffen, wo die Theorie noch ratlos ist.

Auch Bücher sind, egal was der Name auf dem Umschlag und die mit ihm verbundene rechtliche Fiktion behaupten mag, niemals das Produkt eines einzelnen Menschen. Sie sind ein Erzeugnis, auf das niemals jemand einen absoluten Anspruch erheben kann, sondern sie entstehen als Sediment und Ergebnis einer langen und glücklichen Konstellation und Interaktion von Menschen, in einer ununterbrochenen Kette von Gesprächen, Diskussionen, Anregungen, Vorträgen, kritischen Lektüren und Hinweisen, deren Endergebnis einen einzigen Namen tragen muss, auch wenn die Realität der Entstehung eines solchen Buches komplexer, vielfältiger und interessanter ist. Dass mein Name auf dem Umschlag dieses Buches stehen kann, verdanke ich einer Vielzahl an Menschen, die einen Einfluss auf die Entwicklung der hier niedergeschriebenen Gedanken hatten. Zuerst ist hier Dorothee Kimmich zu nennen, die meine Ideen und mein Denken von Anfang an begleitet und gefördert hat, und mit deren Hilfe das Forschungsprojekt zur *Kulturgeschichte des Diebstahls* an der Universität Tübingen zustande kam. Der *Deutschen Forschungsgemeinschaft* danke ich für die großzügige Finanzierung dieses Projekts. Ebenso großzügige Unterstützung erhielt ich durch die *Friedrich Schlegel Graduiertenschule* der Freien Universität Berlin und mein Dank geht hier insbesondere an Joachim Küpper, der mir eine konzentrierte und intensive Forschungszeit in Berlin und an der University of Chicago ermöglichte. Außerdem danke ich der Zweitkorrektorin Schamma Schahadat und Jörg Robert, der das dritte Gutachten verfasst hat, sowie Bernd Stiegler. Andreas Knop und Henning Siekmann danke ich für die gute Zusammenarbeit bei der Veröffentlichung dieses Buches im Fink-Verlag.

Größter Dank geht an Barbara Heindl, die mehr als irgendjemand anderes die Arbeit der letzten Jahre mittrug und bei der ich weiß, dass ich auf der Truhe sitzen darf und nicht auf den Steinen sitzen muss. Meinen Eltern verdanke ich die Sicherheit, mit großer Hartnäckigkeit an einem solchen Projekt festhalten zu können. Besonderer Dank geht aber auch an Sara Bangert, deren Einsatz und Hilfe unermüdlich zu nennen untertrieben wäre. Hendrik Stoppel, der die Gedanken bereits in ihren Ursprüngen kannte, danke ich für zahllose nächtliche Gespräche und seine theologische Expertise. Konstantin Bollinger und Thuy Tien Phan Thi danke ich für vertragliche Sicherheit, die Birke und so vieles andere. Auch Mechthild Alpermann, Iris Därmann, Ester Gehrlach, Jakob Hasselmann, Christian Leidig, Anja Michalski, John H. Smith, Raphael Speck und Christian Wollin möchte ich herzlich danken.

Berlin-Neukölln im November 2015.

Einführung

> When I was a kid I used to pray every night for a new bicycle.
> Then I realised God doesn't work that way, so I stole one
> and prayed for forgiveness.[1]
>
> *Banksy*

Das zwanzigste Jahrhundert war das Jahrhundert der Gabe. Kaum ein anderes Thema hat über unterschiedliche geisteswissenschaftliche Disziplinen hinweg das Nachdenken über den Menschen so inspiriert wie die von Marcel Mauss 1925 veröffentlichte Studie *Die Gabe. Form und Funktion des Austauschs in archaischen Gesellschaften*.[2] Die im Lauf der Jahrzehnte in Literaturwissenschaft, Philosophie und Anthropologie erschienenen Nachfolgestudien zum Gabenaustausch sind kaum zu überblicken. In diesen Untersuchungen über die Funktionen der Gabe, der Gegengabe und des entstehenden Verhältnisses zwischen dem Schenkenden und dem Annehmenden wurde dabei immer wieder darauf hingewiesen, dass der Gabe ein Gegenpart zur Seite zu stellen ist: Der Diebstahl. Nicht nur in Mauss' diskursbegründender Studie selbst, sondern auch bei Gilles Deleuze,[3] Jacques Derrida[4] und Maurice Godelier[5] tauchen in unterschiedlichen Formen und Kontexten Bemerkungen zum Stehlen als einer der Gabe äquivalenten Handlung auf. Der Diebstahl wird wiederholt als ein etwas verschatteter, verfemter Gegenpol zur wesentlich freier und humaner erscheinenden Praxis des Gebens erwähnt.[6] Godelier formuliert den Zusammenhang zwischen Gabe und Diebstahl so: „Der Diebstahl ist das Gegenteil der Gabe. Aber hinter der Gabe und dem Diebstahl steht dieselbe

---

1 www.banksy.co.uk/manifesto/index.html (Abgerufen 28.08.2009, inzwischen entfernt, aber über archive.org nach wie vor zu erreichen.) – Ursprünglich stammt dieses Zitat von dem Comedian Emo Philips.
2 Marcel Mauss: *Die Gabe. Form und Funktion des Austauschs in archaischen Gesellschaften*. Übers. v. Eva Moldenhauer. Frankfurt a. M. 1968.
3 Gilles Deleuze u. Felix Guattari: *Anti-Ödipus. Kapitalismus und Schizophrenie I*. Übers. v. Bernd Schwibs. Frankfurt a. M. 1977. S. 238.
4 Jacques Derrida: *Falschgeld. Zeit geben I*. Übers. v. Andreas Knop u. Michael Wetzel. München 1993. S. 108, 113f, 174, u. insbes. 271f. Auf den letzten Seiten arbeitet Derrida anhand des Beispiels Dädalus' die französische Doppelbedeutung von ‚voler' als ‚fliegen' und ‚stehlen' heraus, das Buch endet also mit dem Aufgreifen des Diebstahls als der sich direkt anschließenden Folgethematik.
5 Maurice Godelier: *Das Rätsel der Gabe: Geld, Geschenke, heilige Objekte*. Übers. v. Martin Pfeiffer. München 1999. S. 186.
6 Mauss: *Die Gabe*. S. 33f, 105, 127f, 143.

Logik."[7] Obwohl die Gabe und der Diebstahl dieser leicht paradoxen Formulierung zufolge in derselben Logik verflochten sind und aber gleichzeitig in einer Gegenteilsbeziehung stehen, wurde die Frage nach dem Diebstahl bisher nicht weiter verfolgt, während der Diskurs zur Gabe inzwischen als weitgehend abgeschlossen gelten kann.[8] „Die Gabe ist die inter-subjektive, inter-generative, inter-kulturelle und inter-nationale Praxis des getrennten Zusammenlebens"[9], und so ist der Diebstahl die analoge Praxis einer intersubjektiven, intergenerativen, interkulturellen und internationalen Konfliktpraxis, eines ebenso getrennten Zusammenlebens, in dem der Akzent aber eher auf einer sich ereignenden Trennung als einem Status des Zusammenlebens liegt.

Der Diebstahl ist damit diejenige Form menschlicher Austauschbeziehungen, die unter allen Untersuchungen gesellschaftlicher Phänomene bisher keine systematische Beachtung fand. Nicht nur zur Gabe, sondern auch zur Arbeit, zum Tausch, zum Raub oder zum Verlust existieren viele und intensive Auseinandersetzungen. Der Diebstahl als ein ähnliches Motiv mit vergleichbarer Komplexität wurde bisher ignoriert, obwohl er, wie schon ein flüchtiger Blick feststellen kann, in der Literatur und in den Mythen, aber auch in der Philosophie mindestens ebenso präsent und relevant ist wie die anderen Formen symbolischer oder materieller Übergabe und Übernahme. Mit Prometheus und Hermes zeigen zwei unserer größten Kulturheroen, wie die Begründung menschlicher Kultur und menschlichen Selbstbewusstseins in einem Diebstahl geschehen kann, und auch in den Mythen der Bibel, die von Rahel, Josef, Eva oder Mose berichten, tritt immer wieder ein Diebstahlsgeschehen in Erscheinung, das am Anfang einer Kulturgemeinschaft steht. Mit Aurelius Augustinus und Jean-Jacques Rousseau, deren Autobiografien zum Vorbild für fast alle nachfolgenden literarischen Lebensbeschreibungen wurden, wird deutlich, wie der Diebstahl nicht nur als Geste der Kulturgründung, sondern auch zur Begründung von Individualität funktionieren kann. Mit Georg Wilhelm Friedrich Hegels und Karl Marx' Überlegungen zur Entstehung und Weitergabe von Eigentum wird der Diebstahl neben der Arbeit als ein am Rande immer wieder thematisiertes Motiv der Philosophie sichtbar, und mit Jacques Derridas und Jacques Lacans Interpretationen von Edgar Allan Poes *The Purloined Letter* wurde der Diebstahl sogar als ein zentrales Motiv in die literaturwissenschaftliche und sprachphilosophische Theoriebildung eingeführt.

Die hier vorliegende Arbeit will anhand eines disziplinübergreifenden philologischen und kulturwissenschaftlichen, bzw. kulturphilosophischen Ansatzes die genannten und ausgewählte weitere Texte aus diesen fünf Bereichen der griechisch-römischen und der biblischen Antike, der autobiografischen Literatur, der Sozialphilosophie der Aufklärung und des neunzehnten Jahrhunderts sowie der literatur-

---

7 Godelier: *Rätsel der Gabe*. S. 186.
8 Mit dem Gabendiskurs in den Sozial- und Geisteswissenschaften befasst sich in dieser Arbeit das Kapitel über „Prometheus, der kein stolzer Fackelträger ist" auf den Seiten 99-153.
9 Iris Därmann: *Figuren des Politischen*. Frankfurt a. M. 2009. S. 15. – Die wichtigsten Gabentheorien werden besprochen in: Dies.: *Theorien der Gabe*. Hamburg 2010.

wissenschaftlichen Theorie auf eben diese These hin untersuchen: dass in Erzählungen des Stehlens oder in der metaphorischen Verwendung des Diebstahls eine Handlung beschrieben wird, mit der eine Kultur, ein Diskurs oder ein Individuum begründet wird. Die Gesetzüberschreitung und das Schuldigwerden im Diebstahl stellen zusammen mit dem erlangten Diebesgut den Beginn einer fragilen Autonomie und ihrer Tradition dar. Der Mensch behauptet sich, indem er sich im Diebstahl vom Bestohlenen – das kann ein Götterpantheon, ein Vater, ein übermächtiger Diskurs, der monotheistische Gott, eine andere Kultur, eine andere Methode der Welterklärung, ein Vorgesetzter oder Herrscher sein – als von einer ihm übergeordneten Macht absetzt und mit dem Diebesgut und der Reflexion darüber eine neue Kultur oder sich selbst als Individuum begründet. Eine wichtige Eigenschaft des Diebstahls ist dabei, dass ihm – auch wenn er immer ein deutliches subversives und macht- sowie eigentumskritisches Element mitträgt – alle Erhabenheit der Rebellion fehlt: Der Diebstahl hat nicht die Gewalttätigkeit des Aufruhrs und der gerechten Empörung gegen die Macht. Denn wenn es nötig ist zu stehlen, so meist aus einer existenziellen Not, die dem Handelnden keine Möglichkeit zur Rebellion mehr lässt. Der Diebstahl ist damit eine ‚not-wendige' Handlung. Diese Not muss dabei nicht unbedingt körperlicher Natur sein, sondern kann ebenso in einer Krise des Selbst und der Kultur oder in einem unsicher und fragil gewordenen Weltbezug liegen, die eine Aneignung ebenso nötig machen, wie der Hunger verlangt, gestillt zu werden.

Rechtsgeschichtlich wurde der Diebstahl in den meisten Epochen als das verurteilungswürdigste aller Verbrechen angesehen. Der Dieb geht heimlich, anonym und schleichend vor, statt lautstark und offen einzufordern, was er begehrt. Auch nach ihrer Tat wollen Diebe unerkannt bleiben, zumindest bis sie die Beute in Sicherheit gebracht haben. Diebe stehen damit nicht offen zu ihrer Intention und zu ihrer Schuld, und das setzt ihre Tat in einem bestimmten Blickwinkel noch unter andere Verbrechen herab. Der Raub wurde als edler und mutiger wahrgenommen, weil der Räuber die Kraftprobe mit dem Eigentümer dessen wagt, was er begehrt. Der Raub galt als ein zwar gewaltsames, aber faireres Verbrechen, weil sich das Opfer dagegen zur Wehr setzen kann. Gegen den Diebstahl sind dagegen nur präventive Maßnahmen möglich; um vor Dieben sicher zu sein, muss man alles verstecken, verschließen und bewachen, was potenziell gestohlen werden könnte. Weil die Diebe aber meist noch die aufwändigsten Hindernisse überwinden können, stellen sie für jedes Eigentum immer eine unsichtbare, heimliche Bedrohung dar. Deswegen galten sie in der kollektiven Wahrnehmung lange Zeit als besonders rücksichtslos und ihr Verbrechen als das infamste, dessen ein Mensch fähig war.

In einem modernen literarischen Zitat aus dem Talmud ist die Begründung, weshalb der Diebstahl ein noch verwerflicheres Verbrechen ist als der Raub, so formuliert:

> In deiner Thora steht geschrieben, daß ein Dieb härter bestraft werden muß als ein Räuber, obwohl der Dieb sein Opfer nicht überfällt und an Leib und Leben bedroht, sondern ihm nur heimlich sein Eigentum zu stehlen sucht. Der Räuber überfällt sein

Opfer am hellichten Tag. Er hat vor den Menschen so wenig Furcht wie vor Gott. Der Dieb hingegen fürchtet die Menschen, Gott aber nicht. Darum soll seine Strafe härter sein als die für den Räuber.[10]

Der Diebstahl ist nicht nur ein Eigentumsverbrechen, sondern nicht weniger als eine Gotteskränkung: er verstößt nicht nur gegen das Gesetz, sondern er verletzt das höchste anzunehmende Gesetzesprinzip. Entsprechend musste der Dieb von den Menschen besonders hart bestraft werden, und die längste Zeit, in der es festgeschriebene Gesetzesnormen gab, stand auf Diebstahl uneingeschränkt die drakonische Höchststrafe. Schon im *Codex Hammurabi* aus dem achtzehnten vorchristlichen Jahrhundert lautet das Gesetz, dass der Dieb und alle, die auch nur möglicherweise mit seiner Tat zusammenhängen, getötet werden sollen.[11] Auch noch 3000 Jahre später erfährt der Dieb keine mildere Behandlung: In Eike von Repgows berühmten *Sachsenspiegel*, der das damalige Gewohnheitsrecht dokumentiert, lautet die übliche Strafe für Diebstahl folgendermaßen:

> Den Dieb soll man hängen. Geschieht aber in einem Dorfe an einem Tag ein Diebstahl, der weniger als drei Schillinge beträgt, soll der Dorfvorsteher den Dieb wohl richten am selbigen Tag zu Haut und Haar.[12]

Noch der kleinste Diebstahl sollte die härteste Bestrafung erfahren, und der Sachsenspiegel macht deutlich, dass die Geringfügigkeit des Diebstahls keineswegs eine mildere Behandlung des Täters nach sich zog, sondern nur, dass dann die Strafe ohne bürokratischen Aufwand eingeleitet werden konnte, und ohne dass eine Verhandlung oder Untersuchung nötig wäre. In jedem Fall steht aber fest: Diebe müssen sterben.

Diese drakonische Bestrafung läuft dem heutigen Rechtsempfinden völlig zuwider. Geringerwertige, harmlose Entwendungen gelten in der Moderne als durchaus entschuldbar, und besonders im Jugendalter gilt der ein- oder andere Diebstahl aus einem Ladenregal oder aus der Geldbörse der Eltern als eine nachvollziehbare und der ethisch-moralischen Entwicklung und Reflexion letztlich sogar förderliche Tat.[13] Den Diebstahl geringer Werte für eine durchaus verzeihliche Tat zu halten,

---

10 Zvi Kolitz: *Jossel Rakovers Wendung zu Gott*. Jiddisch-Deutsch. Übers. u. hg. v. Paul Badde. Zürich 2008. S. 89. – Die talmudische Regelung, auf die hier Bezug genommen wird, steht im Traktat ‚Baba Kamma' des Midrasch. Siehe: August Wünsche (Übers. u. Hg.): *Der babylonische Talmud in seinen haggadischen Bestandteilen*. Band II/2. Leipzig 1888. S. 21.

11 *Codex Hammurabi. Die Gesetzesstele Hammurabis*. Hg. u. übers. v. Wilhelm Eilers. Wiesbaden 2009. (Nach der Ausgabe Leipzig ⁵ 1932.) S. 32f.

12 Eike von Repgow: *Der Sachsenspiegel. Landrecht und Lehnrecht. Nach dem Oldenburger Codex Picturatus von 1336*. Hg. v. A. Lübben. Oldenburg 1879. S. 43. [Eigene Übersetzung aus dem Mittelniederdeutschen.]

13 Georg Simmel unterscheidet beim vernachlässigbaren Wert eines Gestohlenen zwischen dem dem Dieb entgegen kommenden Rechtsempfinden und der strengeren, weil obrigkeitlich logisch-schonungslosen Beurteilung durch den Staat: „Der Diebstahl einer Stecknadel ist etwas quantitativ zu Geringfügiges – so entschieden er qualitativ und für das logische Bewußtsein eben doch Diebstahl ist –, um den komplizierten psychologischen Mechanismus des Rechtsbewußtseins in Bewegung zu setzen: auch dieses hat also eine Schwelle, so dass unterhalb derselben ver-

ist jedoch eine kulturgeschichtlich sehr junge und, betrachtet man die Geschichte der Bestrafung für den Diebstahl, eine erstaunliche Entwicklung.[14] Dass sich im Laufe des späten Mittelalters und der Neuzeit die Wahrnehmung des Diebstahls so weit gewandelt hat, dass er heute beispielsweise als ‚Mundraub' in den meisten Rechtsprechungen und in der kollektiven Wahrnehmung zu den lässlichen und nicht strafwürdigen Vergehen zählt, ist bemerkenswert: Ein Verbrechen, das unter Anwendung von Gewalt geschieht, gilt in den meisten modernen Rechtssystemen als das schwerwiegendere Vergehen. Der kleine Diebstahl, im englischen als ‚petty theft' bezeichnet, kann bei nachgewiesener ‚Not-Wendigkeit' dieser Tat sogar als gerechtfertigt und ethisch völlig legitim betrachtet werden. Den Höhepunkt der Zulässigkeit des Diebstahls zur Abwendung körperlicher Not stellt wahrscheinlich die im ‚Hungerwinter' von 1946 gehaltene und durch die Lizenz zum Diebstahl berühmt gewordene Silvesterpredigt des Kölner Erzbischofs Josef Frings dar:

> Wir leben in Zeiten, da in der Not auch der Einzelne das wird nehmen dürfen, was er zur Erhaltung seines Lebens und seiner Gesundheit notwendig hat, wenn er es auf andere Weise, durch seine Arbeit oder durch Bitten, nicht erlangen kann.[15]

Aus dieser hochpriesterlichen Erlaubnis zur illegalen Nahrungs-, Kleidungs- und Heizmittelbesorgung entstand das Verb ‚fringsen', mit dem der lebensrettende Diebstahl als legitime und angebrachte Handlung fassbar wurde. Auch wenn das Büro des Kardinals später beteuerte, dass mit diesen Worten in keinster Weise eine christliche Lizenz zum Diebstahl erteilt werden sollte, weist diese sprach- wie rechtsgeschichtlich interessante Anekdote auf die Wandlung hin, der die Einschätzung des Diebstahls in der gesellschaftlichen Wahrnehmung unterliegt. Vom uneingeschränkt todeswürdigen Verbrechen ist die Beurteilung des Diebstahls im Lauf der letzten Jahrhunderte zur unter Umständen sogar völlig legitimen Tat gekippt. Der Diebstahl stellt damit in der Geschichte der kodifizierten Rechtsprechung eine Art Grenzidee der juristischen Überlegung dar: Entweder verdient er als infames Vergehen die höchste Strafe oder er wird als verzeihliches und vernachlässigbares Vergehen mit Nachsicht behandelt. Was den Diebstahl betrifft, kann also

---

bleibende Reizungen, obgleich sie andere Bewußtseinsprovinzen sehr wohl erregen mögen, keinerlei psychisch-juridische Reaktion – ganz abgesehen von der staatlichen – wecken." (Georg Simmel: *Philosophie des Geldes*. Leipzig 1900. S. 257.)

14 Seit dem Beginn der industriellen Revolution mit ihrer Massenproduktion an konsumier- und entwendbaren Dingen hat sich die Rechtslage allerdings tendenziell wieder verschärft. Siehe dazu die Skizze dieser Entwicklung in der Fußnote 65 auf Seite 48.

15 Zitiert nach: Wolfgang Zank: „Kampf um Kalorien. Wie die Deutschen die Nachkriegsjahre erlebten." In: *DIE ZEIT*. Ausgabe Nr. 38 vom 13. September 1991. S. 29. – Frings bekommt hier Unterstützung durch das immens einflussreiche und bis in jedes Lebensdetail gehende *Gesetz Christi* von Bernhard Häring, einem beeindruckend umfassenden Buch katholischer Moraltheologie. Allerdings bemerkt Häring, dass die christliche Milde dem Diebstahl gegenüber keinesfalls gepredigt werden solle: „Es kann jedoch kaum die Sache des Moralpredigers sein, auf solche Möglichkeiten [des legitimen Diebstahls, A.G.] hinzuweisen." (Bernhard Häring: *Das Gesetz Christi. Moraltheologie. Dargestellt für Priester und Laien*. Freiburg ³ 1954. S. 1248, zum Diebstahl S. 1252ff.)

eine dissonante Stimme des menschlichen Rechtsempfindens bemerkt werden. Es scheint nicht festlegbar, ab wann ein Diebstahl zu unerheblich oder zu begründet ist, um bestraft zu werden, oder ab welchem Punkt er ein Verbrechen ist, das richterlich und mit höchster Strenge verurteilt werden muss.

Was den erlaubten Diebstahl aber auszeichnet und was auch in Kardinal Frings' Stellungnahme bestimmend ist, ist eine besondere Zeitlichkeit: nur in einer speziellen und abgegrenzten Zeit höchster Not oder sonst einer spezifischen Erfordernis ist der Diebstahl erlaubt. Diese Zeit ist eine Art Krisenmoment, in dem das stehlende Subjekt seine Existenz in Frage gestellt sieht und in dem ihm von der höchstrichterlichen Position des Staates oder Gottes zugestanden wird, zu nehmen, was ihm in dieser Situation sein Überleben und seine unversehrte Subjektivität sichert. Der Diebstahl ist daher immer als eine Art Ausnahme zu sehen, seine juristische oder moralische Betrachtung erfordert eine genaue Untersuchung der Situation des Täters und seiner Handlungsmotivation. Ein Raub bleibt in jedem Fall eine unzulässige Übertretung des Gesetzes, weil es gewissermaßen logisch verurteilungswürdig ist, jemand anderen zu unterwerfen oder in Not zu bringen, um die eigene Not zu lindern. Der Diebstahl dagegen unterliegt, weil er sich mit den Eigentumskonzeptionen wandelt, neben abstrakten und idealen juristisch-ethischen Regelungen zusätzlich anderen Gesetzlichkeiten der Individualität, des Eigentums und des Lebenserhaltes, die ihn legitim werden lassen können; er ist nicht weniger als ein Grenzfall des Gerechtigkeitsdenkens.

Der Begriff des Diebstahls ist – so viel kann aus dieser knappen juristisch-historischen Betrachtung geschlossen werden – nicht nur durch festgeschriebene Gesetze definiert, sondern auch durch soziale, mythische und historisch wandelbare Vorstellungen über den Täter und den Kontext seines Handelns und durch zu jeder Zeit weitgehend unbestimmt bleibende sprachliche und symbolische Annahmen: Allein die Tatsache, dass das Delikt des Diebstahls in der philosophischen und erzählenden europäischen Literatur fast ausschließlich anhand des direkt vom Baum entwendeten Obstes beschrieben wird, weist darauf hin, dass dem Diebstahl auf der Ebene jenseits der kodifizierten Rechtsnorm eine kollektive Wahrnehmung dieser Handlung entspricht, die wesentlich komplexer ist als die Frage nach der formaljuristischen Verurteilbarkeit der Tat. Mit dem Diebstahl geschieht mehr als nur ein kleinerer Rechtsbruch; es passiert eine Initiation des Diebes selbst und sein Auftauchen als für die Gesellschaft und ihre Normen relevantes Subjekt: er wird als beachtenswerte und ein Urteil erzwingende Person vor dem Gesetz sichtbar, und zwar auf eine – und das wird in diesem Buch zu beweisen sein – spezifische Weise, mit der das kollektive Rechtsempfinden oft nur schwer einen Umgang findet, das sich dauernd verändert und das zwischen akzeptierender Bewunderung und Verurteilung schwankt. Oft genug gibt es in der Literatur und im Film[16] Diebe, die un-

---

16 Genauer ist die Struktur von Filmen wie *Inception* (Christopher Nolan, 2010), der Reihe der *Ocean's Eleven, Ocean's 12 und Ocean's 13*-Filme (Stephen Soderberg, 2001; 2004 u. 2007), *The Italian Job* (Peter Collinson, 1969 u. Felix Gary Gray, 2003), Robert Bressons *Pickpocket* (1959), *Rififi* (Jules Dassin, 1955) um den sympathischen Dieb und seine Komplizen herum angelegt.

sere uneingeschränkte Sympathie haben: Die moderne Literatur und das Kino sind voll von geschickten Dieben und ihren Banden, die mit unserer vollsten Zustimmung Reichere oder Mächtigere um ihren Überfluss erleichtern und diese so als überwindbar und depotenzierbar herausstellen. Die Faszination desjenigen, der die Sicherheitsvorkehrungen und aufwändigen Maßnahmen des Eigentumsschutzes raffiniert umgehen kann, der sich durch Gesetze, verschlossene Kisten, dicke Mauern und aufwändige Bewachungsmaßnahmen nicht davon abhalten lässt, sich zu nehmen, was er haben möchte, ohne dabei einen anderen Menschen zu gefährden, weist darauf hin, dass der Dieb als Figur der kollektiven Mythologie eine herausragende Position hat. Diese wohlwollende Haltung gegenüber den Dieben hat mit der deutlich positiven Rezeption des Feuerdiebstahls des Prometheus ihr erstes Beispiel, und die Geschichte der Entstehung der unbewussten Komplizenschaft des Rezipienten mit den Dieben, von denen er hört und liest, soll hier geschrieben werden. Dazu ist es nötig, zuerst den Begriff und die Handlung des Diebstahls möglichst genau zu fassen.

Das Stehlen geschieht alltäglich, kurzentschlossen, leise und heimlich: Statt gewalttätig und mit großer Geste vorzugehen, muss im Diebstahl immer vorsichtig, überlegt und listig gehandelt werden. Der Diebstahl ist kein Versuch einer Überwältigung und eines Bruchs mit dem Übermächtigen, sondern der Dieb steht in einer bewussten Kontinuität und gewollten Bezogenheit auf den Bestohlenen: er will haben, was dieser Mächtigere und Wohlhabendere besitzt. Durch das Gestohlene und durch die Schuld des Verbrechens bleibt der Dieb in einer Verbindung mit dem Bestohlenen, er steht dauerhaft in einer ambivalenten Beziehung zu ihm: Mit dem Diebesgut und der mit ihm übernommenen Schuld wird eine eigentümliche Tradition begründet, die nicht radikal mit dem Bestohlenen abrechnet und ihn

---

Diese Liste könnte noch um einige Dutzend weniger stark rezipierte Filme erweitert werden. Sogar im so erfolgreichen *Lord of the Rings*, im Buch (John Ronald Reuel Tolkien, London 1954) wie in der Verfilmung (Peter Jackson, 2001) stoßen die Hobbits als notorische Diebe und Einbrecher die Handlung an. – Alle diese Filme, vielleicht nur mit Ausnahme von Bressons *Pickpocket* sind mit nur geringen Abweichungen nach dem folgenden Muster strukturiert: Eine relativ hierarchisch um einen genialen und weisen Anführer geordnete Bande von Spezialisten wird versammelt, um einer übermächtig-negativen Figur oder ihrem Vertreter einen Schatz zu stehlen. Dieser Schatz ist als eine schwer teilbare Einheit dargestellt, oft ein einzelner Gegenstand, Gold oder Geld, das als Symbol des Lebens und des Todes gleichermaßen funktioniert und das das Gravitationszentrum der Erzählung darstellt. Dieser Schatz wird von der Diebesbande mit höchstem Listenreichtum und unter größtem technischem Aufwand aus seinem Aufbewahrungsort in Richtung eines utopischen Zielortes wegtransportiert und führt während dieser Transition, unter die der eigentliche Diebstahl und die folgende Fortschaffung, Aufteilung oder Vernichtung des Gestohlenen fällt, zu einer Situation der Heimatlosigkeit und zu ethischen Konflikten innerhalb der Gruppe von Verbrechern, die drohen, das Kollektiv zwar nicht an feindlichen Mächten, aber an den internen Begehren scheitern zu lassen. Für diese Arbeit konnte diese so oft wiederholte und variierte filmisch-narrative Struktur nicht untersucht werden und wurde auf einen späteren Zeitpunkt verschoben, aber von den Ergebnissen kann angenommen werden, dass sie im wesentlichen ähnlich ausfallen werden, wie in der hier vorgenommenen Untersuchung von mythischen, literarischen und philosophischen Texten, die die Grund- und Vorlage für diese filmischen Verarbeitungen darstellen.

tunlichst beseitigt und vergisst, sondern ihn weiterhin als eine Art „Großen Anderen" im Bewusstsein hält. – Mit diesen Eigenschaften kann im literarisch oder mythisch erzählten oder als philosophische Reflexionsmetapher verwendeten Diebstahl eine klar fassbare Figur des Anfangs und der Subjektivität untersucht werden, die aber eine Ambiguität und Unsicherheit ihrer Identität bewahren kann. Damit geschieht keine Legitimierung einer genuinen und unverdorben-reinen kulturellen Identität und Souveränität, die sich selbst als legitimes Zentrum ihres Erzählens und Denkens setzt. Der Dieb ist nie ein Held im einfachen Sinn dieses Wortes: er ist immer ein feiger, vorsichtiger und etwas selbstbezogener Akteur, der sich entzieht und aus dem keine affirmative und restlos bewundernswerte Figur zu machen ist. Entsprechend sind die Subjektivitäten und Kulturen, die im Diebstahl entstehen, meist etwas verschattet; sie sind ungreifbar, schweifend und nomadisch: Der Dieb begründet kein großartiges und sicheres ‚Hier und Jetzt', sondern befindet sich immer in einem ‚Dazwischen' und in einer Situation der Entzogenheit und des Übergangs.

Bevor näher über diesen Entstehungsvorgang gesprochen werden kann, muss der Begriff des Diebstahls möglichst präzise definiert werden. Dazu soll die äußerst trennscharfe Unterscheidung Thomas von Aquins zitiert werden, die, obwohl 700 Jahre alt, immer noch gültig ist:

> Ich antworte, dass sich das Wesen des Diebstahls aus drei Elementen zusammensetzt. Erstens daraus, dass der Diebstahl gegenteilig zur Gerechtigkeit steht, die jedem das seine gibt. Demnach gehört es zum Diebstahl, sich zu nehmen, was jemand anderem gehört. Zweitens ist er ein Unrechtes, das jemand nicht der Person zufügt, wie Mord oder Ehebrecherei, sondern das er den Dingen zufügt, die dieser besitzt. So gehört es nicht zum Wesen des Diebstahls, wenn jemand anderem ein Teil der Person genommen wird, also ihm ein Glied abgehauen oder jemand fortgetragen wird, der ihm verbunden ist, wenn also die Tochter oder die Frau eines anderen entführt wird, sondern es ist Diebstahl, wenn jemand das von jemand anderem Besessene wegnimmt. Die dritte Unterscheidung ist die, die das Wesen des Diebstahls bestimmt: das heimliche Vorgehen. Also ist die heimliche Aneignung fremden Gutes der Wesenscharakter des Diebstahls.[17]

Diebstahl ist also eine Aneignung von fremdem Gut, er betrifft fremdes Eigentum und damit nicht direkt die bestohlene Person, sondern ihr externe Gegenstände oder Attribute, und er ist eine heimliche Tat, was ihn vom Raub unterscheidet. Aquin betrachtet diese Heimlichkeit als das zentrale Merkmal des Diebstahls. Sobald ein Gegenstand, der sich im Besitz eines anderen befindet, von diesem weggenommen wird, ohne dass dieser es bemerkt, ist der Tatbestand des Diebstahls voll erfüllt. Für Aquin bedeutet das in der Folge der Argumentation auch, dass es ebenso Diebstahl ist, jemandem etwas vorzuenthalten, was dieser benötigt. Dann

---

17 Eigene Übersetzung aus: Thomas von Aquin: *Summa Theologica. Secunda Secundae Partis.* Editio Altera Romana. Rom 1844. S. 489. (Quaestio 66, Artikel 3, im zweiten Teil des zweiten Buches.) Unter Zuhilfenahme von: Thomas Aquinas: *The Summa Theologica.* Übers. v. ‚Fathers of the English Dominican Province.' London u. a. 1918. S. 226.

liegt in einer Gesellschaft, in der Luxus und Armut nebeneinander existieren, ebenso ein Diebstahl vor wie der Arme, der sich nimmt, was ihm zusteht, ein Dieb ist. Allerdings kann dies getrennt werden: Überfluss auf der einen Seite, der mit einer Armut auf der anderen Seite korrespondiert, entsteht aus einem großangelegten Enteignungsprozess. Der Dieb reagiert dagegen ganz individuell auf diese Situation, die ihn enteignet hat. Er beachtet die Eigentumsregelungen nicht und nimmt sich einfach, was ihm zusteht, ohne sich dabei um gesamtgesellschaftliche Umverteilungsprojekte oder ideologische Großforderungen zu kümmern: Der Dieb ist kein Revolutionär. In dieser Feststellung klingt an, weshalb Joseph Proudhons berühmtes Schlagwort „Eigentum ist Diebstahl"[18] in dieser Arbeit keinen prominenten Platz einnimmt: Proudhons Diktum ist ideologisch motiviert und will den Aufstand und die gewaltsame Umwälzung aller Eigentumsverhältnisse herausfordern – eine Position, die nur sehr wenige Diebe teilen, die meist einfach ihrem Begehren folgen, ohne sich die Mühe zu machen, dafür politische oder ideologische Rechtfertigungen anzuführen. Proudhon, dessen Position auf die Revolution hinzielt, sieht jedes private Eigentum als Enteignung aller anderen an, und die von ihm implizierte Antwort darauf sind nicht die kleinen ‚Rückdiebstähle', wie sie hier zu untersuchen sind, sondern eine gesellschaftliche Umstülpung und die Reorganisation allen Eigentums, die den meisten Dieben als Vorgehensweise völlig fremd ist, auch wenn sie das Unrechtsempfinden teilen, das den Revolutionär zu seinen Aktionen drängt.[19]

Die etwas modernere Begriffsbestimmung Christian Wilhelm Snells aus *Die Hauptlehren der Moralphilosophie. Ein Buch für gebildete Leser* fügt Aquins Definition noch weitere Unterscheidungen hinzu:

> Wer keinem Menschen etwas von den Früchten seiner Arbeiten entzieht und jedes Eigenthum ungeschränkt und ungeschmälert läßt, heißt *ehrlich*. Dieser Tugend ist entgegengesetzt – der *Diebstahl,* heimliche Entwendung, der *Raub,* gewaltsame Entwendung fremden Eigenthums, und der *Betrug,* arglistige Entwendung, wenn man durch Hervorbringung gewisser falscher Vorstellungen die Einwilligung eines Andern in das, was ihm nachtheilig ist, zuwege bringt.[20]

---

18 Pierre-Joseph Proudhon: *Qu'est-ce que la propriété?* Paris 1867. S. 13. – Proudhon, der seine sozialrevolutionäre Inspiration aus der aufklärerischen Philosophie nahm, hat zum Beispiel in Jean-Jacques Rousseaus Diskurs über den *Ursprung der Ungleichheit unter den Menschen* eine Quelle für dieses Postulat. Rousseaus Philosophie wird in den entsprechenden Kapiteln genau auf die Frage des Ursprungs des Eigentums hin untersucht.
19 Siehe hierzu Slavoj Žižeks Besprechung von Eigentum und Diebstahl, in: *Less than Nothing. Hegel and the Shadow of Dialectical Materialism.* London u. New York 2012. S. 297ff. – Mit Bezug auf Chestertons *The Man who was Thursday. A Nightmare.* (London 1908. S. 47.) radikalisiert er den Gedanken, dass Diebstahl in Proudhons Sinn nur eine Spiegelung von Eigentum ist, die allerdings in der philosophischen Reflexion in eine „Negation der Negation" kippen kann. Im vorliegenden Versuch soll den Dieben zugetraut werden, was Žižek nur den Philosophen zugesteht.
20 Christian Wilhelm Snell: „Die Hauptlehren der Moralphilosophie. Ein Buch für gebildete Leser." In: Ders. u. Friedrich Wilhelm Snell (Hg.): *Handbuch der Philosophie für Liebhaber.* Band IV. Gießen 1805. S. 371. [Kursivierungen im Original.]

Auch hier liegt die primäre Definition des Diebstahls in der Unehrlichkeit und in der Heimlichkeit des Geschehens. Der Aspekt der Heimlichkeit des Diebstahls ist also über verschiedene historische Rechtsauffassungen hinweg zentral. Snell führt aber die bei Aquin nur implizite Unterscheidung zwischen Betrug, Raub und Diebstahl als offenes Differenzkriterium ein: Betrug geschieht unter wortreicher Vorspiegelung falscher Tatsachen und Raub geschieht unter Anwendung von Gewalt, während der Dieb gewaltlos und heimlich vorgeht, oder sich wenigstens unbeobachtet wähnt.

Diese Feststellung kann kaum deutlich genug gemacht werden: Der Entwendungsvorgang beim Diebstahl geschieht, ohne dass Zwang auf den Besitzer der Sache ausgeübt wird. Eine Entwendung, die unter Anwendung von Zwang oder Gewalt geschieht, ist Raub, kein Diebstahl. Sobald jemand bedroht oder überwältigt wird, findet nicht nur der Vorgang auf einer anderen ethischen und juristischen Ebene statt, sondern auch der Täter entspricht einem anderen Typus. Weil er aus einer Position der Stärke handeln kann, braucht sich der Räuber keine Gedanken über die heimliche Ausführung seiner Tat zu machen. In gewissem Sinn instituiert er für den Moment und den Ort der Tat gewaltsam eine neue Rechtssituation, in der er legitimiert ist, das Eigentum des Anderen für sich zu reklamieren. Seine überwältigende Macht gibt ihm situativ das Recht, das Konzept ‚Eigentum' zu seinen Gunsten auszulegen. Ein Dieb ist also immer schwächer als ein Räuber, und er ist auch schwächer als der Bestohlene. Das ist insofern von Bedeutung, als der Dieb nicht nur während der Tat, sondern auch danach unbemerkt und unerkannt bleiben muss, weil er sonst mit empfindlicher Bestrafung zu rechnen hat. Und es bedeutet auch, dass nur das gestohlen werden kann, was unbemerkt und ohne größeren Aufwand davongeschafft werden kann: Es können nur solche Dinge zu Diebesgut werden, die leicht wegzutragen sind. Der Räuber braucht darauf nicht zu achten, weil er die unmittelbare Verfolgung durch sein Opfer nicht fürchten muss. Er kann sogar so weit gehen, absoluten und dauerhaften Anspruch auf den Betroffenen und dessen Eigentum anzumelden, was ihn zu einem gewaltsamen Usurpator der kompletten Rechts- und Eigentumssituation macht, die der Räuber oder Revolutionär auf sich ausgerichtet neu definiert.

Diesen Überlegungen folgend soll der Diebstahl als zentraler Begriff dieser Arbeit unter folgender Definition betrachtet werden: *Diebstahl ist eine heimliche und gewaltlose illegitime Aneignung einer Sache aus dem Besitz eines Anderen.* Was dem ursprünglichen Eigentümer weggenommen wird, geschieht unbemerkt von diesem und ohne Gewalt gegen ihn. Das bedeutet auch, dass der Diebstahl immer partikular und die Enteignung immer nur teilweise bleibt: jede größere oder gar vollständige Enteignung müsste vom Eigentümer zwangsläufig bemerkt werden, was den Diebstahl entweder verhindern oder ihn in eine umfassende Beraubung kippen lassen würde. Diebstahl ist der heimliche Versuch, jemandem eine Sache zu entwenden, ohne dass dieser es sofort bemerkt. Das Gestohlene kann dabei ein denkbar kleiner, wertloser oder sogar nur symbolischer Gegenstand sein, der keinen merklichen materiellen Wert hat, das Verbrechen bleibt dasselbe.

Es wird deutlich, dass das Wort „Diebstahl", das in unserer Alltagssprache in der obigen Definition verwendet wird, ein enorm klar bezeichnender und inhaltlich spezifischer Begriff ist. Dieser Begriff liegt aber in anderen Sprachen und Kulturen nicht unbedingt als ein derartig klar konturiertes Konzept vor. Insbesondere in der griechischen oder hebräischen Welt, aus deren Mythen und Vorstellungen sich das entwickelt hat, was wir noch heute als Diebstahl verstehen, wird oft der Vorgang einer heimlichen, illegitimen Aneignung beschrieben, ohne dass dieses Geschehen mit der begrifflichen Schärfe des juristisch und moralisch äußerst spezifischen Wortes „Diebstahl" bezeichnet wird. Auch wenn dort eine klar konturierte Wahrnehmung des Diebstahls vorliegt und diese Tat als die illegitime Entwendung gesehen wird, die auch wir darin erkennen, wird bei Hesiod nirgends vom „Diebstahl des Prometheus" gesprochen, und Rahels Diebstahl des Hausgottes ihres Vaters wird nur als eine Mitnahme geschildert, deren Illegitimität und Heimlichkeit erst deutlich wird, als ihr Vater sie verfolgt und ihr Zelt nach der gestohlenen Götterfigur durchsucht. Bei Augustinus, Rousseau, Lazarillo de Tormes, Martin Luther, Salomon ben Maimon, Erasmus von Rotterdam und den anderen Textbeispielen sind die Begriffe klarer. Alle diese Mythen und Erzählungen können daher unter demselben Begriff betrachtet werden: dem des Diebstahls als nicht nur einer vagen Aneignung und Übernahme, sondern als eines heimlichen Gründungsgeschehens, aus dem eine neue, geschickt und heimlich vorgehende Subjektivität, eine neue Kultur, ein neuer Diskurs, der Mensch als solcher, oder – allgemeiner gefasst – ein neues Symbolsystem des Denkens und Wissens entsteht, das darauf zielt, die Lücken und Unaufmerksamkeiten anderer Systeme auszunutzen. Die Diebe entwenden oft Aspekte und Gegenstände, die für denjenigen, von dem sie sie nehmen, ihre Funktion und ihren Wert verloren und ihre Bedeutung eingebüßt haben. Alle diese Selbstbegründungen, die im Diebstahl geschehen, haben gemeinsam, dass das, was dabei entsteht, ein wenig schelmisch daherkommt; es ist mit Schuld beladen, aber durchaus bereit, nochmals geschickt zu stehlen, sollte sich wieder die Notwendigkeit dazu ergeben.

ERSTER TEIL

Herr und Knecht – und Dieb: Das Unvermögen der Philosophie, den Dieb zu denken

Erstes Kapitel:
Die bürgerliche Philosophie und der Diebstahl

1|1|1
Eine Fahrraddiebin verwirrt die Revolutionstheoretiker

> Ein Produzent und ein Räuber sind stets etwas Einfaches.[1]
> *Michel Serres*

Simone de Beauvoirs Roman *Das Blut der anderen*[2], der im politischen Kontext der von einem revolutionären dialektischen Materialismus inspirierten französischen Résistance entstanden ist, beginnt mit dem geschickt eingefädelten Diebstahl eines Fahrrads. Die in einer kleinen Konditorei als Pralinenverkäuferin angestellte Hélène begehrt ein neues, von ihr hochästhetisiertes Fahrrad, das sie in einem Hinterhof an der Wand lehnen sieht: „Sie wollte es haben, dieses Ding; es schien ihr daß dies ihr ganzer Anteil auf der Erde sei, den sie sich um jeden Preis verschaffen mußte, wenn sie nicht in Hoffnungslosigkeit versinken wollte."[3] Hélène bittet ganz beiläufig und wie selbstverständlich Blomart, einen ihr flüchtig bekannten Syndikalisten und revolutionären Gewerkschaftsanhänger um den Gefallen, ihr dieses mit existenzieller Bedeutung aufgeladene Fahrrad aus dem Hof zu holen, ganz so, als sei es bereits ihr eigenes. Sie wolle, so sagt sie, im Hinterhof des Hauses nur eben im Augenblick nicht von ihren Eltern gesehen werden, die sie zum Abendessen mit ihnen auffordern würden. Blomart, der ihr bereitwillig diesen Gefallen tut, führt durch diese spontane und leichtgesprochene Unwahrheit den Diebstahl aus, ohne von ihm überhaupt zu wissen und damit also in der denkbar unverdächtigsten und selbstverständlichsten Weise. Hélène hat sich elegant ein neues Fahrrad besorgt. Nach dieser so geschickt eingefädelten Entwendung entspinnt sich zwischen ihr, Blomart und dem noch glühenderen Kommunisten und Sozialrevolutionär Paul eine Debatte

---

[1] Michel Serres: *Der Parasit*. Übers. v. Michael Bischoff. Frankfurt a. M. 1987. S. 157.
[2] Simone de Beauvoir: *Das Blut der anderen*. Übers. v. Klaudia Rheinhold. Reinbek bei Hamburg ³²2008. – Es soll nicht unerwähnt bleiben, dass dies neben Rahels Entwendung des Hausgottes ihres Vaters einer der elegantesten und bezeichnendsten Diebstähle ist, die mir in der Forschung zu dieser Arbeit begegnet sind.
[3] Ebd. S. 40.

über die gesellschaftliche Problematik und Kritisierbarkeit des Eigentums. Durch das vorhergehende Diebstahlsverbrechen – eine illegitime Aneignung ganz nach der hier verwendeten Definition, nur durch Helènes Beauftragung Blomarts noch ein wenig raffinierter und gewissermaßen schuldloser –, wird diese Diskussion nicht nur anhand abstrakter Fragestellungen bezüglich der herbeigesehnten Revolution und der „Expropriation der Exproprieteure" geführt. Helène hat eine neue, buchstäblich unbedachte, aber bedenkenswerte Handlungsmöglichkeit vorgeführt, die Blomart aber irrelevant und fehlgeleitet und Paul aus abstrakten revolutionstheoretischen Erwägungen verwerflich findet. Wegen dieses akuten, für Helène so bedeutsamen, aber für die Sache der Revolution und der Veränderung der Verhältnisse völlig unerheblichen Diebstahls wird der Gedankengang am Anfang des Romans immer wieder von der abstrakt-ideologischen Ebene auf die Frage nach individuellem Besitz und seiner Bedeutung für die Möglichkeit von Individualität überhaupt gelenkt. Helène fühlt durch diese schelmische und selbstbewusste Tat „ihr ganzes Leben verwandelt"[4]; die Diskussion über eine theoretisch imaginierbare, die gesamte Gesellschaft verändernde gewaltsame Beraubung und Enteignung der Kapitalisten wird von einem Monolog Helènes begleitet, der um den Diebstahl kreist, und aus dem ihre eigene jugendliche und unvergrübelte Subjektivität sichtbar wird. Die Entwendung und Helènes Gedanken darüber stellen eine individuelle, schelmische und lustvolle Alternative zu den großen revolutionären und antifaschistischen Umsturzprojekten dar, denen sich Helène im Lauf des Buches anschließt, bis sie in einer gewagten Operation der Résistance, also während des revolutionären und selbstverständlich Opfer fordernden Kampfes tödlich verwundet wird. Am Anfang des Buches steht ihr spontan befriedigtes Begehren, am Ende ihr Tod. Das leichtfertig gestohlene Fahrrad selbst war dabei im Grunde austauschbar: Sie hätte Blomart stattdessen auch einige Birnen oder etwas anderes stehlen lassen können. Die Debatte, die sich an die Entwendung anschließt, ist für die Bewertung aufschlussreich, die die Handlung des Diebstahls in den sozialrevolutionären Ideologien erhält: Diebstahl als eine im weitesten Sinn politische Handlungsmöglichkeit kann von dem glühenden Parteilinien-Aktivisten Paul nicht akzeptiert werden, während Blomarts Syndikalismus darin eine im größeren Zusammenhang der Planung der ausstehenden Revolution vielleicht nicht zielführende Handlung, aber immerhin überhaupt ein Handeln erkennt. Helènes Tat kann aber weder von Blomart noch von Paul in eine glaubwürdige politische oder philosophische Weltanschauung eingeordnet werden, sie ist aus einer nicht-theoriebedürftigen, spontanen und individuellen Anarchie entstanden, die von den beiden selbstsicheren und souveränen Männern des Gesprächs implizit wie ausdrücklich als naiv und richtungslos verurteilt wird: „Blomart betrachtete Helène von oben herab als würdevoller Mann und Erwachsener."[5] Helène, die eine in Simone de Beauvoirs Sprache durchaus dezidiert weibliche, also andere, äußerst initiative, antitheoretische und spontane Art der Opposition gegen die Übel des Privateigentums zeigt, gibt diese Position im Lauf des

---

4 Ebd. S. 42.
5 Ebd. S. 45.

Romans auf und unterwirft sich den männlich-souveränen und gewaltsamen Theoriemodellen. Der Roman beginnt also mit einer eigenständigen und geschickten Handlung und Wunscherfüllung und endet mit der Aufgabe ihres Lebens für ein abstraktes und unerreichtes Ziel. Vom listenreichen, lebensbejahenden Dieb verwandelt sich Hélène zum Werkzeug eines revolutionären Pathos und stirbt für eine lebensferne Theorie.

Hélènes Diebstahl ist eine Handlung, deren bemerkenswerte Nicht-Theoretisierbarkeit in diesem frühen Roman Simone de Beauvoirs illustriert wird. Darin wird inmitten der großen Fragen nach den Möglichkeiten des Kampfes gegen Unterdrückung und Ausbeutung ein Diebstahl zu einer relevanten Möglichkeit der oppositionellen Delinquenz und stellt eine instinktive und individuelle Handlungsalternative zu den umfassenden Theorien der Weltveränderung und Befreiung des Menschen dar. An dieser individuellen, jugendlich-anarchischen und spontanen Handlung wird eine persönliche und situative Befreiung erzählt, die im Gegensatz zu den größeren und scheinbar höheren Fragestellungen über die philosophische Idee des Eigentums und des damit verbundenen ‚Habens‘ einer unabhängigen Subjektivität steht. Die großen kollektivistischen Befreiungstheorien, die gewaltsam und mit einem enormen Theorieapparat belastet realisiert werden sollen, und die Hélène und ihre raffinierte Spontaneität letztlich verschlucken und opfern, verlieren gegen diese Handlung an Glanz und Überzeugungskraft. Den Reaktionen der männlichen Revolutionäre ist anzumerken, dass Hélènes Diebstahl nicht nur eine Infragestellung des Privateigentums bedeutet, sondern aufgrund seiner bedenkenlosen Effektivität und Unbeherrschbarkeit ebenso eine Bedrohung für die Theoriemodelle, die die radikale Abschaffung des Privateigentums fordern. Mit dem von Michel Serres übernommenen Motto dieses Kapitels gesprochen: Die Verkäuferin Hélène wird von der gesellschaftlichen Position der gefügigen Produzentin zur Revolutionärin und Räuberin, die das Ganze des Eigentums beanspruchen soll; ihr individuelles Zwischenstadium der Diebin,[6] die nicht offen rebelliert, die sich aber auch nicht einfach in bürgerliche oder sozialistische Macht- und Eigentumsverhältnisse fügt, ist dagegen wesentlich schwieriger zu erfassen: Der Diebstahl hat keine Theorie.

Ein anderer, aber mit der Debatte über den Diebstahl zusammenhängender philosophisch-klassenkämpferischer Dialog in *Das Blut der anderen* lautet wie folgt:

> ‚Ein Arbeiter will *seine* Befreiung. Du aber willst immer nur die Befreiung der anderen.‘ ‚Macht nichts. Es geht doch darum, das gleiche Ziel zu erreichen.‘
> ‚Aber man kann das Ziel doch nicht von dem Kampf trennen, der zu ihm führt. Hegel erklärt das hervorragend. Du solltest ihn mal lesen.‘
> ‚Keine Zeit.‘[7]

---

6 Der Fahrraddiebstahl ist nicht Hélènes einzige Entwendung: Später wird von einem kleinen Plüschbären berichtet, den sie Jahre zuvor einmal für eine neu gewonnene Freundin gestohlen hatte. S. 212.
7 Ebd. S. 16. [Kursivierung im Original.]

Diese Zeit, Hegel zu lesen, soll hier genommen werden, um herauszufinden, welche Position er selbst wohl zu Helènes dreistem Diebstahl eingenommen hätte, und ob es möglich ist, in seinem Werk den Diebstahl als positive Handlungsmöglichkeit und als Alternative zum befreienden Kampf zu finden. Da Hegels Emanzipationstheorie aber grundlegend vom Kampf bestimmt ist, wird diese Suche nach dem Diebstahl sich viel mehr als eine Suche nach der Leerstelle des Diebstahls zeigen, die aber nicht weniger informativ ist. In diesem Kapitel soll damit die handlungsorientierte Theoriefreiheit und unbehagliche Leichtfertigkeit des Diebstahls umrissen werden. Dazu werden insbesondere die wichtigsten Vertreter des dialektischen Denkens, Hegel und Marx, und damit Blomart und Paul untersucht und die Frage der Subjektivität als der stilleren und theorielosen Resistenz gegen das Privateigentum diskutiert, die in der illegitimen gewaltlosen Aneignung ihren Ausdruck findet. Der Vorgang der illegitimen Aneignung soll dabei zuerst anhand hegelianischer Überlegungen thematisiert werden, da in der Hegel'schen Rechts- und Sozialphilosophie, und insbesondere im Begriff und im rechtsphilosophischen Status des Diebstahls Lücken zu finden sind, die es ermöglichen, die philosophische Dimension des Diebstahls zu konturieren. Dabei steht insbesondere Hegels philosophischer Mythos der Dialektik von „Herr und Knecht", also von ‚Räuber und Produzent' im Mittelpunkt der Überlegungen, weil daran der Dieb als eine Figur gezeigt werden kann, die zwar im Schema von Herrschaft und Knechtschaft abbildbar ist, deren Handlungsweise aber gewissermaßen eine nicht-dialektische Antithese sowohl zum Herrn als auch zum Knecht darstellt. Danach wird mit Michel Foucault ein Blick auf die historische Bedeutung des Räubers, des Revolutionärs und des Diebes geworfen, um dann in einem letzten Schritt Marx' Artikelreihe zu den *Debatten über den Holzdiebstahl im rheinischen Landtag* zu besprechen. Unter dem Eindruck dieser Debatten verlor der junge Karl Marx sein Vertrauen auf das in diesem Landtag verwirklichte hegelianische Staatskonzept und entwickelte seine Kritik an Hegels Staatsphilosophie und am Konzept bürgerlichen Privateigentums gewissermaßen als eine theoretische Konsequenz aus den *Debatten*. Dass der Diebstahl aber letztlich auch in Marx' besonders radikaler und auf ökonomische Fragen spezialisierter Rezeption Hegels, wie sie auch Paul der scheinbar naiven Helène entgegen hält, nur schwer zu integrieren ist, zeigen die Lektüre der Artikelreihe über den Holzdiebstahl und zwei knappe Kommentare, die Hannah Arendt dazu fallen ließ.

Um Helènes Diebstahl theoretisch erfassen zu können, wird damit ein auf den ersten Blick etwas umständlicher Weg gegangen, der die spezifische Konzeption der bürgerlichen Idee des Privateigentums und ihrer Geschichte umreißt, und der aufzeigt, an welcher Stelle dieses grundlegende Verbrechen der Aufmerksamkeit einer dialektischen Philosophie entgleitet. – Es scheint fast, als müsse der Diebstahl, der nie in eine offen antithetische Position zur gegenwärtigen Macht und Eigentumsordnung tritt, für eine Dialektik, die Hegels und Marx' Denken zu folgen versucht, immer ein wenig rätselhaft bleiben. Diebe werden von der eigens gegen sie entwickelten modernen Institution der Polizei verfolgt, aber sie werden auch von den Revolutionären geächtet. Auf welche Weise sich die Figur des Diebes den dialektischen Systematisierungsversuchen entzieht, ist für die vorliegende Untersuchung äußerst interessant.

1|1|2
Die philosophischen Begriffe des ‚Habens' und des ‚Seins'

Wenn Helène für einen noch so kurzen Moment ihre ganze Existenz vom Besitz oder Nicht-Besitz eines Fahrrades abhängig gemacht hat, dann ist diesem existenziellen ‚Haben-Müssen' eine immense Bedeutung zuzusprechen. Dass jemand einen kontingenten Gegenstand so sehr begehrt, dass er seine ganze Existenz davon abhängen sieht, bedeutet eine bestimmte Subjektivität, die im Lauf einer langen historischen Entwicklung in der Subjektivitätsphilosophie vorbereitet wurde. Helènes diebischer theoretischer Bedenkenlosigkeit folgend und damit bewusst eine gewisse philosophiegeschichtliche Ungenauigkeit in Kauf nehmend, kann hier folgende vorläufige These aufgestellt werden: Die große Veränderung, die mit Georg Wilhelm Friedrich Hegels dialektischer „Wissenschaft der Erfahrung des Bewusstseins"[8] in der modernen Subjektphilosophie sichtbar wurde, ist im Wechsel des Verbs bemerkbar, mit dem die Beziehung des Individuums zu sich selbst ausgedrückt wird. Der dominante Begriff, der die Art und Weise beschreibt, wie der Einzelne existiert, wird ausgetauscht: Das Individuum bei Hegel ist nicht mehr dadurch definiert, dass es *ist*, – nämlich ein Körper, eine Seele, ein Geist, eine Person, ein Zweifelndes, ein Bürger oder ein Geschöpf; sondern dadurch, dass es *hat* – nämlich Willensfreiheit, Anerkennung, Bürgerrechte, einen Körper, Bewusstsein und Selbstbewusstsein, Privateigentum, Vernunft, Wissen, Erkenntnis, eine Welt, und letztlich auch *sich selbst* zum Besitz.[9] Zwischen Sein und Haben als den grundlegenden verbalen Existenzmodi führt die Philosophie seit ihrer Entstehung eine lange Oszillationsbewegung durch, die aber mit der Aufklärung und dem neunzehnten Jahrhundert eindeutig in Richtung des Habens ausschlägt. Das ‚Sein' Spinozas und Descartes als grundlegende philosophische Kategorie und Selbsterfahrung des Subjekts wird ergänzt, bzw. ersetzt durch ein ‚Haben' dieses Seins, das das Werden des Subjekts ermöglicht. Hegel spricht in den *Grundlinien der Philosophie des Rechts* explizit vom „Eigentum als dem *Dasein* der Persönlichkeit"[10]. Vernunft

---

8 So der ursprüngliche Titel der *Phänomenologie des Geistes*. Hg. v. Hans-Friedrich Wessels u. a. Hamburg 2006.
9 Ebd. S. 24ff. Dort werden die Begriffe des Eigentums und der Aneignung zur Grundlage der Phänomenologie. Vgl. aber auch: G. W. F. Hegel: *Grundlinien der Philosophie des Rechts*. Hg. v. Johannes Hoffmeister. Hamburg 1995. S. 73. Hegel spricht dort von dem „Akt, wodurch ich von meiner Persönlichkeit und substanziellem Wesen Besitz nehme". Kojève betrachtet, auf diesen Setzungen aufruhend, das bürgerliche Privateigentum als das zentrale Merkmal der Hegel'schen Philosophie: Alexandre Kojève: *Hegel – Eine Vergegenwärtigung seines Denkens. Kommentar zur Phänomenologie des Geistes*. Hg. u. übers. v. übers. Iring Fetscher. Frankfurt a. M. 1975. S. 82ff.
10 G.W.F. Hegel: *Grundlinien der Philosophie des Rechts*. Hg. v. Johannes Hoffmeister. Hamburg [4] 1955. S. 62. [Kursivierung im Original.]

und ein Bewusstsein seiner selbst zu *haben* oder ein vernunftbegabtes und zur Selbsterkenntnis fähiges Wesen zu *sein*, sind zwei semiologisch-philosophische Modelle, die nur auf den ersten Blick mehr oder weniger äquivalent zu sein scheinen: Anstelle der ontologischen und unverfügbaren Existenzversicherung des Seins ein Konzept der wesentlich prekäreren, weil metaphysisch ungesicherten Eignerschaft des Subjekts an sich selbst anzunehmen, stellt die Weichen für alles aus dieser begrifflichen Grundannahme folgende Denken neu. Die wichtig werdenden Begriffe sind bei einer Konzeption der Selbsteignerschaft des Individuums völlig andere als bei der Annahme einer grundlegenden Seinsbezogenheit desselben Individuums.[11] Durch einen solchen Begriffswechsel ist man nicht mehr weit von einem Verständnis dafür entfernt, dass der fragile Besitz oder Nichtbesitz eines Fahrrads als Metapher für das ganze Leben eine existenzielle Qualität annehmen – und die Aneignung eines solchen symbolischen Dings zum Gegenstand der existenzialistischen Literatur werden kann. Bezeichnend für den verunsichernden Schauder, der darin erfahren wird, nicht über den Modus des Seins, sondern über den des Besitzens in der Welt zu sein, ist der 37. Satz aus Kafkas *Zürauer Aphorismen*: „Seine Antwort auf die Behauptung, er besitze vielleicht, sei aber nicht, war nur Zittern und Herzklopfen."[12]

Im Begriff einer Selbsteignerschaft fallen das Individuum und seine Welt nicht mehr – wie etwa bei René Descartes – in die zwei getrennten Bereiche von Subjekt und Objekt mit unterschiedlichen Funktionen und etwa gleichwertigen Anteilen am Sein auseinander. Im Haben als Modus der Existenz fällt, so formuliert Hegel diesen Gedanken, „hiemit das *Sein* hinweg, welches *an und für sich* wäre [...]. Die Individualität ist, was *ihre* Welt als die *ihrige* ist."[13] Der Bezug des Individuums zu sich und zur Welt ist in der Sprache des Eigentums mit nicht geringerer Komplexität auszudrücken als in einer seinsbasierten Philosophie. Das Subjekt ist, was es an Eignerschaft sprachlich aufzeigen kann. Das Haben als die zentrale Existenzkategorie anzunehmen bedeutet, dass das Sein als vorursprüngliche Kategorie entfällt, oder nur noch als Abstraktum ohne Weltbezug zu verwenden ist.[14] Genauer: das

---

11   An dieser Stelle kommt man nicht umhin, Erich Fromms moralische Kritik des „Habens" zu erwähnen, dessen Einfluss auf den Menschen der sich entwickelnden Industriegesellschaft so groß sei, dass das ursprünglichere und höherwertige Sein dagegen ins Hintertreffen gerate, so dass Fromm ihm mit humanistischem Eifer und leider oft oberflächlich bleibender Analyse zur Seite springen muss. (Vgl. Erich Fromm: *Haben oder Sein? Die seelischen Grundlagen einer neuen Gesellschaft*. München [20] 1991.) Fromms Diagnose ist allerdings nichts entgegenzuhalten, sondern wird hier sogar geteilt: die moderne Subjektivität ist viel stärker im Konzept des Habens verankert als im Gedanken des Seins und einer vormodernen Geschöpflichkeit. Doch eine emphatische Verurteilung und der humanistische Aufruf zur Rückbesinnung auf ältere oder tiefere Werte eines eigentlicheren und deswegen anzustrebenden Seinscharakters des Menschen tragen für die vorliegende Analyse wenig bei.
12   Franz Kafka: „Aphorismen." In: *Gesammelte Werke in zwölf Bänden*. Hg. v. Hans-Gerd Koch. Band 6. Frankfurt a. M. 1994. S. 228-248, hier S. 234.
13   Hegel: *Phänomenologie*. S. 206. [Kursivierungen im Original gesperrt.]
14   Die Entwertung der Seinskategorie ist schon in Kants *Kritik der reinen Vernunft* angelegt: „Sein ist offenbar kein reales Prädikat, das ist ein Begriff von irgend etwas, was zu dem Begriffe eines Dinges hinzu kommen könnte. Es ist bloß die Position eines Dinges oder gewisser Bestimmungen an

Sein als metaphysisch reine, nicht-bezügliche und vorgängige Existenzversicherung ist – das arbeitet Hegel in den ersten Kapiteln der *Phänomenologie des Geistes* heraus – defizitär, und erst nach der Aneignung eines Selbst als eines Teils der Welt kann von einer vollständigen Existenz eines Individuums gesprochen werden.[15] De Beauvoir lässt diesen Teil der Welt ein Fahrrad sein. Für Augustinus waren es, wie noch zu zeigen sein wird, Birnen, für Prometheus das Feuer und für Jean Genet waren es jeweils andere, individuelle symbolisch signifikante Gegenstände. Für alle diese Figuren gilt, dass aus ihrem kontingenten Haben ihr Sein geworden ist.[16] Die Individualität hat sich selbst, insofern und auf die Weise, wie sie Anteil an der Welt hat. Dieser Anteil an der Welt kann in der Literatur in einem fast beliebigen Gegenstand symbolisiert werden – für Hélène ist es ihr Fahrrad.

Erst in einem solchen sprachlichen Rahmen der Eignerschaft und einem Wirklichkeitsbegriff des Habens und Aneignens werden die Begriffe der ‚Arbeit' als einer Tätigkeit hin zum Eigentum, bzw. der ‚Negation' des Eigentums und damit der Existenz und des ‚Begehrens' als Mangel und Nicht-Besitz verständlich und für die philosophische Reflexion verwendbar. In der Beziehung zu anderen Subjekten, die für Hegels Sozialphilosophie wesentlich ist, tritt das Hegel'sche Subjekt primär als Eigentümer auf, der die Respektierung und Anerkennung seines Eigentums und seiner selbst durch den anderen einzufordern berechtigt ist.[17] Die Arbeit als philosophische Kategorie wird von Hegel eingeführt und wurde mit Marx zu einem der wichtigsten Begriffe der im neunzehnten Jahrhundert entstehenden Sozialphilosophie. Die Arbeit wurde zu einem der zeitweise wichtigsten Begriffe der anthropo-

---

sich selbst." (Immanuel Kant: „Kritik der reinen Vernunft." In: *Werke in sechs Bänden*. Band II. Hg. v. Wilhelm Weischedel. Darmstadt ² 1956. S. 533.) Hegel lässt das Sein dann aber gegen das Werden für die Subjektphilosophie entfallen.

15 Zur Defizienz, die schon im Begriff des Seins selbst liegt, wird hier nur auf einen beeindruckenden Aufsatz Emmanuel Levinas' verwiesen, in dem er nachweist, wie diese Defizienz nichts ist, was metaphysisch an ein „geworfenes" Wesen herantritt, sondern dass sie schon ein Merkmal des Seins selbst und seines Gedachtwerdens in Bahnen der Ontologie ist. Auch der deutsche Idealismus, der sich – wie hier im Detail seiner Verwendung des Begriffes des Habens ausgeführt wird –, wähnt, diese Problematik der Unvollständigkeit des Seins durch die Konzentration auf das einzelne Ich und seine Selbstbezüglichkeit umgangen zu haben, findet sich unvermittelt in Fragestellungen wieder, die unumgänglich wieder mit dem Problem des Seins zu tun haben. Vgl. dazu: Emmanuel Levinas: *Ausweg aus dem Sein*. Übers. v. Alexander Chucholowski. Hamburg 2005. Insbes. S. 65ff.

16 „[A]us ‚Haben' ist ‚Sein' geworden." Pierre Bourdieu: „Ökonomisches Kapital, kulturelles Kapital, soziales Kapital." In: *Soziale Ungleichheiten*. Hg. v. Reinhard Kreckel (Hg.) Göttingen 1983. S. 183-198, hier S. 188.

17 Siehe hierzu: Shlomo Avineri: *Hegels Theorie des modernen Staates*. Übers. v. Rolf u. Renate Wiggershaus. Frankfurt a. M. 1976. S. 164, wo Avineri das Eigentum der Persönlichkeit an sich selbst als „conditio sine qua non" der Hegel'schen Sozialphilosophie beschreibt: „Vermittels des Eigentums wird die Existenz des Menschen durch den Anderen anerkannt, denn der Respekt, den andere gegenüber seinem Eigentum zeigen, indem sie es nicht widerrechtlich benutzen oder betreten, spiegelt ihre Anerkennung seiner als Person. Das Eigentum ist so eine Objektivierung des Selbst, das dieses aus dem Bereich der reinen Subjektivität in die Sphäre der äußeren Existenz hebt."

logisch-politischen Reflexion und ist nach wie vor ein eisern gültiges Konzept der Subjektbestimmung. So konnte Friedrich Engels schreiben:

> Die Arbeit ist Quelle alles Reichtums, sagen die politischen Ökonomen. Sie ist dies – neben der Natur, die ihr den Stoff liefert, den sie in Reichtum verwandelt. Aber sie ist noch unendlich mehr als dies. Sie ist die erste Grundbedingung alles menschlichen Lebens, und zwar in einem solchen Grade, daß wir in gewissem Sinn sagen müssen: Sie hat den Menschen selbst geschaffen.[18]

Von einem Wesen ausgehend, das sich selbst als seiend weiß, erfuhr das Subjekt also mit der Revolutionierung der Philosophie im Jahrhundert nach der Aufklärung eine Umdefinition dahingehend, dass es seiner selbst über die völlig anders geartete Form seiner Tätigkeit und seines ihm zugehörigen Weltbereichs, also des privaten Eigentums bewusst wurde. Neben der Arbeit gehören aber auch andere Begriffe ins sprachlich-philosophische Feld des Eigentums und werden damit für die philosophische Reflexion relevant: Der Austausch und die Gabe, die Armut, der Überfluss und der Verlust und Begriffe der Aneignung und Wegnahme wie Ausbeutung, Raub, Betrug und Diebstahl erhalten eine erhöhte philosophische Bedeutsamkeit. Die letzteren insbesondere, insofern sie Verbrechen am Eigentum darstellen, die in einer auf das Haben orientierten Philosophie eine besondere Brisanz bekommen. Wer das Eigentum eines anderen in Frage stellt, betrifft mit dieser Infragestellung den Anderen als ganzes Subjekt. Weiter unten wird untersucht, wie das reine Eigentumsverbrechen des Diebstahls, das nicht mit anderen Vergehen wie der Gewalt gegen die Person oder mit der Lüge gepaart auftritt, also nicht Raub oder Betrug ist, in dem Jahrhundert, in dem auch Hegel schrieb, wichtiger wurde als die Gewaltverbrechen des Mordes und selbst des Raubes als gewaltsamer Aneignung. Der Diebstahl erhielt durch diese Entwicklungen eine erstaunliche Prominenz und konnte zu einer Art verschattetem und denkerisch unangenehmem Urverbrechen avancieren.

Die Aneignung wird philosophisch wichtig, weil sie den Moment des Werdens einer Subjektivität markiert. Das Subjekt muss in der Hegel'schen Philosophie, etwas gewunden ausgedrückt, um zu existieren, um sich selbst zum Eigentum zu haben, ‚sich sich selbst aneignen'.[19] Dieser Vorgang der Selbstaneignung funktioniert aber nicht denkerisch, sondern nur als sprachlich oder handelnd vor anderen Subjekten ausgedrücktes Postulat. Hegel selbst formuliert diese subjektbegründende Aneignung so: „[E]ine innerliche Vorstellung und Wille, daß etwas *mein* sein solle, ist nicht hinreichend, sondern es wird dazu die *Besitzergreifung* gefordert."[20] Ohne die Handlung der Besitzergreifung ist das Subjekt nur als defizitäres, abstraktes vorhanden. Es hat vielleicht ein irgendwie geartetes Sein, aber

---

18 Friedrich Engels: „Dialektik der Natur." In: *MEW*. Band XX. Berlin 1962. S. 305-570, hier S. 444.
19 Zum Paradigma des Eigentums in der Hegel'schen Subjektphilosophie siehe auch: Peter Jonkers: „Kampf um Anerkennung." In: *Hegel-Lexikon*. Hg. v. Ders. u. a. Darmstadt 2006. S. 126-128, hier S. 127.
20 Hegel: *Grundlinien*. S. 62. [Kursiv im Original.]

keinen Anteil an der Welt. Das ist es, was Beauvoirs Hélène diffus wahrnimmt, wenn sie feststellt, dass sie ohne die Aneignung dieses Fahrrads in Hoffnungslosigkeit versinken würde: stiehlt sie es, ist durch diese aktive Negation fremden Eigentums, wie oben zitiert, „ihr ganzes Leben verwandelt." Hegel selbst geht in dieser umfassenden Besitz- und Aneignungserfordernis sogar so weit, zu sagen, dass das Eigentum als endgültige subjektive Kategorie so weit reicht, dass sogar der Weltgeist, der in der meisten Hegelrezeption häufig als Punkt verstanden wird, auf den zuzugreifen dem Subjekt versagt bleibt, zu einem „Eigentum der Individualität"[21] wird: Jede geistige und symbolisierbare materielle Tätigkeit geschieht als Negation, und damit zuungunsten des Eigentums eines übermächtig und ungreifbar scheinenden Anderen, und alle subjektiven symbolischen Bezüge auf die Welt sind Versuche, gegen diesen Anderen Distinktionen herzustellen, die das ‚Eigene' vom ‚fremden Eigenen' trennen, das aber gleichfalls Ziel anderer subjektiver Aneignungstätigkeiten ist. Aneignende Subjektivitäten stehen damit in einem dauernden Konflikt. Nochmals in Hegels Worten: „das Tun ist das Negative, das sich auf Kosten eines Andern ausführt"[22]. Was der Mensch auch immer tut, er kann sein Handeln letztlich nicht erklären, ohne in ihm eine Aneignung an Vorfindlichem zu entdecken, das bereits sprachlich oder anderweitig symbolisch von einem abstrakten oder konkreten Anderen besetzt ist.[23] Dieser Andere kann dabei ein anderer Mensch, eine Institution oder ein vorfindliches Symbolsystem sein, also ein Gott, der Weltgeist oder eine andere Figuration oder Allegorie einer dem Subjekt fremden Macht. Diese Wahrnehmung der Subjektivität als ‚Gehabtem' wurde gewiss nicht von Hegel erfunden, sondern hat z.B. schon in Aristoteles Konzept der *stêresis*[24] einen philosophiegeschichtlich bedeutsamen Vorläufer und wahrscheinlich wäre diese Neudefinition durch die Veränderung der Welt in der Aufklärung und industriellen Revolution auch ohne seine Philosophie in der bürgerlichen Subjektivität zum Tragen gekommen. Trotzdem hat das Eigentum der Subjektivität und der daraus folgenden mögliche Mangel daran in Hegels Subjektphilosophie den klarsten und einflussreichsten Ausdruck gefunden.

Hegels Philosophie zu untersuchen, die das Subjekt und seinen Weltbezug in einer Selbstaneignung entstehen lässt, ist für eine Überlegung, die danach fragt, wie der Diebstahl als illegitime Aneignung im Kontext einer Subjektwerdung funktio-

---

21 Hegel: *Phänomenologie*. S. 24.
22 Ebd. S. 451.
23 So wie Hegel lässt auch Rousseau in *Über den Ursprung der Ungleichheit unter den Menschen* die individuelle wie gemeinmenschliche Zivilisation in der Aneignung und im Besitzanspruch gegen Andere entstehen: siehe dazu Avineri, der die Parallelen Rousseaus und Hegels betont, und in dieser Arbeit S. 313ff.
24 Die *stêresis*, bzw. *privatio* der aristotelischen Philosophie, die als „Beraubtheit", oder, etwas vieldeutiger, als „Benommenheit" des Subjekts übersetzt werden könnte, wird dabei weder von Hegel noch von Honneth angesprochen, sondern in den Konzepten des „Mängelwesens" Gehlens und Blumenbergs weiter verfolgt. Zur *stêresis*, siehe: Aristoteles: „Metaphysik." In: *Philosophische Schriften*. Band V. Übers. v. Hermann Bonitz. Hamburg 1995. S. 117. Die *stêresis* ist als natürlich-kosmologische Defizienz allerdings anders gelagert als die gesellschaftlich-subjektiv definierte Negation bei Hegel.

niert, unumgänglich. Weil die von Hegel ins Zentrum gerückte Idee des Privateigentums sich für heutige Grundannahmen über Subjektivität und Gesellschaft so wirkmächtig gezeigt hat, müssen Überlegungen zum Diebstahl als der aktiven Negation des Rechtsschutzes des Privateigentums philosophisch an eine Hegel-Rezeption angeknüpft werden. Die implizite Sprachhandlung des Diebes ist immer die eines „Ich erkenne dein Eigentum nicht an." Wo das Eigentum als die axiomatische These bezüglich der Subjektbildung erscheint, ist die Aneignung zwangsläufig gleichzeitig der Ursprung des Eigentums und seine Antithese. Durch die Aneignung wird gleichzeitig Eigentum hergestellt wie es negiert wird, und so wird das Subjekt durch die Aneignung sowohl ursprünglich begründet als es auch dauernd durch die Aneignungen anderer Subjekte betroffen oder sogar in seiner Existenz bedroht werden kann. Die Frage nach der spezifisch *illegitimen* Aneignung, die uns hier vor allem in Form des Raubes und des Diebstahls begegnen wird, wird in einer Eigentumsphilosophie damit zu einer Frage, die die Grundlagen des philosophischen Denkens betrifft.[25] In einer Ontologie, die sich in der wesentlich prekäreren Begrifflichkeit des Habens statt in der metaphysischen Sicherheit des Seins ausdrückt, werden die Interaktionen der Subjekte – die zur Selbstbegründung eine Aneignung ausführen, die zwangsläufig eine Aneignung an fremder Subjektivität ist – mit intersubjektiven Begriffen der Eigentumsübertragung beschreibbar. Konzepte der Gabe, der Arbeit, des Raubes und des Diebstahls werden in weiterführender Anknüpfung an Hegels Sozialphilosophie zu eigenständigen Untersuchungsgegenständen. Für die ersten drei Begriffe dieser Reihe liegen bereits umfassende Forschungen vor: Marcel Mauss legte eine Theorie der Gabe vor, die im nächsten Kapitel dieser Arbeit ausführlich behandelt wird, von Karl Marx wurden der Begriff und die Funktion der produzierenden Arbeit detailliert beschrieben, und Eric Hobsbawm forschte umfassend zur Gestalt des Räubers als eines Sozialrebellen.[26] Der Topos des „gerechten Räubers" ist von solcher Bekanntheit, dass er sogar Eingang in einschlägige Lexika gefunden hat.[27] Dem unscheinbaren Diebstahl als sozialgeschichtlich nicht weniger bedeutsamem und literarisch wie philosophisch

---

25 Den Versuch, die Idee eines „Besitzindividualismus" zu radikalisieren und zu einer vollständigen Philosophie auszuformulieren, hat in neuerer Zeit – darin im Grunde nur Hegel umformulierend und popularisierend – der Politikwissenschaftler C. B. Macpherson unternommen: *Die politische Theorie des Besitzindividualismus*. Frankfurt a. M.³ 1990. – Macphersons Ansätze werden hier nicht weiter verfolgt: für Überlegungen zum Diebstahl sind Hegels Konzepte und Fragestellungen bei weitem ausreichend, und die politischen Konsequenzen, die Macpherson zieht, tragen nicht weiter zur hier vorliegenden Diskussion bei.
26 Eric Hobsbawm: *Bandits*. Middlesex 1969. – Hobsbawm führt die hier vorgeschlagene Differenzierung zwischen Räuber und Dieb nicht weiter aus, sondern konzentriert sich vielmehr auf die Übernahme von Eigenschaften des Räuberwesens in die Strategien von Guerilla-Gruppen, mit denen politische Akteure des zwanzigsten Jahrhunderts in der Dritten Welt ihre eigenen Staaten und die Großmächte herausforderten. Siehe dazu: Ders.: *Das Zeitalter der Extreme. Weltgeschichte des 20. Jahrhunderts*. Übers. v. Yvonne Badal. München 1994. S. 543ff.
27 Elisabeth Frenzel: *Motive der Weltliteratur*. Stuttgart⁶ 2008. S. 589ff.

nicht unbedeutendem Eigentumsübertragungsgeschehen wurde dagegen bisher nur beiläufige Aufmerksamkeit geschenkt.[28]

In der Folge soll also Hegels die moderne Gesellschaftstheorie so prägende Eigentumsphilosophie umrissen werden, um dann mit Karl Marx als Hegels Erbe in der dialektischen Philosophie die Frage nach dem Dieb als einer Gestalt zu besprechen, die eben genau den dialektischen Kategorien nicht gehorcht, die Marx und Hegel für das Problem des Eigentums und seiner ungerechten Verteilung vorschlagen: Paul und Blomart, die Erben hegelianischer Dialektik, verstehen Helènes Diebstahl nicht, er ist ihnen zu spontan, zu unreflektiert und ihr Diebstahl vermisst den Willen zu einer grundlegenden Veränderung der Verhältnisse. Im Folgenden untersuche ich daher in Hegels Philosophie, insbesondere in seinem philosophischen Mythos von „Herrschaft und Knechtschaft" die Beschreibung von Aneignungsstrategien, die, je nachdem, ob sie als Gabe, als Raub oder als Diebstahl auftauchen, die Bezüglichkeiten der Subjekte zueinander jeweils anders definieren und zu unterschiedlichen Subjektivitäten führen. Die Prozesse symbolischen Austauschs und der symbolischen Aneignung sind dabei komplex: Insbesondere die Differenzierung zwischen Raub und Diebstahl mit Hegels ausschließlicher Konzentration auf den Raub als dialektischer Entgegensetzung gegen den Anderen und Marx' Konzentration auf die Revolution als Umsturz der Eigentumsverhältnisse wird wichtig sein, während der Diebstahl, der keine antithetische, aufs Ganze gehende Entgegensetzung darstellt, und damit dialektisch nur schwer beobachtbar ist, von Hegel auf bezeichnende Weise ignoriert, bzw. nur nebensächlich behandelt wird.

1|1|3
Das phantastische Diebstahlsgesetz des Alten Ägypten und das diebische Konzept doppelten Eigentums

Um Hegels Unverständnis für den schelmisch-bedenkenlosen Dieb zu umreißen, muss weit ausgeholt werden. Dass in seinem Werk überhaupt so tief nach einer Erwähnung von Dieben gegraben werden muss, liegt, wie wir sehen werden, daran, dass der Dieb für ihn eine Art philosophische Leerstelle blieb; die Kontur dieser Leerstelle ist für unsere Untersuchung allerdings äußerst aufschlussreich. Die explizitesten Bemerkungen Hegels zur Thematik des Diebstahls sind historischer Art. Sie finden sich in den *Vorlesungen über die Philosophie der Geschichte*, in denen er mit merklichem Erstaunen von den gesetzlichen Regelungen berichtet, die bezüglich des Diebstahlsverbrechens im alten Ägypten herrschten. Das durch Napoleons

---

28 Zu nennen ist hier, neben einigen Abhandlungen, die weiter unten erwähnt werden: Rachel Shteir: *The Steal: A Cultural History of Shoplifting*. London 2011, das sich aber in einer ausschließlich kulturgeschichtlichen Perspektive mit dem eingeschränkten Phänomen des modernen Ladendiebstahls in einer konsumistischen Form des Warenaustauschs beschäftigt.

Ägyptenfeldzug verstärkte Interesse an dieser durch die Nicht-Entzifferbarkeit der Hieroglyphen noch gesteigert enigmatischen Hochkultur hatte eine Art Ägypten-Fieber unter den europäischen Intellektuellen ausgelöst und führte zu phantastischen Behauptungen über Ägypten als einer bewunderten und denkbar exotischen Frühkultur.[29] In einer eher anekdotischen denn analytischen Form erzählt Hegel folgendes von den Gebräuchen im für ihn wie für alle Aufklärer so fernen wie faszinierenden altägyptischen Staat, aus dem „Land des Rätsels"[30]:

> Vom Diebstahle wird gemeldet, daß er zwar verboten gewesen sei; doch lautete das Gesetz, daß nicht nur die Bestohlenen sich melden, sondern auch die Diebe sich selbst angeben sollten. Gab der Dieb den Diebstahl an, so wurde er nicht bestraft, sondern behielt vielmehr ein Viertel des Gestohlenen. Wie dies zu verstehen sei, wird nicht angegeben; vielleicht sollte es die List, wegen welcher die Ägypter so berühmt waren, noch mehr in Anregung und Übung erhalten.
> Die *Verständigkeit* der gesetzlichen Einrichtungen erscheint überwiegend bei den Ägyptern; diese Verständigkeit, die sich im Praktischen zeigt, erkennen wir denn auch in den Erzeugnissen der Kunst und Wissenschaft.[31]

Was Hegel hier als die verständigen Eigentumsregelungen des alten Ägypten skizziert, mutet heute noch äußerst exotisch an: Diebe hatten demnach einen staatlich höchst anerkannten Status und einen juristischen Schutz, ihre Tätigkeit war eine geduldete und aufwändig organisierte Appropriation und Umverteilung von Eigentum, die so lange legitim war, wie der Bestohlene von ihr nichts bemerkte, weil sie an den Teilen seines Eigentums stattfand, die ihm peripher und offensichtlich eher überflüssig waren. – Die dem zugrundeliegende Annahme kann dabei folgendermaßen formuliert werden: Wer nicht bemerkt, dass er bestohlen wurde, hat auch nicht wirklich besessen, was nun weg ist. Und selbst wenn das Fehlen doch noch bemerkt wurde, wurde der Dieb für sein Tun honoriert statt bestraft, denn immerhin hatte er eine förderungswürdige Initiative und Listigkeit an den Tag gelegt, die zu unterdrücken gesellschaftlich schädlich wäre. Es ist nicht schwer, in diesem Grundsatz eine zwar exotische, aber stringente Rechtsgrundlage anzuerkennen. Hegel gibt für diese ungewöhnliche Rechtsordnung keine Quelle an. Sucht man in der aufklärerischen Geschichtswissenschaft und Philosophie nach diesem Motiv der ehrenhaften Entwendung, ist schnell festzustellen, dass die Vorstellung einer solchen bemerkenswert exotischen Strafrechtsordnung in Ägypten ein weit verbreitetes Motiv war. Ihren Ursprung hatte diese Annahme, die weitgehend von Aufklärern vertreten wurde, die eine kritischere Stellung als Hegel zum Privateigentum einnahmen, in der Universalgeschichte des Diodorus Siculus, der sich schon im ersten Jahrhundert vor Christus über ein „ganz merkwürdiges Gesetz" wun-

---

29 Zum europäischen Ägyptenbild der Aufklärung siehe z.B. Jan Assmann: *Ägypten. Eine Sinngeschichte.* München u. Wien 1996. S. 475ff.
30 Hegel: *Vorlesungen über die Philosophie der Weltgeschichte. Zweite Hälfte.* Band II. Hg. v. Georg Lasson. Hamburg 1976. S. 460.
31 Ebd. 472. [Kursivierung im Original]

derte, das „bezüglich der Ausübung des Diebesgewerbes" in Ägypten gegolten haben soll:

> Es schrieb nämlich vor, daß wer diese Tätigkeit betreiben wolle, sich beim Oberdieb in eine Liste eintragen lassen müsse. Den Verordnungen gemäß hatte er bei diesem auch sofort alles Gestohlene abzuliefern. Und entsprechend mußte der, dem etwas abhanden gekommen war, bei diesem eine Liste aller fehlenden Gegenstände einreichen sowie Ort, Tag und Stunde des Verlustes angeben. Auf diese Weise fand sich leicht alles Gestohlene wieder, der Bestohlene hatte den vierten Teil des Wertes zu zahlen, erhielt dafür aber freilich nur das zurück, was ihm selbst gestohlen worden war. Da es nämlich unmöglich ist, den Diebstahl ganz aus der Welt zu schaffen, fand so der Gesetzgeber einen Weg, gegen eine geringe Gebühr alles Gestohlene wieder zu beschaffen.[32]

Diodor zufolge bestimmten also eher nüchtern-pragmatische Erwägungen die Einrichtung dieser Regelungen betreffs des Diebesgewerbes – wenn es schon nicht ganz abzuschaffen war, war es nötig, wenigstens seinen Schaden zu begrenzen. Aus Diodor wurde diese Beschreibung der Diebstahlsregelungen von Denis Diderot in das Lemma ‚Diebstahl' in seiner 1751-1765 erschienenen *Encyclopédie ou Dictionnaire Raisonné des Sciences des Arts et des Métiers* übernommen. Im Diebstahls-Artikel der berühmten *Encyclopédie* sticht Ägypten als die Kultur heraus, die sich von allen antiken Völkern um den humansten und pragmatischsten Umgang mit den Dieben bemühte.[33] Bei den Hebräern, Skythen und Spartanern erfährt der Dieb eine wesentlich harschere Behandlung. Von Diderot ist weniger Verwunderung denn mehr eine leichte Anerkennung für die fremdartige Weisheit der ägyptischen Sonderregelungen zu spüren. Der Diebstahl, so deutet Diderot die Überlegung der Ägypter an, war in Ägypten so lange erlaubt, wie der Bestohlene nichts davon bemerkte. Wenn er nichts vermisste und wenn damit also bewiesen war, dass aus seinem Überfluss, also aus ungenutztem und unnötigem Eigentum gestohlen wurde, lag auch kein strafbares Verbrechen vor, sondern höchstens eine belohnenswerte Cleverness und Geschicklichkeit des Diebes. Aus Diodors und Diderots Beschreibungen des ägyptischen Diebstahlsgesetzes war es möglich, ein geradezu libertäres, radikalaufklärerisches Programm abzuleiten, dessen Ausformulierung niemand geringeres als der Marquis de Sade besorgte. Ohne Ägypten explizit zu erwähnen, stellt de Sade das fehlende Verständnis der französischen Revolutionäre für den Diebstahl als einen der Punkte dar, an dem die Empörer von 1789 noch

---

32 Diodoros: *Griechische Weltgeschichte. Buch I-X*. Übers. v. Gerhard Wirth. Stuttgart 1992. S. 113. (§I,80.) Woher wiederum Diodor diese Regelung hatte, ist nicht festzustellen, da die von Diodor benutzen Quellen nur fragmentarisch vorliegen. (Siehe: Felix Jacoby: *Die Fragmente der griechischen Historiker*. Band III. Leiden 1954. S. 29-87.) – Eine nähere Besprechung dieser faszinierenden Diebes-Utopie, ihrem wahrscheinlichen Ursprung bei Hekataios von Abdera und ihrer Rezeption in der Aufklärungszeit versuche ich in meinem Aufsatz im Band *Diebstahl. Zur Kulturgeschichte eines Gründungsmythos* (Hg. v. Andreas Gehrlach u. Dorothee Kimmich. Paderborn 2016.)

33 Denis Diderot: „Vol". In: Ders. u. a.: *Encyclopédie ou Dictionnaire Raisonné des Sciences des Arts et des Métiers*. (Faksimileausgabe der Edition von 1751-1780) Band 17. Stuttgart 1967. S. 438-440.

nicht republikanisch genug zu denken wagten. De Sades radikalaufklärerischer Position zufolge werden durch die anhaltende Verfolgung der Diebe und durch den bedingungslosen Schutz allen Eigentums die Fortschritte der Französischen Revolution aufs Spiel gesetzt. In de Sades Verständnis ist im Diebstahlsgeschehen nicht der Bestohlene, sondern der Dieb der Gerechtfertigte, weil er durch seine punktuelle Umverteilung auf eine Gesellschaft wirklicher Gleichheit hinarbeitet. Erst wenn der Diebstahl an den Reichen, so eine der radikalsten Forderungen in *Franzosen, noch eine Anstrengung, wenn ihr Republikaner bleiben wollt*, als eine förderliche Handlung hin zu einer Gesellschaft wirklicher Gleichheit anerkannt wird, ist die Möglichkeit gegeben, die Erfolge der Revolution nicht wieder zu verlieren:

> Ich wage nun, völlig unparteiisch zu fragen, ob der Diebstahl, dessen Wirkung darin besteht, daß er die Reichtümer ausgleicht, in einer Regierungsform, deren Ziel die Gleichheit ist, ein so großes Übel darstellt. Unzweifelhaft nein; denn er begünstigt einerseits die Gleichheit und macht es auf der anderen Seite notwendig, besser auf sein Hab und Gut zu achten. Es gab sogar ein Volk, das nicht den Dieb, sondern den Bestohlenen bestrafte, um ihn zu lehren, besser über seine Besitztümer zu wachen.[34]

Die ägyptische Heterotopie der Legitimierung des Diebstahls und der Benachteiligung des Bestohlenen hat sich in de Sades Aufklärungskritik mit dem Ziel einer noch radikaleren Aufklärung zu einer normativen Forderung an diejenigen entwickelt, die für sich in Anspruch nehmen, echte Gleichheit zu fordern. Die Positionen weiterer ähnlich diebstahlsfreundlicher Denker der Aufklärung, namentlich Jean-Jacques Rousseau, Eugène François Vidocq und Salomon ben Maimon, werden im Kapitel über Autobiografien aus dieser Zeit behandelt.[35] Betrachtet man die Tendenz der französischen Aufklärer, im Diebstahl ein förderliches Element zu entdecken, möchte man sagen: Helène hätte sich im Streitgespräch mit Blomart und Paul einiger nicht allzu systematischer und kanonischer, aber namhafter Denker bedienen können, um ihren Fahrraddiebstahl mit aufklärerischer Verve zu verteidigen.[36]

Ein Aspekt der Bemerkungen Hegels über Ägyptens Diebstahlsgesetz ist damit aber noch nicht behandelt: Die List. Diodor hatte die Ernennung eines „Oberdiebes", der mit umfassenden Registrierungs- und Verwaltungsaufgaben des Diebes-

---

34 Marquis de Sade: „Franzosen, noch eine Anstrengung, wenn ihr Republikaner bleiben wollt." In: Ders.: *Schriften aus der Revolutionszeit*. Hg. v. Rudolf Lind. Frankfurt a. M. 1989. S. 149-206, hier S. 171. – Dass de Sade tatsächlich das ägyptische Vorgehen im Sinn hat, dem Bestohlenen einen Teil dessen, was ihm aufgrund seiner Nachlässigkeit weggenommen wurde, als Strafe dem Dieb zuzusprechen, ergibt sich aus der direkten Umgebung dieses Zitats, in dem er auf all die Völker Bezug nimmt, die Diderot in der *Encyclopédie* erwähnt. De Sade bezog sich also auf Diderot, und nicht direkt auf den antiken Diodor.
35 Siehe die Seiten 296-312 dieser Arbeit.
36 Auf den ersten Blick scheint es naheliegend, dass sie sich auch auf Theoretiker des individuellen Anarchismus und insbesonders auf Max Stirner hätte stützen können. Doch in Stirners Hauptwerk *Der Einzige und sein Eigentum* wird der Dieb mit größter Gewissheit als der schlimmste Feind eines jeden Menschen bezeichnet: „Der Dieb und der Mensch sind in meinem Geiste unversöhnliche Gegensätze; denn man ist nicht wahrhaft Mensch, wenn man Dieb ist; man entwürdigt in sich *den* Menschen oder die ‚Menschheit', wenn man stiehlt." (Max Stirner: *Der Einzige und sein Eigentum*. Erftstadt 2005. S. 81ff. [Kursivierung im Original.])

gewerbes ausgestattet war, mit der pragmatischen Feststellung erklärt, dass der Diebstahl ohnehin nicht auszurotten sei und dass deswegen einen förderlichen und friedlichen Umgang mit ihm zu finden ein Gebot der praktischen Vernunft darstelle. Hegel dagegen spekuliert, dass es den Ägyptern bei ihrer bürokratischen Regelung der Diebesangelegenheiten wohl um die Förderung der List ihrer Landsleute ging. Dieses Detail ist nicht unbedeutend. Dass es Hegel naheliegend schien, dass ausgerechnet eine Steigerung der Listigkeit der Grund war, weshalb das ägyptische Diebesgewerbe so gefördert wurde, verdient eine etwas nähere Betrachtung, denn die List ist in Diodor als einziger Quelle dieser buchstäblichen Heteronomie nicht angegeben. In einigen Erzählungen über das alte Ägypten wird indirekt angedeutet, dass die ägyptische Schläue und Verschlagenheit ein Topos antiker Bilder Ägyptens war: In Herodots *Historien* wird die auch von Hegel erwähnte Geschichte eines Meisterdiebes erzählt,[37] der aufgrund seiner besonderen Klugheit bei der mehrfachen Überlistung des Königs und seiner Vorsichtsmaßnahmen von diesem letztlich begnadigt und mit den Worten gelobt wurde, „die Ägypter seien klüger als die anderen Völker; er aber sei noch klüger als die Ägypter."[38] Allerdings geht der Begnadigung des Meisterdiebes eine recht blutrünstige Erzählung der Versuche voraus, der Verfolgung durch den etwas tumben und gewalttätigen König zu entgehen, die von einer grundsätzlichen Liberalität gegenüber klugen Dieben und einer institutionalisierten Regelung dieses Verbrechens nichts verrät.

Doch nicht nur bei Herodot tauchen solche besonders raffinierten ägyptischen Diebe auf. Es liegt nahe, anzunehmen, dass die aufklärerische Ägypten-Phantasie nicht nur aus griechischen und römischen Quellen, sondern auch aus der aufklärerischen Rezeption des Alten Testaments inspiriert ist, wo biblische Figuren wie Josef oder Moses, die beide als raffinierte ägyptische Politiker galten, immer wieder

---

37 Hegel: *Philosophie der Geschichte*. S. 506ff.
38 Herodot: *Historien. Bücher I-V*. Hg. v. Josef Feix. Düsseldorf⁷ 2006. S. 301-307, hier S. 307. – Eine kurze Zusammenfassung der Geschichte lautet folgendermaßen: Der Vater des Meisterdiebes war der Baumeister, der die Schatzkammer des Königs Rhampsinitos entworfen hatte. Er verriet seinen zwei Söhnen eine Möglichkeit, durch einen lockeren Stein in die Kammer zu kommen. Dies nutzten die Brüder mehrmals aus, bis einer von ihnen in einer dort ausgelegten Schlinge gefangen wurde und den anderen aufforderte, ihn zu töten und ihm den Kopf abzutrennen und damit zu fliehen, damit geheim blieb, wer die Diebe am Schatz des Königs seien. Sein Bruder tat dies, und am nächsten Tag ließ Rhampsinitos den zurückgebliebenen verstümmelten Körper öffentlich aufhängen, um zu beobachten, wer vor dem Leichnam Gefühlsregungen zeigte und so herauszufinden, wer zur Familie des kopflosen Toten gehörte. Die Mutter des Diebes forderte diesen auf, den frevelhaft ausgestellten Körper zu stehlen, was dieser schaffte, indem er durch eine List die aufgestellten Wachen betrunken machte, damit sie einschliefen. Daraufhin ließ der König seine promiskuitive Tochter ihre Liebhaber, unter denen zufällig oder statistisch wahrscheinlich auch der Dieb war, über die Sache ausfragen. Der Meisterdieb gestand ihr die Tat. Als sie daraufhin die Wachen rief und ihn am Arm festhalten wollte, entfloh er und hinterließ ihr nur den abgetrennten Arm seines Bruders, den er eben zu diesem Zweck vorsichtshalber zum Stelldichein mitgebracht hatte. Der König war von der nachhaltigen Überlegenheit des Diebes so beeindruckt, dass er ihm seine Taten vergab und ihm seine Tochter zur Frau überließ. – Der Anekdote ist offensichtlich keine Milde und institutionalisierte Hochachtung vor Dieben zu entnehmen, sondern sie ist eher eine Spottgeschichte auf die Tumbheit des Königs und die Listigkeit und Entschlossenheit seiner Untertanen.

als positive Figuren, als geschickte Staatsmänner, kluge Diplomaten und nicht zuletzt als geschickte Diebe und als Meister der politischen List auftauchen. Moses wie Josef waren beispielhaft für eine hellsichtige Listigkeit, von der Hegel in Kombination mit Diderots Bericht annimmt, dass der Diebstahl in Ägypten eben zu deren Förderung erlaubt gewesen sei. Der Motivkomplex von Rahels Diebstahl des Hausgötzen ihres Vaters, der Josefs-Geschichte und des Exodus-Diebstahls des ägyptischen Goldes und darüber hinaus die Überhöhung dieser Entwendung bei den Kirchenvätern legte in der Aufklärungszeit nahe, dass der Diebstahl in Ägypten und Israel, solange er fintenreich und geschickt vorgenommen wurde, mehr geehrt als gestraft wurde. Auch der große König David stahl ungestraft und mit göttlicher Legitimation ein Stück von Sauls Mantel und die Schaubrote aus dem Tempel.[39] Dieser bemerkenswerten Reihe alttestamentlicher Schelme – Rahel, Josef und Mose – die mit aller Selbstverständlichkeit den Diebstahl für ihre Zwecke einsetzen, ist in dieser Arbeit ein eigenes Kapitel gewidmet, in dem auf ihre tatsächlich bemerkenswerte Listigkeit zurückgekommen wird.[40] Sie setzen wie selbstverständlich ihre List für Gott, ihre eigene Familie und das Volk der Hebräer ein, indem sie andere Götter, Familien und Völker bestehlen. Auch wenn nicht endgültig klar ist, woher Diodor seine Berichte über Ägypten hatte, und damit der letztliche Ursprung für das fiktive Strafgesetz des alten Ägypten etwas undeutlich bleibt, ist es aufschlussreich, die Funktion des exotischen Ägyptenbildes und der Annahme über das dort gültige Eigentumsgesetz in der aufklärerischen Philosophie etwas näher zu besprechen. Dass für die ägyptischen Gesetzgeber die Förderung der List wichtiger war als der Schutz des Eigentums, ist bemerkenswert genug.[41]

Noch Nietzsche erwähnt das alternative Diebstahlsrecht der Ägypter,[42] doch dann scheint diese Wahrnehmung Ägyptens und das Interesse an radikal alternativen Eigentumsnormen zu versiegen. Die moderne ägyptologische und rechtsgeschichtliche Forschung zum Eigentums- und Sachenrecht in Altägypten versteht diese alte Hochkultur nicht mehr als diese harmonische rechtsgeschichtliche Ausnahme, sondern reiht sie in die gängige Ordnung ein, laut der der heimliche Diebstahl dort sogar noch härter bestraft wurde als der offene Raub.[43] Das Bild Ägyptens als eines Paradieses der Diebe ist eine Singularität der Aufklärung, und schon Hegels anekdotisch vorgebrachter Erwähnung des ägyptischen Modells ist anzumerken, dass die Aufklärer darin eher eine Art kontrafaktischen Mythos gegen die

---

39 Siehe dazu die Fußnote auf Seite 200.
40 Siehe dazu in dieser Arbeit das Kapitel „Der wiederholte Anfang: Ödipale und diebische Ursprungsmythen der Bibel und ihre Deutungen" auf den Seiten 155-211.
41 Hegel selbst subsumiert die Ägypter zusammen mit den Israeliten unter die semitischen Kulturvölker, was gewisse Vorurteile gegenüber der jüdischen Listigkeit in Geschäftsdingen anklingen lässt. Zu Hegel und seinem Bild der Juden als eines Volkes der Diebe siehe S. 203f dieser Arbeit.
42 Friedrich Nietzsche: „Nachgelassene Fragmente. Frühjahr-Sommer 1883." In: *KSA*. Band X. S. 265.
43 Siehe hierzu z.B.: Erwin Seidl: „Altägyptisches Recht." In: Bertold Spuler (Hg.): *Handbuch der Orientalistik – Ergänzungsband III: Orientalisches Recht*. Leiden 1964. S. 1-48. – Seidl erwähnt an keiner Stelle den Diebstahl betreffende Sonderregelungen, sondern ein recht übliches harsches Strafrecht bei Eigentumsverbrechen.

eigene Eigentumsvorstellung und weniger eine gesicherte historische Tatsache vorzubringen versuchten. In der Aufklärungszeit war ein Bild Ägyptens als einer Gesellschaft äußerster Exotik verbreitet, die über ein absolut mysteriöses und hermetisches Gegenwissen verfügte. Ägypten repräsentierte eine Art enigmatisches Beispiel einer nicht nur archaischen, sondern der eigenen im Reflexionsniveau fast gleichrangigen Kultur. So galt zum Beispiel die Relation von Bild und Schrift und damit von Wissen und Kunst im antiken Ägypten als genau gegensätzlich zu der Form, wie sie in der europäischen Neuzeit vorlag: Die Hieroglyphen waren ein geheimnisvoller und mesmerisierender Wissensspeicher, der die biblische Sintflut in Stein gemeißelt überstanden hatte, während Papier und Schrift immer drohten, im Verlauf der Geschichte verloren zu gehen. Diese bildlich-lithografische und magische Konstitution des ägyptischen Weltbildes war der Aufklärung, die auf Schriftlichkeit, Reproduzierbarkeit, Rationalität und Geschwindigkeit der Kommunikation setzte, ein äußerst exotisches Modell, und mit den medialen Grundlagen war Ägypten überhaupt die Gesellschaft des ganz Anderen und dessen, was der eigenen Norm völlig entgegengesetzt war. Entsprechend kann angenommen werden, dass die Denker der Aufklärung deswegen offen dafür waren, das alte Ägypten als einen Staat anzuerkennen, in dem auch die grundlegendsten Eigentumsgesetze auf den Kopf gestellt waren. Ägypten fungierte als ein diametral anders empfundenes Gegenmodell zu allen Gesellschaftsformen, die in der Aufklärung als relevant galten: Das alte Ägypten war weder feudal noch bürgerlich, aber auch kein idealisierter oder verdammungswürdiger Urzustand, sondern eine radikale Alterität zum Gegebenen. Es ist damit wahrscheinlich vor allem einer westlich-aufklärerischen Grundannahme über Ägypten als höchst zivilisiertem, aber fremdartigem und arkanem Gegenbild westlicher Zivilisation zuzuschreiben, für die diese angenommene ägyptische Eigentumsordnung plausibel erschien, genau weil sie so eklatant gegen das in der eigenen Kultur Gültige zu verstoßen schien.[44] Das ägyptische Eigentumskonzept bedeutete das komplette Gegenteil der in der Neuzeit – und, wie oben beschrieben, dezidiert von Hegel – entwickelten Eigentumsphilosophie, die als die richtigere, reinere und aufgeklärtere betrachtet wurde.[45] Diderot leitet seinen Artikel über den Diebstahl daher mit den Worten ein: „Les anciens n'avoient pas des idées aussi pures que nous rapport au *vol*, puisqu'ils pensoient que certaines divinités présidoient aux voleurs, telles que la déesse Laverna et Mercure".[46] Diese Unklarheit oder Unschärfe und die religiöse Institutionalisierung, die Diderot dem

---

44 Der Umgang mit Dieben als Markierungspunkt für die Alterität einer normativ anderen Gesellschaft ist auch in Thomas Morus' frühaufklärerischer *Utopia* zu erkennen, in der mehrere Paragrafen dazu verwendet werden, einen anderen und humaneren Umgang mit Dieben zu beschreiben als er in England zur Zeit Morus' üblich war. (Thomas Morus: *Utopia*. Übers. v. Gerhard Ritter. Stuttgart 1964. S. 24ff.)
45 Siehe dazu auch: Assmann: *Ägypten*. S. 475ff, und Ders.: *Religio Duplex. Ägyptische Mysterien und europäische Aufklärung*. Berlin 2010.
46 Diderot: „Vol". In: *Encyclopédie*. S. 439. [Kursivierung im Original.]

ganzen antiken Denken in Bezug auf den Diebstahl zuschreibt,[47] findet in Ägypten, in dem die Ideen weniger unklar als mehr fremd und exotisch waren, ihr glänzendstes und bewundernswertestes Beispiel: Ägypten als der Ort alles der aufgeklärten Zivilisation diametral Fremdem, in dem eine hieratisch-bürokratische Rechtsform herrschte, an der sogar die Verbrecher ihren legitimen Anteil hatten. Diese Ordnung der aufklärerischen Projektion in der ägyptischen Fremdheit ist das genaue Gegenteil dessen, was zur Zeit Diderots und Hegels normativ gelten sollte: Die Unantastbarkeit des privaten Eigentums wurde in der bürgerlichen Philosophie, Wirtschafts- und Staatsordnung zum Kern des bürgerlichen Weltverständnisses.[48] Den deutlichsten Kontrast zwischen der von Diderot und Hegel auf Ägypten projizierten Diebstahlsgesetzgebung und der sich entwickelnden bürgerlichen Verurteilung des Diebstahls kann man in Karl Marx' weiter unten besprochenen *Debatten über das Holzdiebstahlsgesetz im rheinischen Landtag* erkennen: In beiden Fällen wurde das ganze institutionelle und gesetzgebende Gewicht des Staates und der Bürokratie aufgebracht, um den Diebstahl zu disziplinieren – mit diametral unterschiedlichen Ergebnissen: Im fiktionalen Ägypten wurde der Diebstahl gefördert, im bürgerlichen Rheinland des neunzehnten Jahrhunderts wurden harmlose Holzsammler zu Dieben erklärt und mit aller als nötig empfundenen Härte bestraft. De Sade, der sich auf die Seite der Diebe stellt, ist einer der sehr seltenen Denker, der der Idee des Privateigentums so kritisch gegenüberstand, dass er den Diebstahl gutheißen konnte.

Die Idee der Unverbrüchlichkeit und höchster staatlicher Schutzverpflichtung privaten Besitzens wurde nicht nur in juristischen Traktaten, sondern auch mit solchen Illustrationen des ganz anderen zu einem der Leitgedanken des bürgerlich-demokratischen Denkens entwickelt und war von Anfang an und eng mit der Unverletzlichkeit der Person selbst verknüpft. Was die konstruierte ägyptische Konzeption des Eigentums so fremd machte und immer noch macht, ist daher weniger die bürokratische Organisation, die mit ihrer Registratur, Listenbildung und einer institutionell regulierten Öffentlichkeit den Methoden der bürgerlichen Staatsorganisation nicht fremd ist; was so fremd erscheint, ist, dass das Eigentum in diesem Ägypten eine vom Subjekt getrennte Entität darstellt, über die öffentlich verfügt werden konnte. Eigentum durfte durch andere Individuen übernommen werden, wenn diese Übernahme nicht auffiel, und es verbleibt damit in einem zumindest

---

47 In Sparta als belegbarer Ausnahme, das Diderot ebenso erwähnt, war der Diebstahl tatsächlich innerhalb bestimmter Rituale und zeitlicher Begrenzungen erlaubt, bzw. sogar gefordert: Die *krypteia*, während der die jungen Männer auf sich allein gestellt zu ihrer Ernährung sogar zum Diebstahl, aber auch zum Mord an einem Heloten angestiftet wurden, ist gewissermaßen ein kultisch bedingter juristischer Ausnahmezustand im Rahmen der spartanischen Erziehung. Siehe dazu: Lukas Thommen: *Sparta. Verfassungs- und Sozialgeschichte einer griechischen Polis.* Stuttgart u. Weimar 2003.

48 Zu weiteren eigentumskritischen Positionen der französischen Aufklärer siehe auch: Arnold Künzli: *Mein und Dein. Zur Geschichte der Eigentumsfeindschaft.* Köln 1986. Insbes. S. 211-270. Gewissermaßen als Gegenposition vgl. auch die nüchterne Studie zur Entwicklung des Eigentums als einer verfassungsrechtlichen Problematik: Helmut Rittstieg: *Eigentum als Verfassungsproblem. Zur Geschichte und Gegenwart des bürgerlichen Verfassungsstaates.* Darmstadt 1975.

potenziell öffentlichen, nicht-privaten Raum.[49] Es lohnt sich, dieses in der fiktionalen altägyptischen Gesetzgebung implizierte Eigentumskonzept näher zu definieren, bevor Hegels genau gegenteilige Definition des Eigentums in den Blick genommen wird. Was laut der aufklärerischen Phantasien über Ägypten als Besitzregelung auftaucht, scheint eine Eigentumsidee zu sein, wie Diebe sie erträumen würden, und die nicht selten in ihren Rechtfertigungen impliziert wird: Was nicht in unmittelbarer Reichweite des Besitzers liegt und von diesem gar nicht benötigt wird, ist gewissermaßen nur ein akzidenzieller Besitz, der jedem anderen Mitglied der Gesellschaft unter der Bedingung verfügbar ist, dass er es eher braucht als der Eigentümer. Die Fremdheit dieses Gedanken für den braveren Bürger, dass Privateigentum nur so lange wirkliches Eigentum ist, wie der Besitzer es selbst im Blick halten und dadurch vor fremdem Zugriff schützen kann, ist heute nicht geringer als zur Zeit Hegels und Diderots. Wir müssten demnach annehmen, dass jeder luxuriöse Privatbesitz außerhalb des alltäglichen und zuhandenen Gebrauchs nur ein bedingter Besitz ist, der potenziell jedem anderen zur Aneignung offensteht, der ihn dringender benötigt. Eigentum ist nach Benötigung und Not definiert und nicht nach Festlegung und juristisch legitimiertem Rechtsanspruch. In den folgenden Kapiteln werden wir sehen, dass sich Diebe fast immer an solchen peripheren Besitztümern vergehen, die der Eigentümer eigentlich gar nicht wirklich braucht. Auch Helène in de Beauvoirs Roman bringt als Begründung an, dass die Besitzerin des Fahrrads den Verlust gar nicht bemerken würde.[50]

Was im fiktionalen Ägypten kodifiziert und rechtsgültig war, ist als implizite Idee in nicht wenigen Diebstahltexten angeführt. Es gibt demnach zwei unterschiedliche Arten von Eigentum: zuerst ein erstes, präsentes, unmittelbares, benötigtes und unantastbares personales Eigentum einer Person; und darüber hinaus eventuell ein nicht-präsentisches, peripheres, sekundäres Eigentum, das ‚überflüssig' ist, das vom Eigentümer nicht verwendet oder verbraucht wird, das nicht zur Befriedigung eines Bedürfnisses dient, sondern das als reines Symbol des Reichtums und Überflusses fungiert oder zur Spekulation, zur weiteren Bereicherung, also als Kapital im Marx'schen Sinn verwendet wird.[51] De Sade forderte die Ab-

---

49 Dieses Ägypten ist damit keine Utopie im strengen Sinn, deren Gesellschaft exemplarisch-diametral zur eigenen steht. Eine solche genau gegenteilige Utopie zur französischen Gesellschaft entwirft Diderot in „Supplément au Voyage de Bougainville." (In: Ders.: *Œuvres Complètes*. Band II. Hg. v. Jules Assézat. Paris 1875. S. 193-250.) Während Diderots Bild der tahitianischen Gesellschaft einen radikalen, „wilden" Kommunismus darstellt, ist Ägypten so zivilisiert wie sein eigenes Frankreich, aber normativ anders.
50 de Beauvoir: *Blut*. S. 44.
51 Die Frage nach der Einteilung von Besitz in ein absolutes Eigentum und ein konditionales, zusätzliches Eigentum wird auch von Stephen R. Münzer diskutiert, der das Konzept einer mehrfachen Eigentumsform aber tendenziell ablehnt: Stephen R. Münzer: *A Theory of Property*. Cambridge 1990. Insbes. S. 61ff. In den Standardwerken zur Eigentumssoziologie und Eigentumstheorie taucht diese diebisch-aufklärerische Konzeption eines peripheren Eigentumsanteils nicht auf. Vgl. dazu: Heinz Wagner: „Eigentum." In: *Handbuch der Politischen Philosophie und Sozialphilosophie*. Hg. v. Stefan Gosepath u. a. Band I. Berlin 2010. S. 632-637., oder: Jörn Lamla: „Wirtschaftssoziologie." In: *Handbuch spezielle Soziologien*. Hg. v. Georg Kneer u. Markus Schroer. Wiesbaden 2010. S. 663-684.

schaffung dieses luxuriösen Eigentums, das auch bei formeller politischer Gleichberechtigung die Grundlage aller Ungleichheit darstellt. Diese von de Sade besonders vehement vertretene Tendenz, den Dieb als an einem gesellschaftlichen Eigentumsausgleich arbeitend zu betrachten, und deswegen seine Tat zu entschulden, wird auch von Jacques-Pierre Brissot[52] geteilt, wenn auch nicht mit der Radikalität de Sades.

Doch eine solche Abstufung von Formen des Eigentums ist nicht nur ein fiktionales antikes Recht, sondern auch Gegenstand moderner soziologischer Untersuchungen: Thorstein Veblen formulierte für nicht-westliche, von ihm „barbarisch" genannte Gesellschaften eine graduelle Abnahme der Intensität der Eigentümlichkeit von Dingen, wobei das intimste Eigentum mit der Persönlichkeit selbst verschmolzen ist und das fernste Eigentum ab einem bestimmten Punkt in die Natur übergeht: „The two categories [of ownership], (a) things to which one's personality extends by way of pervasion, and (b) things owned, by no means coincide; nor does one supplant the other."[53] Es gibt eine Konzeption von Eigentum, das keiner individuellen Besitznotwendigkeit unterliegt, sondern das ein die Bedürfnisse übersteigender, sekundärer und apräsenter Besitz ist. Die Grenze von Prekarität, Armut und Not verläuft entlang dieser Linie: Wird sie unterschritten und hat eine Person nicht einmal das ihr Lebensnotwendige, ist sie in ihrer Integrität bedroht, über dem Bereich der Grenze beginnt Überfluss, größerer Komfort und Reichtum, auf den kein absoluter Besitzanspruch erhoben werden kann.[54] Fast alle in dieser Arbeit besprochenen Diebstähle handeln von der Entwendung solch sekundären, zusätzlichen Eigentums: Will sich nämlich jemand am primären Eigentum vergehen, muss er dies unter den Augen des Eigentümers tun, um ihm einen unabdingbaren und benötigten Besitz wegzunehmen. Dazu muss tendenziell gewaltsam vorgegangen, also geraubt werden. Der Dieb, der heimlich agiert, zielt auf den Überfluss des Anderen, der in seinen mittelbaren, abstrakten und letztlich verzichtbaren Besitztümern besteht. Diese Einteilung des Eigentums einer Person in Eigentum erster und zweiter Art, die Diebe habituell zu ihrer Rechtfertigung anführen, ist ein erstes wesentliches Ergebnis unserer Untersuchung. Diese Zweiteilung bleibt Hegel jedoch fremd, der, wie wir gesehen haben, das Eigentum jedweder Form als substanziell und unverletzlich einem Subjekt zuordnete. Diese ontologische Verknüpfung von Subjekt und Eigentum wird anhand ihrer Verletzung durch den Dieb im Folgenden näher untersucht. Dabei wird immer wieder ein Punkt erreicht werden, an dem der Dieb bemerkbar wird als eine Figur, die in einen Widerspruch zu Hegels

---

52 Jacques-Pierre Brissot: *Recherches philosophiques sur le droit de propriété considéré dans la nature.* Paris 1780. S. 111f.
53 Thorstein Veblen: „The Beginnings of Ownership." In: *The American Journal of Sociology.* Chicago 1898-99. S. 350-365, hier S. 358.
54 Noch klarer als de Sade und Diderot macht Jean Paul Marat diese Zweiteilung des Eigentums in seinem *Plan de legislation criminelle*, in dem er schreibt: „The right to possess flows from the right to live. Therefore, all that which is indispensable to our existence belongs to us, and anything more than that cannot legitimately be considered ours as long as others are in need." Zitiert nach: Clifford D. Conner: *Jean Paul Marat. Tribune of the French Revolution.* London 2012. S. 17f.

Annahmen über das Subjekt tritt. Er denkt nicht dialektisch, sondern mit einer subversiven Listigkeit, die den Versuchen entgeht, ihn zu fassen. Der Dieb hat einen Ort in Hegels Gedanken, aber nicht als ein dialektischer, und damit wiederum integrierbarer Widerspruch, sondern als eine Disjunktion, eine regellose Alternative zu seinem Denken in klaren Entgegensetzungen. Der Dieb ist eine nichtdialektische Leerstelle, die in hegelianischer Philosophie, und damit auch bei Marx, vielfach angesprochen wird, die aber nie greifbar wird, sondern immer als ausgeschlossene, „anarchische Differenz"[55] auftaucht: Der Dieb ‚hat' nicht, ihm fehlt Souveränität und Eigentum, das er sich deswegen anzueignen versucht, ohne selbst souverän werden zu müssen. Er stiehlt am Subjekt und er stiehlt sich aus der Philosophie. Hélène hat mit ihrer fast unschuldig zu nennenden Tat einen Motivkomplex berührt, der in de Beauvoirs Werk nach wenigen Seiten zur Seite gelegt wird, der aber größere Konsequenzen hat als Hélène geahnt hätte, als sie das Fahrrad stahl.

1|1|4
Die Eigentumsverbrechen Raub und Diebstahl in der Perspektive der bürgerlich-sozialtheoretischen Philosophie

Das Eigentumsverbrechen taucht bei Hegel nicht nur in der historischen Untersuchung und als Beispiel für die Alterität noch nicht vom Weltgeist erweckter Zivilisationen auf, sondern es spielt ebenso in seinen rechtsphilosophischen Überlegungen eine Rolle. Dass es für Hegels Philosophie des subjektiven Eigentums, das in einer primären Selbstappropriation beginnt, nötig ist, dem Verbrechen gegen Besitz und Eigentum in der Konzeption der Ethik eine ganz besondere Rolle zuzugestehen, liegt nahe, da der Diebstahl eine spezielle, als illegitim markierte Form der Aneignung ist, die immer ein bereits bestehendes Eigentum in Frage stellen muss. Die ein Einzelsubjekt wie Hélène definierende Aneignung, die im Diebstahl stattfindet und die im Kapitel über autobiografische Diebstähle an weiteren Einzelbeispielen näher beschrieben ist, ist dabei der Inbesitznahme der Persönlichkeit bei Hegel auffallend ähnlich. Zwischen „Diebstahl" und „ursprünglicher Appropriation des Selbst" zu unterscheiden, fällt in hegelianischen Kategorien nicht leicht. Deswegen muss die Unterscheidung, die Hegel zwischen einzelnen Verbrechen, insbesondere zwischen Raub und Diebstahl macht, näher betrachtet werden. Wann ist eine Selbstaneignung legitim und welche Aneignungen gelten dagegen als verwerflich? Was für die vorliegende Untersuchung zentral sein wird, ist, dass Hegel, und in seiner Folge auch Axel Honneth, der die Hegel'sche Rechtsphilosophie prä-

---
55 Michel Foucault: „Theatrum philosophicum." In: *Dits et Ecrits*. Band II. Hg. v. Daniel Defert u. a. Übers. v. Reiner Ansén u. a. Frankfurt a. M. 2002. S. 93-122, hier S. 109. – Foucaults Hegel-Kritik, die der hier geführten Untersuchung zugrunde liegt, und die stets auf der Suche nach dem nicht-dialektischen Widerspruch ist, wird unten noch genauer ausgeführt.

zisiert und ausweitet,⁵⁶ nicht deutlich zwischen den klassischen Eigentumsverbrechen des Raubes und des Diebstahls unterscheiden. Ein Verbrechen gegen Eigentum wird unmittelbar als ein Verbrechen gegen ein Subjekt betrachtet und nicht gegen Dinge, die kontingent einem Subjekt zugeordnet sind. Diese bezeichnende ethische Indifferenziertheit lautet in Hegels eigenen Worten so:

> Der Diebstahl ist also hier ebenso wohl persönlich und Beraubung; und die Subsumtion des Besitzes, der Eigentum ist, unter die Begierde eines andern, oder die Negation der Indifferenz, und die Behauptung der quantitativ größeren Besonderheit gegen die quantitativ geringere, der Subsumtion der differenteren unter die geringere, das ist die Gewalt, nicht überhaupt, sondern gegen Eigentum, oder der Raub muß auch seine Gegenwirkung, oder die umgekehrte Subsumtion haben.⁵⁷

Der Diebstahl ist „persönlich und Beraubung" und er ist Gewalt. Beide Verbrechen, der Raub wie der Diebstahl, sind durch ihre Infragestellung des ‚Eigentums des Anderen' bestimmt und betreffen dessen ureigenstes Selbst. In dieser Definition ist der Bestohlene also immer existenziell bedroht und in seiner Integrität als Person beeinträchtigt. Auch der heimliche, noch so geringe Diebstahl fällt damit im hegelianischen Denken tendenziell in die juristisch eigentlich gänzlich verschiedene, bedrohliche Kategorie des Raubes und ihm muss von Seiten des Rechts mit einer entsprechenden Reaktion begegnet werden. Eine Unterscheidung zwischen der gewaltlosen und der gewaltsamen Handlung ist kaum mehr möglich, weil es um die Beeinträchtigung des besitzenden Individuums und damit der ganzen Persönlichkeit auf abstrakter Ebene geht. Die illegitime Aberkennung des Eigentums des Anderen ist eine erzwungene Infragestellung und Einschränkung seiner Eigenheit, und ist damit ein Eingriff in sein Dasein selbst. Hegel zufolge, insbesondere in seinen prominenten Ausführungen zur Rechtsphilosophie, geht also jedes Verbrechen am Eigentum mit Zwang einher.⁵⁸ Diametral zum mythisch-ägyptischen Recht begeht der Verbrecher, der sich fremden Besitz aneignet, damit nicht weniger als ein individualphilosophisch äußerst verwerfliches Sakrileg, weil er mit dem Griff nach dem Eigentum direkt in die Existenz des Besitzenden eingreift. Mit der durch Hegel zum Eigentum abstrahierten Subjektivität ist durch jedes Infragestellen seines Besitzes das Individuum selbst bedroht: Jedes Eigentumsdelikt wird dadurch zum Raub, und den heimlichen, partiellen Diebstahl an nicht-präsentem, sekundärem und überflüssigem Eigentum kann es grundsätzlich nicht geben. Jedes Eigentum einer Person gilt für die Person selbst.

Émile Durkheim beobachtet diese Amalgamierung der Person mit ihrem Besitz in seiner *Physik der Sitten und des Rechts* mit der distanzierten Verwunderung des ethnologisch geschulten Soziologen, der die Eigenheiten der westlich-bürgerlichen Kultur erforscht. Die Verbindung zwischen der Person und ihrem Besitz funktio-

---

56 Axel Honneth: *Der Kampf um Anerkennung. Zur moralischen Grammatik sozialer Konflikte.* Frankfurt a. M. 1994.
57 G. W. F. Hegel: *System der Sittlichkeit (Critik des Fichteschen Naturrechts).* Hg. v. Horst D. Brandt. Hamburg 2002. S. 40.
58 Ders.: *Grundlinien.* S. 90ff.

niert Durkheim zufolge in der Zivilisation der Überhöhung des Privateigentums so, „daß Sachen so eng mit Personen verknüpft werden, daß sie an deren Unverletzlichkeit teilhaben".[59] Max Horkheimer formuliert dieselbe Beobachtung etwas anders: „Der Rechtsschutz des Leibs ist ein Spezialfall des Schutzes von privatem Eigentum."[60] Das Eigentumsverbrechen hat in unserer Kultur des Privateigentums paradigmatisch die Bedrohlichkeit einer Verletzung und tendenziellen Aufhebung der unversehrten Subjektivität des Anderen. Diese Festlegung ist in Durkheims ethnologischer Perspektive im Grunde ebenso kontingent und idiosynkratisch wie die Teilung in primäres und sekundäres Eigentum, wie sie von anderen Kulturformen angenommen werden kann. Diese begründungsbedürftige Problematik des radikalen Eigentumsschutzes und der bemerkenswerten Gleichrangigkeit von Besitz und Person ist in der Hegel'schen Rechtsphilosophie am deutlichsten in den *Grundlinien der Philosophie des Rechts* zu erkennen, wo die Differenz zwischen Raub und Diebstahl so formuliert wird: „Der Unterschied zwischen *Raub* und *Diebstahl* bezieht sich auf das Qualitative, daß bei jenem Ich auch als gegenwärtiges Bewußtsein, also als *diese subjektive* Unendlichkeit verletzt und persönliche Gewalt gegen mich verübt ist."[61] Die wenige Zeilen vorher festgelegte Definition des Verbrechens überhaupt ist aber die, dass „mein Wille im Eigentum sich in eine *äußerliche* Sache legt", worin der Wille Gefahr geht, Gewalt und Zwang ausgeliefert zu sein: „[Der Wille] kann darin teils *Gewalt* überhaupt leiden, teils kann ihm durch die Gewalt zur Bedingung irgendeines Besitzes oder positiven Seins eine Aufopferung oder Handlung gemacht – *Zwang* angetan werden."[62] Der heimliche, gewaltlose und oft genug kaum merkliche Diebstahl, der per definitionem ohne Zwang ausgeübt wird, fällt aus dieser Überlegung heraus, bzw. er wird unter das profiliertere Kapitalverbrechen des Raubes subsumiert. Die Verbrechen Raub und Diebstahl sind sich demnach wesentlich gleich, und sie sind nicht nur eine sich gleichende Verletzung eines Individuums, sondern damit auch der Gesellschaft, die den Schutz des Eigentums zum Kern ihres Kollektivbewusstseins gemacht hat.[63] Aufgrund seiner „Gefährlichkeit für die bürgerliche Gesellschaft" kann ein „Diebstahl von etlichen Sous oder einer Rübe mit dem Tode"[64] bestraft werden. Diese

---

59 Emile Durkheim: *Physik der Sitten und des Rechts. Vorlesungen zur Soziologie der Moral.* Übers. v. Michael Bischoff. Hg. v. Hans-Peter Müller. Frankfurt a. M. 1999. S. 171.
60 Max Horkheimer: „Theorie des Verbrechers." In: *Gesammelte Schriften XII.* Hg. v. Gunzelin Schmid Noerr. Frankfurt a. M. 1985. S. 266-277, hier S. 268.
61 Hegel: *Philosophie des Rechts.* S. 93. [Kursivierungen im Original.]
62 Ebd. S. 90. [Kursivierungen im Original.]
63 Hegel formuliert diese Wesensgleichheit und ihre Beantwortbarkeit durch ebenso wesensgleiche Strafen an einer Stelle so: „Bei dem Verbrechen, als in welchem das *Unendliche* der Tat die Grundbestimmung ist, verschwindet teils, verschwindet das bloß äußerlich Spezifische um so mehr, und die Gleichheit bleibt nur die Grundregel für das *Wesentliche,* was der Verbrecher verdient hat, aber nicht für die äußere spezifische Gestalt dieses Lohns. Nur nach der letzteren sind Diebstahl, Raub und Geld-, Gefängnisstrafe usf. schlechthin Ungleiche, aber nach ihrem Werte, ihrer allgemeinen Eigenschaft, Verletzungen zu sein, sind sie *Vergleichbare.*" Hegel: *Philosophie des Rechts.* S. 98. §101. [Kursivierungen im Original.]
64 Ebd. S. 188. §218.

Behandlung des Diebes im rigoros geschützten Privateigentum ist nicht weniger extrem und eigenartig, als ihm die Rübe zu wenigstens einem Viertel zu überlassen, wie es in unserem Ägypten geschehen wäre. Der Schutz der Zugehörigkeit dieser Rübe ist für Hegel allerdings wichtiger als der Schutz des Lebens. Diese Rübe ist für Hegel gewissermaßen absolut: Wird sie gestohlen, wird damit in fremdes Eigentum eingegriffen und also einer besitzenden Subjektivität ein Zwang angetan. Einer so rigoristischen Denkweise ist es schwer möglich, auf den individuellen Nutzen dieser Rübe Rücksicht zu nehmen und die Unterscheidung zuzulassen, ob die Rübe aus dem Kochtopf einer verarmten Witwe oder vom Feld eines Großgrundbesitzers genommen wird: Gradualität und kasuistische Ausnahmefeststellung sind nie die Stärke dialektisch strenger Denkmethoden, deren Bemühung auf die Auf- und Feststellung von Regelhaftigkeiten und nicht auf die eventuelle Diffusität und Unentscheidbarkeit von Phänomenen gerichtet waren. Wo die Rübe herkommt, muss egal sein: Verbrechen bleibt Verbrechen.[65]

Diese Fixiertheit der bürgerlichen Rechtsphilosophie auf den Eigentumsschutz führt dazu, dass der Diebstahl, der mit den Begriffen einer Gewaltsamkeit und einer offenen Entgegensetzung eben nicht adäquat beschrieben werden kann, nicht nur historisch fremd und „ägyptisch" bleibt, sondern auch dazu, dass der Diebstahl als nicht-antithetische Entgegensetzung in der Philosophie grundsätzlich nicht präzise abgebildet werden kann und damit eine Art ignorierter Sonderfall des Rechts bleibt. Der Dieb, der keine klare Antithese zum Subjekt als Eigentümer darstellt, sondern seiner Definition nach nur partiell sein sekundäres Eigentum betrifft, fällt aus Hegels rechtsphilosophischer Definition heraus. Und weil die Aneignung des Diebes nur eine partikulare ist, die vom Eigentümer – wie im Beispiel des imaginierten Ägyptens gezeigt – nicht einmal bemerkt werden muss, ist er keine dialektische Figur. Der Raub, der durch die gewaltsame Überwältigung die

---

65 Heute würde der Diebstahl einer Rübe unter das Vergehen des, obwohl juristisch abgeschafften, so doch umgangssprachlich immer noch so genannten „Mundraubs" fallen, der Hegel wohl relativ fremd gewesen wäre. Siehe dazu weiter unten die von Karl Marx dokumentierten Debatten zum *Holzdiebstahl* im rheinischen Landtag. – Allgemein ist zu sagen, dass die Strafen für den Diebstahl kleinerer, relativ wertloser Dinge im Verlauf der Geschichte milder geworden sind. In der Einleitung wurde schon beschrieben, wie der Dieb in historischen Rechtsordnungen härter bestraft wurde als der Räuber, weil der Räuber durch die offene Herausforderung ehrenhafter vorging als der heimliche und feige Dieb. So hat sich bis gegen Ende des neunzehnten Jahrhunderts eine sukzessive Milderung der Härte der Strafen für den Dieb eingestellt, die mit dem Aufkommen des Massenkonsums und der Vervielfältigung der Möglichkeiten zum Diebstahl in den aufkommenden Warenhäusern und Läden wieder zunehmend härter geworden sind. Zum 1. Januar 1872 bestand der Mundraub nach harter Debatte und großem Widerstand aus bürgerlichen Reihen laut dem deutschen Reichsstrafgesetzbuch nur noch in einer ‚Übertretung', löste also keine Sanktionsnotwendigkeit mehr aus. Nachdem im Verlauf der Aufklärung und der folgenden Epoche ein zunehmendes judikatives und legislatives Verständnis für kleinere Entwendungen aus Not zu beobachten war, wurde mit der zum 1. Januar 1975 wirksam werdenden Strafrechtsreform der Straftatbestand des Mundraubs wieder abgeschafft und die Strafen für Diebstahl wurden wieder verschärft; ein Trend, der auch in der gegenwärtigen Debatte um das Immaterialgüterrecht zu beobachten ist. Siehe dazu: Shteir: *The Steal*. u. Detlef Briesen: *Warenhaus, Massenkonsum und Sozialmoral. Zur Geschichte der Konsumkritik im 20. Jahrhundert*. Frankfurt a. M. 2001. Insbes. S. 132ff.

Negation des kompletten Eigentums darstellt, ist dagegen eine solche dialektische Enteignung. Ein Diebstahl, der sich oftmals nur symbolisch und keineswegs vollständig, sondern oft nur in vernachlässigbaren Wertlosigkeiten am Eigentum eines anderen vergreift, kann in einer Philosophie des dialektischen Entweder-Oder nicht untergebracht werden. In allen anderen von Hegel behandelten Eigentumsdelikten, also Betrug und Raub, stehen sich der Verbrecher und der Erleidende zwangsläufig konflikthaft gegenüber, und die subjektbildende Ökonomie des Verbrechens kann klassifiziert werden. Weil der Dieb aber heimlich vorgeht und meist sogar nur auf Eigentum aus ist, das der Besitzende zu seiner Subjektbildung gar nicht benötigt – das oben beschriebene sekundäre, nichtpräsentische Eigentum – wird der Diebstahl zu einem Verbrechen, das von Hegels Typologisierung nicht in seiner Eigenheit erfasst und drastisch bestraft wird. Das lässt den Diebstahl aber für die hier versuchte Untersuchung ein klares Profil gewinnen: Gerade weil er in Hegels so einflussreicher Rechtsphilosophie eine Leerstelle darstellt, ist seine Kontur deutlich zu erkennen. Der Dieb ist durch seine vorsichtige Heimlichkeit, durch seine ‚Bescheidenheit' und durch die Vernachlässigbarkeit seiner Tat in Betreff der Subjektphilosophie der Selbsteigentümlichkeit eine Ausnahmefigur, die sich nicht nur in Hegels Erstaunen über die Rechte der listigen altägyptischen Diebe zeigt, sondern auch in seiner Rechtsphilosophie.

1|1|5
Mangel und vorgängige Beraubtheit – woher die Motivation des Diebes zum Verbrechen stammt

Ein weiteres konstitutives Element des Diebstahls, das in Hegels Logik durchaus auftaucht, macht es möglich, ihr hier weiter zu folgen: Mit seiner Tat stellt der Verbrecher nicht nur den Beraubten in Frage, indem er ihn in seiner Selbsteigentümlichkeit beschränkt, sondern der Verbrecher muss dialektischer Logik entsprechend sich selbst als defizitär begreifen, um eine Motivation für sein Handeln zu haben. Um vom Anderen mit einer solchen Nachdrücklichkeit, dass ihretwegen ein Verbrechen begangen wird, eine Ergänzung seiner selbst zu suchen, muss das Subjekt selbst durch einen grundlegenden Mangel bestimmt sein. Die Subjektivität, die den Verbrecher zu seiner Tat verleitet, ist bei Hegel durch Eigenschaften und Begriffe von Mangel, Armut und Defizienz gekennzeichnet. Diese Armut kann aber im paradigmatischen Rahmen einer Eigentumsontologie nicht nur in äußeren unerfüllten Bedürfnissen bestehen, sondern sie greift das Subjekt als solches an und macht es existenziell unvollständig. Der Begriff der Armut als der erzwungenen Negation eines vollständigen Selbst hat eine nicht nur akzidentielle, sondern eine an die Substanz des Subjekts greifende Bedeutung. Wer in einer vom Privateigentum bestimmten Welt arm ist, dem mangelt es buchstäblich an Existenz. Helènes existenziell angreifendes Gefühl, aufgrund ihrer Armut verzweifeln zu müssen, ist in genau dieser Erfahrung eines Mangel an Selbsteigentümlichkeit und Selbstverfügung zu verorten. Shlomo Avineri formuliert diese existenzielle Defizienz so: Weil „das Eigentum die Grundlage für Hegels Auffassung von der Person bildet, ist Armut für ihn nicht nur eine Sache der physischen Not, sondern ebenso der Beraubung der Persönlichkeit und Menschlichkeit."[66] Wesentlich ist hier, dass Avineri, Hegels Ausführungen im *System der Sittlichkeit* folgend, Armut definiert als durch eine ursprüngliche Enteignung und Beraubung entstehend. Das arme Subjekt ist arm und in seiner Persönlichkeit beschränkt, weil ihm sein Eigentum und damit seine vollständige Selbsteignerschaft nicht anerkannt wird. Dieses vereinzelte und defizitäre Subjekt, das durch ein Fehlen, durch eine erzwungene Negation seines Begehrens bestimmt ist, handelt in der Reaktion auf dieses Fehlen verbrecherisch: Statt ‚für sich' und in einer Zufriedenheit mit seinem Selbsteigentum bleiben zu können, negiert es den Anderen, um die Negation seiner selbst zu beruhigen. Weil es sich selbst als beraubt wahrnimmt, entsteht ihm daraus seine Berechtigung zur antwortenden Entwendung, eine Begründung, die von einer Vielzahl von Dieben in dieser Arbeit vorgebracht wird. Ursprünglich, so sagen sie, oder deuten es wenigstens an, habe das Gestohlene dem Dieb gehört, es sei ihm nur weggenommen worden. Der Eigentumsverbrecher bezieht sich auf höheres Besitzrecht und fällt aber gleichzeitig damit unter die Schwelle menschlicher Existenz. Dadurch wird der Verbrecher bei Hegel ein so besonders verwerfliches Subjekt: „denn der ist auch zum Knecht zu schlecht, der geraubt hat, denn er hat nicht Vertrauen auf die ganze Persönlichkeit seiner selbst, indem er im Besonderen blieb, bewiesen."[67] Auf die hier angesprochene Dialektik von Herrschaft und Knechtschaft wird auf den nächsten Seiten eingegangen; zunächst ist hier festzuhalten: Derjenige, der ein Eigentumsverbrechen wie Raub oder den bezeichnenderweise davon ununterscheidbaren Diebstahl begeht, empfindet Hegel zufolge an seinem Wesen ein grundlegendes Ungenügen, eine Leere und die Abwesenheit einer Existenzgrundlage, die sein Handeln auslöst. Ein solcher existenzieller Mangel als Motivation wurde – dazu weiter unten mehr – schon in Augustinus' Überlegungen zu seinem Birnendiebstahl als Grund seiner Tat angegeben: Augustinus schreibt, er habe die Birnen nur gestohlen aus einem „Mangel und einem Ekel am Gutsein",[68] wobei bei Augustinus, wie im entsprechenden Teil dieser Arbeit beschrieben, ein Mangel an Gerechtigkeit einen Mangel an Existenz bedeutet.[69] Er versteht sich als einen Sklaven, der nicht offen gegen Gott als seinen Herrn rebellieren konnte.[70]

---

66 Shlomo Avineri: *Hegels Theorie*. S. 165.
67 Hegel: *Sittlichkeit*. S. 41.
68 Aurelius Augustinus: *Bekenntnisse*. Lateinisch-Deutsch. Übers. v. Joseph Bernhart. Frankfurt a. M. 1987. S. 78. – Im Original: „penuria et fastidio iustitiae".
69 Dass Mangel am Gutsein bei Augustinus einen Mangel an Existenz bedeutet, liegt in seiner platonisierenden Philosophie begründet, derzufolge das Böse nicht existiert: es ist nur nichtend und negierend vorhanden, wohingegen alles, was existiert, gut sein muss, weil es von Gott erschaffen wurde.
70 Augustinus: *Bekenntnisse*. S. 87. – Dieser Stelle wird später genauere Aufmerksamkeit gewidmet werden.

Dieser Aspekt der Selbstwahrnehmung des Subjekts als mangelhaft und unvollständig, und deswegen zum verbrecherischen Handeln fähig, ist bei Hegel und bei Axel Honneth, dessen stringente Weiterentwicklung Hegels im Folgenden kurz besprochen wird, eine Grundkonstitution aller Menschen. Der der Selbstaneignung und Subjektwerdung vorhergehende Mangel ist in hegelianischer Sprache als ‚Nichts' bezeichnet. In der konzisen Aktualisierung Hegels durch Alexandre Kojève ist der Mensch „nicht ein Sein, das *da ist*: er ist Nichts, das durch die Negation des Seins *nichtet*."[71] Dieses Nichts ist jedoch nicht ein ‚Nicht-Sein' im ontologischen Sinn, sondern die Negation einer positiven Definition: die Existenz des Subjekts hat keine essenzialistische Grundlage, sondern sie erscheint erst durch eine Zuschreibung und Inbesitznahme. Das Subjekt hat, bevor es eine Selbstwerdung durch Negation erreicht hat, keinen Bezug zur Welt, es existiert nicht; erst durch die als Negation bewusst werdende Tätigkeit kann es als Eigentümer seiner selbst und als auf ein Äußeres als Eigenes bezogen in einen Status treten, der dieses ursprüngliche Nichts verneint. Im Rahmen der hier vorliegenden Argumentation scheint es naheliegend, dass diese Negation der Negation, also die Negation der existenziellen Beraubtheit, in einer Geste illegitimer Rückaneignung geschieht. Diese individuelle, diebische und andere Subjekte nicht an ihrer Existenz betreffende Option der Aufhebung des subjektiven Nichts ist im Hegelianismus aber nicht gegeben. Stattdessen wird eine kollektive Lösung gegenseitiger Anerkennung der Existenz und der dadurch entstehenden Erleichterung der Existenz erstrebt: Der Staat, bzw. das Gesetz löst das Problem, indem er das Subjekt von seiner Aufgabe erleichtert, sich selbst die Anerkennung seines Begehrens verschaffen zu müssen. Im bürgerlichen Staat ist jedem Subjekt vertraglich seine Anerkennung zugesagt.

Hegel macht den Mangel im Subjekt als Grundkonstitution allen Handelns sehr deutlich, als spezifische Motivation des Verbrechens führt er ihn aber nicht genauer aus. Die mögliche Wahrnehmung, verbrecherisches Handeln in bestimmten Situationen als seiner Philosophie nach notwendig und sogar zwangsläufig legitim anerkennen zu müssen, lässt ihn davor zurückschrecken. Stattdessen wird der Diebstahl, wie wir gesehen haben, aufs schärfste verurteilt. Émile Durkheim ging, Hegels Überlegungen als Ausgangspunkt für die Entwicklung der Soziologie verwendend und den von Hegel vermiedenen Schritt wagend so weit, das Verbrechen als notwendigen Aspekt der Gesellschaft zu betrachten: „Lediglich von der Tatsache ausgehend, daß das Verbrechen verachtet wird und verächtlich ist, schließt der gesunde Menschenverstand mit Unrecht, daß es vollständig verschwinden sollte."[72] Das Individualinteresse steht Durkheim zufolge zwangsläufig im Konflikt mit dem Kollektivbewusstsein, und Repressionen individuellen Handelns sind daher ebenso unabwendbar wie die Nicht-Akzeptanz des kollektiven Drucks. Die gesellschaftliche Funktion des Verbrechens ist es damit, die Probe auf die Gültigkeit der Nor-

---

71 Kojève: *Hegel*. S. 72. [Kursivierungen im Original.] – Zur Kojève-Rezeption in der französischen Philosophie, siehe unten.
72 Emile Durkheim: *Die Regeln der soziologischen Methode*. Frankfurt a. M. 1984. S. 86.

men zu machen und wiederum die Anwendbarkeit und Akzeptanz der Sanktionen zu überprüfen. Für diese Position, dass das Verbrechen ein notwendiges und letztlich produktives Element der Gesellschaft darstellt, traf Durkheim immense Kritik.

Axel Honneth widmet in direktem Anschluss an Hegel der grundlegenden Beraubtheit und Defizienz als dem Ursprung des Verbrechens den ganzen ersten Teil seines Buches über den *Kampf um Anerkennung – Zur moralischen Grammatik sozialer Konflikte*[73], dem die hier vorliegende Argumentation weitgehend folgt. Er befasst sich mit der Permanenz des Verbrechens in der bürgerlichen Gesellschaft. Seine Fortführung des Hegel'schen Gedankenganges ist die, dass der Verbrecher mit seinem Tun auf eine Situation reagiert, in der ihm die Anerkennung seiner selbst und seines ihm zustehenden Eigentums versagt ist.[74] Das Verbrechen ist damit eine Reaktion, eine „Entgegensetzung gegen die Entgegensetzung"[75], oder, in Honneths Worten: „das innere Motiv des Verbrechers macht [...] die wechselseitige Erfahrung aus, daß er sich auf der etablierten Stufe wechselseitiger Anerkennung nicht auf eine befriedigende Weise anerkannt sieht."[76]

Diese „Stufe wechselseitiger Anerkennung" ist nach Hegel die vollkommene bürgerliche Gesellschaft, die aufgrund ihrer spezifischen Eigentumskonzeption des Privatbesitzes die einzige Gesetzesform ist, in der Eigentumsverbrechen überhaupt möglich sind. Das liegt daran, dass in der vorhergehenden, als feudal zu bezeichnenden Stufe der Herr sogar Eigentümer des Knechtes selbst war, so dass dieser selbst kein Eigentum besitzen konnte, sich also auch keines aneignen und damit keinen einfachen Verstoß gegen die Eigentumsrechte begehen konnte, ohne damit die ganze Situation der Unterworfenheit und Fremdbesessenheit beenden zu wollen. Der Knecht und der Herr, die archetypischen Gestalten der hegelianischen Philosophie, die um gegenseitige Anerkennung kämpfen, sind das nun zu besprechende Thema. Die historische Unterscheidung zwischen Mittelalter und Moderne, auf deren Kippbewegung Hegel schreibt, ist die Unterscheidung zwischen der feudalen Eigentumsform, in der Menschen tendenziell als Besitz anderer Menschen zugeordnet werden konnten und die dadurch selbst keinen Bereich hatten, in dem sie Eigentum hätten haben können, und der bürgerlichen Gesellschaftsordnung, in der jeder durch sein von allen anderen anerkanntes Privateigentum definiert ist. Diese feudale Vorstufe zu Hegels angenommenem Endzustand der Geschichte, die sich in seinen Überlegungen zu „Herrschaft und Knechtschaft" äußert, soll nun untersucht werden.

---

73 Honneth: *Kampf um Anerkennung*. Insbes. S. 33ff, 37-45, 75, 88-106.
74 Legitim auf diesen Mangel zu reagieren lässt Hegel nur im Fall der extremen Not zu, weil in diesem Fall den Diebstahl zu verbieten bedeuten würde, dem Dieb das Leben abzusprechen. Aber die Gültigkeit dieser Bestimmung wird von Hegel auf die reine Gegenwart und auf die absolute Not reduziert. Hegel: *Philosophie des Rechts*. S. 114f, §127.
75 Hegel: *Sittlichkeit*. S. 34.
76 Honneth: *Anerkennung*. S. 37.

1|1|6
Der Dieb im philosophischen Mythos von „Herr und Knecht"

Die Inkompatibilität der Ambivalenz des Diebstahls und der Flüchtigkeit seines Protagonisten in der hegelianischen Dialektik ist mit nichts besser zu illustrieren als mit Hegels berühmtester Gedankenfigur: In der Dialektik von Herrschaft und Knechtschaft, die den depossedierten Knecht in eine Relation zum besitzenden Herrn stellt, ist wenig Platz für den Dieb, dafür aber umso mehr für den sozialrevolutionären Rebellen und Räuber. Pauls und Blomarts Versuche der Herbeiführung der sozialistischen Revolution entsprechen dabei dem Modell des rebellischen Knechts, der die Herrschafts- und vor allem die Eigentumsverhältnisse umstürzen will, während Helènes Diebstahl die Haltung eines Knechtes demonstriert, die Hegel in seinem philosophischen Mythos nicht abdeckt, die aber dennoch – gerade weil diese Haltung und Handlungsweise der Diebin im Herr-Knecht-Modell nicht explizit berücksichtigt wurde – mit Gewinn damit beschrieben werden kann.

Der philosophische Mythos vom ewigen Kampf des Herrn und des Knechtes um gegenseitige Anerkennung ist die philosophiegeschichtlich wahrscheinlich wichtigste, auf jeden Fall aber die meistzitierte und die inspirierendste Passage aus Hegels gesamtem Werk. Dieses anthropologische Modell von Kampf, Unterwerfung, Arbeit, freier Herrschaft und erzwungener Knechtschaft hatte eine nachhaltige Wirkung für den auf Hegel aufbauenden Philosophiekomplex des Junghegelianismus und ist sehr deutlich bei Feuerbach und Marx zu spüren, taucht aber in veränderter Form auch noch bei Nietzsche, und, durch innerfamiliäre Relationen ersetzt, bei Freud auf. Die Dialektik von Herrschaft und Knechtschaft, die im Kapitel über „Selbständigkeit und Unselbständigkeit des Selbstbewusstseins"[77] der *Phänomenologie des Geistes* beschrieben wird, hat eine berückende Überzeugungskraft und ist von einer immensen Anschlussfähigkeit.[78] Diese Parabel, die von der Entstehung zweier in einem ewigen Konflikt begriffener antagonistischer Subjektivitäten erzählt, kann mit vollem Recht als ein „turning point in the modern Western philosophical tradition"[79] bezeichnet werden.

Die nur wenige Seiten umfassenden Ausführungen über „Herrschaft und Knechtschaft" in der *Phänomenologie des Geistes*, auf die auch Hegel selbst in seinen späteren Schriften immer wieder zurückkam, haben eine Rezeption erfahren, die sie zeitweise als eine Art Zentralmythos moderner Philosophie erscheinen ließen. Dieser Mythos hat das Höhlengleichnis Platons, das modifiziert noch zur Erklärung der Philosophie Descartes' und Kants verwendet werden konnte, als eine der wichtigsten modernen Rekursionsmetaphern philosophischen Denkens ergänzt. Mit ihm wird die Philosophie um den anthropologischen Aspekt des Denkens erweitert: Nun bezieht sich das Denken nicht mehr nur auf die Erkennbarkeit der

---
77 Hegel: *Phänomenologie*. S. 120-136.
78 Siehe zur Rezeption von Herr und Knecht: Alexander García Düttmann: *Zwischen den Kulturen*. Frankfurt a. M. 1978. S. 182-201.
79 Robert B. Pippin: *Hegel on Self-Consciousness*. Princeton 2010. S. 4.

Wahrheit der Welt, sondern sie wendet sich dem einzelnen Menschen und den sozialen Relationen zwischen den Menschen zu. Ab hier werden der Mensch und seine Beziehungen zu anderen Menschen der erste Gegenstand der Philosophie. Der Kampf um Anerkennung, der von den beiden Protagonisten Hegels geführt wird, wurde aber nicht nur für die verschiedenen Stränge der idealistischen und materialistischen Philosophie des neunzehnten Jahrhunderts zu einem wichtigen Streitpunkt, sondern ist in seiner Spätwirkung und Neubelebung auch für das gegenwärtige Denken und die Theorie von immenser Bedeutung. Diese nachhaltige Wirkung des Herr-Knecht-Narrativs liegt nicht zuletzt an Alexandre Kojèves legendärem Seminar mit dem deutlichen Titel: *Hegel. Zur Vergegenwärtigung seines Denkens*, das Hegels Rezeption in Frankreich aktualisierte und an existenzialistische und surrealistische Strömungen anknüpfbar machte. Kojève behandelte von 1933-1939 zentral die Herr-Knecht-Dialektik, und das Seminar des sowjetischen Exilanten Koschewnikow wurde von Jacques Lacan, Georges Bataille, Emmanuel Levinas, Gaston Fessard, Maurice Merleau-Ponty, Raymond Aron, André Breton, Jean-Paul Sartre, Simone de Beauvoir, Raymond Queneau, Eric Weil, Pierre Klossowski und vielen anderen Mitgliedern der französischen Intellektuellenszene besucht und hatte nach ihren eigenen Zeugnissen einen kaum zu überschätzenden Einfluss auf ihr Denken.[80] Damit und mit Jean Hyppolites 1941 erscheinender Übersetzung der *Phänomenologie des Geistes* wurde Hegels „Herrschaft und Knechtschaft" – zusammen mit Batailles antifaschistischer Nietzsche-Erneuerung – zu einem der Urtexte, auf dem nahezu die gesamte französische Nachkriegsphilosophie aufruht. Für einen Moment trafen sich fast alle Mitglieder der französischen Nachkriegsphilosophie im Vorlesungssaal und konzentrierten sich auf das Duell des Herrn mit dem Knecht.

Hegels so einflussreich gewordene Herr-Knecht-Erzählung wird in ihrer philosophischen Radikalität erst verständlich, wenn klar ist, dass für ihn die beiden Subjekte, die sich im „Kampf um Anerkennung" begegnen, nicht schon im vollen Sinn existieren, bevor sie aufeinander treffen. Wäre ihnen auch vor dem Kampf schon eine vollständige und abgeschlossene Existenz zuzugestehen, könnten sie sich auch friedlich oder desinteressiert begegnen: Erst durch die Herstellung eines Bezugs zum Anderen in einer konflikthaften Feststellung der Notwendigkeit dieses Ande-

---

80 Die Liste der an Kojèves Vorlesungen teilnehmenden Mitglieder der philosophischen Aristokratie variiert in unterschiedlichen Darstellungen. Die hier aufgezählte und als einigermaßen zuverlässig anzunehmende Reihe wurde Stephan Moebius' *Die Zauberlehrlinge. Soziologiegeschichte des Collège de Sociologie (1937-1939)* entnommen. (Konstanz 2006. S. 13.) – Die immense Strahlkraft Kojèves wird dadurch nur noch deutlicher, dass die Reihen der berühmten Zuhörer gegen alle Wahrscheinlichkeit oder historische Möglichkeit mit noch weiteren Zuhörern gefüllt wird. Boris Groys nimmt zum Beispiel an, dass Sartre – wie Camus – nur Mitschriften der Vorlesungen las, aber nicht dort war. (Boris Groys: „Alexandre Kojève." In: *Einführung in die Anti-Philosophie*. München 2009. S. 177-201, hier S. 177.) Es werden immer wieder auch deutsche Intellektuelle wie Hannah Arendt und Walter Benjamin als regelmäßige Teilnehmer genannt, und es kommt gelegentlich vor, dass auch Michel Foucault als Zuhörer erwähnt wird, der zum Zeitpunkt der Vorlesungen allerdings noch nicht einmal die Schule in Poitiers abgeschlossen hatte. Foucault hat aber durch seinen Lehrer Jean Hyppolite den Einfluss Hegels im selben Maße erlebt.

ren für die private Existenz und für die eigene Subjektivität findet das Subjekt eine Vorstellung von seiner eigenen Vollständigkeit. Durch die dauernde Bedrohung und Beschränkung des Ich durch den Anderen und durch dessen Nicht-Anerkennung des eigenen Selbst erhält das Hegel'sche Subjekt ein Bewusstsein von sich selbst und wird Persönlichkeit. Erst wenn ein Subjekt die Anerkennung eines Anderen hat, kann es seines Daseins sicher sein. Das Begehren nach dieser Anerkennung und die grundlegende Geste der Aneignung als „der Akt, wodurch ich von meiner Persönlichkeit und substantiellem Wesen Besitz nehme"[81], sind die zentralen Auslöser in diesem vom Begriff des Eigentums ausgehenden philosophischen Drama zweier um ihre Existenz ringender Individuen. Dieser Kampf ist Hegels Form des Urzustandes, in dem das „Subjekt als Feind des Subjekts"[82] auftaucht.[83] Ohne Kampf und Auslöschungswille gibt es bei Hegel keine Subjektivität, und verweigert sich jemand diesem universellen Bellizismus und sucht weniger konflikthafte individuelle Strategien, steht er in Gefahr, als irrelevant aus der Philosophie gestrichen und damit aus der Theorie der Gesellschaft ausgeschlossen zu werden.

Hegels philosophischer Ursprungsmythos des Herren und seines Knechts erzählt also von einem existenziellen Duell: Am Anfang der Geschichte steht der offene Kampf zweier Individuen, die, anstatt einander als Objekte unter vielen zu erkennen und zu ignorieren, den Anderen als Reflektion ihrer selbst, und damit als einen Doppelgänger erkennen, der mit seinem allzu ähnlichen Begehren das eigene Selbst auszulöschen droht.[84] Dieses am Ursprung der Existenz stehende Begehren, das aus dem Fehlen von etwas dem Subjekt Wesentlichem entspringt, wird von Hegel der Subjektivität zugrunde gelegt, und es motiviert den Menschen erst zur Aneignung seiner selbst. Für diese Aneignung seiner selbst ist aber jedes Begehren auf andere angewiesen, die wiederum auch durch ihr Begehren definiert werden. Es wird also nicht nur etwas Lebloses, objekthaftes außerhalb des Subjektes begehrt, sondern weil sich mehrere Begehren auf dasselbe und dadurch aufeinander richten, kommt es zu einer Frage der Hierarchie dieser Begehren. Was also letztlich begehrt wird, ist das Begehren des Anderen, und dass der Andere gegen sein eigenes Begehren das seines Gegenübers anerkennt. Die aufeinander treffenden und einander ausschließenden

---

81 Hegel: *Philosophie des Rechts*. S. 73.
82 Theodor W. Adorno: *Negative Dialektik*. Frankfurt a. M. 2003. S. 22.
83 Dieser absolut negative Urzustand der existenziellen Feindschaft aller wird auf S. 169ff näher thematisiert.
84 Wobei Hegel selbst das Herr und Knecht-Motiv nicht nur als Abbildung sozialer Relationen, also unterschiedlicher Menschen, betrachtete, sondern auch als innerpsychischen Mechanismus: „Ich bin nicht *einer* der im Kampf begriffenen, sondern ich bin *beide* Kämpfende und der Kampf selbst." [Kursivierungen im Original.] Hegel: *Einleitung in die Philosophie der Religion. Der Begriff der Religion*. Teil I. Hg. v. Walter Jaschke. Hamburg 1993. S. 121. Siehe dazu auch: Susan Buck-Morss: *Hegel und Haiti*. Übers. v. Laurent Faasch-Ibrahim. Frankfurt a. M. 2011. S. 104, Fußnote 141. – Diese Verinnerlichung des Kampfes machte seine Rezeption insbesondere in der psychoanalytischen Theorie, also die Übersetzung von ‚Herr und Knecht' in ‚Vater und Sohn' und in ‚Ich und Ich' so reibungslos möglich.

Begehren ringen deswegen „auf Leben und Tod"[85], auf Existenz und Nicht-Existenz darum, vom anderen Anerkennung zu erhalten, bis einer von beiden sich aus Angst um sein Leben dem anderen unterwirft und von ihm in Knechtschaft genommen wird: der Furchtlosere wird in einer neuen Konstellation als der Herr anerkannt und findet von nun an eine saturierte Freiheit und schnell ennuierte Würde in seiner Herrschaft über den Knecht, der das Begehren des Herrn anerkennt und für ihn arbeitet. Der Knecht ist nunmehr durch seine Angst vor dem Tod und durch seine bedingungslose Unterwerfung selbst zum Eigentum des Herrn geworden. Der Herr hat damit alle Macht, die Produkte der Arbeit des Knechtes in Besitz zu nehmen und zu konsumieren. Er bedroht und beraubt den Knecht um die Produkte seiner Arbeit; der Knecht arbeitet und der Herr besitzt. In Thorstein Veblens Worten: „Under serfdom and slavery those who work cannot own and those who own cannot work."[86] Der Knecht beginnt sich aber im Verlauf der Geschichte dieser Konstellation immer deutlicher bewusst zu werden, dass er vom Herrn, der nicht nur über die Produkte seiner Arbeit, sondern auch über den Knecht selbst als Eigentum verfügt, nicht als Persönlichkeit anerkannt wird, und damit auf einen Dingstatus reduziert ist. Ein solcher Knecht ist, schon in Kants Worten, „gleichsam vor sich nichts als ein Hausgeräthe eines andern. Ich könnte ebenso den Stiefeln des Herrn eine Hochachtung bezeigen als seinem Lakein. Kurtz, der Mensch, der da abhängt, ist nicht mehr ein Mensch, er hat diesen Rang verloren, er ist nichts außer ein Zubehör eines andern Menschen."[87] Ein Knecht hat seine Menschlichkeit verloren und ist auf den Status eines Gegenstandes reduziert. Aber er ist ein produzierender Gegenstand, ein tätiger und die ihn umgebende Welt bearbeitender Gegenstand, von dessen Produktion andere Menschen abhängig sind. Gleichzeitig mit der Erkenntnis, dass er für den Herrn arbeitet und die Produkte seiner Arbeit verliert – woraus Marx später die „Entfremdung der Arbeit" entwickelte – merkt der Knecht dadurch, dass der Herr von nichts anderem als von den Produkten seiner Arbeit lebt und damit von ihm und seiner Arbeit abhängig ist. Der Knecht findet somit die Anerkennung des Herrn nur indirekt und unvollständig durch die ihm vom Herrn weggenommenen Produkte seiner Arbeit, also in objektivierter Form, aber dadurch ist der Herr unerwarteterweise doch noch in eine Abhängigkeit geraten: Er ist auf die Anerkennung durch den Knecht angewiesen, die ihm bedrohlich werden kann, sollte der Knecht irgendwann in Streik treten oder seine durch die Arbeit gewonnenen Fähigkeiten gegen den Herrn wenden. Die Arbeit des Knechtes entwickelt sich für ihn deswegen zur Möglichkeit eines vom Herrn unabhängigen Selbstbewusst-

---

85 Hegel: *Phänomenologie*. S. 130.
86 Veblen: *Ownership*. S. 360.
87 Immanuel Kant: „Bemerkungen zu den Beobachtungen über das Gefühl des Schönen und Erhabenen." In: Ders.: *Akademieausgabe*. Band XX. Hg. v. der Preußischen Akademie der Wissenschaften. Berlin 1942. S. 1-192, hier S. 65f. – Schon der Titel der Schrift, in der Kant diese Beobachtung aufstellt, impliziert, dass dieser Vorgang der Reduktion eines Menschen auf einen Dingstatus für Kant eher ein ästhetisches als ein ethisches oder gar politisches Problem darstellte. Siehe dazu: Därmann: *Figuren*. S. 29ff.

seins.⁸⁸ In der Arbeit liegt, obwohl sie unfrei ist, die Möglichkeit des Durchdringens und der Veränderung der Realität: es ist eine Arbeit nicht nur für den Herrn, sondern auch an der Welt, sie ist Bildung im doppelten Sinn. Am Ende verfügt der Knecht über die Realität und ist damit seinem müßigen Herrn eben durch die vorhergehende Unterwerfung in die Knechtschaft dialektisch überlegen – was ihm aber keine Erleichterung seines Sklavenstatus verschafft: er wird sich im Gegenteil seiner selbst und des Verlustes seiner Freiheit aus Angst vor dem Existenzverlust immer deutlicher bewusst.⁸⁹

Viele der in diesem Buch untersuchten Diebesfiguren stehen in einem solchen eindeutigen Verhältnis der Knechtschaft und Dienstbarkeit zu einem übermächtigen Herrn: Helène, Rahel, Josef und das Volk der Israeliten in der Knechtschaft der Ägypter, der Lazarillo vom Tormes und Jean-Jacques Rousseau unter ihren jeweiligen Meistern, Edgar Allan Poes Auguste Dupin im Dienst der Königin und die mittelalterliche Philosophie und Astronomie galt als Dienstmagd der Theologie. Doch auch alle anderen der in diesem Buch besprochenen Diebe befinden sich in einer dezidert hierarchischen Situation, die sich ebenso mit Hegels Modell beschreiben lässt: Evas, Augustinus', Prometheus' und Hermes' Situation ist nur insofern spezieller, als ihr Dienst versteckter und ihr Herr ein übermächtiger, unüberwindlicher Gott ist, vor dem die offene Rebellion und die Wiederaufnahme des Kampfes um Anerkennung keine erfolgversprechende Option darstellt. Der Herr ist für sie nur noch abwesender, unverletzlicher und weniger zugänglich als der Meister Rousseaus und Lazarillos, weswegen ihm gegenüber unbedingt andere Strategien als die des offenen Kampfes angewendet werden müssen. Die Situation einer abhängigen Unterworfenheit ist eine Grundkonstante der hier untersuchten Figuren, und in den meisten Fällen ist der Herr und Meister gar nicht präsent oder er ist unantastbar. Für Eva, Helène, Rahel, Lazarillo und Prometheus existiert die Möglichkeit der offenen Empörung überhaupt nicht. Michel Serres beschreibt, weshalb der offene Kampf des Knechtes gegen den Herrn so selten ist:

> Der Herr hat das Schlachtfeld verlassen, sogleich nachdem der Sieg errungen war. Der Herr ist nicht da. Der Knecht sucht ihn unablässig, sucht überall und findet ihn nicht. Niemand hat je einen abwesenden Gegner getötet. Der Herr ist verloren, sobald er aufgefunden und bezeichnet ist. Kampf ist selten, Kampf ist ein Ausnahmefall; der Fall, da der Herr sich finden läßt, ist die optimistischste Figur der Geschichte.⁹⁰

---

88 Eine so klar konturierte Hierarchisierung ist noch heute in bestimmten Bereichen der globalen Ökonomie zu beobachten, in der dezidierte Herr-Knecht-Verhältnisse sogar tendenziell noch die Norm darstellen. Aber auch in der nur in feudalen Begrifflichkeiten zu beschreibenden Ausgeliefertheit des akademischen Mittelbau-Wissenschaftlers an seinen institutionell absolut überlegenen Herrn, der von der Arbeit des Mitarbeiters vom Hilfswissenschaftler zum Postdoktoranden profitiert, bis dieser versucht, sich durch intellektuelle Arbeit zu emanzipieren; der einzige Ausweg scheint dabei der zu sein, selbst zum Herrn zu werden.
89 Der Mythos von diesem existenziellen Duell ist, wie vieles, nicht genuin hegelianisch, sondern aus der aristotelischen Konzeption des Anfangs des Politischen entwickelt: Aristoteles: „Politik". In: *Philosophische Schriften*. Band IV. Übers. v. E. Rolfes. Hamburg 1995. S. 2f.
90 Michel Serres: *Der Parasit*. S. 90.

Serres stellt weiter fest, dass Hegels Bild des Kampfes des einen Knechtes und des einen Herrn ebenso eine immense Verzerrung darstellt: stattdessen findet immer ein Kampf zwischen sehr wenigen Herren und sehr vielen Knechten statt, wobei die Knechte aber stets vereinzelt sind, während die Herrschaft immer als Gruppe oder symbolisch unangreifbar konsolidiert ist. Dadurch kann der vereinzelt revoltierende Knecht zum Herrn über andere Knechte gemacht werden, und auch ohne einen wirklichen Herrschaftsstand zu erreichen, ist seiner Revolte die Bedrohung genommen. Vor den meisten Herren muss der Knecht also andere Strategien anwenden als die offene Rebellion. Blomart und Paul malen sich revolutionäre Erfolgsaussichten und die theoretisch vorbereitete Aufrichtung einer neuen Herrschaft aus,[91] Hélène verlegt sich auf andere Strategien, die keine philosophisch befriedigende Auflösung der Situation, sondern deren spitzbübische Erleichterung zum Ziel haben. Denn auch wenn die Position des Herren nicht offensichtlich besetzt und der Herr abwesend ist, ist das herrschaftliche Eigentum dem Knecht stets präsent. Er arbeitet mit dem Eigentum des Herrn und gehört selbst zu diesem Eigentum. Der stille Ungehorsam des Diebstahls und der Veruntreuung liegt ihm wesentlich näher als die große Revolte, die das Ganze aufs Spiel setzt.

Die Frage, deren Beantwortung sich in diesem philosophischen und in seiner Zirkularität scheinbar ausweglosen Mythos aufdrängt, ist die nach den alternativen Handlungsmöglichkeiten des gleichzeitig unterdrückten, dabei aber produktiven und die Welt erkennenden und verwandelnden Knechtes: Wie kann er sich in dieser Situation des ungerechten Ausgeliefertseins an den unerreichbaren Herrn verhalten? Was sind seine Handlungsmöglichkeiten, und welche Konsequenzen sind daraus zu erwarten? Laut Hegel und seinen wichtigsten Interpreten bleibt dem Knecht nur eine einzige Handlungsweise: So lange zu arbeiten, bis er mit seinem sich bildenden Weltwissen und Selbstbewusstsein in der Lage ist, die Anerkennung seiner selbst vom phlegmatisch die Früchte der Arbeit des Knechtes konsumierenden Herrn einzufordern, also den Kampf neu aufzunehmen. Dieser zwangsläufige Gang der Weltgeschichte führt das feudale Verhältnis zur erzwungenen Gleichberechtigung, also zu erneuter Gewalt, in der der Knecht die von ihm erarbeiteten Mittel gegen den Herrn wendet und den bürgerlich-egalitären Staat herstellt, in dem der ehemalige Herr und der ehemalige Knecht in gegenseitiger Anerkennung als Bürger gleichgestellt sind. Damit endet für Hegel dieser Kampf, und eine neue, tendenziell ewige Gesellschaftlichkeit beginnt, in der Herrschaft und Knechtschaft nur noch als eine vergangene und überwundene Geschichtlichkeit auftauchen. Auch hier ist Hegel sehr optimistisch: Im bürgerlichen Staat soll der Weltgeist die Geschichte an ihr Ende geführt und Allen Anerkennung geschenkt haben. Tatsächlich erscheint die so imaginierte Weltgeschichte einem ernüchterten Blick eher als eine nur gelegentlich von Stellungskämpfen und Rollenvertauschungen unterbrochene Welt unter der Herrschaft des nie in Frage gestellten Ideals kontinuierlichen Arbeitens, ob für sich oder andere: „Hegels Dialektik von Herr und Knecht führt

---

91 „Die Sprache der politischen Theorie ist ihrem Wesen nach die Sprache des Herrn, der Selbstsetzung, der Selbstbefreiung, der Handlung und Aktion." Därmann: *Figuren des Politischen*. S. 168.

zur Totalisierung der Arbeit."⁹² Marx konnte an Hegel anknüpfen, weil die politisch-republikanische Gleichberechtigung nicht mit einer ökonomischen Gleichstellung einherging.

1|1|7
Der Räuber als Rebell und der Dieb als Krimineller

Der Räuber als eine spezifische literarische Gestaltungsweise des rebellischen Knechtes muss noch näher beschrieben werden. Die Differenzierung zwischen ihm und dem Dieb ist eine der grundlegenden Unterscheidungen, aus denen diese Arbeit hervorgegangen ist, und sie ist mit Hegels Herr-Knecht-Modell trennscharf zu illustrieren. Hegels Geschichtsphilosophie zufolge ist es die bürgerliche Gesellschaft, die es am Ende der Geschichte ermöglicht, die Spannung fehlender Anerkennung zu lösen, indem sie sich die gegenseitige Anerkennung und mit der Achtung des Eigentums die Achtung der Person vertragsmäßig zugrundelegt. In der vom bürgerlichen *Code Napoleon* geordneten Gesellschaft erhält jeder vertraglich die bürgerschaftliche Anerkennung jedes anderen zugesichert, womit der geschichtstreibende Konflikt zwischen Herren und Knechten sein Ende finden soll. Der Verbrecher am Eigentum kann Hegel zufolge allerdings nur in dieser bürgerlichen Gesellschaft des anerkannten Privateigentums auftreten, weil in der vorher bestehenden Gesellschaft – also in der feudalen Konzeption von ‚Eigentum' – aller Besitz inklusive dem Knecht selbst dem Herrn gehört hat. In einer aristokratischen Gesellschaft ist die Eigentumsfähigkeit auf einen Teil der Gesellschaft reduziert, der weitaus größere Teil konnte nur durch eine feudale oder arbeitsteilige Überlassungsübereinkunft zu dessen Nutzung am Eigentum teilhaben. Wer *per se* aus der Eigentümerkategorie herausfällt, kann sich auch keines aneignen, sondern muss vorher den Anspruch auf Anerkennung als Eigentümer erheben. Für Hegel ist daher klar: „Raub ist nur da, wo nicht das Verhältnis von Herrschaft und Knechtschaft ist."⁹³ Dadurch wird deutlich, weshalb es Hegels Definition zufolge in der antiken und mittelalterlichen Situation von Herrschaft und Knechtschaft keinen Raub geben konnte: Jeder Räuber war automatisch ein Rebell gegen die Verhältnisse, die auch ihn selbst zum Besitztum eines Herrn machten. Jeder Widerspruch gegen diese Verhältnisse war zuerst auf die eigene Befreiung ausgerichtet, und deswegen kein Raub, sondern vorrangig Rebellion. Dieser Grundlage aller Kriminalität in der Rebellion entsprach auch die Wahrnehmung der Kriminellen von Seiten des Justizsystems, dessen urteilende Position von Foucault so formuliert wird: „Jedes Verbrechen schloß […] eine Aufbietung von Kräften, eine Revolte und

---
92 Byung-Chul Han: *Psychopolitik. Neoliberalismus und die neuen Machttechniken*. Frankfurt a. M. ³ 2014. S. 11.
93 Hegel: *Sittlichkeit*. S. 40.

einen Widerstand gegen den Souverän mit ein. Im kleinsten Verbrechen lag ein Stück Königsmord."[94] Der Kern jedes Verbrechens bestand in einem Aufbegehren gegen die Ordnung und in einer Bedrohung des Souveräns. Mit dem Aufkommen der bürgerlichen Gesellschaftsverfassung trat das Privateigentum an den Platz des Souveräns und die Strafen richteten sich ebenso wie die Verbrechen selbst an dieser neuen Ökonomie aus.[95] Mit dem Konzept des Privateigentums wurde das Eigentumsverbrechen primär zu einer Verletzung des Eigentümers.

Einer solchen Abstrahierung historischer Epochen zu paradigmatischen philosophischen Entwicklungsstufen des Gesellschaftlichen überhaupt kann viel entgegengehalten werden, doch die grundlegendere anthropologische Feststellung Hegels über die andauernde Konfliktsituation zwischen Individuen wird dadurch nicht entwertet. Ist jemand einem anderem vollständig, also auch mit seinem Eigentum an sich selbst unterworfen, dann ist ein Raub an seinem Herrn funktional äquivalent mit dem Versuch seiner Befreiung und Emanzipation, während ein Diebstahl eine Selbstfeststellung individueller Eigentümerschaft ist, die in ihrer Heimlichkeit ohne eine Auflehnung gegen den Herrn stattfinden kann. Ein Dieb verbleibt an seinem Ort im Gesellschaftlichen, ein Räuber überhebt sich über seine Position, indem er gewaltsam nicht nur die Beute, sondern auch seine Anerkennung als Eigentümer dieser Beute einfordert.

Dass Hegel die Relation zwischen Subjekten nur im Modus eines antithetischen und gewaltsam um Unterwerfung ringenden Kampfes oder dem demokratischen Ende dieses Kampfes denken kann, ist vielsagend für seine gesamte Philosophie. Hegels philosophisches Projekt, die Dialektik, eignet sich kaum für die Darstellung von Zwischentönen oder für die Beobachtung von Gegebenheiten, die sich nicht durch Größe, Pathos und absolute Differenz auszeichnen. Michel Foucault, der eine offene Sympathie für ‚anormale', heteronome und leicht zu übersehende Gestalten und Menschengruppen hatte,[96] die sich außerhalb der wissenschaftlichen und moralischen Diskurse bewegten, sagt über Hegels Philosophie:

> Aber ist Hegel nicht gerade der Philosoph der größten Differenzen [...]? Genau genommen befreit die Dialektik gar nicht das Abweichende, sondern garantiert, dass es stets wieder eingefangen wird. [...]
> Zur Befreiung der Differenz brauchen wir ein Denken ohne Widerspruch, ohne Dialektik und ohne Negation: ein Denken, das Ja zur Divergenz sagt; ein bejahendes Denken, dessen Werkzeug die Disjunktion ist; ein Denken der Vielfalt der zerstreuten, nomadisierenden Mannigfaltigkeit, die sich von keinem der Zwänge des Selben begrenzen und zusammenfassen lässt; ein Denken, das nicht dem Schulmodell (mit seinen vorgefertigten Antworten) folgt, sondern unlösbare Probleme aufwirft; das

---

94 Michel Foucault: *Die Anormalen. Vorlesungen am Collège de France 1974-1975*. Übers. v. Michaela Ott u. Konrad Honsel. Frankfurt a. M. ³ 2013. S. 109.

95 Foucault skizziert die Behandlung der Diebe auch als zentrales Beispiel in der Veränderung der Straf- und Disziplinierungsnormen in Michel Foucault: *Sicherheit, Territorium, Bevölkerung. Geschichte der Gouvernementalität*. Band I. Übers. v. Claudia Brede-Konermann u. Jürgen Schröder. Frankfurt a. M. 2006. S. 17ff.

96 Siehe dazu: Foucault: *Die Anormalen*.

heißt eine Mannigfaltigkeit aus bemerkenswerten Punkten, die sich verschiebt, sobald man die verschiedenen Bedingungen betrachtet, und als ein Spiel von Wiederholungen beharrlich fortbesteht.[97]

Foucaults philosophische Methode ist die Suche nach der kleinen, heteronomen Differenz. Die Dialektik begreift er als den Versuch der letztlichen Einbeziehung des Widerspruchs ins vorhandene System, dem aber durch die Einführung kleiner, disjunkter und anarchischer Widersprüche begegnet werden kann. Die dialektische Denkweise und Geschichtsphilosophie kann nur große und klar antithetische Gegebenheiten analysieren, und ihr entgehen mit dieser paradigmatischen Herstellung und Lösung symmetrischer Entgegensetzungen die Details und die kleinen Subjekte der Geschichte. Diese deutliche Ablehnung der Dialektik lautet in Foucaults überdeutlichen Worten so: „Den Ausdruck ‚dialektisch' akzeptiere ich nicht. Absolut nicht. [...] Ich sage immer wieder, dass es Kampf und antagonistische Prozesse gibt, denn wir finden solche Prozesse in der Realität. Und dabei handelt es sich nicht um dialektische Vorgänge."[98] Das Kleine, Unscheinbare, Anormale, Kriminelle oder Verfemte hat keine klare Funktion für ein Denken der sich restlos zu einem Dritten aufhebenden Gegensätze. Aus diesem Grund kann der Dieb im Hegelianischen Denken, das dieses Kapitel nachzuzeichnen versucht, nur umkreist werden: Er stellt diese schwer greifbare minimale Differenz dar, die für Hegel und seine Nachfolger eine störende und höchstens zu nivellierende Singularität bedeutete.[99] Nicht umsonst ist die Sozialphilosophie des Neunzehnten Jahrhunderts mit solcher Entschiedenheit auf die Revolutionen und auf die großen Umwälzungen fixiert. Jean Genet, der subversiv-schelmische Dieb zur Zeit des blühenden Poststrukturalismus stellte eine ikonische und zentrale Gestalt der Literatur dar, und Simone de Beauvoirs Helène hat im *Blut der anderen*, einem Schlüsselroman der französischen Nachkriegszeit, einen entscheidenden Auftritt als abgefeimte Diebin. Genet wurde aber von den Parteilinienkommunisten ebenso abgelehnt, wie Helène sofort in die Dialektik der Geschichte einbezogen und beseitigt wurde. Diese Disparatheit zwischen dem Dieb und dem kommunistischen Revolutionär beschreibt Foucault anhand einer Anekdote über Jean Genet:

> Im Krieg war Genet Gefangener in der *Santé*; eines Tages sollte er zur Urteilsverkündung in den Justizpalast gebracht werden; nun war es zu jener Zeit Brauch, je zwei mit Handschellen aneinander gekettete Gefangene zum Justizpalast zu führen. Als man Genet mit einem anderen Häftling zusammenketten wollte, fragte dieser Häftling: „Wer ist der Typ da, mit dem ihr mich zusammenketten wollt?", und der Wachmann erwiderte: „Ein Dieb." Der andere Gefangene versteifte sich daraufhin und sagte: „Ich weigere mich. Ich bin ein politischer Häftling, ich bin Kommunist, und

---

97 Michel Foucault: „Theatrum philosophicum." In: *Dits et Ecrits*. Band II. S. 112.
98 Ders.: „Gespräch über die Macht." In: *Dits et Ecrits*. Band III. S. 594-608, hier S. 601f.
99 Foucaults Überlegungen ruhen dabei aber durchaus auf einer bestimmten Rezeption von Hegel und Marx auf, die im Folgenden besprochen wird. Besonders Batailles „verfemter Teil", der einen Versuch der positiven Definition dieser anarchischen Differenzierung darstellt, ist hierfür von Bedeutung.

ich dulde nicht, dass man mich mit einem Dieb zusammenkettet." Genet hat mir anvertraut, dass er seit diesem Tag für alle Formen der politischen Bewegung und der politischen Aktion in Frankreich nicht nur Argwohn, sondern auch eine gewisse Verachtung hegt ...[100]

Die Verachtung des Kommunisten für den Dieb trifft Genet hier auf dieselbe Weise wie Helène von Paul paternalistisch auf den Weg zur Revolution geführt wird. Diebe wie Genet und Helène waren für den Poststrukturalismus Figuren der kleinen Devianz, die in einem ähnlichen literarischen Hintergrundrauschen erschienen wie zur Zeit Hegels die Grenzfiguren zwischen Sozialrebell und räuberischem Bandenführer in der Literatur präsent waren. Die bekanntesten dieser Figuren des aufgebrachten Freiheitskampfes sind Friedrich Schillers Karl Moor, Heinrich von Kleists Michael Kohlhaas und Lessings fragmentarischer *Spartacus*[101], die als literarische Figuren das romantische Modell des entschlossen aufbegehrenden Knechtes verkörpern, und die heute den Status klassischer Figuren der Widersetzung gegen Unrecht haben.[102]

Diese zeitgenössisch zu Hegels Werk entstandenen und ihm präsenten literarischen Figuren, die immer auf ein realweltliches Vorbild zu beziehen sind, illustrieren, dass der Unterschied von Räuber und Rebell letztlich in einem graduellen Abwägen besteht, ob seine räuberischen Unternehmungen als politische anerkannt werden, oder ob sie nur als kriminell und verbrecherisch bezeichnet und entsprechend verfolgt werden. Die Diebe bleiben unterhalb der Schwelle politischer Anerkennung, während die Räuber ihre Erhebung in den Rang bürgerlicher oder sozialistischer Freiheitskämpfer erlebt haben. Die Frage danach, ob ein Räuberhauptmann als politischer Akteur anerkannt wird, stellt sich je nach der Größe seiner Tat: Wo der Straßenräuber nur die Macht über einen Menschen oder eine Postkutsche und ihre Insassen übernimmt, übernimmt der Räuberhauptmann vielleicht schon einen Gutshof oder ein ganzes Dorf, und der Revolutionär ergreift eine Klasse oder ganze Gesellschaftsordnung. Die Tat des Revolutionärs ist nur politisch, weil sie größer angelegt ist als die des Räubers. Max Horkheimer spricht von diesem Unterschied zwischen Räuber und Revolutionär als einem Innen- und Außenpolitischen.[103] In Handlungsweise und Intention sind sich der Räuber und der Rebell jedoch gleich. Das zeigt sich auf revolutionstheoretischer Ebene nicht zuletzt auch in Michail Bakunins emphatischer Forderung, die russischen Räuberbanden als Vertreter und

---

100 Michel Foucault: „Michel Foucault über Attica." In: *Schriften in vier Bänden.* Band II. S. 661f. – Ein Ereignis, das in der distanzierten und manchmal etwas ungenauen Genet-Biographie von Edmund White leicht verändert, als nicht so einschneidend und auf Genet kaum einen dauerhaften Eindruck hinterlassend geschildert wird: Edmund White: *Jean Genet. Biographie.* München 1993. S. 653-667, hier S. 692.
101 Gotthold Ephraim Lessing: „Spartacus." In: Ders.: *Werke.* Hg. v. Julius Petersen u. Waldemar v. Olnshausen. Band X. Berlin u.a. 1925. S. 311-315.
102 Friedrich Schiller: *Die Räuber.* Hg. v. Joseph Kiermeier-Debré. München ⁵ 2005, Heinrich von Kleist: *Kohlhaas.* München ³ 2008.
103 Horkheimer: „Theorie des Verbrechers." S. 269. – ‚Innenpolitisch' ist hier gedacht als Unterwerfung unter ein internes polizeilich-policeyliches Regiment, während ‚außenpolitisch' als externe, den ganzen Staat betreffende Angelegenheit zu verstehen ist.

Avantgarde der sozialen Revolution anzuerkennen. Für Bakunin als radikalsten Denker der gewaltsamen Vernichtung der bürgerlichen Zivilisation gibt es keinen Unterschied zwischen dem marodierenden Räuber und dem idealistischen Revolutionär.[104] Und tatsächlich ist die gewaltsame Aneignung des Räubers vom gewaltsamen Kampf um Anerkennung letztlich nicht zu unterscheiden.

Der sich wehrende Knecht, der nach dem verlorenen Kampf auf Leben und Tod selbst zum Eigentum des Herrn geworden ist, hat keine vollständige eigene Subjektivität, die sich dem Herrn entgegen stellen könnte. Er kann den Herrn nicht berauben, weil er keine Instanz darstellt, die im Sinne feudaler Verfügbarkeit Eigentum, also Verfügung über Land, Dinge und Menschen haben kann.[105] Er muss primär sich selbst befreien und ein Recht auf Eigentum beanspruchen, was zuerst die Forderung nach Eigentum an sich selbst bedeutet. Es geschieht damit zuerst die Rebellion, also die Behauptung der Gleichberechtigung auf Eigentum, und dieser Rebellion und Gewaltandrohung kann die Aneignung von Eigentum erst als zweite Forderung nachfolgen. Raub ist als Eigentumsaneignung zur Rebellion zeitlich sekundär, oder er geht graduell in sie über: Erst muss der Knecht sich emanzipieren und die Anerkennung seiner Gleichberechtigung einfordern, und dann kann er den Kampf neu beginnen. Paul und Blomart stehen an diesem Punkt: sie haben ihre Unterlegenheit bemerkt und wenden sich in gewaltsamen Aktionen gegen sie; beide versuchen, die Anerkennung ihres Anspruchs auf Eigentum und stellvertretend-avantgardistisch für alle Enteigneten die Ansprüche aller einzufordern.

Während der Räuber also nichts als der rebellische Knecht ist, der in der Empörung über seine Situation die Angst vor dem Tod verloren hat und der gewaltsam um Anerkennung kämpft, ist die Handlungsweise des Diebes eine völlig andere: Helène weiß, dass sie die Unterlegene ist und dass sie keine Mittel hat, sich der Herrschaft offen entgegenzusetzen. Sie muss sich deshalb auf eine gewaltlose und heimliche Art zu behelfen versuchen, während der männliche Diskurs auf die Macht und die Anerkennung seiner offen proklamierten Gegenmacht setzt. Die Diebin Helène muss in ihrem Tun unbedingt vermeiden, anerkannt zu werden, denn dazu würde zuerst ihre Erkennung gehören, die für sie fatal wäre. Im Fall von

---

104 Die Revolutionstheorie Michail Bakunins stellt den Versuch dar, im noch fast vollständig ländlich und feudal geprägten Russland die Entmachtung der Gutsherren zu organisieren. Bakunins Theorie beruht auf einer Gleichsetzung von Räubern und Revolutionären – und gewinnt daraus nicht wenig von ihrer Blutigkeit und Radikalität. Siehe dazu: Michail Bakunin: „Die Prinzipien der Revolution". In: Ders.: *Staatlichkeit und Anarchie*. Hg. v. Horst Stuke. Frankfurt a. M. 1972. S. 101.

105 Dass insbesondere in der Frage nach dem Holzdiebstahl der gewohnheitsmäßige Gang in den Wald in eine *de facto*-Verfügung über den Wald als Ganzes übergehen kann und also die Grenzen zwischen dem nur renitent stehlenden Dorfbewohner und dem Aufständischen gegen die Besitzform überhaupt hier – und für Bakunin – nicht klar sind und oft genug durch die Reaktion der Polizeibehörden definiert werden, ist offensichtlich. Die Wälder, und nicht zuletzt die Wälder Russlands waren schwer polizeilich zu kontrollieren, und wenn eine staatliche Reaktion kam, war sie oft gegen etwas gerichtet, das eine größere Herausforderung zu sein schien als es war. Siehe hierzu: James C. Scott: *Domination and the Art of Resistance. Hidden Transcripts*. New Haven u. London 1990. S. 188ff u. 194ff.

Helènes Diebstahl geht ihre diebische List sogar so weit, die eigentliche Handlung einem dazu nur allzu bereiten Mann zu überlassen. Diese Vorsicht, unbedingt zu vermeiden, dass ihr Handeln bemerkt und sie identifiziert wird, unterscheidet die Diebin vom offen und gewaltsam handelnden Räuber, der auf Erkennung, Öffentlichkeit und Anerkennung als neuer oder wenigstens temporärer Herr setzt. Der Räuber instituiert einen zeitlich begrenzten Ausnahmezustand, indem er sich qua Gewalt oder Androhung von Gewalt zum Herrn macht, der die Verfügungsmacht über das Eigentum des Bedrohten hat. Versucht der Räuber, diesen Zustand zeitlich wie räumlich auszudehnen und als neuen Normalzustand zu instituieren, wird er zum Revolutionär. Damit ist der Raub gewissermaßen ein temporär begrenzter Rückfall in eine feudalistisch-gewaltsame Situation, wie sie Hegel vorschwebte: darin geht es um Macht und in keiner Weise um Gleichberechtigung. Während Blomart und noch mehr Paul also neben dem ‚bieder arbeitenden Knecht' in Hegels Herr-Knecht-Schema als ‚rebellierend-kämpferische Knechte' und damit als imperativ-souveräne, männliche und die Macht anstrebende Figur einzuordnen ist, ist Helène der ‚listig-diebische Knecht', der lieber stiehlt statt zu arbeiten. Sie unterminiert geschickt und nur für sich selbst gültig das herrschaftliche Eigentum, aber sie opponiert nicht, und damit ist sie wie Genet eine Figur, die in einem dialektischen Schema mit klaren Antagonismen nicht leicht unterzubringen ist. Sie handelt aus äußerst individuellen Gründen, und ihr Empfinden persönlichen Mangels erfordert nicht die Veränderung der gesamten Situation, sondern dient schlicht der Befriedigung eines unmittelbaren Begehrens oder der Abwendung einer unmittelbaren Not.

Während der idealistische Räuber dem Typus des empörten Knechts im Sinne Michael Kohlhaas' entspricht, hat der Dieb nicht das Pathos des Rebellen, sondern oft genug einfach nur Hunger, der nichts anderes ist als ein existenzieller Mangel. In dem Sinne, wie sein Handeln die „Not in Ansehung des ganzen Lebens"[106] abwendet, liegt es sprachlich nahe, den Diebstahl als ‚notwendig' zu bezeichnen, was dem Aspekt Ausdruck gibt, dass dieses Verbrechen eher existenziell als politisch motiviert ist: Der Diebstahl ist die kleine Geste der Stillung des Hungers auch gegen das Eigentum eines Anderen. Er kommt nicht als die große Empörung daher, die die zornige Umkehrung der Machtverhältnisse fordert, aber er versorgt den Dieb mit dem Existenznotwendigen. Statt klarer Opposition praktiziert der Dieb eine nicht-dialektische, improvisierte Unterlaufung der Machtverhältnisse, der eine Ideologie und sogar eine klare Intention der Subversion fehlt. Der Dieb erkennt schlicht das Eigentum des Herrn nicht an, das er doch selbst durch seine Tätigkeit als Knecht dieses Herrn produziert hat. Was der Herr dem Knecht mit pathetischer Gewalt geraubt hat, holt der Dieb sich heimlich-selbstverständlich zurück. Dadurch entgeht der Dieb dem dialektischen Kreislauf des immer wieder aufflammenden Kampfes um Herrschaft, der turnusmäßig die Rollen des Knechtes und des Herrn austauschen kann, der aber das Spiel perpetuiert. Der Knecht, der stiehlt, statt zu rebellieren, folgt Hegels Modell nicht, er hält sich nicht an die Re-

---

106 Hegel: *Sittlichkeit*. S. 41.

geln des hegelianischen Existenzkampfes, sondern ist dort ein Schelm, wo von ihm die Einnahme der Rolle des Rebellen erwartet wird. Helène ist ein Dieb wie der schelmische Lazarillo oder der Rousseau der *Bekenntnisse*, und nicht ein gerechter Räuber wie Kohlhaas, Robin Hood oder der lautstarke Karl Moor. Der Räuber und der Dieb vergehen sich an unterschiedlichen Formen von Eigentum, und damit an paradigmatisch unterschiedlichen Formen von Recht. Damit geht auch einher, dass, wenn von Dieben erzählt wird, von Einzelpersonen und Individuen die Rede ist, deren individuelle Begehren, Bedürfnisse und Wünsche beschrieben werden, während der Räuber in Gruppen auftritt und eine offenere, entindividualisierte Forderung nach Gerechtigkeit oder Ausgleich verkörpert.

Der Diebstahl ist damit – das wird auch an den Dieben immer wieder zu erkennen sein, die in den folgenden Kapiteln besprochen werden – eine Art kleiner Rebellion, der aber viele wesentliche Merkmale abgehen, die Umsturz- und Rebellionsversuche sonst oft haben: Diese sind auf Öffentlichkeit aus, und auf die vollständige gewaltsame Entmachtung und Ersetzung der Verkörperung der Macht, gegen die sie antreten. Der Diebstahl hat dieses Ziel nicht, denn er will keine Ersetzung der Machtfigur vornehmen. Dennoch trägt der Diebstahl ein subversives Element, er ist eine kritische und die Macht herausfordernde Handlung. Diese Subversion, die keine radikale Überwindung oder Beendung der Fremdbestimmung zum Ziel hat, ist nicht leicht in Worte zu fassen. Sie als ‚kleine Rebellion' oder als ‚symbolische Herausforderung' zu beschreiben, wird ihr nicht ganz gerecht. Deswegen soll hier vorläufig der – wenn auch überfrachtete – Terminus des „Anarchischen" verwendet werden. Dabei soll dieser Begriff als *terminus technicus* und ohne seine geläufigen Konnotationen in einer doppelt übersetzbaren Bedeutung verwendet werden: Zum einen kann die „an-arché" als eine Unbetroffenheit von der Macht (*arché*) des Gesetzes verstanden werden. Er ist eine der Gültigkeit des Gesetzes bewusste Entscheidung, es für die eigene Subjektivität nicht anzuerkennen. Und zum Anderen liegt in der an-arché auch eine Anfangs- und Bestimmungslosigkeit, wenn der Begriff der *arché* als ‚Ursprung', ‚Anfänglichkeit' oder ‚Prinzip' übersetzt wird. Diese hier verwendete eher ethische als politische Verwendung des Begriffs des Anarchischen wird von Emmanuel Levinas übernommen, der ihn in seiner Philosophie zur Beschreibung des „Anderen" verwendet, der ebenso dem Zugriff der eigenen gesetzgebenden und ihn bestimmenden Macht entzogen ist wie er einen legitimen vorursprünglichen Anspruch auf ethische Berücksichtigung und Erfüllung seines Begehrens stellt.[107] Der Dieb ist ein, wenn auch selten ultimativ erfolgreicher, so doch gerissener und auf schelmische bescheiden wirkender anarchischer Rebell. Seine Verwandtschaft mit dem alle Regeln ignorierenden Schelm[108] liegt in dieser ordnungskritischen Haltung offen zutage: wie der Schelm hat er nicht die Mittel oder den Willen zu einer offenen Rebellion, er

---

107 Emmanuel Levinas: *Jenseits des Seins, oder anders als Sein geschieht.* Übers. v. Thomas Wiemer. Freiburg u. München ² 1998. v.a. S. 34ff u. 222ff.
108 Der *Lazarillo de Tormes*, der Urtyp aller pikaresken Figuren, wird im Autobiografie-Kapitel auf den Seiten 292ff behandelt, wo seine vielzähligen und raffinierten Diebstähle untersucht werden.

trägt nicht das ideologische Gerüst und die Mittel zum Aufstand, aber er gibt sich auch nicht mit seiner Situation zufrieden und findet sich in eine Haltung der Ergebenheit ein, sondern zeigt sich der Herrschaft gegenüber wenigstens symbolisch und für Momente kritisch und überlegen, indem er sie zwar nie überwältigt, aber von ihr stiehlt und dadurch noch die kleinsten Lücken in ihrem Herrschaftsgebäude aufzeigt.

Zweites Kapitel:
Der Niedergang des Räuberwesens und der Auftritt der Diebe

1|2|1
Der Wechsel des Vorzeigekriminellen im 19. Jahrhundert

Die Differenzierung zwischen Räuber und Dieb, die mit Hegel beschrieben wie eine abstrakte und schematisierende Unterscheidung klingt, ist nicht nur im philosophischen Diskurs, sondern auch als eine konkrete historische Entwicklung beobachtbar: Der Wandel des philosophischen Subjektivitätskonzepts von einem ‚Subjekt, das ist' zum ‚eine Subjektivität habenden Wesen' entfaltet sich begleitend zu einem Wandel der tätigen Delinquenz in der Gesellschaft. Mit der sich entwickelnden Neuzeit und der sich ankündigenden Moderne verändert sich in Europa die Bewertung des Verbrechens und das Verbrechen selbst: Das Vergehen gegen eine feststehende, nur als Ganzes hinterfragbare Autorität und gegen die Grundherrschaft tritt zurück und entwickelt sich zum Vergehen gegen ein mobiler werdendes, transportables, tauschbares und verausgabbares Eigentum. Was als Eigentum verstanden wird, verändert sich, und spätestens mit der industriellen Revolution, die die Anzahl der in einem durchschnittlichen Haushalt befindlichen Dinge multiplizierte, verändert sich das Verhältnis zum Besitz überhaupt. Der Bereich des sekundären Eigentums explodiert, und fast jeder besitzt nun eine immense Zahl an Dingen, zu denen er nur noch ein distanziertes Verhältnis aufbauen kann, die gestohlen zu werden drohen und zu deren Schutz aufwändige gesamtgesellschaftliche Normen und Institutionen geschaffen werden.

Das erste Auftauchen einer Figur, die rein um ihre Eigenschaft, ein Dieb zu sein, konstruiert ist, liegt im weiter unten besprochenen Schelmenroman des *Lazarillo de Tormes* vor. Die erste wirklich ‚moderne' Diebin, die wie Helène eine weibliche Alternative zum männlich-räuberischen Prototyp darstellt, ist Daniel Defoes 1722 erschienene *Moll Flanders*[1]. Sie ist die verschlagene Hauptfigur eines der ersten Beispiele für die Gattung des Romans. Moll Flanders übt ihre Delinquenz im von begehrenswerten Dingen strotzenden häuslichen und urbanen Bereich aus. Spätestens im neunzehnten Jahrhundert beginnen die klassischen Räubergestalten damit

---
1 Daniel Defoe: *The Fortunes and Misfortunes of the famous Moll Flanders*. Oxford 1971. – Eine bemerkenswerte Besprechung dieses Textes findet in Jens Elzes Aufsatz im Band *Diebstahl. Zur Kulturgeschichte eines Gründungsmythos* statt. (Hg. v. Andreas Gehrlach u. Dorothee Kimmich. Paderborn 2016.)

aus dem öffentlichen und literarischen Diskurs zu verschwinden, und die raffinierten, gewaltlosen, aus ihrer Schwäche statt aus ihrer Stärke heraus und allein agierenden Diebe haben ihren Auftritt in den Zeitungen, vor den Gerichten – und in der Literatur. Diese Diebe sind nicht mehr der rebellische Gegenpart zur bestehenden Macht, sondern sie sind vereinzelte und hochindividualisierte Devianzfiguren aus einer prekarisierten Bevölkerungsmasse, die sich, wie wir bei der Untersuchung von Hegels Problemen mit dem Vorgang des Diebstahls und in der Faszination der Aufklärer für Diebe gesehen haben, in das gesellschaftliche Kräftespiel nicht leicht einordnen lassen. Der Räuber war, dialektisch betrachtet, einfach zu verstehen, aber wenn die neuen Eigentumsbedingungen schon als äußerst komplex galten, so galt dies noch viel mehr für den Verbrecher am neuen Eigentum, der aus ganz subjektiven, schwer fassbaren Gründen gegen dieses Eigentum verstieß. Michel Foucault, der mit seinem Leitkonzept des „Anormalen"[2] den Blick auf genau solche Figuren werfen konnte, die in gesellschaftlichen Umbruchphänomenen auftauchen, erwähnt diesen Vorgang des Verschwindens der Räuber und des Auftauchens der Diebe in seinem kriminalitäts- und strafgeschichtlichen Werk *Überwachen und Strafen*. Foucault stellt fest, dass im Verlauf des achtzehnten Jahrhunderts immer weniger Kapitalverbrechen und dafür mehr Eigentumsvergehen begangen wurden. Er formuliert seine Beobachtung dieser Veränderung so:

> Seit dem Ende des 17. Jahrhunderts ist tatsächlich eine beträchtliche Abnahme der Blutverbrechen und überhaupt der physischen Gewaltsamkeiten zu bemerken; die Eigentumsdelikte scheinen die Gewaltverbrechen abzulösen. Diebstahl und Betrug verdrängen Mord, Körperverletzung und Handgreiflichkeiten. Die diffuse, als „Gelegenheitsarbeit" aber häufig betriebene Delinquenz der ärmsten Schichten wird von einer begrenzten und anspruchsvolleren Delinquenz abgelöst. Die Kriminellen des 17. Jahrhunderts sind „erschöpfte, schlecht genährte Menschen, jähzornige Männer des Augenblicks, Saisonverbrecher", die des 18. Jahrhunderts hingegen „Schlaumeier, Schlawiner, gerissene Rechner – Außenseiter".[3]

Historisch betrachtet beginnt die Rolle des Diebes, als die des Räubers zu Ende gespielt ist. Foucault beschreibt damit einen auf den ersten Blick verwirrenden Vorgang: Die Menschen beginnen, sich unvermittelt anderen, „anspruchsvolleren" Verbrechen zuzuwenden, das Paradigma, nach dem Verbrechen verübt werden, verwandelt sich. Bis hierher wurden in diesem Kapitel die weitgehend unbewussten philosophisch-gesellschaftskritischen Reaktionen auf diesen Wandel beschrieben; jetzt kommt in den Blick, wie diese Verwandlung der Kriminalität vom Raub zum Diebstahl vonstatten ging und welche Ursachen für einen solchen ‚Paradigmenwandel des Verbrechens' gefunden werden können.[4]

---

2 Foucault: *Die Anormalen.*
3 Ders.: *Überwachen und Strafen. Die Geburt des Gefängnisses.* Übers. v. Walter Seitter. Frankfurt a. M. 1976. S. 95f.
4 Der Wandel, der im 19. Jahrhundert in der streng juristischen Sichtweise des Diebstahls geschah, wurde 1976 von George P. Fletcher in seinem Aufsatz „The metamorphosis of Larceny" beschrie-

Mit der Idee des Eigentums, also mit der Art und Weise, wie die Menschen die Welt besitzen, verändert sich die Struktur des Eigentumsverbrechens und damit das Bild des Verbrechers selbst. Im Verlauf von etwa hundertfünfzig Jahren wechselt dieses im gesellschaftlichen Bewusstsein verankerte Bild: Bis zum Ende des achtzehnten Jahrhunderts existierten große, rücksichtslose und zum Teil fast schon militärisch organisierte Räuberbanden, die auf dem Land und in den ausgedehnten europäischen Wäldern fast parastaatlich zu beschreibende ganze Landstriche mittels brüderbündischer oder autoritärer Zusammenschlüsse beherrschten und sowohl ein Abgabensystem wie eine Schutzfunktion unterhielten.[5] Sie wurden angeführt von legendenumwobenen Räuberhauptmännern wie Karl Moor, dem Schwarzen Veri, Franz Paul Seidel, Kohlhaas, und dem Schinderhannes.[6] Diesen Räuberbanden musste mit großem bewaffnetem Aufwand und mit militärischen Mitteln begegnet werden. Sie übten eine territoriale Kriminalität aus, die der territorialen Herrschaft der feudalen Gebilde analog war. Ihre Rebellion fand gegen die Grundherren statt und entsprechend ähnelte ihre Souveränität der der Herren. Die Diebe und Schlaumeier waren dagegen Verbrecher, die in ihrer Kriminalität den Sicherheitsdispositiven des neunzehnten Jahrhunderts entsprachen, und die eine Delinquenz betrieben, die sich in einem Raum abspielte, der mehr durch eine häusliche und urbane Überwachung gekennzeichnet war. Die Anführer der Räuberbanden waren sich ihrer öffentlichen Wirkung als staatskritische, im Territorium der Herrschaft agierende Symbolfiguren durchaus bewusst und versuchten die Stimmung der Bevölkerung für sich nutzbar zu machen. Sie versuchten gezielt, bekannt und als Kämpfer für den kleinen Mann anerkannt zu werden, weil die Unterstützung durch die Landbevölkerung eine sichere Schutzmaßnahme vor Verfolgung und Verrat bedeutete. Ihre Darstellung in den Medien der Zeit ist deswegen nicht unpassend als „Räuberromantik" beschrieben worden.[7] Von diesen

---

ben, der in überarbeiteter Form den ersten Teil seines Standardwerkes ausmacht. (George P. Fletcher: *Rethinking criminal Law*. Oxford 2000. S. 59-114.)

5 Das global agierende Äquivalent zu den Räuberbanden waren die Piraten, die schon etwas früher die Phantasie der Literaten und Juristen herausforderten. Insbesondere das sagenhafte Libertalia, eine legendenhafte libertäre Piratenkolonie, die im Norden von Madagaskar gegründet worden sein soll, ist für die Idee einer freiheitlichen Ideologie der Piraten und Räuber von Belang. Siehe dazu: Marcus Rediker: „Libertalia: Utopia der Piraten." In: David Cordingly (Hg.): *Piraten*. Übers. v. Sabine Lorenz u. Felix Seewöster. Köln 2006. S. 126-141. Zur rechtlichen Problematik, die die Piraten schon in der Antike darstellten, siehe: Daniel Heller-Roazen: *Der Feind aller. Der Pirat und das Recht*. Übers. v. Horst Brühmann. Frankfurt a. M. 2009. Für das moderne, radikal romantisierte Bild der Piraterie immer noch maßgeblich ist Captain Charles Johnsons 1724 erschienenes *A General History of the Robberies and Murders of the Most Notorious Pyrates*. (Connecticut 1998,) dessen Autor höchstwahrscheinlich Robert Louis Stephenson war.

6 Zu den Räuberbanden, die noch im achtzehnten Jahrhundert im deutschsprachigen Raum die Wälder, Landstraßen und einsam gelegenen Dörfer unsicher machten, siehe die umfassende Zusammenstellung von Berichten und Erzählungen: Heiner Boehncke u. Hans Sarkowicz (Hg.): *Die deutschen Räuberbanden in Originaldokumenten*. (Band I: *Die Großen Räuber*, Band II: *Von der Waterkant bis zu den Alpen*, Band III: *Die rheinischen Räuberbanden*.) Frankfurt a. M. 1991.

7 Ebd. Band I. S. 23ff.

mächtigen Grenzfiguren zwischen wirtschaftlicher und politischer Delinquenz geht aber spätestens ab 1800 die Tendenz hin zu individualistischeren, tendenziell städtischen Kriminellen, die Verbrechen gegen das selbst mobil gewordene Eigentum begehen. Foucaults „Schlaumeier, Schlawiner" und „gerissene Rechner" stehen für eine über Jahrzehnte entstehende, schwer greifbare, ephemere Gelegenheitskriminalität, die versucht, sich der Öffentlichkeit zu entziehen, die in möglichst geschwinden, heimlichen Verbrechen besteht und keine organisatorische Kontinuität aufweist. Die sich auf den Diebstahl verlegenden Außenseiter und atomisierten Devianzfiguren, die im neunzehnten Jahrhundert die Anklagebänke zu füllen beginnen, sind gelegenheitsmäßige Taschen- und Ladendiebe, Einbrecher und spontane urbane Kleinkriminelle, die keinen impliziten politischen oder sozialreformerischen Anspruch haben, sondern die nur auf ihr eigenes Überleben und Teilhabe an den gesellschaftlichen Reichtümern zielen.[8]

Die in dieser Zeit entstehende moderne Konzeption der ‚Polizei' wurde unter dem Druck genau dieser kleineren, massenfachen und nomadischen, ungreifbaren Verbrechensform entwickelt. Foucault konstatiert diese „intensive Entwicklung des Polizeiapparats in den meisten Ländern Europas, die insbesondere zu einer Neuordnung und verstärkten Überwachung des städtischen Raums führte und damit eine systematischere, wirksamere Verfolgung der Kleinkriminalität ermöglichte."[9] Das heimliche Gelegenheitsverbrechen gegen das Privateigentum erforderte andere Mittel, als sie gegen die Räuberbanden anzuwenden waren: ermittelnde und beobachtende Funktionen wurden wichtiger als die reine bewaffnete Übermacht, die offene Feindschaft gegen die Gesellschaft verlangte nach anderen Mitteln als die versteckte, singuläre Delinquenz, gegen die nur ein die Gesellschaft durchziehendes Netz an Beobachtern wirksam sein konnte, das selbst dieser Kriminalität ähnlich zu sein versuchte. Die Berufsqualifikation des Räubers und seiner Verfolger ist eine gewaltbereite soldatisch-imperative Entschlossenheit, die des Diebes und der Polizei ist eine kluge Unauffälligkeit und Beobachtungsgabe.

Foucaults Beobachtung des Diskurswandels in der Kriminalität lässt Hegels auf den Räuber fixierten Blick verständlicher werden: Die Delinquenzform des heimlichen Diebstahls von mobilem Eigentum war zu Hegels Zeit noch in der Entwick-

---

8 Erst gegen Ende des neunzehnten Jahrhunderts entstehen stabilere Verbrechernetzwerke. Dieses ‚organisierte Verbrechen', das sich in den Großstädten festzusetzen beginnt und das eher eine Art dunkler Marktwirtschaft entwickelt, ist in seinen Ausprägungen der unterschiedlichen Mafia- und Ringvereinsorganisationen aber weniger auf den Diebstahl als mehr auf eine kriminelle Schattenwirtschaft festgelegt und umfasst eine weite Bandbreite an Kriminalität, die von Raub und Erpressung über Diebstahl und Mord bis zum Schmuggel und zur Steuerkriminalität reicht. – Eine Ausnahme macht da nur die illegalistisch-anarchistische Einbrecherbande der „Travailleurs de la nuit", die sich ab 1900 darauf verlegt hat, mit hunderten von Einbrüchen im Pariser Raum Nachts das zurück zu holen, was den Arbeitern als „travailleurs du jour" jeden Tag von den kapitalistischen Industriellen weggenommen wird. Siehe dazu: Alexandre Jacob: *Travailleurs de la nuit*. Paris 1999. Und Alain Sergent: *Cambrioleur de la Belle Epoque*. Toulouse 2005.
9 Michel Foucault: „Die Entwicklung des Begriffs des ‚gefährlichen Menschen'." In: *Dits et Ecrits*. Band III. S. 568-594, hier S. 595.

lung begriffen und fand ihren literarischen Niederschlag genau wie die auf diese neue Delinquenz reagierenden Institutionen erst etwa ab dem Ende des achtzehnten Jahrhunderts – es mag um 1800 noch zu hell gewesen sein für die Eule der Minerva. Wo vorher der Räuber mit tendenziell an militärischen Modellen orientierten Reaktionen und mit einer Durchsetzung von Territorialhoheit bekämpft werden musste, trat nun gegen den kleinkriminellen urbanen Dieb der verstehende Ermittler auf, der Kommissar und Polizist, dessen Aufgabe es war, die Verbrechen zu verstehen, sie zu entschlüsseln, zu verfolgen und juristisch verurteilbar zu machen; gegen den raffinierten „Schlawiner" musste ein ebenso raffiniertes Konzept seiner Verfolgung und Disziplinierung entwickelt werden. Bezeichnenderweise war es daher ein ehemaliger Taschendieb und Betrüger, der, von einem Leben als Krimineller auf die Seite von Recht, Gesetz und dem Schutz des Eigentums übergelaufen, die berühmte Pariser *Sûreté Nationale* gründete. Die *Sûreté Nationale* stellt die erste moderne Kriminalpolizei dar, die dezidiert gegen das urbane Verbrechen, und damit vor allem gegen die Kleindelikte gegründet war, die Foucault beschreibt: Dieser die Seiten wechselnde Dieb ist Eugène François Vidocq, dessen Autobiografie im Kapitel über Autobiografien von Dieben besprochen wird.

Foucault verfolgt in *Überwachen und Strafen* die Frage nach der Entwicklung der Polizei. Ihn interessieren die Verbrechen verschiedener Form nur als Ursache für die Verwandlung der politisch-gewaltsamen Delinquenz in die heimlich-gerissene Kriminalität der urbanen Eigentumsverbrecher, dem mit veränderten Disziplinar- und Unterdrückungsmethoden begegnet wird. Dass diesen neuen Verbrechertypen und Bildern der bekämpfungsnotwendigen Kriminalität ein komplett neuer Disziplinierungsapparat entgegen gestellt wird, und wie dieser entwickelt wurde, ist der Kern seines Buches; für die Geschichte der Disziplinierungsmaßnahmen sind seine Untersuchungen äußerst ergiebig, für eine Untersuchung des Diebstahlsmotivs, wie sie hier von Interesse ist, muss allerdings etwas anders vorgegangen und nach der Veränderung der sozialen und rechtlichen Bedingungen von Eigentum und Delinquenz gefragt werden, in denen das Verbrechen geschehen und beurteilt werden konnte.

Wo Anfang des neunzehnten Jahrhunderts also noch Kohlhaas und Karl Moor den bereits etwas antiquiert scheinenden, aber klassischen Typus des Verbrechers darstellten, sind hundert Jahre später Auguste Dupin[10] und Arsène Lupin[11] die Urbilder des Ganoven und Kriminellen, sie sind die „Schlaumeier" und „gerissenen Rechner", die Foucault erwähnt: Das Schelmenhafte und Gewandt-Elegante, das

---
10   Zu Edgar Allan Poes Auguste Dupin als Dieb und Privatdetektiv siehe in dieser Arbeit die Seiten 333-358.
11   Maurice Leblancs Arsène Lupin, der elegante französische Gentleman-Dieb, der sogar den britischen, rationalen Sherlock Holmes zu überlisten versteht, kann in dieser Arbeit, die den Diebstahl im zwanzigsten Jahrhundert weitgehend ausklammern muss, leider nicht behandelt werden. Maurice Leblanc: *Arsène Lupin. Gentleman Cambrioleur.* Paris 1972. Ders.: *Arsène Lupin contre Herlock Sholmès.* Paris 1963.

der Dieb im Vergleich zum als schmutzig und roh phantasierten Räuber noch in der heutigen Vorstellung dieser Figuren hat, hat seinen Ursprung in der Veränderung der oben beschriebenen diskursiven Konzepte von Eigentum und Subjektivität, die im Laufe des achtzehnten Jahrhunderts entstanden.[12] Foucault stellt zur radikalen Neuerfindung der Idee des Eigentums und der Idee des Verbrechens ganz allgemein fest, dass es sich hierbei um „einen allgemeinen Einstellungswechsel, eine ‚Veränderung im Bereich des Geistes und des Unterbewußtseins'"[13] handeln mag; er wendet sich dann aber wieder seiner Frage nach den Strafen und Disziplinierungen zu und lässt die subjekttheoretischen Implikationen fallen, die diese „unterbewußte" Veränderung der Einstellung zum Eigentum und zum besitzenden Individuum hat; ihn interessiert eher die gesellschaftliche Reaktion auf das Verbrechen als die Delinquenz selbst. Für die Frage nach dem Diebstahl als Thema und Motiv der Philosophie sind Foucaults Überlegungen an dieser Stelle deshalb weniger in ihrem philosophischen Gehalt als mehr in ihrer historischen Informiertheit von Belang.

Zu behaupten, dass mit dem neunzehnten Jahrhundert die Gestalt des Räubers ersatzlos verschwindet, würde das Phänomen nicht präzise beschreiben. Viel eher spaltet sich diese Figur auf: der aktionistische, empörerische Aspekt des gerechten Räubers wird auf den politischen Revolutionär übertragen, der die Rolle der Bedrohung der Gesellschaft und des Staates übernimmt, die vorher vom Räuberhauptmann eingenommen wurde. Der Aspekt der politisch anspruchslosen, ‚egoistischen' Eigentumskriminalität verselbständigt sich dagegen und wird von der neu entstehenden Figur des Diebes übernommen. Im Revolutionär des langen neunzehnten Jahrhunderts, der gegen die Ausbeuter kämpft, setzt sich der von romantischen Ideen des Landlebens und des Vagantentums befreite Räuberhauptmann fort, der aus den undurchdringlichen Wäldern heraus gegen die Grundherren kämpfte. Bei Friedrich Schiller ersetzte der politische Aufrührer *Wilhelm Tell*[14] zwanzig Jahre später und nach dem Erlebnis der Französischen Revolution den Räuber Karl Moor, und Georg Büchners Danton[15] ist als Gestalt ein reiner Revo-

---

12 Hegel selbst stellt implizit diesen Übergang fest, wenn er die Absicherung der ab der Aufklärung entstandenen Wissenschaften gegen geistigen Diebstahl mit der Sicherung der Landstraßen gegen Räuber gleichstellt:
„Die bloß negative, aber allererste Beförderung der Wissenschaften und Künste ist, diejenigen, die darin arbeiten, gegen *Diebstahl* zu sichern und ihnen den Schutz ihres Eigentums angedeihen zu lassen; wie die allererste und wichtigste Beförderung des Handels und der Industrie war, sie gegen die Räuberei auf den Landstraßen sicherzustellen." Hegel: *Philosophie des Rechts*. S. 76. §69. [Kursivierung im Original.]
13 Foucault: *Überwachen und Strafen*. S. 99.
14 Friedrich Schiller: *Wilhelm Tell*. Stuttgart 2003. – Zur ödipalen Gründung eines Brüderbundes nach dem Sieg über den tyrannischen Vater-Despoten im *Tell*, siehe: Albrecht Koschorke: „Brüderbund und Bann. Das Drama der politischen Inklusion in Schillers ‚Tell'". In: Ders. (Hg.): *Das Politische. Figurenlehren des sozialen Körpers nach der Romantik*. München 2003. S. 106-122. Der Räuber ist damit nach Koschorkes Definition ein „Gründungsverbrecher". Zu Koschorkes Überlegungen zum Gründungsverbrechen siehe das Kapitel „Der blinde Fleck am Ursprung geschlossener Systeme" auf den Seiten 157-168.
15 Georg Büchner: *Dantons Tod*. Hg. v. Ulrich Staiger. Stuttgart 2007.

lutionär, der erst mit der Revolution in Frankreich und den Befreiungskriegen vorstellbar wurde. Der gegen die Ungerechtigkeit der Landverteilung vorgehende Räuber wird zum Revolutionär politisiert, und die frei werdende Stelle des diskursiven ‚Vorzeigekriminellen' und der wichtigsten öffentlichen Imagination des Verbrechers wird zunehmend vom Dieb besetzt, der sich ohne das Pathos der Empörung einfach nimmt, was er begehrt. Der Räuber vereinigte den Eigentumsverbrecher mit dem Rebellen. Nun, da das Eigentum sich verwandelte, wurde diese Figur in mehrere Rollen differenziert. Diese Aufspaltung in zwei differente Protagonisten ist noch in de Beauvoirs Helène und Blomart zu sehen, deren Gestalten zusammengenommen vor dem kapitalistischen Wandel des Eigentumsbegriffs vom gerechten Räuber abgedeckt waren. Die sich herausbildende Singularität des modernen Eigentumsbegriffs der westlichen Kultur sorgte für die analoge Herausbildung der Verbrecher am Eigentum selbst, bzw. am Staat als der Institution, die zum Schutz des Eigentums eingerichtet wurde.

Die Verschiebung des in den Texten wichtigsten Beispiels für kriminelle Handlungsweisen vom Räuber zum Dieb ist nicht zufällig und ebenfalls keine rein diskursive und unabhängig von ökonomischen und politischen Faktoren geschehende Verwandlung, wie es Foucaults tendenziell ökonomieskeptische Diskursanalyse anzudeuten scheint. Im Lauf des neunzehnten Jahrhunderts geschah die endgültige Ablösung feudaler Besitzformen, denen der Räuber korrespondierte, und es festigte sich die urbanere und mobilere kapitalistisch-bürgerliche Konzeption des beweglichen Besitzes, der Güter, Geldmittel und Waren, an denen sich die Diebe und Einbrecher zu bedienen versuchten. Der ehemalige Räuberhauptmann hatte in den neuen, verwirrenden und beschleunigten Städten des Handels, der Gebrauchsgüterproduktion und der Warenströme sein Betätigungsfeld verloren, das auf die behäbigere Welt von Wäldern, Höhlen, Postkutschen und Wirtshäusern angewiesen war. Aber genau diese Städte mit ihren vermassten und prekarisierten Menschenansammlungen bildeten den Ort, an dem die Revolutionäre und die Kriminellen agieren konnten, an dem sie die Sicherheit des Besitzes der Bürger und ihre Gesellschaftsordnung zu bedrohen begannen. Es gibt augenfällige materielle Ursachen für das Verschwinden der Räuber und den Auftritt der Diebe. Um die materiellen Grundlagen der Veränderung der symbolischen Eigentumskonzeption beschreiben zu können, soll hier zu Karl Marx' Frühschriften gegriffen werden, in denen er sich der Frage nach dem Diebstahl als einem Verbrechen zuwendet, das für die kapitalistisch-bürgerliche Eigentumsordnung symptomatisch ist, wie der Räuber ein Symptom der feudalen Eigentumsordnung darstellt. Dazu müssen nochmals die ausgedehnten adligen Waldbesitzungen aufgesucht werden, in denen die Räuber hausten, und die nach ihrer Umwandlung in ‚Wälder im Privatbesitz' von weniger bedrohlichen als mehr immens ärgerlichen Holzdieben heimgesucht wurden. Zuerst wird hier also der Vorgang dieser Verwandlung des feudalen Grundbesitzes in Privateigentum skizziert und dann wird die Beschreibung dieses Prozesses durch den jungen Karl Marx beschrieben. Marx versteht den Skandal, den diese Umwandlung bedeutet, und sie ist der Ursprung seines Interesses für Fragen der Ökonomie, aber er kann aber keinen Ort für diejenigen in seiner Theorie finden, die, statt zu rebellieren, lieber stehlen, indem sie in den Wäldern, aus denen sie vertrieben wurden, weiter ihr Brennholz sammeln.¹⁶

1|2|2
Die ursprüngliche Enteignung der Landbevölkerung und die Entstehung des „Lumpenproletariats"

> Thieving was not a sheer absurdity. It was a form of human industry, perverse indeed, but still an industry exercised in an industrious world; it was undertaken for the same reason as the work in potteries, in coal mines, in fields, in tool-grinding shops. It was labour, whose practical difference from other forms of labour consisted in the nature of its risk, which did not lie in ankylosis, or lead poisoning, or fire-damp, or gritty dust, but in what may be briefly defined in its own special phraseology as ‚Seven years' hard'.¹⁷
>
> *Joseph Conrad*

In demselben Zeitraum, für den Foucault die Veränderung der Straf- und Disziplinierungsmethoden des Staates analysiert, beschleunigte sich der Vorgang der Eigentumsumwälzung, den Karl Marx als die „sogenannte ursprüngliche Akkumulation"¹⁸ bezeichnete. Dieser Prozess bildet den ökonomischen Hintergrund zum Wandel der Disziplinarmaßnahmen für Eigentumsverbrechen. Was oben als die Veränderung von einer Seins-zentrierten Ontologie zu ihrer tendenziellen Akzeptanz des ‚Habens' als primärem Begriff zur philosophischen Erfassung der Existenz beschrieben wurde, hatte seine Grundlage – oder, je nach Betrachtungsweise,

---

16 Zur weitergehenden Frage zur Wahrnehmung und zum Wandel der gesellschaftlichen Imagination von Kriminalität, siehe auch einige der Aufsätze in: Michael Walter u.a. (Hg.): *Alltagsvorstellungen von Kriminalität. Individuelle und gesellschaftliche Bedeutung von Kriminalitätsbildern für die Lebensgestaltung.* Münster 2004.
17 Joseph Conrad: *The Secret Agent. A Simple Tale.* London 1965. S. 81f.
18 Karl Marx: „Das Kapital. Kritik der politischen Ökonomie. Erster Band." In: *MEW*. Band XXIII. Berlin ¹⁷ 1988. S. 741. – Die „ursprüngliche Enteignung" spielt laut Marx für die „politische Ökonomie ungefähr dieselbe Rolle wie der Sündenfall in der Theologie". (S. 741.) Die aufklärerische Feststellung, dass der Sündenfall und der Anfang der bürgerlichen Kultur in einer ursprünglichen Aneignung von Land besteht, ist schon bei Rousseau zu finden, laut dem die bürgerliche Gesellschaft ihren Anfang nahm, als jemand ein Stück Land für sich reklamierte und es damit den anderen wegnahm. Diese Feststellung Rousseaus über das Ende des Urzustandes des Menschen wird in dieser Arbeit im Kapitel über „Rousseaus Mythos vom Sündenfall der bürgerlichen Gesellschaft" auf den Seiten 313-317 besprochen.

seine Konsequenz – in der Auflösung und Umwälzung der feudalen Wirtschaftsordnung. Philosophische Begriffe verändern sich kaum je im freien Raum und ohne Bezug zur Welt, auf die sie letztlich anwendbar sein sollen. Was Hegel als die Gesellschaft umfassender gegenseitiger Anerkennung definiert, in der der Knecht sich von seinem aristokratischen Herrn befreit ist und in der alles Privateigentum den Status der Unantastbarkeit genießt, ist bei Marx die bürgerlich-kapitalistische Gesellschaft, die entsteht, wenn der Bürger als der sich emanzipierende feudale Knecht sich von seiner ortsgebundenen Leibeigenschaft befreit. In diesem Prozess wird der Knecht aber gleichzeitig seiner an diesem Ort vorhandenen Subsistenzmittel beraubt und er muss von da an seine Arbeitskraft – dem einzigen Eigentum, das ihm noch zugestanden wird – an einen Herrn neuer Ordnung verkaufen.

Eine agrarisch orientierte Ökonomie, die sich industrialisiert, muss ungeheure Mengen an Arbeitskräften von der Bindung an die Scholle lösen, um sie in den Betrieben anstellen zu können. Dieser historische Vorgang ist in Europa ab dem Anfang des neunzehnten Jahrhunderts in der millionenfachen Verwandlung von selbstwirtschaftenden Kleinbauern in lohnabhängige Fabrikarbeiter zu beobachten: Das Land, das ihnen vorher *de jure* nur zur Bewirtschaftung überlassen war, das von ihnen aber *de facto* über Generationen eigenverantwortlich bewirtschaftet wurde, wurde zum Privateigentum des ehemaligen Lehnsherren umdeklariert, der sich anschickte, es nun privatwirtschaftlich intensiver und zentralisierter zu nutzen, als es vorher in der Aufteilung in Parzellen geschehen war. Auch die Säkularisation von kirchlichem Besitz am Anfang des neunzehnten Jahrhunderts mit der Überlassung des kirchlichen Landes an Privatleute gehört zu diesem Prozess:

> Die Kirchengüter selbst wurden großenteils an raubsüchtige königliche Günstlinge verschenkt oder zu einem Spottpreis an spekulierende Pächter und Stadtbürger verkauft, welche die alten erblichen Untersassen massenhaft verjagten und ihre Wirtschaften zusammenwarfen.[19]

Unzählige Menschen wurden von der Unterdrückung durch ihren feudalen oder kirchlichen Herrn befreit, mit derselben Bewegung wurden sie aber auch aus ihren alten Arbeitsfeldern und funktionierenden Lebensbedingungen vertrieben. Was als Veränderung der Besitzform im Grunde nur eine semantische – Foucault würde sagen: diskursive – Reorganisation war, war das Ereignis, dem Marx den Status der Ursünde des Kapitalismus zuschreibt: die „Expropriation des Landvolks von Grund und Boden".[20] Die Konsequenz dessen, was man eine staatlich legitimierte Enteignung ganzer Bevölkerungsschichten nennen muss, bestand darin, dass in Europa immense Wanderungsbewegungen vom Land in die Städte und industriellen Zentren oder nach Übersee einsetzten. Millionenfach mussten sich erwerbslos gewordene Menschen durch diesen ökonomischen und eigentumstheoretischen Paradigmenwechsel nach neuen Wegen ihrer Subsistenz umsehen – sie mussten sich um eine möglichst reibungslose Neueingliederung in den gesellschaftlichen Produkti-

---

19 Marx: *Das Kapital.* S. 749.
20 Ebd. S. 744.

onsprozess bemühen. Der Hintergrund des Entstehens der neuen, mobileren und spontaneren Delinquenz liegt in dieser Vertreibung der Menschenmassen, die Marx später als Proletarier ansprechen sollte, aus ihrer agrarischen Wirtschaftsweise und von dem Stück Land, auf dem sie unter der Herrschaft des adligen Herrn standen, in die Welt der Städte, der Fabriken und des Arbeitslohns: „Eine Masse vogelfreier Proletarier ward auf den Arbeitsmarkt geschleudert durch die Auflösung der feudalen Gefolgschaften."[21] Die Schicht, die sich nicht sofort oder grundsätzlich nicht ins proletarische Arbeits- und Revolutionsheer einordnen ließ, galt als der gesellschaftliche Ort, an dem alle Kriminalität und Störung der sozialen Ruhe entstand. Marx stellt im *Achtzehnten Brumaire des Louis Bonaparte* eine lange und bunte Liste derjenigen auf, die er als dieser Gruppe zugehörig betrachtet. Er erwähnt die

> zerrütteten Roués mit zweideutigen Subsistenzmitteln und von zweideutiger Herkunft, neben verkommenen und abenteuernden Ablegern der Bourgeoisie, Vagabunden, entlassene Soldaten, entlassene Zuchthaussträflinge, entlaufene Galeerensklaven, Gauner, Gaukler, Lazzaroni, Taschendiebe, Taschenspieler, Spieler, Maquereaus, Bordellhalter, Lastträger, Literaten, Orgeldreher, Lumpensammler, Scherenschleifer, Kesselflicker, Bettler, kurz, die ganze unbestimmte, aufgelöste, hin- und hergeworfene Masse, die die Franzosen la bohème nennen.[22]

In diese riesige, amorphe Masse an Menschen sind all diejenigen inbegriffen, die ihre Subsistenzmöglichkeiten verloren hatten, die aber nicht sofort die Aufnahme in eine der Fabriken finden konnten oder wollten, und die also nichts zur Wirtschaftsleistung der Gesellschaft beitrugen. Marx findet für sie nur pejorative, exkludierende Begriffe, die letztlich eine theoretische und bedrohliche Leerstelle in seinem Modell beschreiben. Alle diejenigen, die nicht dem Typus des effektiven Arbeiters und des Produzenten zuzuordnen sind, werden tendenziell in diese Kategorie eingeordnet und durch Projektionen des Bedrohlichen markiert. Indem das Lumpenproletariat mit der Schablone der infektiösen Krankheit belegt wird, wird eine gebräuchliche Strategie der Diskriminierung angewandt: Das wandernde, arbeitslose Lumpenproletariat wird als „wandelnde Säule der Pestilenz"[23] beschrieben, und die Lumpenarbeiterinnen „dienen als Medium, um Pocken und andre ansteckende Seuchen, deren erstes Opfer sie selbst sind, zu kolportieren."[24] Was nicht im System unterzubringen ist, ist krank, infektiös und verderbenbringend. Das Lumpenproletariat war die soziale Gruppe derer, die keiner produktiven Arbeit nachgingen, die also sogar der Nützlichkeit ihrer eigenen Arbeitskraft enteignet waren und die damit noch mittelloser waren als das arbeitende Proletariat, auf das Marx als Akteur seiner Philosophie abzielte und dessen Ausbeutung er beenden wollte. Die Etymologie des Begriffs ‚Lumpenproletariat' ist zu gleichen Teilen aus

---

21 Ebd. S. 746.
22 Ders.: „Der achtzehnte Brumaire des Louis Bonaparte." In: *MEW.* Band VIII. S. 111-207, hier S. 160f.
23 Marx: *Kapital.* S. 693.
24 Ebd. S. 487.

dem auf diese Gruppe projizierten Erscheinungsbild wie aus der Tätigkeit der Verwertung von alten Lumpen, Seilen und Müll herzuleiten. Das Lumpenproletariat ist der Teil der Gesellschaft, den Marx als unehrlich und moralisch verkommen und als notorisch der politisch-ökonomischen Reaktion zuneigend begriff: Kriminell, ohne das aus der Arbeit entstandene Selbstbewusstsein des Knechtes, roh und ohne Möglichkeit, eine Einsicht in die umgestoßenen Eigentumskonzepte zu werfen und auf sie zu reagieren: Das Lumpenproletariat war vagabundierend, formlos und kriminell statt arbeitend, als Klasse nicht klar konturiert und nicht rebellierend. Damit wird deutlich, dass dieser hartnäckig disparate Teil der Gesellschaft vor allem gegen Forderungen einer spezifischen bürgerlichen Moral verstößt, die Marx teilt. Es war weniger eine Frage ökonomischer Einteilungen als mehr der Postulation, dass die sich auf andere Formen der Ökonomie verlegenden Menschen als moralisch verkommen zu betrachten seien:

> Der Bruch zwischen Reichen und Armen war so tief, die Feindseligkeit zwischen ihnen so groß, dass der Dieb – dieser Umverteiler von Reichtümern – in den ärmsten Klassen eine recht wohlgelittene Gestalt war. [...] Nun, diese vom Volk geduldete Ungesetzlichkeit nahm erst dann das Bild einer ernsthaften Gefährdung an, als der alltägliche Diebstahl, das Stibitzen, die kleine Gaunerei in der industriellen Arbeit oder im städtischen Leben kostspielig wurden. Daraufhin wurde in sämtlichen Klassen der Gesellschaft eine neue ökonomische Disziplin durchgesetzt (Ehrlichkeit, Genauigkeit, Sparsamkeit und unbedingte Achtung vor dem Eigentum).[25]

Marx teilte diese Ideologie der bürgerlichen Werte in ihrer Gänze. Der Gauner und Spitzbub aus dem Lumpenproletariat, der nicht arbeitet und der sich auch der Revolution nicht anschließen will, sondern kriminell und undiszipliniert ist, findet bei Marx eine umfassende moralische Abwertung.[26] Anhand dieses aus seiner Theorie ausgeschlossenen Subproletariats, mit dem die heterogene Gesamtheit der aus Karl Marx' umfassender Ökonomietheorie Herausgefallenen bezeichnet wird, entwickelte Georges Bataille seine Theorie des „verfemten Teils"[27]. Der verfemte Teil stellt einen Aspekt oder eine Gruppe dar, die an den Rändern eines jeden Systems zu finden ist, und die sich durch eine hartnäckige Devianz und Nicht-Integrierbar-

---

25 Michel Foucault: „Verbrechen und Strafe in der UdSSR und anderswo..." In: Ders.: *Dits et Ecrits*. Band III. Frankfurt a. M. 2003. S. 93-98, hier S. 89.
26 Marx' Schwiegersohn, Paul Lafargue, forderte in seinem in marxistischen Kreisen noch immer geschmähten Pamphlet über *Das Recht auf Faulheit* nichts anderes als die Anerkennung eben dessen, dass die Arbeit nicht das Wesen des Menschen ausmacht, wie es mit Marx zu einem Grundsatz der Sozialphilosophie wurde. Jeder Mensch, vor die Wahl gestellt, würde sich für das Nichtstun entscheiden statt für die mühsame Arbeit, die zwar produktiv sein mag, die aber dem Wesen des Menschen widerstrebt, der im Grunde lieber untätig leben würde. Ein infamer Gedanke, der nach wie vor allen Schichten der Gesellschaft nur gegen ihre eingeübte körperliche Bewusstsein eingegangene Fleißforderung verständlich ist. (Paul Lafargue: *Das Recht auf Faulheit. Widerlegung des ‚Rechts auf Arbeit' von 1848*. Übers. v. Eduard Bernstein u. Ulrich Kunzmann. Berlin 2013.)
27 Georges Bataille: *Das theoretische Werk I: Die Aufhebung der Ökonomie (Der Begriff der Verausgabung – Der verfemte Teil – Kommunismus und Stalinismus.)* Übers. v. Traugott König u. Heinz Abosch. München 1985.

keit auszeichnet. Wie die Diebe in Hegels dialektischem System ist das Lumpenproletariat ein „blinder Fleck"[28] jedweder abstrakten Theorie. Bataille betreibt die „Heterologie" als eine Suche nach dem jeweils ausgeschlossenen Anderen, der sich explizit im Kriminellen zeigt.[29] Wird dieser Teil der Gesellschaft oder ihres Symbolsystems ins Zentrum des Denkens gestellt, erhält die damit entstehende Theorie selbst ein Element des Heterogenen, Kritischen und gewissermaßen ‚Schmutzigen'. Rita Bischof spricht hier von einer „Einführung eines gesetzlosen Elements ins Innere des legitimen Denkens"[30]. Der verfemte Teil ist nicht mehr durch ein Haben gekennzeichnet, sondern eben dadurch, dass ihm von dem System, an dessen diffusen Randbereichen er sich bewegt, dieses existenzielle Eigentum abgesprochen wird. Er arbeitet dauernd an der Aneignung dieses Eigentums und unterschiedliche Vertreter des verfemten Teils sind unterschiedlich erfolgreich darin, es sich zuzueignen: Dass Mörder, Räuber und andere ‚Großverbrecher' philosophisch besser abzubilden und zu homogenisieren sind als Deviante und irritierend Anormale, liegt an ihrer genaueren Einhaltung der Souveränitätsregeln und ihrer dadurch einfacheren Entdeckung durch die Wissenschaft. Sobald ein heterogenes Element so souverän und relevant ist, dass es von der Wissenschaft erkannt wird, bedeutet das seine Homogenisierung und Eingliederung als eine imperative Form des Heterogenen, die systematisiert wird, ihre anerkannte Rolle im gesellschaftlichen Kräftespiel erhält und damit ihre Heterogenität verliert. Sie findet Anerkennung als relevante Kraft und wird bestimmten, tendenziell nun tatsächlich dialektischen Ordnungen unterworfen, ihr werden klar bestimmte Regeln und Handlungsfelder auferlegt und sie erlernt selbst die Grundsätze der Ausschließung heterogener Elemente. Der Räuber und Revolutionär ist in seiner „imperativen Souveränität"[31] als ein Teil dieses integrierten heterogenen Elementes zu verstehen, während der Dieb bei Hegel, und, wie gleich noch genauer gezeigt werden wird, bei Marx im Bereich des niederen und unproduktiven heterogenen Elementes verbleibt: er ist „elend"[32] und, philosophisch betrachtet, „formlos"[33]. Das Lumpenproletariat ist eine „niedere Form der Heterogenität"[34], die sich durch ihre etwas angeekelte Ablehnung von Seiten der homogenisierenden Philosophie auszeichnet. Michel Foucaults „Anormale" sind direkt aus seiner Beschäftigung mit Batailles Idee dieses Verlierers der Geschichte inspiriert.[35] Das Lumpenproletariat ist der Teil der Bevölkerung, der sich für den mageren Unterhalt seines Lebens auf die Gele-

---

28 Moebius: *Soziologiegeschichte*. S. 212.
29 Georges Bataille: *Die psychologische Struktur des Faschismus. Die Souveränität.* Übers. v. Rita Bischof u. a. München 1978. S. 14.
30 Rita Bischof: *Souveränität und Subversion. Georges Batailles Theorie der Moderne.* München 1984. S. 123.
31 Bataille: *Faschismus*. S. 21.
32 Ebd. S. 22f.
33 Ebd. S. 29. – In genau diesem Tonfall beschreibt Marx die Holzdiebe, die weiter unten behandelt werden.
34 Ebd. S. 40.
35 Siehe dazu: Michel Foucault: „Vorrede zur Überschreitung." In: Ders.: *Dits et Ecrits*. Band I. Frankfurt a. M. 2001. S. 320-342.

genheitsarbeit und auf die alltägliche Delinquenz verlegt, statt eifrig, bieder und entfremdet in den Fabriken zu arbeiten.³⁶ Der Dieb in Hegels Philosophie wäre damit das heterogene Element, das sich dem Zwang der theoretischen Homogenisierung widersetzt. Im ganz materiellen Alltag jenseits der hegelianischen Theorie zeigt sich diese Ausgrenzung in den juristischen Prozessen und Polizeimaßnahmen, die auf seine Markierung und Disziplinierung hin arbeiten: Der Prozess gegen einen Dieb bedeutet den Versuch, seine Andersheit zu nivellieren, ohne seine Heterogenität anzuerkennen, die militärische und ins Politische tendierende Verfolgung und Bekämpfung des Räubers funktioniert unter Anerkennung seiner Souveränität als Feind des Staates, und ist damit völlig anders geartet als die Verfolgung des Diebes, der gezwungenermaßen schwach und im Mangel statt im Haben verhaftet bleibt. Er wird dadurch zur Delinquenz gezwungen, dass ihm die Anerkennung als legitimer Teilnehmer der Dialektik von Herrschenden, Arbeitenden und Kämpfenden versagt bleibt.

Dieser heterogenen, ‚schwachen' Handlungsweise in der Dialektik von Zwang und Subversion soll nun etwas genauer nachgegangen werden. Um die erzwungene Delinquenz weiter Teile der Bevölkerung beobachten zu können, muss nicht bei den im Entstehen begriffenen organisierten jugendlichen Diebesbanden der Groß-

---

36 Marx' Begriff des Lumpenproletariats wurde nicht nur für Georges Bataille wichtig, sondern hallt ebenso auch im „Lumpensammler" Walter Benjamins nach. (Walter Benjamin: „Charles Baudelaire. Ein Lyriker im Zeitalter des Hochkapitalismus." In: Ders.: *Gesammelte Schriften.* Band I/2. Hg. v. Wolf Tiedemann u. Hermann Schweppenhäuser. S. 509-690, hier S. 520ff.) Der Lumpensammler ist eine Gestalt, die in der Benjamin-Forschung fast schon auratisch aufgeladen wurde. Der Lumpensammler ist mit anderen Gestalten des „Depossedierten" (Ebd.: *GS* I/2. S. 572ff.) verknüpft, den Benjamin direkt aus Marx' Lumpenproletarier entwickelt. Zu diesen enteigneten Figuren gehört auch der schäbig wirkende Zwerg der Theologie im Schachautomaten, der seiner Domäne und Wirkungsmöglichkeit beraubt wurde und der in den Überlegungen *Über den Begriff der Geschichte* nun für einen versteckten Dienst am dialektischen Materialismus herhalten muss. („Über den Begriff der Geschichte." In: *GS* I/2. S. 691-704, hier S. 693.) – Es ist frappierend, wie mit Benjamin beschrieben werden kann, wie die Theologie, also Begriffe des „Sündenfalls" und der „Erlösung" von Marx' dialektischem Materialismus ebenso vereinnahmt und zur Nutzlosigkeit oder zum Dienst im Getriebe der Fabrik des Materialismus verdammt ist wie der vormals freie Landwirt in der ursprünglichen Akkumulation als kleiner Arbeiter von der Fabrik verschluckt wird, der er von da an dient. Es ist nicht weiter verwunderlich, dass Jean Michel Palmier den Lumpensammler in seiner Biografie Benjamins zur zentralen Reflexionsfigur macht und ihn, ebenso wie das bucklicht Männlein, mit dem Verdacht des Diebstahls belegt. (Jean-Michel Palmier: *Walter Benjamin. Lumpensammler, Engel und bucklicht Männlein. Ästhetik und Politik bei Walter Benjamin.* Hg. v. Florent Perrier. Übers. v. Horst Brühmann. Frankfurt a. M. 2009. S. 46.) Der Lumpensammler, der dem etwas heruntergekommenen bucklicht Männlein, dem Depossedierten und dem besiegten Engel Benjamins so ähnlich ist, der „die Menschen lieber befreite, indem er ihnen nähme, als beglücke, indem er ihnen gäbe." („Karl Kraus." In: *GS* II,1. S. 334-367, hier S. 367.), ist eine Art schäbigen messianischen Diebes, der durch seine kleinste Entwendung die Welt in ein neues, erlöstes Licht zu rücken in der Lage ist. Dieser Engel wird an anderer Stelle auch als „Raubengel" bezeichnet. („Anmerkungen zu Seite 334-367." In: *GS* II/3. S. 1112.) Der Idee des ‚dialektisch rettenden Diebes' bei Benjamin, die auch in Benjamins Kurzgeschichte „Der Reiseabend" (In: *GS* IV/2. S. 745-748.) auftaucht, wird hier mit dem Verweis auf die zu ausgreifende Argumentation, die für Benjaminianische Überlegungen nötig ist, nicht weiter nachgegangen.

städte[37] gesucht werden. Auch der urbane Taschendieb, der seinem Metier als einer Art eigener Kunstform nachgeht, ist schon eine weitere Entwicklung des Diebes, der spontan auf seine Enteignung reagiert.[38]

Schon wer zu Beginn des neunzehnten Jahrhunderts auf dem Land lebte, konnte dort unversehens und ohne eigenen Willen zum kriminellen Dieb werden, schlicht weil die Eigentumsbestimmungen um ihn herum sich veränderten. Es waren nicht nur die intensiv bewirtschafteten Ackerflächen, die zu großen, privatwirtschaftlich und zentralisiert verwalteten Landgütern zusammengefasst wurden, sondern die Privatisierung betraf auch die ausgedehnten Waldflächen, deren kommerziell-industrielle Nutzbarkeit entdeckt wurde. Ihnen konnte bei organisierter und kapitalaufwändigerer Nutzung wesentlich mehr Wert entlockt werden als in der bisherigen, extensiven und passiven Nutzung. Ertragssteigerung geht aber immer mit einer Ertragsvorbehaltung bisher am Gewinn Beteiligter einher. Auf den folgenden Seiten soll mit der Waldnutzung ein konkretes Beispiel für diese Enteignung der Bevölkerung von ihren bisher unangetasteten Gütern besprochen werden. Aus dieser Enteignung entsteht in einem ersten Schritt und als direkte Reaktion der Enteigneten eine Kultur der Delinquenz, bevor diese Bevölkerung durch staatliche und ökonomische Maßnahmen homogenisiert und organisiert oder in die Städte verdrängt wurde, wo sie ihren delinquenten Lebensstil fortführten, wenn sie nicht sofort in die Fabriken eingegliedert werden konnten.[39] Dafür wird Karl Marx' journalistische Berichterstattung über die staatliche Legislation dieses Vorgangs im rheinischen Landtag herangezogen. Das Erlebnis der Herstellung und institutionellen Durchsetzung des Privateigentums und der damit einhergehenden Deklassierung von Bürgern zu Dieben war ein enorm wichtiges biografisches Ereignis für die Formierung der frühen Philosophie des Journalisten Karl Marx. In der Krise der ökonomischen Formen, die Marx beobachtete, wurden die Holzdiebe ganz unvermittelt zu wichtigen Akteuren, und deren Behandlung durch Marx beleuchtet die Rolle dieser Delinquenzform auch für die dialektische Philosophie in der direkten Nachfolge Hegels: Auch wenn Marx sich über die Selbstverständlichkeit entsetzte, mit der aus ganzen Dörfern und Bauernfamilien Erwerbslose wurden, hatten Marx und seine Nachfolger kein Verständnis, wenn diese Depossedierten zu Holzdieben, Lumpensammlern und Gelegenheitsverbrechern wurden, statt sich in die mit fabrikmäßiger Disziplin organisierten kommunistisch-revolutionären Parteien einzureihen.

---

37 Ernst Haffner: *Blutsbrüder. Ein Berliner Cliquenroman*. Berlin 2013. – Dieser Roman, der 1932 zuerst unter dem Titel *Leben auf der Straße* erschienen ist, wurde 2013 neu aufgelegt.

38 Vgl. zum Taschendieb: Stefan Zweig: „Unvermutete Bekanntschaft mit einem Handwerk." In: Ders.: *Die Reise in die Vergangenheit und andere Erzählungen*. Frankfurt a. M. 2010. S. 176-219, und Edgar Allan Poe: „Der Mann in der Menge." In: Ders.: *Sämtliche Erzählungen*. Band I. Hg. v. Günter Gentsch. Übers. v. Barbara Cramer-Neuhaus u. Erika Gröger. Frankfurt a. M. 2002. S. 378-389.

39 Dieses Zwischenstadium der vagabundierenden, heterogenen und heteronomen Kultur, die in den Texten, die sie erwähnen, als diebisch, verwerflich und tunlichst zu überwinden gesehen wird, taucht in diesem Buch immer wieder auf. Für den Prometheus-Mythos siehe die Seiten 127ff, für die heterodoxe Diebesgemeinschaft, als die sich die Hebräer bei ihrer Wüstenwanderung gründeten siehe die Seiten 196-211.

1|2|3
Der junge Karl Marx und das bürgerliche Trauerspiel der *Debatten über das Holzdiebstahlsgesetz*

Unter den frühesten von Karl Marx veröffentlichten Schriften befindet sich eine wenig gelesene Artikelserie, die er zu den *Debatten über das Holzdiebstahlsgesetz*[40] verfasste, die um das Jahr 1842 im rheinischen Landtag geführt wurden. Diese Artikelreihe enthält das erste von Marx entworfene Kritikprogramm der bürgerlichen Eigentumsphilosophie. Zwei Jahre vorher war Proudhons *Was ist das Eigentum?* erschienen, das die prägnante Formel „Eigentum ist Diebstahl"[41] prägte, die von Marx in einem der Artikel zitiert wird[42], und die, wie wir oben gesehen haben, noch in Honneths Motivation des Verbrechers aus einer vorgängigen Beraubung nachhallt. Wie das bürgerlich-kapitalistische Eigentum durch eine staatlich gelenkte Beraubung entstehen konnte, wurde oben beschrieben. Wie die Bevölkerung zunächst mit selbstverständlichen Diebstählen darauf reagierte, ist das Thema der folgenden Seiten.

Das im rheinischen Landtag diskutierte und von Marx für die *Rheinische Zeitung* dokumentierte Problem war entstanden, als der Landbevölkerung, die ihr Brennholz traditionell im Wald sammelte, der weitgehend im Besitz des ritterlichen Kleinadels war, dieses Holzsammeln verboten wurde. Das bis dahin selbstverständliche und legitime Holzsammeln musste zum Diebstahl dieses Holzes umdeklariert werden; was bis zur Mitte des neunzehnten Jahrhunderts ein Gewohnheitsrecht war, wurde nun auf Antrag der Waldbesitzer im Landtag zu einem strafrechtlich verfolgbaren Verbrechen erklärt. Der legislative Vorgang, der dem zugrunde lag, war die Umkategorisierung der Wälder von feudalem in privates Eigentum. Das bürgerlich-kapitalistische Konzept des Privateigentums setzte sich dabei mit der zunehmenden Kommerzialisierung der Waldnutzung gegen die ältere Form der freien Nutzung von Raff- und Totholz durch, was nicht weniger bedeutete, als dass der Landbevölkerung ihr Hauptenergieträger genommen wurde. Honoré de Balzac gibt dem Unverständnis der Landbevölkerung, wie die Kategorie ‚Holz' sich verändert, in *Les Paysans* einen Ausdruck, indem er einen Dialog zwischen zwei wäschewaschenden Bauersfrauen wiedergibt:

---

40 Karl Marx: „Verhandlungen des 6. Rheinischen Landtages. Von einem Rheinländer: Debatten über das Holzdiebstahlsgesetz." In: *MEW*. Band I. Berlin 1961. S. 109-147.

41 Proudhon: *Qu'est-ce que la propriété?* S. 13. – Wobei zu bemerken ist: Schon in den ersten Zeilen bedient sich Proudhon der Sprache von Herrschaft und Knechtschaft; es ist anzunehmen, dass Proudhon dieses Motiv kannte: er stand im Austausch mit deutschen Philosophen und hatte enge Verbindungen zu Fichte. Proudhon ist, auch wenn er als prominentester Philosoph des Diebstahls gilt, eher ein Denker der gewaltsamen Revolution. Genauer müsste sein Gedanke lauten: ‚Alles Eigentum ist Raub, und es zurückzurauben ist ebenso legitim wie es zu besitzen.' Bei Proudhon sind aber ebenso deutliche Einflüsse von Rousseau zu bemerken, der weiter unten besprochen wird.

42 Marx: *Holzdiebstahlsgesetz*. S. 113.

> „Schließlich haben wir doch ein Recht darauf, uns Holz zu nehmen. Die selige Frau von Aigues hat es uns erlaubt. Das ist dreißig Jahre her, also muß es so bleiben." – „Wir werden ja sehen, wie die Sache nächsten Winter gehen wird", begann die zweite wieder, „mein Mann hat Stein und Bein geschworen, daß die ganze Gendarmerie der Erde ihn nicht abhalten würde, in den Wald zu gehen, und wenn er erst selber gehen würde, dann um so schlimmer! Wir können doch wahrhaftig nicht vor Kälte sterben und müssen doch unser Brot backen", sagte die erste wieder.[43]

Ohne das Holz aus den Wäldern konnte nicht gekocht und musste im Winter gefroren werden. Doch dieser bedrohliche Enteignungsvorgang, der im Verlauf eines Jahrhunderts in ganz Europa geschah, war überraschenderweise nicht der Punkt, um den sich die Diskussionen des rheinischen Parlaments drehten: Dass das Holzsammeln endgültig zu verbieten und die Holzdiebe polizeilich zu verfolgen waren, erntete von den Delegierten aller Seiten weitgehende Zustimmung. Vielmehr wurde debattiert, welchen Verbrechens sich diejenigen nun genau schuldig machten, die weiterhin ihr Brennmaterial in den Privatwäldern zusammensammelten. Dass es sich um ein strafbares Vergehen handelte, wurde mit parlamentarisch-professioneller Abgeklärtheit als selbstverständlich angenommen, die einzig zu klärende Problematik war nur die diffizile legislative Abzirkelung des Verbrechens.

Diese staatslenkerische Nüchternheit der Gesetzgeber wurde von dem jungen Journalisten nicht geteilt: Zwischen ironischen Übersteigerungen und *reductiones ad absurdum* der Argumente der Deputierten formuliert der damals 24-jährige Karl Marx dialektische Betrachtungen über die Frage nach dem für ihn auf einer philosophischen Ebene spannend gewordenen Status des Eigentums und dem Nutzungs- und Strafrecht, sowie nach den Bedingungen für die Erschaffung einer neuen Anwendbarkeit des Begriffes ‚Diebstahl' auf eine bis dahin unproblematische und legitime Handlung. Marx bezeichnet seine sprachlich aufwändigen und sich oft eines narrativen und dramatischen Tons bedienenden Artikel als „Genrebilder"[44] der Ritterschaft, der Stadtdeputierten und anderer im Parlament vertretener gesellschaftlicher Gruppen, die unter höchstem rhetorischem und legislativem Aufwand versuchen, die „Verwandlung eines Staatsbürgers in einen Dieb"[45] zu vollziehen. Marx' Position ist dabei klar: Er beobachtet die Entwicklung eines historisch völlig neuen Konzepts von Eigentum, das von der juristischen Durchsetzung von Strafen für anachronistisch gewordene Handlungen begleitet wird. Wer ohne Verständnis für den neuen Eigentumsdiskurs weiterhin sein Holz im Wald sammelt, wird zum Dieb. Die neuen Ideen des Eigentums machen neue Ideen der Strafen nötig, die für die erfunden werden müssen, die nicht an ihm teilhaben. Die Fassungslosigkeit des jungen Marx über diesen als rechtmäßig und statthaft

---

[43] Honoré de Balzac: *Die Bauern*. Zürich 1977. S. 244f. – Im Vorwort beschreibt Balzac dieses Buch, in dem die Bauern und ihre wilde Plünderei und Widersetzlichkeit gegen das Gesetz als Bedrohung aller Ordnung gesehen werden, als sein wichtigstes. Er spricht davon, er wolle „endlich einmal diesen Bauern schildern, der das Gesetz lahmlegt, indem er das Eigentum zu einer Sache macht, die es anscheinend gibt und in Wirklichkeit doch nicht gibt". (S. 8.)
[44] Marx: *Holzdiebstahl*. S. 109.
[45] Ebd. S. 110.

wahrgenommenen Vorgang macht den revolutionären Eifer verständlich, aus dem heraus seine Philosophie entstanden ist.[46] Der so komplexe Vorgang und die so entschiedene Verurteilung des Holzdiebstahls sind Marx' Begegnung mit den Spitzfindigkeiten und Gewaltsamkeiten von Eigentum und Ökonomie, und sie sind der Ursprung seiner Empörung gegen die dauernde Enteignung der Armen Europas.[47]

Das kurz nach den Artikeln über den Holzdiebstahl entstandene Fragment der *Kritik der Hegel'schen Rechtsphilosophie*, und insbesondere die vielzitierte Einleitung, deren Entstehung unter dem unmittelbaren Eindruck seiner Beobachtung der Debatten im rheinischen Landtag vor sich ging, ist als eine erste Ausformulierung der theoretischen Konsequenzen zu verstehen, die Marx aus diesem Vorgang der ursprünglichen Enteignung zog, die von der Hegel'schen Staats- und Eigentumsphilosophie gedeckt war. Der bürgerliche Staat gegenseitiger Anerkennung beseitigt nur die politischen Differenzen zwischen Herren und Knechten, lässt aber die Frage der Ökonomie unangetastet; es bleibt bei einer Konstellation des Profits einiger Weniger von der Arbeit einer Masse an Unterlegenen. Der rheinische Landtag handelte somit ganz dem entsprechend, was Hegels Staatsphilosophie zufolge dem Hauptorgan des Staates zuzugestehen war. Nur erreichte er damit nicht eine Situation gegenseitiger Anerkennung, sondern entrechtete ganz im Gegenteil einen Großteil der Bevölkerung zugunsten der Herren dieser Staatsordnung. Der geschichtstreibende Konflikt der Herren und Knechte hatte mit der Einrichtung eines bürgerlichen Staates nicht sein Ende gefunden, sondern hatte sich noch verschärft und war vom Bereich des rein politischen in den Bereich der politischen Ökonomie übertragen worden, die Marx als den neuen historischen Platz des Kampfes um Anerkennung identifizierte. In der *Kritik der Hegel'schen Rechtsphilosophie* löst sich Marx damit von der Hegelianischen Vorstellung des gerechten bürgerlichen und geschichtsbeendenden Staates ab und wendet sich der Kritik der deutschen Verhältnisse zu, an denen er einen „*bescheidene[n] Egoismus*" diagnostiziert, „welcher seine Beschränktheit geltend macht und gegen sich gelten machen läßt."[48] Die Überlegungen der Deputierten waren beschränkt auf das Wie der Enteignung, aber keiner der Abgeordneten trat für die größere Forderung ein, die Privatisierungen zu stoppen oder umzukehren. Die für den jungen Marx so ärgerliche Mittelmäßigkeit und Kleinlichkeit der Forderungen von allen vertretenen Seiten der Gesellschaft ist im Streit der Stellvertreter der einzelnen Klassen um das Tot- und Raffholz illustriert, an dem Marx feststellte, wie die im deutschen politischen Diskurs dieser Zeit weder von reaktionär-adliger, noch von bürgerlich-libe-

---

46 Marx' *Debatten* haben in den letzten Jahren eine neue Aktualität erhalten: Daniel Bensaïd, ein gegenwärtiger marxistischer Autor, versucht eine Aktualisierung dieser Positionen des jungen Marx. In den gegenwärtig geschehenden Privatisierungen von gemeinschaftlich genutzten Gütern sieht er einen vergleichbaren Vorgang wie den, den Marx beschrieben hat. Daniel Bensaïd: *Die Enteigneten. Karl Marx, die Holzdiebe und das Recht der Armen.* Hamburg 2012.
47 Siehe hierzu: Peter Linebaugh: „Karl Marx. The Theft of Wood, and Working Class Composition. A Contribution to the Current Debate." In: *Social Justice.* Ausg. 6/1976. S. 5-16.
48 Karl Marx: „Kritik der Hegelschen Rechtsphilosophie. Einleitung." In: Ders.: *MEW.* Band I. S. 378-391, hier S. 389. [Kursivierung im Original.]

raler oder proletarisch-sozialistischer Seite wirklich die radikalen Forderungen erhoben werden, die Marx zur Verschärfung der Sachlage herausfordern will. Es ist Marx' Anliegen, zu zeigen, dass der in Deutschland eingerichtete bürgerliche Staat, der für die gegenseitige Anerkennung seiner Mitglieder in formalen Belangen sorgen mag, dies aber durch diese extreme Betonung und Wichtigkeit der Rechtmäßigkeit und der staatlich abgesicherten Legalität aller Handlungen erreicht, Operationen der Enteignung und Entmündigung durchführt, und damit wiederum eine ungerechte Herrschaftsinstitution darstellt. Die feudale Ordnung wurde abgelöst durch eine kapitalistische Ordnung, und die neuen Herren sind „die industriellen Kapitalisten, diese neuen Potentaten."[49] Nach streng Hegel'schem Rechtsverständnis war die Umdefinition des Holzsammelns in Holzdiebstahl völlig legitim, da sie sich im Rahmen staatlicher Rechtmäßigkeit bewegt, für Marx ist sie aber skandalös und eine implizite Aufforderung zur Revolution der Verhältnisse, weil ein Großteil der Bevölkerung damit einer Lebensgrundlage beraubt wird, aber nicht in der Lage ist, darauf mit entsprechender Schärfe zu reagieren.[50]

In dieser herrschaftlich verfügten Einführung des Straftatbestands des Holzdiebstahls ist das oben besprochene Gefühl der Beraubtheit des Menschen in nachvollziehbarer Weise zu finden: der Landbevölkerung sollte ihr wichtigster Energieträger und damit ein zentrales Lebensmittel genommen werden. Kein Holz für das Herdfeuer zu haben, bedeutete spätestens im Winter eine lebensbedrohliche Situation. Bewegt man sich für einige Momente im Bereich der spekulativ-psychologisch gedeuteten zentralen marx'schen Begriffe, kann in diesen Gedankengang eingeflochten werden, dass das Feuer und seine Metaphorik für Marx eine wichtige symbolische Bedeutung hatte: der Feuerdieb Prometheus hatte für sein philosophisches Weltgefüge bekanntermaßen eine nicht geringe Wichtigkeit. Marx bezeichnete Prometheus, über den im Folgenden noch zu sprechen sein wird, in seiner nicht lange nach den *Debatten* geschriebenen Dissertation als den „vornehmste[n] Heilige[n] im philosophischen Kalender"[51], weil er es war, der den Menschen das Feuer und damit die Kultur brachte. Damit bekommt das Motiv des Feuers in Marx' Philosophie eine existenzielle Qualität, und es der Landbevölkerung zu entziehen, bedeutet für Marx wenigstens unbewusst, sie eines wesentlichen Elements ihrer Menschlich-

---

49 Marx: *Kapital.* S. 743.
50 Rebekka Habermas hat mit *Diebe vor Gericht* eine sehr bemerkenswerte soziologische Studie über Diebstahlsvorgänge, -anzeigen und -prozesse vorgelegt, die zeigt, dass ein großer Teil der Diebstähle der im neunzehnten Jahrhundert langsam und in einem komplexen Prozess verarmenden Landbevölkerung an Mitgliedern derselben Schicht passierten und dass die Veränderungen der Eigentumskategorie ein komplexer soziologischer Prozess mit vielen institutionellen Akteuren war. Ihre Beobachtungen sind weitaus präziser als die Foucaults und wesentlich gewissenhafter als die, die Marx anstellt oder hier geleistet werden können. Insbesondere Habermas' Betonung der Notbehelfsökonomie, in der die Diebstähle sich abspielten und die Feststellung, dass es sich meist um materiell wenig wertvolle Dinge handelte, die gestohlen wurden, sind aber für die hier versuchte Untersuchung von immenser Relevanz gewesen. (Rebekka Habermas: *Diebe vor Gericht. Die Entstehung der modernen Rechtsordnung im 19. Jahrhundert.* Frankfurt a. M. 2008.)
51 Marx: „Differenz der demokritischen und epikureischen Naturphilosophie." In: *MEW.* Band XL. S. 259-305, hier S. 262.

keit und ihrer Kulturteilhabe zu berauben. Auch abgesehen von diesem nur anzudeutenden motivischen Zusammenhang in Marx' Denken kann gesagt werden: Die Bedürfnisse der Landbevölkerung wurden nicht berücksichtigt, als die Wälder zum polizeilich zu schützenden Privateigentum gemacht wurden. Sie wurde in ihrem ganz materiellen Begehren nicht anerkannt. Der grundlegende Mangel, aus dem heraus ein Mensch reagierend zum Verbrecher wird, entsteht aus dem Raub eines Rechts, das nicht anders denn als Teil seiner Persönlichkeit zu beschreiben ist. Genau diese Beraubung war es, die Marx seinen Artikeln beschrieb. Die Landjunker, die ihr Besitzrecht auf das herabgefallene und verrottende Totholz in ihren Wäldern einklagten, verstießen damit zwar nicht mehr gegen ein nun überholtes Eigentumskonzept, laut dem das Holz unausgesprochenes Gemeineigentum gewesen war, und noch weniger verstießen sie gegen geltendes Recht, das hier auf ihre Bedürfnisse zugeschnitten wurde, aber sie beraubten den Holzsammler dennoch um die grundlegende Anerkennung seiner Person, indem sie ihn zu einem Abstraktum der juristischen Regelungen machten. Das Eigentum tritt vor die Person, es wird zu dem Gegenstand, den der Souverän vor den Menschen zu beschützen hat.[52]

Der für uns interessante Dieb entsteht hier also weniger aus seiner Tat als mehr aufgrund einer juristischen Konstruktion. Er tritt gewissermaßen vom anderen Ende der juristischen Sphäre in den Blick als im Ägypten Hegels: Wo dort der juristische Apparat auf die Diebe reagiert und ihre aktive Tat positiv und für die Förderung individueller Initiative zu integrieren versucht, wird im Rheinland der Diebstahl ausschließlich zu dem Zweck erfunden, ihn verurteilen zu können. Die Ähnlichkeit zwischen der Behandlung der Diebe im utopischen Ägypten und der verhängnisvollen Diebstahlskonstruktion im rheinischen Landtag besteht allerdings darin, dass der Diebstahl in beiden Fällen einen Extremfall der Rechtsphilosophie darstellt: In der ägyptischen Fiktion fordert er eine komplexe institutionelle Konstruktion heraus, um ihn organisieren, legitimieren und in eine gesellschaftliche Produktivkraft umwandeln zu können. Im rheinischen Landtag, in dem eine mindestens ebenso komplexe Rechtskonstruktion entworfen wird, wird die Institution dazu verwendet, den Dieben nachzuweisen, dass sie sich überhaupt an wirklichem Eigentum vergangen haben. Das lässt die ägyptische Fantasie nochmals als den kontrafaktischen Mythos deutlicher werden, als der er in der Aufklärungszeit kursierte. Dadurch werden die Texte der *Debatten über den Holzdiebstahl* zu einem bemerkenswerten Sonderfall in dieser Arbeit, in dem der Dieb als absolut passive und artifizielle Figur durch die Straf- und Gesetzesinstanzen erfunden und konstruiert wird. Es liegt keinerlei Vergehen vor, das zur Schuld oder zur Strafe führen könnte, und doch wird der so eingeführte Dieb bei Marx zu einer besonders bemerkenswerten, weil besonders schattenhaften und abgewerteten Figur. Für den

---

52 Anders formuliert verstößt der holzsammelnde Bauer gegen die gramscianisch gedachte Hegemonie eines Eigentumskonzeptes. Dass es einen solchen ländlichen Widerstand gegen das gibt, was orthodox marxistisch als Hegemonie allgültig sein sollte, hat James C. Scott mehrfach beschrieben: *Weapons of the Weak: Everyday Forms of Peasant Resistance*. New Haven 1985. Insbes. S. 33ff u. 275ff.

Bürgersohn Karl Marx bleiben die einzelnen Diebe und ihre Bedürfnisse abstrakt und ungreifbar, ihn interessiert nur der Vorgang der diskursiven Umettikettierung einer Handlung zum Diebstahl.

Marx' knappe Artikelreihe wäre nur eine weitere Beschreibung des historisch-rechtsphilosophischen Extremfalls, den das Geschehen des Diebstahls immer wieder darstellt und würde nur noch weiter illustrieren, wie sich der Dieb aus der Wahrnehmung einer Beraubtheit und der daraus folgenden Legitimität seines Verbrechens zu seiner Tat motiviert, wenn sich nicht Hannah Arendt für eine so knappe wie aussagekräftige Kritik an Marx auf die *Debatten über den Holzdiebstahl* bezogen hätte. In ihren *Denktagebüchern* notiert Arendt eine kurze Gedankenkette über die Verwendung, die Marx den Begriffen „Holz" und „Gesetz" im Kontext des Holzdiebstahls gibt. Es lohnt sich ihrer klaren Strukturierung wegen, Arendts ganze Notiz zu zitieren:

> Marx: „Debatten über das Holzdiebstahlsgesetz" (1842), I, I, 266f.
> 1. Entmenschlichung der Menschen: Es stehen sich gegenüber Holz-Besitzer und Holz-Dieb, gleichgültig sind menschliche Bedürfnisse, die das Holz jeweils verschieden brauchen.
> 2. Denaturierung des Holzes: Auf das Holz kommt es gar nicht an, es könnte genauso gut Plastik sein.
> Dies zusammen, Entmenschlichung des Menschen <u>und</u> Denaturierung der Natur, nennt Marx Abstraktion der Gesellschaft. Sie verkörpert sich bei ihm in dem <u>Gesetz</u>, vor dem alle <u>und alles</u> gleich sind.[53]

Der Vorwurf Arendts an Marx ist, dass er, statt die individuellen Bedürfnisse und Notwendigkeiten anzuerkennen, die den Besitzer und den Dieb aus ganz unterschiedlichen Gründen Anspruch auf das Holz erheben lassen, letztlich die abstrakte Herrschaft eines das Eigentum regelnden Gesetzes über den Menschen affirmiert. So wird auch das Holz bei Marx zu einer Spielmarke, deren Wert, nicht aber deren individuelle Eigenschaft ihm von Bedeutung ist. Die Individualität des Diebstahls, sein Protagonist und die individuell-symbolische Bedeutungskraft der Tat, die Arendt akzentuiert sehen wollte, entfallen bei Marx; er geht mit den Abstrakta von Eigentumsansprüchen, Rohstoffen und Übertragungsgeschehen um, statt die Frage nach den Gründen für das individuelle Handeln der Menschen mit diesen Materialien zu stellen.

Das materielle und individuelle Holz, das gestohlen wird, interessiert Marx nur wenig. Die Vorstellung, wie ein ganz konkretes Bündel oder eine Kiepe trockener Zweige von einer Hausmagd an einem bestimmten Spätsommertag schnell vom Waldrand weggetragen wird oder wie ein Familienvater mit seinen Kindern ein Wägelchen voll Brennholz für den Winter unter dem Vordach der Scheune auf seinem kleinen Hof aufstapelt, sind für Marx' analytisches Denken zu malerisch und zu individuell. Sie spielen für seine rein im Theoretischen verbleibenden Über-

---

53 Hannah Arendt: *Denktagebücher*. Band I. Hg. v. Ursula Ludz u. Ingeborg Nordmann. München 2002. S. 57. [Unterstreichungen und Einklammerungen im Original.]

legungen keine Rolle. Was ihn interessiert, ist der rechtliche Status des Holzes, dessen plötzliche Veränderung er dokumentiert. In der symbolischen Redeterminierung des Waldes zum Privateigentum geschah eine Aufladung der Handlung der Magd mit einer Illegitimität, die auch die Magd differenziert und durch ihr Verbrechen zu einer Eigenständigkeit bringt. Vorher war sie eine Bedienstete, nun ist sie eine Diebin. Sie wird für Marx erst dann wieder relevant, wenn sie sich in einen Produktionszusammenhang einfügt, in dem sie ausgebeutet und ihrer Arbeit entfremdet wird. Als Diebin ist sie ausschließlich dem unproduktiven Lumpenproletariat zugehörig, und damit eine Leerstelle. Hier geschieht ein Vorgang der politisch-symbolischen Trennung zwischen der ‚alten' Magd, die legitim das Holz trägt, und der neuen Magd, die zusätzlich auch mit einer juristischen Schuld beladen vom Holzsammeln nach Hause geht. Für Marx ist sie durch diese pauschale Delinquenz bereits entindividualisiert und das Holz ist ebenfalls bereits denaturiert, als Marx es aufgreift, um darüber zu schreiben; Marx' Überlegungen betreffen nur die sprachliche Markiertheit der Magd und des Holzes als legitim oder illegitim. Wozu und weshalb das Holz benötigt wird, und wer derjenige ist, der es sammelt, ist für ihn irrelevant. Marx' Anliegen ist es ausschließlich, eine spezifische Umformung des symbolischen Status des Holzes zu beschreiben: seine Natur ist dieselbe geblieben, aber im Rheinischen Landtag hat seine symbolische Denaturierung zu abstraktem Eigentum bereits stattgefunden, und Marx versucht, die Veränderung des symbolischen Status dieses konkreten Stoffes in Eigentum verfolgbar zu machen.

Für Arendts Politikverständnis, das immer ein Verständnis des politischen Einzelwesens war, abstrahiert Marx damit zu stark vom Individuellen des Diebes und des Holzes auf das Philosophisch-Allgemeine. Der einzelne Mensch mit seinen individuellen Begehren, Helène oder die Holz sammelnde Magd, wird von den Theoriemodellen Marx' und Pauls einer größeren Idee geopfert: Helène stirbt letztlich für die Revolution, als sie sich dem insurrektionistischem Marxismus anschließt, und die Magd geht in Marx' Getriebe der historisch-materialistischen Geschichte verloren. Für diesen in ihren Augen fatalen Denkfehler, nämlich zugunsten der abstrakten Theorie vom Menschen den individuellen Einzelmenschen zu vergessen – den Arendt nicht nur bei Marx diagnostiziert – findet sie an anderer Stelle der *Denktagebücher* die deutlichsten Worte: „In einem Menschen das Allgemeine lieben, ihn zu einem ‚Gefäß' machen, [...] ist doch fast potenzieller Mord: wie Menschenopfer."[54] Bei einer genaueren Lektüre von Marx' *Debatten*, die seine Haltung gegenüber den Depossedierten zeigt, ist Arendt mit ihrer Kritik recht zu geben: In den Artikeln in der Rheinischen Zeitung erscheinen die ungewollten Diebe, die nach altem Recht und gegen die neue Idee vom Eigentum wie eh und je ihr Brennholz sammeln, als eine höchstens schemenhafte, tumbe und leicht desorientiert wirkende Menge, der Marx an den wenigen Stellen, an denen überhaupt sein Blick auf sie fällt, einen antiquierten Bezug zur natürlichen Ressource Holz zu attestieren scheint. Mit ihnen tritt zum ersten Mal ein wenig beleuchteter und so-

---

54 Arendt: *Denktagebücher*. S. 15.

fort abgewerteter Teil der Gesellschaft in seiner Theorie auf. Dieser ignorierte, verfemte und konturlose Gesellschaftsteil ist immer wieder in den Lücken und Verwerfungen in seiner Theorie aufzufinden. Marx spricht von den Holzdieben als „dieser untersten besitzlosen und elementarischen Masse"[55], während er von den Waldbesitzern des niederen Landadels ein Bild etwas raffgieriger und reichlich beschränkter, aber aktiver und individuell erkennbarer Strauchritter zeichnet, die um ihr persönliches Eigentum und um das Land ihres Adelssitzes kämpfen. Die Beschreibung der Holzdiebe als elementarische Masse trifft genau Batailles Definition des Heterogenen und des Lumpenproletariats als „formlos"[56]. Die Holzdiebe sind der elende, aber politökonomisch nicht festlegbare und definierbare Teil der gesellschaftlichen Gruppe der Proletarier und Knechte. Individualität findet Marx bei den Holzdieben nicht, sondern nur bei ihren Herren. Dass die ersten Texte des philosophischen Projekts des Marxismus sich um eine so bezeichnende und explizite Ausklammerung der Diebe aus der Ökonomietheorie bemühen, ist auffällig, ist es doch der Diebstahl, der die erste ökonomische Reaktion der enteigneten Bevölkerung auf den Beginn des Kapitalismus darstellt. Am Anfang steht nicht die insurrektionistische Rebellion gegen die Verhältnisse, die zu einer Stürzung und Ersetzung der Ausbeutung führt, sondern am Anfang und noch vor einer im weitesten Sinne ödipalen Handlung steht, das wird diese Arbeit noch vielfach zeigen, der Diebstahl.

Hannah Arendts Vorwurf an Marx ist in den *Denktagebüchern* also, dass schon seine ersten Überlegungen mit den falschen Mitteln der Abstrahierung, Entindividualisierung und Nivellierung vorgehen, die in Arendts Augen sein ganzes philosophisches Projekt in Frage stellen: Noch bei der juristisch ins Höchste gesteigerten Kasuistik, die Marx in seinen Artikeln oppositionell den juristischen Genauigkeiten des Landtages nachbaut, wird für Arendt das Singuläre des jeweiligen Handelnden und seines Stehlen-Müssens außer Acht gelassen. Anstatt auf den Dieb und seine Bedürfnisse zu blicken, bleibt Marx im Legislativ-Abstrakten der Theorie. Arendt geht aber in ihrer Kritik noch einen Schritt weiter: In einem Brief an Karl Jaspers führt sie ihre Marx-Kritik noch etwas weiter aus: Es werden, so sagt sie dort, philosophische Probleme verhandelt, anstatt die „zwei Menschen, die Holz brauchen"[57] zu bedenken. In diesem bezeichnenden Brief an Jaspers zieht sie aus ihrer Lektüre der *Debatten* eine zusätzliche Schlussfolgerung, die so weit geht, Marx aufgrund dieser Unempfindlichkeit für das Individuelle „sicher nicht als ‚Philosophen', wohl aber als Rebellen und als Revolutionär"[58] zu bezeichnen. Die von Arendt vermisste Empathie in den ersten Texten des 24-jährigen Marx führt dazu, ihm den Status des Philosophen abzusprechen. Was Marx Arendt zufolge in seinen gar nicht philosophischen, sondern journalistischen Texten zu beschreiben ver-

---

55 Marx: *Holzdiebstahl*. S. 115.
56 Bataille: *Faschismus*. S. 29.
57 Hannah Arendt u. Karl Jaspers: *Briefwechsel 1926-1969*. Hg. v. Lotte Köhler u. Hans Saner. München u. Zürich 1987. S. 203. (Brief vom 04. März 1951.)
58 Ebd. S. 204.

säumte, war, wie die Landbevölkerung spontan auf ihre Enteignung reagierte, nämlich individuell, kriminell und ohne dass sie sich für revolutionäres Pathos empfindsam zeigte. Marx lediglich den Status eines Revolutionärs zuzuschreiben, muss in den Augen Hannah Arendts zwar nicht ausschließlich als Kritik zu verstehen sein, aber es zeigt den Stellenwert, den sie dem Gedanken gibt, dass Marx zwar die kontingente Veränderung des Eigentumskonzeptes und der Semantiken des Habens sowie die daraus gerechtfertigte gewaltsame staatliche Enteignung analysieren und beschreiben konnte, aber nur von einer „elementarischen Masse" sprechen konnte, wo ganz individuelle Bedürfnisse und Handlungsweisen vorliegen.

Die idealistische wie die materialistische Tradition der dialektischen Philosophie, die den Besitz und Selbstbesitz als den grundlegenden Modus der Existenz eingeführt hat, tut sich, wie in diesem Kapitel beschrieben, nicht leicht damit, sich den Dieb als eigenständige Figur vorzustellen. Der Dieb ist das Subjekt, das sich aus der aktiven, individuellen Negation eben des theoretisch entwickelten und institutionell sanktionierten Privateigentums definiert, ohne den Anspruch zu erheben, diese Eigentumskonzeption komplett umstürzen zu wollen. Die Interaktion des bedürftigen individuellen Menschen mit den ihn je umgebenden und ihm zur Verfügung stehenden materiellen Gegebenheiten wird im dialektischen Materialismus reduziert auf die Abstraktion ‚des Menschen', ‚der Natur' und ‚des Staates'. Marx konnte die Handlungsmöglichkeit des Diebstahls ebenso wenig anerkennen wie Hegel den Dieb beschreiben konnte: beide suchten nach der radikalen und die Situation umkehrenden Veränderung, nicht nach den Lücken, die dem Einzelnen innerhalb der Situation ökonomischer und politischer Knechtschaft bleiben. Marx' Tendenz zur Universalisierung und seine Rhetorik der großen Kategorien – der Klasse, des Kapitals, der Industrie, der Revolution und der Geschichte – lassen keinen Blick aufs Kleine und Individuelle zu. Foucaults „gerissene Schlawiner", zu denen auch de Beauvoirs Helène zu zählen ist, entgehen den Philosophien der Revolution, die zugesichert haben, für ihre Befreiung einzutreten, indem ihnen ein gleichberechtigter Zugang zum gesellschaftlichen Eigentum hergestellt wird. Im folgenden Kapitel wird der bereits erwähnte Mythos des Prometheus untersucht, der zu Beginn der Menschengeschichte das Feuer der herrschaftlichen Götter stiehlt. Der holzsammelnden Magd und der Fahrraddiebin Helène wird damit ein prominenter und ihnen eigentlich gar nicht unähnlicher Außenseiter zur Seite gestellt, der als der größte der Kulturheroen gilt und der doch selbst auch nichts mehr als ein Dieb war, der das autoritär beschützte Eigentum der Götter nicht anerkennen wollte und ihnen mit einem einzigen trockenen Zweig ihr Feuer stahl.

Exkurs 1:
Eine semantische Analyse der Begriffe ‚Wert'
und ‚Eigentum'

> Something similar happened to me also the other day. I keep an iron lamp by the side of my household gods, and on hearing a noise at the window, I ran down. I found that the lamp had been stolen. I reflected that the man who stole it was moved by no unreasonable motive. What then? Tomorrow, I say, you will find one of earthenware. Indeed, a man loses only that which he already has. „I have lost my cloak." Yes, for you had a cloak. „I have a pain in my head." You don't have pain in your horns, do you? Why, then, are you indignant? For our losses and our pains have to do only with the things which we possess.[1]
>
> *Epiktet*

Der Frage des Wertes und des Eigentums, die latent in jeder der hier untersuchten Erzählungen verborgen liegt, müssen einige weitere Bemerkungen vorangestellt werden, die nicht nur indirekt aus der Kritik einiger Annahmen der bürgerlichen und aufklärerischen Philosophie hervorgehen. Es wird nur gestohlen, was im Auge des Diebes einen Wert hat. Diese Feststellung klingt zuerst banal, doch sie eröffnet die Möglichkeit zu einer Definition dessen, was überhaupt ‚Wert' hat. Diese Frage des Wertes dessen, was gestohlen wird, ist von großer Bedeutung. Im Lauf dieser Arbeit wird uns ganz verschiedenes Diebesgut begegnen: Es wird ein Fahrrad, ein hübsches Holzkästchen, viele Birnen, Äpfel und Nüsse, Süßigkeiten, Stoffballen, Wein, Feuer, Brennholz, mehrere Tierherden und Götterstatuen, Briefe, Gedichte, Ideen, Erkenntnis, Sprache und einmal sogar die Unendlichkeit gestohlen werden. An dieser Aufzählung von fiktionalem Diebesgut fällt eine Sache ganz besonders auf: In der Literatur wird wider jede Erwartung erstaunlich wenig Geld gestohlen. Man sollte meinen, dass Geld als Verkörperung von ‚Wert an sich' besonders viele

---

1 Epictetus: *The Discourses as Reported by Arrian*. Griechisch u. Englisch. Band I. Übers. v. W. A. Oldfather. London 1956. S. 125ff. – Ein wenig erheiternd bei dieser scheinbaren Eigentumsverachtung Epiktets ist, dass seine eiserne Lampe angeblich einige Zeit nach seinem Tod von jemandem für 3000 Drachmen gekauft wurde, so jedenfalls erzählt der Satiriker Lukian dies. Siehe dazu: Hermann Winnefeld: „Die Philosophie des Epictetus. Ein Beitrag zur Geschichte des Eklektizismus der römischen Kaiserzeit." In: *Zeitschrift für Philosophie und philosophische Kritik*. Band IL. Hg. v. Hermann Fichte u.a. Halle 1866. S. 1-32, hier S. 5.

Begierigkeiten auf sich zieht und besonders oft zur Beute wird, doch das ist nicht so. Viele Diebe verwehren sich sogar dagegen, jemals ein Verlangen danach gehabt zu haben, Geld zu stehlen. Stattdessen, auch das fällt an dieser Reihe auf, wird gestohlen, was entweder direkt ein Begehren oder eine Lust befriedigt, wie das viele Obst und die Naschereien, die in autobiografischen Texten mit schöner Regelmäßigkeit zur Beute von kindlichen Dieben werden; oder aber das Begehrte zieht die Blicke auf sich, obwohl es nicht besonders wertvoll ist, sondern nur einen symbolischen Wert hat: Das genannte Fahrrad, das Holzkästchen oder auch die hölzernen oder tönernen Götterstatuen sind materiell nicht allzu viel wert, aber sie sind symbolisch hochbesetzt. Sie stehen im Zentrum eines Diskurses, der ihnen einen Wert beimisst, der ihren materiellen Wert weit übertrifft. Jacques Derrida beschreibt in einem der sehr wenigen Texte der abendländischen Philosophie, in denen über die Frage des Diebstahls nachgedacht wird – er ist neben Aurelius Augustinus und Karl Marx fast der einzige, der der Diebstahlshandlung dezidierte Aufmerksamkeit schenkt – den Diebstahl daher als immer unmittelbar verbunden mit der Sprache: Nur was sprachlich und diskursiv mit Eigenschaften von Wert besetzt wird, kann begehrt und gestohlen werden. Was keinen Wert hat, weil es im Wert-Diskurs nicht auftaucht, wird genommen, gesammelt, angeeignet oder ergriffen, aber nicht gestohlen. Der Diebstahl ist daher immer mit dem umfassenden semantischen Diskurs einer Kultur verwachsen:

> Alle Diskurse über den Diebstahl haben jedesmal, wo sie durch diese oder jene Umgrenzung bestimmt sind, in verdeckter Weise diese Frage [nach dem Wesen des Diebstahls und dem Ursprung des sprachlichen Diskurses] gelöst oder verdrängt; sie haben sich schon in der Vertrautheit eines ersten Wissens vergewissert: jeder weiß, was stehlen bedeutet. Der Diebstahl der Sprache ist aber kein Diebstahl unter anderen, er verschmilzt selbst mit der Möglichkeit des Diebstahls und bestimmt seine fundamentale Struktur.[2]

Der Sprachphilosoph Derrida geht von einer semantisch-diskursiven Seite an die Frage des Diebstahls heran: Er begreift einen Diebstahl, bei dem einem Sprecher die Semantik seiner Worte sofort vom Munde weg genommen und ihm unverfügbar wird, als die grundlegende Struktur jedes Diebstahls, und jeder Diebstahl beruht auf dieser symbolischen Entwendung. Doch was er hier für einen rein sprachlichen Diebstahl ausdrückt, hat dieselbe Bedeutung auch für alle anderen, ‚materielleren' Diebstähle: Nur wenn ein Gegenstand „bedeutungsvoll und ein Wert geworden ist, weil er mindestens durch den Prozeß eines Diskurses besetzt wurde"[3], hat er Wert und kann zum Gegenstand eines Diebstahls werden. Diebstahl ist damit immer grundlegend die Entwendung einer diskursiv zugewiesenen Bedeutung, eines bestimmten Signifikanten und des Ergebnisses einer kulturell produzierten Werteinschätzung. In jeder illegitimen Aneignung, auch wenn diese in der

---

2 Jacques Derrida: „Die soufflierte Rede." In: Ders.: *Die Schrift und die Differenz*. Übers. v. Rodolphe Gasché. Frankfurt a. M. ⁴1989. S. 259-301, hier S. 268.
3 Ebd.

Ordnung der Moral, der Ökonomie, der Politik, der Philosophie oder des Rechts gefunden wird, so führt Derrida weiter aus, liegt der Diebstahl einer semantischen Zuordnung, eines begehrenswerten Signifikanten, der dem Gestohlenen anhaftet und ihm erst einen kollektiven und subjektiven Wert gibt: „Der Diebstahl ist immer der einer Rede, eines Textes oder einer Spur."[4]

Die Annahme eines ‚echten' Wertes, eines ontologischen Wertes oder eines ‚Wertes an sich' fällt aus, wenn erkannt wird, wie dieser Wert immer schon vorher im Kollektiv verhandelt und produziert wurde: Ein Gegenstand ist über die Wertigkeit bestimmt, die ihm in einem ganz bestimmten Symbolsystem zugesprochen wird, und was zu einem Zeitpunkt der Geschichte oder an einem Ort der Welt immensen Wert hat, kann woanders fast unbedeutend sein. Die streng materialistisch-marxistische Position würde hier einwenden, dass Wert aus einer verwendeten Arbeitskraft entsteht, die Naturdinge verarbeitet. Aber Derrida will noch einen Schritt darüber hinausgehen: Was durch Arbeit hergestellt wird, erfährt diese Schöpfung nur, weil eine gesellschaftliche Notwendigkeit dafür geschaffen wird, die wiederum der Arbeit vorgänglich ist. Nur was als wertvoll und lohnend angesehen wird, wird zur Herstellung in Auftrag gegeben. Derrida knüpft daher eher an die über das Materielle hinausgehende marxistische Konzeption der Fetischisierung der Waren an, denen Werte unabhängig von der in ihnen verkörperten Arbeitskraft zugesprochen werden.[5] Eine Ware ist immer mit einem metaphysischen Extra ausgestattet, die sie plötzlich wertvoller zu machen scheint, als die in ihr verausgabte Arbeitskraft eigentlich zulässt. Anstatt dass dieser Fetischcharakter als ein *supraadditum* an eine Ware herantritt, lässt Derrida ihn deren Grundlage und Ursprung darstellen. Die Verknüpfung von kollektivem Symbolsystem und Wertigkeit eines Gegenstandes ist am deutlichsten in Emile Durkheims an Marx anknüpfender Religionstheorie formuliert worden: „Die Heiligkeit eines Dings besteht [...] in dem kollektiven Gefühl, dessen Objekt es ist."[6] Was Durkheim hier „Heiligkeit" nennt, ist unser ‚Wert'. Die Übereinstimmung der kollektiven Wertsetzung und des individuellen Begehrens ist semantisch konstituiert und eng mit dem Diebstahl als einer Wertmarkierung verknüpft: was gestohlen wird, wird gestohlen, weil es der Träger eines Signifikanten ist, der diesen Wert markiert.[7] Dabei ist etwas, das es wert ist, gestohlen zu werden, genau dadurch erst wertvoll, dass es mit diesem Wert aufgeladen wird – man denke zum Beispiel an die Legende, laut der Friedrich II. die Preußen nur dadurch zum Kartoffelessen bringen konnte, dass

---

4 Ebd.
5 Marx: *Das Kapital.* S. 85ff.
6 Emile Durkheim: *Die elementaren Formen des religiösen Lebens.* Frankfurt a. M. 2007. S. 605. [Die Auslassung ist eine Parenthese und lautet „wie wir gezeigt haben".]
7 Simmel formuliert die Entstehung des Wertes aus dem Begehren so: „So ist es nicht deshalb schwierig, die Dinge zu erlangen, weil sie wertvoll sind, sondern wir nennen diejenigen wertvoll, die unserer Begehrung, sie zu erlangen, Hemmnisse entgegensetzen. Indem dies Begehren gleichsam an ihnen bricht, oder zur Stauung kommt, erwächst ihnen eine Bedeutsamkeit, zu deren Anerkennung der *ungehemmte* Wille sich niemals veranlaßt gesehen hätte." Simmel: *Philosophie des Geldes.* S. 21. [Kursivierung im Original gesperrt.]

er die Felder bewachen ließ und die Knollenfrüchte zuerst gestohlen werden mussten. Zieht etwas kein Begehren auf sich, ist es auch nichts wert.[8]

Dadurch kann von dieser Definition des Wertes als diskursiv hergestellter, individuell übernommener Bedeutung auch die des Eigentums abgeleitet werden: Eigentum ist in allen seinen Formen gesellschaftlich konstruiert, und die Idee dessen, was besessen werden kann oder in welcher Form Dinge, Konzepte oder Tatsachen als bestimmten Individuen oder Institutionen zugehörig gelten, ist in keinem Bürgerlichen Gesetzbuch endgültig entschieden, sondern unterliegt Wandlungen, die im Bewusstsein vom ontologischen Status der Einzeldinge und -wesen in der Welt vor sich gehen. Die Eigentumsformen variieren nicht nur zwischen mittelalterlichem Feudalbesitz und modernem Privatbesitz, die sich fundamental unterscheiden. Auch das antike Eigentumsrecht war schon insofern kategorial von unserem heutigen Eigentumsrecht unterschieden, als dort Menschen zu Eigentum werden konnten – was sie wiederum auf andere Art waren als im Feudalismus oder in neuzeitlichen Sklavenhaltergesellschaften. Die Frage des modernen Privateigentums wird uns noch näher beschäftigen, weswegen hier nur eine Arbeitsdefinition vorgeschlagen wird. Denn die Frage, was die anthropologische und transhistorische Essenz der Idee des Eigentums ist, wird noch schwieriger zu beantworten, wenn etwas gestohlen wird, das nur eine metaphysische Existenz hat. Können Götter Eigentümer sein? Besaß Apollon das Feuer seines Sonnenwagens? Das Entzünden eines dürren Zweiges an seinem Sonnenwagen, das als Prometheus' Feuerdiebstahl eines der Urbilder der mythischen Bestehlung darstellt, könnte einer juristischen Überprüfung des Tatbestandes auf einen Diebstahl hin kaum standhalten, denn Apollon hat durch Prometheus' Tat keinen Verlust erlitten, seine Macht und sein Dasein haben dadurch keine Beschränkung erfahren, dass nun auch anderswo Feuer brennen konnte. Nur eine ganz spezifische Eigentumskonzeption, wie die, die durch Hegel entwickelt wurde, und die Besitz nicht nur als Eigentum sondern auch als ‚rechtlich-diskursiv garantierten Alleinanspruch' definiert, kann einen tatsächlichen Diebstahl darin sehen, wenn statt einem Feuer mehrere brennen.

Dem Begriff ‚Eigentum' kann keine endgültige Definition beigebracht werden, die sich nicht letztlich wieder auf eine diskursive Setzung von Begriffen festlegen müsste und die nicht historisch und kulturell blind wäre.[9] Und dennoch muss, um über Diebstahl zu sprechen, eine pragmatische Definition des Eigentums gegeben

---

8 Friedrichs Kartoffeltrick, der den wohl kulturrelevantesten deutschsprachigen Diebstahl herausforderte, wird berichtet in: Friedrich Körner: *Der Mensch und die Natur: Skizzen aus dem Kulturund Naturleben*. Leipzig 1853. S. 105f. Dieselbe Legende, dass zuerst das Feld bewacht werden musste, bevor die die Kartoffeln die Begehrlichkeiten der Bauern erwecken konnten, gibt es in Frankreich, wo der Pharmazeut Antoine Augustin Parmentier der Urheber des Tricks gewesen sein soll. Welche Legende ursprünglicher ist oder ob beide erfunden sind, ist nicht zu entscheiden. Sicher festgestellt werden kann jedoch: Wofür in Frankreich ein Apotheker genügt, dafür braucht es in Preußen einen König. (Siehe dazu: Antonia Humm: „Friedrich II und der Kartoffelanbau in Brandenburg-Preußen." In: *Friedrich der Große und die Mark Brandenburg. Herrschaftspraxis in der Provinz*. Hg. v. Frank Göse. Berlin 2012. S. 183-215.)

9 Ähnlich stellt David Graeber für den Begriff des Wertes fest, dass er – wie der Begriff des Sinns – letztlich nur als zirkulierende Definition zu greifen ist. In: David Graeber: *Die falsche Münze un-*

werden. Um diesem Hindernis der Untersuchung zu entgehen, soll eine Umkehrung der Definitionsrichtung angewendet werden, die sich aus der obigen Definition des Wertes ableiten lässt: Die Definition von ‚Eigentum' wird der Entwendung dieses Eigentums nachgeordnet. Das bedeutet: Was gestohlen werden kann, kann besessen werden. Was als gestohlen wahrgenommen und erzählt wird, verletzt immer die vorliegende Empfindung dessen, was als Eigentum gilt. Auch wenn Eigentum ‚an sich' und ‚als solches' nicht endgültig zu definieren sein mag, weil es kulturell und historisch variabel ist, steht fest, dass jedenfalls immer das als Eigentum gilt, was gestohlen werden kann. Anstatt also abstrakt und stets hinter der Komplexität des Phänomens zurückbleibend die unendlich variablen Möglichkeiten der Formen von Besitz herauszustellen, wird für die vorliegende Arbeit gewissermaßen eine zusammenfassende Kasuistik der einzelnen Entwendungen verwendet: Die Definition des Eigentums folgt aus seiner je individuell berichteten Aneignenbarkeit, und was als Diebstahl wahrgenommen wird, verletzt die jeweils vorliegende Konfiguration des Eigentums. Damit ist Eigentum all das, was sich als stehlbar zeigt. Daher wird mit jedem besprochenen Diebstahl jeweils die ganz spezifische Frage des Eigentums mit thematisiert, und in jedem Diebstahl liegt ein Verhalten des Diebes nicht nur zum Gesetz und zu seinem Begehren, sondern zum sprachlich-symbolischen Diskurs als Ganzem, dem er zuwiderhandelt und dessen Regeln und Ordnungen er bricht.

---

serer Träume. Wert, Tausch und menschliches Handeln. Übers. v. Michaela Grabinger u. a. Zürich 2012. S. 37.

ZWEITER TEIL

Der Mythos von Prometheus zwischen Feuerdiebstahl und Gabenfest

Erstes Kapitel:
Über Prometheus, der kein stolzer Fackelträger ist

2|1|1
Hesiod begründet den Prometheuskomplex

> Den Griechen lag der Gedanke näher, dass auch der Frevel Würde haben könne – selbst der Diebstahl, wie bei Prometheus.[1]
> *Friedrich Nietzsche*

Kein anderer Diebstahlsmythos handelt so evident von einem Verbrechen am Anfang der menschlichen Kultur wie die Erzählung von der Entwendung des Feuers durch Prometheus. Er macht sich gezielt eines ganz spezifischen Götterfrevels schuldig, mit dem der menschlichen Kultur ermöglicht wird, ihren Anfang zu nehmen und sich von den Göttern zu emanzipieren: In Hesiods Texten,[2] die zu den ältesten schriftlichen Dokumenten unserer Kultur zählen und die die ersten Texte sind, in denen Prometheus erwähnt wird, steht das Feuer im Zentrum einer bäuerlichen, friedlichen und vorsichtigen Kultur, der das wärmende Herdfeuer im Wohnhaus des kleinen Hofes der ordnende Flucht- und Mittelpunkt des Alltags war. Neben dem heimeligen Herdfeuer, auf dem die hart erarbeiteten Nahrungsmittel – als gnädige Gaben der Götter – gekocht werden, dient es als das Feuer, das wiederum die Opfergaben für die Götter verzehrt, die diese günstig stimmen sollen. Das zentrumsbildende Feuer dient also in Hesiods Verständnis in erster Linie dazu, den Gabenkreislauf zwischen Menschen und Göttern in Gang zu halten. Das Feuer, das Prometheus stiehlt, und mit dieser störenden Tat diesem Kreislauf, dieser Ordnung entzieht, lädt wie kaum ein anderes mythisches Motiv zur metaphorischen Bedeutungsanlagerung ein: Es kann in einer ländlich-archaischen Kultur wie der Hesiods auf seine Bedeutung als Herd- und Opferfeuer eingeschränkt sein, es kann aber, sobald es diesem Austauschsystem enthoben ist, ebenso als Vernunft und Ratio gelten, als das die in-

---
[1] Nietzsche: „Die fröhliche Wissenschaft." In: *KSA.* Band III. S. 343-651, hier S. 487.
[2] Hesiod: *Werke und Tage. Griechisch u. Deutsch.* Übers. u. hg. v. Otto Schönberger. Stuttgart 1996, und Ders.: *Theogonie. Griechisch u. Deutsch.* Übers. u. hg. v. Otto Schönberger. Stuttgart 1999.

dustrielle Revolution vorantreibende Feuer unter den Dampfkesseln, als technische Selbstbehauptung, Naturbeherrschung, als das Licht der Aufklärung und als abstrakte theoretische Erkenntnis und Selbstreflektion, als Zeichen der offenen Rebellion gegen die Götter, als die Seele des Menschen, als die gesamte göttliche und antike Weisheit, als die Gesamtheit der Kultur und als Trennungsmerkmal des Menschen vom Tier: Das der Opferfunktion entzogene Feuer ist nicht weniger als „ein Prinzip universaler Deutungsmöglichkeit."[3] Gaston Bachelard, aus dessen *Psychoanalyse des Feuers* diese Feststellung über die unbegrenzten semantischen Wandlungsfähigkeiten des Feuers entnommen ist, entwickelt daraus am Beispiel des Kindes, das seinem Vater eine Streichholzschachtel stiehlt, um selbst Macht über die familienväterliche Technik des Feuermachens zu erhalten, das Konzept eines „*Prometheuskomplexes*". Dieser soll „alle diejenigen Strebungen zusammenfassen, die uns dazu drängen, ebensoviel zu *wissen* wie unsere Väter, ebensoviel wie unsere Lehrer, mehr als unsere Lehrer. [...] Der Prometheuskomplex ist der Ödipuskomplex des intellektuellen Lebens."[4] Dass es, um mehr zu wissen als alle psychischen Ersetzungsfigurationen des allwissenden Vaters, eines Diebstahls bedarf, der sich das Wissen des Vaters oder Lehrers auf eine Weise aneignet, die diesen entmachtet zurücklässt, führt Bachelard nicht sehr viel weiter aus. Obwohl er den Gedanken eines psychoanalytisch gefassten Prometheuskomplexes nur angerissen hat und das für uns zentrale Diebstahlsmotiv nur *en passant* erwähnt und hier ebenfalls nicht die Entwicklung psychologisch-archetypischer Mythenmuster versucht werden soll, ist dieses Motiv der illegitim-heimlichen und etwas subversiven Wissensaneignung nicht nur bei Bachelard oder bei Hesiods Prometheus zu beobachten. Es wird im Folgenden vielmehr bei Clemens von Alexandrias Verständnis der frühesten Geschichte der Philosophie ebenso auftauchen wie in Hans Blumenbergs Beschreibung der kopernikanischen Revolution, in Augustinus' Beschreibungen des Übergangs vom Heidentum zum Christentum und in den Autobiografien von – wiederum – Augustinus, dem Lazarillo de Tormes bis hin zu Jean-Jacques Rousseau und Jacques Derrida. In allen diesen Beispielen wird das Diebstahlsmotiv als Beschreibung eines Willens zu einem Wissen verwendet, das größer und anders ist als das Wissen der Älteren, seien diese Älteren und Mächtigeren nun Väter, Dienstherren, vorangehende Kulturen oder dominante philosophische oder religiöse Diskurse. Der Diebstahl befreit aus einem Gabensystem, das verschleiert, dass einer der Beteiligten der Despotie des anderen unterworfen ist. Der Prometheuskomplex ist, wenn es ihn überhaupt gibt, mehr der Mythos des Diebstahls als der des Feuers, das nur das Zeichen des Gestohlenen ist, das durch andere Metaphern wie die des Goldes, der Birnen, Äpfel oder Feigen, durch Wein oder eine Herde Rinder oder Ziegen, durch einen entwendeten Brief oder die entwendete Sprache ersetzt werden kann. All das wird Thema dieser Arbeit werden, nachdem aber zuerst der Frage nachgegangen wird, welche Bedeutung der Feuerdiebstahl des Prometheus im Detail hat.

---

3 Gaston Bachelard: *Psychoanalyse des Feuers*. Übers. v. Simon Werle. Frankfurt a. M. 1990. S. 13.
4 Ebd. S. 19f. [Kursivierungen im Original.]

Das Feuer des Prometheus wurde im Laufe der Jahrhunderte, und schon bei Platon, wie sich zeigen wird, metaphorisch so weit aufgeladen, dass es als Bild all dessen denkbar wurde, was den Menschen ausmacht: Jede Epoche hatte ihr eigenes Verständnis dessen, was es genau war, das Prometheus in seinem Diebstahl von den Göttern entwendet hatte. Die jeweilige situationsbedingte metaphorische Determinierung des Feuers sagt dabei viel über die historische Bedeutung und das Selbstbild der Epoche aus, die über Prometheus – und damit über sich selbst – nachdachte. Was aber historisch konstant blieb, war Prometheus' Handlungsweise; egal was es nun genau war, das er sich nahm, wofür auch immer das Feuer als Platzhalter verwendet wurde, Prometheus blieb immer der unbequeme Dieb am jeweils Göttlichen. Das Feuer zeigte sich dabei als der beweglichste Teil des Mythos: Das wesentlich sperrigere Faktum seiner illegitimen Handlungsweise zu verstehen, erforderte eine viel größere interpretatorische Mühe. Um den Diebstahl zu rechtfertigen oder zu leugnen, musste sein Mythos umgeformt, neu gedeutet und an den jeweiligen historischen Moment angepasst werden.

Der Mythos von Prometheus blieb aber in jeder Rezeptionsstufe durch seinen schwer verdaulichen Kern, dass nämlich genau das, was den Menschen ausmacht und seine privilegierte Position im Kosmos rechtfertigt, gestohlen ist, immer ein Mythos mit einer zeitkritischen und subversiven Stoßrichtung. Regelmäßig taucht daher von der Seite eher kulturwahrender Autoren der Versuch auf, den Diebstahl abzumildern und Prometheus auf einen Diener der Götter zu reduzieren. Besonders auffällig stehen für diese konservative Entschärfung des Prometheuskomplexes die Philosophen Platon, Julian Apostata und Martin Heidegger, die Prometheus als einen Diener der gnadenvollen Mächtigen und als Gabenboten verstehen wollen. Dass in ihren Versionen des Prometheus-Mythos das Feuer die großartigste und weltenstürzendste Bedeutung hat, korrespondiert der Entschärfung des Verbrechens: Wenn Prometheus schon nicht mehr war als sein Überbringer, musste das, was er mitbrachte, umso gewaltiger sein. Andere Interpreten des Mythos, die mehr Gewicht auf die Tat selbst legen, und die Prometheus als schelmischen Dieb und heimtückischen Gauner stehen lassen können, wie Hesiod und Hans Blumenberg, kommen mit einer weniger großartigen, zurückhaltenderen Interpretation des Feuers aus. Damit wird deutlich: Über den Prometheus-Mythos wurden von Anfang an diskursive Konflikte bezüglich der Rolle des Menschen ausgetragen, in deren Kern nicht weniger als die Frage nach der Funktion des Menschen im Kosmos stand: War das Feuer nur eine etwas umständliche Gabe der Götter, so hatte sich der Mensch hochbegabt, aber still und weitgehend rezeptiv in seinen Platz im Kosmos zu fügen. War das Feuer allerdings wirklich heimlich den Göttern entwendet, so konnte es der Mensch mit den göttlichen Mächten selbst aufnehmen und Anspruch auf das ganze Weltsystem erheben. Seit der ersten uns bekannten Erzählung von Prometheus' Tat in Hesiods *Theogonie* versichert dieses immens modifizierbare Mythologem an den unterschiedlichsten Zeitpunkten der menschlichen Geschichte den jeweiligen Hörer aber immer dessen, dass er in der Welt eine Sonderrolle einnimmt. Der Mythos von Prometheus hat so viel kritisches und aufsässiges, aber auch beruhigendes und mäßigendes Potenzial, dass sein Protagonist, wie der junge Karl Marx es emphatisch formuliert hat, als der „vornehmste Heilige und Märtyrer im philosophischen Kalender"[5] zu beachtlicher Geltung kommt. Er kann ebenso als Heiliger und Tröster erscheinen wie er als Märtyrer und Gauner verstanden werden kann.

Es ist bemerkenswert, dass die Tat des Prometheus und ihre Auswirkungen auf die Selbstwahrnehmung des Menschen scheinbar nur schwer ohne Pathos und ohne Worte von weltenwendender Schicksalhaftigkeit beschrieben werden können: Die Begriffe und Definitionen, die auf ihn als den ersten und größten Helden der menschlichen Kultur angewendet werden, sind voll von Superlativen, großartigen Heroismen und Schicksalsformeln. Dabei ist der Prometheus Hesiods eine vergleichsweise stille und neben den Machtgesten der anderen Götter relativ unscheinbar wirkende Figur, die wenig von dem Empörer und Menschheitsheros hat, der in späteren Jahrhunderten und besonders im von Prometheus besessenen neunzehnten Jahrhundert aus ihm gemacht wurde. Je kräftiger die Farben sind, in denen das Bild Prometheus' gemalt wird, desto mehr entfernt er sich von der unscheinbaren Gestalt, die er in Hesiods *Theogonie* noch ist. Darin tritt viel eher Zeus als der große Aufwiegler und ödipale Rebell auf, der die Riesen mit grandioser Rhetorik zur Titanomachie anstachelt,[6] wogegen Prometheus eben dadurch ausgezeichnet ist, dass er den erzerwühlenden Kampf der Götter scheut und sich auf die kaum heroische Rolle des verschlagenen Tricksters verlegt. Nach dem vernichtenden olympischen Sieg über die Titanen noch titanisch aufzutreten wäre ein aussichtsloses Unterfangen gewesen, deswegen setzt der Menschenfreund Prometheus auf die List. Die Welt war durch den übermächtigen Zeus so machtvoll und unabänderlich geordnet worden, dass mit Gewalt nichts mehr ausgerichtet werden konnte, und die einzige Gefahr, die den Göttern noch drohte, entsprang aus Prometheus' sorgfältig planendem und vorausschauenden Intellekt.

Nichts spricht deutlicher für die übertriebene Überhöhung des Prometheus ins Heroische als seine verbreitete Darstellung als stolzer und sendungsbewusster Fackelträger. Nichts ist aber weiter von Hesiods Bild entfernt: Der Narthex-Stängel, in dem Prometheus das Feuer vom Sonnenwagen mitnahm, ist keine harzgetränkte, helle Fackel, sondern ein Zweig des im Mittelmeerraum verbreiteten Riesenfenchels, eines leise, aber verlässlich und lange glimmenden Zundergestrüpps, das bis in die Moderne zum Feuertransport verwendet wurde, weil sein Mark zuverlässig glühte, ohne die Rinde zu durchdringen und damit nach außen zu leuchten.[7] Unauffälliger und heimlicher als im Narthexrohr kann Feuer nicht transportiert wer-

---

5 Marx: *Differenz der demokritischen und epikureischen Naturphilosophie.* S. 263. – Bei Herbert Marcuse wird Prometheus in Bezug auf Marx zum „Archetypus des Helden des Leistungsprinzips". In: Herbert Marcuse: *Triebstruktur und Gesellschaft.* Frankfurt a. M. [17] 1995. S. 160.

6 Hesiod: *Theogonie.* S. 52. (Zeile 644ff.)

7 Zum Narthex-Gewächs siehe: Benjamin Gotthold Weiske: *Prometheus und sein Mythenkreis. Mit Beziehung auf die Geschichte der griechischen Philosophie, Poesie und Kunst.* Leipzig 1842. S. 210-216. Der wichtigste Deuter des Fenchels war wohl Sigmund Freud, der dem Narthex-Zweig eine Schule machende phallozentrische Deutung gab: Sigmund Freud: „Zur Gewinnung des Feuers." In: *Gesammelte Werke.* Hg. v. Marie Bonaparte u. a. Frankfurt a. M. 1950. Band XVI. S. 3-9.

den. Das macht Prometheus kaum zu dem aufwieglerischen Titanensohn, der den großen Umsturz der olympischen Götterwelt plant, sondern er wird als ein sorgfältig nachdenkender Planer und listiger Ausführer seiner Gedanken sichtbar, der darauf bedacht ist, nicht in einen offenen Konflikt mit den Göttern zu geraten, sondern der ihre Ordnung nur vorsichtig, punktuell und ohne großen Aufruhr zu unterlaufen versucht, um dem Menschen sein schlichtes Überleben zu ermöglichen. Die ursprüngliche Version des Prometheus bei Hesiod ist für eine Rezeption, die in ihm einen strahlenden und selbstbewussten Rebellen erkennen will, eigentlich auch zu wortkarg und still: Bis auf die umsichtige Warnung an seinen Bruder, besser „nie ein Geschenk anzunehmen von Zeus, dem Olympier, sondern es wieder zurückzusenden"[8] und den Vorschlag an Zeus, er möge selbst den Haufen wählen, der ihm geopfert werden soll,[9] spricht Hesiods Prometheus nichts. Vor allem ist von ihm kein Wort der pathetischen Empörung oder aufrührerischen Götterkritik zu hören, zu deren mythischem Sprecher er von Goethe oder Heidegger gemacht wurde. Besonders das neunzehnte Jahrhundert, das sich selbst gerne als titanisch und götterzersetzend verstehen wollte, formte ihn vom umsichtigen Planer und Denker, vom pragmatisch-zurückhaltenden Dieb zum titanisch monologisierenden Rhetor und großen Rebellen um.[10] Ebenso wurde seine Wirkung zur wuchtigen Auflehnung und zur glorreichen Erhöhung, zur gelingenden Hybris gesteigert, wo er bei Hesiod den Menschen mit seinem Opfertrug und dem Feuerdiebstahl nicht mehr als die Subsistenz und ein bescheidenes Überleben in einem Götterkosmos ermöglichte, der ihnen ihre reine Existenz nicht verzeihen konnte. Die Menschen erschienen den Göttern störend, in ihrer Kurzlebigkeit unästhetisch und ein wenig unnötig; Prometheus sorgte dafür, dass die Menschen nicht bald nach ihrer Erschaffung wieder verschwanden, mehr nicht.

Der Göttersturz und die existenzielle Empörung, als deren Allegorie Prometheus in den modernen Jahrhunderten erfunden wird, entsprechen seinem unpathetischen und nüchternen Handeln bei Hesiod nicht. Wenn Prometheus mit der hier vorgeschlagenen ursprünglichen frühantiken statt neuzeitlichen Lesart aber vom glorreichen Heros zum verschlagenen Dieb verkleinert wird, so schrumpfen damit auch der donnernde Zeus und der strahlende Apollon, die Prometheus bestiehlt: So unüberwindlich können die Olympier nicht sein, wenn ihnen ihre wichtigsten Güter so einfach abspenstig gemacht werden können. Wenn der Rebellion, für die der Prometheus Hesiods steht, ein zentrales Attribut zugeordnet werden kann, dann ist es das der Unscheinbarkeit und listigen Ruhe, und nicht das einer dröhnenden Empörung.

Prometheus' Vergehen gegen die Ordnung der Götter besteht nämlich in einem hartnäckigen Doppelvergehen, das eher einen heimtückischen Betrüger zeigt als

---

8 Hesiod: *Werke und Tage.* S. 11, Zeile 86f.
9 Ders.: *Theogonie.* S. 45, Zeile 548-550.: „Zeus, ruhmvollster, höchster der ewigen Götter! Wähle von beiden den Teil, nach dem es dein Herz in der Brust gelüstet!"
10 Berühmtestes Beispiel dieser Umgestaltung der Prometheus-Figur vom stillen zum großsprecherischen Empörer ist die Prometheus-Hymne von Johann Wolfgang von Goethe: „Prometheus." In: *Werke. Vollständige Ausgabe letzter Hand.* Band II. Stuttgart u. Tübingen 1827. S. 76-78.

einen mutigen Helden: Zuerst betrügt er den Göttervater mit einem fast zu offensichtlichen Trick, als dass Zeus ihn nicht durchschaut haben sollte, um den Anteil der Olympier an den Opfertieren. Zeus steht mit den wertlosen Innereien da. Daraufhin entzieht Zeus den Menschen das Feuer und Prometheus antwortet mit einem zu gewöhnlichen und ehrlosen Diebstahl, als dass der über allem stehende Zeus, der größere und mutigere Gegner gewohnt ist, diese Hinterziehung hätte bemerken können:

> Schwer erzürnt aber sprach der Wolkenversammler Zeus zu Prometheus: „Sohn des Iapetos, vor allen klug und verschlagen, offenbar hast du, mein Lieber, die listigen Künste noch nicht vergessen." So sprach grollend Zeus, dem es nie an Rat fehlt. Seither nun dachte er stets an Trug und gab den Eschen nicht länger die Kraft unermüdlichen Feuers für sterbliche Menschen, die auf Erden wohnen. Doch überlistete ihn der tüchtige Iapetossohn und stahl das weithin leuchtende, unermüdliche Feuer im hohlen Narthexrohr. Es fraß aber dem hochdonnernden Zeus am Herzen, und sein Sinn ergrimmte, als er das weithin leuchtende Feuer bei den Menschen erblickte.[11]

In den *Werken und Tagen* beschreibt Hesiod denselben Vorgang mit leicht veränderten Worten:

> Verborgen halten ja die Götter den Menschen die Nahrung. Leicht nämlich erwürbest du sonst an einem Tag so viel, daß es dir sogar übers Jahr hin reichte, und gingst du auch müßig. Gleich hängtest du das Ruder in den Rauchfang, vorbei wär's mit Arbeit für Rinder und zähe Maultiere. Doch verbarg Zeus die Nahrung grollend im Herzen, weil ihn der verschlagene Prometheus betrog. Deshalb also ersann er den Menschen trauriges Elend und verbarg das Feuer; dieses stahl wieder dem Rat erteilenden Zeus der wendige Iapetossohn im hohlen Narthexrohr für die Menschen; dem donnerfrohen Zeus jedoch entging es. Den Dieb aber sprach Zeus, der die Wolken ballt, zürnend an: „Iapetossohn, klüger als alle freust dich, weil du das Feuer entwendet und meinen Sinn getäuscht hast, zu großem Leid dir selbst und den künftigen Menschen. Denen nämlich will ich für das Feuer ein Übel geben, an dem jeder seine Herzensfreude haben und doch sein Unheil umarmen soll.[12]

Mit dem Diebstahl hat das Feuer seinen Status geändert: Wo der Göttervater vorher noch frei über es verfügen konnte und es ihm möglich war, es den Menschen als kontinuierliche Gabe zu überlassen oder es ihnen vorzuenthalten,[13] ist es nun endgültig in menschlichem Besitz. Wo das Feuer vorher den Menschen lediglich als Koch- und Opferwerkzeug gegeben worden war, kann Zeus es, nachdem es durch Prometheus gestohlen wurde, den Menschen nicht mehr wegnehmen: Von diesem Moment an hat der Mensch die alleinige Verfügung über dieses Werkzeug, das ihm

---

11 Hesiod: *Theogonie*. S. 45ff, Zeile 559-569.
12 Ders.: *Werke und Tage*. S. 8ff, Zeile 42-59. – Zum Verhältnis der nicht ganz übereinstimmenden Prometheus-Erzählungen in den beiden Werken Hesiods, siehe: Schwartz, Eduard: „Prometheus bei Hesiod." In: Ders.: *Gesammelte Schriften*. Band II. Berlin 1956. S. 42-62.
13 Der Aspekt, dass das Feuer den Menschen in einer dauernden Gabe überlassen war, wird von Karl Kerényi besonders betont: Karl Kerényi: *Prometheus. Die menschliche Existenz in griechischer Deutung*. Hamburg 1959. S. 84f.

nun nicht mehr nur zum Opferritual und eingeschränkt dient, sondern das nun auch seine Arbeit erleichtert und ihm Muße schafft, die er frei nutzen kann. Das Feuer steht nicht für Vernunft oder technische Machbarkeit, sondern es ist reine Lebenserleichterung. Dass bei Hesiod das Feuer noch nicht mit einer großen metaphorischen Assoziationslast aufgeladen ist, sondern in erster Linie sich selbst bedeutet, hat Benjamin Gotthold Weiske 1842 nachdrücklich betont:

> Dass das Feuer als wirkliches, eigentliches Feuer dargestellt ist, wie der Narthex und das ‚Leuchten von fern her' zeigt, dies gehört der Form an, und dass es als uneigentliches Feuer schon im Alterthume erklärt worden ist, gehört der Geschichte der Deutungen an; aber hier ist weder von Form noch von Deutungen die Rede, sondern von der Urbedeutung, d. i. von dem durch den Urheber der Darstellung beabsichtigten Gegenstande. Dieser ist kraft des abbildlichen Verhältnisses unstreitig der Form gleich, also ebenso wie diese wirkliches, *eigentliches*, gemeines *Feuer*.[14]

Auch wenn der Begriff der „Urbedeutung" nicht mehr einem aktuellen Wissenschaftsverständnis entspricht, ist dieser Feststellung zuzustimmen. Das Feuer bedeutet bei Hesiod einfach: Feuer. Das mindert aber die Konsequenz nicht, die Prometheus' Diebstahl hat. Dadurch, dass es gestohlen wurde, ist zwar noch nicht klar, *was* es von nun an ist; dass es aber seinen ontologischen Status verändert hat und von einer göttlichen Macht zu einer menschlichen Potenz wurde, ist nicht von der Hand zu weisen. Das Feuer ist menschlich geworden. Durch Prometheus ist das göttliche Feuer entzaubert worden, es hat eine neue Bedeutungsmöglichkeit erlangt und ist zu einem Signifikanten geworden, der ab jetzt potenziell mehr bedeuten kann als nur seine gottgeplante und regelkonforme Verwendung. Das Feuer hat als Gestohlenes eine andere Gewichtigkeit, Bedeutung und Funktion als das Feuer, das die Menschen vor Prometheus' Opfertrug – tendenziell eben für das Opfer – zur Verfügung hatten. Das Feuer, das die Götter nun vom Olymp aus überall sehen, ist, nachdem es zur Beute wurde, bei Hesiod zwar noch keine Metapher für etwas anderes und noch keine den Menschen überragende, weltbeherrschende Technik, aber dennoch ist es eine Potenz, die den Menschen in die Nähe der Götter selbst rückt, ihm sein beschwerliches Leben erleichtert und ihm Muße und Autarkie schenkt, die zwei der wichtigsten Eigenschaften der griechischen Götter darstellen. Mit dem Feuerdiebstahl, dessen Konsequenz Hesiod offen lässt und nur die Bedeutung dieses Schrittes und dieser Tat betont, konnte der Mensch als selbstbewusstes und relevantes Wesen im Kosmos auftreten, ab dann war er mehr als nur geduldet und auf Abruf in einer kalten Welt, er konnte sich dem häuslichen Müßiggang, der Kontemplation und dem Mythenerzählen widmen, für das Hesiods *Theogonie* und die Epen Homers einen ersten Höhepunkt darstellen. Das prä-promethische hesiod'sche Feuer ist eine Göttergabe mit begrenzter und streng geregelter Anwendungsmöglichkeit, und erst nachdem es entwendet wurde, konnte das Feuer ‚bedeutsam' und also menschlich werden. Diese potenzielle Bedeutsamkeit und seine wuchernde Semantik, der Hesiod sich zwar noch nicht hingibt, deren Möglichkeit er aber eröff-

---

14 Weiske: *Prometheus und sein Mythenkreis*. S. 218. [Kursivierungen im Original.]

net, ist, was das Feuer nach dem Diebstahl von dem eigentlichen, beschränkten Feuergebrauch vor der Tat unterscheidet. Vorher arbeitete der Mensch unablässig für sich und die Götter, nun hat er den Punkt erreicht, an dem die Dinge mehr und anderes bedeuten können als nur ihre Verwendbarkeit in einem mühsamen ‚Werkeltagsleben' der Subsistenz und des reinen Überlebens. Man erweitert den zurückhaltenden Gedankengang Hesiods betreffs der Bedeutung des Feuers nicht, wenn man feststellt: Seine angedeutete doppelte Feuerkonzeption vor und nach dem Diebstahl markiert den Übergang von einer rein empfangenden, arbeitenden und opfernden zu einer gestaltenden, hervorbringenden, erzählenden und handlungsfähigen Kultur des Menschen. Vielleicht war mit dem Diebstahl noch nichts Wesentliches erreicht, aber die Würde des Feuerbesitzes und der gelegentlichen Muße war den Menschen nicht mehr zu nehmen.

Eine weitere Bemerkung kann noch gemacht werden, die der Manie der neuzeitlich-geschichtsphilosophischen Diagnose zuwiderläuft, immer den unvordenklichen ersten Moment von etwas festlegen zu wollen. Spätestens in der Neuzeit wurde es imperativ, den Ursprung einer Sache festzustellen, der nötig ist, um einen Fixpunkt zur Messung des Fortschritts zu haben und um aufzeigen zu können, wie weit man sich schon von einem Ursprung entfernt und sich fortentwickelt habe. Dafür ist das Diebstahls-Mythologem des Prometheus nicht nutzbar: Der Feuerdiebstahl brachte keinen reinen Anfang, sondern war ein Regelbruch in einer Welt statischer Kontinuität. In irgendeiner Form war das Feuer auch vorher schon da und konnte durch die Götter entzogen werden, und seine Entwendung ist dadurch nicht ungetrübt als Ursprungsmythos zu verwenden, weil es immer schon auf das Vorhergehende verweist, das das neu Entstehende determiniert. Das gänzlich Neue, den absoluten Ursprung gibt es nicht, man kann immer nur von der Herkunft und einer Veränderung einer Sache sprechen, nie von ihrem unvordenklichen Anfang. Unvordenklichkeit und Erstursprünglichkeit gibt es bei Hesiod nicht. Das hesiod'sche ‚zweite' Feuer, das sich nur nuanciert und in der Unmöglichkeit zeigt, von den Göttern zurückgeholt werden zu können, ist ein solcher Anfang: Die menschliche Kultur war erst mit dem Muße schaffenden Feuerbesitz in der Lage, sich Gedanken über ihren Ursprung zu machen. Dass ihr Ursprung im Feuer des Prometheus liegt, ist damit zwar nahe liegend, ist aber immer dem Verdacht ausgesetzt, „der Geschichte der Deutungen" anzugehören. Anfänge sind nur Ahnungen, ihre Verbalisierung und Theoretisierung – eine Thematik, die im Kapitel über Ursprungsmythen noch näher besprochen wird – verfehlt immer schon den Kern des Anfangsgeschehens.

Die offene hesiod'sche Mythenerzählung hält eine solche Ambivalenz leichter aus als der moderne Eindeutigkeits- und Präzisionsdruck: Hesiod ist kein Freund eines Lebens jenseits der Grenzen und Aufgaben des Menschen, die für ihn Arbeit und Götterdienst sind. Unablässige Arbeit, die das zentrale Motiv der *Werke und Tage* Hesiods darstellt, ist das Normativ des Menschen, nach dem Feuerdiebstahl verliert sie nur ihre auszehrende Anstrengung. Die *Theogonie* fügt dem nichts hinzu: Sie hat keine ausgeschmückten und philosophisch angereicherten Mythenberichte, sondern ist eigentlich nur ein listenartiger Götterkatalog, der die Übermacht der Götter über das Leben der Menschen illustriert. Alles, was die Arbeit des Menschen erleichtert oder ersetzt, was das Leben über seine Grenzen hinaus erweitert, bedeutet bei Hesiod die Störung einer fein austarierten Kosmosordnung. Das Verhältnis der Menschen und Götter besteht im Zurückhalten der Güter von Seiten der Götter und in dem mühsamen menschlichen Versuch, sie ihnen durch Arbeit und Opfer abzuringen. Hier nimmt Hesiod gewissermaßen vorweg, was Hannah Arendt später über den Menschen feststellen sollte. „Die Natur des Menschen ist im animal laborans entdeckt; das ist das Ende des Humanismus. Er hat sein Ziel erreicht."[15] Diese stabilierte Kosmosordnung wurde bei Hesiod in der Rebellion des Zeus gegen die Titanen hergestellt. Zeus stürzte die alte, als tyrannisch und ungerecht beschriebene Ordnung und ersetzte sie durch einen Kosmos, der den Menschen und den Göttern spezifische Rollen zuspricht und auf Stabilität und Harmonie angelegt ist. Den Göttern ist die Verwaltung und das achtsame Regulieren des Kosmos überlassen und der Lebensinhalt der Menschen besteht in der Feldarbeit, im bescheidenen Handel und im Opfern an die Götter. Damit ist der Kosmos Hesiods als ein harmonisiertes Geben und Nehmen angelegt, als eine Ökonomie der Gaben und Gegengaben. Prometheus' Taten des Opfertrugs und des Feuerdiebstahls freveln dieser Ordnung: Sie verstoßen gegen diese Arbeitsteilung und vor allem gegen den Imperativ der Arbeit. Aber nicht nur sein Betrug und sein Diebstahl stellen einen Verstoß gegen diese Ordnung dar: Zeus vermag sich gegen die feuerbesitzenden, müßigen Menschen nicht anders zu helfen als mit einer eigenen Übertretung dieser Arbeitsordnung: Statt den Menschen das wenige zu überlassen, was ihnen in einem Kosmos zusteht und ihnen die durch den Feuerbesitz etwas erleichterte Position zu gönnen, wenden die Götter mit der Pandora, übersetzt dem ‚Allgeschenk' einen Exzess der Gabe an den Menschen an, der die vorsichtig austarierte Ökonomie der Gaben der Götter und Opfergaben der Menschen endgültig durcheinanderbringt. Zeus, dem im Konflikt mit Prometheus aus der Hand zu gleiten droht, was er im Kampf gegen die Titanen und in der Bindung der Giganten eben erst erreicht hat, versucht mit der Gabe Pandoras, die von ihm eingerichtete und von Prometheus gestörte zirkuläre Gabenökonomie zu restaurieren: Bei Hesiod findet mit Prometheus, der die Menschen nicht in ihrer sicheren, aber nachrangigen Position belassen will, ein Problem in der göttlich-menschlichen Gemeinschaft den Anfang, das als eine Krise der Ökonomien, die auf einem reziproken Gabensystem beruhen, beschrieben werden kann. Ob diese Krise mit dem Opfertrug einsetzt, oder ob sie in einem bereits bestehenden, von den Göttern verschuldeten Ungleichgewicht liegt, ist bei Hesiod offen gelassen. Der Dieb Prometheus ist nur der, der beginnt, was vielleicht schon vorher latent war. Sein Diebstahl ist ebenso die Reaktion auf eine bestehende Situation, wie er die Gewichte neu verteilt, und wo der im Narthex glimmende Funke alle Eigenschaften des Unscheinbaren hat, hat das perfide Allgeschenk der Götter die Eigenschaften des Übertriebenen und des Exzesses.

---

15 Arendt: *Denktagebücher*. Band I. S. 558.

2|1|2
Die Gabe als Machtmittel und als Gegenteil des Diebstahls

Im Mythenumfeld um die Prometheus-Figur stellt sein Diebstahl eine Singularität dar, eine spielverändernde Ausnahme in einem Erzählzusammenhang, der sich ansonsten um die strenge Einhaltung einer Ökonomie des ausgleichenden Austauschs von Leistungen dreht. Im Hintergrund der Selbstaneignung im Feuerdiebstahl steht ein komplexes Geflecht der Ausbalancierung der Gabenrelation zwischen den Menschen und den Göttern: Von den Göttern kommen die Geschenke des Feuers und reicher Ernten oder eben zurückgehaltener Feldfrüchte und der Versagung des Feuers, von den Menschen kommen die verbrannten Opfergaben als Funktion des Feuers. Sie opfern die besten oder die hygienisch problematischen Stücke der Opfertiere für die Götter und erwidern so die Gaben der Götter, damit der Kreislauf des gegenseitigen Austauschs anhält. Alle diese Überreichungen, Überlassungen und Erwiderungen von beiden Seiten bilden eine Austauschrelation von symbolischen und materiellen Gaben, die mit Prometheus' Feuerdiebstahl durcheinander gerät. Den Menschen Pandora und ihr Gefäß zu senden ist die extreme Reaktion der Götter, die wegen des Feuerdiebstahls nun zu ebenfalls nicht von der bisherigen Ökonomie gedeckten Maßnahmen greifen müssen, die die Unterwerfung der Menschen unter die Götter weiterhin sicherstellen. Das Pandora-Geschenk und seine Bedeutung, die weiter unten besprochen werden soll, ist die Verkleidung der ultimativen Strafe in eine denkbar verlockende Gabe; mit ihr ist die begrenzte und austarierte Übervorteilung und Gefügigmachung der jeweiligen Gegenpartei in der antiken Gabenökonomie gesprengt und die Götter treten in eine Opposition gegen die Menschen, die ihre Möglichkeiten durch das Feuer so weit erweitert haben, dass die Götter zu dieser *ultima ratio* greifen müssen.

Mit dieser Beschreibung der in der alten griechischen Kultur festgelegten Relationen zwischen den Göttern und Menschen ist schon ein Mehrfaches festgestellt, das im Lauf dieses Kapitels zu zeigen ist: Prometheus' kulturgründender Diebstahl geschieht im Kontext einer Krise der Ökonomie des Gebens und Erhaltens. Die ursprünglich von Zeus – und den anderen Göttern, die Zeus in Hesiods tendenziellem Monotheismus mit vertritt – intendierte Harmonie, die sich in der Gabenökonomie zeigt, ist in eine Krise geraten, die die Eigentumslogiken und Austauschsysteme von reziproken Leistungen der menschlich-göttlichen Gesellschaft sprengt. Diese „stets besonders tragischen Krisen der Ökonomie der Gabe fallen zusammen mit der Entzauberung, die die Logik des symbolischen Austauschs zusammenbrechen läßt."[16] Im Zusammenbruch von Gabenökonomien steht, wie Pierre Bourdieu beobachtet hat, immer das gesamte Symbolsystem einer Kultur auf dem Spiel. Daher ist es für die Untersuchung des Feuerdiebstahls durch Prometheus nötig,

---

16 Pierre Bourdieu: *Meditationen. Zur Kritik der scholastischen Vernunft*. Übers. v. Achim Russer. Frankfurt a. M. 2001. S. 256.

den symbolisch-ökonomischen Hintergrund zu beleuchten, vor dem ein Diebstahl wie seiner überhaupt bedeutsam wird.[17]

In der frühen griechischen Antike ist die Gabenökonomie mit rituellen Opfern und entsprechenden Gegenleistungen der Götter äußerst klar zu beobachten. Der spielverändernde Verstoß gegen ein so diffizil austariertes System ist es, was den Diebstahl bei Hesiod so bedeutsam macht. Ein solch striktes und autoritäres gesellschaftliches System des Gabentausches liegt jedoch nicht nur in den Mythen der klassischen Antike vor, sondern wurde von Marcel Mauss in seiner Studie *Die Gabe. Form und Funktion des Austauschs in archaischen Gesellschaften*[18] als eine Konstante festgestellt, die in der einen oder anderen Form und in unterschiedlichen Symbolen, Gesten und Leistungen ausgedrückt in jeder menschlichen Zivilisation zu finden ist. Die Gabenökonomie ist nach Mauss ein „*System der totalen Leistungen*"[19], das das Verhalten von Menschen determiniert. Mauss, dessen 1925 erschienener Essay eine das ganze zwanzigste Jahrhundert begleitende Forschung zur Frage des Austauschsystems der Gabe in der Ethnologie, Soziologie, Philosophie und Literaturwissenschaft angestoßen hat, erkennt eine solche grundlegende Gabenökonomie in aller menschlichen Zivilisation. Mauss' wichtigste Entdeckung ist dabei die der Reziprozität des Gebens: Eine Gabe ist nie interesselos, ihr liegt immer die unbewusste oder machtstrategisch kalkulierte Notwendigkeit zugrunde, dass der Beschenkte das Geschenk zu erwidern hat. Auch ein noch so freimütiges Geschenk, das nicht beantwortet wird, lässt den Beschenkten schuldig dastehen. „Niemand verkennt die Logik des Tauschs (sie liegt einem immer wieder fast auf der Zunge, etwa wenn man sich fragt, ob das Präsent als ausreichend gelten wird), aber niemand entzieht sich der Spielregel, die darin besteht, so zu tun, als ob man die Regel nicht kenne."[20] Eine antwortende Gabe darf nie den symbolischen Wert

---

17 Dass im hier verwendeten Begriff der Ökonomie mit Bourdieu das Feld des Symbolischen einbezogen wird, ist insofern legitim, als die Reduzierung des Ökonomischen auf das rein Materielle übersieht, dass bei jedem Gegenstand zu seinem materiellen Wert ein symbolischer herantritt, der den scheinbar so offensichtlichen einfachen „Wert" sogar überdecken kann. Bei den meisten in dieser Arbeit untersuchten Diebstählen fällt der materielle Wert des Gestohlenen äußerst gering aus, wohingegen die symbolische Bedeutung der Beute für den Dieb die Oberhand gewinnt. – Siehe hierzu z.B. das Kapitel über Augustinus' Birnendiebstahl, dem die Birnen selbst völlig wertlos waren, wohingegen das, wofür sie für Augustinus stehen, allergrößtes Gewicht erhält. Für die weitergehende Frage, inwiefern der materielle Wert eines Gegenstand immer aus kollektiven symbolischen und semantischen Annahmen über den Gegenstand abgeleitet wird, siehe den Exkurs zu einer „Semantischen Analyse der Begriffe ‚Wert' und ‚Eigentum'" (S. 91-95.), in dem Jacques Derridas auf Marx und Freud zurückgehende philosophisch-semiologische Betrachtung des Wert-Begriffs besprochen wird.
18 Mauss: *Die Gabe*.
19 Ebd. S. 22. [Kursivierung im Original.]
20 Bourdieu: *Meditationen*. S. 247. – Bourdieu ist es wichtig, zu betonen, dass die simple Enthüllung und Verurteilung der Gabe als nur unterwerfender Geste die ‚gemeine' Betrachtung des Schenkens ignoriert, die eine Weltwahrnehmung von mindestens ebensolcher Komplexität und Gültigkeit darstellt: „Der ganz seinem Vergnügen am Entmystifizieren und Denunzieren freien Lauf lassende ‚Halbgelehrte' verkennt, daß diejenigen, denen er die Augen zu öffnen oder die Maske wegzureißen meint, die Wahrheit, die ihnen zu enthüllen er behauptet, sowohl kennen als leugnen." Ebd. S. 244.

der vorhergehenden Gabe unterschreiten, auf die sie antwortet; sie muss mindestens gleichwertig sein und darf sie nur über-, nie aber untertreffen, will der Zurückschenkende nicht riskieren, fast bewusst eine nur noch schwer aufhebbare Schuld auf sich zu laden.[21] Durch die ‚totale Gabe' der Pandora laden die Götter den Menschen eine nichteinlösbare Schuld auf.

Dass die Gabe ein Mittel zur Unterwerfung, also eine genuine Machtgeste sein kann, wurde in der äußerst umfangreichen Forschung zu diesem Begriff im zwanzigsten Jahrhundert immer wieder festgestellt und betont. Mauss, der Anfang der zwanziger Jahre ein reziprok austauschendes Gabensystem als „totale[s]' gesellschaftliche[s] Phänomen"[22] entdeckte und als alternative Ökonomie gegen sowohl die kapitalistische als auch die ebenfalls schon in ihrem Scheitern beobachtbare sowjetische Ökonomie propagierte, begründete damit einen Diskurs zur Gabe, der seitdem ununterbrochen in der Philosophie virulent ist, wo die unterschiedlichsten affirmierenden oder kritischen Positionen eingenommen werden. Auf den ersten Seiten von Mauss' für die Anthropologie und Philosophie extrem einflussreichem Essay stellt er fest, dass die Gabe nicht nur als ein irgendwie „ökonomisches" und „moralisches", sondern ebenso als ein „religiöses", „rechtliches", „politisches", „familiales", „ästhetisches" und „morphologisches" Phänomen zu bezeichnen ist.[23] Der Gabentausch ist ein *„System der totalen Leistungen"*[24], das jedes Mitglied der Gesellschaft einbegreift und es zur Annahme rituell organisierter Gaben und zur unbedingten Beantwortung des Empfangenen mit einer adäquaten Gegengabe zwingt oder die Unterwerfung unter den Gebenden bedeutet.

Die Gabe ist aber nicht nur das wesentliche Element der antiken Austauschsysteme, sondern, wie Georges Duby feststellt, auch der herrschaftliche Kern des mittelalterlichen Feudalsystems. Hier war

> der Herrscher derjenige, der gibt – der Gott gibt und den Menschen gibt – und die Werke der Schönheit mußten nur so aus seinen offenen Händen rinnen. In der Tat zielte das Geben darauf ab, den anderen, der die Gabe in Empfang nahm, zu beherrschen, ihn zu unterwerfen. [...] [U]nd wenn sich zwei Könige begegneten, trug derjenige den Sieg davon, der seine Überlegenheit durch die prächtigeren Geschenke beweisen konnte.[25]

Später beschreibt Duby anhand der Wandlung, die die Geste des Gebens im späteren Mittelalter nahm, das Aufkommen neuer sozialer Schichten, innerhalb derer die Funktion der Gabe sich wandelte: In einem urbaner geprägten Mäzenatentum, das sich nicht auf eine klerikale oder adlige Kontinuität stützen konnte, erhielt die

---

21 Einen Überblick über die relevantesten Überlegungen zur Gabe bietet Iris Därmann: *Theorien der Gabe*. Hamburg 2010. Einige der wichtigsten Vertreter der Theoriebildung zur Gabe werden weiter unten aufgeführt.
22 Mauss: *Gabe*. S. 17.
23 Ebd. S. 17f.
24 Ebd. S. 22. [Kursiv im Original.]
25 Georges Duby: *Die Zeit der Kathedralen. Kunst und Gesellschaft 980-1420*. Übers. v. Grete Osterwald. Frankfurt a. M. 1992. S. 27f.

Gabe eine strukturell andere Funktion, die an der Anordnung der gegenseitigen Verpflichtung nichts veränderte, die ihr aber andere wissenschaftliche, technische und ästhetische Felder und Wirkungsbereiche eröffnen konnte.[26]

Wo Mauss selbst das ökonomische Modell der Gabe noch mit Anklängen eines utopistischen Alternativmodells zur kapitalistischen Wirtschaftsweise entwickelt hat, entdeckt Georges Bataille im nach dem Mittelalter entstehenden bürgerlichen Modell des Privateigentums und der scheinbaren Hierarchiefreiheit unter Privateigentümern Gabenrelationen, die zu einer untragbaren Verschuldung des Einzelnen führen[27] und die letztlich in Exzessen des Gebens und der ekstatischen Vernichtung von Gütern enden, um dann von neuem eine Güter- und Warenakkumulation zu beginnen, die wiederum zur Verausgabung und zum Exzess führt. Ein längeres Zitat kann hier nicht nur Batailles Beschreibung der Gabe als Gegenteil der Produktion darlegen, sondern illustriert auch seinen Begriff des Feuers, der nochmals zeigt, welche Bedeutung dem Feuer Prometheus' zugesprochen werden kann, das durch den Diebstahl dem Gabensystem entzogen wurde:

> Das Opfer ist die Antithese zur Produktion, die im Hinblick auf eine Zukunft geschieht, es ist die Verzehrung, deren Interesse einzig dem Augenblick selber gilt. In diesem Sinne ist es Gabe und Preisgabe, aber das, was gegeben wird, kann für den Beschenkten kein Gegenstand der Bewahrung sein: als Opfergabe geht die Gabe über in die Welt der unaufhaltsamen Verzehrung. Und genau das bedeutet „der Gottheit opfern", ein Vorgang, der seinem heiligen Wesen nach dem Feuer vergleichbar ist. Opfern heißt geben, doch so geben, wie man Kohle in den glühenden Ofen gibt. Der Ofen aber hat für gewöhnlich einen unleugbaren Nutzen, dem sich die Kohle unterordnet, während im Opfer die Opfergabe aller Nützlichkeit entrissen wird.[28]

Prometheus, der, in Batailles Bild bleibend, das Feuer der kultischen Verwendung dieses Ofens entzogen und es aus dem Opferkontext entfernt hat, eröffnet ihm eine nützliche Verwendung für den Menschen jenseits der Verausgabung an die Götter: Ab diesem Moment kann der Mensch diese Energien für sich selbst einsetzen. Die Unheiligkeit einer solchen Entwendung des Feuers aus seinem Opferkontext wird mit einem weiteren Zitat Batailles noch deutlicher: Wenn das „Heilige präzis der Flamme vergleichbar [ist], die das Holz zerstört, indem sie es verzehrt"[29], so ist die Definition des promethischen Frevels am Heiligen genau die, diese Flamme für das Profane zu verwenden und dem Menschen als Begründung einer eigenen Ökonomie und als Werkzeug der Produktion zu überlassen statt das Feuer strikt für den Bereich des Heiligen und der Verausgabung zu reservieren. Dass also bei Hesiod die gestohlene Flamme der „Muße" des Menschen dient, und nicht dem vernichtenden Fest, ergänzt Batailles Theorie des Lebens anhand des Diebstahls um den Bereich der Ruhe und einer stillen Würde, der in Batailles immer aufs Ekstatische

---

26 Siehe dazu: Ebd. S. 338ff.
27 Bataille: *Faschismus. Souveränität.* S. 58ff.
28 Ders.: *Theorie der Religion.* Übers. v. Andreas Knop. Hg. v. Gerd Bergfleth. München 1997. S. 44.
29 Ebd. S. 46.

hinzielenden Konzeption des menschlichen Lebens fehlt. Das Feuer dient nur dann ausschließlich dem Opfer, solange der Mensch dem Opferzwang unterliegt und das Feuer zu nichts anderem benutzen kann. Hesiods erweiterte Idee des ‚Feuers nach dem Diebstahl' fügt ihm seine ruhigere, selbstbewusstere, den Göttern entzogene und reflektierte Bedeutung hinzu. Hat der Mensch die Glut erst einmal für sich und für sich allein, schließt daran die Möglichkeit zur unaufgeregten Kulturbildung an, die sich nicht nur im Bereich der Produktion und Verausgabung bewegt, sondern die eine entzauberte, exzessfreie durch das Denken erfassbare Welt eröffnet.

Doch das, was Bataille mit seiner emphatischen Einführung der Kategorie der Verausgabung der Theorie der Gabe hinzufügt, ist von größter Bedeutung: Die Opfergabe ist demnach die Antithese der Produktion, das Opfern und das „Fest" ist instituiert als Gegenbewegung und äquivalent zur Arbeit. Die im neunzehnten Jahrhundert ab Hegel oder spätestens ab Marx eingeführte philosophisch-ökonomische Kategorie der Arbeit, der Ausbeutung des Mehrwerts und des Einsatzes von Kapital kann als eine Tauschrelation von Arbeit und Geld beschrieben werden, in der die Verpflichtung zur Gegengabe nicht nur über gesellschaftliche Bindungen, sondern über das zwingende Mittel des Vertrags einbeschrieben ist. Das Ungleichgewicht bleibt in der fehlenden Äquivalenz des jeweils Gegebenen bestehen, wird aber durch die simulierte Rechtmäßigkeit des Vertrages verschleiert. Der Vertrag ist dabei gewissermaßen die zum Dokument geronnene gesellschaftliche Regelung der Tauschrelation. Die tendenzielle Ungleichgewichtigkeit des Austauschsystems der kapitalistischen Arbeit führt zur exzessiven Anreicherung und Vernichtung von Kapital auf der einen und zur existenzverneinenden Armut auf der anderen Seite. In Paul Lafargues klaren Worten: „Unser Zeitalter ist, wie es heißt, das Jahrhundert der Arbeit; tatsächlich ist es das Jahrhundert des Leids, des Elends und der Verderbnis."[30] Lafargue stellt nicht nur die Überbetonung der Arbeit fest, sondern auch das soziale Elend, das sie für die meisten Menschen bedeutet. In der frühen kapitalistischen Ökonomie führt diese ungleiche Tendenz nicht zuletzt zu der Diebstahlsepidemie, die Foucault, wie oben beschrieben, für das 19. Jahrhundert beobachtet hat. Bourdieu bezeichnet daher neben der Gabe die Arbeit als *„doppelte Wahrheit"*.[31] Die Gabe als „Zurückweisung interessierten, egoistischen Kalküls und Gipfel uneigennütziger, unerwiderter Großzügigkeit" zu begreifen, sei beschreibbar als nichts anderes denn als ein „individueller und kollektiver Selbstbetrug"[32]. Der zeitliche Abstand zwischen Gabe und Gegengabe diene zur Verschleierung der Reziprozität des Tausches und damit zur Verschleierung der symbolischen Ökonomie zwischen den beiden Parteien des Gabentausches.[33]

---

30 Lafargue: *Das Recht auf Faulheit*. S. 18.
31 Bourdieu: *Meditationen*. S. 246. [Kursivierung im Original.]
32 Ebd.
33 Ders.: „Die Ökonomie der symbolischen Güter." In: Frank Adloff u. Steffen Mau (Hg.): *Vom Geben und Nehmen. Zur Soziologie der Reziprozität*. Frankfurt a. M. 2005. S. 139-155, hier S. 139ff.

Wo im neunzehnten Jahrhundert die philosophisch und anthropologisch meistbeforschte soziale Austauschrelation die der Arbeit war, wurde diese im sozialdemokratischen zwanzigsten Jahrhundert durch die Gabe als vorrangiges Exempel sozialer Beziehungen abgelöst. An Mauss' Theorem des Gabentausches schließt z.B. Lévi-Strauss' strukturalistisch-ethnologische Untersuchungen der durch die Gabenrelation gestifteten Sozialordnungen an. Jacques Derrida untersucht auf philosophisch-sprachtheoretischer Ebene, ob es so etwas wie eine interesselose, reine Gabe geben könne,[34] und die Anthropologie und Kulturwissenschaft erforschten die unterschiedlichsten Gesellschaften auf ihre Gabentauschsysteme hin.[35] Lévi-Strauss kritisierte an Marcel Mauss' Gabentheorie vor allem die Tendenz, dass Mauss sich zu sehr der Gedankenwelt der von ihm untersuchten Völker bediene, um die bei ihnen beobachteten Phänomene zu erklären: Die Bewahrung des *hau* und die Stabilität des *mana*, beides Begriffe schamanistischer oder animistischer Weltverständnisse, werden von Mauss als Motivationen hinter der Aufrechterhaltung des Gabensystems vermutet. Damit benutzt er in der zu untersuchenden Kultur vorliegende magische Konzepte, um seine Theorie zu bilden, anstatt sie ebenfalls der Analyse zu unterziehen. Problematisch wird eine solche Vorgehensweise allerdings erst, wenn diese Begriffe auf die europäischen Gesellschaften rückprojiziert werden. Mauss zufolge liegt auch in unseren Tauschsystemen eine Art Versuch vor, ein *hau* zu bewahren.[36] Wo Mauss also eine Art treibender geistiger Energie hinter dem Totalphänomen der Gabe erkennt, diagnostiziert Lévi-Strauss' funktionalistische These die Stabilität der Strukturen menschlichen Verhaltens. Dies führt allerdings zu einem Fehler, der heuristisch als ebenso problematisch gesehen werden kann: Wo Mauss Begriffe der untersuchten Kulturen in den europäischen rationalistischen Diskurs zu übernehmen versucht, verwendet Lévi-Strauss ein ausgesprochen strukturalistisches Denken, das anhand von Karteikarten, Tabellen und kategorisierenden Strukturierungen vorgeht, die ebenfalls eindeutige Merkmale einer sehr spezifischen Rationalität tragen, deren Übertragung in den Kontext der Kwakiutl-Indianer oder auf die Trobriand-Inseln ähnlich problematisch ist wie der Import von Ordnungskategorien von dort nach Europa. Diesem Problem des Umgangs mit der fremden Kultur, das sich entweder die andere Kultur aneignet oder sie nach ihr fremden Kategorien ordnet, versucht Clifford Geertz zu entgehen. Geertz entwickelt, an Lévi-Strauss und Émile Durkheim anschließend, die Methode der „dichten Beschreibung".[37] In der Untersuchung

---

34 Jacques Derrida: *Falschgeld*. – Derrida behandelt dabei, wie in der Einleitung erwähnt, am Rande auch die Frage des Stehlens.
35 Siehe zu den unterschiedlichen Gabenkonzeptionen: Därmann: *Gabe*.
36 Zur Kritik Lévi-Strauss' an Mauss, siehe: Claude Lévi-Strauss: „Einleitung in das Werk von Marcel Mauss." In: Marcel Mauss: *Soziologie und Anthropologie*. Band I. Übers. u. hg. v. Wolf Lepenies u. Henning Ritter. München 1974. S. 7-41, hier S. 31ff. Weiter zur Problematik von Mauss' Verwendung schamanistischer Begriffe für die europäische Ethnologie: Godelier: *Das Rätsel der Gabe*. S. 31ff.
37 Clifford Geertz: „Dichte Beschreibung. Bemerkungen zu einer deutenden Theorie von Kultur." In: Ders.: *Dichte Beschreibung. Beiträge zum Verstehen kultureller Systeme*. Übers. v. Brigitte Luchesi u. Rolf Bindemann. Frankfurt a. M. 1987. S. 7-43.

einer an biblische Zeiten erinnernden nomadischen Herdenwirtschaft in Nordafrika zeigt er auf, wie eine ethnologische Vorgehensweise aussehen kann, die sich weder unreflektiert fremder Konzepte bemächtigt, noch verfremdende eigene Ideen in das zu untersuchende Symbolsystem einbringt. Es ist bezeichnend und lädt zu einer eigenständigen Besprechung ein, dass Geertz die „dichte Beschreibung" ausgerechnet anhand eines für einen europäisch-rationalistischen Blick nur äußerst schwer verständlichen Diebstahls einer Tierherde entwickelt.[38] Die Ökonomie des Diebstahls, der Vergeltung, des Tauschs und der Auflösung der Problematik durch die Akteure der anderen Kultur und die Störung des nur schwer begreiflich zu machenden Austauschsystems durch die imperialen französischen Truppen bietet den Hintergrund, vor dem Geertz eine möglichst interesselose, aber genaue und dicht beschriebene Darstellung des spezifischen Geschehens versucht. Seiner Beschreibung liegt die Einsicht zugrunde, wie schwer es fällt, einen Diebstahl in einer fremden Kultur zu verstehen, ohne eigene, in der westlichen Kultur wissenschaftlich sehr genau definierte Vorstellungen von Eigentum und Unrecht einzubringen.

Die Frage nach der Funktion der Gabe und nach dem komplexen Austauschsystem, das der Ökonomie des Gebens und Nehmens jeweils zugrunde liegt, ist eine der aporetischen Grundfragen des geisteswissenschaftlichen Nachdenkens und der Theoriebildung des letzten Jahrhunderts. Mit Michel Serres' weiter unten noch näher besprochenen[39] Figur des Parasiten bricht sich der Gaben-Diskurs an seinem Scheitelpunkt: Mit Serres Radikalisierung des Gabenbegehrens kippt die Gabe insofern in den Diebstahl, als der Parasit eine Überlappungsfigur zwischen Gabenempfänger und Dieb darstellt.[40] Bei ihm lässt sich nicht mehr klar sagen, ob er nun ein Gabenempfänger ist, der sich über Gebühr mehr und immer mehr nimmt, oder ob er schon immer noch ein wenig mehr ist, nämlich ein Dieb, der den Gebenden entgegen der Konvention bestiehlt und vereinnahmt. Serres führt Jean-Jacques Rousseau, mit dessen Diebstählen sich hier ein späteres Kapitel befasst, als eines der offensichtlichsten Beispiele für den Parasiten an, der sich mehr nimmt, als er eigentlich haben sollte. Die Tendenz, die Reflektion über die Gabe zu radikalisieren und an ihre konzeptuellen Ränder zu treiben, ist nicht nur in Serres' parasitischen Figuren zu sehen. Die Debatte zur Frage nach der Gabe fand ihren bisher letzten Höhepunkt in Peter Sloterdijks Vorschlag einer *Revolution der gebenden Hand*. Sloterdijk erkennt in einem Artikel vom 13. Juni 2009 in der *Frankfurter Allgemeinen Zeitung*, die gesamte oben skizzierte kritische Forschung zur Gabentheorie des zwanzigsten Jahrhunderts ignorierend, im Sozialstaat sozialdemokratischer Prägung eine Maschinerie der institutionalisierten Enteignung, die durch ein System freiwilligen Gebens zu ersetzen sei, das den Gebern ihre Großzügigkeit in

---

38 Ebd. – Diese Schwierigkeit, die Regelungen und Prozeduren des Eigentumsverbrechens in einer fremden Kultur zu verstehen, ähnelt der, die wir bereits bei Hegels Irritation bezüglich der altägyptischen Eigentumsgesetze beobachtet haben. (S. 35ff.)
39 Insbesondere in den Aspekten, die Serres aus den Diebstahlsbekenntnissen Rousseaus entwickelt. Siehe S. 308f.
40 Michel Serres: *Der Parasit*. S. 13, 155ff, 281.

sozialem Prestige und symbolischem Kapital rückerstatte.[41] Ausgehend vom „ersten Dieb", wie er ihn in Jean-Jacques Rousseaus *Discours sur l'inégalité* findet – ein Text, der hier im Kapitel über Rousseaus Autobiografie besprochen wird –, entwickelt Sloterdijk ein Panorama, das die organisierte Gesellschaft dastehen lässt als ein kleptokratisches System, das nichts kann als die einen zu enteignen, um den weniger Begüterten zu überlassen, was bei denen geplündert wurde, die durch ihren Besitz die Begierigkeiten aller anderen wecken. So kam es dazu, dass sich „der moderne Staat binnen eines Jahrhunderts zu einem geldsaugenden und geldspeienden Ungeheuer von beispiellosen Dimensionen ausformte."[42] Dieses grundlegende Unrecht im modernen Staatsdenken, das Sloterdijk nur wenig nachvollziehbar als aus den theoretischen Grundlagen von Proudhon, Marx und Lenin hervorgehen sieht, und das nichts will als die „Leistungsträger" zu enteignen, ist die „nehmende Hand", die es zu stoppen gilt. Sloterdijks unabhängig-freidenkerischer Gestus erlaubt es ihm, vor querdenkerischem Mut strotzende Postulate aufzustellen wie die folgende Analyse:

> Wir leben gegenwärtig ja keineswegs „im Kapitalismus" – wie eine so gedankenlose wie hysterische Rhetorik neuerdings wieder suggeriert –, sondern in einer Ordnung der Dinge, die man cum grano salis als einen massenmedial animierten, steuerstaatlich zugreifenden Semi-Sozialismus auf eigentumswirtschaftlicher Grundlage definieren muss.[43]

Mit dieser provokanten These einer übermäßigen staatlichen Enteignung der besitzenden Klasse lehnt sich Sloterdijk zeitdiagnostisch sehr weit aus einem sehr weit oben im Elfenbeinturm gelegenen Fenster. Sein Gegenvorschlag gegen den von ihm so gehassten Sozialstaat ist für die hier geführte Untersuchung des Gabenbegriffes aber noch wesentlich interessanter: Anstatt einer alljährlich staatlich durchgeführten Enteignung der zu Recht reichen Bürger fordert Sloterdijk, dass der eigentliche Geber wieder als solcher anerkannt wird.

> Die einzige Macht, die der Plünderung der Zukunft Widerstand leisten könnte, hätte eine sozialpsychologische Neuerfindung der „Gesellschaft" zur Voraussetzung. Sie wäre nicht weniger als eine Revolution der gebenden Hand. Sie führte zur Abschaffung der Zwangssteuern und zu deren Umwandlung in Geschenke an die Allgemeinheit – ohne dass der öffentliche Bereich deswegen verarmen müsste. Diese thymotische Umwälzung hätte zu zeigen, dass in dem ewigen Widerstreit zwischen Gier und Stolz zuweilen auch der Letztere die Oberhand gewinnen kann.[44]

---

41 Die ganze Debatte, in die sich nach Axel Honneths unten besprochener Antwort auf Sloterdijk der Großteil der deutschen Intellektuellem mit gesamtgesellschaftlichem Repräsentationsanspruch einmischte, ist zu finden in: Jan Rehmann u. Thomas Wagner (Hg.): *Angriff der Leistungsträger? Das Buch zur Sloterdijk-Debatte.* Hamburg 2010.
42 Peter Sloterdijk: „Die Revolution der gebenden Hand." In: *Frankfurter Allgemeine Zeitung.* Frankfurt, 13. Juni 2009.
43 Ebd.
44 Ebd.

Sloterdijk verlangt also nicht weniger, als dass das soziale Steuersystem durch eine Ordnung ersetzt wird, in der die mildtätige Gabe und ihr Geber wieder in den Stand eingesetzt wird, den sie hatten, bevor eine gleichmacherische Moderne mit ihren ressentimentgeladenen Egalitätsfantasien den Menschen eine grundlegende Gleichberechtigtheit zugestand. Axel Honneth, am 24. September 2009 in der ZEIT antwortend, charakterisiert Sloterdijks Gedankengänge so: „Selten wohl ist vergangenes Gedankengut, das schon zu seiner Zeit nur dumpfe Ängste und Abwehrhaltungen verriet, mit so viel Aplomb wieder aufgefrischt worden, um es als neuestes Stichwort zur geistig-politischen Lage der Gegenwart auszugeben."[45] Honneth diagnostiziert an Sloterdijks Aufruf, in einer antifiskalischen Revolution die Geber wieder als solche auftreten zu lassen, einen „kleingeistigen Tiefsinn", dem mit wenig mehr zu begegnen sei als mit einem „befreienden Lachen", das aber etwas erstickt daherkommen muss, wenn man bemerkt, welche Position Sloterdijk in der Medienlandschaft zugesprochen bekommt. Für den hier versuchten Abriss der Theorie der Gabe ist jedoch weniger interessant, welche Positionen die Kontrahenten in den deutschen Feuilletons jeweils einnahmen, als vielmehr, dass eine so erhitzte Debatte auf nichts anderes hinweist als auf eine Krise der gesellschaftlichen Ökonomie des Gebens und Annehmens von Leistungen: Ein seit den Arbeitskämpfen, die Bismarck dazu zwangen, erste sozialstaatliche Einrichtungen einzuführen, entwickeltes System des Austauschs, das eine erträgliche, gesellschaftsstabilisierende Ausgleichsordnung instituierte, gerät in einer Zeit, in der die vielzitierte ‚Schere zwischen Arm und Reich' immer weiter geöffnet wird, in eine Legitimationskrise, die von beiden Seiten dieser sozialen Kluft befördert wird.

Es kann erstaunen, dass sich an die hier nur kursorisch skizzierte Gaben-Debatte, von der hier die Beispiele Emmanuel Levinas'[46], Jacques Lacans[47] und Bronislaw Malinowskis[48] gar nicht angeführt sind, nicht bereits vor Jahrzehnten oder sogar noch früher die Frage des Diebstahls angeschlossen hat, stellt der Diebstahl doch die genau gegenteilige Handlung zum Geben dar. Und an den Rändern der beiden Großdiskurse sozialen Handelns, also in der Hinterfragung der Arbeit und in der letzten Steigerung der Frage nach der Gabe, ist der Diebstahl immer schon präsent. An beiden Polen des Gabendiskurses, bei den Expropriierten oder exzessiv Gebenden wie den Enteigneten oder übermäßig Nehmenden taucht irgendwann die empörte Feststellung eines geschehenden Diebstahls auf. Der Diebstahl ist das Ende wie das dezidierte Gegenteil der Gabe und der Dieb ist derjenige, der sich der

---

45 Axel Honneth: „Fataler Tiefsinn aus Karlsruhe." In: *DIE ZEIT.* Hamburg, 24. September 2009. S. 60f.
46 Emmanuel Levinas: *Jenseits des Seins oder anders als Sein geschieht.* Übers. v. Thomas Wiemer. Freiburg u. München ² 1998. S. 121, 242, 311f, 351.
47 Jacques Lacan: „Funktion und Feld des Sprechens und der Sprache in der Psychoanalyse (Bericht aus dem Kongress in Rom am 26. und 27. September 1953 im Instituto di Psicologia della Università die Roma)." In: Ders.: *Schriften 1.* Hg. v. Norbert Haas. Übers. v. Rodolphe Gasché u. a. Frankfurt a. M. 1975. Berlin 1991. S. 73-169, hier S. 112.
48 Bronislaw Malinowski: *Argonauten des westlichen Pazifik. Ein Bericht über Unternehmungen und Abenteuer der Eingeborenen in den Inselwelten von Melanesisch-Neuguinea.* Hg. v. Fritz Kramer. Übers. v. Heinrich Ludwig Herdt. Frankfurt a. M. ² 2001. Insbes. S. 115ff, 304ff, 385ff, 548ff.

Arbeit verweigert. Die Gabe, der nachgesagt wird, dass sie das Leben erleichtern soll, ist der Kern eines ökonomischen Kreislaufs, der beide Parteien verbissen aneinander bindet. Der Diebstahl, der dagegen wie ein unscheinbarer Ausreißer erscheint, wirft das ganze System um und stellt neue Möglichkeiten und Notwendigkeiten für alle Beteiligten her. Er ist, wie Maurice Godelier an Mauss anschließend feststellt und wie oben bereits zitiert, der Gegenpart der Gabe: „Der Diebstahl ist das Gegenteil der Gabe. Aber hinter der Gabe und dem Diebstahl steht dieselbe Logik."[49] Dieses Paradox der gleichzeitigen logischen Äquivalenz und der faktischen Widersprüchlichkeit macht es allerdings nötig, diese Logik zu erweitern: durch den Diebstahl wird derjenige, der bisher auf die Gaben angewiesen war, auf eine für den Geber – der nun zum Bestohlenen wird – beunruhigende Weise selbständig und störend. Mit einem einzigen Diebstahl wird das ganze System des Austauschs durcheinandergebracht: Die ganze Logik erfährt durch einen noch so kleinen Diebstahl eine empfindliche Erschütterung, weil sich die Protagonisten dadurch selbst völlig anders wahrzunehmen beginnen; die Logik der Dinge an sich bleibt bestehen, aber für die Beteiligten, die mit diesen Dingen umgehen, wechseln ihre Vorzeichen, und der saturiert Gebende wird zum Bestohlenen, während der gezwungenermaßen Opfernde, Reagierende zum Handelnden wird.

2|1|3
Epimetheus, der willige Empfänger aller Plagen der Menschheit

Wir konnten feststellen: Das Motiv der Gabe hat, im Gegensatz zum bisher weitgehend unerforschten Diebstahlsmotiv, eine immense Rezeption erfahren. Besonders im zwanzigsten Jahrhundert ist der Begriff der Gabe zu einer vereinzelt immer noch gepflegten Obsession der Philosophie geworden. Zu stehlen wird immer dann eine Handlungsoption, wenn die althergebrachte oder schlicht bewährte Ordnung des Gebens und Nehmens durch externe Faktoren gestört oder durch Tendenzen ihrer eigenen Entwicklung, durch Ungleichgewichtungen oder zum Exzess neigende Mechanismen stockt oder gänzlich zu funktionieren aufhört. Wenn die gesamtgesellschaftliche Ökonomie der materiellen und symbolischen Güter in eine Krise gerät, die bestimmte Teilnehmer so weit benachteiligt, dass diese durch einen Mangel an Gütern in Not geraten, wird der Diebstahl eine ‚notwendige' Handlungsmöglichkeit.[50]

Der Mythenkomplex um Prometheus erzählt daher nicht nur vom Diebstahl, sondern darunter liegend und vor allem vom Funktionieren, von der Krise, der

---

49 Maurice Godelier: *Das Rätsel der Gabe.* S. 186.
50 Wie die Krise des Austauschs von Arbeit und Gaben, von Schenken und Erhalten nicht nur für Gesellschaften, sondern auch für Individuen zum Diebstahl als letzter und rettender Option führt, ist im Kapitel über autobiografische Diebstahlsgeständnisse ausgeführt. Besonders deutlich wird das Krisenhafte des individuellen Diebstahls beim *Lazarillo de Tormes* und in Jean-Jacques Rousseaus *Bekenntnissen*.

Mangelerzeugung der Gabe und vom Exzess des Gabensystems zwischen Menschen und Göttern.[51] Prometheus' Bruder Epimetheus, der hier als prototypisches Beispiel des Gabenempfängers vorgestellt werden soll, kommt dabei die Rolle dessen zu, der ein letztes Mal und gegen den Rat seines Bruders auf die Unvoreingenommenheit und Freimütigkeit der Göttergabe vertraut – was die Menschheit in die Katastrophe führt, dass die Plagen und Leiden aus Pandoras Gefäß in die Welt entlassen werden. In Prometheus und Epimetheus sind die Figur des Diebes und die des Gabenempfängers subtil illustriert: Der eine erscheint als der wendige Feuerdieb und Menschenfreund und der zweite als der Empfänger der wohl furchtbarsten Gabe der Mythologie und der Verantwortliche für alle Übel in der Welt. In Hesiods Bericht von der Prometheus-Sage sind die Menschen noch unter Kronos entstanden, die olympischen Götter haben daher an ihnen schlicht kein Interesse, das schwache Wesen Mensch ist ihnen lästig und das von ihnen geforderte Opfer mag zu ihrer Verausgabung und Ermüdung helfen; die Götter haben die leise Hoffnung, dass die Menschen ja vielleicht aus Müdigkeit bald wieder aus dem Kosmos verschwinden, in dem sie nur stören. Der Versuch, zu erklären, mit welcher Motivation sich Prometheus in dieser hoffnungslosen Situation auf die Seite der Menschen stellt, ist kaum fruchtbar; sicher motiviert ihn kein frommes Mitleiden, ebenso wenig ein etwas bürgerlich scheinender Idealismus oder die humanistische Hochschätzung des Menschlichen; wenn man aber doch mythisches Handeln unbedingt begründet sehen will, kann Prometheus' Herkunft aus einem titanischen Geschlecht, eine gereizte Langeweile und sein Trübsinn wegen der Ödheit einer Welt voller Olympier als ausreichende Motivation gelten. Vielleicht war dem Titanen Prometheus die indolente Olympierwelt schlicht zu langweilig.

Prometheus' Konflikt mit den Göttern begann, wie oben erzählt, mit dem Opfertrug: Ob er wirklich annahm, dass Zeus den plumpen Betrug mit den zwei nur oberflächlich gleichen Haufen Opferfleisch nicht durchschauen würde, kann man sich allerdings fragen. Und woher hatte Prometheus die Sicherheit, dass die Götter dieses Betrogensein nicht einfach nutzen würden, um mit der ihnen sonst so leicht von der Hand gehenden schrecklichen Rache über alle Menschen herzufallen und die ohnehin nur störenden Menschenwesen wieder aus dem Kosmos entfernen würden? Aber durch den Opfertrug und durch Prometheus' zweiten Frevel, den Feuerraub, wurden die Menschen für die Götter nun doch noch relevant und ärgerlich, besaßen sie doch jetzt das Feuer und mit ihm die auch auf dem Gipfel des Olymp bedeutsame Muße und Zeit zur Erkenntnis. Prometheus' Bruder Epimetheus ignoriert jedenfalls Prometheus' Warnung, nur ja keine Geschenke von den Göttern anzunehmen. Vielleicht tut Epimetheus dies, als er, von der schönen Pandora verführt, dann doch die Dose, Büchse oder Amphore annimmt, weniger

---

51 Mit Bourdieu muss dem hinzugefügt werden, dass jede Theodizee in erster Linie immer eine „Soziodizee" ist, dass also die religiöse Ökonomie symbolischer und materieller Güter eine soziale Ökonomie abbildet und legitimiert. Dem, was als Austausch zwischen allen Menschen und den metaphysischen Gewalten beschrieben wird, liegt eine ganz diesseitige und handfeste Güterverteilung innerhalb der Gesellschaft zugrunde.

leichtfertig als meist angenommen wird – die Folgen sind aber fatal: Jeder der Götter hatte eine Menschheitsplage in das Gefäß der Pandora hineingetan. Als Epimetheus den Deckel anhob, entwichen die Gaben und die furchtbaren Plagen, Leiden, Krankheiten und der Tod begannen sich über die Erde auszubreiten. Letztlich kam also doch die Strafe für den Frevel über die Menschen, mit der in der griechischen Götterwelt zu rechnen war. Dass sie aber nicht als offene und vielleicht opponierbare Strafe, sondern als eine Gabe der Götter verschleiert kommen musste, kann im Rahmen einer mythischen Weltdeutung mit der Logik der Gabe erklärt werden: In Pandoras Gefäß befand sich bekanntermaßen neben den anderen Plagen auch die berühmte Hoffnung, die damit ebenfalls zu den Plagen der Menschen zu rechnen ist. Sie blieb auf Zeus' Geheiß aber am Boden der Büchse zurück.[52] Diese Hoffnung, die den Menschen in einer gefallenen Welt blieb, kann aber strukturell nichts anderes sein als die Hoffnung auf die Hilfe der Götter, die diese Hilfe in einer Welt ihrer Strafen und Plagen erst notwendig gemacht haben. Die Hoffnung des Menschen ist nicht offen, sie erhofft immer von irgendwoher, und diese Ausrichtung war der furchtbaren und totalen Gabe Pandoras inhärent: Niemand als die Götter selbst konnten in dieser schlimm gewordenen Welt Gnade zeigen und die von ihnen ausgesandten Plagen mildern oder zurückhalten. Damit kann die Hoffnung als die schlimmste der Plagen verstanden werden: eine Bindung, die den Menschen an niemand anderen kettete als an die Götter selbst, die diese Hoffnung erst nötig machten. Die Menschen sollen mit dieser Gabe ihr „Unheil umarmen"[53], so erklärt Zeus selbst die Intention des perfiden Geschenks, das nichts anderes als eine totale Restauration des Gabensystems darstellt. Durch diese Dialektik der Gabe, die Befreiung verspricht, aber Unterwerfung bringt, sind die Menschen nun wieder dem Willen der Götter unterworfen. Hätten die Olympier die Plagen und Strafen ohne den Umweg über diese verschuldende Gabe in der Welt freigelassen, hätten sie mit der dauernden und berechtigten Auflehnung der Menschen rechnen müssen, die ihr Leben dann nicht auf so erzwungene Hoffnung, sondern auf Verzweiflung und früher oder später auf das Aufbegehren derer gebaut hätten, die nichts zu verlieren haben. Und da den Göttern noch in Erinnerung war, dass alle Götter stürzen können, weil sie selbst erst die Kroniden besiegt hatten, deren letzter Abkömmling in Prometheus sich nun auf die Seite der Menschen stellte, war es die mythische List, den Menschen zwar zu strafen, ihn aber trotz der Strafe an den zu binden, von dem sie ausgegangen ist. Pandoras Hoffnung, die die Menschen haben, ist nichts als trostlose Hoffnung darauf, dass die Olympier sich gelegentlich und vielleicht durch eine noch größere Anstrengung der Menschen bei ihren Opfern doch wieder milde zeigen und die Plagen im Zaum halten mögen. Damit ist in dieser entscheidendsten Gabe an die Menschheit festgestellt: Wer sich beschenken lässt, ordnet sich dem unter, der aus seinem Reichtum schenken kann, ohne dass er dadurch in diesem Reichtum gemindert würde. Wäre dem Menschen ein anderer Weg geblieben als devot zu hoffen – nämlich sich

---

52 Hesiod: *Werke und Tage*. S. 11, Zeile 90-106.
53 Ebd. S. 9, Zeile 59.

aufzulehnen – hätten die Götter selbst die Ordnung des Kosmos zerstört, indem sie den großen Riss zwischen sich und den Menschen provoziert hätten. Um die Stabilität und Einheit der Welt zu gewährleisten, musste der Mensch nicht nur in dauernder Niedrigkeit leben, er musste darin auch dazu gezwungen werden, zu hoffen, diese Niedrigkeit werde sich schon erträglich zeigen. Es ist nicht die Furcht, die den Menschen in der Welt an seinem Platz hält, sondern erst die Hoffnung – und die bekam er geschenkt.

Als eine der eindrücklichsten Beschreibungen der psychologisch verwüstenden Effekte, die die unterwerfende Gabe haben kann, sei hier noch André Gides *Der schlechtgefesselte Prometheus*[54] genannt, der diese Thematik in einer parodistischen Anlehnung an Aischylos' *Gefesselten Prometheus* aufgreift. Gide konzentriert sich auf die Frage nach der Gabe als unterwerfendem Machtmittel des Zeus. Er bewegt sich also etwas weg von Zeus als tyrannischem Herrscher und fragt nach den Mitteln seiner Herrschaft, die sich in seinem scheinbar freimütigen Geben offenbaren. Der von Zeus beschenkte Damokles verzweifelt an dem großzügigen Geschenk, das er nur zufällig als irgendein zufällig vorbeikommender Passant empfangen hat. Für den Bankier Zeus, der einem beliebigen seiner Mitbürger ein Geschenk machen wollte, war es ein *acte gratuit*, ein anonymes, verschwenderisch-neugieriges Verschenken aus dem Überfluss des von Geldsorgen unbetroffenen Kapitalisten. Damokles' Bewusstsein aber, dass ihm mit diesem Geschenk eine untilgbare Schuld an irgendjemandem aufgeladen wurde und er diese Schuld niemals wird zurückzahlen können, weil er ihren Ursprung nicht kennt, quält ihn unsäglich. Die Tatsache, dass ein unbekannter Mächtiger ihn mit dieser Gabe unterworfen hat, ist für ihn unerträglich. Der in der Gabe liegende Schrecken steigert sich für Damokles so sehr, dass er stirbt, als ihm tröstend gesagt wird, es sei ein gnädiges und keine Gegengabe forderndes Geschenk Gottes selbst gewesen, das er erhalten habe, er müsse sich also keinerlei Sorgen um eine mögliche Schuld seinerseits machen.[55] Damokles wird gebrochen und verschwindet, als er erfährt, dass er diese auf ihm liegende Schuld niemals wird ausgleichen können. Der Prometheus Gides ist dagegen weniger der Dieb des Feuers als mehr derjenige, der die Strafen der Götter umzuwandeln in der Lage ist: Statt unter der Strafe zu leiden, die ihm ohne Schuld auferlegt wurde, fängt er den Raubvogel ein, der an ihm frisst, brät ihn und isst ihn auf. Er ist ein Schelm, der der Strafe eine andere Bedeutung gibt. Er nimmt schelmisch genau das in Anspruch, was ihn einzuschränken bestimmt war. Wo Sloterdijks Herrschaft der Gabengeste den Gipfel des Glaubens an die wohltuende Wirkung des Gebens darstellt, liegt in Gides Prometheus die listigste aller Aneignungen vor: Zeus kann nichts mehr tun, wenn die von ihm Beschenkten seine Gabe lachend und selbstbewusst annehmen, statt an ihr zu verzweifeln.

Im Gabendiskurs des zwanzigsten Jahrhunderts sind bereits alle Anknüpfungspunkte und Anregungen zur Frage nach dem Diebstahl als einem gesellschaftlichen

---

54 André Gide: *Der schlechtgefesselte Prometheus*. Übers. v. Maria Schäfer-Rümelin. Stuttgart 1950. S. 56.
55 Ebd.

Austauschsystem von materiellen und symbolischen Leistungen gegeben: Gilles Deleuze bemerkt im *Anti-Ödipus* hellsichtig, wie das Tauschsystem der Gabe dazu tendiert, den Gebenden letztlich als Bestohlenen dastehen zu lassen, und dass es dieser „Diebstahl" ist, „der verhindert, daß Gabe und Gegengabe in eine Tauschrelation treten. Der Wunsch ignoriert den Tausch, *er kennt nur den Diebstahl und die Gabe*".[56] Der Gabe wurde sehr viel gesellschaftstheoretische und philosophische Aufmerksamkeit gewidmet. Wo ihr und ihrer am Ende scheiternden Möglichkeit zur Erfüllung des Begehrens der Teilnehmer an der Gabenökonomie die umfassendsten Untersuchungen und Kampfschriften dargebracht wurden, rückt in dieser Arbeit explizit der Diebstahl in den Vordergrund. Die Gabe soll hier nicht weiter diskutiert werden, sondern mit dem Diebstahl soll ihrem scheinbar weniger menschenfreundlichen, aber nur auf den ersten Blick etwas trost- und lichtlos scheinenden Gegenpart nachgegangen werden.

---

56 Gilles Deleuze u. Felix Guattari: *Anti-Ödipus*. S. 238. [Kursivierung im Original.]

Zweites Kapitel:
Die Arbeit am Prometheus-Mythos

2|2|1
Die parallele Logik von Gabe und Diebstahl und die historische Rezeption des Prometheus-Mythos

Wie oben gezeigt wurde, ist die Gabe kontingent, sie kann ausbleiben oder widerrufen werden, und wer kann, tut gut daran, ihre Annahme zu verweigern, denn sie unterliegt dem Gesetz der Beantwortung: entweder durch eine symbolisch äquivalente Gegengabe oder durch die Unterwerfung unter den Gebenden, die eine Art ‚Selbstgabe' und eine Auslieferung der eigenen Subjektivität an den Geber darstellt. Selbst ein stabilisiertes Gabensystem wie das zwischen den Göttern und den Menschen in der klassischen griechischen Antike kann zu einem Exzess des Gebens führen, der eine Seite der anderen auf Gedeih und Verderb ausliefert: Seit der Pandora-Gabe waren die Menschen an die Hoffnung auf die Milde der Götter gebunden. Nicht von der entmachtenden Kontingenz der Gabe abhängig zu sein, sondern wenigstens in einem kurzen Moment selbsttätig und eigenständig zu sein, ohne in Austauschrelationen und symbolische Hierarchien verwickelt zu sein, das ist das – meist unbewusste – Ziel des Diebes: das Experiment der Aneignung ohne Erlaubnis und ohne die aus dieser Erlaubnis folgende Abhängigkeit vom Geber. Wer gibt, kann damit prahlen, und wer empfängt, tendiert dazu, einen Teil seiner Schuld an den Gebenden mit Lobreden, ausführlichen Dankesworten und Unterwerfungsformeln zurückzuzahlen. Die Gabe ist öffentlich oder fordert ihre Bekanntmachung heraus. Der Dieb hat keinen vergleichbaren Ausrufer, und er kann höchstens aus großer zeitlicher Distanz und nach langer Verjährung selbst über seine Tat sprechen.[1]

Wenn hier noch einmal über Prometheus gesprochen werden soll, dann in seiner Eigenschaft als einer der ‚neuen' Götter, also derjenigen, die von außen zum Pantheon dazukommen und bei der Einordnung darin stören, so wie auch Hermes, der in einem späteren Kapitel besprochen wird. Die ersten Herausforderer des griechischen Pantheons nach dem gewaltigen Sturz der Titanen sind die Diebe, nicht die großen Rebellen und Aufrührer, die nach der Revolution gleich den neuen Umsturz anzetteln; in der ersten Beruhigung und in der Ruhe eines endlich

---

[1] Auch dieses Kapitel stützt sich auf Hans Blumenbergs unverzichtbare Forschung zum Prometheus-Mythos in der *Arbeit am Mythos*. (Frankfurt a. M. 2006.) Allerdings ignoriert Blumenberg in seinem Werk die Diebstahlsgeste weitgehend, bzw. greift sie nur an ganz bestimmten Stellen auf, die am Ende dieses Kapitels in den Fokus genommen werden.

wieder festgefügten Kosmos finden die Diebe ihr Revier und ihre Handlungsmöglichkeit. Die größten Probleme haben die Götter nicht mit den Empörern, die sie herausfordern, sondern mit den mangelhaften und gerissenen Trickstern, die infrage stellen, was die Götter als sicheren Besitz des Kosmos wähnen.[2] Revolutionäre können, so könnte man etwas apodiktisch sagen, nur ein bereits bestehendes Chaos ausnutzen, das ihnen schon vorfindlich ist: sie können nur zerstören, was schon beschädigt ist, sie können an sich reißen und rauben, was schon in sich selbst in Frage gestellt ist. Die Diebe sind, weil sie schwächer sind als der, den sie herausfordern, zwangsläufig vorsichtiger, listiger. Sie bewegen sich in Situationen, in denen die Macht, sei sie durch den Vater, oder den Staat oder das Pantheon repräsentiert, nicht offen herausgefordert werden kann, sondern in denen die Krise bisher nur unterschwellig zu bemerken ist.

Der Diebstahl ist eine Handlungsweise, die dem glatten reziproken Austausch von Arbeit, Bezahlung, Gabe, Gabenenthaltung, beflissener Gegengabe und dem Versuch der Übervorteilung in der Gegengabe zu entkommen versucht. Dass er dabei gegen das jeweils bestehende Eigentumsgesetz geschehen muss, ist offensichtlich: Er widersetzt sich dem auf vielen Ebenen des Gesetzes geregelten Austausch. Diese Ebenen des Gesetzes, die in Mauss' Gabentheorie als das religiöse, rechtliche, politische, familiale, ökonomische, ästhetische und morphologische Element der Gabe auftauchen, sind die gesellschaftlich geregelten Felder des symbolischen Austausches, in denen eine illegitime Aneignung ebenso stattfinden kann wie der legitime Gabentausch. Dem regulären Austausch ist dabei eine stabilisierende Funktion zuzusprechen, die der Diebstahl gezielt unterläuft: Die „subversiven Entwendungen"[3] des Diebstahls und der Entschluss des Diebes, den Austauschregeln innerhalb eines bestimmten symbolischen Feldes nicht zu gehorchen, lassen den Diebstahl zu einer Geste werden, die ihn für die Gründung und Verwandlung von Kulturen oder Denkweisen fruchtbar macht, die keine vollständige Umwandlung und Ersetzung der Felder fordern, sondern die auf kritische Weise an vorhandene Symbolsysteme und ihre Beziehungen anknüpfen wollen. Wie im Prometheus-Mythos diese Aneignung durch den veränderten Status angedeutet wurde, den das Feuer durch seine Entwendung erhält, wurde oben besprochen. Eine Erzählung wie die von Prometheus, die eine solch widerspenstige, aber durch ihre Unauffälligkeit und Gewaltlosigkeit schwer opponierbare Selbstermächtigung berichtet und illustriert, kann für politische und ideologische Zwecke funktionalisiert werden: Der Hinweis darauf, dass eine Handlung ‚wie die des Prometheus' sei, konnte ihr in jeder Epoche enormes argumentatives Gewicht verleihen. Der Mythos von Prometheus war daher immer diskursiv umkämpft: Ihn als diebischen Kriminellen zu verstehen, der sich einfach nimmt, was ihm und den Menschen vorenthalten wurde, bedeutete für den, der sich diesen Prometheus glaubwürdig zu eigen machte, eine immense Steigerung seiner kritischen Relevanz. Um dieses Kritikpotenzial des Prometheus-Mythos ab-

---

[2] Dass Prometheus als Gestalt eines grundlegenden Mangels zu betrachten ist, wird von Kerényi besonders betont: Kerényi: *Prometheus*. S. 82ff.
[3] Bourdieu: *Meditationen*. S. 134.

zuarbeiten, wurden entschärfte Versionen des Prometheus eingeführt, die aus ihm einen Überbringer von göttlichen Gaben oder einen bedächtigen Reformator im Namen der Stabilisierung der bestehenden Ordnung machen wollten. Hier sollen zwei exemplarische Traditionen der Reformulierung des Prometheus-Mythos aus den diskursiven Kampfplätzen der Spätantike besprochen werden, deren eine, auf Platons Version des Mythos beruhend, Prometheus als einen Götterdiener darstellt, und eine zweite Ausformulierung des Mythos, die ihn als gaunerhaften gefallenen Engel zeigt, auf dessen Diebstahl mit einem gerechtfertigten Gegendiebstahl zu antworten ist. Diese Rezeptionstraditionen lassen sich, wie wir sehen werden, einteilen in eine eher platonisch-konservative, die bestrebt ist, den störenden Diebstahl aus dem Mythos zu entfernen oder ihn wenigstens zu glätten, und eine schelmisch-anarchische, die das kritische und kreative Potenzial betont, das im Mythos vom Feuerdieb vorliegt. In einem weiteren Schritt soll demonstriert werden, wie sich das Mythologem des menschheitsbefreienden Diebstahls von dem Namen Prometheus löst und wie sich die beginnende neuzeitliche Wissenschaft im Prozess der Kopernikanischen Wende göttliche Attribute und Begriffe aneignet, die dem Menschen bis dahin versagt geblieben waren. In der Geschichte der westlichen Zivilisation wird immer wieder anfangend gestohlen, und wer sich einmal als stolzer Dieb präsentieren konnte, steht in Gefahr, in den Diskursen späterer Jahrhunderte selbst zum Bestohlenen zu werden. Wer die Metapher des Diebes oder Gabenüberbringers Prometheus für seine Weltanschauung funktionalisieren konnte, hatte damit ein Argument geschaffen, das historisch konstant großes Gewicht hatte.[4]

Insbesondere in der Spätantike wurde der Prometheus-Mythos auf eine Weise rezipiert, die entweder die stabilisierende, bzw. restaurierende Funktion der Gabe hervorhebt und entsprechend den Diebstahl des Prometheus eher ausklammert, oder die besonders den kritischen und legitimierenden Anspruch des Diebstahls betont. Sowohl christliche als auch heidnische Philosophen versuchten, den Prometheus-Mythos zu benutzen, um die Legitimität ihres Denkens zu beweisen. Daran kann gezeigt werden, dass das Motiv des kulturgründenden Diebstahls eine bleibende Relevanz hat: In den kulturellen Krisen, die oft mit den Krisen der symbolischen Gabenökonomie zusammenfallen, ist es von höchster Wichtigkeit, die Legitimität oder Illegitimität der Kultur oder Gegenkultur begründen zu können. Im historischen Fall der Spätantike versuchten die christlichen Philosophen und Kritiker der römischen Religion, zu beweisen, dass der Diebstahl des heidnischen Prometheus den Menschen ursprünglich die Philosophie brachte, und dass dieses Diebesgut nun von der durchaus als – will man sehr moderne und äußerst unscharfe politische Kategorisierungen verwenden – ‚progressiv' zu bezeichnenden ethisch-monotheistischen Strömung des Christentums „zum besseren Gebrauch" zurück gestohlen werden durfte. Auf der Gegenseite dieses Konflikts stehen die traditionellen Philosophen, die an den Segnungen des philosophisch-polytheisti-

---

4 Eine gute Zusammenstellung fast aller Prometheus-Rezeptionen findet sich in: Wolfgang Storch u. Burghard Damerau (Hg.): *Mythos Prometheus. Texte von Hesiod bis René Char.* Leipzig 1995.

schen Gottesbildes festzuhalten versuchten, und die Prometheus nicht als Dieb, sondern als Gabenüberbringer der Götter und Herrscher darzustellen versuchten.

2|2|2
Platons Prometheus als eifriger Götterdiener

Betrachtet man Hesiod als Ursprung, beginnt die antike Rezeption des promethischen Diebstahlsmotivs mit dem *Protagoras*[5], von dem angenommen werden kann, dass er das erste philosophische Dialogstück Platons darstellt. Laut Platons Protagoras, einem der bedeutendsten Athener Sophisten, bittet Epimetheus darum, die Aufgabe übernehmen zu dürfen, die Begabungen der Götter an die Lebewesen zu verteilen. Bei seiner weitgehend gewissenhaft übernommenen umfassenden Gabenverteilung vergisst er aber, dem Menschen eine ihm wesentliche Eigenschaft zu geben, der deswegen weder Klauen, noch scharfe Zähne, Flügel oder ein schützendes Fell erhält. Dieses ‚Zukurzkommen' des Menschen in der missratenen Verteilung der Eigenschaften – mit der Protagoras' in seiner platonischen Erzählung dieses Vorgangs nur *en passant* die trotzdem nicht weniger problematische, sondern gewissermaßen existenziell gewordene Krise des Gabensystems erwähnt – definiert das nackte, aufrechtgehende Wesen ‚Mensch' als unbegabtes Tier, als Mängelwesen. Der Mensch ist Protagoras zufolge das Ergebnis einer scheiternden Gabenverteilung, die ‚Krise der Gabenökonomie' ist ihm damit in seine Existenz einbeschrieben. Diesem Problem der existenziellen Schutzlosigkeit des Menschen hilft Prometheus, als er Epimetheus' Fehler entdeckt, spontan ab, indem er heimlich aus Athenes und Hephaistos' gemeinsamer Wohnung die Weisheit zusammen mit dem Feuer stiehlt, „denn ohne Feuer konnte sich niemand in den Besitz dieser Weisheit setzen und sie sich nutzbar machen."[6] Prometheus improvisiert, um mit seinem Bruder vor den Göttern nicht als Versager dazustehen.

In Platons Version seines Mythos begeht Prometheus also, um sich und seinen Bruder vor den Göttern nicht zu blamieren, aber auch, um den Menschen nicht allzu schutzlos in eine Welt zu entlassen, in der alle anderen Wesen begabter und gefährlicher sind, einen vielsagenden Doppeldiebstahl: Athenes Weisheit und Hephaistos' Technik werden die Doppelgestalt der menschlichen Begabung, die nicht nur in der Verfertigung von Kleidung und Werkzeug besteht, sondern auch in der Möglichkeit der Reflektion über sich und die umgebende Welt. Das Diebesgut ist bei Platon also ebenfalls das materielle Feuer, das aber unmittelbar durch seine metaphorische Bedeutung der Technik und der Philosophie ergänzt wird. Damit geht Platon einen wesentlichen Schritt über Hesiods Konzeption des Feuerdiebstahls hinaus, bei dem die Entwendung nur als Frevel gegen die Götterordnung

---

5 Platon: „Protagoras." In: *Sämtliche Dialoge*. Band I. Hg. und übers. v. Otto Apelt. Hamburg 2004. S. 37-142, hier S. 56.
6 Ebd. S. 56.

und als Begründung der menschlichen Sonderrolle im Kosmos auftaucht.[7] Diese Sonderrolle enthält auch den Kern einer platonischen Religions- und Kulturgenese:

> Da aber der Mensch nun göttlicher Güter teilhaftig geworden war, war er erstens unter allen Geschöpfen wegen dieser Verwandtschaft mit den Göttern das einzige, das an die Götter glaubte, und machte sich daran, den Göttern Altäre und Standbilder zu errichten. Ferner schied und gliederte er auch bald die Laute der Stimme und gestaltete sie zu Worten; auch Wohnstätten, Kleider, Schuhe und Nahrung aus der Erde wußte er sich zu schaffen.[8]

In dem aus eigener Nachlässigkeit und aus dem Vertrauen in den erst zu spät überlegenden Bruder notwendig gewordenen Diebstahl des Prometheus liegt also nicht weniger als die Fähigkeit zur Kulturbildung: Der Mensch kann mit der Welt auf eine ordnende Weise umgehen und im selben Zug Religion und Sprache bilden wie er Häuser, Kleidung und Schuhe herstellt. Am Anfang der materiellen menschlichen Kultur steht, dass Platon dem Menschen mit seinem Diebstahl kurzerhand die Fähigkeiten vermittelt hat, die er zur symbolischen und materiellen Bearbeitung der Welt braucht. Der Mensch steht damit gewissermaßen ‚schief' im Kosmos: er ist das Wesen, das körperlich weniger begabt ist als alle anderen Tiere, aber gleichzeitig geistig nur etwas weniger als die Götter.[9] Was der Mensch mit Prometheus' improvisierter Versorgung aber noch nicht hat, ist die Fähigkeit zur Bildung von Staatswesen. Diese Fähigkeit konnte Prometheus nicht stehlen, denn „sie war hoch oben in der Hut des Zeus; und in die Burg, die hohe Behausung des Zeus einzudringen war auch dem Prometheus nicht möglich"[10]. Das bedeutet, dass der Mensch in dieser Version des Mythos ohne die staatsbürgerlichen Tugenden der Scham und des Rechts auskommen musste. Er lebte zwar philosophisch und technisch begabt, aber schweifend, unstet und ephemer auf der Erde. Über dieses Zwischenstadium der Kultur, die Prometheus begründet hat, wird bei Platon kein weiteres Wort verloren.

---

7 Die platonische Version des Prometheus-Mythos hat deutliche Ähnlichkeiten mit der des Aischylos: *Der gefesselte Prometheus*. (Übers. v. Walter Kraus. Stuttgart 2006.) – Auf Aischylos wird hier nicht weiter eingegangen, da in der Tragödie der Diebstahl selbst als nachrangig im Hintergrund steht und der verhandelte Konflikt von der tyrannischen Bestrafung des Prometheus ausgeht, der in Aischylos' Version eine andere Abstammung erhält und als Sohn der Gaia auf derselben Generationenstufe steht wie Zeus' Vater Kronos. Dadurch erhält seine Bestrafung den Charakter einer tyrannischen und willkürlichen Herrschaftsgeste durch den jungen, übermächtigen Gewaltherrscher Zeus. Interessant ist Aischylos lediglich für das Verhältnis zwischen den Diebeskollegen Prometheus und Hermes, auf das im Kapitel über die Diebstähle des Hermes kurz eingegangen wird. (S. 364ff.)
8 Platon: *Protagoras*. S. 56f.
9 Diese Konzeption des Menschen als tierisch-göttliches Mischwesen ohne greifbare eigene Züge ist so alt wie kulturübergreifend: Schon im babylonischen Gilgamesch-Epos taucht das Brüderpaar Gilgamesch und Enkidu auf, die zusammen das Gesamte der Menschheit repräsentieren und von denen ersterer zu zwei Teilen ein Gott und zu einem Teil ein Mensch, und Enkidu zu zwei Teilen ein Tier und zu einem ein Teil ein Mensch war. Siehe dazu: Raoul Schrott (Übers. u. Hg.): *Gilgamesh Epos*. Frankfurt a. M. ²2004.
10 Platon: *Protagoras*. S. 56.

Dass die vom Dieb gebrachte Kultur in den antiken Mythen oft eine Art Vorstadium zur ‚wahren', staatsbildenden und tendenziell bürgerschaftlichen Kultur ist, wird weiter unten näher besprochen. Die hebräische Wüstenwanderung, die mit der Plünderung der Ägypter ihren Anfang nimmt, gilt als eine Art unsicheres, nomadisches Zwischenstadium, bevor sie das ihnen zugedachte Land einnehmen können. Dass die Kultur, die das Gründungsverbrechen des Diebstahls begründet, eben dieses ephemere Stadium einer a-politischen, an-archischen Abweichung ist, und damit eine eigene, unscheinbare Kultur an den Rändern dessen, was als wahre, sesshafte und angemessen menschliche Kultur betrachtet wird, ist einer der wichtigsten Aspekte des kulturgründenden Diebstahls. Hier soll der Hinweis darauf genügen, dass mit Zeus' Geschenk der Staatsbürgertugenden – denn selbstverständlich schenkt der machtbewusste Zeus den Menschen das Politik- und Machtbewusstsein – wie auch mit der hebräischen Staatsgründung, dem Geschenk des Landes an die Hebräer, ebenso etwas hinzukommt wie etwas Wesentliches verloren geht: Der Mensch hatte für eine kurze Zeit zwischen dem Urzustand und der Kultur die Freiheit, sich nicht an die Gesetze eines Staates halten zu müssen.

Diese nur kurz andauernde herrschaftslose Ungebundenheit an Schamhaftigkeiten und Gesetze konnte unter der Herrschaft des Zeus nicht lange andauern: Zeus, so erzählt Protagoras weiter, beauftragt Hermes, den Menschen die Gesetze zu bringen und sanktioniert sie auf deutlichste Weise: „Ja, du sollst in meinem Namen das Gesetz geben, daß, wer nicht imstande sei sich Scham und Recht zu eigen zu machen, dem Tod verfallen sei; denn er ist ein Geschwür am Leibe des Staates."[11] Zeus' Geschenk ist also wieder doppelseitig: einerseits ermöglicht es dem Menschen zwar, sich zu politischen Gemeinschaften zusammenzuschließen, es bedeutet für ihn aber auch, dass er sich um die Fähigkeit bemühen muss, die Gesetze zu verstehen, gewissenhaft nach ihnen zu handeln und sich schamhaft von unschicklichen Dingen und Handlungen abzuwenden, wenn er nicht der tödlichen Strafe des Zeus oder des Staates ausgesetzt sein will, gegen den sich sein Vergehen richtete. Zeus schenkt den Menschen die Idee der Gemeinschaft und die strafende Fähigkeit zum Ausschluss aus ihr, die er dann sofort an Prometheus demonstriert. Prometheus, der den „Grund gelegt [hat] zur leiblichen Wohlfahrt des Menschen", traf „infolge der Torheit des Epimetheus, wie die Sage erzählt, die Strafe für den Diebstahl."[12] Wenn Zeus schenkt, so ist dies immer ein Grund zur Vorsicht. Auch hier fällt die Ambivalenz des Geschenks auf, das von Zeus kommt; der Mensch hätte guten Grund gehabt, es dankend abzulehnen. Durch Zeus' arglistige Gabe wird der Mensch zum Erben der Schuld des Prometheus: In buchstäblich jedem Altar, jedem Kleidungsstück und jedem Wort, das er nur deswegen aussprechen kann, weil die Fähigkeit dazu gestohlen ist, wird er daran erinnert, was ihm durch das Gesetz des Zeus und des Staates verboten ist. Die Situation des Menschen ist etwas paradox: Zeus verbietet dem Menschen mit seiner Gabe der Staatstugend eben das, was ihm erst die Sprache und überhaupt die Lebensfähig-

---
11 Platon: *Protagoras*. S. 58.
12 Ebd. S. 56.

keit in einer Welt brachte, die von bedrohlichen Tieren und Göttern bewohnt war. Jeder kleinste Teil der Kultur ist damit durch Frevel erlangt und bleibt von ihm behaftet. Dieser totalen Schuldverfallenheit der technischen und geistigen Kultur im platonischen Menschenbild musste das Christentum in seiner Rezeption des Platonismus später nicht mehr viel hinzufügen, um zu seiner berüchtigten Diesseitsfeindlichkeit zu gelangen: Jede positiv wahrgenommene leibliche Wohlfahrt ist nur möglich durch die bejahende Anerkennung einer Tat, die dem Menschen, will er nicht dem Tod verfallen, versagt ist. Aufgrund der Tugendgabe des Zeus ist man verpflichtet, das zu verabscheuen, was das leibliche Wohlbefinden ermöglicht.

Die Tendenz, Prometheus zum willfährigen oder ahnungslosen Dienstmann der Götter zu machen, die weiter unten in Julian Apostatas Version des Mythos näher besprochen wird, liegt schon bei Platon vor, der Prometheus im Lauf seines Werkes sogar noch weiter den Göttern annähert und ihn als Komplizen der Olympier den Menschen gegenüberstellt: In Platons *Philebos*[13] sind Feuer und Einsichtsvermögen auf dieselbe Weise miteinander verbunden wie im *Protagoras*, sie sind aber nicht mehr gestohlen, sondern selbst eine gezielte Gabe der Götter, die Prometheus den Menschen bringt. Und im *Gorgias*[14] wird Prometheus' Diebeskunst vollständig in den Dienst der für die Fortdauer ihrer Herrschaft sorgenden Götter genommen, indem er beauftragt wird, den Menschen im Dienste der Erhöhung ihrer Moral das Vorauswissen ihres Todes zu stehlen. Der Vektor der platonischen Arbeit am Prometheus-Mythos hat eine offensichtlich entschärfende Tendenz: Hier wird versucht, Prometheus' Eigenschaften als Dieb und Schelm in den Dienst der göttlich-staatlich-sozialen Ordnung zu stellen und sein Handeln entweder durch Gaben zu konterkarieren oder es direkt in die Gabenökonomie einzubeziehen. Bei Platon erinnert nur noch wenig an den eigensinnigen Planer, der der Gabenökonomie zuwiderhandelte, um dem Menschen zu helfen und ihm Muße zu verschaffen: Er wird eingespannt in die göttliche Kalkulation, die den Menschen mit doppelsinnigen Gaben versorgt, um ihn an seinem Platz zu halten und das Machtgefüge zu stabilisieren.

2|2|3
Der Kaiser Julian entschärft den Mythos zum Gabenfest

Jahrhunderte später – wir überspringen das Auftauchen des Mythologems an einigen Stellen[15] – schlägt der weströmische Kaiser Julian, der von der christlichen Geschichtsschreibung „Apostata", der Abtrünnige genannt wurde, in dieselbe Kerbe wie Platon: Julian, Nachkomme der ersten christlichen Kaiser, bekannte sich zu

---
13 Platon: „Philebos." In: *Sämtliche Dialoge*. Band IV. Hg. v. Otto Appelt. Hamburg 1993. S. 1-131, hier S. 44.
14 Ders.: „Gorgias." In: *Sämtliche Dialoge*. Band I. Hg. v. Otto Appelt. Hamburg 1993. S. 25-166, hier S. 158ff.
15 Insbesondere Aischylos' *Der gefesselte Prometheus.*, der durch seine Ähnlichkeit mit der späteren platonischen Version auffällt. Siehe dazu: Storch u. Damerau (Hg.): *Mythos Prometheus.*

einem philosophisch verfeinerten Heidentum und versuchte, die im Verschwinden begriffene heidnische Religion zu reformieren. Er hatte die symbolpolitische Wichtigkeit der Gabe als machtstabilisierende Geste erkannt und versuchte sie in seiner Neubelebung des Heidentums anzuwenden: Wer über die Gaben der Götter verfügt, hat auch weltliche Macht. Seine Version des Prometheus-Mythos stellt für die Antike einen End- und Höhepunkt des Nachdenkens über den prototypischen Dieb und den ebenso prototypischen Gabenempfänger dar. Der von dem selbst vergöttlichten Kaiser Julian kunstvoll umgedeutete Prometheus-Mythos fügt der Legende vom Feuerdiebstahl eine Wendung zur leichter verträglichen Legende von der Feuergabe ein. Julianus, der es der heidnischen Philosophie und Religion durch juristische und finanzielle Förderung, durch die Bildung von heidnisch-klösterlichen Gemeinschaften und durch eine Ethisierung und systematisierende Verfeinerung des Mythenkosmos ermöglichen wollte, trotz der zunehmenden Übermacht des Christentums zu überleben, formulierte eine äußerst geglättete, wohltuende Version des Prometheus-Mythos. Das Bemühen Julians um eine theologisierende Systematisierung und Vereinheitlichung des Pantheons ist am besten erkennbar in der *Hymne an Helios*, in der er alle Götter, vor allem aber Helios, Zeus und Athene als eine einzige abstrakte Gottheit mit nur unterschiedlichen Emanationen identifiziert. Dass hinter seinen Bemühungen um eine kultische Zentralisierung und Neubelebung der Traditionen auch die nach der erneuten Stärkung des Kaiserkultes und damit der Einheit des Imperiums stand, muss bei der Analyse seiner Neubelebung der heidnischen Mythologie immer mitbedacht werden: Hinter jeder Stärkung des Helios ist der Plan zu erkennen, damit auch eine Stärkung des sonnenähnlichen Kaisers zu bewirken.

Julian entfernte aus dem Prometheus-Mythos endgültig den störenden Diebstahl des Feuers und machte ihn für die Propagierung eines philanthropischen, aber machtbewussten Kaiserkultes als Leitkultur gegen das Christentum nutzbar.[16] Alles, was Prometheus Julians Version folgend noch tun durfte, war, das von den um den Sonnengott angeordneten Göttern bereitete Geschenk zur Verteilung an die Menschen abzuholen,[17] damit diese in einem kalt gewordenen Kosmos sich an diesem „warmen Hauch"[18] erfreuen könnten. Prometheus wurde zum reinen Gabenüberbringer gezähmt, der bei dieser Gelegenheit auch Hermes' Begabungen an die Menschen mitnehmen und verteilen durfte. Prometheus wurde zum demütigen Diener der karitativ Herrschenden, zu denen sich auch der vergöttlichte und philanthropische Julian zählen wollte. Und das ist die wahrscheinlich wesentlichste Änderung im Mythos: Julian als weltlicher Herrscher war selbst einer der Götter, rituell austauschbar nur mit Helios selbst, und Julian war dessen symbolische Präsenz auf der Erde. Diese Entfernung des Diebstahls und die Indienstnahme Prometheus' für die Politik machte den Mythos endgültig zum Narrativ der

---

16 Siehe: Iulian Apostate: „Hymn to King Helios". In: *Works of the Emperor Julian*. Band I. Übers. v. Wilmer Cave Wright. London u. New York 1913. S. 353-443, hier S. 409.
17 Ders.: „To the Uneducated Cynics." Ebd. Band II. S. 5-72, hier S. 9.
18 Blumenberg: *Arbeit am Mythos*. S. 371.

Konservierung politischer und religiöser Macht. Dem sich langsam durchsetzenden Christentum konnte nicht mehr mit einer archaisierenden Wiederholung und mysterienreligiösen Neubelebung des antiken Götterkosmos begegnet werden; dafür hatte das Christentum mit seinem Abstraktionswillen, seiner Askeseforderung und der moralischen Regulierung des Einzelnen die Kultur bereits zu sehr verändert. Was dem Christentum noch entgegen gestellt werden konnte, musste ihm wenigstens in den zentralen Zügen ähnlich sein.

Der Philosophenkaiser war daher darum bemüht, nicht nur Prometheus' unehrenhaften Diebstahl auszulöschen, sondern die Mythen überhaupt so umzuformen, dass sie nicht mehr von dem platonischen Vorwurf getroffen werden konnten, dass sie die Götter durch Darstellung ihrer angeblichen Unzüchtigkeit und Amoralität verunglimpften – ein Vorwurf, den die christliche Theologie übernahm: Götter, die wie gemeine Menschen handeln, konnten nur Dämonen sein.[19] Julians Theologie zufolge sollten sie aber als Wohltäter und gerechte Weltenlenker erscheinen, wie auch er selbst bemüht war, als solcher zu wirken. Das Amoralitätsargument, dass die heidnischen Götter aufgrund ihrer offensichtlichen Unsittlichkeit abzulehnen seien, war eines der zentralen Argumente der christlichen Theologie dafür, dass es sich bei den polytheistischen Göttern nur um unterlegene und widergöttliche Geister handeln könne. Zum positiven Rückbezug auf die heidnische Religion bedurfte es vor allem der ideologisierenden Klärung und moralischen Bereinigung der göttlich vermittelten Anfänge des Menschlichen, die in einer für Julian unhaltbaren Weise mit den Diebstählen der beiden Trickster Hermes und Prometheus verbunden war. Einen Anfang, der in einem Diebstahl eines niedrigen und verächtlichen Gottes an den hohen und alten Göttern bestand, konnte Julian nicht zulassen: Der Mythos von Prometheus' schelmisch-unangenehmem Feuerraub wurde gebändigt, und die Geschenke der zu verehrenden Götter waren die symbolischen Versionen der Gnadengaben des zu verehrenden Kaisers: Wer die Gaben kontrolliert und die Diebe im Zaum halten kann, ist der Souverän.

Julian versuchte in seiner heidnischen Theologie, die Figur des Kaisers – sich selbst – an die Stelle des pantokratischen Herrschergottes zu setzen, deswegen operierte seine neoheidnische Theologie wie das Christentum mit dem Kaiser als einem gnadenvollen, aber allgewaltigen Pantokrator, der dem Bild ähnelte, das das Christentum von seinem Gott hatte. Dass das Bild Gottes, das die christliche Theologie in den ersten Jahrhunderten nach Christus entwickelt hatte, an die Verehrung des römischen Kaisers als Gott angelehnt war, zeigt die Ähnlichkeit, die die religiösen und politischen Diskurse in ihrer Tiefe bei aller Widersprüchlichkeit an der Oberfläche hatten: Wo das Christentum auf die Herausbildung eines theologischen Absolutismus hinsteuerte, versuchte Julian, in einem politischen Absolutismus das alte heidnische Rom zu retten. Dass er damit einem transzendentalen und ihn letztlich ersetzenden Absolutismus in die Hände spielte, war für ihn nicht ab-

---

19 Ein Teil des *Gottesstaates* von Aurelius Augustinus befasst sich mit dieser Darstellung der heidnischen Götter als Dämonen. (Augustinus: *Vom Gottesstaat. (De civitate dei.)* Übers. v. Wilhelm Thimme. Band I. S. 177ff, 439ff, Band II, S. 59ff.

sehbar. Während die eigene heidnische Philosophie der weiter unten näher besprochenen Plünderung durch die Christen ausgesetzt war, die nur noch *einen* Mythos und *einen* Gott kannten, wurde Prometheus in der Staatspropaganda vom schelmischen Dieb zur Allegorie der weisen Vorsehung, die den Menschen fürsorglich Geist und Vernunft spendet, um ihnen Orientierung und ein wenig Behaglichkeit in einem Kosmos zu geben, der seinen Sinn verloren hat. „Diese Logogonie", um noch einmal Blumenberg zu zitieren,

> läßt nicht nur die belebende Erwärmung der gesamten Natur zusammenfallen mit dem Erwachen der Vernunft, sondern harmonisiert auch Mythos und Metaphysik, Götterglauben und Philosophie, um die tödliche Zerfaserung der Spätzeit noch einmal in einer homogenen Weltsicht aus dem Geiste der paganen Zivilisation aufzufangen.[20]

Aus Prometheus' gewagtem Diebstahl, für den er einstmals unter so raffiniert erdachten Qualen leiden musste, war am Ende der Antike eine heimelige Spende der Götter geworden. Hesiods Prometheus, der seinen Bruder warnte, die Geschenke der Götter nicht anzunehmen, wurde nun selbst zum Gabenempfänger und zum Paketboten im Dienste alt gewordener Götter. Der Kaiser als der letzte der ‚neuen Götter' im antiken Pantheon versuchte sich Prometheus als den ersten der neuen Götter dienstbar zu machen und spielte damit dem christlichen als dem letzten aller Götter in die Hände.

2|2|4
Was die frühen Christen am Dieb Prometheus schätzen

Auch die Christen versuchten, Prometheus in ihr Denken zu integrieren. Mit dem Motiv des leidenden Gottes, das bisher Prometheus zugeschrieben worden war, verfügten sie sogar über einen Zentralmythos, der Referenzen zum für die Wahrheit leidenden Prometheus geradezu herausforderte. Der für die Menschen leidende Gott als Identifikationsfigur wurde zu derselben Zeit als Julian diesen Mythos entschärfte, in all seinen kritischen Inhalten vom Christentum ernst genommen und äußerst wirkungsvoll funktionalisiert. Prometheus taucht dabei sowohl als positives wie als negatives Spiegelbild Christi auf, also als Präfiguration wie auch als der verfemte Engel, den Gott verstoßen musste, weil er seine Weisheit stahl. In diesem Zusammenhang wurde das Feuer, das Prometheus stahl, endgültig mit einer Licht- und Erkenntnismetaphorik aufgeladen.[21] Prometheus, so die christliche Version des Mythos, sei derjenige der gefallenen Engel, der die Weisheit aus dem Himmel gestohlen habe, um sie den Menschen als Mittel der Rebellion gegen Gott zu überreichen. Prometheus als der erste Philosoph und als diebischer ‚Luci-

---
20 Blumenberg: *Arbeit am Mythos*. S. 371.
21 Zur Geschichte und Verwendung der Lichtmetapher siehe: Hans Blumenberg: *Paradigmen zu einer Metaphorologie*. Frankfurt a. M. 1997.

fer' konnte von den Christen also noch ernst genommen werden, während sie sich anschickten, das in heidnischen Händen befindliche Diebesgut der Wahrheit und des erkennenden Lichtes nun selbst zu stehlen. Die Apologien der christlichen Philosophen waren nichts anderes als der Versuch, den heidnischen Philosophen das Mittel der Philosophie abzunehmen. Das schwindende Heidentum wähnte sich in der Wärme des vom letzten Licht paganer Weisheit durchglühten Kaisers, der im Namen der alten Weisheit eine „Weltvereinfachungsformel"[22] vorschlug, die die Hoffnungen noch einmal auf die gnädige Gottesgabe und die organisierte Staatsmacht des der Sonne so ähnlichen Kaisers lenken sollte. Währenddessen bildete sich das Bild eines jenseitigen Pantokrators heraus, dessen Herrschaft, die diejenige der römischen Kaiser ablösen sollte, durch Julians politische Theologie noch befördert wurde.

Der Gedanke, dass Prometheus als der erste Philosoph anzusehen ist, ist also keine Erfindung der Neuzeit. Als der ‚Lichtbringer' wurde er spätestens in der christlichen Apologetik zu der Figur geformt, die den Menschen die philosophische Reflexion über sich selbst beibrachte. Ihn als Dieb zu denunzieren und die Philosophie als himmlisches Diebesgut darzustellen, das die Christen nun zu Recht wieder an sich nehmen durften, war das Ziel der monotheistischen Apologeten, während Verteidiger des heidnischen Weltverständnisses wie Julian versuchten, den Philosophenvater Prometheus von der Schuld zu entlasten, die durch seinen Diebstahl über ihn und damit über das ganze Projekt der Philosophie gekommen war. Diese Tendenz in der christlichen Prometheus-Rezeption soll hier kurz skizziert werden, um aufzuzeigen, dass Prometheus' Tat von allen Positionen als Gründungsgeste der Philosophie anerkannt war. Prometheus, der mit seiner durchdachten Herausforderung des Pantheons in der Antike schon immer für Positionen skeptischer Götterkritik verwendbar war, wurde zu einer hart umkämpften Gestalt, von deren Verständnis, wie bei Julian zu beobachten, ganze Kosmoslogiken abhängig gemacht wurden. Es war allen Seiten in diesem Kulturkampf der alten Polytheisten mit den modernen Monotheisten daran gelegen, eine bestimmte Wahrnehmung seines Mythos durchzusetzen, und die zentrale Frage war dabei, ob Prometheus' Tat ein illegitimer Diebstahl oder eine raffiniert eingefädelte, geplante Gabe war. Es wurde religionspolitisch immens wichtig, das Verständnis dieses Mythos zu formen und zu beherrschen: Die christlichen Philosophen betonten die Illegitimität des heidnischen Anspruchs auf die Philosophie, die als der göttlichen Instanz gestohlen galt, und begründeten damit ihre rechtmäßige ‚Zurückentwendung' des philosophischen Denkens. Die Philosophen des polytheistisch-metaphysischen Kosmos waren darauf bedacht, die Philosophie und die Vernunft von dem Makel zu befreien, nur gestohlen zu sein.

Nachdem die heidnische Position an Julian exemplifiziert wurde, wird nun für die Analyse des frühchristlichen Prometheus-Diskurses ein Text des Kirchenvaters Clemens von Alexandria beispielhaft untersucht, in dem Prometheus dem bibli-

---

22 Blumenberg: *Arbeit am Mythos*. S. 372.

schen Teufel gleichgesetzt wird. Hier wird eine Verschärfung des Mythos zu seiner Überwindung betrieben. Clemens von Alexandria, geboren um 150, ist einer der frühen Theologen, der die Übernahme philosophischen, insbesondere platonischen Gedankengutes in die christliche Orthodoxie vorantrieb. Im ersten Buch seines aus acht Teilen bestehenden Hauptwerks, den *Stromata*[23] – was als ‚Flickenteppich' oder ‚Vermischte Gedanken', vielleicht aber am treffendsten als Essaysammlung in moderne Gattungsbegrifflichkeit zu übertragen ist – behandelt Clemens die historisch-mythischen Ursprünge der griechischen Philosophie und unterzieht sie einer dogmatisch orientierten Kritik, die dem nichtchristlichen philosophischen Denken eine historisch-propädeutische Funktion zugesteht und anerkennt, dass die griechischen Denkschulen zu Trägern einer eingeschränkten, aber hilfreichen Wahrheit bestimmt seien.[24] In einem nur wenige Seiten umfassenden Essay *Alle, die vor mir gekommen sind, die sind Diebe und Räuber*, der der Erklärung eben dieser Aussage Jesu[25] gewidmet ist, erklärt Clemens kurzerhand, dass die Philosophie von einem gefallenen Engel aus dem Himmel gestohlen sei,[26] der niemand anders als der teuflische Engel gewesen sei, den Jesus „vom Himmel fallen" sah „wie einen Blitz."[27] Er präzisiert dies damit, dass er den Prometheus-Mythos als Erzählung dieses Geschehens anerkennt: Die Philosophie wurde als das Feuer, das Prometheus entwendete, zu den Menschen gebracht.[28] Die kreative Leistung Clemens' besteht darin, die esoterische biblische Überlieferung mit einer allgemein bekannten und kulturell anerkannten Erzählung zu verknüpfen. Die Leichtigkeit und Selbstverständlichkeit, mit der er den biblischen Text mit einem heidnischen Mythos verwebt, mag heute erstaunen, sie hat aber in all ihrer Kürze eine narrative Raffinesse, deren elegante Passung bewundernswert ist. Rhetorisch betrachtet betreibt Clemens die Erklärung einer Abwegigkeit durch ihre Einschreibung in eine Selbstverständlichkeit. Damit erklärt er nicht nur die Herkunft der menschlichen Fähigkeit zum philosophischen Denken, sondern er konstruiert diese Herkunft auch so, dass die Christen darin gerechtfertigt werden, sich diese heidnische Erfindung zu eigen zu machen, indem er diesen Vorgang selbst beispielhaft an seinem Umgang mit dem Prometheus-Mythos vorführt. Prometheus eignet sich von Gott die Philosophie an, und das berechtigt diejenigen, die an diesen Gott glauben, sich nun wiederum selbst diese Philosophie anzueignen. Es ist aber nicht nur Prometheus, der erste Philosoph, ein Dieb, sondern die griechischen Philosophen sind

---

23 Clemens von Alexandria: „The Miscellanies, or Stromata." In: Ders.: *The Writings of Clement Alexandrinus*. Band I. Hg. u. übers. v. William Wilson. Edinburgh u.a. 1867. S. 347-470.
24 Clemens entwickelt hier schon das wirkmächtige Konzept der „Philosophie als Magd der Theologie", dessen Ausformulierung Petrus Damiani zugesprochen wird, das aber tatsächlich schon in den *Stromata* vorliegt; Clemens setzt Abrahams Magd Hagar mit der griechischen Philosophie gleich, derer sich Abraham nach einer Abmachung mit seiner unfruchtbaren Frau bedient, um Nachkommen zu erhalten. (Clemens: *Stromata*. S. 367 ff.)
25 Johannes 10,8.
26 Clemens: *Stromata*. S. 406.
27 Lukas 10,18.
28 Clemens: *Stromata*. S. 409.

überhaupt Diebe, die sich nach der unter den Apologeten weit verbreiteten Annahme des weisheitlichen Vorwissens der jüdischen Propheten bedienten:

> There is then in philosophy, though stolen as the fire by Prometheus, a slender spark, capable of being fanned into flame, a trace of wisdom and an impulse from God. Well, be it so that „the thieves and robbers" are the philosophers among the Greeks, who from the Hebrew prophets before the coming of the Lord received fragments of the truth [...].[29]

Die Heiden waren im Besitz von Wahrheitsfragmenten, deren Übernahme durch die Christen nicht nur legitim, sondern auch geboten war. Diese rhetorisch aufwändige Amalgamierung biblischer und heidnischer Mythen und Lehrannahmen steht im Kontext des größeren Problems der Notwendigkeit für die christlichen Theologen, Gebrauch von heidnischer Logik machen zu müssen, um eine philosophisch glaubwürdige Systematik des Christentums herstellen zu können: Die Frage, ob es legitim sei, die Philosophie und Kosmoslehre der Heiden auch zum Beweis der christlichen Wahrheit anzuwenden, entwickelte sich im Verlauf der Spätantike zu einem Problem, das mit komplexen Begründungen des Eigentumsanspruchs auf diese Wahrheit bearbeitet werden musste. Der Kirchenvater Ambrosius, gegen Ende des vierten Jahrhunderts Mailänder Bischof, der als Sieger im religionspolitischen Streit um den Victoriaaltar hervorging und der als Mentor und Taufvater Augustins einer der bedeutendsten Apologeten wurde, entwickelte in *De officiis ministrorum* eine Polemik gegen das philosophische Konzept der Gerechtigkeit als der Respektierung von privatem oder staatlichem Eigentum. Die Idee des Eigentums sei in keiner Weise naturgemäß und zurückgehaltener Reichtum – ob symbolisch oder materiell – als solcher und ohne Nutzen für das Reich Gottes sei eine widergöttliche Idee.[30]

Für die Kirchenväter war es also von größter Wichtigkeit, die Trennung zwischen der heidnischen Religion und dem vorhandenen Weltwissen vorzunehmen: Die polytheistische Bilderreligion wurde bekämpft, wohingegen darauf hingearbeitet werden musste, die im Rahmen einer polytheistischen Weltsicht entwickelten Wissenschaften in das christliche Denkgebäude zu integrieren. Die Übernahme von griechischem und ägyptischem Wissen wird im Kapitel über den „Wahrheitsdiebstahl" am „Heidengold" der antiken Weisheit am Beispiel Augustinus' näher beschrieben. Doch diese Selbsterlaubnis, trotz des heidnischen Kontextes das griechische, römische und ägyptische Wissen und Denken für die christliche Weltlehre zu verwenden, wurde nicht nur anhand der Bibel gerechtfertigt. Die Parallelen dieser liberalen Ausdeutung der Bibel zum Prometheus-Mythos fallen noch heute ins Auge: Clemens bedient sich des heidnischen Prometheus-Mythos, um den Vorgang des Engelssturzes narrativ zu illustrieren. Der damals schon über tausend Jahre alte griechische Mythos von Prometheus' Feuerdiebstahl wird von Clemens übernommen – man ist versucht zu sagen: entwendet – und christlich umgedeutet. Die motivischen Übereinstimmungen mit der biblischen Lehre machen ihm den

---

29 Clemens: *Stromata*. S. 409.
30 Ambrosius: *De officiis ministrorum*. Hg. v. Johann G. Krabinger. Tübingen 1857. S. 76-79.

Schluss leicht, im Mythos von Prometheus sei der Sturz und die Fesselung des Teufels präfiguriert: Die Lichtmetapher des Lucifer, sein Anspruch auf Göttlichkeit, seine Fesselung und die argumentative Möglichkeit, die Illegitimität des heidnischen Besitzes an göttlicher Weisheit zu behaupten, geben ein gerundetes Bild ab. Was Clemens in der nur wenige Seiten umfassenden Überlegung die größte Mühe bereitet, ist die Rolle Gottes in diesem Verbrechen. Clemens betreibt einigen Aufwand, Gott in dieser Sache zu entschulden, der – so der Vorwurf – den Diebstahl seiner Weisheit ja hätte verhindern können, und der sich durch seine Zulassung dieser Tat an ihr mitschuldig gemacht habe. Clemens Entschuldigung lautet, der Diebstahl habe dem Menschen ja letztlich bedeutende Vorteile gebracht, weswegen Gott passiv geblieben sei, als der Teufel für seine Tat in Aktion getreten sei.[31] Wenn Gott allerdings in seiner umfassenden *providentia* den Diebstahl des Dämonen Prometheus zugelassen hat, so nur, damit daraus letztlich Segen für die Menschen entstehen kann. Damit es aber zu diesem Nutzen für Mensch und Kirche kommen kann, muss das geraubte Gut wieder in die Hände der rechtmäßigen Besitzer gelangen. Das bedeutet: Die Theologen dürfen sich frei der Philosophie und insbesondere Platons bedienen, um ihr Lehrgebäude zu festigen und zu systematisieren, und mit dieser Plünderung fremden Denkens handeln sie, auch wenn das illegitim aussehen mag, im Sinne Gottes. In klarer Sprache beschrieben: Sie dürfen sich aneignen und zurückholen, was nach göttlichem Ratschluss ihr eigentlicher Besitz ist. Was in fast zweitausendjähriger Distanz wie eine dreiste Kulturappropriation wirkt, war ein reflektierter und kritischer diskursiver Vorgang, der bis ins moderne christliche Dogma seine Spuren hinterlassen hat.

Wo Clemens Prometheus in die christliche Figur des teuflischen *diabolos* überblendet, der aber bemerkenswerterweise weniger als böse denn mehr als notwendig und für Gottes Heilsplan adäquat handelnd erscheint, gibt es einen weiteren Strang der apologetischen Prometheusrezeption, die in ihm Christus selbst erkennt. In den Überlegungen dieser Theologen klingt eine gewisse Solidarität mit dem schelmischen Dieb Prometheus an, der für die frühen Theologen immer eine doppelte Figur der Ablehnung und gleichzeitigen Bewunderung war: Er war zu sehr in einem heidnischen Kosmos verankert, als dass er für den positiven, systematischen theologischen Einsatz verwendbar hätte werden können, aber sein mutiger Einsatz für den Menschen, seine Querstellung zu den Olympiern und die intellektuelle Wahrheit waren zu verlockend, als dass man ihn hätte rundweg ablehnen können. Besonders sprechend ist hier Tertullian, der in seinem wirkungsmächtigen *Apologeticum* unmissverständlich klarmacht, dass die Erkenntnis der Christen darin liegt, dass die römischen Götter keine Götter sind.[32] Der Eine Gott aber, der die Men-

---

31 Dass Prometheus als Gegner der griechischen Götter auch im Christentum eine positive Rezeption erfahren hat, insofern er als Figur des Lichtbringers faszinierend zwischen Jesus und dem Teufel oszilliert, wurde von Guy Stroumsa als Phänomen der Kulturtransformation beschrieben: „Myth into Metaphor: the Case of Prometheus." In: Ders. u. a. (Hg.): *Gilgul: Essays on Transformation, Revolution and Permanence in the History of Religions*. Leiden 1987. S. 309-323.

32 Tertullian: *Apologeticum. Verteidigung des Christentums*. Hg. u. übers. v. Carl Becker. München 1952. S. 95.: „Deos vestros colere desinimus, ex quo illos non esse cognoscimus."

schen erschaffen hat, darf als der „wahre Prometheus"[33] bezeichnet werden. Die Opferbereitschaft und das subversive religiös-politische Potenzial, das Prometheus auszeichnet, hatten in ihrer Parallelität zum Christus-Mythos eine große Attraktivität für die christlichen Theologen und einen nicht zu unterschätzenden Einfluss auf das Bild, das sie von Christus zeichneten: In Prometheus war eine listige und überlegene Unterlaufung der heidnischen Götter präfiguriert, die sich durch Klugheit und sorgfältige Planung auszeichnete. Clemens schrieb zu einer Zeit, in der das Christentum noch nicht zu staatlicher Gewalt greifen konnte, sondern sich intellektuell mit seinen Opponenten auseinanderzusetzen hatte. Für ihn stellte Prometheus eine kritische Position zur polytheistisch regierten Welt dar, die für die damals noch sehr kleine und unterlegene christliche Religion verwendet werden konnte, wenn man es schaffte, das störende und klug herausfordernde Potenzial des Prometheus ins christliche Denkgebäude einzufügen. Clemens und Tertullian sind hier insofern bezeichnend und können als Beispiele des christlich-theologischen Diskurses dienen, als sie einmal Prometheus als Lucifer und einmal als Christus exemplifizieren und ins Dogma zu integrieren versuchen. Dem Prometheus-Mythos muss eine immense Bedeutung im Denken oder eine ebenso große Beliebtheit im Volke beigelegen haben, dass er mit solcher Entschiedenheit von allen Seiten in die Theologie gezogen wurde.

Bei Augustinus ist die Berechtigung zum zurückholenden Diebstahl mit den *spolia aegyptiorum* noch expliziter gemacht, die in dieser Arbeit weiter hinten behandelt werden. Augustinus schrieb in einer Zeit, in der das Christentum wesentlich gefestigter und selbstsicherer sprechen konnte, die aber gerade den Zusammenbruch der jahrhundertelang stabilen antiken Kultur erlebte, weswegen seine Argumentation etwas anders und in weiten Teilen radikaler sein musste als die des Clemens von Alexandria. Außerdem rechtfertigt Augustinus auch die noch wesentlich kritischere und noch heute problematische Vereinnahmung jüdischer Begriffe und Symbole durch das Christentum. Was bei ihm aber ebenfalls deutlich spürbar ist, ist das Unbehagen daran, sich für die eigene Theologie des Fremden bedienen zu müssen, das mit einer raffinierten, aber letztlich etwas scholastisch wirkenden Argumentation als illegitim markiert werden muss.

Bezüglich der antiken Rezeptionen und Wandlungen des Prometheus-Mythos kann festgehalten werden, wie problemlos sich dem kulturellen und religiösen Kontext des Mythos völlig fremde Denker dieses Narrativ aneignen konnten, während sie davon berichteten, wie die heidnischen Philosophen die eigentlichen Diebe seien. Ob zeitgenössischen Lesern diese wendige Argumentation als schelmisch und gerissen oder als haarsträubend dreist erschienen ist, ist kaum mehr festzustellen. Als sicher kann aber bemerkt werden, dass diese Frechheit, die zwischen Schelmentum und plumper Unverfrorenheit oszilliert, viel gemein hat mit

---

33 Ebd. S. 121. Mit Gott als dem wahren Prometheus leitet Tertullian auch die Schrift gegen Marcion ein. Zu Tertullians religionspolitischer Positionierung, siehe: Petr Kitzler: „Christian Atheism, Political Disloyalty and State Power in the *Apologeticum*. Some Aspects of Tertullian's ‚Political Theology'." In: *Vetera Christianorum*. Band XLVI. Bari 2009. S. 245-259.

der kalkulierten Frevelhaftigkeit, mit der Prometheus bei Hesiod das Feuer der hohen Götter abtransportierte. Die Christen ließen Prometheus die ihnen so nützliche Philosophie mit fast derselben Unverfrorenheit stehlen wie Hélène Blomart das Fahrrad abholen ließ.

Innerhalb der Wandlungen des Mythos von Hesiod bis Julian wird sichtbar, was die gesamte Untersuchung des Diebstahlsmotivs in dieser Arbeit begleiten wird: Der tatsächliche Wert des Gestohlenen wird angesichts dessen irrelevant, was als allegorische Bedeutung des entwendeten Gegenstandes begriffen wird. Nicht sein tatsächlicher materieller Wert, sondern seine Position in der symbolischen Ordnung ist, was das Diebesgut für den Stehlenden so attraktiv macht. Das Feuer an sich ist noch keine Befreiung, aber seine Bedeutung als *gestohlenes* Feuer, als Technik, die Raum und Zeit zur Reflektion ermöglicht, ist, was den Menschen sich im Kosmos behaupten lässt. Der rettende Diebstahl geschieht gegen eine festgelegte Ordnung, aber immer in der stillen Postulation einer noch höheren, älteren und gerechteren Ordnung, in der es nicht nötig gewesen war, zu stehlen, weil jedem offen zugänglich war, was er sich jetzt auf verbrecherische Weise aneignen muss. Der mythische Dieb – hier Prometheus, im Folgenden Moses, Augustinus und dann sogar Jean-Jacques Rousseau und andere aufklärerische und revolutionäre Denker – holt sich zurück, was abhanden gekommen war: Gegen eine ungerechte Verteilungsordnung darf aufgrund einer höheren Gerechtigkeit legitim verstoßen werden; wer arm ist, erkennt schnell ein höheres und absolutes Recht, das ihm zu stehlen erlaubt. Das impliziert bereits spätere Rechtfertigungen, die irgendwann das Christentum selbst zum Bestohlenen machen. Von der frühchristlichen Kritik des Eigentums, die Ambrosius offen führt und die Clemens impliziert, ist es historisch ein weiter Weg zu Proudhons Diktum, dass Eigentum Diebstahl sei; aber in der verwendeten Topik und Argumentationslogik ist der libertär-religionskritische Diskurs der Sozialismustheoretiker des neunzehnten Jahrhunderts dem Denken der Kirchenväter äquivalent, die im Namen eines höheren ethischen und politischen Prinzips Anspruch auf das erheben, was dem Menschen eigentlich zusteht und ihm von Gott genommen wurde. Michail Bakunin, sicherlich der entschiedenste der Revolutionäre des neunzehnten Jahrhunderts, will der Erde die Güter zurückholen, die ihr in den Himmel entführt wurden:

> Wir glauben, in Hinsicht auf Menschenfreiheit, Menschenwürde und Menschenwohl vom Himmel die von der Erde geraubten Güter zurückholen zu müssen, um sie der Erde zurückzuerstatten; jene aber wollen einen letzten, heroisch-religiösen Diebstahl begehen, und möchten dagegen dem Himmel, diesem inzwischen entlarvten göttlichen Dieb der durch die gewagte Pietätslosigkeit und wissenschaftliche Analyse der Freidenker ihrerseits geplündert wird, alles zurückgeben, was die Menschheit an Größtem, Schönstem und Edelstem besitzt.[34]

---

34 Michail Bakunin: „L'empire knouto-germanique et la révolution sociale. Seconde livraison (1871)." In: Ders.: Œuvres. Band III. Paris 1908. S. 1-177, hier S. 63. [Eigene Übersetzung.] – Es ist bezeichnend, dass Bakunin auch von der evolutionären menschlichen Bewusstwerdung und dem Entstehen des Geistes als einem Diebstahl spricht. Ebd.: „Appendice 3, Animalité, Humanité. (Feuilles 152-166)." In.: Ebd. S. 276-295, hier S. 289.

Auch wenn die Positionen der Diebe und des zu Bestehlenden anders besetzt sind als in der Spätantike, ist der Vorgang erstaunlich ähnlich. Die radikale Haltung, die den frenetisch die Revolution fordernden Bakunin zum Rückdiebstahl ermächtigt, verwendet andere Begriffe als die Kirchenväter, führt aber dieselbe Diagnose: Dem Menschen wird im Namen einer überkommenen Ordnung etwas Wesentliches vorenthalten, das es im Namen eines obersten Prinzips zurückzuerlangen gilt. Ob Prometheus nun von Zeus das Feuer zurückholt, die Kirchenväter die Philosophie aus dem Heidentum retten oder anarchistische Gesellschaftstheoretiker die Rückführung der himmlischen Güter in menschliche Hand fordern, die Geste bleibt die gleiche, und das Mythologem des Diebstahls, mit dem sie argumentieren, ist historisch konstant:[35] Ein Diskurs wahrer Menschlichkeit und Kultur, der in einer Krise der Verteilung der symbolischen Güter und in einer Unterbrechung des reibungslosen symbolischen und materiellen Gabentausches entsteht, begründet seine Handlungen mit dem Recht zum Diebstahl an bestehenden Ordnungen. Wie es allerdings im Verlauf von anderthalbtausend Jahren vom christlichen Rückdiebstahl zum Diebstahl am Christlichen kommen konnte – ein Vorgang der dem am Weltgeist geschulten Philosophen wie ein simpler dialektischer Sprung erscheinen mag, der aber äußerst komplex vor sich ging – soll im Folgenden beschrieben werden: Es bedarf nicht weniger Diebstähle, bis ein Dieb bestohlen werden kann.

2|2|5
Der kosmologische Diebstahl der Unendlichkeit am Grunde der Kopernikanischen Revolution

Gegen gesicherten Besitz und freimütige Gabenherrlichkeit regt sich zuverlässig Unmut. Die Empfindlichkeit, mit der deswegen noch der Eigentümer der höchsten weltlichen oder sogar metaphysischen Allmacht darauf bedacht sein muss, dass er immer als der Ursprung aller Gaben registriert wird, ist auch im theologischen Absolutismus des Mittelalters zu bemerken, der seine rigide Systematik aus den Kirchenvätern speiste, die wir eben noch als Verbündete in einem promethischen Diebstahl an der heidnischen Philosophie erlebt haben. Im Jahr 1329 wurde Meister Eckhart in der Bulle *In agro Dominico*[36] von einer mächtig gewordenen Kirche aufs Schärfste als Häretiker verurteilt, weil in seinem Denken leichte Zweifel an den Kategorien eines dem gnädigen Pantokrator völlig unterworfenen Menschen und eines auf den Empfang von Gnadengaben reduzierten Menschen zu erkennen waren. Die eindrücklichen Sätze Eckharts, die in diesem inquisitorischen Doku-

---

35 Noch Hardt/Negri fordern in *Empire* dazu auf, aus der amerikanischen Verfassung zu entnehmen, was für die *Multitude* zu einer besseren Welt führen könnte. Siehe dazu in dieser Arbeit S. 247-250.
36 „Bulle Johanns XXII. In agro dominico." In: Meister Eckhart: *Deutsche Predigten und Traktate*. Hg. u. übers. v. Josef Quint. München u. Wien 1963. S. 449-455, hier S. 451.

ment als verdammungswürdig zitiert wurden, haben noch heute einen beeindruckend subversiven Klang. Meister Eckharts konsequente intellektuelle Mystik, die in dem Satz „deus est intellectus et intelligere"[37] Gott als Funktion eines vom Menschen ausgehenden Denkens definiert, kann heute *mutatis mutandis* durchaus an Nietzsche erinnern, dessen gesamtes philosophisches Projekt gegen die Erniedrigung im Aufruhr war, die am Grund des bedrohlichen Geschenks jenseitig-absoluter Gnade lag.[38] Mit Nachdruck, aber deutlicher Vorsicht spricht Eckhart in den verurteilten Sätzen davon, sich unsicher zu sein, „ob [er] wohl von Gott etwas annehmen oder begehren wollte."[39] Die vielsagende Erklärung, die er dazu gibt, klingt ähnlich wie man die Überlegung Prometheus' schildern könnte, der seinen Bruder vor dem Geschenk der Götter warnt. Eckhart weiß so genau um die Brisanz dieses Gedankenganges, dass er vorsichtig im Konjunktiv sinniert: „Ich will mir das gar sehr überlegen, [ob ich von Gott ein Geschenk annehmen würde], weil ich da, wo ich von Gott empfangen würde, unter ihm oder unterhalb seiner wäre wie ein Diener oder Knecht, er selbst aber im Geben wie ein Herr wäre [...]."[40] Dass diese theologische Einschätzung Meister Eckharts, im Annehmen der Gabe zum Knecht zu werden, eine wichtige Eigenschaft der Gabe beobachtet, beweist die eben nicht nur theologische, sondern auch politische Funktion des Gebens im mittelalterlichen Staat. Der mittelalterliche Herrscher ist, wie oben schon angeführt, derjenige, „der den Menschen gibt. In der Tat zielte das Geben darauf ab, den anderen, der die Gabe in Empfang nahm, zu beherrschen, ihn zu unterwerfen."[41] Der Herr war derjenige, der den ihm Unterworfenen seine Gaben zuteilen konnte. Einem Blick, der die symbolische Ökonomie sucht, die hinter dem Schenken und Annehmen von Gaben liegt, bleibt die Parallele zwischen der Position Eckharts und der Warnung Prometheus' nicht verborgen. Dass Eckhart für diese gabenskeptische Aussage brennen sollte, beweist die Brisanz wie Brillanz seines Denkens.

Die Annahme einer unterwerfenden Gabe zu verweigern, bedeutet eine Distanzierung, aber noch keinen Diebstahl. Doch ist diese Distanznahme nötig, um vielleicht in einem nächsten Schritt aus eigenem Antrieb und ohne Erlaubnis zu nehmen, was als Eigenes beansprucht wird. Wo Meister Eckhart als Ketzer verfolgt wurde, weil er sich der Gaben des Pantokrators erwehrte und sich so vom Bild eines übermächtig herrschenden Gottes distanzierte, gelangte ein nicht-theologischer, aber ebenso radikaler Denker einige Jahrzehnte später an genau diesen Punkt: dort wurde die Grenze zwischen der reinen Distanzierung, wie Eckhart sie versucht

---

37 Meister Eckhart: „Quaestio Parisiensis I, n. 4." In: Ders.: *Die lateinischen Werke*. Band V. Hg. u. übers. v. Albert Zimmermann u. Loris Sturlese. Stuttgart 1936ff. S. 13f.
38 Nietzsche: „Antichrist." In: *KSA*. Band VI. S. 165-254, hier S. 217ff.
39 „Bulle Johannis XXII." S. 451.
40 Ebd. – In G.W.F. Hegels an diesen Feudalismus erinnernden Dialektik von Herrschaft und Knechtschaft wird der Herr dadurch zum Herren, dass er dem Knecht das Leben schenkt, das im Kampf um Anerkennung in der Hand des Herren liegt. Zu Hegels Herr-Knecht-Dialektik und zur Untersuchung der Frage und Möglichkeit des Diebstahls in diesem Modell, siehe das Kapitel „Der Dieb im philosophischen Mythos von ‚Herr und Knecht'" dieser Arbeit. (S. 53-59.)
41 Duby: *Zeit der Kathedralen*. S. 27f.

hatte, hin zur illegitimen Inanspruchnahme von göttlichem Eigentum überschritten. Dieser von theologischen Rücksichten nicht so sehr belastete Denker war der Astronom Nikolaus Kopernikus, der um 1509 ein neues Weltmodell entwarf, mit dem er das alte astronomische Modell der die Erde umkleidenden Planetensphären ablöste. Dieses Weltmodell, das statt der Erde die Sonne ins Zentrum setzte – was eigentlich einen metaphorischen Gestus der Treue zum monotheistischen Gott darstellt – zeigte sich auf eine Weise als revolutionär, die Kopernikus nicht vorhersehen konnte. Die Umwälzungen, die aus seiner neuen Anordnung der Himmelskörper resultierten, wurden als Beschreibung eines Emanzipationsvorgangs für die kommenden Jahrhunderte höchst bedeutsam. Die Erde verlor ihre existenzielle Mittelpunktposition im Kosmos und erhielt akzidentielle Eigenschaften, wo sie vorher als materielle Substanz ‚an sich' gegolten hatte. Kopernikus' Wirkung liegt dabei weniger in seinen Hypothesen zu einem neuen physikalischen System begründet, als in der Metapher für die menschliche Erkenntnisfähigkeit, zu der das heliozentrische Weltbild in erhitzen Debatten in den Jahrzehnten nach der Erstveröffentlichung seiner Ideen wurde: Kopernikus ist für die Physik ein ungemein wichtiger Markstein, für das Sprechen über das Verhältnis des Menschen zu seiner Welt bedeutet das Ereignis des Auftauchens des nach ihm benannten Weltsystems aber nicht weniger als eine Revolution. Diese Revolution, die mit Giordano Brunos Kopernikus-Rezeption ihren Höhepunkt erreicht, findet ihren Ausdruck nicht zuletzt in Überlegungen zu Gabe und Diebstahl.

Kopernikus' Argumentation in *De Revolutionibus Orbium Coelestium* sieht die Sonne als herrschaftliches Zentrum und Ursprung einer Gabenbeziehung, und verbleibt damit im Rahmen der mittelalterlichen Betrachtung des Herrschers als Gebendem:

> So lenkt in der That die Sonne, auf dem königlichen Throne sitzend, die sie umkreisende Familie der Gestirne. Auch wird die Erde nicht des Dienstes des Mondes beraubt, sondern, wie Aristoteles in ‚de animalibus' sagt, der Mond hat zur Erde die grösste Verwandtschaft. Indessen empfängt die Erde von der Sonne und wird schwanger mit jährlicher Geburt.[42]

Wo im ptolemäischen Sphärenmodell alle Vektoren auf die Erde ausgerichtet waren, wird sie hier in einer Sprache beschrieben, die sie zum Empfangenden, zum Abhängigen und zum Eigenschaftsträger macht. Aber hinter diesen Formulierungen von Gabenrelationen und abgewendeten Beraubungen, mit denen Kopernikus sein heliozentrisches Weltbild entwirft, erkennt Hans Blumenberg ein Diebstahlsverbrechen, das noch über die Vorwürfe hinausgeht, die Kopernikus wegen seiner Ausführungen trafen. Kopernikus wurde vorgeworfen, er würde den menschlichen Verstand über die göttliche Ordnung stellen und es wagen, eine himmlisch vorherbedachte und von Gott erschaffene Ordnung aus Vernunftgründen umzustrukturieren. Dieser Vorgang der Übertragung der Ordnungshoheit von Gott auf

---

42 Nicolaus Kopernikus: Über die Kreisbewegungen der Weltkörper. Übers. v. C. L. Menzzer. Thorn 1879. S. 27f.

die Menschen kann in einen Entwendungsvorgang an Gott übersetzt werden. Um diesen Diebstahl an Gott erklären zu können, den Blumenberg als revolutionären Kern des Kopernikanischen Weltmodells feststellt, muss auf die astronomischen Eigenheiten der konkurrierenden Systeme eingegangen werden, und vor allem darauf, welche philosophischen und metaphysischen Folgerungen die jeweiligen physikalischen Grundannahmen nahe legten. Die von Gott gewollte Sphärenordnung hatte sich, seit Aristoteles ihre physikalischen Grundlagen dargelegt und Ptolemäus sie zum Weltmodell entwickelt hatte, als reichlich komplex herausgestellt.[43] Die für eine wenigstens zureichende Erklärung des Kosmos nötige Überlagerung von zyklischen Planetenbahnen und den epizyklischen Abweichungen der Sphärenbewegungen war von einer so ungünstigen Umständlichkeit, dass sie mit zunehmend banaleren theologischen Motiven ergänzt und ausgeglichen werden musste:

> Die Anstößigkeiten und Schwierigkeiten des überlieferten Systems der Naturerklärung waren jahrhundertelang hingenommen worden als providentielle Formen der Erfahrung menschlicher Endlichkeit und demütiger Anerkennung der Misere einer menschlich auszustehenden Urverfehlung, die gerade als Anmaßung nicht zustehenden Wissens gedeutet wurde.[44]

Die Herrschaft über die Sphärenbewegungen lag bei dem unendlichen Gott der äußersten Sphäre, der die den menschlichen Verstand übersteigenden Bewegungen der Schalen auf seinen unergründlichen Ratschluss hin sogar stillstellen konnte, wenn sein Weltenplan dies nötig machte. Der biblische Aufweis dieses uneingeschränkten Kosmosregiments wurde in dem Vers gefunden, in dem Josua den Himmelskörpern innezuhalten befiehlt und Gott dem nachkommt: „Sonne stehe still zu Gibeon, und Mond im Tale Ajalon!"[45] Von seiner äußersten Position aus war Gottes imperative Regulation der Himmelsbewegungen mit Mitteln metaphysischer Macht evident, die allerdings schwieriger zu rechtfertigen wurde, wenn er nur noch transzendent und ortlos im Weltensystem präsent war, wie Kopernikus' Modell dies nahelegte. Es war diese Erklärbarkeit der wunderbaren Ausnahmen in einer physischen Welt unter Zuhilfenahme der Allmacht, an der Kopernikus Anstoß nahm. Auch wenn sein ganzes System in einem weitgehend konservativen Gestus vorgetragen wird, besteht seine grundlegende Annahme in der vollständig rationalen Erklärbarkeit der Welt: Für den „mirabilissimus cursus",[46] die Schleifenbewegungen des Planeten Merkur, hat er zwar in seinem ersten Werk noch keine Erklärung bereit, ist jedoch sicher, dass dafür mit geschärften Sinnen und unter Anstrengung der Logik eine Erklärung zu finden sei, die nicht auf göttliches Wunderhandeln zurückgeführt werden müsse.

---

43 Aristoteles, und damit die logisch-philosophischen Grundlagen wurden erst spät im Mittelalter rezipiert, weswegen die Auseinandersetzung mit Ptolemäus sowohl mit der genauen Beobachtung der Bewegungen der Himmelskörper als auch mit der Zugänglichkeit von Aristoteles-Übersetzungen begann.
44 Hans Blumenberg: *Die kopernikanische Wende*. Frankfurt a. M. 1965. S. 9.
45 Josua 10,12.
46 Blumenberg: *Kopernikanische Wende*. S. 86.

Die Verlagerung des ‚Ortes Gottes' im Kosmos von der äußersten, den ganzen Kosmos umgreifenden Schale zur nur noch metaphorisch-symbolischen Lichtquelle im Zentrum des Kosmos und die Behauptung der wissenschaftlichen Erklärbarkeit der Welt bedeuteten zweierlei: Erstens war damit, was vielfach bemerkt und als dramatischer Kern der kopernikanischen Revolution wahrgenommen wurde, die Erde aus ihrer Mittelpunktsposition gerissen und in eine periphere Position gerückt: Sie war damit nur ein gewöhnlicher Planet in einer Reihe von Himmelskörpern, die in einem ins Unendliche geöffneten Raum um die Sonne kreisten. Das bedeutete die berühmte „Kränkung"[47] des Menschen, nicht im Zentrum eines pyramidal über ihm angelegten, sphärisch abgeschlossenen Kosmos zu stehen.[48] Diese Kränkung muss allerdings präzisiert werden durch die Betonung der Tatsache, dass die Erde im mittelalterlichen Weltbild nicht nur im Zentrum, sondern auch ganz unten stand und gegenüber den sie umgebenden feinstofflicheren Schalen durch ihre niedrige und sündige Materialität gekennzeichnet war.[49] Die Erde war im alten Weltsystem als besonders markiert, und zwar als besonders zentral, da besonders unvollkommen. Aus dieser Position eines vielleicht nicht ehrenvollen, aber dennoch wichtigen Mittelpunktes wurde sie an einen zufälligen Randplatz verdrängt; plötzlich sollte es andere Planetenwelten wie die der Erde geben. Dass die kopernikanische Erniedrigung der Wohnstatt des Menschen eine humanistische Erhöhung seiner intellektuellen Durchsetzungskraft bedeutete, ist die Dialektik, die auch in den folgenden, auf diese Urkränkung Bezug nehmenden „kopernikanischen Revolutionen" Kants, Darwins und Freuds liegt: Immer wurde der Mensch vordergründig eines adligen Zuges beraubt, um aber im Gegenzug als eben derjenige dazustehen, der diese Beraubung und Kritik selbst vorzunehmen in der Lage ist und der sich alten hinderlichen Ballastes entledigt, um größeres Wissen und selbstbewusstere Natur- und Götterbeherrschung zu beanspruchen. Die Zer-

---

47 Der Begriff der drei Kränkungen des Menschen – der kopernikanischen, derjenigen durch Darwin und der durch ihn selbst – wurde von Sigmund Freud geprägt: Freud: „Eine Schwierigkeit der Psychoanalyse." In: Ders.: *Gesammelte Werke*. Band XII. S. 3-12, hier S. 7ff.

48 Tycho Brahe, der vehemente Verteidiger des ptolemäischen Weltbildes bekam über seinem Grab den im Zusammenhang des Konfliktes von ‚Haben' und ‚Sein', der in dieser Arbeit im Kapitel über Hegel besprochen wurde, den Wahlspruch „esse potius quam haberi" eingemeißelt. Dieser Satz, der übersetzt werden muss als „Das Sein ist gewichtiger als die Eigenschaften", oder freier, die Substanz ist von größerer Macht als die Akzidenzien, lässt etwas davon erahnen, wie sich der Wandel von einer auf die Existenz zentrierten Philosophie zur Möglichkeit, in Begriffen des Habens über sie nachzudenken, im frühen bürgerlichen Denken vorbereitete. Brahes aufwändige Bemühungen, die Erde als das Zentrum der Welt zu bewahren und von sekundären Eigenheiten rein zu halten, lässt diesen Satz als letzte Verteidigung eines seins- und ordozentrierten astronomischen Weltbildes erscheinen, das im Umbruch zu einem Wirklichkeitsbild dessen ist, was im Hegel-Kapitel dieser Arbeit als „Wirklichkeitsbegriff des Habens und Aneignens" skizziert wurde. Was von Hegel für das Subjekt entwickelt wurde, hatte eine Vorgeschichte in der Astronomie.

49 Für die mathematischen Berechnungen, die der Epizykeltheorie des ptolemäischen Systems zugrunde lagen und ihr Vergleich mit Kopernikus' Berechnungsannahmen siehe: Ferdinand Hallyn: *The Poetic Structure of the World. Copernicus and Kepler*. New York 1990. Insbes. S. 73-104. Auch die anthropomorphe Darstellung der Welt als ein makrokosmisches Abbild des Menschen wird von Hallyn beeindruckend wiedergegeben.

störung der Illusionen der eigenen Größe kann als Selbstverkleinerung beklagt, aber ebenso als erhebende Selbsterkenntnis verstanden werden.

Damit kann zur Hinführung auf den Diebstahl zurück gekommen werden, den Blumenberg mit seinem sehr genauen Auge für philosophische Details an Kopernikus diagnostiziert hat: Als Kosmosmittelpunkt und niederste Seinsstufe brauchte die Erde keine weiteren Eigenschaften: Solche als Ziel einer Teleologie angelegten Mittelpunktpositionen tendieren dazu, in diesem einen Attribut vollständig definiert zu sein. Die Verrückung der Erde und die Feststellung ihrer Drehung, ihres Gewichts, ihrer Bewegung und Positionierung neben Merkur und Venus als dritte Planetenwelt, nach der Mars, Jupiter und Saturn folgen, ließ sie als eine Welt beschreibbar werden, die nicht mehr durch ihre Singularität, sondern durch Differenzen von anderen Welten, und damit durch spezifische Eigenheiten definiert war. Noch 1588 musste ein zukünftiger Magister der Universität Oxford sich zu der vielsagenden Frage äußern: „Gibt es mehrere Welten?"[50] Dass die Wohnstatt der Menschen einen objektiv eher nur beigeordneten Platz neben anderen beweglichen Welten einnimmt und, statt in den vielzähligen Schalen geborgen zu ruhen, und sich in veränderlichen Relationen zu anderen, ihr ähnlichen Planeten einer Kreisbewegung in einem offenen Raum befindet, ist die zweite und wichtigere Veränderung, die das kopernikanische Weltmodell bedeutete: Durch die Abschaffung des geschlossenen Sphärenmodells verlor der Raum, in dem sich die Planeten bewegten, seine naturgegebenen, schöpfungstheologisch diktierten Grenzen und wurde potenziell unendlich. Nicht nur die Neuordnung der Planetenbahnen von einem hierarchischen zu einem relationalen Modell und die neuen Berechnungsmöglichkeiten der Orte und Bewegungen der Gestirne[51] um einen anderen zentralen Punkt als die Erde, sondern die Ablösung des unsinnig werdenden geschlossenen Schalenmodells ist die Kopernikanische Revolution. Diese Sprengung der Schalen und die Öffnung des Weltmodells hin zur Unendlichkeit des Alls war von buchstäblich weltstürzender Bedeutung: Zwar blieb der „Unbewegte Beweger" der aristotelischen Physik in Kopernikus' Weltmodell beibehalten, aber er war nicht mehr die einzige Instanz, die für sich beanspruchen konnte, unendlich zu sein.[52] Zu Gottes

---

50 Ernst Zinner: *Entstehung und Ausbreitung der Coppernicanischen Lehre.* Vaduz 1978. S. 285.
51 Insbesondere Kopernikus' Berechnungen wurden anfangs in Frage gestellt und korrigiert: sein Weltmodell konnte nicht durch höhere Präzision bestechen, sondern eher durch seinen eleganteren Gestus. Siehe zu den Rechenfehlern des Kopernikus oder seiner Setzer und Rezipienten: Ebd. S. 264ff.
52 Dass das, was Kopernikus' Revolution ausmacht, weniger eine radikale Umwandlung und Neuberechnung aller angenommenen Fakten über die Welt darstellt, als mehr eine Art wissenschaftlicher „Geschmacksfrage", wird in einem Aufsatz von Imre Lakatos u. Elie Zahar ausgeführt: „Why did Copernicus' Research Program supersede Ptolemy's?" In: *The Copernican Achievement.* Hg. v. Robert S. Wesman. Berkeley u. a. 1975. S. 354-383, insbes. S. 360ff. – Diese Darstellung ruht auf Thomas Kuhns Überlegungen zu Paradigmenkrisen auf, die wissenschaftliche Revolutionen vorbereiten. Solche Krisen des Wissenschaftsparadigmas entstehen weniger aufgrund einer faktischen Unbrauchbarkeit konventioneller Denksysteme, sondern mehr im Rahmen einer Art ästhetischer Unzufriedenheit mit vorliegenden Weltmodellen, deren Denkstil und Erklärungsgestus überkommen erscheint. In: Thomas S. Kuhn: *The Copernican Revolution. Planetary Astronomy in the Development of Western Thought.* Cambridge 1957. Insbes. S. 171ff.

metaphysischer Unendlichkeit trat nun die nach Kopernikus zwingend werdende Annahme einer physischen Unendlichkeit des Weltalls hinzu. Was heute wie eine schlichte Begriffsübernahme von einem Feld der spekulativen Welterkenntnis in ein anderes aussieht, war für die mittelalterlichen Wissenschaften eine folgenschwere Grundsatzverschiebung: Gott musste seine Unendlichkeit abgeben, er musste sie mit dem Raum teilen, den der Mensch bewohnte und für sich zu beanspruchen begann.

Diese Verwendung des Attributs der Unendlichkeit, das einem bis dahin Gott allein vorbehaltenen Vokabular entnommen und als Begriff auf das physikalisch erklärbare Universum übertragen wurde, bedeutete das, was Hans Blumenberg als den Augenblick des Beginns der Neuzeit betrachtet. In seiner *Legitimität der Neuzeit*, in der er den Prozess menschlicher Selbstbehauptung untersucht, bezeichnet Blumenberg diesen Vorgang der physikalischen Aneignung der bis dahin nur metaphysischen Unendlichkeit unumwunden als „Gottesraub"[53]: Gott wurde das Attribut der Unendlichkeit gestohlen.[54] Die Säkularisierung und die neuzeitliche Bewusstwerdung des Menschen über sich selbst bestand in der oft unbewusst vorgenommenen Aneignung von Begriffen aus der Sphäre der Religion in die profane, aber zunehmend wichtiger werdende Welt des Menschen. Dass das inquisitorische Verbot, über die Verweigerung der Annahme von Gottesgeschenken auch nur nachzudenken, bei einem auch nur angedeuteten Diebstahl an Gott in höchste Unruhe versetzt wurde, lässt sich leicht vorstellen. Wenn der dogmatisch mit Begrenztheit begabte Mensch plötzlich die Unendlichkeit für sich reklamierte, war jede auf seiner existenziellen Eingeschränktheit und Unterlegenheit basierende Ordnung in Gefahr.

Bei Kopernikus lag die Annahme der Unendlichkeit der Welt noch implizit im Hintergrund seiner eher verhaltenen Neubeschreibung des Sternensystems, die mehr als Rechenhilfe denn als Neuordnung des Kosmos gedacht war. Erst von Giordano Bruno wurde dieses Detail der Unendlichkeit der physischen Welt als die Revolution erkannt und propagiert, als die es heute gilt. Der aus einem über Jahrhunderte hinweg entwickelten und stabilisierten Begriffssystem metaphysischer Einheit und Gottzentriertheit entwendete Unendlichkeitsgedanke hatte für Kopernikus selbst und für seine unmittelbaren Zeitgenossen noch nicht die Bedeutung, die Giordano Bruno ihm wenig später beilegte:

> Jetzt aber durchdringt der Geist den Himmel, [...] er tritt ein in ein Unendliches, er durcheilt verklärt die Himmelswelt, er streift durch die Kreise der Gestirne, er überfliegt [transvolat] die eingebildeten Schranken der Welt und die Grenzen der Sphären

---

53 Blumenberg: *Legitimität*. S. 26.
54 Blumenberg bezieht sich mit seiner Formulierung des Gottesraubes auf eine Stelle aus Carl Friedrich von Weizsäckers *Die Tragweite der Wissenschaft*. Band I. Stuttgart 1964. S. 180.: „In der Neuzeit übernimmt die Welt dieses Attribut Gottes; die Unendlichkeit wird säkularisiert." Dass Blumenberg die hinter diesem Vorgang liegende Geste radikalisiert und aus dieser Übernahme einen Begriff der Entwendung macht, liegt nicht zuletzt daran, dass der erste Teil der *Legitimität der Neuzeit* gerahmt ist von Fragen der Legitimität und Illegitimität der Aneignung von Begriffen.

> [...], die nur Erdichtungen der Blindheit der Philosophen und der Eitelkeit der Mathematiker sind: alle sphärischen Mauern verschwinden. Vor den Augen der sinnlichen Wahrnehmung und der Vernunft werden die Geheimnisse der Wahrheit [claustra veritatis] mit dem Schlüssel entdeckender Forschung aufgetan.[55]

Die Welt öffnet sich und wird grenzenlos – und an dieser Grenzenlosigkeit hat der menschliche Geist seinen Anteil. Die Feier der neuen Unendlichkeit der Welt geht über in die Begeisterung über die unendlich werdende menschliche Erkenntnisfähigkeit:[56] Hier stehen nicht mehr die Probleme einer Neuordnung der Himmelskörper im Vordergrund, sondern der Vorgang wirkt sich auf die menschliche Erkenntnisfähigkeit aus, die dadurch ebenfalls potenziell gottähnlich wird. In dem Zitat wird aber ebenfalls etwas anderes deutlich: Bruno spricht nicht mehr astronomisch, sondern erkenntnistheoretisch. Dieser Sprung von der physikalischen zu seiner metaphorischen Bedeutung als eine Potenz des Menschen ist bezeichnend, stellt er doch denselben Sprung dar, wie es der war, mit dem von Prometheus' Feuer zum Verständnis dieses Feuers als der menschlichen Möglichkeit der Welterkenntnis gelangt wurde. Der Mensch, der nun – wie in Hesiods Prometheus-Erzählung – Zugriff auf ein Eigentum hat, das vorher nur im göttlichen Bereich gelegen hat, erhält damit ebenfalls göttliche Eigenschaften.[57]

In Brunos Naturtheorie, in der die „Philosophie als Kampftheorie"[58] auftaucht, gewinnt der Mensch die Möglichkeit zu unendlich fortschreitender Erkenntnis. Dies zeigt sich auch in der Freiheit der Formulierungen, die Bruno möglich waren: Wo bei Kopernikus in den Positionen der Himmelskörper noch klare Hierarchien und eine nicht weiter hinterfragbare Ordnung ausgedrückt waren, sind diese Rangverhältnisse mit ihren „Grenzen" und „eingebildeten Schranken" nur noch „Er-

---

55 Zitiert nach: Stephan Otto (Hg.): *Renaissance und frühe Neuzeit. Geschichte der Philosophie in Text und Darstellung.* Stuttgart 1986. S. 332f. [Klammern im Original.]
56 Für eine Beschreibung von Brunos enthusiastischer Bewunderung der Ästhetik des kopernikanischen Weltmodells, siehe: Anne Eusterschulte: *Giordano Bruno zur Einführung.* Hamburg 1997. S. 112ff.
57 Es muss allerdings bemerkt werden: Meister Eckhart hatte schon zweihundert Jahre bevor Kopernikus mit seinem Kosmoskonzept die Äquivalenz Gottes mit der Welt entwarf, die Frage danach, wieso Gott die Welt zu eben diesem bestimmten Zeitpunkt erschaffen habe, beantwortet mit einem lakonischen „non potuit, eo quod non esset". [Zitiert nach: Kurt Flasch: *Meister Eckhart. Philosoph des Christentums.* München 2010. S. 146.] Diese gewagte Annahme, dass Gott erst gleichzeitig mit der Welt existent wurde und damit als ihr gleichwertig gelten musste, wurde in Eckharts Prozess ebenfalls als eine der eindeutig häretischen Aussagen verurteilt. Doch zeigt sich hier, dass die tendenzielle Gleichsetzung oder wenigstens Gleichrangigkeit der Welt mit Gott als Beginn der Neuzeit eine bestimmte Vorbereitung hatte: Wenn auch Eckharts phänomenologisch orientierte theologische Aussage nicht die Wirkungsgeschichte hatte, die Kopernikus mit seinem empirisch verifizierbaren Weltmodell erreichte, ist darin schon die Enteignung Gottes um seine wichtigste Eigenschaft angedeutet: Wird ihm der Alleinanspruch auf zeitliche und räumliche Unendlichkeit weggenommen, verliert der christliche Gott vor einem seiner selbst bewusst werdenden Menschen seine Überlegenheit.
58 Jens Brockmeier: *Die Naturtheorie Giordano Brunos. Erkenntnistheoretische und naturphilosophische Voraussetzungen des frühbürgerlichen Materialismus.* Frankfurt u. New York 1980. S. 52ff.

dichtungen der Blindheit der Philosophen". Der Stufenfolge des Kosmos wird nun die Vernunft vorgeordnet, um diese getäuschten Wahrnehmungen und Illusionen aufzulösen. Es war diese von Giordano Bruno mit so viel Emphase vorgebrachte Fähigkeit des menschlichen Verstandes, die die geistesgeschichtliche Wende der Kopernikanischen Revolution darstellte. Die Sterne, die Sonne und die Planeten hatten ‚nur' ein neues, weniger umständlich zu berechnendes Arrangement bekommen, aber wo der Mensch vorher mit theologischer Logik und nötigenfalls auch mit inquisitorischer Gewalt ermahnt wurde, sich in sein schicksalhaftes Nichtwissen und in seine beschränkte Erkenntnisfähigkeit zu ergeben, war er jetzt das Subjekt der unbegrenzten Erkenntnis und radikaler Illusionskritik. Dass der Mensch jetzt, da er sich als Begleiterscheinung eines weitgehend abstrakten Paradigmenwechsels in der Astronomie in die Lage versetzt sah, nicht nur die Physik der Welt zu erklären, sondern auch die metaphorischen und allegorischen Konstrukte zur Weltabsicherung seiner Kritik zu unterwerfen, lässt erkennen, weshalb es den Hütern des theologischen Weltsystems so wichtig war, Giordano Bruno zu verbrennen und seine Gedanken auszutilgen: Mit der kopernikanischen Ordnung der Welt hätten die Inquisitoren, so könnte man annehmen, ihren Frieden machen können, da Gottes Allmacht durch eine andere Aufstellung der Himmelskörper noch nicht wesentlich eingeschränkt war, aber die potenziell möglich gewordene grenzenlose Illusions- und damit Religionskritik und die Erststellung des Menschen vor den Darstellungen und Bildern seines Platzes in der Welt in Brunos Äußerungen musste der Kirche unerträglich sein. Die Philosophie tritt hier zum ersten Mal als kämpferisch-aufklärerische Disziplin auf. Von diesen Aspekten her den Vorgang der durch Kopernikus ausgelösten Revolution als Revolution der Metaphern betrachtend, verwundert es nicht, dass spätere Religionskritiker auf den Gestus und die Begriffe Brunos Bezug nahmen. So konnte Karl Marx seine Religionskritik noch 250 Jahre später in den kosmologischen Begrifflichkeiten Giordano Brunos ausdrücken und von seinem Materialismus als einer astronomischen „*Wahrheit des Diesseits*"[59] sprechen:

> Die Kritik der Religion enttäuscht den Menschen, damit er denke, handle, seine Wirklichkeit gestalte wie ein enttäuschter, zu Verstand gekommener Mensch, damit er sich um sich selbst und damit seine eigene wirkliche Sonne bewege. Die Religion ist nur die illusorische Sonne, die sich um den Menschen bewegt, solange er sich nicht um sich selbst bewegt.[60]

---

59 Karl Marx: *Kritik der Hegel'schen Rechtsphilosophie*. In: *MEW.* Band I. S. 378. [Kursiv im Original.]
60 Ebd.

2|2|6
Der gaunerhafte Prometheus Blumenbergs gegen den heroischen Prometheus Heideggers

Im kopernikanischen Diebstahl, der Blumenbergs philosophischem Großprojekt der Feststellung der *Legitimität der Neuzeit* zufolge die Neuzeit und die Aufklärung ermöglicht, hilft kein Titan mehr den Menschen: Es gibt keine Vermittlung mehr durch einen titanischen Gott oder Göttersohn, der stellvertretend für den Menschen stiehlt und ihm das Gestohlene doch wieder nur als eine Gabe überlässt. Die Aneignung der Unendlichkeit von Gott wird in der Neuzeit vom Menschen selbst ausgeführt; ab diesem Zeitpunkt entwickeln sich die Wissenschaften als aneignende und kritische weiter und gelangen in den Status einer Autonomie von theologischen Festlegungen und mythisch begründeten Weltmodellen.

Wo in der Antike Prometheus als eine hybride Gestalt mal den Menschen, mal den Göttern näher steht, steht sein Diebstahl immer in Gefahr, doch wieder zu einer Gabe zu werden. Bei Hesiod ist Prometheus eindeutig von den Göttern distanziert und steht kritisch zu ihrer Herrschaft, bei Platon ist er ein dienender Teil des Pantheons, und sein Diebstahl kippt in die Gabe an die Menschen. Erst in der Moderne konnte sich der Mensch als der Prometheus seines eigenen Geschicks erkennen und auf ihn als auf eine Mittlerfigur verzichten. Der Mensch, der selbst die Rolle des Prometheus zu übernehmen versucht, tendiert dazu, das Weltenwendende und Endgültige dieser Geste zu betonen und die Großartigkeit seiner selbst zu übertreiben. Der Prometheus, in dem sich der Mensch selbst erkennen will, erhält damit wieder das Auftreten als pathetischer Rebell und Götterstürzler. Goethes in seiner selbstherrlichen Wuchtigkeit etwas überspannt wirkender Prometheus wurde oben bereits erwähnt. Die Untersuchung des Weges des Prometheus-Mythologems soll hier mit zwei der jüngsten, vielsagendsten und miteinander unverträglichsten Berufungen auf den ganzen Komplex vorerst abgeschlossen werden. Prometheus als der erste Philosoph und als Diener der Herrschenden, wie er uns bei Platon und Julian begegnet ist, hatte in Martin Heideggers Rektoratsrede vom Mai 1933 einen letzten und so unerwarteten wie typischen Auftritt:

> Bei den Griechen ging ein alter Bericht um, Prometheus sei der erste Philosoph gewesen. Diesen Prometheus läßt Aischylos einen Spruch sagen, der das Wesen des Wissens ausspricht:
>
> τέχνη δ'ἀνάγκης ἀσθενεστέρα μακρῷ (Prom. 514, ed. Wil.)
>
> „Wissen aber ist weit unkräftiger denn Notwendigkeit." Das will sagen: jedes Wissen um die Dinge bleibt zuvor ausgeliefert der Übermacht des Schicksals und versagt vor ihr. Eben deshalb muß das Wissen seinen höchsten Trotz entfalten, für den erst die ganze Macht der Verborgenheit des Seienden aufsteht, um wirklich zu versagen. So öffnet sich gerade das Seiende in seiner unergründbaren Unabänderlichkeit und leiht dem Wissen seine Wahrheit.[61]

---

61 Martin Heidegger: *Die Selbstbehauptung der deutschen Universität. Das Rektorat 1933/34*. Hg. v. Hermann Heidegger. Frankfurt a. M. 1983. S. 11.

Was Heidegger hier über seine Vision von Prometheus anklingen lässt, wird im Weiteren mit Formeln des Pathos und der schicksalhaften Größe belegt: von „Standhalten", „Ausgeliefertsein" und von der „Macht der tiefsten Bewahrung" der „erd- und bluthaften Kräfte als Macht der innersten Erregung und weitesten Erschütterung seines [des Volkes, A.G.] Daseins."[62] Der Philosophie, der die Führung der Wissenschaften zugetraut wird, kommt dabei die gewichtigste Rolle zu. Prometheus als erster Philosoph wird für Heidegger zum Paten einer Wissenschaft, die sich heroischer kaum gebärden könnte:

> Wollen wir dieses Wesen der Wissenschaft, dann muß die Lehrerschaft der Universität wirklich vorrücken in den äußersten Posten der Gefahr der ständigen Weltungewißheit. Hält sie dort stand, d. h. erwächst ihr von dort – in der wesentlichen Nähe der Bedrängnis aller Dinge – das gemeinsame Fragen und gemeinschaftlich gestimmte Sagen, dann wird sie stark zur Führerschaft. Denn das Entscheidende im Führen ist nicht das bloße Vorangehen, sondern die Kraft zum Alleingehenkönnen, nicht aus Eigensinn und Herrschgelüste, sondern kraft einer tiefsten Bestimmung und weitesten Verpflichtung.[63]

Prometheus taucht in der ganzen bisher publizierten Philosophie Martin Heideggers nur an dieser einen Stelle auf. Dass er für einen Moment von Heidegger zum Urbild allen waltenden Denkens gemacht werden konnte, ist der Situation geschuldet, in der Heidegger so zu sprechen müssen glaubte: In der berühmten Rede drei Monate nach der Machtergreifung der Nationalsozialisten und knappe drei Wochen nach seinem Beitritt zur NSDAP, aus der je nach Deutung seine Nähe oder kritische Ferne zum Nationalsozialismus herausgelesen wurde,[64] reklamiert Heidegger Prometheus für eine Wissenschaftlichkeit, die sich in Zeiten, in denen wieder Ideen absoluter Allmacht im politischen Diskurs auftauchen, heroisch zu behaupten weiß. Von Hesiods stillem Prometheus, der sich mit dem Narthexrohr von Apollons Sonnenwagen wegschleicht, ist hier nichts übrig: Bei Heidegger muss er Stärke und Führerqualität beweisen. Der unschwer zu begründende Vorwurf, vielleicht nicht dem Führer, so doch dem Gedanken des Führertums nahe gestanden zu haben, wurde von Hans Blumenberg aufgegriffen, der in der Rede Heideggers in erster Linie ein „schwer erträgliche[s] Stück Sprachgeschwulst"[65] erkennt. Prometheus, den Blumenberg in einer „Grundgebärde einer entchristlichten Demut"[66] auftauchen sieht, mag von Heidegger zur Annäherung an den oder kri-

---

62 Ebd. S. 14.
63 Ebd.
64 Zu den unterschiedlichen Einschätzungen bezüglich Heideggers Nationalsozialismus, die von der Annahme seiner Widerständigkeit bis hin zur Deutlichmachung gehen, dass aus jeder seiner Zeilen der Faschismus spricht, siehe: Dieter Thomä: „Heidegger und der Nationalsozialismus." In: Ders. (Hg.): *Heidegger-Handbuch. Leben-Werk-Wirkung.* Stuttgart u. Weimar ² 2013. S. 108-132.
65 Hans Blumenberg: „Keine Promethiden mehr." In: Ders.: *Die Verführbarkeit des Philosophen.* Frankfurt a. M. 2005. S. 56-62, hier S. 60.
66 Ebd.

tischen Distanzierung vom Nationalsozialismus verwendet worden sein.[67] Das ist von der Rektoratsrede mit ihren schwer zu durchdringenden Pathosformeln allein ausgehend kaum zu entscheiden. Was in der Untersuchung der Geschichte der Gestaltungen des Prometheus-Mythos aber auffällt, ist, dass Prometheus hier wieder in seiner alten Doppelrolle als der Diener der Herrschenden wie auch als Seinsheros auf die Bühne tritt. Die „Ausnahme Prometheus"[68] in Heideggers Philosophie ist damit dem dienenden Prometheus nicht unähnlich, der von Platon beschrieben wurde und der durch Julianus Apostata für den Dienst an den alten Göttern und am allmächtigen Kaiser reklamiert wurde. Statt des Philosophenrebellen erkennt Blumenberg in Heideggers Prometheus-Vereinnahmung „Demutsphrasen gegenüber schwer bestimmbaren Instanzen", die „Bindung, Fügung, Verwurzelung, Auftrag, Prägekraft und anderes beinhalten, was nur durch Unterwerfung beantwortet werden kann."[69] Was bei Heidegger als Selbstbehauptung im demütigen Dienst an deutscher Geistesgröße auftaucht, hat wenig von der scharfmacherischen Größe, die in der Rede Heideggers so oft vermutet wurde, sondern ist die Fügung des Diebes in das Verhältnis des Dienstes für die Herrschaft, und, mit Hegel gesprochen: in den Status des weltbildenden Knechtes. Mit Heideggers Rede hat der Mythos von Prometheus eine letzte und kaum noch steigerbare Aktualisierung ins Heroisch-Göttliche erhalten. Damit soll die hier versuchte Untersuchung des Mythologems aber nicht enden; Hans Blumenbergs Reaktion auf Heideggers fast messianische Anrufung des rettenden Gottes Prometheus verdient noch genauer untersucht zu werden: Sein Prometheus hat etwas dezidert schelmisches, wo Heideggers Prometheus vor dienend-führender Kraft kaum mehr im Raum der Sprache auszudrücken ist.

Im Kontext des Blumenberg'schen Werkes ist eine so harsche Verurteilung der Aktualisierung eines Mythos auffällig. Meist registriert Blumenberg nur in distanzierter Gelehrtheit, wie Prometheus in der jeweiligen Epoche in Erscheinung trat und behandelt die jeweilige Mythen-Version höchstens mit süffisanter Kritik – ein so passionierter Angriff auf eine Ausarbeitung des Mythos wie Blumenberg ihn gegen Heidegger richtet, ist auffällig. Für Hans Blumenberg bedeutet Prometheus die Figur, in der die „Arbeit am Mythos" am treffendsten illustriert ist. In der *Arbeit am Mythos*, die neben der *Legitimität der Neuzeit* als sein Hauptwerk gilt, geht Blumenberg geduldig den vielfältigsten Umwandlungen und Bearbeitungen des Prometheus-Mythos nach, der zu jeder Zeit das wiederspiegelt, was der Mensch in der Kultur zur Verarbeitung und Bewältigung des „Absolutismus der Wirklichkeit"

---

67 Der mit den *Schwarzen Heften* neu entbrannten Debatte, ob Heidegger nun als Nationalsozialist zu bezeichnen ist oder nicht, wird hier nicht gefolgt. Seine Position hat deutliche Ähnlichkeiten mit denen anderer Vertreter der Konservativen Revolution, und ist insofern zwar eindeutig differenziert vom Nationalsozialismus zu betrachten, seine Mitgliedschaft in der NSDAP legt aber nahe, dass er keine Kritik empfand, die ihn so fundamental betroffen hätte, dass er wenigstens den Austritt hätte vollziehen müssen. Martin Heidegger: „Überlegungen I-XV. (Schwarze Hefte 1931-1948)". Hg. v. Peter Trawny. In: *Gesamtausgabe*. Band 94-97. Frankfurt a. M. 2014.
68 Blumenberg: *Verführbarkeit*. S. 57.
69 Ebd.

leisten musste. Blumenberg lässt sich dabei aber an keiner Stelle der *Arbeit am Mythos* zu der positiven Feststellung einer Art bleibenden Kerns des Prometheus-Mythologems hinreißen.⁷⁰ Er betont dagegen die unendliche Variierbarkeit eines jeden Mythos. Dass er aber den Prometheus Heideggers so vehement ablehnt, legt nahe, dass er eine klare Vorstellung davon hatte, was Prometheus *nicht* war. Daher muss an anderer Stelle nach Blumenbergs Bild des Prometheus gesucht werden, an dem ein Grund für seine leidenschaftliche Verurteilung des heidegger'schen Prometheus-Bildes durchscheinen könnte: An einem Punkt, an dem er idealerweise den die Neuzeit einleitenden Gottesraub mit Prometheus in Verbindung bringt, könnte ein Grund für seine so radikale Ablehnung von Heideggers Prometheus in Dienergestalt sichtbar werden. Und tatsächlich gibt es einen Text aus dem Umfeld der *Arbeit am Mythos*, in dem ein Hinweis darauf zu finden ist, in welcher Gestalt Blumenberg seinen eigenen Prometheus imaginierte: In seinem berühmten, für die vierte Sitzung der *Poetik und Hermeneutik*-Tagungen geschriebenen Text „Wirklichkeitsbegriff und Wirkungspotenzial des Mythos" bespricht er die Rezeption des Prometheus des technischen Zeitalters, in der er als Menschheitsheros mit großem Gestus für die Selbstbehauptung des Menschen einstehen muss.

Den als kleinere Version der *Arbeit am Mythos* legendär gewordenen Vortrag hielt Blumenberg aufgrund seines Ausscheidens aus dem *Poetik und Hermeneutik*-Projekt schon nicht mehr selbst, sondern ließ ihn von einem dort anwesenden Kollegen vorlesen. In welcher vermutlich leicht betretenen Atmosphäre dieser Text des scheidenden Initiators der Forschungsgruppe verlesen wurde, ist nur aus der im Band mitabgedruckten Diskussion zu ahnen, die sich spürbar an einem philosophisch-mythographischen Testament eines abspenstig Gewordenen abarbeitet. Blumenberg waren die Inhalte der minutiös dokumentierten Diskussion sicher zu Ohren gekommen, als er seinen Text für den Druck redigierte. Deswegen sind die Fußnoten im Vortrag insofern von besonderem Interesse, weil sie eine indirekte blumenberg'sche Reaktion auf die polarisierende Diskussion zeigen, bei der er selbst nicht anwesend war. Odo Marquard, der die Diskussion leitete, und der den ersten und umfangreichsten Diskussionsbeitrag einbrachte, spürte in Blumenbergs ganzem Text eine unterschwellige Zielrichtung gegen Heidegger, der eigentlich nur an einer Stelle als Beispiel für eine eschatologische Heilserwartung durch einen rettenden Gott erwähnt wird. Marquard beendete seinen feinfühligen Diskussionsbeitrag mit dem „nicht nur bissig, sondern auch respektvoll gemeinten Satz: die Wirkungsgeschichte Heideggers ist manchmal geradezu spannend."⁷¹ Blumenberg reagiert darauf, indem er in der längsten hinzugefügten und deutlich kommentierenden Fußnote Heidegger und seinen fast messianischen Prometheus näher bespricht und – was für uns vielleicht am interessantesten ist – die Kontur seiner ei-

---

70 Weiter oben wurde bereits erwähnt, dass Blumenberg aber eine absolut stabile Kontinuität des Prometheus-Mythos aussparte: Die des Namens Prometheus, der in jeder der Variationen des Mythologems auftaucht, die Blumenberg untersucht.
71 Marquard: Erster Diskussionsbeitrag: „Erste Diskussion. Mythos und Dogma." In: Fuhrmann: *Terror und Spiel*. S. 527-547, hier S. 530.

genen Wahrnehmung der Prometheus-Figur zeichnet. Auf ein Heidegger-Zitat vom „höchsten Trotz" folgend, für den „die höchste Macht der Verborgenheit des Seienden" aufstehen muss, „um wirklich zu versagen" was Blumenberg lakonisch als „heroischen Nihilismus" diagnostiziert, schließt er diese Feststellung an, in der seine gesamte Mythentheorie zusammengefasst ist:

> Man bedenke dagegen, wie schon die antike Komödie die promethische Theomachie ‚heruntergespielt' hatte – der Mythologie darin ganz konsequent folgend, wie ich meine, deren ganze Intention ‚Herunterspielen' der großen Gott-Mensch-Konflikte war –: der Prometheus der Komödie ist „nur noch der kleine Gauner, der den Göttern das Opferfleisch stiehlt."[72]

Wo Heideggers Prometheus denkbar dramatischen höchsten Trotz entfaltet, ist Blumenbergs an dieser Stelle aufscheinende Prometheus-Definition kleiner: Sein „Raub am Göttlichen"[73] hat keine fundamentalontologische Gravitas, in der das Ganze des Seins aufs Spiel gesetzt zu sein scheint, hier ist Prometheus nicht mehr als ein Gauner, und darin gezielt dem hesiod'schen planenden Dieb ähnlich. Wo Heidegger in der Nachfolge des neunzehnten Jahrhunderts Prometheus noch als titanischen Heros der philosophischen Weltbewältigung sah, lässt Blumenberg ihn wieder als den eher verschlagenen Störer einer zu ordentlichen und zu olympischen Welt dastehen. Der großen Geste Heideggers hält Blumenberg die zweideutige Kleinheit und das Gaunertum der Philosophie und Mythologie entgegen, die sich nicht um die allertiefsten Fragen bemüht, sondern die alle Totalität in die Kleinheit des einfachsten Fragens übersetzen kann. Blumenbergs Anliegen ist in dieser minimalen Prometheus-Version selbst das des „Herunterspielens": Die Depotenzierung des Mythos und eine Verkleinerung der Gewalten, die den Menschen bedrohen oder ihm dienstbar sein können. Blumenbergs Form der Selbstbehauptung des Menschen ist die Depotenzierung und Entmachtung der Gewalten in der Bearbeitung der Mythen. Blumenberg betreibt dazu ebenso Philosophie und Philosophiekritik wie er selbst den ihm so wichtigen Mythos fortschreibt. Seine minimale Version ist dabei nicht weniger suggestiv als die Heideggers. Sie ist nur dem Punkt näher, zu begreifen, was der Dieb als kleine Figur im Mythos bedeutet, während Heideggers Prometheusdeutung die imposantere, aber auch leicht ins Groteske kippende Gestalt des übergewaltigen existenzialen Empörers im Dienst der allerhöchsten Mächte heranzuziehen versucht.[74]

---

72 Blumenberg: *Wirklichkeitsbegriff*. S. 27. [Das Zitat vom „kleinen Gauner" verweist auf: Carl Schneider: *Geistesgeschichte des antiken Christentums*. München 1954.]
73 Ebd.
74 Blumenberg erhält hier eine unerwartete Unterstützung: Emmanuel Levinas' *Jenseits des Seins oder anders als Sein geschieht* kann als eine Kritik des Heidegger'schen „es gibt" gelesen werden, das er als absolutes Vertrauen auf die Gabe und Gegebenheit des Seins versteht. Die Herrschaft des „es gibt", die sich als die unumgängliche Vorgegebenheit alles Seienden und des Seins in der Sprache zeigt, wird von Levinas als ein noch „der Herrschaft der Götter überlegenes Königtum" (Emmanuel Levinas: *Jenseits des Seins*. S. 25.) beschrieben, für das er nur Abscheu empfindet, das ihm als „dumpfes Rauschen" (S. 307.), als „widerliches Geräusch und Gedränge" (S. 357.) und als „Absurdität" (S. 356.) erscheint. Es überrascht nicht, dass Levinas' Gegenposition in einer „anar-

Den Mythos neu zu bilden, ihn umzuformen und ihn zur „Entlastung vom Absoluten"[75] verwendbar zu machen, ist Blumenberg zufolge die Aufgabe sowohl der Philosophie als auch des Mythos selbst: Sofern danach ein erträglicherer Mythos oder eine sich weniger absolut gebärdende Wirklichkeit erscheint, hat das Sprechen über die Gewalt des Mythischen seine Aufgabe erfüllt. Wenn Prometheus damit vom Gott zum Gauner verkleinert wird, so schrumpfen damit auch der donnernde Zeus und der strahlende Apollon, die Prometheus bestiehlt: Die ganze Mythenwelt und die Philosophie mit ihrer Klärung der allertiefsten Fragen wird merklich erträglicher, wenn ihr ihre potenziell unendliche Größe entwendet wird. Blumenberg versucht, und dem soll in dieser Arbeit gefolgt werden, das kleine Verbrechen des Diebstahls als Begründung und Ursprung einer listigen Aufklärungsarbeit zu retten, ihr etwas Schelmisches zu geben gegen die promethischen Pathosformeln der Reden Heideggers und seiner Vorgänger wie Nachfolger, die sich in Prometheus selbst vergrößert sehen wollten. Zusammenfassend kann also gesagt werden: Prometheus ist ein überstarker Gabenbote oder ein gaunerhafter Dieb, und von diesen beiden Wahrnehmungsweisen hängt jeweils eine ganze Weltsicht ab. Im Folgenden wird der Version des schelmischen, aber stillen und heimlich agierenden Diebes nachgegangen, die bisher noch wenig Beachtung gefunden hat: Das heroisch Dienende des Prometheus steht Kaisern, Führern und beratend führenden Philosophenfürsten zu, nicht aber einem Denken, das die Mächte und Gewalten etwas skeptischer und ihrer Potenz beraubt sehen will.

---

chischen" (S. 222f., 325f., 401), also so ursprungslosen wie unbeherrschten Konzeption der Sprache besteht, die eine Erkenntnis des Anderen ermöglicht, die sich ins Bewusstsein schleicht „wie ein Dieb". (S. 325.) Zum Heidegger'schen „es gibt", siehe Matthias Flatscher: „Derridas ‚coup de don' und Heideggers ‚es gibt'. Bemerkungen zur Un-Möglichkeit der Gabe." In: Ders. u. Peter Zeilinger (Hg.): *Kreuzungen Jacques Derridas. Geistergespräche zwischen Philosophie und Theologie.* Wien 2004. S. 35-53.

75 Odo Marquard: „Entlastung vom Absoluten. In memoriam Hans Blumenberg." In *Poetik und Hermeneutik.* Band XVII: *Kontingenz.* Hg. v. Gerhart von Graevenitz u. Odo Marquard. München 1998. S. XVII-XXVI. – In der Formel der „Entlastung vom Absoluten" liegt allerdings, wie Philipp Stoellger brillant feststellt, ein Doppelsinn, der Marquard entgangen sein mag, auch wenn er durch und durch Blumenberg'sch ist: „den Menschen *und Gott* vom ‚Absoluten' zu entlasten." (Philipp Stoellger: *Metapher und Lebenswelt: Hans Blumenbergs Metaphorologie als Lebenswelthermeneutik und ihr religionsphänomenologischer Horizont.* Tübingen 2000. S. 358, Fußnote 59.) Darin, Gott selbst vom Absoluten zu entlasten, klingt ein leichtes theologisches Schelmentum an, das eine hier nicht weiter ausgeführte Verwandtschaft damit hat, Gott die Unendlichkeit zu stehlen.

DRITTER TEIL

Der wiederholte Anfang: Ödipale und diebische Ursprungsmythen der Bibel und ihre Deutungen

Erstes Kapitel:
Oberfläche und Archäologie des Textes

3|1|1
Der blinde Fleck am Ursprung geschlossener Systeme

> Denn nicht Gott ißt, wenn Peter ißt, nicht er läßt Wasser, nicht er stiehlt; dagegen verleiht er die Kraft zu essen, Wasser zu lassen und zu stehlen, da er die unmittelbare Ursache ist, der keine andere vorausgeht, sondern jede andere folgt, indem sich die Unermeßlichkeit der göttlichen Tat abwandelt.[1]
>
> *Tommaso Campanella*

Das Wissen von der Geschichte entsteht in der Gegenwart, und führt in diese zurück. Dadurch erhält das Wissen vom Anfang des Geschichtlichen die größte Bedeutung für die Gegenwart des Wissens. Was in der Gegenwart über die Geschichte gesagt wird, ist der Kern dessen, was die Gegenwart über sich selbst sagen kann, oder genauer: es ist der Kern dessen, was sie über sich selbst sagen will. Der eigene Blick wird durch das bestimmt, was am Anfang seiner Möglichkeit zu dieser Perspektive liegt, und das nicht nur aufgrund einer kausalen Determinierung und Verkettung der Ereignisse: Die Ursprungsbestimmung legt in jedem Augenblick direkt die Möglichkeiten fest, anhand derer über sie gesprochen werden kann. Diese erste Bestimmung der Möglichkeit allen Berichtens lässt den Ursprung einer Sache eine mythische Qualität annehmen, was dazu führt, dass Ursprungsmythen für die sie erzählende Gegenwart ihre Bedeutung nicht verlieren können. Sie sind die *arché*, die gleichzeitig die Bedeutung des Beginnens wie der Permanenz einer Macht hat, die bestimmt, was überhaupt gesagt werden kann.

Der „Logik kultureller Gründungserzählungen"[2] ist damit die Paradoxie eigen, etwas als absolut gesichert erzählen zu müssen, das für die Möglichkeit des Erzäh-

---

[1] Tommaso Campanella: „Civitas Solis" In: *Der utopische Staat*. Übers. u. hg. v. Klaus Heinisch. Reinbek bei Hamburg [27] 2004. S. 111-169, hier S. 163.
[2] Albrecht Koschorke: „Zur Logik kultureller Gründungserzählungen". In: *Zeitschrift für Ideengeschichte*. Hg. v. Ulrich Raulff u. a. Marbach a. N. 2/2007. S. 5-12, hier S. 12.

lens erst das narrative Fundament bilden soll.³ Die Erzählungen vom Anfang geschlossener Systeme – seien es Denksysteme, Kulturen, Diskurse, philosophische Systeme, Religionen oder Biographien – befinden sich dadurch immer in einem durch sie nicht beobachtbaren Raum, der prinzipiell offen ist für die phantasievollste Spekulation, die oft entweder die Eigenschaften einer finsteren Verschwörung oder einer Utopie annimmt. Die Gründungserzählung hat zur Aufgabe, den schwächsten Punkt des Gegründeten zu beschreiben und gegen Kritik abzusichern, ohne zugeben zu können, dass der Gründungsmythos im Nachhinein verfasst und dass er dem künstlich angeformt wurde, was er als unverfügbar neu zu beschreiben und abzusichern hat. Das erste Beginnen einer sich selbst als neu und als ein Ganzes begreifenden Sache wird dadurch zu ihrem Schwachpunkt, dass ihr die Frage des 'Warum gerade zu diesem Zeitpunkt der Geschichte?', die auch die Frage nach den Bedingungen ihrer Entstehung beinhaltet, nicht zu beantworten ist. Die Peinlichkeit, die den Aufklärern die Frage bereitet hat, weshalb die Vernunft, wenn sie doch universal sei, sich erst so spät in der Menschheitsgeschichte zu regen begann, ist derjenigen ähnlich, die die Kirchenväter zu spüren bekamen, als die Frage sich stellte, weshalb Christus gerade zu diesem Zeitpunkt in der sich doch schon eine beachtliche Zeit abwickelnden heidnischen und damit erlösungsbedürftigen Menschheitsgeschichte auftrat, oder mit welchen Gründen der ewige, völlig zeitungebundene Gott den Anfang der Welt gerade auf den von ihm gewählten Zeitpunkt fallen ließ. Was sich als eine holistische Gesamtheit betrachtet, also jedes System, jede Kultur, jedes Individuum und jeder Diskurs und jede ideologische Konstruktion, hat keine Verfügung über den eigenen ersten Moment, den es unter enormem Rechtfertigungsdruck gewissermaßen aus dem Nichts herbeizaubern muss. In Albrecht Koschorkes Worten:

> Weil Systeme ihrer Natur nach außerstande sind, ihre eigenen Ausgangsbedingungen zu kontrollieren, muß sich der Akt ihrer Instituierung, und sei es für die Dauer eines kaum merklichen Intervalls, gleichsam unter dem freien Himmel kultureller Improvisationen abspielen.⁴

Die Tendenz zum Mythos, die noch die reduziertesten aller Anfangserzählungen in ihrer Bemühung um Vereinfachung und zur intellektuell-logischen Stringenz haben, wird deutlich, wenn das metaphorische Arsenal betrachtet wird, mit dem sie arbeiten und das sie mit Begriffen höchster Steigerung, radikalen Handelns und blendender Neuheit ausstattet: Die uranfängliche Schöpfung der Welt; die absoluten, umstürzenden Revolutionen am Beginn einer neuen Zeit, aus der alles Alte verbannt ist; der Kanonendonner des militärgeschichtlich reichlich unbedeutenden Scharmützels von Valmy, der aber „eine neue Epoche der Weltgeschichte" ein-

---

3 Diese philosophische Frage nach dem Ursprung der Philosophie wurde schon früh einer intensiven Debatte unterworfen. Siehe dazu: Helmut Zedelmaier: *Der Anfang der Geschichte. Studien zur Ursprungsdebatte im 19. Jahrhundert.* Hamburg 2003.
4 Albrecht Koschorke: „Die Ästhetik und das Anfangsproblem". In: Robert Stockhammer: *Grenzwerte des Ästhetischen.* Frankfurt a. M. 2002. S. 146-163, hier S. 148.

läuten soll;⁵ der ödipale Vatermord, der aus der diffus-ungestalten Urhorde unvermittelt eine recht bürgerlich und gesittet anmutende Kultur entstehen lässt; der Auftritt des Staates als Gipfel menschlicher Kultur, dem in humanistisch-aufklärerischen Texten der Urzustand kruder gegenseitiger Feindseligkeit recht unvermittelt Platz zu machen hat. Noch die philosophischsten Anfänge sind immer relativ arbiträre Machtgesten, weil sie nicht nur das Vergangene, sondern auch das Gegenwärtige bestimmen wollen. Die meisten dieser Benennungen anfänglicher Brüche sind radikal formuliert, das Neue ist immer so unerhört und glänzend wie das Alte diffus, kontingent und gestaltlos, bedrohlich, negativ und vor allem: völlig anders als das danach Kommende, das klar gegliedert, vom hellen Licht irgendeiner Neuheit durchstrahlt und verstehbar ist. Ursprungserzählungen operieren mit der Rhetorik harter Kontraste. Um diese sprachliche Funktion der überdeutlichen Distinktionen zu bemerken, die eine häufige Eigenheit von Ursprungserzählungen ist, muss kein Dekonstruktivismus bemüht werden, der mit großer Geste die logozentrischen und an den Anfang rückgebundenen Denkmuster aufdeckt, die den Möglichkeiten unseres Sprechens zugrunde liegen – der aber, nebenbei bemerkt, selbst das Problem seiner Ursprünglichkeit nicht zu lösen weiß.⁶

Die philosophisch reflektierte und historisch erfahrene Antike begegnete dagegen der Frage nach dem Anfang mit einer Haltung, die schon fast als gleichgültig bezeichnet werden kann: In Platons *Timaios* wird der Anfang des Kosmos als etwas Entstandenes und einem Gott zuzuordnendes beschrieben, der Gott ist aber wiederum selbst als Ursprung des Kosmos „schwierig zu finden", „und hat man ihn gefunden, so ist es unmöglich, ihn allen kundzutun"⁷. Aristoteles' elegantere Beseitigung des Problems durch die Annahme eines ewigen Kosmos zeigt noch dieselbe Unbetroffenheit von der Frage nach dem Anfang,⁸ aber am bezeichnendsten drückt sich auch hier der Epikureismus aus: Lukrez' großes Lehrgedicht *De rerum natura* betont explizit, dass die Götter mit der Entstehung der Welt nichts zu tun hatten,⁹ und das Aufkommen der Religion unter den Menschen wird von Lukrez mit einer fast blasierten Distanz als etwas beschrieben, das nur aus einer Vermählung von Weltfurcht und Denkfaulheit geschehen konnte.¹⁰ Ovid lässt die Schöpfung der

---

5 Johann Wolfgang von Goethe, zitiert nach Koschorke: „Gründungserzählungen". S. 5.
6 Zum Begriff des Anfangs liegen neben Albrecht Koschorkes Aufsätzen bereits Nietzsches Unterscheidung von „Anfang" und „Ursprung" aus der *Genealogie der Moral* vor und dazu Foucaults Rezeption in „Nietzsche, die Genealogie und die Historie". In: Dits et Ecrits. Band II. Frankfurt a. M. 2002. S. 166-191.
7 Platon: „Timaios". In: Ders.: *Sämtliche Dialoge*. Hg. v. Otto Appelt. Band VI. Hamburg 2004. S. 29-142, hier S. 46.
8 Diese Unbetroffenheit hat sich im Abendland nicht halten können: „Daher eignet dem Abendlande eine *Entschiedenheit*, die die Dinge auf die Spitze treibt, zur vollsten Klarheit bringt, vor das Entweder-Oder stellt, daher die Prinzipien bewußt macht und die innerlichsten Kampffronten aufrichtet." (Karl Jaspers: *Vom Ursprung und Ziel der Geschichte*. München 1950. S. 70).
9 Lukrez: *De rerum natura. Welt aus Atomen*. Lateinisch u. deutsch. Hg. u. übers. v. Karl Büchner. Stuttgart 1973. S. 19.
10 Ebd. S. 437ff.

Welt schlicht von „irgendeinem der Götter" erledigt sein.[11] Ovid und Lukrez haken das Thema mit einer so ostentativ hervorgekehrten Gleichgültigkeit und mit einem Überlegenheitsgestus ab, dass der Eindruck entsteht, eine solche Haltung sei damals die einem gebildeten Römer einzig adäquate gewesen. Wird diese Frage nach dem Anfang der Dinge aber in der heutigen Moderne mit Nachdruck gestellt, gewinnt sie in unserer von der antiken Anfangs-Unbetroffenheit so unterschiedlichen Kultur, die immer noch in Nachfolge christlich-teleologischen Denkens steht, eine interessante Unbeantwortbarkeit: Weder einem Individuum noch der ‚erwachenden' Kultur ist der eigene Anfang direkt verfügbar oder auch nur denkbar: „Kein Bewußtsein kann sich als anfangend erleben"[12] – und das immer weiter ins Vorhergehende und Ursprüngliche zurückdrängende Kausalitätsprinzip hat seinen blinden Fleck bekanntermaßen in der *prima causa*, die nicht nur im philosophischen, sondern auch im juristischen und im theologischen Diskurs nicht nur die erste, sondern auch die wichtigste Ursache ist. Die Erklärung des Anfangens versucht den Zugriff auf den Ursprung mit Mitteln des Mythos, bzw. einer zum Mythos funktional äquivalenten Literatur und Philosophie zu ermöglichen: Wird dem Ursprung solch großes diskursives Gewicht gegeben, muss dieser Ursprung erzählbar und erklärbar sein. Die Leerstelle seines Beginnens anzuerkennen, ist, wie Koschorke wiederholt ausführt, neuzeitlichem Denken seltsamerweise nicht möglich: Der Anfang muss erkenntlich sein, das eigene Erwachen muss berichtet werden können, so unmöglich diese Forderung auch befriedigend einzulösen ist. Deswegen wird über den Anfang nie nur philosophiert, sondern immer wird davon eher spekulativ und mehr mit der Tendenz zum Erdachten als zum Gedachten berichtet. Die für das Fragen nach dem Anfang befriedigendsten und kohärentesten Anfangserzählungen, besteht man auf ihrer Notwendigkeit, liefert daher immer noch die Theologie, der es erlaubt ist, offen zu erzählen, wo nicht mehr erklärt, sondern nur noch geglaubt werden muss. So sieht Augustinus den großen Vorteil der christlichen Philosophie eben in ihrem Wissen über den Anfang: „Kein Wunder", schreibt er über das Motiv der zirkulären Wiederkehr des Gleichen in der heidnischen Philosophie, „daß sie weder Eingang noch Ausgang finden, wenn sie so im Kreise herumirren. Denn sie wissen weder, welchen Anfang das Menschengeschlecht und dies unser sterbliches Dasein genommen hat, noch welches sein Ende sein wird."[13]

Die nicht-theologische Philosophie muss sich, je rational-analytischer und weltimmanenter sie vorgeht, immer weiter von der Sinnfälligkeit der Frage nach dem Anfang entfernen. Die Funktion von rationaler Anfangsergründung kann daher nicht darin liegen, einen bestimmten historischen Moment exakt wissenschaftlich-analytisch zu rekonstruieren, denn ein solches Vorhaben wäre letztlich selbstzerstörerisch: „Rationalität ist nur allzu leicht zerstörungswillig, wenn sie die Rationalität

---

[11] „quisquis fuit ille deorum" Ovid: *Metamorphosen. Lateinisch Deutsch*. Übers. u. hg. v. Michael von Albrecht. Stuttgart 2003. S. 8.
[12] Hans Blumenberg: *Höhlenausgänge*. Frankfurt a. M. 1996. S. 11.
[13] Augustinus: *Civitate Dei*. Zweites Buch. S. 82. (12,15) – Bemerkenswert ist, dass bereits hier die Überlappung von Onto- und Phylogenese als selbstevident und natürlich hingenommen wird.

des Unbegründeten verkennt und sich Begründungseuphorie leisten zu können glaubt."[14] Diese Ablehnung der Begründungseuphorie, die der reinen *ratio* als Euphorie selbst schon verdächtig sein sollte, gibt der Rationalität die Aufgabe der Kritik dessen, was mit zu viel Begeisterung erzählt wird. Dadurch ist die Lust am Spekulieren über Undenkbares dem Erzählen zugeordnet, das, auch wenn es mythisch Vorvergangenes berichtet, immer implizit über die Gegenwart spricht. Die Funktion der Vernunft liegt, setzt man Blumenbergs Diktum fort, in der Kritik dessen, was über die Gegenwart gesagt wird. Beide Funktionen – die des mythischen Erzählens und die seiner Kritik – sind am bewundernswertesten und für die vorliegende Arbeit am ergiebigsten in Sigmund Freuds Denken vereint, während bei Hans Blumenberg die Konkurrenz am deutlichsten zugespitzt ist, weswegen hier beide als methodische Leitfiguren herangezogen werden.[15] Nochmals etwas freier formuliert: Während die Literatur die Mythen mit großer Begeisterung erzählt, und dem Dichter eine Freiheit des Phantasierens zugesteht, die sonst nur Kindern beim Spielen erlaubt wird,[16] weist das mythenkritische Denken oft allzu nüchtern darauf hin, nicht zu vergessen, dass immer aus einer spezifischen historisch-sozialen Gegenwart heraus und für sie erzählt wird und es zu den narrativen Kunstgriffen gehört, das Erzählte in die früheste Vergangenheit zu projizieren. Die Funktionen mythischen und rationalen Denkens, die hier getrennt wurden, aber in den meisten Texten gemischt und kaum unterscheidbar zusammenwirken, liegen in der Erklärung und Kritik der Gegenwart. Für sie ist immer eine ganz bestimmte Geschichte notwendig, die auf diese Gegenwart hinausläuft, und die dadurch ihren kontingenten und unsicheren Charakter verliert und als legitimes Ziel oder wenigstens als legitimer und herleitbarer Moment der Geschichte begreifbar werden soll.

Eine weitere Eigenschaft von Gründungsmythen ist ihre Pluralität. Nicht nur ist es im Verlauf des Erzählens des für die Gegenwart rechtfertigenden Mythos von ihrer eigenen Herkunft notwendig, den Anfang in immer größere und ehrwürdigere Distanz zur Jetztzeit zu projizieren, um ihre Grundlegung alles Gegenwärtigen unangreifbarer und buchstäblich ‚unhinterfragbar' zu machen, sondern Gründungsmythen tendieren auch dazu, vervielfältigt zu werden. Der Ursprung einer Sache wird immer wieder umschrieben, neu erzählt und variiert. Was daraus entsteht, ist ein Geflecht und eine sich durchkreuzende Schichtung von Anfangsnarrativen, die sich in weiten Teilen leichtfertig und unbekümmert von Kausalitätsgeboten widersprechen kann. So kann in den Mosesbüchern eine Vielzahl von Erzählungen als Beschreibung des Gründungsmoments der jüdischen Religion gelesen werden: die Genesis-Erzählung, die Moses-Geschichte, die Josefs-Anek-

---

14 Blumenberg: *Arbeit am Mythos*. S. 181.
15 Insbesonders Hans Blumenbergs im vorigen Kapitel bereits besprochener „Wirklichkeitsbegriff und Wirkungspotenzial des Mythos" ist ein Text, der die folgenden Überlegungen sehr geprägt hat und der Freuds Mythosbegriff aufgreift und erweitert. (Hans Blumenberg: „Wirklichkeitsbegriff und Wirkungspotenzial des Mythos." In: *Poetik und Hermeneutik. Band IV: Terror und Spiel. Probleme der Mythenrezeption*. Hg. v. Manfred Fuhrmann. München 1971. S. 11-66.)
16 Sigmund Freud: „Die Dichter und das Phantasieren." In: Ders.: *Studienausgabe*. Band X. Hg. v. Alexander Mitscherlich. Frankfurt a. M. 1969. S. 169-179.

dote, die Episode mit dem Goldenen Kalb, der Einzug ins verheißene Land und einige andere mehr. Worauf es hier ankommen soll, ist es, eine Reihe von Erzählungen, nämlich von Erzählungen der illegitimen Aneignung, als eine weitere Motivlage der Gründung zu beschreiben, die bisher unbeachtet geblieben ist, die aber zur Darstellung eines bestimmten Aspekts der jüdischen Religion, nämlich ihrer ‚Fremdheit in der Welt' und ihrem ‚Erleben des Exils' von Bedeutung ist.

Bestimmte Zeiten fördern mehr als andere die Erzählung von tendenziell mythischen Bestimmungen ihrer Realität: Zeiten historischen Umbruchs und der gefühlten Unsicherheit brauchen eine besonders stabile narrative Weltabsicherung. Die meisten mythischen Narrative tragen so zur Absicherung und Stabilisierung einer Kultur bei; nur selten werden Mythen als Agenten der Veränderung entworfen und vorgeschlagen: George Batailles *acéphale*-Gegenmythos[17], Georges Sorels agitierender Mythos des Proletariats[18], Marshall Sahlins' Ursprungsmythos einer „original affluent society"[19] und Jacques Lacans narzisstische Entstehung des Subjekts aus seiner Entzweiung im Spiegelstadium[20] sind gegenwärtig die bezeichnendsten Beispiele. Alle diese rebellischen Mythen, von Blumenberg „fiktive Spätmythologien"[21] genannt, ähneln sich in einer gewissen Konstruiertheit und gewollten Normativität, was sie nicht entwertet, aber zeigt, dass stabilisierende Mythen sich bruchloser in eine Kultur einfügen, der Stabilität und Sicherheit ein vordringliches Anliegen ist. Außerdem haben diese Mythen der Subversion das Problem, ihre Anwendungsbedingungen nicht mit derselben Intensität dominieren zu können wie die phylogenetisch eingeübten und überwiegend sehr alten Ursprungsmythen, die immer in der Lage sind, sich mit dem Verweis auf ihre Altehrwürdigkeit größeres Gewicht zuzusprechen.

Es liegt einer Untersuchung von mythischem Denken immer nahe, die eigene Gegenwart möglichst weit hinter sich zu lassen und sich dem zuzuwenden, was als Anfang des vernünftigen Denkens wie des Erzählens wahrgenommen wird. Wahrscheinlich trügt es, anzunehmen, dass am Anfang oder wenigstens früher in der Geschichte die Unterscheidungen noch klarer und einfacher sind und es leichter ist, dort Ordnungen herzustellen, wo man nur noch schwer Einblick gewinnt. Es ist verlockend, sich im Denken dem relativ überschaubaren Regal antiker Texte zuzuwenden, wenn man in einer Zeit lebt, deren Bücherproduktion dieses Regal jedes Jahr mehrfach füllen könnte. Diese Hinwendung zur Antike ist selbst bereits dadurch problematisch, dass die Antike als der Anfang unserer Kultur gilt. Will man an ihrem Beispiel erklären, wie ‚anfangen' überhaupt funktioniert, wiederholt

---

17 Siehe hierzu: Rita Bischof: *Tragisches Lachen. Die Geschichte von Acéphale.* Berlin 2010.
18 Georges Sorel: *Über die Gewalt.* Übers. v. Ludwig Oppenheimer. Frankfurt a. M. 1981. S. 39ff.
19 Marshall Sahlins: „The Original Affluent Society." In: Ders.: *Stone Age Economics.* Chicago 1972. S. 1-40. – Dieses ganze Buch durchzieht dabei die Beobachtung, wie der Diebstahl endemisch wird, sobald die Gabenökonomie einer Gesellschaft durch Überfluss oder Armut durcheinander gerät.
20 Jacques Lacan: „*Das Spiegelstadium als Bildner der Ich-Funktion.*" In: Ders.: *Schriften I.* Hg. v. Norbert Haas. Übers. v. Rodolphe Gasché u. a. Frankfurt a. M. 1975. S. 61-70.
21 Blumenberg: „Wirklichkeitsbegriff". S. 26.

man den Mythos schon selbst, statt ihn aufzuklären – was jedoch, wieder mit Blumenberg, integraler Teil jeder ‚Arbeit am Mythos' ist.

Karl Jaspers führt mit dem Begriff der „Achsenzeit"[22] eine relativ klar abgegrenzte Zeit des Anfangens der westlichen Kultur ein. Die in der frühen Antike verortete, genauer von etwa 800 bis 200 v. Chr., und im Fall des Christentums sogar noch bis in die Spätantike dauernde Zeit kulturellen und gesellschaftlichen Umbruchs ist nach Jaspers die „Achse", in der entstanden ist, was die westliche Zivilisation bis heute prägt. Karl Jaspers untersucht in *Vom Ursprung und Ziel der Geschichte* die antike Denkgeschichte und er konstruiert dabei gleichzeitig, wo ‚Geschichte' als solche überhaupt begann. Er entdeckt mit der Achsenzeit nichts weniger als den Anfang unserer Kultur, dessen Beschreibung durch den modernen Historiker daher zwangsläufig ebenso rational wie mythisch ist.[23] Im Folgenden soll deswegen mit Jaspers' Konzept der Achsenzeit einleitend eine der einflussreichsten Überlegungen zum Anfang der westlichen Kultur daraufhin untersucht werden, wie der Anfangsmoment der Kultur formuliert wird: Woher kommt der plötzliche Bruch mit den vorzeitlichen Kulturen und die Richtungsänderung des Denkens hin zu dem, was das Fundament unserer Kultur wurde, und wie findet dieser Anfangsmoment bei Jaspers seine Beschreibung? In dem Zeitraum, den Jaspers als die Achsenzeit bezeichnet, wurden nicht nur die Grundlagen der modernen europäischen Welt gelegt, sondern auch bestimmte philosophische und mythische Muster der Strukturierung und Erklärung dieser Zeit vorgeschlagen, die bis heute wirken.

Karl Jaspers formuliert das oben beschriebene Anfangs-Problem so: „Keine Kunde haben wir von geschichtlichen Schöpfungsaugenblicken, keine vom Gang des Werdens in geistigen Schritten, sondern nur vom Ergebnis. Man muss erschließen aus diesen Ergebnissen."[24] Jaspers geht davon aus, dass der kulturelle Wandel, der in der Achsenzeit geschehen ist, erst rückblickend und viele Jahrhunderte später beobachtbar wurde. Dieser spezifische, eine Linearität des Geschichtlichen und seine Entwicklung in einem leeren Raum annehmende Blick ist dem Historismus einer neuzeitlichen Geschichtswissenschaft und Geschichtsphilosophie verpflichtet. Man kann aber, ohne Jaspers Grundthese der weltverändernden Achsenzeit aufzugeben, die antiken Mythen, die er beispielhaft anführt, selbst schon als Antwortversuche darauf verstehen, was damals als eine grundlegende Veränderung des Denkens erlebt wurde. Wenn in der Achsenzeit wirklich ein so massiver und krisenhafter Umbruch des Weltbezugs stattgefunden hat, ist nicht anzunehmen, dass

---

22 Jaspers: *Ursprung und Ziel*. S. 19ff.
23 Wobei gesagt werden muss, dass die für das Christentum wesentlich verlängerte Achsenzeit, die bei Jaspers implizit die hervorragende Eigenschaft der westlichen Kultur ausmacht, tatsächlich nicht nur das Christentum betrifft. Auch alle anderen Kulturen des Mittelmeerraums blieben in Bewegung und entwickelten sich wesentlich weiter; für Indien und China eine plötzliche Stagnation anzunehmen und sowohl die Mittel- und Südamerikanischen wie die afrikanischen Kulturen komplett zu ignorieren, ist äußerst problematisch. Eine solche Sonderstellung der westlichen Kultur anzunehmen ist nichts als ein Eurozentrismus, der der Untersuchung, die solches behauptet, eher abträglich ist. Vgl. hierzu: Guy G. Stroumsa: *Das Ende des Opferkults – Die religiösen Mutationen der Spätantike*. Übers. v. Ulrike Bokelmann. Frankfurt a. M. 2011.
24 Jaspers: *Ursprung und Ziel*. S. 63.

das den Zeitgenossen solchen Wandels verborgen geblieben ist, sondern dass ein so grundstürzendes Geschehen in der Kunst und Philosophie der Zeit selbst mit ähnlicher Eloquenz verarbeitet wurde, wie Jaspers' moderne geschichtsphilosophische Analyse das versucht, nur eben mit den Mitteln des antiken Mythos und der mythosnahen Philosophie als den vorherrschenden und nicht als unterlegen zu betrachtenden Formen der Weltdeutung. Dieser Aspekt ist von größter Bedeutung für die hier vorgeschlagene Überlegung: Die Mythen, Religionen und Philosophien einer Zeit sind kein Ausdruck eines unverständigen Staunens über das unverfügbar Geschehende, sondern sie sind Interpretationen, Reflektionen und Versuche der Einflussnahme, die in nichts hinter unseren neuzeitlichen und nur zufällig rationalistischen und ebenso tendenziellen Erklärungsversuchen zurückstehen – und sie haben den Vorteil, wesentlich näher am Geschehen gewesen zu sein. Homer, Moses, Hesiod, Jaspers und Freud betreiben dasselbe Projekt, die Aufklärung des Menschen über seine Unsicherheit in Bezug auf eine ihm nie wirklich zur stabilen Heimat werdende Welt; Homer hat allerdings den Vorteil, nicht erst einige tausend Jahre nach dem Geschehen geschrieben zu haben.[25] Auf diese Weise werden die Mythen für eine textwissenschaftliche Analyse äußerst interessant: Welche narrativen Erfindungen und Deutungen werden über diese Unsicherheit bezüglich der Welt gelegt, wie wird die Unsicherheit über die fragwürdig gewordenen Symbolstrukturen formuliert, mit welchen Mythen wird fehlendes Wissen überbrückt? Dem Mythos im Blumenberg'schen Sinn, der mit gleichem Recht eine vernünftige Arbeit am Absolutismus der bedrohlich instabilen Wirklichkeit ist wie die später zur panischen Abwehr des Mythos erfundene Rationalität, kann damit nicht nur zugetraut werden, dass er unbewusst dokumentierend und analytisch blind an einem Wandel teilhat, sondern auch, dass er über diese Veränderung selbst reflektiert und sie bewusst abfedernd oder verstärkend begleitet.

Die Ursache für das faszinierende Beginnen eines unbestreitbar neuen Weltbezuges ist nicht, wie Jaspers das annimmt, in der unvermittelt auftauchenden, erweckenden Idee einer Trennung des Menschen von der ihn umgebenden Welt zu suchen. Nicht die Idee einer neuen Subjektivität ist es, die kontingent auftaucht und die enorme Veränderungen mit sich bringt, sondern am Anfang der Achsenzeit steht die Erfahrung eines sich verändernden materiellen Bezugs des Menschen zur Welt. Durch die sich entwickelnden technischen und ökonomischen Möglichkeiten von Viehzucht, Landwirtschaft, Architektur, Kommunikation, einer länger und umfassender werdenden mündlichen Tradition und der Entwicklung eines kulturellen Gedächtnisses, das zunehmend materiell, also schriftlich gespeichert werden konnte, wurde den Gesellschaften überhaupt erst der Wandel bewusst, der sie zunehmend davon trennte, wie ihre Gesellschaft davor funktioniert hatte. Mit dem Denken, das sich neuen Realitäten anpassen muss, kommt auch die Erkenntnis darüber, wie es sich schon verändert haben muss, um die Differenz überhaupt

---

25 Es wird unschwer zu erkennen sein, dass der hier vertretene Geschichtsbegriff von Walter Benjamins Thesen *Über den Begriff der Geschichte* beeinflusst ist. Benjamin: „Begriff der Geschichte." In: *GS*. I/2. S. 691-704.

wahrnehmen zu können. Dieser Veränderung des Alltags wurde mit einer Veränderung des gedachten subjektiven Weltbezuges Rechnung getragen, und zwar in einer Bearbeitung dessen, was schon bestand, nicht in einer grundlegenden Neuschöpfung des Menschen. Es wurde nicht zuerst das Subjekt er- oder gefunden, das sich dann daran machte, Viehzucht, Staatenwesen und den Scharfpflug zu entwickeln, sondern wer plötzlich im Winter mehr Fleisch und Getreide, einen sicher mit Holz versorgten Ofen und mehr Zeit nachzudenken hatte, stellte fest, dass er nicht mehr so lebte wie seine Vorfahren. Dieses Gefühl der Distanz zum Vorherigen ist nichts anderes als eine metaphysische Obdachlosigkeit und die Wahrnehmung, in einem irgendwie illegitimen, undankbaren Verhältnis zu den Vorfahren und ihrem begründeten Weltverhältnis zu stehen. In dieser Erfahrung der Entfremdung erscheint es nicht mehr als richtig, dieselben Riten und Götter zu haben wie die Eltern und deren Eltern, irgendwie ist es dem Habitus nicht mehr angemessen, dasselbe zu tun und dieselben Kräfte für das eigene Leben verantwortlich zu machen.[26] In dieser Erfahrung haben sich die Achsenkulturen zu den archaischen Kulturen auf eine Weise verhalten, die von ihren Mitgliedern als ambivalent erfahren wurde. Entsprechend wurde aus den bestehenden Symbolsystemen eine Umformung vorgenommen, die als eine Neufassung, Anpassung und Umschmelzung beschrieben werden kann: „Die *Jahrtausende alten Hochkulturen* hören mit der Achsenzeit überall auf, die Achsenzeit schmilzt sie ein, übernimmt sie, läßt sie versinken […]."[27] Die Achsenzeit kann mit diesem Vorgang der Entfremdung und Entzauberung als eine Art über die Realität ernüchterte Aufklärung verstanden werden,[28] aber auch sie ist eine Ablösung vom Alten, die vieles aus den Denksystemen weiterträgt, die sie ihrem Programm zufolge hinter sich lassen sollte. Ähnlich wie es auch für die neuzeitliche Aufklärung gilt, die bis heute im Gestus des radikal neuen Anfangs beschrieben wird, obwohl sie in vielem eine Fortsetzung des schon Dagewesenen mit nur veränderten Begriffen war, war diese von Jaspers als weltgeschichtliche Zäsur dargestellte Distanzierung ebenso die modifizierte Beibehaltung traditioneller Weltbezüge wie eine kritische Ablösung davon. Betrachtet man diesen Vorgang als radikalen Bruch, kommt man nicht umhin, das so simple wie falsche Modell des Bruches der aufgeklärten und aufklärenden westlichen Zivilisation zu bemühen, die sich vom despotischen, irrationalen Osten löst und „den Weltgeist aus seiner orientalischen Befangenheit"[29] befreit.

In der Achsenzeit wurden also die vorhandenen Denkmodelle einer Relektüre unterzogen und rückbindend in die neuartige Denkweise der Achsenzeit integriert. Was mit der Rhetorik eines historischen Bruchs beschrieben werden kann, wird in

---

26 Auch hier ist auf Walter Benjamin zu verweisen, dessen Texte über die Entwertung der stabilisierenden Kategorie der Erfahrung nicht nur auf die Moderne zutreffen. Benjamin: „Erfahrung und Armut." und „Der Erzähler." In: *GS* II/1. S. 213-219 u. 438-465.
27 Jaspers: *Ursprung und Ziel*. S. 25. [Kursivierung im Original.]
28 Franz Rosenzweig: *Der Stern der Erlösung*. Frankfurt a. M. 1988. S. 108.
29 Michael Bernsen: *Der Mythos von der Weisheit Ägyptens in der französischen Literatur der Moderne*. Bonn 2011. S. 27. – Auch Jaspers bespielt im Grunde ein hegel'sches Motiv des Endes der zivilisatorischen Weltgeschichte.

Ursprung und Ziel der Geschichte an einigen Stellen durchbrochen von Bemerkungen, die eher eine Kontinuität annehmen lassen: „Das Abendland ist charakterisiert durch die jeweilige Ursprünglichkeit in der Kontinuität mit dem vorhergehenden Fremden, das angeeignet, verarbeitet, verwandelt wird."[30] Diese Aneignung von kulturellem Material ist eine Weiterverwendung, die nicht sofort, sondern erst später, als die Veränderung der Kultur bemerkt und im Diskurs affirmiert werden sollte, als eine wirkliche Übernahme begriffen und problematisiert wurde. Bis aber die übernommene Kosmologie, die Schrift und die philosophischen Paradigmen als ursprünglich Fremdes und Umgewandeltes und nun völlig Verwandeltes bezeichnet werden konnten, wurde die Problematik in den Erzählungen dieser Zeit verarbeitet. Diese Erzählungen sind meist an die jeweilige Religion als das gegebene Symbolsystem gebunden. Jan Assmann beschreibt die zu dieser Zeit entstehenden Religionen in einer Denkbewegung, die der Karl Jaspers' ähnelt, als „sekundäre Religionen", die sich aus den „primären Religionen" abgeleitet haben, die meist nur noch durch die Brille der späteren religiösen Überlieferungen zu erkennen sind.[31] Charakteristisch ist für die neuen Religionen und Symbolsysteme der Achsenzeit das Aufkommen des diffusen Gedanken, dass der gegenwärtige Zustand des Menschen auf etwas fußt, das verstanden werden kann als eine äußerst problematische Aneignung von etwas Vorhergehendem, Älterem oder Mächtigerem, das dann auf unbehagliche Weise integraler Bestandteil des Eigenen wurde.[32] Die „alten Symbole [wurden] den neuen einverleibt"[33], wie Shmuel Eisenstadt schreibt. Diese Symbole, Mythen und Geschichten werden verarbeitet anhand von Erzählungen schuldbeladener Aneignungen, deren entwendetes Gut zur Grundlage des Kommenden werden sollte. Solche Aneignungsmythen sind sowohl in der jüdischen Bibel als auch in der griechischen Mythologie verbreitet.[34] Es wird in diesem

---

30 Jaspers: *Ursprung und Ziel*. S. 85.
31 Jan Assmann: *Die mosaische Unterscheidung oder der Preis des Monotheismus*. München u. Wien 2003. S. 11ff. Er stützt sich dabei auf: Theo Sundermeier: „Religion, Religionen." In: *Lexikon missionstheologischer Grundbegriffe*. Hg. v. ders. u. Karl Müller. Berlin 1987. S. 411-423.
32 Jaspers beschreibt das in frappierender Ähnlichkeit zu Friedrich Hölderlins Ur-Theilung als „ursprüngliche Trennung des in der intellektualen Anschauung innigst vereinigten Objects und Subjects, diejenige Trennung, wodurch erst Object und Subject möglich wird, die Ur=Theilung" (In: „Urtheil und Seyn". In: Ders.: *Sämtliche Werke. Große Stuttgarter Ausgabe*. Hg. v. Friedrich Beißner. Band IV. Stuttgart 1985. S. 216-217.)
33 Eisenstadt, Shmuel N.: „Der Durchbruch zur Achsenzeit im alten Israel." In: Ders. (Hg.): *Kulturen der Achsenzeit. Ihre Ursprünge und ihre Vielfalt*. Band I. Übers. v. Ruth Achlama u. Gavriella Schalit. Frankfurt a. M. 1987. S. 185-191, hier S. 190.
34 Was hier an Jaspers Versuch einer Universalgeschichtsschreibung angelehnt versucht wird, könnte in geschichtsphilosophischer Absicht auch mit Franz Rosenzweig formuliert werden: „Denn in der geglaubten Gottesvorstellung [der antiken Religion, A.G.] finden wir eine Erbschaft, die aus einer unvordenklichen Vergangenheit der Antike überkommen war; im lebendigen Selbstbewußtsein sehen wir die Luft, die sie atmete, in der erzeugten Weltanschauung das Erbe, das sie den Kommenden übermachte. So erscheint die Antike in dreierlei zeitlicher Gestalt: einem ihr selber in der Vergangenheit liegenden Vorleben, einer mit ihr selbst gekommenen und vergangenen Gegenwart und einem über sie hinaus führenden Nachleben." (Rosenzweig: *Stern der Erlösung*. S. 98.) Dass sich die Antike bewusst war, dass ihr Weltbezug aus einem diffusen Urgrund und gegen ihn übernommen war und dass diese Geburt eine nur schwer diagnostizierbare Fort-

Mythen aus dem Anfangsbereich der Achsenzeit mit erstaunlicher Häufigkeit eine strategische, den Menschen helfende Aneignung aus einem vorhergehenden, als archaisch konnotierten Göttersystem beschrieben.

Eine Figur, die dabei erstaunlich oft auftaucht, ist der kulturstiftende Betrüger oder Dieb, der überhaupt erst die Möglichkeit des Menschen und seiner Kultur begründet, indem er sich älteres Kulturgut aus dem Besitz von Göttern oder alten Herrschern aneignet. Es scheint, als seien Ursprünge in einem Modus des Ergreifens oder des ‚Greifens nach etwas' zu denken, mit dem leisen Selbstwiderspruch, dass, um etwas greifen zu können, schon etwas und ein Greifender da sein muss. Dieser ‚Ursprung im Greifen' und im französischen „prise", das ebenso den Griff wie die Beute bezeichnen kann, wurde von Louis Althusser in einem fragmentarischen, aber bewundernswert dichten Kommentar zu Lukrez beschrieben: Das *clinamen* der minimalen Abweichung und Abirrung von der Ordnung ist ein Ergreifen und ein Erbeuten eines ersten Seins, mit dem die Welt oder die Kultur des Menschen beginnt.[35] Alles Sein ist Abweichung, ist Störung und Unordnung. Dieser epikureische Gedanke hat den Klang einer alten Erfahrung der Verschuldung, wie er auch im berühmten Spruch des Anaximander anklingt. In einer absoluten Ordnung existiert nichts, wenn die Welt begriffen werden soll, dann, so versteht Althusser Epikur, durch einen „aleatorischen Materialismus", einen Materialismus der Abweichung und des aneignenden Griffs. Die meisten der hier besprochenen Diebe hätten diesem Gedanken Althussers zustimmen können: Erst durch die Devianz des *clinamen* und der damit verbundenen *prise* beginnt die Existenz – und mit der *prise* als Beginn allen beobachtbaren, *begreifbaren* Seins ist der greifende Dieb der Kulturstifter schlechthin.

In einer knappen Aufzählung der diebischen Kulturstifter wird deutlich, dass diese achsenzeitliche Geste einem Gutteil unserer Ursprungsmythen zugrunde liegt: Der bereits besprochene Prometheus stiehlt den alten Göttern das Feuer als Erkenntnis, Eva und Adam nehmen sich ohne Erlaubnis den Apfel Gottes und gewinnen dadurch Erkenntnis über sich selbst, und Hermes tritt als der jüngste der griechischen Götter in Kontakt mit dem alten Apollon, indem er seine Rinderherde stiehlt. Iphigenie nimmt die Statue der Athene mit und das Goldene Vließ findet über eine betrügerische Aneignung seinen Weg nach Griechenland. Herakles muss den Apfel aus dem Garten der Hesperiden stehlen und Solon bringt die griechische Philosophie aus Ägypten mit. Odysseus raubt die Athene-Statue aus Troja, und Aeneas muss bei seiner Flucht aus dem gefallenen Troja die Götterfiguren mitnehmen, um in Rom eine kulturelle Kontinuität gewährleisten zu können. Der Diebstahl Rahels am Hausgötzen ihres Vaters steht mit dem gestohlenen Becher

---

wirkung hat, die sich in Mythen der Selbstreflektion dieser Geburt ausdrückt, ist bei Rosenzweig auf meisterhafte Weise ausgeführt. Für die hier versuchte Darstellung genügt es aber, Jaspers' Unbehagen festzustellen, mit dem er vom Anfangen der westlichen Kultur spricht und das aus der illegitimen Übernahme fremden Gedankenguts entsteht – noch tausende Jahre nach diesem Anfangen und Nehmen.

35 Louis Althusser: *Materialismus der Begegnung*. Hg. u. übers. v. Franziska Schottmann. Zürich 2010. S. 43ff.

der Josefsgeschichte und dem den Ägyptern entwendeten Gold, das die Israeliten auf ihren Wüstenzug mitnahmen, in einer Reihe. Die Kirchenväter warfen, wie oben besprochen, der griechischen Philosophie vor, sie habe ihre Weisheit nur erhalten, weil ein gefallener Engel sie vor seinem Fall dem Himmel gestohlen habe. Noch Schopenhauer wirft in der Tradition der frühen jüdischen Apologeten Platon vor, nicht mehr zu sein als ein „attischer Moses"[36], der sein Wissen aus den jüdischen Schriften entwendet habe. – Das ist eine sicherlich unvollständige Aufzählung von problematisierten Aneignungen und Rettungen von vorfindlichem Kulturgut aus einer verfallenden Primär-Kultur. Alle diese Narrative haben eine ähnliche Struktur. Sicher können nicht alle präzise die These des „Diebstahls als Kulturgründung" belegen, da es sich nicht immer um Diebstahl, sondern auch um Erbe, Gabe und Raub handelt, aber in jeder dieser Erzählungen und Metaphern ist das Unbehagen zu spüren, als Subjekt oder Kultur nicht aus Eigenem zu bestehen, sondern gemacht zu sein aus etwas, das man sich mehr oder weniger unerlaubterweise angeeignet hat. Interessant ist hier auch, dass es sich in fast allen dieser Beispiele um Aneignungen eines Fremden handelt, das räumlich im Osten verortet wird, vor allem in Ägypten, das im Abendland wie der geheimnisvolle Orient immer als ein Ort fremder und tieferer Weisheit, aber auch einer Gesellschaft nicht zu hinterfragender Autorität und Tyrannei gesehen wurde. Die achsenzeitlichen Diebesfiguren stehlen daher alle an diesem etwas klischeehaften Älteren, Größeren, Weiseren, aber auch Überkommenen, Despotischen und langsam Vergehenden. Sie markieren den Bruch zwischen der unantastbaren Herrschaft alter Götter und den neuen, beweglicheren, menschlicheren Figuren des jeweiligen Pantheon: Prometheus stiehlt vom gewaltigen Zeus, Hermes vom unüberwindlichen Apollon, Rahel stiehlt den archaischen Hausgott ihres Vaters und bereitet so den Diebstahl des Wahrheitsgoldes aus Ägypten vor, der von Josef vorbereitet und von Moses durchgeführt wird. Diese Struktur des Beginns neuer Weltverhältnisse aus einem wendigen Diebstahl an einem gravitätisch überalterten Tyrannenherrscher wurde mit dem Kapitel zu Prometheus bereits in einem ersten Beispiel besprochen; Hermes, der Patron aller Diebe, wird in einem späteren Kapitel dieser Arbeit näher untersucht, in dem sprachlich-semantische Aneignungsstrategien in den Blick genommen werden. Im Folgenden wird Moses' legendäre Plünderung der ägyptischen Weisheit thematisiert, die für das hebräische Volk als Distanzierungsgeste zur ägyptischen Macht wichtig wurde und die von den Kirchenvätern nochmals aufgegriffen und radikalisiert wurde. Der Kontext und die mythische Struktur werden in allen diesen Berichten variiert, sie sind einander in vielen Aspekten fremd, doch sie alle umspielen ein Mythologem der illegitimen Aneignung von altem Wissen und von der Übertragung eines Symbolsystems in neue historische Kontexte und Diskurse.

---

36 Arthur Schopenhauer: „Kritik der kantischen Philosophie." In: *Die Welt als Wille und Vorstellung*. Hg. v. Rolf Tomann. Band I/2. Köln 1997. S. 599-760, hier S. 697f.

3|1|2
Freuds erschlagener Moses und die gestohlenen Götter

Sigmund Freuds in *Totem und Tabu* entwickeltes Konzept der Urhorde, die sich ihres allmächtigen, bedrängenden Vaters in einem Gewaltakt entledigt und von diesem Moment an damit leben muss, einerseits gerade den getötet zu haben, der den Brüdern überhaupt erst zum Leben verhalf, und andererseits damit, dass mit dem Verbietenden nicht auch die Verbote verschwinden, ist einer der gegenwärtig wirkmächtigsten Ursprungsmythen. Freud stellt an den Anfang seines Textes die Annahme, „daß die Einheit der Welt durch ein urzeitliches Verbrechen zerstört worden"[37] ist und dass diese einmalige Tat verdrängt wurde; und in der diffusen Unwissenheit lebend, dass am Anfang der Selbstwerdung des Menschen eine so grauenvoll-bluttriefende Tat steht, zwingt dieser philosophisch-massenpsychologische Mythos jeden von ihm Betroffenen, die Tat immer wieder zu wiederholen und ihr zeichenhaft Ausdruck zu verleihen. Das Bild, das Freud so vom Ursprung und Zustand des Menschen malt, ist sicher kein tröstliches: in der Urhorde ist kein Raum für eine friedliche Konfliktlösung angelegt; mit dem Objekt der Aggression zu sprechen, um den Konflikt gewaltlos zu regeln, ist in Freuds Beschreibung des menschlichen Urzustands keine Möglichkeit. Es ist diese Sprachlosigkeit, die Freuds Urzustandskonzept Thomas Hobbes' Gesellschaftstheorie vom Kampf aller gegen alle so ähnlich macht.[38] In der von Freud angedeuteten frühen Welt des Menschen bestand eine unüberblickbare Bedrohung von allen Seiten, ein Unterworfensein oder Unterwerfen, ein Kampf aller gegen alle, der keine Kommunikation zuließ:

> Wo die Sprache versagt, beginnen, wie es euphemistisch heißt, ‚die Waffen zu sprechen'. Oder deutlicher gesagt, mit den Worten eines 4000 Jahre alten Textes: „Um ein Wort zu beantworten, fährt der Arm mit dem Stock heraus, man spricht durch Totschlag."[39]

Der Totschlag ist manchmal – was zynisch klingen mag –, abgewogen gegen eine langwierige und ergebnisoffene Kommunikation, schlicht die einfachere Alternative. Was in seiner Folge an Schuld und Verantwortung aufgeladen wird, wird zunächst nicht reflektiert, und es sind eben diese Schuldigkeit und das erdrückende Verantwortungsgefühl, die den Vatermörder dazu treiben, sich dem Idealbild, das er sich in dessen Abwesenheit von seinem Vater erhalten hat, mehr und mehr anzugleichen, bis ihn dasselbe Schicksal treffen kann und das mythische Geschehen

---

37 Sigmund Freud: „Totem und Tabu." In: Ders.: *Studienausgabe*. Band IX. Hg. v. Alexander Mitscherlich u. a. Frankfurt a. M. 1974. S. 287-444. hier S. 436.
38 Etwas weniger ähnlich sind sich Freud und Hobbes allerdings darin, dass bei Freud im Urzustand eine projizierte Autorität über alle Menschen herrscht und bei Hobbes der Urzustand durch den ebenso projizierten Leviathan beendet wird.
39 Zitiert nach: Jan u. Aleida Assmann: „Kultur und Konflikt. Aspekte einer Theorie des unkommunikativen Handelns." In: Jan Assmann u. Dietrich Harth (Hg.): *Kultur und Konflikt*. Frankfurt a. M. 1990. S. 11-48, hier S. 12.

zyklisch von Neuem einsetzt. Im Vatermord wird beseitigt, was bedrängt, und man tritt emanzipatorisch an die einzige Stelle, an der die Freiheit von dieser Bedrängung vermutet wird: an die des blutig Beseitigten. Der Vatermord ist damit ein Revolutionsgeschehen.[40] Das revolutionäre Handeln ist dabei nichts anderes als der Versuch der vollständigen Ersetzung des Übermächtigen durch das Eigene. Zur Revolution bedarf es der Abschaffung des Herrn und seine Ersetzung durch das emanzipierte, neue Herrschaftsbewusstsein des Knechts. Von dem Neuen, das einem Befreiungsimpetus folgt, wird inständig gehofft, dass es sich als stabil zeigt und andauert, was der kulturpessimistischen Psychoanalyse zufolge jedoch ein irreführender Wunsch ist. Neben diesem grundlegenden Kulturpessimismus muss ein weiteres Element seines Denkens erwähnt werden: Freuds ganze Theorie war von der Annahme einer grundlegenden menschlichen Aggression durchsetzt, die auch zur Erklärung von Phänomenen herhalten musste, die nicht zwingend aggressiven Ursprungs waren. Freuds spätere Forschungen dominierender Dualismus von Libido und Aggression waren ähnlich wie Hegels Theorie des Kampfes vom Herrn und Knecht dazu gezwungen, überall Aggression und gewaltsamen Konflikt zu vermuten, selbst wenn zur Erklärung der Situation ein anderer Prozess und eine weniger agonale Theorie ebenso gut funktioniert haben würde.

Freuds im britischen Exil geschriebene Studie *Der Mann Moses und die monotheistische Religion*,[41] die er 1934 einen „historische[n] Roman" nannte,[42] sieht das Judentum in der ödipalen Tötung Moses' begründet, der den ihrer Wüstenwanderung müden Israeliten als despotischer Repräsentant der ägyptischen, tyrannischen Kultur erschien, und den sie töteten, bevor sie ihr nomadisches Dasein beenden und sich im ihnen versprochenen Land niederlassen konnten. In seinem letzten Werk bildet Freud den – selbst nahezu zu einer intellektuellen Religion gewordenen – Ödipuskomplex also auf die Religion ab, aus der er selbst stammt. An dieser These des jüdischen Mosesmordes, die anhaltend massive wissenschaftliche und ideologische Kritik provoziert hat, lässt sich beobachten, dass jede mythische Gründung, und sei sie als rationalisierende Ablösung vom diffusen, ordnungslosen und asemantisch gehaltenen Urzustand gedeutet, immer auch eine Beendigung von etwas ist. In Ursprungsmythen wird begründet, was in der Gegenwart vorliegt, was nicht zuletzt heißt, dass das, was davor war, abgetrennt werden und zu etwas

---

[40] In der psychoanalytischen Forschung taucht der Vatermord regelmäßig als Revolutionsgeschehen auf: Mario Erdheim: „Einleitung". In: Sigmund Freud: *Totem und Tabu. Einige Übereinstimmungen im Seelenleben der Wilden und der Neurotiker*. Frankfurt a. M. [10] 2007. S. 7-42. Was hier vielleicht wie eine verknappte Argumentation, wenn nicht gar wie ein unzulässiger Sprung aussieht, nämlich die ödipale Vatertötung als Revolutionsgeschehen zu begreifen, wurde auch andernorts vielfach bemerkt und beschrieben. Insbesondere ist das bei Georges Bataille deutlich. Siehe hierzu: Bischof: *Tragisches Lachen*. Im politischen Bereich ist die vergessene Gewalt am Anfang von Nationalstaaten von Ernest Renan beschrieben worden: *Qu'est-ce qu'une nation?* Paris 2009.

[41] Sigmund Freud: „Der Mann Moses und die monotheistische Religion." In: Ders.: *Studienausgabe*. Band IX. Hg. v. Alexander Mitscherlich u. a. Frankfurt a. M. 1974. S. 455-584.

[42] Sigmund Freud: „Brief an Arnold Zweig" (30. September 1934). In: Ders.: *Briefe 1873-1939*. Hg. v. Ernst L. Freud. Frankfurt a. M. 1960. S. 414.

,ganz Anderem' gemacht werden muss: Der Urzustand ist immer entweder utopisch oder schrecklich, je nach der Grundannahme seines Erfinders über die Kultur des Menschen. Weil der Urzustand und die Zivilisation zu solcher Polarisierung einladen, sind das diffus gehaltene Vorhergehende und das im Mythos Beginnende oftmals nicht weiter definierte aufklärerische Gemeinplätze, wie beispielsweise die bürgerlich-sesshafte Vernunftzivilisation und ihr gegenüber das von ihr immer nur als die Folie des ‚Anderen' verwendete, unstet-wandernde des die Randbereiche der Kultur durchziehenden Nomaden. Nimmt man nicht an, dass es über die ‚unruhige Gestaltlosigkeit des Vorherigen' nichts wesentliches zu sagen gibt, weil sie ja im Fortschritt überwunden ist, sondern dass im Jetzigen und Vorherigen nicht zwei Zivilisationsstufen, sondern zwei unterschiedliche, parallel existierende und einander durchdringende gleichzeitige Kulturformen vorliegen, ist das für die Untersuchung der Anfangserzählungen sehr interessant. Dann ist die ursprüngliche Gründung des bürgerlichen, institutionell und räumlich gesicherten Weltbezugs nicht mehr eine Selbsterschaffung, sondern nur noch eine Ablösung von etwas zum Vorherigem stilisierten, das im Anfangsmythos zur diffus-wilden Gegenfolie erklärt wird, um – wie oben beschrieben – das eigene Anfangen mit klaren Kanten darstellen zu können. Nimmt man das Andere, nomadische, fremde, diffuse als gegenwärtiges Element des Eigenen an, lässt sich die Frage stellen, ob nicht auch das als unstete und fluide Kultur wahrgenommene Gegenmodell, das als eine vagabundierende, heterogene Gemeinschaft auftaucht, den Mythos einer Gründung haben muss, der ähnlich strukturiert ist wie das Urverbrechen aus *Totem und Tabu*. Jeder ‚Zustand' einer Kultur verlangt nach einer anderen Form der Gründung, und jede Krise eines Zustandes lässt die Narrative der Begründung fragwürdig werden.

Freud verortet in *Der Mann Moses und die monotheistische Religion* die Entstehung des Judentums in genau diesem Schritt von der Fremdheit des heterogenen wüstenbewohnenden Herdenvolkes zur Gründung des judäischen Kultur-Staates nationaler und gesetzlich verfasster Prägung. Dieses Geschehen des Einzugs in das verheißene Land nach der Erschlagung Mose ist für Freud der „Fortschritt in der Geistigkeit"[43], durch den das Mythisch-Göttliche zur immanenten Schuld-Instanz sublimiert wird und die unstatthafte Wildheit des hebräischen Wandervolkes zur nachdenklichen, sesshaften, aber nationalreligiös gesicherten Ruhe findet. Erst am Ende der Exodus-Zeit und nachdem Mose als ägyptischer Patriarch beseitigt worden ist, soll sich das Volk Israel gesittet organisieren, als ein Staat wie der, aus dem Mose einst die Flucht des ungeordneten Sippenzusammenschlusses der Israeliten anführte. Was Ernst Bloch an der antiken Redaktion der Moses-Bücher durch Esra und Nehemia als „theokratische Umredigierung" kritisierte, nämlich dass darin ein „Hochgewicht von Kultur, Sühne [und] untertänigster Steigerung der göttlichen Transzendenz interpoliert wurde"[44], trifft so fast wörtlich auch auf Freuds tendenziöse Hermeneutik der Mosesbücher und seine entbergende Neuerzählung zu, in der dieselbe kulturelle Steigerung und Sublimierung Gottes zu einer ungreifbaren

---

43 Ebd. S. 557ff.
44 Ernst Bloch: *Atheismus im Christentum*. Frankfurt a. M. 1968. S. 102.

Verantwortungsinstanz geschieht und die Schuld in ein Unbewusstes verdrängt wird, aus dem sie als unheilvoller Zwang fortwirkt. Moses ist nach seinen Ermordungen stets präsenter denn je.

Freuds Spurensuche nach dem Mord am Urvater in den jüdischen Urtexten kommt also zu dem Ergebnis, dass alles, was das Judentum wesentlich betrifft, im Mord an Moses und in der Beanspruchung seiner Macht beginnt.[45] Dieses Ereignis, ob es nun stattgefunden hat oder nicht, ist ein ‚wissenschaftlicher Mythos', der aber nicht nur einen Anfang markiert, sondern den man, will man die dazu berichtete Vorgeschichte des Auszugs und der Wüstenwanderung nicht als halbdunkle, hordenartige Urzeit des Volkes Israel sehen, zunächst als ein Ende verstehen kann: Mit Moses' friedlichem oder gewaltsamem Tod endet die Wüstenwanderung und es wird mit dem abgeschlossen, was im Exodus begann. Es folgen mehrere Gründungen unterschiedlicher Motivik aufeinander. Der Exodus hat wiederum selbst eine Vorgeschichte, die zu beachten wichtig ist, will man das alttestamentliche Mythenbündel verstehen, das den Urtext der jüdischen und christlichen Religion bildet. Akzeptiert man das implizierte Paradigma im *Mann Moses* nicht, dass alles, was vor dem verhängnisvollen Ereignis der Mosestötung stattfand und in den Geschichten über Abraham, Isaak, Jakob und Josef berichtet wurde, nichts als eine Deckerinnerung und eine geistig unangestrengte vorzeitliche Formlosigkeit ist, nimmt man aber Freuds zweite große Entdeckung als richtig an – nämlich die methodische Überzeugung der psychoanalytischen Hermeneutik, dass alles menschliche Handeln narrativ darstellbaren Mustern folgt, die zu einem Ausagieren oder einer metaphorischen Symbolisierung drängen –, stellt sich die Frage, welche Struktur der Mythos haben kann, den die nomadische Gegenkultur an ihren Anfang projizieren würde.[46] Moses stirbt erst am Ende des Pentateuch, und das Volk Israel gründet sich im Exodus als nomadisches. Das nomadische, staatenlose und notorisch machtskeptische Volk, das in den Mosesbüchern erzählt wird, hat einen anderen Gründungsmythos als den des Vatermordes.

Der hier versuchte Vorschlag einer Erklärung des Mythos vor dem Ödipusmythos ist es, als Gründungsverbrechen für eine nomadische Kultur ein gewaltloses Diebstahlshandeln statt eines Mordes anzunehmen. Der räuberische Mord und sein Mythos ist als Gründungsmythos einer Zivilisation geeignet, die sich auf eine statische symbolische Ordnung festgelegt hat und die ihre Sesshaftigkeit und Stabilität nicht nur durch Aneignung, Überwindung und Distanzierung, sondern

---

45 Es wäre schade, in diesem Zusammenhang unerwähnt zu lassen, dass Freuds frühestes erinnertes Kindheitsverbrechen ein Raub war, bei dem er seiner Nichte einen Blumenstrauß wegnahm; zur Argumentation braucht dieses Detail allerdings nichts beizutragen. Siehe hierzu: Peter Gay: *Freud. Eine Biografie für unsere Zeit*. Übers. v. Joachim A. Frank. Frankfurt a. M. ³ 2006. S. 13.

46 Hier muss bereits eingeschoben werden, dass diese Konstruktion eines Gegenmythos der ungreifbaren, heterogenen und vagabundierenden Gemeinschaft auch gegenwärtig äußerst wirkungsmächtig ist: Das Konzept der „multitude", das Michael Hardt und Antonio Negri in *Empire* (Cambridge u. London 2000) entwerfen, knüpft direkt an die Rezeption von Augustinus an, der die Kirche als der Welt nicht zugehörige *civitas peregrina* mit eben diesem Narrativ des „Volkes nach dem Exodus" begründen will. Das ist im Kapitel der Exodus-Rezeption näher beschrieben.

durch eine gewaltsame Überwältigung und Bannung des Vorhergehenden erhalten kann. Hier kann eine komplette Auswechslung der Machtimagination erfolgen, während in kritischeren, prekäreren Situationen eine ‚symbolische Vorsicht' geboten ist, die zu anderen Narrativen führt. Der Diebstahl ist der Mythos einer Gruppe, die sich unterlegen und marginalisiert weiß, die aber dennoch ihre eigene Kultur herausbildet. Es ist sinnvoll, die Struktur der hier gestellten Frage noch näher zu bezeichnen: Welche Selbstbegründung wird für „das Andere" angenommen, und was steht am Anfang dessen, was für den Ursprung des Eigenen nur als begriffsloser und zu überwindender Urgrund fungiert? Und nochmals anders formuliert: Welches gleichzeitig onto- wie phylogenetische Narrativ wird einer unstet-wandernden Subjektivität auf die gleiche Weise implizit zugrunde gelegt, wie der Ödipus-Komplex bis zu seiner großen Entdeckung durch Freud unausgesprochen das Verhalten des klassisch bürgerlichen Subjekts bestimmt hat?[47]

Dabei lässt sich schon jetzt für die verwendete Methodik feststellen: Der Mord an Moses muss durch Freud in einer Tiefenstruktur der Mosesbücher gesucht werden, die keinerlei Merkmale an der Oberfläche hinterlassen hat – an keiner Stelle des Bibeltextes wird auch nur angedeutet, dass die Israeliten Moses als Ägypter erkannt und erschlagen haben könnten.[48] Freuds Vorgehensweise kann ‚archäologisch' und ‚entbergend' genannt werden, kann aber mit gleichem Recht auch als unbegründete Spekulation und als ‚Assoziation des Verdachts' bezeichnet werden – was ihr aber nur rationale Kritik entgegenbringt und ihr nichts von ihrer mythischen Relevanz nimmt: Freuds wissenschaftliches Ergebnis mag zweifelhaft sein, seine narrative Fortschreibung des Moses-Mythos ist von höchster Bedeutung. Freud muss für seine brillante Spekulation die unsichtbaren Motivierungen und Latenzen herauspräparieren, die das Mythengeflecht entstehen lassen, an dem er seine gewissermaßen ‚kontrasemantische' Lesart ansetzt. Freud forscht in einer dunklen Tiefe des Textes. Der Diebstahl dagegen wird offen erzählt und sowohl als Handlung wie auch als Erzählung mehrfach wiederholt. Während Freud von einer Verdrängung des Gründungsverbrechens ausgeht, liegen die Diebstähle im Alten Testament völlig offen und insistent wiederholend vor: zu Beginn von Texten, als wiederholte Metapher, als Höhe- oder Wendepunkt einer Erzählung oder als immer wieder neu formulierte und abgewandelte Ursituation einzelner Protagonisten der biblischen Erzählung. Immer wieder wird in der Bibel fast ostentativ bezeichnet, wer heilige Gegenstände stahl und weshalb das eine letztlich legitime

---

47 Die selbstverständliche Gleichsetzung von allem fahrenden Volk mit Dieben mindestens bis zur Mitte des zwanzigsten Jahrhunderts zeigt, dass dieses Muster schon zu Beginn der Moderne eindeutig festgelegt war. Siehe dazu: Friedrich Kluge: *Rotwelsch. Quellen und Wortschatz der Gaunersprache und der verwandten Sprachen*. Straßburg 1901. – Insbesondere die „Dillinger Liste" von 1716 mit dem Titel „Ausführliche Beschreibung aller derjenigen Räuber, Dieb, Beitel-Schneider und andere Jauners-Bursch" auf S. 181 f. ist hier bezeichnend.
Weiter ist der Aufsatz von Johann Ulrich Schöll „Gauner und Bettler in Schwaben" sehr informativ. In: Boehncke u. Sarkowicz (Hg.): *Die deutschen Räuberbanden*. Band III. S. 7-57.
48 Siehe hierzu: Jan Assmann: *Moses der Ägypter. Entzifferung einer Gedächtnisspur*. Frankfurt a. M. [6] 2007. S. 232.

Handlung war. Statt der in einer Tiefenschicht verborgenen Latenz des Gründungsverbrechens wird ein offen ausgesprochenes und reflektiertes Bewusstsein vom begangenen Verbrechen sichtbar, das schon fast zum Bekenntnis und zur offenen Verarbeitung zu drängen scheint. Nicht nur ist die in diesem Gründungsverbrechen entstehende Subjektivität also völlig anders gekennzeichnet, auch die Folge des Diebstahls ist genau gegenteilig zu den Folgen, die der Vatermord hat: Statt der Verdrängung und symbolischen Repräsentierung wirkt sich der Diebstahl in seinem bewussten Bekenntnis aus, und in einigen Fällen sogar darin, dass er habituell wird. Der Diebstahl ist statt durch Verdrängung durch aktive Wiederholung markiert.[49] Dazu kommt, dass der Vatermörder sich stark, souverän und staatenbildend zeigen konnte, während der Dieb schwach und in einer Situation der Armut und der nomadisierenden Flucht bleibt. Das stehlende Subjekt ist im Gegensatz zur Bruderhorde, die den Vater überwältigen konnte, nicht durch Stärke und Ebenbürtigkeit im Verhältnis zum Übermächtigen beschrieben, sondern wer stiehlt, handelt meist aus einer Situation der Knechtschaft, Armut und der Schwäche.[50] Entsprechend muss sich der Dieb und die ‚diebische Gemeinschaft' durch die bleibende Präsenz des Gestohlenen weiter mit dem Bestohlenen auseinandersetzen, was für sie eine konstante Erinnerung an das bedeutet, wovon sie sich getrennt hat, das sie aber nicht als abgeschlossen und beseitigt begreifen kann, weil sowohl diese Abwendung als auch die Bezogenheit ihre Subjektivität bestimmt. Das entspricht Jan Assmanns in *Die Mosaische Unterscheidung* formulierter „Kritik an Freud, [...] daß er einen zu schwachen Begriff von kulturellem Gedächtnis oder kulturellem Archiv hatte"[51], weil er sie auf die verdrängte und nur in einer Tradition fortgeführte, verschleierte Erinnerung an ein Urverbrechen reduzierte. Mit dem Diebstahl kann neben dem Vatermord eine weitere Bezugsmöglichkeit beschrieben werden, die die Erinnerung an das Urverbrechen nicht ins Unbewusste der Kultur verschiebt, sondern der ihr das Gründungsverbrechen dauernd und in einer Erinnerungsfunktion vor Augen hält. Der Wiederholungszwang der ‚illegitimen Aneignung' liegt einerseits in der ausgesprochenen Erinnerung an sie, im Bekenntnis der Tat, und andererseits im je erneuten und erneuten Diebstahl, der immer neu das Verhältnis zur umgebenden Welt ausloten muss.

Diese Position des Diebstahlmythos lehnt sich dabei offensichtlich an die Fragestellung Freuds an, der die Religion aus einem Gründungsverbrechen entstehen sah. Weite Teile der psychoanalytischen Hermeneutik werden hier verwendet, andere Aspekte, wie z.B. das Element der Verdrängung, das für den Vatermord konstitutiv ist, wird für den Diebstahl nicht nur nicht relevant, sondern durch ihn geradezu in sein Gegenteil verkehrt: Blickt man nicht auf eine hypothetische Er-

---

49 Den Begriff der „Wiederholung" nicht nur im Sinne von Freuds Wiederholungszwang, sondern auch im Sinn der Reappropriation, also als Wieder-Holung zu verstehen, wird in den Kapiteln über Jacques Lacans Deutung von Edgar Allan Poes *Der Entwendete Brief* und Derridas Antwort auf Lacan weiter ausgeführt. (S. 339-349, insbes. S. 344f.)
50 Siehe zur Schwäche und Armut des Stehlenden das das Kapitel „Herr und Knecht – und Dieb" in dieser Arbeit.
51 Assmann: *Mosaische Unterscheidung*. S. 133.

mordung der mosaischen Vaterfigur, sondern auf den Diebstahl als Gründungsmotiv, sind in den Texten des Pentateuch keine Spuren der Verdrängung des Urverbrechens zu finden, sondern wiederholte Mahnungen zur Erinnerung an die Diebstähle und zum Gedächtnis an den jeweils Bestohlenen. Diese ambivalente Haltung zu Freud zielt bewusst nicht auf eine radikale Kritik seiner Herangehensweise, noch auf eine einfache Übernahme; stattdessen wird versucht, die kulturhistorischen Aspekte der psychoanalytischen Theorie aufzunehmen und abzuwandeln, wobei in manchen Ergebnissen eine andere, gewaltlosere Lesart zur Religionsbegründung des Judentums entstehen soll, als die, die Freud im *Mann Moses* entwickelt hat. Was an manchen Stellen wie ein radikal anti-Freudianisches, dem Menschen mehr Reflexionsfähigkeit und Gewalthemmung zutrauendes anthropologisches Modell erscheinen mag, soll eine alternative Anwendung der Psychoanalyse, und keine Kritik ihrer Grundlagen sein. Nimmt man Freuds kulturtheoretische Annahmen ernst, liegt es nahe, dass im Bibeltext mehr als nur eine Lesart der Gründungserzählung der jüdischen Religion verborgen liegt, und vor allem kann versucht werden, eine Lesart herzustellen, die weniger mit provozierend offengelegten und deswegen immens angreifbaren Deutungen funktioniert und vorsichtigere Schnitte durch den Text macht, um vielleicht ambivalentere und weniger plakative, aber nicht weniger relevante Ergebnisse zu erhalten. Die damit vorgeschlagene Lesart Freuds soll durch neuere Ansätze der Psychoanalyse ergänzt und erweitert werden, die bestimmte Aspekte Freuds aufnehmen und kritisch verstehen: zum Beispiel die Restitution einer vollständigen Subjektivität durch die Psychoanalyse, die bei Freud noch weitgehend angenommen wird, aber bei Lacan und in seiner Nachfolge bei Žižek entschieden durch etwas ersetzt wird, das – stärkere Einflüsse Hegels aufnehmend –, eine „zerrissene Subjektivität" genannt werden kann, die sich nicht mehr durch ein Sein, sondern durch eine Lücke und einen existenziellen Mangel definiert, der das Individuum konstituiert. Diese zerrissene, ungesicherte und gewissermaßen obdachlose Subjektivität ist das, wofür der Diebstahl im Exodus als Gründungsmythos vorgeschlagen werden soll.[52]

Wie im Folgenden zu sehen sein wird, sind die den Erinnerungszwang herstellenden gestohlenen Dinge in der Bibel meist Gegenstände mit religiösem Bezug für den Dieb wie den Bestohlenen: Götterfiguren, Ritualwerkzeug oder Schmuck, der die Funktion eines Amuletts hat oder religiösen Zeremonien zuzuordnen ist. Das Gestohlene ist kaum je ein beziehungsloses materielles, utilitaristisch nötiges Ding, sondern ein aufgeladener Gegenstand, ein Fetisch, ein Träger für eine symbolische Kulturtechnik oder ein bestimmtes Wissen, oder ein Wahrzeichen für Erkenntnis. Es sind also Dinge, die nicht verbraucht und verzehrt werden, sondern anhand derer der Dieb sich dessen versichert, was hier als ‚Symbolsystem' bezeichnet wurde, und was für die mit dem Bestohlenen geteilte Religion, Kultur und seine ‚Zeichensysteme der Weltordnung' steht. Durch diese bleibende Präsenz des Ge-

---

52 Siehe hierzu: Jacques Lacan: *Écrits. The first Complete Edition in English.* Übers. v. Bruce Fink. New York 2006. S. 75-81, 102-121, 189-196. Slavoj Žižek: *Tarrying with the negative.* Durham 1993. S. 30f, 71, 169ff.

stohlenen erlebt der Dieb eine alltägliche Erinnerung an das Verbrechen. Wer mit einem gestohlenen Gegenstand rituell hantiert, vergisst nicht, dass er gestohlen ist. Während der Ödipuskomplex durch das negierende Motiv des Verschwindens und Verdeckens bestimmt ist, ist der Diebstahl durch affirmative Attribute der Präsenz und Erinnerung markiert. Diese Erinnerung an das Stehlen von Ritualgegenständen wird in der biblischen Erzählung immer wieder versprachlicht und soll im Folgenden anhand Rahels, Josefs und Moses' untersucht werden.

Der Diebstahlsmythos ist aber nicht nur nach der Tat kommunikativ, worin er dem Vatermord noch ähnelt, von dem er sich dann nur dadurch unterscheiden würde, dass keine Metaphorisierung und semantische Verschiebung nötig ist. In diesem Verbrechen findet eine Kommunikation statt, weil die gestohlenen Gegenstände aus der gemeinsamen Religion des Diebes und des Bestohlenen stammen, also im Zentrum des geteilten symbolischen Raumes stehen. Der Diebstahl ist damit ein „kommunikatives Handeln"[53] im Sinne Assmanns. Der Dieb will oder kann die Verbindung zu dem, von dem er stiehlt, nicht gewaltsam unterbrechen, sondern er versucht, eine seltsam schuldhafte Form der Kontinuität zu ihm herzustellen – indem er von ihm stiehlt und darüber erzählt. Er zerstört den gemeinsamen symbolischen Raum nicht, indem er sein Gegenüber beseitigt, sondern affirmiert die gemeinsame Symbolstruktur und ihre Gültigkeit. Das Begehren des Diebes ist nicht die narzisstische Ersetzung seines Gegenübers, sondern ein Platz neben dem Gegenüber; damit entsteht etwas, was man als eine ‚Gleichberechtigung der symbolischen Kompetenzen bei gleichbleibender Differenz materieller Möglichkeiten' bezeichnen könnte. Der Diebstahl entspricht also insofern viel eher den Möglichkeiten eines „kommunikativen Handelns", als er auf die Teilhabe und nicht auf die Ersetzung abzielt. Die Anerkennung[54] durch den ‚großen Anderen' wird hier nicht durch dessen Ersetzung, sondern durch seine symbolische Einschränkung hergestellt. Diese wandelbare Struktur des Diebstahls-Mythos in den Moses-Büchern soll im Folgenden detailliert in den Blick genommen werden, bevor in einem weiteren Schritt die Rezeption dieser Stellen durch die Kirchenväter und ihre Verwendung des Diebstahls als Begründungsgeste in den Blick gerät.

Die hier vorliegende Untersuchung der biblischen Texte, denen Freud um den Tod Moses' zentriert eine ödipale Deutung gibt, muss allerdings auf eine Erklärung des Todes von Moses nicht verzichten: Auch wenn Freuds Annahme über den gewaltsamen Tod Moses' hier nicht geteilt wird, muss das Ereignis seines tatsächlich etwas unerwarteten, narrativ unvermittelten Sterbens aus einer Interpretation mit Blick auf das Diebstahlmotiv nicht ausgeklammert werden: Mit Moses' Tod taucht die zwingende Ökonomie und Krise der Gabe wieder auf, wie sie im Kapitel über Epimetheus beschrieben wurde. Moses' Tod auf den Anhöhen über Palästina, wie es im biblischen Bericht beschrieben ist, musste geschehen, weil er bei einer sogar relativ zweitrangigen Gabe Gottes während der Wüstenwanderung nicht ausrei-

---

53 Assmann: *Kultur und Konflikt*. S. 3f.
54 Zum Begriff der Anerkennung in dieser Arbeit siehe das Kapitel über Herr, Knecht und Dieb. (Insbes. S. 53ff.)

chend auf Gott als Gebenden hinwies: Moses, der uns als der gerissene Dieb der Schätze Ägyptens begegnen wird, wurde von Gott zum Tode noch vor seinem Einzug ins Gelobte Land verurteilt, weil er einmal in der Wüste so getan hatte, als sei das plötzliche Aufbrechen einer Quelle, die die vom Verdursten bedrohten Israeliten rettete, von ihm selbst verursacht und nicht eine mit Gottes Hilfe gewirkte Gabe. Das Verbrechen des so verdienstvollen Mose, für das er mit dem verfrühten Tod bestraft wurde, war es, die Herkunft des rettenden Wassergeschenks nicht deutlich gemacht zu haben:

> [Du sollst, so wie dein Bruder Aaron vor dir bereits starb, auch sterben], denn ihr habt euch an mir versündigt unter den Israeliten bei dem Haderwasser zu Kadesch in der Wüste Zin, weil ihr mich nicht heiligtet inmitten der Israeliten. Denn du sollst das Land vor dir sehen, das ich den Israeliten gebe, aber du sollst nicht hineinkommen.[55]

Für diese eine Lässlichkeit, Gott für seine Gabe nicht ausreichend geehrt zu haben, wird der doch eigentlich so verdienstvolle Moses, der in Gottes eigenem Auftrag die weltlichen ägyptischen Herrscher plündern sollte, mit dem Tode gestraft. In diesem auf den ersten Blick etwas engherzig wirkenden Todesgrund des ‚Diebes in göttlichem Auftrag' ist zu erkennen, wie wichtig die Funktion der Gabe für jeden noch so machtvollen Herrschenden ist: Sogar der allmächtige Gott ist gezwungen, äußerst empfindlich auf die im Rettungsgeschehen seines Volkes eigentlich recht geringe Kränkung zu reagieren, wenn ihm nicht ausreichend anerkennende Unterwerfung für eine noch so nachrangige Gabe gezollt wird.[56] Wer den Ursprung einer Gabe kontrolliert und selbst behaupten kann, dieser Ursprung zu sein, sichert sich eine so immense Macht über die Beschenkten, dass nicht einmal ein allmächtiger Gott auf diese Machtfunktion verzichten kann: In der Kleinlichkeit Gottes, das Entspringen einer Quelle betreffend, wird erkennbar, welchen Zwang die Ökonomie der Gabe selbst auf absolute Herrscher ausübt.[57] Gott musste seinen wichtigsten Dieb sterben lassen, weil sich dieser in einem strategisch wichtigen Ursprungsmoment die symbolische Bedeutung einer Gabe von ihm angeeignet hatte. Dass sich der begabte Dieb Moses scheinbar auch von Gott selbst einen symbolischen Vorteil angeeignet hatte, kann von diesem nicht ignoriert werden. Gottes Dieb muss sterben, weil er Anspruch auf einen wichtigen symbolischen Moment erhob, den Gott für sich reklamierte: Moses wurde zu sehr zum Dieb an allem Mächtigen, als dass Gott dies noch hätte tolerieren können.

---

55 5. Mose 32,51f. – Die Episode mit der gesprengten Wassertasche im Felsen steht in 4. Mose 20,1-13.
56 Wie imperativ diese Notwendigkeit, als Gebender bemerkt zu werden, sogar noch für einen Allmächtigen ist, wurde bereits im Abschnitt über den Prometheus-Mythos in der Rezeption durch den Kaiser Julian besprochen.
57 Zum Motiv der Quelle als Metapher des Ursprungs siehe: Hans Blumenberg: *Quellen*. Hg. v. Ulrich von Bülow u. Dorit Krusche. Marbach 2009.

Zweites Kapitel:
Von einem stibitzten Hausgott zum geplünderten Ägypten: Diebstähle in den Mosesbüchern

3|2|1
Text- und Familiengeschichte der biblischen Erzählungen

Freud liest das Alte Testament mit einem Blick, der in der Tiefe des Textes das aufzustöbern sucht, was dort nur als unausgesprochene Inhalte oder unerwünschte Implikationen auftaucht. Was dorthin verdrängt wurde, wird durch immer neue Verdrängungs- und Verschiebungsarbeit versteckt, wenn die latenten Inhalte nicht durch eine Textanalyse geborgen werden. Das ist eine Hermeneutik, die der Textoberfläche nicht glauben will, sondern deren Vorgehensweise stattdessen das aufspüren will, was nicht dort steht, was aber das Handeln der als Einzelne oder als Gruppe vom Narrativ Betroffenen determiniert. Hier soll nun eine Lektüre der Mosesbücher geschehen, die der Interpretation Freuds analog ist, sich aber in wesentlichen Punkten von ihr unterscheidet: Zwar wird erwartet, dass sich der Diebstahl als ein Gründungsverbrechen zeigt, das dem Vatermord ähnlich ist, doch anstatt das zu lesen, was nicht im Text steht, werden hier biblische Anekdoten und Erzählungen angeführt werden, die das Diebstahls-Motiv in offenliegenden Textstrukturen präsentieren.

Die Interpretation der Bibel wurde über Jahrhunderte mit einem Bilderreichtum aufgeladen, dem sich der Text erst durch eben diese intensive und theologisch zielgerichtete Bearbeitung und allegorische Befrachtung geöffnet hat. In einem Textgefüge, dessen Erzähler eine so karge Redeweise hat, dass der Satz „Und Rahel stahl ihres Vaters Hausgott"[1] die vollständige Erzählung eines komplexen Geschehens ist, bedeutet eine allegorisierende Interpretation schon bei vorsichtigster Erweiterung oder Andeutung von zusätzlichen Bedeutungen und Begriffen eine tendenziöse Überfrachtung der geschriebenen Worte. Freuds Vorgehen entspricht damit noch einer säkularisierten allegorisch-theologischen Tradition, auch wenn er die christliche Hermeneutik in der Psychoanalyse gewissermaßen gegen sich selbst wendet. Die Komplexität des Textes ergibt sich aber nicht nur aus dem Reichtum der Bedeutungen, die später an ihn angelagert wurden, sondern gerade in seiner Knappheit entsteht in dem sich über Jahrhunderte entwickelnden Text durch Kommentierun-

---

[1] 1. Mose 31,19. – Alle Bibelzitate nach: Deutsche Bibelgesellschaft: *Stuttgarter Erklärungsbibel (Luther 1984)*. Stuttgart ² 1992.

gen, Korrekturen, Aufschreibung anderer mündlicher Traditionen, entstellte Wiederholungen und Neufassungen eine Vielzahl von ‚narrativen Bündeln'. Diese Bündel, die teilweise überlappende Motive, Erzählungen, Gesetzestexte, Lieder oder Reflexionen zusammenfassen, variieren und umgestalten, ergeben einen Text, der vielfältigere Bedeutungsmöglichkeiten zulässt und der schwerer zu lesen ist als viele postmoderne Erzählungen, die eine ähnliche Komplexität von Sinn anstrengungslos zu simulieren versuchen. Die biblischen Erzählungen, die sich in ihrem Vergleich offensichtlich ähneln, variieren ihr Motiv andererseits mit völliger Unbefangenheit und so weit, bis darin eine fast spielerische Disparatheit auftaucht, die den Literaturwissenschaftler an ihrer Stringenz und Verständnismöglichkeit zu zweifeln beginnen lässt. Was die Komplexität der Textform und die Autorfrage angeht, übertrifft das Alte Testament spielerisch noch die wildesten postmodernen literarischen Experimente. Wird der Mythologie aber diese leichtfertige Varianz ihrer eigenen Motive zugestanden, entsteht durch die Bezüge und Interferenzen ein neuer und hochkomplexer Bedeutungszusammenhang und etwas, das nicht zu Unrecht ein „träumerisches System"[2] genannt wird: „Die Stärke der mythologischen Tradition ist ihre substanzielle Inkonstanz, ihr unbedenklicher Verzicht auf Konsequenz [...]: *Konsequente Anschauungen sind übrigens hier [...] so wenig zu erwarten, als auf irgendeinem Gebiete dieser herrenlosen, von keiner Theologie geglätteten griechischen Religion.*"[3] Selbst wo die priesterlich-theologische Endredaktion der Torah ihre Kanten geglättet und eine motivische Systematisierung versucht hat, ist das bedenkenlos-sprunghafte der verarbeiteten Mythen noch deutlich genug zu spüren, und die unablässige Neubildung und Reformulierung von alten Stoffen ist nicht ein schlichtes ‚noch einmal', sondern immer auch ein Kommentar zur früheren Textschicht. In jeder Mythologie sind die Narrationen gleichzeitig Interpretationen.

Um dem im Laufe von mindestens sechshundert Jahren aus der mündlichen Überlieferung kompilierten Text der Torah mit einer möglichst zurückhaltenden Lektüre gerecht zu werden, muss aufgezeigt werden, welche Beziehungen zwischen den Textschichten des Pentateuch bestehen, die zu unterschiedlichen Zeiten und mit unterschiedlichen Intentionen geschrieben wurden, und die über mehrere Redaktionsstufen in den erst seit dem zweiten Jahrhundert unverändert vorliegenden Bibeltext eingefügt wurden.[4] Die Motive und Narrationsstrukturen der Bibel wurden also nicht erst nach der Kanonisierung der Bibeltexte, sondern schon seit ihrer Entstehung und besonders seit der priesterlichen Redaktion auf eine bestimmte Tradition hin angelegt, und es war ein Anliegen der Redakteure, nicht nur eine theologische Einheitlichkeit, sondern auch eine lineare narrative Struktur zu erschaffen: so sind die hier behandelten Diebstahlserzählungen Episoden der Ent-

---

2 Blumenberg: „Wirklichkeitsbegriff und Wirkungspotenzial". S. 22.
3 Ebd. S. 21. [Kursivierung im Original.]
4 Was die Schichtungen und Bezüge des biblischen Textes angeht, ist die zentrale Stütze der Argumentation Erhard Blum: *Studien zur Komposition des Pentateuch.* Berlin u. New York 1990. Was die Erzählweise der biblischen Texte angeht, war Franz Rosenzweigs „Das Formgeheimnis der biblischen Erzählungen." äußerst hilfreich. In: Ders.: *Gesammelte Schriften. Zweistromland.* Band III. Hg. v. Reinhold u. Annemarie Mayer. Dordrecht 1984. S. 817-830.

wicklung des Volkes Israel von einer obdachlosen Familie zum staatlich organisierten Volk. In dieser Ordnung der Stabilisierung und des Wachstums unter bleibendem göttlichem Segen sind die Entwendungen nicht zuletzt Markierungen dessen, dass Gott zu seinen Auserwählten steht, auch wenn, und gerade wenn sie sich das aneignen, was ihnen nach weltlichem Gesetz nicht zusteht, was sie aber mit göttlicher Lizenz zu ihrem Eigentum umdeuten.

Das Motiv des Diebstahls nimmt in der Torah eine bemerkenswerte Rolle ein; insbesondere Diebstähle von Dingen, die in einem religiösen Zusammenhang stehen, werden an mehreren Stellen geschildert. Götterfiguren, Zeremonialwerkzeug oder Gegenstände, die zur Divination und Magie benutzt wurden, werden immer wieder unerlaubterweise eingepackt und mitgenommen; in dem Fall, in dem sich Jakob den Erstgeburtssegen seines Vaters erschleicht, wird sogar direkt die gegenstandslose Wirkung eines solchen Rituals entwendet. Der Besitz solcher Dinge und Effekte ist damit nicht durch ihren materiellen Wert wichtig, sondern es ist der veränderte Status und die Aktions- und Legitimationsmöglichkeiten, die sich für denjenigen ergeben, der über diese Dinge verfügen kann, bzw. der als Träger dieser Dinge seine Position im Text bekommt. Der materielle Wert, der oft abstrakt bleibt und gar nicht näher bestimmt wird, stellt also nicht die Motivation der Handlung dar. Stattdessen entsteht die Bedeutung des Gegenstandes im Symbolsystem des Textes und der Kultur der israelischen Erzväter.

Die zu behandelnden Texte finden sich ausschließlich in den fünf Büchern Mose, und dort innerhalb des Komplexes der Vätergeschichte und der Exoduserzählung. Das legt eine genealogische Vorgehensweise entlang der Familie Isaaks nahe, die von Jakob und Rahel über Josef und Benjamin letztlich zu Mose geht und die beschreibt, wie diese zentralen Figuren der biblischen Geschichte sich fremdes Gut aneignen und wie diese Aneignung im Text funktionalisiert wird. Eine solche familiengenealogische Vorgehensweise würde der Komplexität des Textes aber nicht gerecht werden, da die Josefs-Geschichte, die erzählt, wie das Volk Israel in die ägyptische Knechtschaft kam, in ihren relevanten Elementen wesentlich jünger ist als das Material der ihr im Narrativ vorausgehenden Exodus-Geschichte. So wurde insbesondere die Becher-Episode, die weiter unten besprochen wird, durch spätere Redaktion eingefügt.[5] Die Beachtung einer solchen in sich verschränkten Textgenealogie bedeutet auch, dass registriert wird, dass die auffällige Parallelität, die insbesondere die Diebstahlsszenen der beiden Episoden haben, bewusst in dieser Form in den Text eingeschrieben ist. Damit stellt die Josefs-Geschichte nicht nur die Vorgeschichte zum Exodus der Israeliten dar, sondern ist selbst eine Interpretation der Exodus-Erzählung, die zu diesem Zeitpunkt schon den Charakter eines Gründungsmythos des hebräischen Volkes hat.[6] Die Mythen verstärken und akzentuieren sich also gegenseitig, und so kann die Geschichte von Josef in Ägyp-

---

[5] Das ist ein Ergebnis erst der neueren Josefs-Forschung. Siehe dazu: Harald Schweizer: *Die Josefsgeschichte. Konstituierung des Textes.* Tübingen 1991.
[6] George Steiner beschreibt solche „interpretativen Erzählungen" in: *Von realer Gegenwart. Hat unser Sprechen Inhalt?* Übers. v. Jörg Trobitius. München u. Wien 1989. S. 18ff.

ten als eine deutende Reaktion auf den zentralen Exodus-Mythos verstanden werden, der, wenn schon nicht verändert, so doch durch seine Vorgeschichte narrativ kommentiert und dessen Verständnis durch die vorhergehende Erzählung geleitet werden konnte. Weil die Geschichte von Josef in ihren Möglichkeiten des Erzählens von der Autorität des Exodus-Materials determiniert ist und als eine interpretierende Erzählung auf den Exodus-Mythos reagiert, der die Bedingung ihrer Möglichkeit darstellt, ist es so interessant wie folgerichtig, dass sie selbst die Vorgeschichte zum Exodus erzählt: An der unantastbaren Exoduserzählung ließ sich nichts ändern, mit der richtigen Vorgeschichte, einem gezielt eingefügten *prequel*[7] konnte aber ihr Verständnis gesteuert werden. Hier ist eine weitere Legitimationsstrategie von Gründungsmythen zu beobachten, die in einer permanenten „Rückdatierung" des Beginns besteht: in immer neuen Variationen des Mythos wird der Anfang immer noch weiter in eine Vorzeit verlegt und er wird mit jedem Übersetzungsschritt in die Vergangenheit basaler und buchstäblich ‚unhinterfragbarer'.

In der Josefsnovelle wird beschrieben, wie es dazu kam, dass das Volk Israel seine Heimat verließ und nach Ägypten kam, wobei diese Darstellung der Flucht vor der Hungersnot nach Ägypten umgekehrt parallel zur Exodus-Erzählung als Flucht aus Ägypten ist. Indem für die Josefsgeschichte die Vorzeitigkeit behauptet wird, wird verändert, wie der Exodus verstanden wird, gleichzeitig greift die Erzählung von Josef aber gewissermaßen auch in ihre eigene Interpretation ein, indem sie ihre Bezüge zum sie bestimmenden Exodus so betont. Diese komplexe Konstruktion einer Vorgeschichte, die aber eine bewusste Selbstauslegung des Textes ist, wird verständlicher, wenn im Folgenden die intertextuellen Bezüge genauer angesehen werden, bei denen diese ambivalente Konstruktion nie vergessen werden darf: Die Josefsgeschichte ist diskursiv völlig vom Exodus determiniert, und sie verändert gleichzeitig die Möglichkeiten ihrer selbst, indem sie die interpretativen Bedingungen umstellt, die für die Exoduserzählung und damit für sie selbst gelten.

Die mit der Aufklärung entstandene theologische Disziplin der historisch-kritischen Forschung zur Überlieferungsgeschichte der biblischen Schriften ist eine oft polemisch geführte Debatte mit wenigen als gesichert akzeptierten Ergebnissen. Die priesterschriftlichen, jahwistischen oder elohistischen Quelltexte für die fünf Mosesbücher, die zur Konstruktion einer Vollständigkeit und Nachvollziehbarkeit der Überlieferung als grundlegend angenommen werden, werden in regelmäßigen Abständen in Frage gestellt. Für eine literaturwissenschaftliche Untersuchung des Textes ergibt sich somit das Bild einer äußerst disparaten, extrem komplexen Textlandschaft, die durch Referenzen, Zitate, starke Motivähnlichkeiten und gegenseitige Beeinflussung eine klare interne Zusammengehörigkeit beweist, an der aber bisher alle systematisierenden Ordnungsversuche von der priesterlichen Umschrift

---

7 Der aus der Filmtheorie kommende Begriff des ‚prequel', abgeleitet vom englischen *sequel* und dem Präfix ‚*pre-*' bezeichnet die filmische Erzählung einer Vorgeschichte, die einer meist sehr bekannten und älteren Erzählung eine Hinleitung und Einordnung gibt. In diesem Sinn ist die Josefsgeschichte das Prequel zur Geschichte des Exodus und damit eine der ältesten Anwendungen dieser poetisch-poetologischen Möglichkeit.

bis zu den Überlieferungstheorien des neunzehnten Jahrhunderts gescheitert sind. Damit ist neben einer möglichen Genealogie des Diebstahls entlang des Stammbaums der Stammesväter die Möglichkeit einer chronologischen Entwicklung des Motivs und der diskursiven Konstruktion der Einflüsse und Deutungsbedingungen gegeben. Diese Vorgehensweise würde aber ebenso zu kurz greifen, weil, um mittels dieser Methode in einer literaturwissenschaftlichen Auseinandersetzung sichere Aussagen machen zu können, eine bis ins Detail rekonstruierbare historische Ordnung als Grundlage vorausgesetzt werden müsste, die so nicht gegeben ist.[8]

Der Text stellt sich also als zu komplex dar für eine konventionell vorgehende literaturwissenschaftliche Interpretation, die von der Möglichkeit ausgeht, den jeweiligen Text linear und unter impliziter Bezugsmöglichkeit auf die Instanz eines Autors, Werks oder einer sonstigen die Lesbarkeit des Textes verbürgenden Einheit und Ganzheit deuten zu können. Das führt dazu, dass nicht-theologische Bibel-Interpretationen sich meistens auf einzelne Episoden und Geschichten mit nur wenigen Versen beschränken und die intertextuellen Bezüge sogar innerhalb einzelner Bücher ignorieren.[9] Die Zerklüftetheit des biblischen Textes hebelt die implizit angenommene und das Sprechen über den Text absichernde Kohärenz und Ganzheit mit einem bemerkenswert permanenten und unbetroffenen Schulterzucken aus. Was bei neueren, autoren- und zeitgebundenen Texten als Ausgangspunkt literaturwissenschaftlicher Interpretationen unweigerlich als gegeben akzeptiert wird, ist hier ausgesprochen problematisch: Eine lineare, dem Narrativ einfach folgende Textdeutung und eine deutungsermöglichende ‚Gesamtheit' des Textes zu finden, ist fast unmöglich.[10]

Um mit dieser Problematik umgehen zu können, wird, wie oben beschrieben, auf das Mythoskonzept Freuds und Blumenbergs zurückgegriffen, das die Variation und diffuse gegenseitige Bezüglichkeit der Texte akzeptieren kann, das die Mythen also erstens als zur symbolischen Wiederholung drängend versteht und zweitens als mit einer bleibenden Irritation und einem Unbehagen am Mythischen behaftet sieht, das zur rationalisierenden „Arbeit am Mythos" drängt. Diese gleichzeitig bleibende und variantenreiche Grundstruktur des Einzelmythos wird im wei-

---

[8] Einen Überblick über die Vielfalt der Überlieferungstheorien findet man in Erich Zenger u. a.: *Einleitung in das Alte Testament*. Hg. v. Christian Frevel u.a. Stuttgart [8] 2012. S. 37-232. – Auch das Pentateuch-Modell Erhard Blums, das für die hier angenommene Textgeschichte leitend war, ist darin aufgeführt. (S. 130ff.) Dieses Modell wurde hier als Grundlage verwendet, weil es – im Gegensatz zum Beispiel zum Münsteraner Modell (ebd. S. 120ff.) – historisch zwischen der Moseserzählung und der Erzelterngeschichte differenziert.

[9] Vgl. hierzu v.a. die interpretativen Aufsätze in: Hans-Peter Schmidt u. Daniel Weidner (Hg.): *Die Bibel als Literatur*. München 2008, aber auch: Roland Barthes: „Der Kampf mit dem Engel. Textanalyse der Genesis 32,23-33." In: Ders.: *Das semiologische Abenteuer*. Übers. v. Dieter Hornig. Frankfurt a. M. 1988. S. 251-265.

[10] In dekonstruktivistischen Interpretationen ist diese Grundannahme der bezugstragenden Einheit eines Textes meist nur vordergründig ausgeklammert: Um ihn dekonstruieren zu können, muss ein Text zuerst als Einheit vorliegen, und noch die Behauptung eines Textes als einem sich selbst dekonstruierenden Zeichensystem nimmt an, dass dieses Zeichensystem inhärent strukturiert und ausreichend selbstbezüglich ist, um diese Lesart zu begünstigen.

teren Verlauf, Blumenberg folgend, als „Mythologem" bezeichnet. Um im vorliegenden Fall mit dem das Mythologem tragenden Textbündel umgehen zu können, muss berücksichtigt werden, dass ‚Mythologie' in Blumenbergs Verwendung des Begriffs nicht nur zur narrativen Ordnung der Welt dient, also ‚mythisch' ist, und durch eine Adäquatheit des Mythos zum Erlebten eine festgelegte Gültigkeit hat, sondern dass im Mythos selbst Problematisierungen des eigenen sprachlich möglichen Bezugs zur Welt vorgenommen werden, dass also auch der ‚Logos' schon in der Mythologie angelegt ist. Um dem zu entsprechen, muss die jeweils einzelne Verwendung des Mythologems genau untersucht werden, und wie sie im Fall des Diebstahls die zugrunde liegende Struktur der ‚Selbstbegründung durch illegitime Aneignung aus dem Besitz des Herrschenden' anwendet und variiert. Dieses Motiv zeigt sich in den fünf Mose-Büchern als ebenso fruchtbar wie problematisch. Um in das Motiv einzuführen, bietet es sich an, bei Rahel und Jakob, den Eltern Josefs und Benjamins einzusetzen. Diese Elternschaft, in der die Linie der Väter des Volkes Israel, also Abrahams und Isaaks, fortgesetzt wird, ist insofern wichtig, als die Gestalt Jakobs als ein Schelm und Betrüger auftaucht, dessen Handlungen aber immer von einer göttlichen Vorsehung gedeckt sind. Seine Frau Rahel tritt als eine Diebin auf, die selbsttätig und in deutlicher Distanz zur Figur des „wahren Gottes" handelnd, den heidnischen Hausgott ihres Vaters stiehlt. Josef, der Lieblingssohn Jakobs, trägt gemeinsam mit Benjamin, dem sehr eng auf Rahel bezogenen Sohn, die Verbindung dieser beiden Eigenschaften und Handlungsweisen weiter: das individuell motivierte Diebstahlshandeln und das Motiv des Schelms, der mit dem Segen seines Gottes rechnen kann.

3|2|2
„Und Rahel stahl ihres Vaters Hausgott"

Rahel, die meist nur als die Frau auftaucht, um derentwillen Jakob vierzehn Jahre lang bei seinem Schwiegervater Laban Knechtsdienst leistet, nutzt die Gelegenheit, als sie mit Jakob und ihrer neugegründeten Familie die Flucht antritt:

> Laban aber war gegangen, seine Herde zu scheren. Und Rahel stahl ihres Vaters Hausgott. Und Jakob täuschte Laban, den Aramäer, damit, daß er ihm nicht ansagte, daß er ziehen wollte. So floh er mit allem, was sein war, machte sich auf und fuhr über den Euphrat und richtete seinen Weg nach dem Gebirge Gilead. Am dritten Tage wurde Laban angesagt, daß Jakob geflohen wäre. Und er nahm seine Brüder zu sich und jagte ihm nach, sieben Tagesreisen weit, und erreichte ihn auf dem Gebirge Gilead.[11]

Diese knappe Erzählung vom Auszug aus der unfreien Knechtschaft, in der der Hebräer Jakob sich bei seinem Schwiegervater fand, wird durch den unerwarteten und unmotiviert scheinenden Diebstahl Rahels am aramäischen Hausgott ihres Vaters

---

11 1. Mose 31,19-23.

ergänzt. Der karge Bibeltext lässt keine Interpretationen des Motivs Rahels zu, die nicht entweder auf spekulativen Annahmen beruhen oder neuzeitliche Begründungsmuster aufrufen würden, dem Text also ein Wesentliches hinzufügen würden, um ihn lesbar zu machen. Jede Exegese ist hier sofort in Gefahr, vor allen eine Eisegese zu sein, kein Herauslesen, sondern ein Hineinlesen. Jedenfalls scheint Rahel der Besitz des Terafim ihres Vaters auch in ihrer neuen Familienkonstellation von solcher Bedeutung zu sein, dass sie ihn, als Laban sie einholt und die Zelte zu durchsuchen beginnt, unter ihrem Kamelsattel versteckt, auf dem sie sitzen bleibt, während ihr Vater das Zelt betastet: „Mein Herr, zürne nicht, denn ich kann nicht aufstehen vor dir, denn es geht mir nach der Frauen Weise. Daher fand er auch den Hausgott nicht, wie sehr er auch suchte."[12] Es kann hierzu wenig gesagt werden, das nicht mehr verstehen möchte als der Text erzählt.[13] Was aber mit Sicherheit angenommen werden kann, ist, dass Rahel die Götterfigur wirklich haben will. Sie nimmt sie mit, um in der neuen Familie eine Kontinuität der zeremoniell-religiösen Ordnung aufrechtzuerhalten, auch wenn damit die Verbindung zu ihrem Vater als dem Eigentümer der Götterfigur gebrochen wird. Die väterliche Bindung wird versehrt, während die Bindung an den Kultus affirmiert wird: Diese doppelte Bewegung der Trennung und Affirmierung, die eine Ambivalenz der Zugehörigkeit des stehlenden Subjekts herstellt, ist der Kern auch der weiteren Variationen des biblischen Diebstahlsmotivs.[14] Es wird in einer Situation des Verlassens einer stabilen und abgesicherten, aber unterworfenen Lebenssituation hin zu einer wandernden Lebensweise von der menschlichen Institution, die die Verkörperung diesseitiger Macht darstellt, gestohlen, womit man an ihr zum Verbrecher wird, aber gleichzeitig erweist der Diebstahl die Verbundenheit gegenüber dem übergeordneten kulturellen Symbolsystem.[15]

---

12 1. Mose 31,35.
13 Es gibt rabbinische Deutungen, die den Grund für Rahels Diebstahl erklären wollen: Eine ist, dass die fromme Rahel damit ihren Vater von seinem Götzendienst befreien wollte. Man kann jedoch annehmen, dass es effektivere Missionsmethoden gibt. Eine zweite Deutung ist wesentlich interessanter, die besagt, dass Rahel verhindern wollte, dass ihr Vater von seinem Gott erfährt, wohin sie mit Jakob geflohen ist. Dazu braucht er den Gott aber offensichtlich nicht, denn er findet sie auch ohne seine Hilfe. Diese Deutung ist bedeutsam, insofern sie auf Josefs Wahrsagefähigkeit durch den gestohlenen Becher verweist, die damit im potenziell mantisch nutzbaren Hausgott präfiguriert ist. Siehe hierzu: Yair Zakovitch, „Through the Looking Glass: Reflections / Inversions of Genesis Stories in the Bible" In: *Biblical Interpretation* 1 (1993). S. 139-152. Eine weitere Interpretation, die sich nicht zuletzt auf eine Stelle bei Josephus stützt, kommt von Moshe Greenberg („Another look at Rachel's Theft of the Teraphim." In: *Journal of Biblical Literature*. Ausgabe 3, Jahrgang 81. Atlanta 1962. S. 239-248.) Demzufolge brauchte Rahels Mann Jakob den Hausgott, um als Erbe für seinen Schwiegervater eintreten zu können. Auch wenn diese Interpretation plausibel ist und der hier versuchten Deutung nahe kommt, wird darin angenommen, dass die Frau Rahel nur handelt, um ihrem Mann zu helfen – eine Initiative aus ihr selbst heraus und aus eigenem Wollen wird kategorisch ausgeschlossen.
14 Vielleicht verstand niemand die wenig spektakuläre Motivation Rahels für ihren Diebstahl besser als Kafka, der in seinen Aphorismen schreibt: „Was ist fröhlicher als der Glaube an einen Hausgott!" (Kafka: „Aphorismen." In: *Gesammelte Werke*. Band 6. S. 239.) Was dem Hausvater Laban eine Sorge war, war für Rahel die fröhliche Möglichkeit, Odradek zu stehlen.
15 Die Begriffe des Symbols und des Symbolsystems werden hier von Clifford Geertz übernommen, der in seinem Aufsatz „Religion als kulturelles System" den Begriff des Symbols – und der Reli-

In Rahels Tat liegt ein Verbrechen aus höherer Frömmigkeit, in dem die eigene Bezogenheit auf das kollektive Symbolsystem höher bewertet wird als die familiären oder sozialen Machtkonstellationen.[16] Der materielle Wert des Gestohlenen findet keine Erwähnung, bzw. tritt hinter seinen symbolischen Wert zurück. Die Emanzipation aus der Knechtschaft ist dabei mit Markierungen der Schwäche belegt: Jakobs neuer Stamm ist dem Labans deutlich unterlegen – der Herr verbleibt in seiner Position der Herrschaft, er wird nur seines zeremoniellen Bezugspunktes zum Symbolsystem, also der Götterfigur benommen. In dieser episodenhaften Erzählung liegt also, nochmals knapp zusammengefasst, die Struktur vor, in der das Motiv in der Torah wiederholt wird: Eine Situation der Knechtschaft oder Abhängigkeit wird verlassen, woraufhin eine Wanderschaft mit offenem Ende beginnt. Am Beginn dieser Wanderschaft wird ein Gegenstand vom Herrn gestohlen, der dann als Rückbezug auf die kulturelle Ordnung und Ankerpunkt des kulturellen Gedächtnisses mitgeführt wird. Die symbolische Ordnung kann damit in gewandelter Form und unter den Bedingungen der Wanderung und des Exils fortgesetzt werden. Bezeichnend ist allerdings, dass diese Versehrung der Bindung an die Gestalt des Vaters und die Loslösung von der patriarchalen Struktur der Familie ohne den von Freud so betonten Todeswunsch gegen den Vater geschieht: es ist ein ödipales Geschehen, in dem der Vater depotenziert wird, indem von ihm gestohlen wird. Der Diebstahl des Hausgottes funktioniert nach den Regeln der Entwendung und Trennung und des symbolischen Rückbezugs, und nicht nach den Regeln der Überwältigung, Auslöschung und persönlichen Ersetzung, auf die die klassische Psychoanalyse fixiert ist. Im gestohlenen Hausgott bleibt der Vater präsent, aber weil die Figur vom Vater gestohlen ist, kann diese Präsenz immer als eine überwundene und entflohene gesehen werden.

---

gion als eines Symbolsystems – definiert. „Symbol" steht „für alle Gegenstände, Handlungen, Ereignisse, Eigenschaften oder Beziehungen, die Ausdrucksmittel einer Vorstellung sind, wobei diese Vorstellung die ‚Bedeutung' des Symbols ist." (Clifford Geertz: „Religion als kulturelles System." In: Ders.: *Dichte Beschreibung. Beiträge zum Verstehen kultureller Systeme.* Übers. v. Brigitte Luchesi u. Rolf Lindemann. Frankfurt a.M. 1987. S. 44-95, hier S. 49.) – In dieser Hinsicht ist der Diebstahl eines Ritualgegenstandes, wie er in diesem Kapitel an unterschiedlichen Fällen, aber immer demselben heiligen Text entnommen, beschrieben werden soll, auf eine vielfache Weise in eben dieses Symbolsystem eingebettet. Er stellt dann wie kaum eine andere Geste eine prekäre ‚re-ligio', einen Versuch der Rückbindung ans Alte dar, und ist in dieser Deutung des Begriffs ‚Religion' die religiöse Handlung schlechthin. Besonders deutlich wird der Begriff der *religio* als ‚Rückbindung', ‚Rückversicherung' oder ‚Geschichtsorientierung' in Lukrez' *De Rerum Natura*, wo z.B. die religionserklärende Formel des „rursus in antiquas referentur religionis" gegeben wird, eine verstärkende und nuancierende Aneinanderreihung von gleich vier zeitlich rückwärts verweisenden Begriffen. Titus Lucretius Carus: *De Rerum Natura. Welt aus Atomen.* Lateinisch u. deutsch. Übers. v. Karl Büchner. Stuttgart 2012. S. 464. (VI, 62.)

16 Augustinus sieht Rahel – entgegen der Auslegung der meisten anderen Kirchenväter – weitgehend positiv: Auch wenn er ihren Diebstahl ignoriert, ist sie diejenige, die kontemplativ die Größe Gottes schaut, während ihr Gegenbild Lea auf das irdische Leben und die Arbeit konzentriert ist. Rahel ist die Figur der *vita contemplativa*, Lea die der *vita activa*. (Augustinus: *Contra faustum manichaeum*. Hg. v. Josef Zycha. Prag u. a. 1891. Kap. XXII S. 221ff.)

Bevor das nächste Auftauchen des Diebstahlsmotivs im Bibeltext bei den Söhnen Rahels untersucht werden kann, muss kurz auf Rahels Mann Jakob eingegangen werden, der als eine Figur auftritt, die der des „Tricksters" nahesteht. In einem monotheistischen Kontext kann es den Trickster nicht in derselben Form geben wie in polytheistischen Kosmologien, die eine Konkurrenz- oder Konfliktsituation zwischen Göttern, Göttergruppen oder Göttern und Menschen annehmen, in denen Trickster wie Prometheus als Bindeglied oder als Unruhestifter auftreten können: Unter den ethnologischen Sammelbegriff des Tricksters fallen alle die Figuren, die eine schwer zu ermittelnde Position zwischen den Menschen und den Göttern einnehmen, und deren Zugehörigkeit zur einen oder anderen Seite nicht klar festgelegt werden kann. Der Trickster zeichnet sich durch die ambivalente Rolle aus, die er im Antagonismus zwischen den Welten spielt, die ihn oft als beidseitigen Verräter dastehen lässt, weil die Verständigung zwischen den göttlichen Gewalten und den sterblichen Menschen schwierig bleiben muss, um die Stabilität der mythischen Welt nicht zu gefährden. Der Trickster steht so oft von beiden Seiten her in der Kritik und gilt als schillernde, listige und diebisch-verschlagene Figur, die aber immer schelmenhaft bleibt und die nie wirklich schuldig ist.[17] Obwohl das wissenschaftliche Konzept dieser Figur anhand polytheistischer Religionen entwickelt wurde, fällt auf, dass Jakob deutlich als eine Gestalt erzählt wird, die Elemente dieses schelmenhaften Akteurs hat.[18] Seine Position als der bevorzugte Bruder erhält Jakob als der nur knapp, aber entscheidend jüngere Zwillingssohn Isaaks, der bei seiner Geburt die Ferse seines Bruders Esau in der Faust hielt, erst durch eine List: Er kauft seinem Zwillingsbruder Esau sein Erstgeburtsrecht mit dem sprichwörtlich gewordenen Linsengericht ab. Esau, der in den traditionell theologischen Darstellungen immer als der etwas tumbe, triebgesteuerte Naturmensch auftaucht, mag dabei vielleicht sogar ein wenig Unrecht getan worden sein. Seine Antwort, als Jakob ihm im Austausch für das Essen um das Erstgeburtsrecht bittet, in der Kürze des Lebens nicht hungern zu wollen, kann auch als weltzugewandte Statusunabhängigkeit gelesen werden, die um die Kürze des Lebens weiß und greifbare Genüsse abstrakten Möglichkeiten vorzieht.[19] Jakob erhält dadurch aber nicht nur das Recht der Erstgeburt, sondern zieht auch den entsprechenden väterlichen Segen auf sich. Indem er sich mit der Hilfe seiner Mutter und eines Ziegenfells als sein behaarter Bruder verkleidet und den halbblinden Vater überlistet, schafft er es durch diesen Betrug, den magisch wirkenden Segensspruch des Vaters auf Reichtum und Herrschaft zu bekommen. In der Begrifflichkeit der Ethnologie könnte gesagt werden, dass Isaak sein *mana* damit vollständig auf Jakob übertragen hat, weswegen nun für Esau nichts übrig bleibt, das ihm gegeben wer-

---

17 Zur Definition des Tricksters siehe: Claude Lévi-Strauss: *Strukturale Anthropologie*. Band I. Übers. v. Hans Naumann. Frankfurt a. M. 1967. S. 247ff. „Trickster" ist englisch. Zur Übersetzbarkeit dieses Begriffs in „Narr" oder „Schelm" vgl. *Die Intrige. Theorie und Praxis der Hinterlist* von Peter von Matt. München u. Wien 2006. S. 277-287.
18 Siehe dazu: Dean Andrew Nicholas: *The Trickster revisited. Deception as a Motif in the Pentateuch*. New York 2009. Insbes. S. 43ff.
19 1. Mose 27,7.

den könnte außer dem vagen Versprechen, sich irgendwann aus Jakobs Knechtschaft befreien zu können. Isaak kann nicht mehr segnen, als der Kult es ihm erlaubt: „Der kultische Akt ist mächtiger als der Wille dessen, der ihn vollzieht."[20] Dieser Betrug wurde in einigen mittelalterlichen Kommentaren als ein Diebstahl des Erstgeburtssegens bezeichnet, ist aber kein direktes, weil nicht allzu klares Beispiel für ein Diebstahlshandeln im hier untersuchten Sinn, auch wenn durch eine illegitime Aneignung eine neue und zuerst unsichere Situation für Jakob entsteht.[21] Hier liegt das dem Diebstahl eng verwandte Motiv des Betrugs vor.

Es ist von Bedeutung, zu bemerken, dass Jakobs Handeln, das ihn mit der Erstgeburt in die Linie der Erzväter befördert, immer göttlich legitimiert ist oder rückwirkend im Text die Billigung oder Zustimmung Gottes erhält. So auch, als er – wieder eine magische List anwendend – die Herden Labans in seinen Besitz bringt: Indem er teilweise geschälte Stöcke in die Tränken der einfarbigen Tiere legt, erreicht er, dass die Tiere, die die zweifarbigen Stöcke vor Augen haben, bei der Zeugung zweifarbige Lämmer empfangen, die dem mit Laban geschlossenen Vertrag entsprechend ihm zustehen, während die selteneren einfarbigen Lämmer Laban gehören.[22] Was heute ein beliebtes Beispiel ist, um im Biologie-Unterricht die rezessive Vererbung von Eigenschaften zu erklären, funktionierte damals in einer Denkweise der symbolischen Beeinflussung: Was bei der Paarung gesehen oder gedacht wird, was dabei als Bild oder Eindruck wahrgenommen wird, beeinflusst die Eigenschaften des dabei gezeugten Wesens. Für die hier vorliegende Argumentation ist dies insofern relevant, als sich neben der Frage der Aneignung fremden Kulturguts durch die ganze Vätergeschichte auch die Thematik der Wesensverwandtschaft und der Vererbung von Eigenschaften zieht: Die Generationen sind sich immer auf eine ganz bestimmte Weise ähnlich, sind einander nicht nur charakterlich als Schelme und Diebe verwandt, sondern insofern auch Merkmalsträger, als der göttliche Segen sie bei ihren Handlungen immer begleitet. Diese Auserwähltheit überträgt sich durch Handlungsweisen, die sich immer an der Grenze juristischer Legitimität befinden, und die diese Grenze, wenn überhaupt, dann so listig überschreiten, dass ihnen höchstens ein etwas kleingeistig wirkender moralischer Vorwurf gemacht werden kann.

Jakob, der göttlich gesegnete Trickster, dessen Handlungsweise die der List ist, zeugt mit der mindestens ebenso initiativ und eigenständig handelnden Diebin Rahel die beiden Söhne Josef und Benjamin. Mit Jakob und Rahel haben sich zwei Wesensverwandte gefunden, und von ihrem Nachwuchs ist entsprechendes zu er-

---

20 Matt: *Die Intrige*. S. 113.
21 Auch wie Laban Jakob in der Hochzeitsnacht Leah unterschiebt, statt ihm die verdiente Rahel zu überlassen, gehört in diese Kategorie von gegenseitigen Überlistungen und Übervorteilungen, die in der Sippe, die jeden modernen Familientherapeuten in den Wahnsinn getrieben hätte, scheinbar an der Tagesordnung waren.
22 Es gehörte nicht nur im kanaanitischen, sondern auch im griechischen Raum zum Repertoire tricksterhafter Figuren, Farbe und Musterung der Tierherden verändern zu können, über die sie wachen sollten. Vgl. dazu: Timothy Gantz: *Early Greek Myth. A Guide to Literary and Artistic Sources*. Baltimore u. London 1993. S. 110.

warten. Bei der Geburt Benjamins stirbt Rahel jedoch, was im Rahmen der generationellen Eigenschaftsübertragung bedeutet, dass ihr Leben, ihr Charakter und ihr *mana* vollständig auf diesen Sohn übergeht. In einem Erzählkontext, in dem Verwandtschaften und Familiengenealogien solches Gewicht haben, liegt es nahe, dass mit diesen beiden Söhnen, die als Gauner handeln, dabei aber immer mit dem göttlichem Segen rechnen können, die Erzähllinie der Familie fortgesetzt wird, während die anderen Söhne Jakobs als Gegenfolie fungieren.

3|2|3
Ein wahrer Sohn der Diebin Rahel: Der schelmische Josef in Ägypten

Josef wird aus Neid auf seinen bevorzugten Status von seinen Halbbrüdern, die nur Söhne Jakobs, aber nicht Jakobs und Rahels sind, als Sklave nach Ägypten verkauft. Dort macht er durch seine traumdeuterische, hermeneutisch-ökonomische Begabung Karriere und wird zum Verwalter der pharaonischen Kornkammern. Als die von ihm aus einem Traum des Pharao vorausgesagte Hungersnot über Ägypten und die Nachbargebiete hereinbricht, reisen Josefs Brüder zweimal nach Ägypten, um von dem dort eingelagerten Getreide einige Säcke zu kaufen. Die sich daraufhin entwickelnde Erzählung ist wesentlich komplexer als die Rahel-Geschichte und auch bedeutend vielfältiger als die Exodus-Geschichte, für die sie die Grundlage und Einleitung bildet. Im Rahmen der Josefs-Erzählung wird erklärt, wie die Hebräer in die ägyptische Sklaverei gekommen sind. In dieser Novelle, die insofern eine wesentlich „modernere" und „literarischere" Sprache hat als die Rahel-Episode oder der Exodus, als hier die Individuen klarere Charaktere, Sorgen und Motivationen haben und alles auf eine glückliche ‚Familienzusammenführung' hinläuft, liegt noch ein positives Ägypten-Bild vor, während im Ganzen des Alten Testaments alle Mühe aufgewendet wird, Ägypten als ein negatives Gegenbild und als Inbegriff eines falschen Welt- und Gottesbezuges zu stilisieren. Weiterhin muss daran erinnert werden, dass dem Schreiber der Josefs-Geschichte die Exodus-Erzählung als Stoff vorlag, und dass viele Elemente eine Parallelität zwischen den Erzählungen der Ankunft und des Auszugs aus Ägypten zeigen.

Josef, in der Hochkultur Ägyptens zu Ehren gekommen, will sich seinen unzivilisierten Brüdern, die als Bittsteller vor ihn treten, nicht zu erkennen geben. Er schmuggelt ihnen aber das Geld, das sie für das Getreide bezahlt haben, in ihre Säcke. Sie tragen es unbemerkt zurück zu ihrem Vater. Als sie, nachdem die gottgewollte Hungersnot – die Krise der Gabenökonomie – anhält, bei ihrer zweiten Reise Josef über den seltsamen Geldfund in ihren Säcken aufklären, antwortet dieser, dass er kein Geld vermisse und die Rechnungsbücher in Ordnung seien – er lässt den Vorgang als ein Wunder erscheinen. Als die Brüder mit erneut gefüllten Getreidesäcken abreisen, wiederholt sich das Geschehen. Josef lässt aber nicht nur wieder das Geld in die Säcke seiner Halbbrüder legen, sondern auch sein wertvolles silbernes Trinkgefäß, das nicht nur in seinem Materialwert wichtig ist, sondern vor allem für die Wahrsagerei, die Josef damit betreibt. Der Becher landet gezielt im Sack seines ihm nahestehenden Vollbruders Benjamin, dem Sohn Rahels und Jakobs, also wie Josef selbst der Genealogie der Trickster und Diebe entstammend. Im Ton der Bibel werden diese Handlung und das folgende Geschehen so beschrieben:

> Und Josef befahl seinem Haushalter und sprach: Fülle den Männern ihre Säcke mit Getreide, soviel sie fortbringen, und lege jedem sein Geld oben in seinen Sack. Und meinen silbernen Becher lege oben in des Jüngsten Sack mit dem Gelde für das Getreide. Der tat, wie Josef ihm gesagt hatte. Am Morgen, als es licht ward, ließen sie die Männer ziehen mit ihren Eseln. Als sie aber über die Stadt hinaus waren und noch nicht weit gekommen, sprach Josef zu seinem Haushalter: Auf, jage den Männern nach, und wenn du sie ereilst, so sprich zu ihnen: Warum habt ihr Gutes mit Bösem vergolten? Warum habt ihr den silbernen Becher gestohlen? Ist das nicht der, aus dem mein Herr trinkt und aus dem er wahrsagt? Und als er sie ereilte, redete er mit ihnen diese Worte. Sie antworteten ihm: Warum redet mein Herr solche Worte? Es sei ferne von deinen Knechten, solches zu tun. Siehe, das Geld, das wir fanden oben in unseren Säcken, haben wir wiedergebracht zu dir aus dem Lande Kanaan. Wie sollten wir da aus deines Herrn Hause Silber oder Gold gestohlen haben? Bei wem er gefunden wird unter deinen Knechten, der sei des Todes; dazu wollen auch wir meines Herrn Sklaven sein. Er sprach: ja, es sei wie ihr geredet habt. Bei wem er gefunden wird, der sei mein Sklave, ihr aber sollt frei sein. Und sie legten eilends jeder seinen Sack ab auf die Erde, und ein jeder tat seinen Sack auf. Und er suchte und fing an beim Ältesten bis hin zum Jüngsten. Da fand sich der Becher in Benjamins Sack. Da zerrissen sie ihre Kleider, und ein jeder belud seinen Esel, und sie zogen wieder in die Stadt.[23]

Das Geld fällt aus dem zweiten Teil der Erzählung heraus, obwohl es sich – wie im ersten Teil – auch wieder in den Säcken befindet: Was einmal ein scheinbar wunderbares Geschehen war, kann durchaus auch ein zweites Mal passieren; das ist für keinen der Protagonisten weiter erklärungsbedürftig. Josef inszeniert dazu aber den Diebstahl eines wichtigen Kultgegenstandes durch denjenigen, der am wahrscheinlichsten für einen solchen Diebstahl verdächtigt werden könnte, da man seine Mutter auch schon als Diebin kennt. Josef, der sich selbst als von Gott vor seinen Brüdern her gesandt[24] betrachtet, um ihr Überleben in der Hungersnot sicherzustellen, gibt den Getreidepreis zurück in die Säcke, womit seine Aufgabe erfüllt gewesen wäre, seine Familie in Gottes Auftrag heimlich zu versorgen. Josefs Plan ist jedoch komplexer und geht über seinen göttlichen Auftrag hinaus. Dass er Benjamin auch den Becher in den Sack legen lässt, geschieht aus eigener Initiative und wirkt im Rahmen dieser einzelnen Episode zunächst unmotiviert: Alles, was Josef von Gott aufgetragen war, hatte er bereits erfüllt. Er betreibt aber dennoch die aufwändige Vortäuschung dieses Diebstahlsgeschehens. Der Becher, der als gestohlen auftaucht, ist ein Werkzeug im Rahmen einer divinatorischen Technik, die seinem Besitzer ein überlegenes Weltwissen verschafft. Josefs rhetorische Frage an

---
23 1. Mose 44,1-12.
24 1. Mose 45,7

seine überrumpelten Brüder, ob sie denn nicht geahnt hätten, dass er als hochrangiger Ägypter über übernatürliches Wissen verfügen könne,[25] ist dem Leser anders und nüchterner verständlich: Seine Information hatte nichts magisches, sondern war ein banaler und ganz diesseitiger Trick. Josef löst diesen Trick vor seinen Brüdern nicht auf. Die besonders in der Aufklärung verbreitete Deutung des Geschehens, dass Josef den Israeliten die ägyptische Religion als reine Inszenierung und als unwahren Betrug darstellen wollte, übersieht, dass Josef den Trick nie als solchen erklärt, sondern auch vor seinen Brüdern als ein machtvoller Zauberer bestehen bleibt. Die Erzählung entzaubert nur für den Leser das ägyptische Geheimwissen als völlig in der Hand Josefs liegend – ein Zaubertrick, der nicht viel mehr ist als eine Taschenspielerei und eine Komödie, die Josef den Status dessen gibt, der im Symbolsystem als der Privilegierte auftreten kann. Er handelt gleich wie sein Vater Jakob, der durch seine Verkleidung und Schauspielerei den Segensspruch Isaaks und damit wie Josef die symbolische Vormachtstellung in der Familie erhielt. In der Version der Josefsgeschichte, die der Koran wiedergibt, verwendet Josef dafür einen Becher des Pharao, was bedeuten würde, dass er ihn sich für dieses gewagte Experiment sogar vorher erst aneignen musste.[26]

Josef handelt hier außerhalb des göttlichen Heilsplanes. In seiner Simulation verlieren theurgische Magie und die irdische Raffinesse des Tricksters ihre Differenzierung – was wie Zauberei aussieht, ist souveräne Schlauheit, verstärkt durch die Beeindruckung einiger hebräischer Halbnomaden mit ägyptischem Prunk und materiellem Überfluss in den Zeiten einer Hungersnot. Der Becher ist – obwohl aus Silber, damit jedoch damals noch wertvoller als Gold –[27] nicht aufgrund seines Materials, sondern aufgrund der symbolischen Funktion wertvoll, die Josef ihm im Rahmen des ägyptischen Kultes zukommen lässt. In diesem Becher, den Josef aus Ägypten schmuggeln lässt, ist in der Erzählung das von ihm selbst erworbene Weltwissen der überlegenen Kultur verflochten mit einem eigenständigen und letztlich blasphemischen Umgang damit: Die raffinierte menschliche Vernunft macht sich das Symbolsystem zunutze, indem sie die Unterscheidbarkeit zwischen göttlichem Wirken und menschlicher Initiative aussetzt. Was hier noch Gottes Handeln ist, und was das Tun Josefs, ist nicht ganz deutlich zu trennen. Josef zeichnet sich im Text jedenfalls durch eine höhere Form des Wissens aus, die ihm eine Steuerung der Geschehnisse ermöglicht. Divination dabei nur als Zukunftsschau zu verstehen, ist einer späteren, teleologisch-chronologischen Zeitwahrnehmung verpflich-

---

25 1. Mose 44,15
26 *Der Koran.* Übers. v. Rudi Paret. Stuttgart [12] 2014. S. 170 (Sure 12, Vers 72.)
27 Siehe dazu: Eintrag Benjamin Kedar-Kopfstein: „zāhāb (Gold)." In: *Theologisches Wörterbuch zum Alten Testament.* Band II. Hg. v. Johannes Botterweck u. Helmer Ringgren. Stuttgart u. a. 1977. S. 534-544, hier S. 539. – Die Beziehung des Goldes zum Heiligen und Wahren ist auch für die Moderne noch so evident, dass Werner Foerster in seiner Einleitung zu den von ihm edierten Dokumenten der Gnosis das grundlegende Anliegen der Gnostiker als „Aneignung" des „Goldes im Schmutz" definieren kann, ohne für diese verweislose Metaphorisierung eine nähere Erklärung oder Begründung liefern zu müssen. Werner Foerster: *Die Gnosis. Erster Band. Zeugnisse der Kirchenväter.* Zürich u. München [2] 1979. S. 8f.

tet. Vielmehr ist die divinatorische Klugheit Josefs die, mit der Kontingenz der Welt umgehen zu können: katastrophale Hungersnöte durch Lagerhaltung und bürokratische Nahrungszuteilung zu bewältigen, aus seinem unerfreulichen Verkauf nach Ägypten das Beste zu machen, diebische Hebräersippen von den Landesgrenzen Ägyptens durch Machtdemonstrationen einzuschüchtern und zuwandernde Volksgruppen zu verwalten. Josefs Verhalten ist damit nicht so sehr rechtgläubig und dem Glauben an seinen Gott ergeben als eher verwalterisch-umsichtig, nüchtern und manchmal äußerst gerissen. Dadurch, dass Josef vorgibt, hellseherisch und priesterlich zu handeln, aber nur listig und planend ist, erhält sein Tun für den Leser die Eigenschaft, die die religiöse Wahrheitslegitimation infrage stellen kann. Wer Josefs Tun ohne theologische Vorurteile liest, erkennt menschliches und geradezu zynisches Handeln und nur wenig von einer frommen Gottzuwendung der biblischen Protagonisten. Der nüchterne Umgang mit Unverfügbarkeit und die Möglichkeit, die Gestalt Josefs als biblisch offen zugestandenes Beispiel für den „Priestertrug" anwenden zu können, machte ihn und seine vom Hokuspokus der Religion unbeeindruckte Rationalität für die Literatur der Aufklärungszeit besonders attraktiv: nicht nur taucht Josef im wirkmächtigen *Traité des trois imposteurs*[28] bezeichnenderweise als Großvater Moses' und als zynischer Scharlatan und Taschenspieler auf, sondern auch literarisch oder in Texten der Moralphilosophie wurde Josef zu einem Vorbild: Hugo Grotius zum Beispiel sah in ihm eine Personifikation der humanistischen Lebensweise; er wurde jedoch auch als weiser Staatsmann, eleganter Verehrer und als Vorbild in seiner Verbindung von Bildung und Gnade gesehen.[29] Josef war mehr als ein Erwählter Gottes: in ihm sind Züge eines pragmatischen und klugen Staatsmannes zu erkennen, die ihr Licht auf den Moses vorauswerfen, der sich zum strategisch begabten Verteidiger einer missachteten Volksgruppe machte.

Es ist, wenn man in einem nächsten Schritt die Verbindungen der Josefs-Geschichte zum Exodus-Mythos in die Interpretation einbezieht, nötig, die Gesamtheit der Akteure innerhalb der Geschichte näher zu betrachten und die Art ihres Wissens über das Geschehen näher zu bestimmen. Dazu ist nicht zuletzt die passiv wirkende, reaktive Rolle Gottes als Figur im Text von Interesse: Einem angenommenen unbedarften damaligen Hörer der Becher-Anekdote – dass im Sack des ohnehin verdächtigen *Hapiru*[30] Benjamin, Sohn des Betrügers Jakob und der Diebin Rahel, ein wertvolles zauberisches Wahrsagewerkzeug aus dem Besitz des pha-

---

28 Anonymus: *Traktat über die drei Betrüger. Traité des trois imposteurs. (L'esprit de Mr. Benoit de Spinosa.)* Französisch-Deutsch. Hg. u. übers. v. Winfried Schröder. Hamburg 1992. S. 58.

29 Zur Verwendung Josefs in der Literatur und Philosophie der Aufklärungszeit: Bernhard Lang: *Joseph in Egypt. A Cultural Icon from Grotius to Goethe.* New Haven u. London 2009.
Dem ist noch hinzuzufügen, dass Josef auch für Michel Foucaults Überlegungen zur Pastoralmacht wichtig wurde: „Omnes et singulatim. Zu einer Kritik der politischen Vernunft." In: Ders.: *Analytik der Macht.* Hg. v. Daniel Defert u. a. Übers. v. Reiner Ansén. Frankfurt a. M. 2005. S. 188-219.

30 Zenger: *Einleitung.* S. 714: „Die *Apiru/Hapiru* [worin die sprachgeschichtlich verwandte Bezeichnung „Hebräer" anklingt, A.G.] sind wahrscheinlich Migranten unterschiedlicher Herkunft, die sich in Gruppen zu neuen, nicht agnatischen Sozialverbünden in den Bezirken der kanaanäischen Stadtstaaten – oft im umgebenden gebirgigen Umland – zusammenschließen und durch Plünde-

raonischen Verwalters gefunden wurde – musste das Geschehen als ein infamer und etwas unbedarfter Diebstahl durch einen von den kulturellen Fähigkeiten Ägyptens geblendeten Halbwilden erscheinen. Den Halbbrüdern Josefs kam das Geschehen wie ein unbegreifliches und zauberisches Handeln durch den mächtigen Ägypter vor. Und wo Josef seine Verschleppung in ein fremdes Land als Handeln Gottes erkennt, erkennt der Leser im größeren Textzusammenhang der Mosesbücher eine weitere Ebene: Der gestohlene Becher wird zu einer Präfiguration des Goldes, das die Hebräer bei ihrem Auszug aus Ägypten mitnehmen – ein Geschehen, dessen Erzählung bemerkenswert parallel zur Josefsgeschichte ist. Josef mag listig und menschlich-initiativ handeln, in einem größeren Bild sind die einzelnen Texte von den Redakteuren der Torah aber so zusammengestellt, dass der Mensch selbsttätig handelt, die Figur Gottes ist aber modelliert als diejenige, die noch das entschiedenste individuelle Handeln zu einer Präfiguration eigener Taten werden lassen kann. Gott ist erst in der Gesamtschau des Textes als Akteur zu erkennen: Im Detail lügen, betrügen und bestehlen sich die Menschen, wo sie nur können, im Endeffekt läuft aber alles nach der List der Vernunft, dem Plan Gottes oder einer spezifischen Textlogik, der alle göttlichen und menschlichen Akteure unterworfen sind.

Versucht man also, die einzelnen Handlungsebenen der Erzählung zu ordnen, handeln die Jakobssöhne, als sie Josef nach Ägypten verkaufen, scheinbar selbsttätig und autonom; sie können nicht wissen, dass sie damit einen Plan Gottes erfüllen. Sieht man aber auch Gott selbst als Akteur innerhalb des Textes – versucht man also, sich der eingeschliffenen theologischen Hermeneutik zu entziehen, die Gott als letztlich außertextlichen Akteur wahrnimmt und verortet ihn im strukturalistischen Sinn als eine der Erzählhandlung ebenso immanente Figur wie alle anderen –, taucht er als die Figur auf, die plant und überblickt, was den anderen Figuren der Erzählung unverständlich erscheint, aber den Textzusammenhang und die Stringenz der Erzählung erst herstellt. Der implizit immer präsente Charakter ‚Gott' konstituiert die erlebte Realität im Text, sorgt für narrative Kohärenz über die zerklüftete Textgestalt hinweg und schlägt die auf ihn selbst hindeutende Interpretation vor, bzw. lässt Josef als die durch die Einsicht in Gottes Handeln privilegierte Figur diese Deutung nahe legen:

> Er aber sprach zu seinen Brüdern: Tretet doch her zu mir! Und sie traten herzu. Und er sprach: Ich bin Josef, euer Bruder, den ihr nach Ägypten verkauft habt. Und nun bekümmert euch nicht und denkt nicht, daß ich darum zürne, daß ihr mich hierher verkauft habt; denn um eures Willen hat Gott mich vor euch hergesandt. […] Aber Gott hat mich vor euch hergesandt, dass er euch übriglasse auf Erden und euer Leben erhalte zu einer großen Errettung. Und nun, ihr habt mich nicht hergesandt, sondern Gott.[31]

---

rungen, Raubzüge und Erpressungen ihren Unterhalt sichern." Außerdem hierzu: 1. Mose 43,32, wo die Verachtung der Ägypter für die Hebräer ausgedrückt wird.

31 1. Mose 45, 4-7.

Das ist die doppelte Anagnorisis Josefs als verlorener und wiedergefundener Bruder und Gottes als Autor des Textgeschehens. Was diese Aufdeckung Josefs als Handelndem und Gottes als Autor des Handlungsverlaufs aber bezeichnenderweise nicht erklärt, ist die Becher-Episode. Für den allen Figuren aufgehenden Plan Gottes und für die Erzähllogik ist die Becher-Episode nicht nötig, denn Josef ist darin über die göttliche Absicht hinaus initiativ. In dem simulierten Diebstahl des magischen Bechers übernimmt Josef selbst diese Rolle des Autors des Geschehens, die der Text sonst Gott zufallen lässt. Er plant das den Brüdern wunderliche Geschehen und verweist dabei auf seine divinatorischen, also dem Göttlichen zugeordneten Fähigkeiten. Ihm ist als Einzigem die Erkenntnis möglich, dass Gottes Handeln wenigstens manchmal völlig immanent ist. Durch die wahrscheinlich in späterer Redaktion eingeschobene Becher-Episode werden das Geschehen und alle Akteure inklusive der kultisch-religiösen Instanz text- und weltimmanent. Geht man aber über die Beschränkung auf die Josefsgeschichte hinaus und bezieht die folgenden Erzählungen der Torah mit ein, können die strukturellen Parallelen bemerkt werden, die die Becherepisode mit dem Exodus verbinden. Was innerhalb der Episode Josefs im Textzusammenhang unvermitteltes, selbständiges Handeln der für den Leser entmythologisierenden Inszenierung eines Diebstahls von Ritualwerkzeug war, wird in einem größeren Kontext theologisch wieder stringent: Die Becher-Episode wird verständlich als eine Präfiguration dessen, dass die Israeliten, als sie aus Ägypten ausziehen, mit Gottes Legitimation das Gold und den Schmuck der Ägypter plündern. Was Josef selbstständig tut, wird wiederum in den größeren Zusammenhang eines implizit angedeuteten planenden Gottes einbegriffen, der dafür sorgt, dass Josefs Becher-Komödie eine Präfiguration dessen ist, was er selbst später tun wird. Gott lässt im Exodus den Israeliten das ägyptische Gold auf dieselbe Weise zukommen, wie Josef Benjamin den Becher und das Gold zusteckte. Was weiter unten mit dem Begriff der „Gunst" der Ägypter beschrieben wird, bedeutet, dass Gott genau dieselbe Situation inszeniert wie davor Josef: das ägyptische Gold, das sie stehlen, wird den Hebräern im größeren Textzusammenhang freimütig geschenkt. Nimmt man den ganzen Textkomplex von Rahel bis Moses in den Blick, übernimmt Gott durch das immer wieder erzählte und von ihm initiierte Aneignen fremder Kultgegenstände die Rolle desjenigen, der das Handeln des Tricksters in seinen Plan einbezieht, und der ein diesseitig-schlaues, aufgeklärtes Handeln dem Handeln derjenigen Figuren vorzieht, die ihr Tun am Glauben an ein übernatürlich wirkendes Prinzip ausrichten. Auch wenn die Figur des Tricksters nur in polytheistischen Religionen eine Funktion hat, in denen einzelne Götter und die Menschen überlistet und gegeneinander ausgespielt werden können, kann man die Einbeziehung der Schelme in das religionsgeschichtliche Geschehen durch den monotheistischen Gott und seine Solidarität mit Jakob, Rahel, Josef, Moses, David und vielleicht sogar mit Jesus als eine Übersetzung des Trickster-Prinzips in ein monotheistisches Religionssystem verstehen: Gott ist lieber Komplize der Schelme als auf der Seite der Frommen zu stehen.

Damit taucht eine Ordnung des Textes auf, die dem Leser selbst die Folgerung überlässt, dass sogar Josefs Übersetzung von magischer Wahrsagerei in fast banale

Listigkeit einem höheren Prinzip gehorcht. Gott selbst wird zu demjenigen, der die von ihm selbst gesetzten Eigentumsordnungen infrage stellt, indem er Diebe segnet und selbst mit der vernünftigen List der mythischen Gottheit handelt, um die zu befördern, die ihm zugehörig sind. Begreift man den monotheistischen Gott der Buchreligion als Figur, die gewissermaßen als textextern angenommen wird, die aber ‚in den Text narrativiert' wurde, erscheint er an vielen Stellen des Bibeltextes und vor allem im oben erwähnten Zusammenhang der Texte erstens als eine Figur, die ebenso durch den Text geformt ist wie jede andere biblische Gestalt und zweitens als die Figur, deren Funktion es ist, die Gesamtheit der oben ausgeführten Disparatheiten des biblischen Textzusammenhangs zusammenzufassen. Er ist der Protagonist der „Heiligen Schrift", der die Klammer nicht nur um den gesamten Text bilden soll, sondern der als die narrative Rahmung fungiert, die die Bruchstücke, Widersprüche und Ungereimtheiten zu einem Textsinn verbindet, wo der karge oder kryptische Bibeltext allein eine stringente oder sinnbildende Lektüre kaum ermöglichen würde.

Damit erscheint die Figur ‚Gott' paradox oder widersprüchlich, wenn er – wie hier zum Beispiel – anders handelt, als er das an anderer Stelle selbst fordert. Die Gestalt des monotheistischen Gottes entsteht damit bei einer weniger theologischen als distanzierten und eher an den Regeln und Strukturen des biblischen Gesamtnarrativs als an moralischen und kerygmatischen Möglichkeiten interessierten Lektüre mehr aus den Lücken, Brüchen und vielfältigen Gotteskonzeptionen des Textes als aus dem Handeln und Wirken einer einheitlichen Gottesfigur in den einzelnen Episoden und Erzählungen. Gott, der sein eigenes Gesetz situativ aufhebt, ist damit entweder ein Widerspruch in sich oder eine schillernde Gestalt, die an manchen Stellen am ehesten zu beschreiben ist, wenn ihr Elemente des ‚Tricksters unter den Menschen' zugeschrieben werden. So erfährt aber vor allem der mythische und kanonisierte Text selbst eine Statusänderung: Der Erzähler-Redakteur und Kommentator des Textkomplexes wird derjenige, der korrigierend, erweiternd und verändernd über das Handeln der Figur ‚Gott' im Text offensichtlich souverän verfügen und ihr eine erzählerisch gesteuerte Rolle geben kann. Der völlig unklare, plurale und historisch nicht bestimmbare Erzähler des Bibeltextes inszeniert das Geschehen der Versklavung Josefs und des Volkes Israel und ihre Befreiung durch Gott auf eine ganz ähnliche Weise, wie Josef das Geschehen um den gestohlenen Becher mit der Festsetzung der Brüder und dem Becher als Sinnbild ägyptischer Weisheit inszeniert. Es entsteht etwas, das nicht zu Unrecht eine „Theology of Deception" genannt wurde.[32] Diese Theologie der Überlistung ist aber eher die List eines anonym bleibenden Autorredakteurs als einer metaphysischen Wesenheit welchen Namens auch immer.

---

32 John E. Anderson: *Jacob and the Divine Trickster: A Theology of Deception and YHWH's Fidelity to the Ancestral Promise in the Jacob Cycle*. Warschau 2011.

3|2|4
Die Plünderung Ägyptens und die Religion der Erinnerung an den Exodus

> [D]enn die historische Erinnerung ist kein fester Punkt in der Vergangenheit, der jedes Jahr um ein Jahr vergangener wird, sondern eine immer gleich nahe, eigentlich gar nicht vergangene, sondern ewig gegenwärtige Erinnerung: jeder einzelne soll den Auszug aus Egypten so ansehen, als wäre er selbst mit ausgezogen.[33]
>
> *Franz Rosenzweig*

Wie oben schon erwähnt, ist die Josefsgeschichte einige Jahre jünger als die Exodus-Erzählung, die bei der Abfassung und Kompilation der Josefs-Erzählung und ihrer Verbindung mit dem Material der Lebensgeschichte Jakobs aber in jedem Fall vorlag.[34] Der im hebräischen Nordreich zusammengestellte Erzählkomplex der Vätergeschichte ab Jakob führt in seinem Höhepunkt auf die Mosesgeschichte und den Exodus als zentralen Bericht von Gottes befreiendem Handeln am Volk Israel hin. Dabei wird getrennt zwischen der im Nordreich entwickelten Linie ab Jakob und der eher im Südreich entwickelten Abrahams-Erzählung, die erst später zusammenkompiliert wurde.[35] Von der Josefs-Erzählung unterscheidet sich der Exodus in erster Linie durch ein völlig anderes Ägyptenbild: wo es bei Josef noch die helfende, überlegene Hochkultur war, wird es im zweiten Buch Mose zur Verkörperung der institutionalisierten Unterdrückung und Ungerechtigkeit. Damit suggeriert der Bibeltext eine Gradualität Ägyptens hin zum Tyrannischen. Das Ägypten-Bild wird in der Jahrhunderte währenden Konstitution des Bibeltextes polemisch immer stärker abgewertet. Auch hier verzerrt der Gründungsmythos sein Bild von der Gegenfolie, um seine Legitimität zu steigern. Es bleibt ihm aber, je negativer er das zeichnet, woraus er selbst entstanden ist, ein umso größeres Unbehagen demgegenüber, was er selbst von dem Abgelehnten mitträgt, das ihn definiert.

Der Exodus, wie er im biblischen Text beschrieben wird, ist eines der bezeichnendsten Beispiele für einen Gründungsmythos. Während Freud die Tötung Moses' als Notwendigkeit für Israel ansieht, um den letzten Rest Ägyptens von sich abzuschütteln, und um die Wüstenwanderungszeit zu beenden und einen eigenen stabilen Staat gründen zu können, wird mit dem Exodus der Anfang des vierzigjährigen nomadischen Wüstenzugs beschrieben. Freud verortet das Gründungsgeschehen der jüdischen Religion also am Ende des Wüstenzuges und nicht im Exodus als dem

---

33 Rosenzweig: *Stern der Erlösung*. S. 337.
34 Siehe hierzu: Zenger: *Einleitung*. S. 132ff.
35 Ebd.

Anfang eines symbolisch vierzigjährigen, also mehr als eine Generation überspannenden Nomadentums. Im Folgenden soll der Exodus als ein weiteres Gründungsgeschehen im biblischen Narrativ gesehen werden, das aber eine ganz andere Seite der jüdischen Religion begründet als die von Freud beschriebene ödipale Gründung.

Das Exodus-Motiv, das schon bei Rahel und Josef auftaucht, dann aber vor allem, wie im Folgenden gezeigt werden soll, im Diebstahl des ägyptischen Goldes beim Auszug aus Ägypten, ist also die Fundierungserzählung der Identität einer äußerst heterogenen, nichtsesshaften Volksgruppe, im Gegensatz zu der Erzählung des sesshaft gewordenen, „heimgekehrten" Volkes, das in Freuds Interpretation so latent ist. Wo Freud den Anfang am Ende des Wüstenzuges und in der Mosestötung verortet, wird hier zu zeigen versucht, dass die Begründung des Volkes schon beim Beginn der Wüstenwanderung und im Diebstahl lag. In der Erzählung des Diebstahls und der Flucht wird das Muster wiederholt, das in der Rahel-Erzählung die Flucht aus Labans Knechtschaft bestimmte und in der Josefserzählung die List, die Benjamin und seinen Brüdern das Zukunftswissen der Ägypter mitgab, als sie Ägypten in Richtung ihres zuhause gebliebenen Vaters verließen. Das Motiv des Exodusdiebstahls beginnt also schon bei Rahel.

Die Exodus-Erzählung unterscheidet sich von diesen vorhergehenden Erzählungen und überhaupt von fast dem gesamten kanonischen alttestamentarischen Bibeltext in der Großartigkeit des berichteten Geschehens: nirgends sonst ist der Demonstrationswille göttlicher Macht so groß und an keiner anderen Stelle der Bibel wird das Spektakel des Handelns Gottes so ausführlich beschrieben. Die Taten sind gewaltiger, die Strafen machtvoller und das Wunderbare der Rettung monumentaler. Obwohl sie inmitten der berichteten Wunder nur als ein beiläufiges Detail zwischen dem Kräftemessen des Gottes Moses' mit den Zauberern des Pharao auftaucht und vom Wunder des Schilfmeerdurchzugs überstrahlt wird, ist die mehrfache Erwähnung der „Plünderung Ägyptens" mehr als nur ein beiläufiges Randgeschehen im Text.

> So sage nun dem Volk, daß ein jeder sich von seinem Nachbarn und eine jede von ihrer Nachbarin silbernes und goldenes Geschmeide geben lasse. Und der Herr verschaffte dem Volk Gunst bei den Ägyptern, und Mose war ein sehr angesehener Mann in Ägyptenland vor den Großen des Pharao und vor dem Volk.[36]

> Und die Israeliten hatten getan wie Mose gesagt hatte und hatten sich von den Ägyptern silbernes und goldenes Geschmeide geben lassen. Dazu hatte der Herr dem Volk Gunst verschafft bei den Ägyptern, daß sie ihnen willfährig waren, und so nahmen sie es von den Ägyptern zur Beute.[37]

In diesen Versen wird beschrieben, wie es dazu kommen konnte, dass ägyptische Wertsachen in die Hände der abziehenden Hebräer fallen. Wird diese Aneignung von ägyptischen Wertsachen in den Kontext der Josefs-Geschichte und von Rahels Diebstahl des Terafim gestellt, fällt zweierlei auf: Diesmal geht es nicht um einzelne

---

36 2. Mose 11,2-3.
37 2. Mose 12,35-36. (Und so auch nochmals in 1. Mose 3,21-22.)

Gegenstände, sondern um eine vollständige Plünderung des ägyptischen Besitzes an Gold und Wertsachen.[38] Dass es sich auch in dieser Iteration der Diebstahls-Struktur nicht in erster Linie um den materiellen Wert handelt, wurde regelmäßig daraus gefolgert, dass das Gold wenig später wieder zu seiner heidnisch-symbolischen Bestimmung findet und ins Goldene Kalb umgeschmolzen wird. Gold war in der Welt des Pentateuch in Ägypten und Kanaan als Material grundsätzlich kultischen Zwecken zugeordnet. Die unmittelbare Verbindung von Gold mit der religiös-kosmologischen Funktion, die es in der antiken Levante einnahm, ist so eng, dass die Wortbedeutungen für ‚Gott' und ‚Gold' nicht klar getrennt waren. Das ging so weit, dass in Ägypten „Götter, insbesondere der Sonnengott, [...] metaphorisch als ‚das Gold' bezeichnet"[39] werden. Das Gold, das die Israeliten also von den Ägyptern mitnehmen, ist nicht nur profaner, den Körper zierender Schmuck, sondern all das, was der Begriff ‚Gold' bezeichnet.[40] Trennt man die ägyptische Religion und überhaupt antike Religionen nicht von der alltäglichen Lebenswelt ab – eine Aufteilung, wie sie erst für die Funktion der Religion in der Moderne erfunden wurde, die zu einer unabhängigen gesellschaftliche Sphäre und ins Private verschoben wurde –, wird deutlich, dass der im Exodus-Buch beschriebene Goldschmuck an zeremoniellen Gewändern, Ohrringen und Amuletten nicht nur ein materielles Startkapital des Exodus-Volkes sein soll, sondern dass in dem Gold/Gott, den sie mitnehmen, die ganze religiöse Weltordnung und das Symbolsystem Ägyptens liegt, das sich die Israeliten zu eigen machen sollten. Die ältere und mächtigere Religion Ägyptens wird an dieser Stelle damit noch nicht einfach als stumpfes Heidentum abgelehnt, also, wie im Freud-Kapitel beschrieben, ödipal behandelt und durch symbolische Gewalt beseitigt und ersetzt, sondern bleibt erstrebens- und begehrenswert. Nochmals mit Karl Jaspers Worten: Die im Exodus entstehende jüdische Religion „schmilzt" die primären, vor-achsenzeitlichen Religionen buchstäblich „ein, übernimmt sie, lässt sie versinken".[41] Jan Assmann formuliert diesen Vorgang mit Blick auf Freuds „Fortschritt in der Geistigkeit", und mit deutlichen Anklängen an Jaspers „Umschmelzungstheorie" so:

> Die sekundäre Religionserfahrung geht nicht auf in einer einseitig negativen Abgrenzung gegenüber dem „falschen Bewusstsein" des Heidentums. Sie wird vielmehr

---

38 Diese Plünderung geht so weit, dass Raschi (Salomo ben Isaak), der wohl wichtigste jüdische Bibelkommentator, mit Vers 12,38 – „und es zog auch mit ihnen viel fremdes Volk" – in diese Beute der Hebräer Teile der intellektuellen Elite Ägyptens, also seiner Priesterschaft mit einbegriffen sieht.
39 Siehe dazu: Eintrag „zāhāb (Gold)". In: *Theologisches Wörterbuch zum Alten Testament*. S. 538. – Diese Formulierung beschreibt ein wenig diffus, was modernem Denken tatsächlich schwer zu greifen ist: Gold ist im ägyptischen Kontext und darüber hinaus auf metaphorische Weise in gnostischem Denken zu begreifen als die ‚materielle Präsenz göttlichen Leibes'. – Die inneren Sarkophage Ägyptens mit ihrem prachtvollen Überzug aus Gold sollten so eine Apotheose des Toten darstellen, und jeder goldene Ritualgegenstand ragte gewissermaßen als körperliche Gegenwart des Heiligen in die Welt hinein.
40 Das Silber, das auch erwähnt ist, ist, wie oben beschrieben, durch seinen noch größeren Wert in der Herstellung von Kultgegenständen eher sogar noch stärker der Religion zuzuordnen.
41 Jaspers: *Ursprung und Ziel*. S. 25.

komplex, indem sie im Zuge synkretistischer Einschmelzung entscheidende Formen und Bestände primärer Religionserfahrung in sich aufnimmt.[42]

Was den neuen Weltbezug auszeichnet, der im Exodus entsteht, ist also weniger ein vollständiger Bruch mit dem Alten, sondern vielmehr als eine „Gegenreligion"[43] zu begreifen, die bei Beibehaltung der Begriffe und Konzepte eine völlig neue Art des Bezuges zur Welt herstellen will. Dass in der Gegenreligion jeder Einzelne, und dadurch auch die entstehende Gemeinschaft eine veränderte Geisteshaltung zur Welt annimmt, ist das Element, das die Exodus-Theologie zu einer politischen Theologie macht. Die Religion, die sich aus dem Exodus und der Befreiung in das Offene der Wüste hinein definiert, also daraus, eine Gemeinschaft außerhalb der festgefügten Herrschaft und Institution und an ihrem Rand zu sein, ist insofern politisch, als sie eine radikale Alternative zu den Möglichkeiten des damals möglichen politischen Denkens bieten will. Die Exodusgemeinschaft ist eine Alternative, die nicht revolutionär einen konkurrierenden Staat erschaffen will, der nur grundlegend besser und gerechter organisiert ist; vielmehr soll mit dem Exodus und der Übernahme einer nomadischen statt einer sesshaften Lebensweise eine Lebensform gänzlich neuer Ordnung erreicht werden. Freud steht hier in Gefahr, „die gesamte abendländische Geschichte, die Beziehung mit den anderen Menschen als etwas [zu verstehen], das sich im Schicksal der seßhaften Völker, der Völker, die die Erde besitzen und bebauen, abspielt"[44], wie Levinas es einmal kritisch zu Heidegger anmerkt. Nur wenn das heteronome Nomadische als ungültig ausgeklammert und Sesshaftigkeit eine Notwendigkeit zur Kulturbildung wird, kann der Exodusakt als Gründung des hebräischen Volkes ignoriert werden. Begreift man den Wüstenzug dagegen als eigenständige und vielleicht sogar als eigentliche Bestimmung, kommt der Exodus als Kern der jüdischen Religion zu seinem Recht. Mose geht es eben nicht um eine solche Verwurzelung, um eine „neue Kosmologie, sondern um eine neue politische Ordnung, um Gesetzgebung, Verfassung, Bündnis und Bindung"[45], also um ein völlig neues Verständnis vom Menschen und seiner Gemeinschaft in der Welt, das quer steht dazu, wie diese Welt beschaffen ist, und ebenso quer zum Gedanken einer Sesshaftigkeit in der Welt.

Damit liegt in der Exodus-Hoffnung schon ein messianisches Element, das der Hoffnung auf den König, der zur letzten Befreiung führt, indem er die zur Institution gewordene Religion nicht einfach nur zerschlägt, um auf ihren Trümmern etwas Neues zu errichten, sondern der sich gewissermaßen quer stellt zur Möglichkeit des Religiösen und Politischen überhaupt. Wenn mit Moses, wie Freud schreibt, die Figur des Leiters entstanden ist, dessen Funktion es ist, in die Freiheit und zur Gerechtigkeit zu führen, so klingt das in allen alttestamentlichen und

---

42 Jan Assmann: *Die mosaische Unterscheidung*. S. 151.
43 Ebd. S. 14.
44 Emmanuel Levinas: *Totalität und Unendlichkeit. Versuch über die Exteriorität*. Übers. v. Wolfgang Nikolaus Krewani. Freiburg u. München ³ 2002. S. 56.
45 Ebd. S. 57.

letztlich auch neuzeitlichen Hoffnungen auf eine solche Figur nach.[46] Weil diese Gestalt des Mittlers zwischen Gott und den Menschen so bezeichnend für das Geschehen ist, lohnt es sich, die Rollen Moses' und Gottes im Text etwas näher zu untersuchen. In den Versen, in denen die Israeliten aufgefordert werden, sich die ägyptischen Schätze geben zu lassen, wird immer wieder betont, dass sie das tun können, weil Gott ihnen dazu die Gunst der Ägypter schenken will: Ob eine Entwendung nicht mehr als Diebstahl zählt, wenn der Bestohlene durch ein Wunder damit einverstanden ist, könnte durchaus diskutiert werden. Im Textzusammenhang mit der Vorgeschichte wurde Josefs Handeln als Präfiguration dieser Gunst bereits besprochen, und dass in der Exodus-Erzählung Gott selbst die Funktion Josefs als des die Gunst erwirkenden und Gebenden einnimmt. Wo vorher der Trickster Josef gehandelt hat, wird der Figur Gottes im Narrativ die Rolle dessen zugesprochen, der rückwirkend Josefs Handeln bestätigt und legitimiert. Der Exodus und sein Mitnahmehandeln der alten symbolischen Bezüglichkeiten ähnelt in dieser Perspektive sogar noch in der Verfolgung durch den bestohlenen Machthaber der Geschichte Rahels.

---

46 Mit David, der hier nebenbei als weiteres und viel späteres biblisches Beispiel für den Mythos der illegitimen Aneignung und Begründung einer Gegenreligion aufgeführt werden soll, taucht ein weiterer „Dieb" auf. Besonders zu einer Gelegenheit handelt David als ein listiger Dieb, wo ihm die Möglichkeit zur gewaltsamen Auflehnung und Ersetzung des Alten gegeben wurde. Das geschieht, als Saul mit einer überlegenen Streitmacht David und seine kleine Gruppe Aufständischer verfolgt und sich für einige Augenblicke in eine Höhle zurückzieht:
„Und als er kam zu den Schafhürden am Wege, war dort eine Höhle, und Saul ging hinein, um seine Füße zu decken. David aber und seine Männer saßen hinten in der Höhle. Da sprachen die Männer Davids zu ihm: Siehe, das ist der Tag, von dem der Herr zu dir gesagt hat: Siehe, ich will deinen Feind in deine Hände geben, daß du mit ihm tust, was dir gefällt. Und David stand auf und schnitt leise einen Zipfel vom Rock Sauls. Aber danach schlug ihm sein Herz daß er den Zipfel vom Rock Sauls abgeschnitten hatte, und er sprach zu seinen Männern: Das lasse der Herr ferne von mir sein, dass ich das tun sollte und meine Hand legen an meinen Herrn, den Gesalbten des Herrn; denn er ist der Gesalbte des Herrn." (1. Samuel 24,4-7.)
David weigert sich, seinen Herrn und Feind zu töten, sich also an der gegebenen Herrschaftsordnung zu versündigen. Stattdessen handelt er gewaltlos, leise und vorsichtig: er schneidet ein Stückchen von Sauls Gewand ab, der sich wohl in Höhle zurückzog, um – was der Anekdote eine leicht humoristische Note gibt, die nicht übersehen werden darf – seine „Füße zu decken", also um ganz basalen körperlichen Bedürfnissen nachzugehen. Statt eines kaltblütigen Mordes an dem, der zu ihm in einer erst positiven, jetzt aber bedrohlichen Vaterrolle steht, nimmt er sich mit dem Streifen Stoff vom Königsgewand ein Zeichen, dass er denjenigen nicht getötet hat, der die alte und verkommene Institution der Macht repräsentiert, von der es David verheißen ist, sie zu ersetzen. Er bricht nicht mit der Symbolwelt der Religion – Saul als Gesalbter Gottes wird respektiert –, und er weigert sich, die ödipale Lösung anzuwenden. Gleichzeitig steht das völlig wertlose Stück Stoff für ein Wissen, das David von Saul in einer besonders intimen Situation erhalten hat. Was auch als symbolische Kastration zu lesen ist, hat alle Eigenschaften des Diebstahls-Mythologems, da der Diebstahl von einem Unterlegenen, Heimatlosen, aber listigen und gewaltlosen Trickster ausgeführt wird. David ist der neue König, der nicht einfach den unter Saul verkommenen Staat Israel fortführen soll, sondern ihn auf eine ganz neue Weise zur Gerechtigkeit bringen soll. Das politisch-theologische Element ist, dass David die Institution des Königtums respektiert, aber ihr im Angesicht Sauls auf schlaue Weise nicht entspricht und so eine Verheißung auf eine ganz neue Ordnung aufrecht erhält.

3|2|5
Das verinnerlichte Diebesgut

Gott zum Verantwortlichen für den ‚Als-ob-Diebstahl' im noch größeren Stil zu machen, wo vorher nur Rahel und der Trickster Josef ihr Spiel spielten, ist einem theologisch-priesterlich glättenden Denken unangenehm, das die Deutung seiner Texte kontrollieren will. Gott zum Komplizen so konsequent wiederholter Diebstähle und Überlistungen zu machen, muss einer ordnungsbildenden Lektüre entgegenstehen. Hans Blumenberg betrachtet die Mythen aber als gegen solche Glättung letztlich immun, und gesteht der Mythologie vielmehr zu, in ihrem Gehalt so fluide zu sein, dass sie einer derartigen Dogmatisierung entgehen kann:

> Die Mythologie erlaubt, indem ihre Tradition bestimmte Materialien und Schemata fixiert, immer zugleich die Demonstration von Neuheit und Kühnheit als ermeßbare Distanzen zu einem Vertrautheitshorizont für ein in dieser Tradition stehendes Publikum. Die mythologische Tradition beschafft Beweislasten der Phantasie, Parameter für ihre Kühnheiten.[47]

Diese „Kühnheit" des Textes, Gott in der Exodus-Erzählung nicht nur als wundertätigen Allmächtigen, sondern auch als denjenigen zu begreifen, der im Exodus das profan-listige Handeln des klugen Schelms Josef zitiert und damit den Mythos völlig verwandelt, erstaunt so sehr wie es auf der Hand liegt. In einer knappen Anwendung von Blumenbergs größerer These der „Arbeit am Mythos" könnte gesagt werden, dass der Mythos der illegitimen Aneignung hier ‚zu einem vorläufigen Ende gebracht' wird: Gott wird selbst der Akteur des Diebstahls, der gar nicht mehr zu stehlen braucht, weil er die Gunst zur Gabe erwirken kann. „Nichts durfte mehr geraubt werden, nichts brauchte mehr geraubt zu werden"[48] schreibt Blumenberg, wie oben bereits erwähnt, mit Blick auf einen anderen Mythos: Kaiser Julian, der das Heidentum vor seiner Beseitigung durch das Christentum zu retten versucht, wandelt den Prometheus-Mythos in seiner Rede „Gegen die ungebildeten Hunde" so weit ab, dass er ihm den Stachel nimmt, indem er Prometheus nicht mehr das Feuer stehlen, sondern nur noch auftreten lässt als denjenigen, der „die Geschenke der Götter an die Menschen vom Himmel herabgeholt"[49] hat. Ganz so sehr ist der Diebstahl im kanonisierten Exodus-Mythos allerdings noch nicht zur Verträglichkeit nivelliert worden: Im hebräischen Urtext wird noch von dem gesprochen, was Luther mit der „Beute" übersetzt, die sich die Israeliten mitnehmen sollten. Gott bleibt also sichtbar als der trickreiche Verbündete der unterdrückten Israeliten.[50]

---

47 Blumenberg: „Wirklichkeitsbegriff". S. 21.
48 Blumenberg: *Arbeit am Mythos*. S. 371.
49 Ebd.
50 Hans Blumenbergs *Arbeit am Mythos* hat den Vorteil, ein scheinbar unendlich variables Mythologem beschreiben zu können, das aber in einem Punkt nicht variiert, sondern stabil bleibt: im Namen Prometheus, der in jedem der von Blumenberg behandelten Texte auftaucht. Wenn die hier vorgetragene Argumentation etwas weniger glatt und geschlossen erscheint als die Blumen-

Das bei Rahel noch so deutliche reine Element des Stehlens wurde zu einer Gabe aus göttlich erwirkter Gunst entschärft. Diese immer wieder betonte Gunst ist unerwartet: dass die Ägypter nicht aus Gunst, sondern aus Angst vor weiteren Plagen oder wegen der Bedrängung durch das abziehende Volk so handelten, würde sich in die Logik der Erzählung sehr viel leichter einfügen. Was der Pharao den Israeliten aus Furcht vor weiteren Plagen mitgibt, also vor allem ihre Herden und weitere Opfertiere, wird in den Kapiteln davor besprochen; der Schmuck hat dabei eine Sonderrolle, die zwischen Moses und dem Pharao nicht ausgehandelt ist. Moses wird als „sehr angesehener Mann in Ägypten" fast wortgleich beschrieben wie Josef und dessen Einfluss. Er setzt die Rolle des herausgehobenen Repräsentanten Gottes und messianischen Retters der Hebräer fort, die Josef vor ihm einnahm. Die Gunst, die Gott schenkt, hängt dabei zusammen mit den neuen Gesetzen, die für das Volk Israel eingeführt werden. Mit der Erlaubnis, mitzunehmen, was ihnen nicht gehört, soll ihnen demonstriert werden, dass der Gott, der solches erlaubt, ein Gott ist, der den Schwachen hilft und der den Gesetzen nicht entspricht, die sie zu Sklaven machten, sondern der diese Gesetze selbst aufhebt und situativ zum Zweck der Erlösung außer Kraft setzt. Die fast schon subversiv zu nennende Theologie, die der Text in diesem Detail vorschlägt, ist die des Gottes, der eine völlig neue und gewissermaßen „aufsässige" Art einführt, den Begriff des ‚Gesetzes' zu verstehen.[51] Dabei darf nicht vergessen werden, dass Gott als Figur des Textes der Erzählung unterworfen ist: Hier geschieht eine Umformung des Gottesbildes im Text, die Gott nicht mehr nur als denjenigen erscheinen lässt, der die Gesetze einführt, sondern der diese Gesetze selbst zu seinen Gunsten auslegt, verändert oder für die Figuren außer Kraft setzt, die seine Gunst haben. Wo Gott allmächtig erscheint, ist es der menschliche Textautor, der ihm diese Allmacht und eine sie literarisch brechende Wandelbarkeit und Komplizität mit den Schwachen zuschreibt.

Ignoriert man, wie es in der Folge bei den Kirchenvätern geschehen ist, diese Formulierung der „Gunst der Ägypter" und liest dieses Geschehen undifferenziert als Diebstahl, wird man der Arbeit nicht gerecht, die am biblischen Diebstahls-Mythos bis zur Exodus-Erzählung geschehen ist. Diese Arbeit ist aus dem Unbehagen motiviert, dass das Volk Israel seine Herkunft und Entstehung in Ägypten hat: Aus einer Welt entstanden zu sein, die als so despotisch gilt wie es das Bild Ägyptens suggeriert, das die Zusammenstellung und Redaktion des Alten Testaments erschaffen hat, ist einem strengen Monotheismus ethisch-rationaler Prägung ebenso unbehaglich wie der Gedanke, dass Hausgötter, heidnische Schmuckstücke oder mantische Becher zur Gründung Israels beigetragen haben sollen. Dieses

---

bergs, so liegt das nicht zuletzt daran, dass der Begriff „Gott" oder die Handlung des Diebstahls wesentlich weniger griffig ist als der Name Prometheus.

51 Siehe dazu neben den in der Einführung genannten theologischen Ausnahmeregelungen für den Diebstahl auch die von Gershom Scholem aufgearbeitete Theologie des jüdischen Häretikers Sabbatai Zwi und seiner Nachfolger, die das Konzept einer Erfüllung des Gesetzes durch seine Übertretung und damit einer ‚Erlösung durch Sünde' entwickelten. Gershom Scholem: „Erlösung durch Sünde." In: *Judaica 5*. Hg. u. übers. v. Michael Brocke. Frankfurt a. M. 1992. S. 7-116.

heidnische Erbe wird unterdrückt und, wie Freud richtig festgestellt hat, aus der biblischen Gesamterzählung verdrängt. Aber wenn man Freuds – und teilweise auch Assmanns – radikales Entweder-Oder eines Monotheismus o d e r Kosmotheismus nicht teilt, sondern annimmt, dass der neu entstehende Monotheismus narrative Mittel finden musste, mit seinem Entstehen aus dem Heidentum umzugehen – also dieses Unbehagen verarbeiten statt nur verdrängen musste –, werden solche ambivalenteren Erzählungen wie das Diebstahlsmotiv relevant, das gewissermaßen den ersten Schritt der Übernahme und Integration bestimmter Aspekte des ägyptischen Denkens beschreibt. Dieser Schritt der Übernahme und Integration war nötig, bevor die jüdische Religion sich in der Gründung ihres eigenen Staates und in der Auslöschung und Verdrängung ihrer Herkunft aus dem Kosmotheismus gegen Ägypten wenden konnte und es zur Gegenfolie seiner selbst machte, also ödipal beseitigte, was an Fremdem im Eigenen verblieben war. Auch wenn Moses wahrscheinlich von den Israeliten nicht getötet wurde, musste er doch der Textlogik zufolge als Repräsentant Ägyptens sterben, bevor die unsichere Situation des Wüstenzugs beendet werden konnte und der Einzug ins gelobte Land möglich war. Die ganze Vätergeschichte bis hin zum Exodus ist damit eine vielfache Erzählung der Aneignung des Heidnischen und seiner Umformung zum Wahren.

Den Israeliten bleibt aber zuerst, wie den Brüdern Josefs, nur noch wenig mehr selbst zu tun, als sich in die Gesetze dieses so plötzlich und wirkungsmächtig auftretenden Gottes und seines von ihm so schwer zu unterscheidenden Botschafters Mose zu fügen. Während um sie herum die apokalyptischen Plagen toben und der gewaltige Moses im magischen Wettstreit mit den Pharaospriestern steht, tut die Masse der Israeliten fast nichts, das dadurch aber umso größere Symbolkraft hat: Sie müssen, wie im Text beschrieben, die neu eingeführten Opfergesetze und Reinheitsgebote befolgen, und sie müssen sich überwinden, in die Häuser der Ägypter zu gehen und sich das Gold zu nehmen.

> Die einzige Tat, welche Moses den Israeliten vorbehielt, ist, am Abend, den er den letzten wußte, an welchem sie ihre Nachbarn und Freunde sprächen, ein Entlehnen vorzulügen und dem Zutrauen durch Diebstahl zu entsprechen.[52]

Die harsche Kritik, die Hegel in *Der Geist des Judentums* an der für ihn schlicht unzugänglichen jüdischen Religion führt, hat antijudaistische Obertöne, nimmt aber richtig wahr, dass die Israeliten in dem Machtkampf, der um sie geführt wurde, keine Rolle spielten[53] und dass die einzige Handlung, die dem Volk vorbehalten blieb, die war, seiner Bestimmung gemäß das Gold der Ägypter mitzunehmen.[54] Hegel findet in der Erzählung vom Exodus kein positives Bild der Israeliten

---

52 G.W.F. Hegel: „Der Geist des Judentums". In: Ders.: *Werke 1. Frühe Schriften*. Hg. v. Eva Moldenhauer u. Karl Markus Michel. Frankfurt a. M. 1986. S. 274-296, hier S. 282.
53 Eine Wahrnehmung, die auch in der Haltung des Hebräers ausgedrückt wird, der Moses fragt: „Wer hat dich zum Aufseher oder Richter über uns gesetzt?" 2. Mose 2,14.
54 Die Exodus-Erzählung antijudaistisch zu deuten, hat eine lange Tradition: schon in der Antike tauchten hellenistische antijudaistische, bzw. genauer antimonotheistische Exodus-Nacherzählungen auf. Siehe hierzu: Jan Assmann: „Antijudaismus oder Antimonotheismus? Hellenistische

gezeichnet: „Der Auszug aus Ägypten z. B. hat Widriges bei sich: das Stehlen der Gefäße, die zehn Plagen. Von ihnen haben die Ägypter neun nachmachen können; nur eine war dem Mose eigentümlich: Läuse hervorzubringen."[55] Den Völkern, denen als zentrale Eigenschaften nachgesagt wird, sie würden stehlen und Läuse einschleppen, wurde zu keiner Zeit viel Respekt entgegengebracht. Sie aber in eben dieser scheinbaren Eigenschaft der Schmutzigkeit und Verschlagenheit als Kulturträger zu verstehen, wie das Alte Testament vorschlägt, kann nur eine bewusste Wahl sein: die vagierenden Diebe, die Wüstenvölker und *Hapiru* setzen die Geschichte fort und sorgen für eine Kontinuität der Kultur.[56] In der hier verwendeten Begrifflichkeit handeln sie anarchisch-regellos und stehlend, als sie die sie umgebende Gabenökonomie zwischen Göttern, Herrschern und Menschen zerbrechen sahen und sorgten damit für die schelmische und kreative Möglichkeit gleichzeitiger Distanzierung und Kontinuität.

Wo der Exodus einen befreienden Bruch der Lebenswelt und der Bezogenheit der Israeliten beschreibt, kann mit gleichem Recht eine Kontinuität festgestellt werden: wo sie vorher als Sklaven Eigentum des pharaonischen Herrschers waren, nimmt jetzt Gott sie in seinen Besitz. Vorher hatten sie den Befehlen des Pharao zu gehorchen, der sie knechtete und gefangen hielt, und jetzt, da sie aus Ägypten ins Offene, Unbestimmte weggeführt werden, werden sie zum befreiten Eigentum des abstrakten Gottes, der ihnen Gunst verschafft und für sie sorgt. Wo sie im Besitz des Pharaos waren, werden sie zu Gottes Besitz, der in der Geschichte als die Gegenposition zu Ägypten auftritt und sich selbst ihre Befreiung und Gerechtigkeit zur Aufgabe gemacht hat, für die sie nur eine Tat vollbringen müssen, nämlich die Aneignung des ägyptischen Goldes. Man muss Hegels Antijudaismus nicht folgen, um diese Feststellung zu machen: Während Moses und seinem Gott im Exodus-Narrativ eine ähnliche Position zukommt wie Josef in der Erzählung mit dem Becher, kommt den Israeliten eine Rolle zu, die der Benjamins entspricht: sie werden hervorgehoben als die, an denen das Geschehen inszeniert wird, ihnen wird ein Verständnis dessen, was passiert, nicht ermöglicht. Erst später, schon in der Wüste, taucht die Idee auf, dass die so begründete nomadische Lebensweise nicht der Endzustand sein soll: Moses erklärt ihnen das Ziel eines verheißenen Landes, das in unbestimmter Zukunft auf sie warten soll.

Der monotheistische Gott, der sich der Welt zuwendet, verlangt vom Menschen den Versuch, seinem ethischen Wollen zu entsprechen. Das äußert sich in den Gesetzen, deren Befolgung er verlangt, aber auch in einem weiteren Handeln, das in der Erinnerung an die befreiende, gesetzverändernde Tat besteht, die Gott an der

---

Exoduserzählungen." In: *Das Judentum im Spiegel seiner kulturellen Umwelten.* Hg. v. Dietrich Borchmeyer u. Helmuth Kiesl. Neckargemünd 2002. S. 33-55.

[55] G. W. F. Hegel: *Vorlesungen über die Philosophie der Weltgeschichte.* Band II. Leipzig 1920. S. 458. – Hegel verweist dabei auf die nicht-revidierte Übersetzung Luthers, in der die „Läuse" noch nicht durch unverfänglichere „Mücken" übersetzt waren.

[56] Zur Debatte um die autochthonen oder allochthonen Ursprünge der hebräischen Religion und Kultur siehe auch: Theodore Mullen: *Ethnic Myths and Pentateuchal Foundations: A new Approach to the Formation of the Pentateuch.* Atlanta 1997. Insbes. S. 158ff.

Welt vollbracht hat, der der gottzugewandte Mensch sich nicht mehr zugehörig sehen muss. Das Motiv der Erinnerung an den Exodus wird zentral: Die zum Auszug gegebenen Gesetze bestehen fast ausschließlich in vorgeschriebenen ritualisierten Erinnerungshandlungen, und auch die mitgenommenen Schmuckgegenstände sind als ‚Erinnerungsartefakte' zu verstehen: Gott fordert die Israeliten nicht auf, die Götterstatuen der Ägypter bei ihrem Auszug zu zerstören oder den Schmuck symbolisch im Schilfmeer zu versenken, sondern ihn mitzunehmen, um ihn präsent zu halten, um ihn den „Söhnen und Töchtern an[zu]legen"[57], wo er vor Augen bleibt und zur Sorge und Erinnerung mahnt daran, woher dieses Gold kommt und was es bedeutet. Dass das heilige Gold und Geschmeide der Ägypter den „Söhnen und Töchtern" der Israeliten angelegt wird, kann – auch wenn eine Festlegung darauf voreilig wäre – auch als eine tendenzielle Profanierung des Goldes gesehen werden, da Kinder in der Welt der Torah nicht als Gleichberechtigte im Kultus auftauchen, sondern als eindeutig religionsunmündige und vor allem ‚zu belehrende'.[58] Ihnen das Gold umzuhängen, kann also andeuten, dass es als belehrendes und erinnerndes gelehrt und präsent gehalten wird, statt es zu vernichten oder in seiner ursprünglichen Funktion unverändert weiter im Kultus zu verwenden. Die Erinnerungsreligion ist gewissermaßen ein Zwischenmodell zwischen Idolatrie und Ikonoklasmus.

Nochmals mit Freud formuliert: In Freuds Deutung bedeutete der „Fortschritt in der Geistigkeit" vor allem das jüdische Bilderverbot. Dem soll hier hinzugefügt werden, dass – auch wenn die Bezeichnung eines „Fortschritts" einer heute fremd gewordenen Geschichtsphilosophie angehört –, die jüdische Religion sich eben nicht nur durch das Verbot eigener Bilder auszeichnete. Zwar wurde auf das Medium des kultischen Abbilds verzichtet, aber im kulturellen Gedächtnis des Exodusvolkes musste die Erinnerung an die Funktion und Bedeutung des Abbildens bewahrt werden. Die Hebräer mussten sich ein Wissen über die Gegenfolie zur abstrakten, bildlosen Jahwe-Religion aneignen und dieses die Gemeinschaft der einfachen Hebräer konstituierende Wissen vom Anderen musste möglichst präzise, also schriftlich und anhand von festgelegten Ritualen und Artefakten des materiellen kulturellen Gedächtnisses tradiert werden. „Ägypten muß erinnert werden, damit man weiß, was zurückliegt und nicht wiederkommen darf."[59] Die neue, abstraktere Lebensform ohne Götterbilder musste das Symbolsystem des ägyptischen Polytheismus „aufheben" – in der ganz dialektischen Doppelbedeutung von „bewahren" und „ungültig machen". Das Vergehen der Israeliten, als sie aus dem ägyptischen Schmuck das Goldene Kalb gossen, war also weniger, dass sie sich einem neuen Heidentum zuwandten – der Stier war ja auch schon in Ägypten kein Gott an sich,

---

57 2. Mose 3,22.
58 Vgl. hierzu die Dissertation von Dorothea Betz: *Gott als Erzieher im Alten Testament. Eine semantisch-traditionsgeschichtliche Untersuchung der Begrifflichkeit jsr/musar (paideuo/paideia) mit Gott als Subjekt in den Schriften des AT.* Osnabrück 2007. v.a. S. 34ff. – Die Arbeit ist als pdf auf den Seiten der Universität Osnabrück abzurufen. (Letzter Zugriff am 10.03.2014.) – Zu den Kindern als zu Belehrenden: 5. Mose 4,10f;19.
59 Assmann: *Moses der Ägypter.* S. 25.

sondern nur das Reittier eines unsichtbaren höchsten Gottes[60] – sondern dass sie gegen das Gebot der unbequemen Erinnerung verstießen, dass ihr ‚Gold' in seiner doppelten Bedeutung, die auch Gott mit einschließt, nicht ihr ureigenes war, sondern dass all ihr symbolischer und materieller Reichtum und ihre ganze Tradition nur eine „Beute" war, die mehr oder weniger sorglos aus dem Fremden übernommen wurde. Sie erlaubten, dass das Ägypten zurückkam und präsent blieb, von dem sie sich – nach dem Willen Moses und seines von ihm so schwer zu trennenden Gottes – distanzieren sollten. Dieses Gießen des Kalbes ist also vor allem anderen ein Bruch des Erinnerungsgebotes: statt nur an die Befreiung von der ägyptischen Religion zu erinnern, wird es zu ihrer Erneuerung verwendet. Moses Reaktion, als er das Goldene Kalb als wiederaufgegriffene ägyptische Religion erblickt, ist, es zerschlagen zu lassen. Diese Zerstörung allein wäre aber eine simple ikonoklastische Handlung, die dem Gold seine Erinnerungsfunktion nehmen würde: „Ägypten" wäre symbolisch vernichtet und dadurch latent worden. Aber das Kalb wird nicht einfach zerstört, sondern es wird zermahlen, in Wasser gestreut und dieses Wasser mit dem Goldstaub wird den Israeliten zu trinken gegeben.[61] Statt also das Stierbild zu demontieren und es symbolisch zu köpfen, in einem Fluss zu versenken, zu verbrennen oder zu begraben – also die Erinnerung an Ägypten zu vernichten und zu verdrängen – wird diese ‚Erinnerungsmaterie' von den Israeliten getrunken, von jedem einzelnen in den Körper aufgenommen und verinnerlicht. Was mit dem Goldenen Kalb geschieht, ein weitgehend unbekanntes Detail dieser Geschichte, ist keine Auslöschung, sondern eine gesteigerte Form der ‚Aufhebung' dessen, wofür das Gold steht. Es geschieht eine eucharistisch-materielle Verkörperung und Vergemeinschaftung bei gleichzeitiger absoluter Entwertung der Materialität. Das Trinken des Goldes ist eine Verinnerlichung Ägyptens, nicht seine ikonoklastische Auslöschung. Moses' Zermahlung des Kalbes profaniert das heilige Gold im genauen Sinn dieses Wortes: Die heilige Materie ‚Gold' wird in die Körper der Hebräer überführt. Die einstmals heilige Materie wird nicht vergessen, sondern in gesteigerter Weise präsent gehalten. Die materielle Welt, die im monotheistischen Denken „jede Göttlichkeit verloren hat"[62], ist damit nicht aus dem Fokus der neuen Religion verschwunden, sondern soll im Modus des Erinnerns und Verinnerlichens als in den Körper aufgenommene Materie präsent bleiben. Man könnte so weit gehen, in diesem Gemeinschaftsmahl einen tatsächlich eucharistischen Akt zu sehen, der die Hebräer dem Göttlichen annähert: Wie der katholische Christ mit der Eucharistie den Leib Gottes in sich aufnimmt und damit zu Gottes leiblicher Repräsentanz auf der Erde wird, werden die Israeliten zu Göttern, zu Trägern und Verkörperungen des ‚Goldes' und der Sakralität der Welt, die sich in diesem heiligen, kommunionellen und erhöhenden Mahl einem neuen, immateriellen, höheren Gott unterwerfen.

---

60 Siehe hierzu: Bernd Janowski: *Gefährten und Feinde des Menschen. Das Tier in der Lebenswelt des alten Israel.* Neukirchen-Vluyn 1993. Auch bei Assmann: *Die mosaische Unterscheidung* wird der Mnevis-Stier als Reittier des Sonnengottes erwähnt. S. 50.
61 2. Mose 33,5f.
62 Assmann: *Die monotheistische Unterscheidung.* S. 158.

Das ägyptische Geschmeide war materielles kulturelles Gedächtnis, das nach Moses symbolisch-aufklärerischer Zerstörung des Kalbes von den Israeliten aufgenommen und von da an von ihnen weitergetragen werden soll. Der materielle und kultische Wert wird ausgetauscht gegen die körperlich eingeprägte Erinnerung, die Moses mit dem ‚Trinken des Goldes' erreichen will. Dieses Moment der „Verinnerlichung" ist eine der Grundeigenschaften, die Karl Jaspers den sekundären Religionen zuspricht.[63] Die neue Subjektivität, die in der Achsenzeit entsteht, zeichnet sich durch eine Inversion des Religiösen aus, durch eine Individualisierung und dadurch, dass der Einzelne nicht nur anhand des religiösen Kultes, sondern über einen individuell-erinnernden und selbst verkörpernden Bezug in das Symbolsystem eingebunden ist.[64] Der Monotheismus der Wüstenwanderung war daher keiner der radikalen Ägypten-Kritik, die erst mit der staatlichen Konsolidierung und der tendenziösen Umdeutung Ägyptens zum Urbild des Despotismus in die biblischen Texte aufgenommen wurde, sondern das von Moses dem Ägypter geführte Nomadentum der Israeliten verortete sich auf der Grenze zwischen einer Übernahme ägyptischer Religionsvorstellungen und der Distanzierung davon. Was so formuliert etwas ambivalent und unentschieden klingt, könnte vielleicht mit dem Begriff einer ‚Metareligion' oder einer Religion der ‚aufgehobenen Unterscheidung' beschrieben werden. Dieser Aspekt der Exodus-Religion hat sich als instabil und als nur ein Intervall in der jüdischen Geschichte erwiesen, verdient aber genannt zu werden, weil darin die radikale duale Scheidung von Religionskonzepten, wie Assmann sie vornimmt, ein wenig gelockert werden kann: Dann wird „der Raum der religiösen Wahrheit" nicht mehr nur „durch die Unterscheidung zwischen ‚Israel in der Wahrheit' und ‚Ägypten im Irrtum'" konstruiert,[65] sondern durch die, wenn auch ephemere, so doch wirkmächtige Möglichkeit des nicht festgelegten Innehaltens, des heimatlosen Nicht-Verankertseins in dem, was sich als das Entweder-Oder der religiösen Möglichkeiten darstellt. Statt ‚Polytheismus oder Monotheismus' kann das Intervall des Wüstenzuges als die Bewahrung der Erinnerung an Ägypten verstanden werden, die aber noch nicht in eine Polemik, Beseitigung und Versenkung Ägyptens in das Gegenbild einer negativen, aber überwundenen Urzeit umgeschlagen ist – noch führt „Moses der Ägypter" das Volk an, und „die alte mythische Welt sank langsam ab"[66], blieb aber das ‚Dazwischen' der ein oder zwei Generationen, die die Wüstenwanderung dauerte, nicht nur als Gegenbild, sondern auch als Ursprung ihrer selbst und als ‚gestohlene Wahrheit' präsent. Flucht und Migration kann als eine eigenständigere und souveränere Weltweise akzeptiert werden.

Freuds Mythos vom ermordeten Moses ist damit einer, der dem vorsichtigeren, fragileren Mythos des Diebstahls nachfolgt und der vernichtet, was dieser zu erhalten versuchte. Die Exodus-Religion ist ganz anders und wenn auch weniger stabil,

---

63 Jaspers: *Ursprung und Ziel*. S. 22, 89.
64 Gewissermaßen wurde jeder Israelit selbst Teil der Religion, wo er vorher nur Teilnehmer war. Das deckt sich mit 2. Mose 19,6, worin das neue Verhältnis der Menschen zum Heiligen beschrieben wird, in dem jeder nicht nur Protagonist des Kultes, sondern selbst Priester ist.
65 Assmann: *Moses der Ägypter*. S. 26.
66 Jaspers: *Ursprung und Ziel*. S. 20.

so doch wesentlich ambivalenter, mehrdeutiger, vorsichtiger und raffinierter als der ideologisierte und dogmatisch gereinigte Monotheismus, der sich später radikal gegen Ägypten wenden sollte.

Nochmals mit Assmann formulieren:

> Der Moses-Mythos zieht eine Grenze und trifft eine Unterscheidung: die Unterscheidung zwischen Ägypten und Israel, zwischen dem alten und dem neuen Weltverhältnis, zwischen den anderen Göttern und dem Einen, wahren Gott, zwischen wahr und falsch in der Religion und, in letzter Instanz, zwischen Gott und der Welt.[67]

Diese Unterscheidung muss aber – das zu zeigen, war der Versuch dieses Kapitels – nicht zwangsläufig bedeuten, dass eine ebenso fest gefügte und gesicherte Weltordnung dagegen gestellt wird. Erst wenn in ein gelobtes Land eingezogen wird, also wieder eine „Beheimatung in der Welt"[68] vorliegt, ist ein Status erreicht, von dem aus man das Ägypten verdammen kann, aus dem man einst ausgezogen war – weil man nun ähnlich sicher steht wie es selbst. Man könnte also sagen, dass die staatlich-theologische Absicherung in der Welt, im Land, das von Milch und Honig und von unterworfenen Völkern voll ist, eine Wendung gegen die von Moses gestiftete Religion ist, weswegen er auch sterbend aus dieser Geschichte ausscheiden muss, bevor dieses Land in Besitz genommen werden kann. Die Exodus-Erfahrung der heimatlosen Gemeinschaft, die später im Exil und in der jüdischen Diaspora so tragend wurde, ist eine Alternative der Konstitution eines jüdisch-befreiten Selbstverständnisses: die Existenz in der Lücke und im Zwischenraum statt in der Mitte des Seins.[69] Jan Assmann ist zuzustimmen, dass der „Auszug aus Ägypten der Gründungsakt einer Religion" ist, „die auf Weltbeheimatung verzichtet".[70] Jedoch ist mehr von Ägypten und seiner Kultur von den Israeliten mitgetragen und aufgenommen worden, als dass schon hier eine so negative Profilierung Ägyptens gesehen werden kann. Eine Kultur, die sich bewusst ist, so wenig Eigenes vorzuweisen zu haben, tut sich schwerer, ihren Ursprung zu verdammen, als Assmann das formuliert. Die Abwertung Ägyptens geschah aus der sesshaften Sicherheit und Distanz im selbst ein Machtstaat gewordenen Israel, die die tendenziöse Redaktion und Kanonisierung der biblischen Texte möglich machte, also erst nach der erneuten Beheimatung in der Welt. Im Wüstenzug lag noch ein Innehalten im Urteil, ein *hiatus* und eine *epoché*, die beendet war, nachdem eine kulturelle Gegenmacht gegen Ägypten entstanden war und dem Ägyptischen offensiv gegenüber getreten werden konnte.

---

67 Assmann: *Die mosaische Unterscheidung*. S. 163.
68 Assmann: *Moses der Ägypter*. S. 246.
69 Siehe hierzu auch Michel de Certeaus Arbeit zu Freuds *Mann Moses*, in dem de Certeau die Lückenhaftigkeit und Ambivalenz des Schreibens Freuds und seine abseitige Position in den Wissenschaften und im Bürgertum betont: Michel de Certeau: „Die Fiktion der Geschichte: Das Schreiben von ‚Der Mann Moses und die monotheistische Religion'". In: Ders.: *Das Schreiben der Geschichte*. Übers. v. Sylvia M. Schlomburger-Scherff u. a. Frankfurt a. M. u. New York 1991. S. 240-288, hier insbes. S. 252ff.
70 Ebd.

Polemik geht am leichtesten von der Hand, wenn der Grund zur Verdammung nicht nur am Fremden gesehen wird, sondern unbewusst auch im Eigenen verborgen liegt. Israels Heimkunft ins gelobte Land darf nicht aus dem Kontext der Kritik der Weltbeheimatung genommen werden: Es ist der erneute ideologisch-religiöse Kompromiss mit der Welt, den Moses schließen musste, als er bemerkte, dass das Volk, mit dem er sein monotheistisches Experiment machen wollte, dazu nicht in der Lage war. Sieht man den Exodus nicht als die sofortige Aufrichtung einer Gegenreligion, sondern primär als eine Geste des Entzugs, ändert sich das Bild: Dann ist der Einmarsch nach Kanaan mit der Gründung eines eigenen Territorialstaats und der blutigen Unterjochung der dort ansässigen Urbevölkerung diejenige Geste, die sich mit den Mitteln Ägyptens gegen Ägypten richtet und Moses als den zu offensichtlichen Repräsentanten dieses Ägypten sterben lässt; ob getötet oder nicht: der Bibeltext lässt Moses zum richtigen Zeitpunkt dahinscheiden. Dann wird die Exodus-Religion des Wüstenzuges als der Welt- und Kulturbezug des Diebes statt des Mörders lesbar, der sich seiner Bezogenheit auf die bestohlene alte Ordnung noch schuldhaft bewusst ist. Der Dieb weiß, dass das, was er als ‚Eigenes' bezeichnet, keine positive Definition hat, die dem Anderen agonal oder ödipal entgegengestellt werden könnte. Insofern ist die Religion des Exodus, wie oben beschrieben, noch keine Gegenreligion in dem Sinne, wie Assmann sie definiert, sondern eine Religion des Entzugs, die Ägypten in der Geste der Aufhebung und nicht der Ablehnung begegnet.

Die Theorie des Mythos, die hier bemüht wurde, kennt nicht nur Gründungsmythen der Selbstversicherung, die das Vorfindliche, übermächtige Alte beseitigen, sondern es sollte skizziert werden, dass die Definition des Gründungsverbrechens neben dem Vatermord mindestens auch die illegitime Aneignung als weiteres Verbrechen beinhalten kann, das eine Subjektivität hervorbringt, die die Vater- oder Herrenfigur nicht gleich töten, sondern überlisten will. Wird die heimat- und gewaltlose Wüstenexistenz des hebräischen Volkes nicht als eigenständige Definition einer Gemeinschaft erkannt, die, sich selbst bewusst, unsicher und prekär ist, besteht die Gefahr, die Wichtigkeit und Funktion dieser Texte zu entwerten, die für die Exilerfahrung des jüdischen Volkes so wichtig waren. Das Exil und die Frage der Teilhabe an der Welt machen einen wesentlichen Teil der Selbsterfahrung des Judentums aus, dessen Verzicht auf Weltbeheimatung historisch nicht mit derselben christlichen Formulierung der Weltfremdheit zu vergleichen ist, die aus einer Situation der Sicherheit und Gesellschaftsrelevanz formuliert wurde, während die israelische Weltfremdheit in der harten Realität des Exils, der Diaspora und einer nomadischen Armut begründet ist, die Emmanuel Levinas so beschreibt:

> Demut und Armut sind eine Weise, sich im Sein zu verhalten – ein ontologischer (oder halbontologischer) Modus – und kein soziales Verhältnis. Sich in dieser Armut der Exilierten zu zeigen, heißt den Zusammenhalt des Universums sprengen. Die Immanenz durchbrechen, ohne sich ihr einzureihen.[71]

---

71 Emmanuel Levinas: *Zwischen uns. Versuche über das Denken an den Anderen.* Übers. v. Frank Miething. München u. Wien 1995. S. 76.

Ein weiteres Moment des göttlichen Handelns, das sich nicht durch ein gewaltiges, beeindruckendes Wunder, sondern durch ein nur verwunderliches alltägliches Detail zeigt, weist mit noch klarerer Deutlichkeit darauf hin, dass die Erlösung des Volkes nicht erst mit dem Einzug ins Gelobte Land ihren Abschluss fand, sondern dass der Wüstenzug selbst der messianische Zeitraum war, in dem die Erlösung präsent, diesseitig und greifbar vorliegt: Die Kleider der Israeliten zeigten, so der biblische Bericht, während der ganzen vierzig Jahre ihrer Wanderung keinerlei Verschleiß, ihre Schuhe blieben intakt und ihre Füße schwollen nicht an.[72] Sie wurden von Gott mit Manna, Wachteln und Wasser versorgt und von Krankheiten geheilt. Sie bewegten sich innerhalb einer utopischen Zeit, einem zeitlichen Zwischenraum, der der regulären Zeit enthoben war, der aber mit der Eroberung Israels wieder endet. Dann besteht das Gotteshandeln nicht mehr in Unterstützung, Heilung und Ernährung, sondern in militärischen Erfolgen und in brutaler Landnahme: Die Wunder werden plötzlich wieder spektakulärer und gewaltsamer, der Frieden und die arme, aber gesegnete Zeit des körperlich-alimentären Segens, der vergleichsweise kleinen Wunder und der räumlichen Ungebundenheit ist vorbei. Dass mit dem Messias und seiner Zeit nicht eine völlig veränderte Welt und eine große Herrschaft anbrechen solle, sondern nur ein kleines Detail zurechtgerückt werden und alles andere gleich bleiben sollte, ist spätestens seit Gershom Scholems Forschungen zur jüdischen Theologie der Kabbala bekannt,[73] zeigt sich aber schon in diesem wunderlichen Erweis der Haltbarmachung von Bekleidung, die als Wunder neben anderen Gotteshandlungen verblassen mag, die aber ein dezidierter Hinweis darauf ist, dass Israel als utopische Zeit und Schweifen im erlösten Raum mit dem Auszug und nicht mit der Verstaatlichung begann.[74] Der Nomade, dessen Kleidung nicht verschleißt, wird in seiner Beibehaltung eines im Levinas'schen Sinn armen, halbontologischen Zwischenzustandes gesegnet, der Staatsgründer und Eroberer verliert diesen Segen mit dem Blut, das er vergießt und dem Sein, das er gewinnt. Der Gott dieser späteren Texte der Landnahme vernichtet, hilft aber kaum mehr. Eine Gründungshandlung kann, das wurde von Freud gezeigt, anhand der gewaltsamen Beseitigung und Verdrängung aller Erinnerung an das Vorhergehende und der Ersetzung oder Verdrängung durch eigene Bilder und Konstrukte staatlicher oder mythischer Natur geschehen. Aber sie kann auch in einer kontinuierlich mahnenden Aneignung und erinnernden Bearbeitung vor sich gehen, wie es der Moses-Mythos vorschlägt, wenn man ihn nicht als nur als den befreienden Auszug aus dem Fremden und der Entstehung des Eigenen liest, sondern auch als

---

[72] 5. Mose 8,3f und 5. Mose 29,5.
[73] Siehe hierzu Hans Blumenbergs feine Beobachtung, dass dieses Postulat, „wenn der Messias kommt, von dem ein großer Rabbi gesagt hat, daß er nicht mit Gewalt die Welt verändern wolle, sondern sie nur um ein Geringes zurechtstellen werde", das Walter Benjamin einem großen Rabbi zuspricht, von Scholem ausgesprochen, bzw. erneuert wurde. Hans Blumenberg: „Minimaler Messianismus". In: Ders.: *Matthäuspassion*. Frankfurt a. M. [4] 1993. S. 273-277, hier S.274.
[74] Zur wundersamen Erhaltung der Kleider der Israeliten siehe: Claudia Bender: *Die Sprache des Textilen. Untersuchungen zu Kleidung und Textilien im Alten Testament*. Stuttgart 2008. S. 76ff.

das Wissen begreift, aus wie viel Fremdem das heimatlos gewordene Eigene tatsächlich besteht.

Kulturgründende Diebstähle geschehen also in Zeiten unkontrollierbaren historischen Wandels, einer unsteuerbaren Veränderung der symbolischen Ökonomie, und damit in einer Zeit, in der eine Übergangsexistenz und eine Kultur der gezielten Haltlosigkeit den größten Nutzen bringt. Eine nicht mehr haltbare Kultur und ihre Erzählungen, ihre religiösen, subjektiven und philosophischen Grundannahmen, ihre politische Ordnung und ihre gesellschaftliche Struktur werden, wenn sie sich als nicht mehr haltbar herausstellen, nach Aspekten abgesucht, die sich als dauerhaft und verwendbar zeigen, auch wenn der sie stützende Hintergrund weitgehend weggebrochen ist. Was oben anhand von biblischen Texten und Mythen der späten Bronze- und frühen Eisenzeit beschrieben wurde, die unterschiedliche, aber miteinander korrespondierende Situationen dieses krisenhaften Erlebens beschreiben, soll im folgenden Kapitel auf die spätantike Rezeption dieser Texte abgebildet werden. Das frühe Christentum sah sich in einer ähnlichen Situation wie Rahel, Josef oder Moses, die sich aus der für sie unhaltbar und quälend gewordenen Situation herauslösten und die in diesem Ablösungsprozess bestimmte Aneignungen durchführten, die ihnen halfen, sich in einer neuen Lebensform und Kultur zurechtzufinden. Rahels, Josefs und Moses' Diebstähle sind Ablösungsprozesse, die nicht radikal mit dem Alten brechen, sondern eine symbolische Bezüglichkeit darauf beizubehalten versuchen. Das Christentum, das sich im und mit dem Ende der Kultur des Römischen Reiches entwickelte, sah sich in einer solchen Situation: es musste sich als einen völlig neuen Diskurs etablieren, musste sich aber zu seiner eigenen Legitimation bestimmte Aspekte der antiken Kultur aneignen und spezifische Traditionsstränge fortführen. Dadurch wurde die aus der Exoduserzählung übernommene Metapher vom „Wahrheitsdiebstahl" zu einer der wichtigsten Legitimationserzählungen des frühen Christentums. Der Entstehung und Verwendung dieser Metapher soll im folgenden Kapitel nachgegangen werden.

VIERTER TEIL

Die *civitas terrena* als Gewaltherrschaft
und die Kirche als Diebesbande

Erstes Kapitel:
Roms Gründungsgeste als Untergangspräfiguration der Ewigen Stadt

4|1|1
Das Ende der Antike und die Versuche der Anknüpfung an ihre diskursive Tradition

> Wenn eine einzige Wahrheit gleich der Sonne herrscht; das ist Tag. Seht ihr an statt dieser einzigen so viel, als Sand am Ufer des Meeres, hiernächst ein klein Licht, das jenes ganze Sonnenheer an Glanz übertrift: das ist eine Nacht, in die sich Poeten und Diebe verlieben. – Der Poet am Anfange der Tage ist derselbe mit dem Dieb am Ende der Tage.[1]
>
> *Johann Georg Hamann*

Das Motiv des Diebstahls hat in der Spätantike einen unerwarteten Höhepunkt als Begründung eines produktiven Verhältnisses des Diebes zur ihn umgebenden Kultur: Von niemandem wird mit größerer Dringlichkeit eine Apologie des Diebes geführt als von den Kirchenvätern. Die Kirche als eine Gemeinschaft von Menschen, die der Welt nicht wirklich angehören, und die sie wegen der sie beherrschenden Gewalt ablehnen, ist dazu gezwungen, sich darüber Rechenschaft abzulegen, wie sie mit den Dingen und Begriffen der Welt umgeht, von der sie sich distanziert und ohne die sie ihre ephemere Existenz aber doch nicht führen kann. Dieser kritische Umgang mit den Gegenständen und Symbolen der Welt und ihre gleichzeitige Aneignung hat die Kirchenväter mit großer Nachhaltigkeit beschäftigt. Um diese Frage der Aneignung und Ablehnung eines Symbolsystems, in das eingebettet alles Denken geschieht, zu verstehen, muss die historische Epoche verstanden werden, in der die Kirchenväter schrieben: Das Ende des Römischen Imperiums, das nicht nur als politisches Gebilde, sondern auch als Kultur die dama-

---

[1] Johann Georg Hamann: „Aesthetica in Nuce". In: Ders.: *Sämtliche Werke*. Band II. Hg. v. Josef Nadler. Wien 1949. S. 195-216, hier S. 206. Hier wird zum Poeten auf 2. Korinther 4,6 und zum Dieb auf Offenbarung 16,15 verwiesen.

lige Welt beherrscht hatte. Dieses Ende war spätestens mit dem Fall Roms im Jahr 410 unbestreitbar geworden, der die Antike Welt in ihre letzte Krise führte. In diesem Kapitel soll das Krisenhafte der Situation, in der der Dieb stiehlt, etwas genauer beleuchtet werden.

Das Verschwinden der römischen Welt ist uns heute nur relativ indirekt zugänglich; es ist aber in Wahrnehmungsweisen und Situationsbeschreibungen übersetzbar, die die Krisenerfahrung unseres letzten Jahrhunderts verarbeiten. Der Krieg, der die Welt unzugänglich und die bisher so selbstverständlichen Worte unverstehbar macht, war damals und heute eine vergleichbare Erfahrung. Das Ereignis des Krieges und die ihn umgebende Unsicherheit über die Möglichkeiten der Welterklärung, die die Intellektuellen des zwanzigsten Jahrhunderts beschreiben, ist derjenigen bemerkenswert ähnlich, die die Philosophen und Theologen formulierten, die den Fall Roms erlebten: In beiden Fällen war eine über Jahrhunderte relativ stabile Weltordnung, die sich den Luxus langsamer Veränderung geleistet hatte, grundlegend herausgefordert wurden.

Was es für die Selbstwahrnehmung des Römischen Imperiums und der Hauptstadt des antiken Weltreichs bedeutet haben muss, dass Rom 410 zum ersten Mal seit 800 Jahren eingenommen und geplündert wurde, kann in der Bestürzung nachvollzogen werden, die dieses Ereignis hervorgerufen hat. Rom ist gefallen, und alles Bisherige ist dadurch bedeutungslos geworden. Der Kirchenvater Hieronymus schreibt 409, nachdem Rom von Alarichs erster Belagerung freigekauft worden war, in einem Brief an einen Schüler: „Quid saluum est, si Roma perit?"[2] „Was", so könnte man übersetzen, „ist in dieser Welt noch zu retten, wenn Rom verschwindet?" und abstrakter: Was bleibt noch heil, wenn der zentrale Signifikant entwertet ist? Als Rom ein Jahr später tatsächlich in die Hände der Barbaren fiel, die die Stadt mehrere Tage lang plünderten und verwüsteten, war die Schockwirkung dieser Erfahrung immens. Mit dem Ende des ‚Ewigen Rom' war nichts weniger als die Wirklichkeit und Sicherheit der Welt als ganzer in Frage gestellt worden.[3] Allein die militärische Eroberung der früheren Hauptstadt des Reiches kann das beklemmende Gefühl einer schwindenden Welt jedoch nicht erklären, das die Intellektuellen der Spätantike gefangen hielt. Dem Fall Roms ging ein Diskurs voraus, der das Ende seiner selbst ahnte. Was aus der Sicht der Moderne allzu gerne und zu

---

2 Eusebius Hieronymus: „Ad Geruchiam de Monogamia. Brief 123, 16." In: *Corpus Scriptorum Ecclesiasticorum*. Band LVI. Hg. v. Isidorus Hilberg. Wien u. Leipzig 1918. S. 72-95, hier S. 94.

3 Mehr als tausend Jahre später, beim Fall Konstantinopels, des ‚Zweiten Rom' schreibt der spätere humanistisch inspirierte Papst Pius II nicht weniger bewegt als Hieronymus an seinen 1453 amtierenden Amtsvorgänger: „Das ist für Homer ein zweiter Tod, für Platon ein zweites Sterben. Wo sollen wir von jetzt an den Geist der Philosophen und Dichter suchen? Der Quell der Musen ist versiegt. [...] Ich sehe: Der Glaube und die Kultur werden zusammen vernichtet." (Zitiert nach: Kurt Flasch: *Nikolaus von Kues in seiner Zeit. Ein Essay*. Stuttgart 2004. S. 60.) Pius ist es möglich, was Hieronymus noch nicht konnte: Zwischen Glauben und Kultur zu unterscheiden, ein auseinandertreten der Frömmigkeit der Menschen und dem Leben der Menschen zu bemerken. Der Humanismus setzt mit der Klage über das Ende der Kultur ein. Man hätte es sich denken können.

einfach in Variationen der „Dekadenztheorie"[4] und mit einem kulturellen Desintegrationsmechanismus in der Antike erklärt wird, war ein komplexer, an- und abschwellender Prozess, der sich über Jahrhunderte erstreckt hat. Eine Erklärung des Geschehens mit den zu einfachen Begriffen des ‚Endes' und des ‚Untergangs' wird der Vielfältigkeit dieses Phänomens nicht gerecht: Rom verschwand nicht einfach, sondern wurde in vielen seiner Aspekte aufgegriffen, transformiert und ins Mittelalter fortgesetzt. Auch die Begriffe der neueren Geschichtswissenschaften, die für die Spätantike eine fundamentale Umformung der Kultur und einen Diskurswechsel diagnostizieren[5] oder Karl Jaspers, der die Achsenzeit im Fall des christlichen Abendlandes bis in die ersten Jahrhunderte nach Christus hinein verlängert, schaffen es kaum, das Grundstürzende und die Vollständigkeit darzustellen, die das Phänomen des Endes des antiken Denkens darstellt. Was in der Spätantike, insbesondere ab etwa 300 n. Chr. geschah, kann als eine „rasch verfallende geschichtliche Welt"[6], noch deutlicher aber als ein vollständiger „Weltenwechsel"[7] beschrieben werden: eine den Protagonisten dieser Zeit unverfügbare Veränderung oder Auswechslung sämtlicher Begriffe und Strukturen des symbolischen Ordnungssystems, das seit Platon, jedenfalls aber seit Augustus stabil geblieben war. Nichts, was zur Zeit der frühen julisch-claudischen Dynastie gesagt werden konnte, war vierhundert Jahre später noch ohne eine Übertragungsleistung greifbar. Die Symbole und Bedeutungen hatten ihre Validität verloren, und den wesentlichsten Signifikanten waren ihre eindeutigen Signifikate abhanden gekommen: alle politischen und gesellschaftlichen Strukturen, alle Erklärungsmuster und Bezugspunkte sowie die religiösen und politischen Legitimationsstrukturen hatten sich bis dahin radikal verwandelt, und die Narrative und rationalen Argumente, die der Absicherung des Menschen im ‚Absolutismus der Wirklichkeit' eines solchen Weltenwechsels zur Verfügung standen, hatten eine grundlegende Veränderung erfahren. Der Einmarsch der Truppen Alarichs in Rom stellte damit den als besonders erdrückend und einschneidend erlebten Höhepunkt eines Prozesses dar, der schon lange vorher begonnen hatte, und aus dem eine neue Art und Weise entstand, den Menschen in der Welt zu verorten. Die Wirklichkeit hatte die Wörter und Bilder, die sie ka-

---

4 Zum ersten Mal taucht die geschichtswissenschaftliche Dekadenztheorie bei Montesquieu auf: *Considérations sur les causes de la grandeur des Romains et leur décadence.* Paris 1734. Dieses Werk ist die direkte Inspiration zu Edward Gibbons berühmtem Werk über den Fall des Römischen Reiches: Edward Gibbon: *The Decline and Fall of the Roman Empire.* Hg. v. Antony Lentin u. Brian Norman. Hertfordshire 1998. Für einen Überblick über die Geschichte der Dekadenztheorien, siehe: Alexander Demandt: *Zeit und Unzeit. Geschichtsphilosophische Essays.* Köln 2002. Insbes. S. 66ff u. S. 99-110. Tatsächlich war die Dekadenz des Reiches bereits ein Topos seiner Zeit. Eine sehr schöne Darstellung dessen findet sich in: Christoph Markschies: „Décadence? Christliche Theologen der Spätantike über den Verfall von Moral und Glauben seit Kaiser Konstantin." In: *Décadence. ‚Decline and Fall' or ‚Other Antiquity'?* Hg. v. Marco Formisano u. Therese Fuhrer. Heidelberg 2014. S. 265-297.
5 Die These der Kontinuität der römischen Welt bis um 800 wurde zuerst von Henri Pirenne formuliert. Siehe dazu: Henri Pirenne u.a.: *Mohammed und Karl der Große. Die Geburt des Abendlandes.* Übers. v. Heigrid Betz. Stuttgart 1987.
6 Kurt Flasch: *Augustin. Einführung in sein Denken.* Stuttgart 1980. S. 8.
7 Blumenberg: *Legitimität.* S. 19.

schierten, zerrissen. Der Schock, dass Rom selbst vom Krieg betroffen war, machte den Zeitbeobachtern klar, was alles geschehen sein musste, dass ein so unerhörtes Ereignis möglich wurde und wie disparat und wirkungslos die kulturelle Selbstwahrnehmung war, wenn sie ein solches Geschehen nicht nur hilflos beobachten musste, sondern auch keine Erklärung dafür bereitstellen konnte.

Aurelius Augustinus' *De Civitate Dei* als Höhepunkt und Abschluss der kirchenväterlichen Literaturproduktion ist eine Predigt auf den Untergang Roms und eine intellektuelle Feier des Endes der geeinigten antiken Welt. Es ist aber auch eine trennscharfe Analyse der Zivilisation, der Geschichte und des Selbstbildes einer Kultur, die ihre ganze damalige Welt beherrschte, und die aus sich selbst heraus brüchig geworden war. Trotz eines riesigen Militär- und Staatsapparates, tausender Kilometer hochbefestigter Mauern und einer routinierten, umsichtigen und auf das Traditionelle, das scheinbar Beständige gerichteten Zivilisation wurde sie zunehmend und unaufhaltsam von innen und von außen in Frage gestellt. Zu dem Zeitpunkt, an dem Augustinus *De Civitate Dei* veröffentlichte, hatten die jahrhundertealten gesellschaftlichen Fundamente Roms alle Tragfähigkeit verloren. Die wiederholten und reformulierten philosophischen und religiösen Diskurse Roms, Griechenlands und Ägyptens konnten keine befriedigenden Antworten mehr auf die wirtschaftlichen Probleme, die Seuchen, die Umverteilung und Zersplitterung von finanzieller, politischer, militärischer und symbolischer Macht geben und die religiöse, ethnische, intellektuelle und kulturelle Pluralisierung des Reiches wurde ebenso unüberschaubar wie unkontrollierbar. Kaum jemand fühlte sich mehr dem alten Rom verpflichtet und wofür es gestanden hatte, war nur noch als Schatten und als später Eindruck eines Vergangenen wahrzunehmen.

Ein seltsamer Wissensverfall hatte seit dem dritten Jahrhundert einzusetzen begonnen, dem nicht nur – wie allgemein angenommen – die Texte heidnischer Autoren zum Opfer fielen und im Rahmen dessen nicht nur die Bibliotheken immer kleiner wurden, sondern auch andere kulturelle Errungenschaften und Techniken verloren gingen.[8] Der Wissensverfall betraf nicht nur Literatur und Philosophie, sondern hatte einen weit größeren Umfang: er fand zum Beispiel auch in der römischen Militärtechnik statt, die zusammen mit der Architektur immer den Kern des technischen Könnens und der Macht Roms gebildet hatte. In den Schmiedewerkstätten der Legionen ging das Wissen um die Herstellung der Lorica Segmentata,[9] der Schienenpanzer der Legionäre verloren, und die späteren Katapulte der Heere Roms waren wesentlich simplere Wurfgeräte als die komplexen und hochpräzisen

---

8 Die These der Nachlässigkeit und Feindschaft der christlichen Autoren insbesondere was randständige heidnische Denker angeht und die Selektion von Texten, die bei der Übertragung von der Pergamentrolle in die Form des Kodex geschah, genügt nicht, um den umfassenderen und schon vorher einsetzenden Verlust von Wissen zu erfassen. Für einen Überblick zur diskontinuierlichen materiellen und literarischen Überlieferung der Antike, siehe: Christoph Höcker, Lorenza de Faveri u.a.: „Überlieferung." In: *Der Neue Pauly*. Band XV/3 (Nachträge.) Stuttgart u. Weimar 2003. Sp. 695-726.

9 M. C. Bishop: *Lorica Segmentata. Volume I: A Handbook of Articulated Roman Plate Armour*. Braemar u. a. 2002. S. 91ff.

Torsionsgeschütze des zweiten oder frühen dritten Jahrhunderts.[10] Das römische Weltreich vergaß nicht nur seine Literatur, sondern auch sein technisches Wissen. Was traditionell dem bornierten Desinteresse des Christentums an der antiken Weisheit und den politisch und religiös motivierten Bücherverbrennungen zugeschrieben wurde, hatte eindeutig umfassendere Ursachen, deren Vielzahl und Verwobenheit Alexander Demandt bewundernswert dargestellt hat.[11] Es ist schwer, die Tragweite dessen zu formulieren, was sich in dieser Zeit zutrug. Vielleicht könnte man sagen, dass die antike Hochkultur in den ersten Jahrhunderten unserer Zeitrechnung den Zugriff auf sich selbst verlor.[12] Ab dem vierten Jahrhundert, also zu Augustins Lebzeiten erschien Rom als eine Zivilisation, deren symbolisches und technisches Verschwinden unübersehbar geworden war. Augustinus schreibt zu einer Zeit, in der die Tendenzen des Wissens- und Weltverlustes schon deutlich zu bemerken sind, auch wenn sie erst später die drastischsten Ausmaße annahmen: Während die Bibliotheken Alexandrias oder Konstantinopels um 350 noch hunderttausende Rollen beherbergten, ist die größte uns bekannte Bibliothek Ende des sechsten Jahrhunderts die privat-klösterliche Büchersammlung Cassiodors mit nur noch einigen hundert Bänden.[13]

Augustinus beginnt *Vom Gottesstaat* mit der Beschreibung Roms, das alles verloren hatte, wofür es einmal stand, als es von den Goten erobert und geplündert wurde. Die Kultur, die Augustinus beschreibt, ist jetzt nach jahrhundertelanger Schwächung durch die Erfahrung des Krieges in ihrer ewigen Hauptstadt endgültig in Frage gestellt. Die Reflexion, die Augustinus am Ende der antiken Welt anstellt, beginnt mit der Beschreibung entfesselter Gewalt und Brutalität, die das Herz dessen erreicht und zerstört hat, was als unumstößlich und ewig galt, nämlich die Stadt Rom selbst, deren ewige Unantastbarkeit gebrochen war. Diese Erfahrung eines entgrenzten Krieges, der zerstört, was als unumstößlich und als grundlegend für die Zivilisation gilt, war eine Erfahrung, die dem Gefühl des Niedergangs, bzw. des bedrohlichen Kulturwandels ein apokalyptisches Element gab. Versteht man die ersten Kapitel des *Gottesstaates* damit als den Versuch, die Erfahrung der unkontrollierbar gewordenen Gewalt und die damit scheiternde und unsicher gewordene Kultur philosophisch zu verarbeiten, lassen sich Parallelen zu anderen Versuchen erkennen, eine Philosophie des Krieges, oder genauer eine Philosophie in Beantwortung des Krieges zu schreiben.

Die Erfahrung der unkontrollierbaren Gewalt, die alle Kultur in Frage stellt, kann leichter verständlich gemacht werden, wenn historisch näher liegende Paral-

---

10 Paul Chevedden: „Artillery in Late Antiquity." In: *The Medieval City under Siege*. Hg. v. Ivy Corfis u. Michael Wolfe. Suffolk 1995. S. 131-176.
11 Alexander Demandt: *Der Fall Roms*. München 1984.
12 Zum Ende der konsequenten antiken Überlieferung siehe auch: Kurt Flasch: *Das philosophische Denken im Mittelalter. Von Augustin zu Machiavelli*. Stuttgart ² 2000. S. 33ff.
13 Siehe dazu: Ebd. Ebenfalls interessant ist die Frage der Schließung der öffentlichen Bibliotheken: George W. Houston: „A Revisionary Note on Ammianus Marcellinus 14.6.18: When did the Public Libraries of Ancient Rome Close?" In: *The Library Quarterly*. Band LVIII/3. Chicago 1988. S. 258-264.

lelen aufgerufen werden. Um eine unserer Gegenwart verständlichere Erfahrung zu finden, die greifbar macht, was Augustinus nach der Plünderung Roms beschreibt, kann auf Werke wie Franz Rosenzweigs *Stern der Erlösung*[14] verwiesen werden, das, wie der *Gottesstaat*, unter dem Einfluss eines Krieges entstanden ist, der die Philosophie der bürgerlichen Kultur grundsätzlich infrage stellte: Der Erste Weltkrieg zeigte ähnlich wie der römische Bürgerkrieg um 410, dass alles bisher gültige Nachdenken über den Menschen und sein Wesen und alle menschliche Erfahrung ihren Wert verloren hatten. Emmanuel Levinas' *Totalität und Unendlichkeit* setzt nach dem Zweiten Weltkrieg diese Philosophie Rosenzweigs von der Entwertung der Kultur und der Philosophie durch den Krieg fort. Man kann diesen Vergleich des vierten Jahrhunderts mit dem zwanzigsten wie alle geschichtlichen Vergleiche als eine Gleichsetzung von historisch gründlich Verschiedenem ablehnen, doch bleiben die strukturellen Ähnlichkeiten und parallelen Bezugnahmen dieser Werke auf das Ende der philosophischen Traditionen, die dem Krieg vorangingen, bestehen. Augustinus' Beschreibung des traumatisierten Rom und der Situation derer, die solche Gewalt als absolute Erfahrung erleben mussten, ist mit Levinas' Beschreibung des alle Existenzmöglichkeit in Frage stellenden Krieges verwandt. Der Krieg zerstört nicht nur das Erleben, sondern auch die Begriffe und Bilder, die dieses Erleben beschreiben könnten.[15] In Augustins Beschreibung der Welt als einer von der Gewalt regierten *civitas terrena* ist dieselbe Erfahrung ausgedrückt, die Levinas in der Mitte des Zwanzigsten Jahrhunderts philosophisch zu verarbeiten versucht:

> Daß sich dem philosophischen Denken das Sein als Krieg zeigt; daß der Krieg als die offenkundige Tatsache nicht nur mit dem Sein zu tun hat, sondern die eigentliche Offenbarkeit des Wirklichen – oder seine Wahrheit – ausmacht, dazu bedarf es keines Beweises anhand dunkler heraklitischer Fragmente. Im Krieg zerreißt die Wirklichkeit die Wörter und Bilder, die sie kaschieren, um sich in ihrer Nacktheit und Härte aufzuzwingen.[16]

Der Krieg lässt die Worte, Bilder und kollektiven Bezugssymbole ungültig werden, die gerade zu seiner Beendigung und Verarbeitung nötig wären. Levinas, Rosenzweig und Augustinus, aber auch Theodor Adorno und Walter Benjamin: alle diese Denker versuchten, nach einem Geschehen, das all dem offensichtlich und schrecklich widersprach, was die Zivilisation bis dahin als Vernunft und als legitimen Wahrnehmungs- und Erklärungsmodus der Welt begriffen hatte, zu beschreiben, wie eine alternative Ethik, eine erneuerte Universalität und ein neues Verständnis des Menschen aussehen könnten, nachdem die Realität des Krieges die bis dahin

---

14 Rosenzweig: *Stern der Erlösung*. S. 2ff., wo Rosenzweig vor der Angst vor dem Tod schreibt, die direkt aus seiner Erfahrung in den Schützengräben des Ersten Weltkrieges inspiriert ist.
15 Siehe für die Sprachlosigkeit und den Erfahrungsverlust der Menschen, die ein solches Gewalterlebnis gemacht haben, auch Benjamins Texte über „Erfahrung und Armut" und über den „Erzähler". (*GW* II/1. S. 213-218 u. *GW* II/2. S. 438-464.)
16 Levinas: *Totalität und Unendlichkeit*. S. 19.

gültigen Grundannahmen des Denkens zerrieben hatte.[17] Augustinus setzt sich mit einer Kultur auseinander, deren zentrale Eigenschaft eine solche nicht zu bändigende Gewalt ist, der letztlich sogar die als so sicher geltende jahrhundertelange Illusion der *roma aeterna* und der *pax romana* zum Opfer fiel. Das ist eine Erfahrungsbeschreibung, die leichter verständlich ist, wenn man sich bewusst wird, das sie ähnlich einschneidend wahrgenommen wurde wie die Erfahrung, die das intellektuelle Europa nach 1918 und nach 1945 zu verarbeiten versuchte, als das relativ friedliche neunzehnte Jahrhundert in einer bis dahin undenkbaren Gewaltexplosion verschwand. Das Ende Roms und das Ende des bürgerlichen, modernen Europa teilen mehr als nur eine strukturelle Ähnlichkeit.

In der seit der Aufklärung entstandenen Geschichtswissenschaft wird regelmäßig das frühmittelalterliche Christentum als der Profiteur und Sieger dieses Prozesses und als Erbe des verschwundenen Römischen Reiches aufgefasst. Diese Haltung steht in der Gefahr, einer damals noch weitgehend ungestalten und diffusen, in sich völlig uneinigen Erlösungsreligion eine Art von ‚sich selbst durchsetzender tieferer Wahrheit' zuzugestehen, die im Kulturkampf der Spätantike über bessere oder fortschrittlichere Mittel und Medien verfügt hätte, und die eine strategische Kritik und Demontage der antiken Kultur betrieben haben soll. Diese Annahme ist insofern zu bezweifeln, als es in der Antike ‚das Christentum' als solches nicht gab, sondern, was heute als blockartig auftretende ideologische Institution gesehen wird, damals ein in sich völlig heterogenes und disparates Bündel von kulturellen Vereinigungen, philosophischen Denkschulen und kultisch-mystischen Praktiken war. Die vielen christlichen Sekten und heidnischen Reformbewegungen stellten Versuche dar, antikes Denken fortzusetzen und Möglichkeiten zu schaffen, in einer sich kontingent verändernden Welt gleichzeitig am Überlieferten festzuhalten und es einer Welt anzupassen, die im Begriff stand, den theoretisch reflektierten Zugriff auf sich selbst zu verlieren. Das Christentum war weder eine in sich geschlossene Religion, noch war es die einzige der entstehenden Erlösungsreligionen, die eine gänzlich neue Form der Religiosität und des Weltbezuges hervorbrachten. Diese manichäischen, valentinianischen, marcionitischen, mithraistischen, ophitischen, arianischen, mandäischen, paulinischen und zahlreichen mysterienhaften neopolytheistischen Religionen, Philosophenschulen und Kulte, die die alten Opferreligionen ablösten, waren nur ein Symptom eines tiefgehenden Wandels in allen Kulturen der Spätantike, in dem alles Alte neu verhandelt und in aktuelle Formen übersetzt werden musste – oder verschwand. Prozesse der Aufgabe und Abwandlung von Religionen und Kulturformen, deren Kern in einem gesellschaftsstabilisierenden Opferkult bestand, traten schon vor dem Christentum auf, und die Transformation des Religiösen hin zu verinnerlichten Symbolsystemen der Hoffnung auf eine metaphysische Rettung

---

17 Für eine nähere Beschreibung dessen, wie die Werke Rosenzweigs und Levinas' aus der Erfahrung des Ersten, bzw. des Zweiten Weltkrieges entstanden, siehe den Aufsatz von Stephane Mosès „From Rosenzweig to Levinas. Philosophy of War". In: Hent de Vries u. Lawrence Sullivan (Hg.): *Political Theologies. Public Religions in a post-secular World.* New York 2006. S. 220-231. Bzw., ausführlicher: Stephane Mosès: *System und Offenbarung. Die Philosophie Franz Rosenzweigs.* (Mit einem Vorwort von Emmanuel Levinas.) München 1985.

war eine Tendenz, die im ganzen Mittelmeerraum schon vor dem Auftauchen des Christentums begonnen hatte und die z.B. mit Vergils um 40 v. Chr. entstandener berühmter vierter Ekloge[18] und den stärker werdenden Mysterienkulten auch im Zentrum der römischen Religion auftauchte.[19] Statt zu opfern, fingen die Menschen an, zu glauben, ihren Glauben zu bekennen und sich kollektiv und individuell von der Welt zu distanzieren. Diese mit Erlösungshoffnungen verbundene Abkehr von der Welt speist sich aus einer apokalyptischen Stimmung, die sich nicht nur in der Gewissheit zeigt, die die Christen über das nahe Weltende und das kommende Gottesgericht hatten, sondern die ihren Ausdruck in einer Art umfassendem, gereiztem *ennui* fand, der aus dem unverfügbaren ‚Verlust von Welt' entsteht. Simone Weil gibt diesem Empfinden einen emphatischen Ausdruck:

> Im römischen Reich waren die Menschen so verzweifelt, entwurzelt, von Langeweile und Überdruß erdrückt, daß nur noch ein einziger Gedanke sie anrühren konnte: das unmittelbar bevorstehende Ende der Welt. Dieser Gedanke, diese Erwartung muß quer durch das ganze Reich bestanden haben, von verschiedenen Prophezeiungen ermutigt.[20]

Simone Weil bezieht diese eschatologische Stimmung auf die ersten Jahrhunderte nach Christus und sieht im Christentum die Religion, die z.B. mit der Zerstörung Jerusalems die stichhaltigsten Bilder und Begründungen für diese Erwartung des Endes hatte. Als allerdings noch Jahrhunderte später das eschatologisch herbeigesehnte Ende nicht eingetreten war, aber durch das langsame Nachlassen der Durchsetzungskraft der römischen Staatsidee in den Provinzen und durch die Zerstörung Roms die Entwurzelung, Verunsicherung und Weltlosigkeit noch zugenommen hatte, war diese unmittelbare Hoffnung auf ein Ende in eine Stimmung umgeschlagen, die etwas Neues beginnen wollte, wo das Alte zwar noch bestand, aber nicht mehr glaubhaft war: aus den über einen langen Zeitraum unglaubwürdig gewordenen Diskursen, die gewissermaßen als Fassaden ihrer selbst fortbestanden, wurde versucht, neues zu bilden. Die Spätantike ist damit eine Zeit, in der einerseits der Bestand der klassischen antiken Symbolsysteme und politischen, religiösen, moralischen und sozialen Lehren affirmiert, bzw. aktualisiert und andererseits selektivierend-alternative neue Weltbezüge aus diesem Bestand entnommen und neu zusammengesetzt wurden. Das bedeutet, dass die alten Mythen, z.B. über die Ursprünge Roms in ihrer Gültigkeit bestätigt und weiter kanonisiert wurden, dass aber auch neue Deutungen dieser Mythen entstehen konnten, die ihre grundlegende Gültigkeit in Zweifel zogen, sie kritisierten und sie für alternative Diskurse und für die Legitimierung neuer Gemeinschaften öffneten.

---

18 Publius Vergilius Maro: *Bucolica*. Lateinisch und deutsch. Übers. v. Michael Albrecht. Stuttgart 2001. S. 40-46.
19 Siehe hierzu das Kapitel über Karl Jaspers Theorie der Achsenzeit und die oben schon genannte sehr erhellende und in ihrer religionswissenschaftlichen Bedeutung kaum zu überschätzende Monografie von Guy Stroumsa über das Ende der Opferkulte.
20 Simone Weil: *Cahiers. Aufzeichnungen*. Band IV. Hg. u. übers. v. Elisabeth Edl u. Wolfgang Matz. München u. Wien 1998. S. 164.

Dieser Prozess, in dem aus alten Philosophien neue zusammengesetzt und entleerte Begriffe in einen neuen Kontext verpflanzt wurden, wurde bereits von den zeitgenössischen Intellektuellen selbst beobachtet und kommentiert. Dabei tauchte das Motiv der Aneignung – in legitimer, gewaltsamer oder diebischer Form – als eine naheliegende Beschreibung dieses Vorgangs der Übernahme, Umformung und Neubildung auf. Schon Cicero beschwerte sich, dass der entstehende Stoizismus sich alter Begriffe bediene, die gestohlen und mit neuer Bedeutung gefüllt würden. Ciceros etwa 45 v. Chr. vorgebrachte Klage ist eine der frühesten Formulierungen dieses diskursiven Diebstahlsvorwurfes und ist vielsagend für den schleichend vorgehenden Prozess des Kulturwandels: Der Stoizismus als eine das individuelle Ethische und eine Unbetroffenheit von der Welt betonende deistische Philosophie betreibe, so Cicero, an der traditionellen römisch-bürgerschaftlichen Philosophie einen Diebstahl. Der Stoizismus wende „die reguläre Praxis von Dieben" an, die „das Diebesgut mit ihrem Zeichen markieren, die Namen zu verändern, die das Zeichen der Dinge sind"[21]. Der Stoizismus als *res nova* bestiehlt die alten Denkschulen, verwandelt ihre Begriffe und hält sie so in einer sich verändernden Welt verwendbar. Cicero argumentiert hier sprachtheoretisch, er erkennt also im Entstehen des Stoizismus eine Art krisenhafter Verwandlung und Entwertung des Sprechens: Von Beginn seines Zerfalls an war das Symbolsystem auf seiner basalsten Ebene des sprachlichen Ausdrucks betroffen. Der dem Traditionellen verhaftete Cicero führt diese Anschuldigung nicht weiter aus, da sie dem damaligen Hörer unmittelbar verständlich war: mit der römisch interpretierten Lehre der von Zenon begründeten Stoa zeigte sich eine neue und tendenziell revolutionäre Denkform, die dem eher konservativen, aber zunehmend unzureichenden Kosmos- und Subjektverständnis in wichtigen Punkten nicht mehr entsprach und kulturelle und philosophische Elemente besonders der Ethik und Subjektivität neuinterpretierte, und so in seinen Begriffen an die schon damals als überkommen wahrnehmbaren Denkmuster parasitär anknüpfte. Dieses hier nur knapp angeführte Beispiel zeigt die Ursprünge der Verwendung der Diebstahlsfigur schon vor der römischen Kaiserzeit und die Beunruhigung der Intellektuellen über den Wandel der Sprache: Im Rahmen der Umwälzung des subjektiven Weltbezugs wurde den neu entstehenden Diskursen ein Diebstahl an den alten Orientierungsmustern und Begriffen vorgeworfen. Im spätantiken Kontext der sich steigernden Erfahrung der Ablösung von überlieferten symbolischen Ordnungsstrukturen und ihrer Übertragung in neue Philosophien und Mythologien hunderte Jahre nach Cicero wurde das Motiv der Aneignung des Alten noch wesentlich intensiver verwendet. Diese Aneignung kann, wie von Cicero wahrgenommen, als Diebstahl, aber auch als Raub oder als legitime Übernahme,

---

21 Der griechisch geprägte Cicero wirft den römischen reinen Stoikern eben diese Vorgehensweise vor: „Atque ut reliqui fures earum rerum quas ceperunt signa commutant, sic illi ut sententiis nostris pro suis uterentur nomina tamquam rerum notas mutaverunt." (In: Cicero: *De finibus bonorum et malorum*. Übers. v. Harris Rackham. London ⁹ 1994. S. 476f. Hier in eigener Übersetzung.) – Weil der theologische Diskurs, der den griechisch-römischen Diskurs ablöste, sich besser beobachten lässt und wesentlich wirkmächtiger war, wird dieser stoische Diebstahl hier nur kurz angeführt.

also als eine Art Beerbung der alten Philosophien gesehen werden. Im Folgenden soll anhand von Beispielen aller dieser drei Übernahmeformen nachgezeichnet werden, weshalb Aurelius Augustinus, der wichtigste und wirkmächtigste Denker der Spätantike, sowohl den gewaltsamen Raub als auch das gescheiterte alte Erbe ablehnt und sich dem Diebstahl zuwendet, den er affirmativ und emphatisch als Rechtfertigungsfigur für die Begründung des Christentums verwendet.[22]

4|1|2
Der Ursprungsmythos Roms in Vergils *Aeneis* und seine sich verändernden Interpretationsmöglichkeiten

Ein Versuch, einen radikalen und gleichzeitig extrem komplexen Wandel in der Wahrnehmung von Mensch, Staat und Geschichte zu beschreiben, kann dabei einsetzen, zu untersuchen, welche Verständnismöglichkeiten und Interpretationen Texte und Mythen zu bestimmten Momenten – insbesondere zu Anfang und gegen Ende historischer Prozesse – zuließen. An jeder Interpretation und Lesart eines bestimmten Mythos oder klassischen Werkes können die zu einer bestimmten Zeit gegebenen Möglichkeiten des Denkens überhaupt abgelesen werden, es können die Gedanken und Muster erkannt werden, die in einem historischen Moment ‚in der Luft lagen' oder durch die textexternen Realitäten erzwungen wurden. Die Deutung eines Textes lässt somit immer wesentlich genauer die Intention und die diskursive Verortung des Deutenden als einen irgendwie essentialistisch über die Zeiten hinweg gleich bleibenden Inhalt des gelesenen Textes erkennen. Insbesondere die hier im Fokus des Interesses stehenden Ursprungs- und Gründungsmythen

---

22 Bezeichnend ist hier außerdem, dass kaum irgendwo im Reich die Möglichkeit bestand, an Kulturen anzuknüpfen, die vor der Eroberung durch die Truppen Roms bestanden hatten. In allen Gegenden Europas, die einst vom Römischen Reich beherrscht wurden, ist die Erinnerung an die vorhergehenden Zivilisationen geschwunden: Es gibt von den Kulturformen des heutigen Italien, Spanien, Frankreich, England, Deutschland oder des Balkan nur Ausformungen und Mythen, die im neunzehnten Jahrhundert aus spärlichsten Überresten gebildet oder aus nichteroberten Gebieten jenseits der alten römischen Grenzen importiert wurden: Für die keltische Mythologie wurden schottische Überreste und Erwähnungen in römischen Quellen interpoliert und skandinavische Sagensammlungen mussten dafür herhalten, das Germanische zu retten. Eine erinnernde Anknüpfung an das, was vor der römischen Herrschaft bestand, war nur für zwei Kulturräume möglich: Für Griechenland und für das Judentum. Die griechische Zivilisation wurde dabei von den römischen Eliten gepflegt, gefördert und weitergereicht und das jüdische Denken hatte aufgrund seiner langen Diaspora-Erfahrung eine immense kulturelle Resistenz entwickelt. Dass mit dem Christentum gerade eine Konjunktur und Verschmelzung dieser beiden Denk- und Weltformen die römische Kultur überleben sollte, ist bemerkenswert. (Zum Verschwinden der Erinnerung an das vorrömische, siehe: Greg Woolf: *Rome. An Empire's Story.* Oxford u. New York 2012. S. 288ff. Dazu, wie mit dem römischen Rechtssystem im Mittelalter neben jüdischen Mythen und griechischer Metaphysik doch noch ein genuin römisches Element ins Christentum einbezogen wurde, siehe: Pierre Legendre: *Vom Imperativ der Interpretation.* Hg. v. Georg Mein u. Clemens Pornschlegel. Übers. v. Sabine Hackbarth. Wien 2010. Insbes. S. 23ff.)

tendieren dazu, zu jedem Zeitpunkt auf eine Weise gelesen zu werden, die den jeweiligen historischen Lektüremoment im doppelten Sinn ‚begründet': Zuerst soll die Stringenz bewiesen werden, mit der sich die Geschichte vom mythischen Anfangszeitpunkt zu dem Zeitpunkt der Lektüre entwickelt hat: Es soll begründet werden, wie es dazu kam, dass die Gegenwart ist, wie sie ist. Und weiter soll diese Gegenwart als die einzig mögliche und legitime bewiesen oder zugunsten einer Alternative kritisiert werden. Ein Gründungsmythos muss somit gleichzeitig den ersten Moment einer Sache und den positiv oder negativ gesehenen Vektor ihrer weiteren Entwicklung darstellen. Unter diesen Annahmen ist es noch interessanter, den Umgang mit heidnischen und jüdischen Gründungsmythen, gegen die das Christentum sich behaupten musste, zu untersuchen, als die ‚kircheneigenen' Texte des Neuen Testaments. Oben wurde bereits anhand des Prometheus-Mythos beschrieben, wie mythische Narrative den jeweiligen historischen Gegebenheiten angepasst wurden, und der Mythos vom Feuerdieb zur Legitimierung einer eher traditionalen, stabilisierenden und kulturkonservierenden Denkrichtung genauso verwendbar war wie auch zur Unterstützung eines kultur- und machtkritischen, etwas schelmischen und alternativen Diskurses, der ihn explizit als Dieb akzentuierte, und weniger als versorgenden und wohlwollenden Kulturheros. Im Folgenden soll diese Zweiteilung der Mythosrezeption anhand des Verständnisses untersucht werden, das in der Fluchtszene des Aeneas aus Troja entweder die glorreiche Gründung des römischen Geistes oder die Ankündigung seines Untergangs und Verschwindens sieht.

Der Mythos, dessen Rezeption hier untersucht werden soll, ist also die *Aeneis*[23] des römischen Staatsdichters Vergil, die sehr schnell nach ihrem Erscheinen 19 v. Chr. zur Schullektüre und zum Nationalepos Roms wurde. Die *Aeneis* erzählt die Geschichte der Flucht des heldenhaften Aeneas aus Troja, und wie er nach längerer Irrfahrt in Latium ankommt und Rom gründet, das 429 Jahre nach dem Erscheinen des Aeneas-Epos erobert und geplündert wurde, so wie Troja erobert und zerstört worden war. Damit war das Undenkbare geschehen: Das ewige Rom brannte und es erlitt dasselbe Schicksal wie das Troja des Mythos; das, was der Mythos versprochen hatte, war gescheitert, und dadurch wurde die Interpretation dieses Mythos der Flucht aus der verlorenen Heimatstadt neu eröffnet, und der Mythos drängte gewissermaßen selbst auf seine Erneuerung und Reinterpretation. Die mythische Eroberung Trojas durch die Griechen und die real erfahrene Plünderung Roms durch die Goten konnten nicht als kontingente Ereignisse wahrgenommen werden, sondern diese Parallelität drängte sich den Zeitgenossen geradezu als schicksalhaft auf. Der dem Fall Trojas so beklemmend ähnliche Fall Roms machte es nötig, diese absolute Wirklichkeit erzählend und philosophisch zu verarbeiten und erklärbar zu machen. Plötzlich erschlossen sich alternative und radikal neue Deutungsmöglichkeiten der Aeneas-Erzählung, die zuvor unzugänglich und keine Denkoption gewesen waren.

---

23 Publius Vergilius Maro: *Aeneis*. Übers. u. hg. v. Edith u. Gerhard Binder. Stuttgart 2008.

Diskursiv hatte in einer solchen Situation der plötzlich ermöglichten und notwendigen Neudeutung des Ursprungsmythos dasjenige Welterklärungsmodell einen immensen Vorteil, das das Ende Roms in einen mythischen Neuanfang übersetzen konnte. Um ein neues tragendes Fundament symbolischer Ordnung entstehen zu lassen, musste idealerweise versucht werden, das Ende Roms in einen Ursprung einer Gemeinschaft neuer Ordnung zu übersetzen. Dazu mussten eine neue Politik, Ethik und Subjektivität entworfen werden, die dem Absolutismus dieser Wirklichkeit einer bedeutungslos gewordenen und durch den Krieg erschütterten Welt begegnen konnten, in der die bisherigen Schutzmechanismen sowie die ordnungs- und friedensstiftenden Symbolsysteme versagt hatten: Mit dem Fall Roms wurde es so möglich wie dringlich, einen neuen Mythos zu schreiben und dabei so konsequent wie möglich die alten Mythen zu integrieren und ihnen eine Umdeutung und Umstülpung im Sinne des radikal neuen Weltbildes zu geben.

Den umfassendsten und intellektuell wirksamsten Versuch, das alte römische Symbolsystem nach dem Fall Roms völlig zu verwandeln, unternahm der wichtigste und produktivste der Kirchenväter im längsten zusammenhängenden Werk, das uns aus der Antike überliefert ist:[24] *De Civitate Dei*, der *Gottesstaat* von Aurelius Augustinus.[25] In der Beschreibung von Augustins *Gottesstaat* kommt man nicht umhin, Superlative zu verwenden: Es handelt sich dabei um das wohl größte, das längste und am nachhaltigsten wirkende Werk des bedeutendsten der spätantiken Intellektuellen. Die politische Wirkung und Nachwirkung des *Gottesstaates* kann ebenfalls kaum hoch genug angesetzt werden; sie war durch das ganze Mittelalter hindurch der wesentliche Text für das politische Selbstverständnis der Kirche und erfuhr mit Martin Luthers „Zwei Reiche-Lehre" eine Erneuerung, die ihn für die politische Philosophie der Neuzeit erneut relevant machte.[26] In diesem um 413, also noch in den unmittelbaren Nachwirkungen der Plünderung Roms begonnenen 22-bändigen Werk tauchte zum ersten Mal in der abendländischen Geistesgeschichte das auf, was später den Namen ‚Geschichtsphilosophie' erhalten sollte, und in Augustinus Denken entstand zum ersten Mal etwas, das mit dem Namen

---

24 Als beste Einführung und als Überblick hat sich der von James J. O'Donnell online veröffentlichte Aufsatz erwiesen: James J. O'Donnell: *Augustines City of God*. In: www.georgetown.edu/faculty/jod/augustine/civ.html (zuletzt aufgerufen am 03.02.2014.)

25 Augustinus: *Gottesstaat (de civitate dei)*. Übers. v. Wilhelm Thimme. München 2007. – Als lateinische Ausgabe wurde die von Bernhard Dombart u. Alfons Kalb besorgte Ausgabe, Stuttgart 1981 verwendet. Im Folgenden wird auf das Buch mit dem deutschen Begriff *Gottesstaat* verwiesen, während Augustinus' damit gemeintes politisches Konzept mit dem wesentlich vieldeutigeren lateinischen Begriff *civitate dei* wiedergegeben wird.

26 Zum Einfluss Augustins auf Luther, siehe: Hans-Joachim Gänssler: *Evangelium und weltliches Schwert. Hintergrund, Entstehungsgeschichte und Anlass von Luthers Scheidung zweier Reiche oder Regimente*. Wiesbaden 1983.

‚Anthropologie' bezeichnet werden kann.[27] Augustinus' *Gottesstaat*, der bewusst auf gebildete und zeitkritisch reflektierte Heiden als Leser ausgerichtet ist,[28] und damit formal und rhetorisch absolut konzise sein musste, ist äußerst präzise strukturiert und folgt einem Argumentationsgang, der mit fast pedantischer Klarheit und einem großen Willen zur Vollständigkeit vorgeht. Der *Gottesstaat* stellt als Ganzes einen von Karl Löwith so genannten Versuch der „Widerlegung der antiken Weltanschauung"[29] dar, wobei der Begriff der „Widerlegung" dabei eigentlich zu diametral ist: Augustinus beabsichtigte viel eher die ‚Aufhebung' der antiken Welt, also einen gleichzeitigen Widerspruch gegen sie und ihre Integrierung in die sich zur Leitwissenschaft entwickelnde christuszentrierte Theologie. Dieser umfassende Versuch Augustins, auf den Verlust der römischen Welt eine Antwort zu geben, ist das letzte philosophische Großprojekt der Antike, und Augustinus ist der letzte Denker der Spätantike, der sowohl direkt an die antike Philosophie anknüpfen konnte, als auch schon im Mittelalter verortet werden kann.[30] Vor allem im ersten Teil ist das, was Augustinus im *Gottesstaat* ausführt, weniger eine streng theologische Reflexion auf Gott und Metaphysik denn mehr eine religionsphilosophisch vorgehende Kultur-, Ideologie- und Mythenkritik des späten Römischen Reiches. Der *Gottesstaat* ist zusammen mit den *Bekenntnissen*, die im folgenden Abschnitt zentral werden, der Höhepunkt von Augustinus' Werk.[31] Die hier angewendete Lesart Augustins ist vor allem Hannah Arendts Augustinus-Verständnis verpflichtet, die in ihm vor allem einen philosophischen und politischen Denker sah und

---

27 Siehe zu dieser anthropologischen Akzentuierung der Philosophie Augustins: Hannah Arendt: *Love and Saint Augustine*. Hg. v. Joanna Vecchiarelli Scott u. Judith Chelius Stark. Chicago 1996. – Arendt sieht in Augustins „quaestio mihi factus sum" zum ersten Mal in der abendländischen Geschichte die Frage nach dem Menschen auftauchen, und sie behandelt ihn eher als einen Denker des Menschen als einen Denker Gottes. Ebenso gut ausgeführt ist dieser Gedanke, dass, um Augustinus richtig zu verstehen, die Materie und die menschliche Welt immer als gleichwertiges Gegenstück zur himmlischen, transzendentalen Welt zu betrachten ist, in: Gerhart B. Ladner: *The Idea of Reform. Its Impact on Christian Thought and Action in the Age of the Fathers*. Cambridge, Massachusetts 1959. Insbes. S. 172ff.
28 Zu der These, dass der *Gottesstaat* vor allem gebildete heidnische Leser überzeugen sollte, siehe: Therese Fuhrer: „Die Platoniker und die *civitas dei*". In: *Augustins De Civitate dei*. Hg. v. Christoph Horn. Berlin 1997. S. 87-108. Augustinus griff die Geschichtsschreibung des Varro auf, des Historikers, der von heidnischer Seite den Verfall Roms wegen der Missachtung der Götter beschrieb, und modifizierte diese bei den traditionellen polytheistischen Eliten akzeptierte Lesart zum christlichen und zum Neuen hin.
29 Karl Löwith: *Weltgeschichte und Heilsgeschehen. Zur Kritik der Geschichtsphilosophie*. Stuttgart 1983. S. 173.
30 Siehe dazu: Ebd.
31 Der Begriff des ‚Werkes' ist bei Augustinus nicht so vollständig und kolossal, wie es die Forschung will: Augustinus ist ein Denker der vielfachen Bekehrung, die verschiedenen Teile seines Werkes entsprechen einander nicht, sondern bestehen wesentlich mehr aus Heterogenitäten, Brüchen und wiederholten Bekehrungen: Die erste Bekehrung zur Philosophie erlebte er durch Ciceros *Hortensius*, die Bekehrung vom Manichäismus zum Christentum folgte wenig darauf, dann eine nicht weniger radikale Wende in seinem Denken, nach der er die Gnade Gottes als zentrales Moment zu verstehen begann, und dann im Alter beim von Kirchenpolitik und Pragmatismus geprägten Augustinus eine insbesondere von Kurt Flasch betonte tendenzielle Zulassung der Gewalt. Siehe zur Gewalt: Flasch: *Das philosophische Denken im Mittelalter*. S. 37ff.

denjenigen, der als erster die Frage nach dem Menschen, also die Anthropologie ins Zentrum seines Denkens gestellt hat.³²

Augustinus, der sich in jeder Phase seines Denkens auf Vergil und auf das Aeneas-Epos als wenn auch heidnischen, so doch zentralen Einfluss auf sein Denken stützte,³³ beginnt sein Hauptwerk mit einer radikalen Neuinterpretation der Ursachen für den Niedergang Trojas und der Szene der Flucht des Aeneas aus der verlorenen Stadt. Troja fiel der Erzählung der *Aeneis* zufolge, weil Odysseus die Athene-Statue aus dem trojanischen Tempel rauben konnte, wobei er die Priester der Athene erschlug und die Athene-Statue an sich riss, das berühmte Palladion, das der Sage zufolge Troja von Zeus selbst geschenkt worden war. Rom konnte dagegen von Aeneas gegründet werden, weil er bei seiner Flucht die Penaten seines Hauses mitnahm und sie somit in Latium zu den römischen Staatsgöttern werden konnten. Sowohl die Ursache für den Fall als auch die Überwindung des Verlustes dieser Stadt gründen also in einer Aneignung der Götter Trojas. Diese beiden Szenen von Götter-Aneignungen, die Augustinus auf den ersten Seiten des *Gottesstaates* und als Auftakt seines Werkes beschreibt und kommentiert, sollen hier als Ganzes zitiert werden, um die Verve aufzuzeigen, mit der Augustinus die Römer über die Hilflosigkeit und Bedeutungslosigkeit ihrer Götter aufklärt.

> Hören wir nicht von Diomedes und Odysseus, daß sie
>   „niedergehaun alsbald die Wächter des obersten Schlosses,
>   fortgeschleppt das göttliche Bild und mit blutigen Händen angepackt
>   die heiligen Binden der himmlischen Jungfrau?"
> Und doch ist nicht wahr, was darauf folgt: „Seit der Stunde entschwand und versank der Danaer Hoffnung." Denn nachher erst errangen sie den Sieg, nachher erst zerstörten sie Troja mit Feuer und Schwert und erschlugen den Priamus, als er zum Altare flüchtete. Und nicht darum ging Troja verloren, weil es die Minerva verloren hatte. Muß man nicht vielmehr fragen: Was hatte denn Minerva verloren, daß sie verloren gehen konnte? Etwa den Schutz ihrer Wächter? Ja, so ist es; als diese umgebracht waren, konnte man sie wegschleppen. Denn das Götterbild schützte nicht die Menschen, sondern die Menschen das Götterbild. Wozu auch rief man sie an, die Vaterstadt und ihre Bürger zu bewachen, die nicht einmal ihre eigenen Wächter bewachen konnte?³⁴

---

32 Hannah Arendt: *Love and Saint Augustine.* Insbes. S. 45 ff. Auch Arendts *Vita Activa* und ihre faszinierenden *Denktagebücher* erwähnen in einer bemerkenswerten Regelmäßigkeit Augustinus als bleibenden Bezugspunkt durch Arendts ganzes Werk. Arendts Begriff von Augustinus als anthropologischem Denker hat die Perspektive maßgeblich beeinflusst, mit der in dieser Arbeit auf Augustinus geblickt wird.

33 Zu Vergils großem Einfluss auf Augustinus siehe den Artikel: Sabine G. MacCormack: „Vergil." *Augustine through the Ages. An Encyclopedia.* Hg. v. Allan D. Fitzgerald. Cambridge 1999. S. 865 f.

34 Augustinus: *Gottesstaat.* S. 6. – In der hier verwendeten Übersetzung steht „Götzenbild". Der ‚Götze' als Diminutiv von ‚Gott' ist aber eine spätere Begrifflichkeit, die den Begriff des „simulacrum", den Augustinus verwendet, nur tendenziös wiedergibt. Simulacrum ist dagegen auch eine positive, bildende Leistung der Phantasie und der Weltdeutung.

Das berühmte Palladion der Göttin Minerva ist für Augustinus nicht mehr als ein simples, menschengemachtes Standbild, das den Schutz der Menschen braucht.[35] Nicht wenige Städte der Antike behaupteten, im Besitz des echten und wahren Palladion zu sein; sein symbolischer Wert und seine magische Schutzwirkung hatten in der antiken Welt eine unbestreitbare Glaubwürdigkeit. Augustinus führt hier dagegen mit historisch-philologischen Argumenten und einer energischen Götterkritik den Beweis, dass diese Statue nicht mehr sein konnte als ein kollektiv aufgeladener und schlicht überbewerteter Talisman, dem jede eigene Wirksamkeit jenseits seiner Eigenschaft als einigendes und ermutigendes Kultsymbol fehlte. Das Palladion war Odysseus hilflos ausgeliefert, der seine Priester umbringen und es rauben konnte. Augustins ikonoklastisch-blasphemische Argumentation hinterlässt von der hochverehrten Statue nicht viel mehr als ihre materielle Realität; sie ist ein umkämpftes Symbol, mehr nicht. Dass Augustinus ausgerechnet dieses legendäre Götterbild entwertet und diese Entwertung gerade anhand eines der wichtigsten kanonisierten Texte der römischen Literatur vornimmt, zeigt die Wucht, mit der er sein Argument vorbringen will: Die Götter sind nichts als Produkte der menschlichen Imagination und symbolbildenden Tätigkeit. Die Akteure dieser Szene sind nicht die Götter, sondern ausschließlich Odysseus und Diomedes, die die Priester ermorden und das hilf- und wehrlose Bild rauben. Von einer Präsenz und Handlungsfähigkeit der Schutzgöttin bleibt in Augustins Interpretation nichts übrig. Troja war also nicht deshalb gefallen – das versucht Augustinus hier gegen das gültige altrömische Verständnis dieser Erzählung zu beweisen –, weil es den Schutz Athenes verloren hatte, denn dieser Schutz war von Anfang an nichts als eine Illusion, über die Augustinus seine Leser mit einer eindringlichen hermeneutisch-kritischen Beweisführung aufklärt. Odysseus erscheint als Akteur jenseits der belanglosen Pläne der Olympier, deren Präsenz völlig in Zweifel gezogen werden kann, wenn sie offensichtlich so sehr der menschlichen Willkür ausgeliefert sind.[36]

Odysseus eignet sich also mit extremer Brutalität die Athenestatue an. Augustinus bleibt auch auf den folgenden Seiten bei dem Thema der Besitzergreifung: Einer weiteren Aneignung von Götterfiguren begegnen wir gleich auf der nächsten Seite des *Gottesstaates*. Diesmal ist es Aeneas, der, nachdem er festgestellt hat, dass Troja nicht mehr zu retten ist, mit den Penaten seiner Familie aus der Stadt flieht. Aeneas stellt in der *Aeneis* das Gegenbild zum heimtückischen und grausamen Odysseus dar: So schändlich und barbarisch der Grieche Odysseus handelt, so sehr ist das Tun des Römers Aeneas' durch seine vorbildliche *pietas* und *virtus* ausgezeichnet. Dem frevlerischen Schurken Odysseus wird der heldenhafte und fromme

---

35 Zum Palladion, einem der wenigen Götterbilder der Antike, die uns als individuelle Statue bekannt sind, siehe: Georg Lippold: „Palladium." In: *Paulys Realencyclopädie der classischen Altertumswissenschaft*. Band 36. Hg. v. Konrat Ziegler. Stuttgart 1949. Sp. 171-201.

36 Das Problem des Diebstahls heiliger Gegenstände sollte sich später auch dem Christentum selbst stellen: Die Frage des Reliquiendiebstahls wurde daraufhin gelöst, indem der Diebstahl immer als legitim angenommen wurde, da sie sich wehren würden, wenn die Aneignung illegitim wäre. Siehe dazu: Paul Gerhardt Schmidt: „Seid klug wie die Schlangen: Strategeme im Mittelalter." In: Harro von Senger (Hg.): *Die List*. Frankfurt a. M. 1999, S. 196-211.

Aeneas entgegengestellt, der sich pietätvoll um die Götter seines Hauses kümmert. Augustinus entwickelt in seiner Verarbeitung der Rettung eine für die damalige Zeit unerhörte Neubewertung von Aeneas' *pietas*. Den frommen Römern, die den Christen vorwarfen, dass durch ihre Religion die alten Götter entehrt worden seien und dadurch Rom in die Hände der Barbaren fallen konnte, begegnet Augustinus mit dem Nachweis der von Anfang an erwiesenen Wertlosigkeit ihrer Götter auch bei höchster Verehrung. Wie diese Szene der Beibehaltung der Verehrung der Götter von Augustinus aufgegriffen wurde, ist für eine Untersuchung des Diebstahls als Mythologem der Kulturgründung äußerst interessant, denn sie bietet neben Odysseus' Raubmord ein zweites Modell der Aneignung und Fortsetzung der menschlichen Verehrung der Götter und Kultgeräte:

> [Vergil] läßt die Juno, die Feindin der Trojaner, auftreten und zu Äolus, dem Könige der Winde, ihn aufzureizen, die Worte sagen:
> „Das mir verhasste Volk durchschifft das Meer von Etrurien,
>   Ilion trägt's nach Italien mitsamt den besiegten Penaten."
> Hätten wohl kluge Leute Rom, damit es unbesieglich sei, diesen besiegten Penaten anvertraut? Nun, vielleicht sagte Juno dies nur so wie ein Weib, das im Zorn nicht weiß, was es redet. Aber spricht nicht Äneas selbst, den der Dichter so oft den Frommen [pius] heißt, ganz ähnlich?
> „Panthus, des Othyrs Sohn, der Priester der Burg und des Phöbus,
>   nimmt sein Gerät, die geschlagenen Götter, desgleichen den Enkel,
>   eilt dahin in sinnloser Flucht dem Ausgang entgegen."
> Gibt Äneas nicht hier zu verstehen, daß die Götter, die er ohne Scheu geschlagen nennt, mehr ihm anvertraut waren, als er ihnen, wenn er die an ihn gerichteten Worte mitteilt:
> „Troja empfiehlt dir das heil'ge Gerät sowie die Penaten?"
> Wenn also Vergil diese Götter geschlagen nennt und außerdem von ihnen sagt, sie seien, um nach ihrer Niederlage noch zu entkommen, einem Menschen anbefohlen worden, was ist es dann doch für eine Torheit, sich einzubilden, es sei weise gewesen, solchen Beschützern Rom anzuvertrauen, und diese Stadt habe nicht zerstört werden können, hätte sie diese Schutzherren nicht verloren! Wahrlich, wer besiegte Götter als Herren und Schützer verehrt, dem winkt kein Heil, sondern droht Unheil. Nicht etwa wäre Rom diese Niederlage erspart geblieben, wenn jene Götter nicht abgetan worden wären, sondern diese wären schon längst vorher erledigt gewesen, wenn Rom sie nicht hartnäckig festgehalten hätte. So ist es vernünftig.[37]

Schneidender kann eine Götterkritik kaum vorgetragen werden; auch Voltaires Infragestellung des christlichen Gottes klang nicht weniger ätzend und benutzte dieselben Motive der Entwertung göttlichen Handelns und der Verlegung der Souveränität vom Göttlichen auf das Menschliche, das hier auf die ganz spezifische Art der Aneignung der Kultgegenstände präsent ist. Damit setzt der geschulte und begabte Redner Augustinus, dessen Texte sich oft fast mehr auf rhetorische Wucht als auf eine makellose logische Stringenz seiner Argumente zu verlassen scheinen, zu einer vernichtenden Kritik der traditionellen römischen Weltwahrnehmung an.

---

37 Augustinus: *Gottesstaat*. S. 7f.

Diese Kritik der pluralen, bilderreichen Götterwelt hat den Klang einer aufklärerischen Kritik des Göttlichen, die erst anderthalb Jahrtausende später wieder in dieser Form gehört wurde, als sie den Gott traf, den Augustinus selbst propagierte. Augustinus' rigoristischem Monotheismus hatte die flexible polytheistische Philosophie zu diesem Zeitpunkt, als ihre Welt mit dem Fall Roms endgültig beendet war, nicht mehr viel entgegenzusetzen.

Mit der Flexibilität und spielerischen Kreativität der griechisch-römischen Religion setzt sich in dieser Arbeit das Kapitel über Hermes, den Gott der Diebe und der Schrift auseinander, in dem die Beweglichkeit und heitere Liberalität in Götterfragen besprochen wird, die der Polytheismus in seinen besten Zeiten zeigen konnte. Diese unbeschwerte Heiterkeit war im vierten, spätestens spätestens im fünften nachchristlichen Jahrhundert vergangen, und sie wurde im philosophischen Diskurs durch die rationalere, strengere, autoritärere, aber auch etwas blasser erscheinende monotheistische Philosophie abgelöst, die das nächste Jahrtausend über dominant bleiben sollte, bis sie selbst von einer Kritik ins Ziel genommen werden sollte, die ähnlich wenig von ihr übrig ließ wie das Christentum von der Antike. Doch zum Zeitpunkt des Erscheinens des *Gottesstaates* ist eine solche Kritik am christlichen Gott durch den gesteigerten Rigorismus der neuzeitlichen Vernunft noch fern.

Zum argumentativen Stil der in der Rezeption oft unterschätzten ersten Seiten des *Gottesstaates* ließe sich noch mehr sagen, doch die inhaltliche Auseinandersetzung ist noch deutlicher als ihre rhetorische Vermittlung. Inhaltlich setzt Augustinus darin die Thematik der Aneignung des Göttlichen fort: Ganz ähnlich wie Odysseus das Palladion raubte, wurden die trojanischen Götter von Aeneas mitgenommen, doch nicht auf eine gewaltsame, sondern auf eine legitime, die trojanische Linie der Verehrung in der römischen Religion fortführende Weise. Um diese zweite Aneignung zu verstehen, müssen die Haltung des Aeneas und Augustins Kritik daran näher untersucht werden, um danach in einem weiteren Schritt die Haltung des Kirchenvaters selbst in den Blick zu nehmen, der selbst auch eine Aneignung von Göttlichem praktiziert, die, man ahnt es bereits, weder gewaltsam noch legitim, sondern diebisch ist.

Die Flucht des Aeneas aus dem brennenden Troja ist der zentrale Ursprungsmythos des siegreichen, weltbeherrschenden Römischen Imperiums. Die *Aeneis* stellt den namensgebenden Helden Aeneas als den Träger und Begründer der zentralen römischen Tugenden vor: *prudentia, iustitia, fides* und *virtus*; vor allem ist Aeneas aber eine Verkörperung der römischen *pietas*, deren Bedeutung mit den Begriffen der ‚Frömmigkeit', der ‚Gewissenhaftigkeit' oder des ‚Pflichtgefühls' nicht abgedeckt wird, sondern die eine innige und handlungsleitende Verbundenheit zum Ganzen der römischen Lebensweise und Kultur zur Zeit des frühen Kaisertums bedeutet.[38] Als besonders bezeichnend für Aeneas' vorbildliche *pietas* galt daher die Szene, in der er nicht panisch, sondern bedacht aus dem brennenden Troja flieht und dabei gewissenhaft daran denkt, die Hausgötter seiner Familie mitzunehmen,

---

38 Zu Aeneas' *pietas* und ihrer Verortung in der römisch-augusteischen Ideologie: Karl Galinsky: *Aeneas, Sicily and Rome*. Princeton 1969. Insbes. S. 51ff.

die nach der an die Odyssee erinnernden Irrfahrt zu den römischen Staatsgöttern werden sollten. Die Stadt wird bereits von plündernden Griechen durchzogen, als Aeneas seinen greisenhaften Vater dazu auffordert, die Götterfiguren in die Hand zu nehmen, bevor er ihn auf seine löwenfellbewehrten Schultern – eine Anspielung auf Herakles – nimmt und ihn aus dem brennenden Haus trägt.[39] Aeneas sorgt also pflichtschuldig, pietätvoll und im Wortsinn patriotisch für die gleichzeitige Rettung des *pater familias* und der *lares familiares*; er zeigt absolute Treue zu seinen Ahnen, seien sie nun in seinem Vater oder als Götterstatuen präsent. Aeneas betreibt Kulturerhaltung durch eine legitime und notwendige Mitnahme: Er erfüllt seine Pflicht als Sohn, Bürger und Römer auf vorbildlichste Weise. Diese Handlung der Sorge für seinen Vater und das Andenken an die Laren wurde von Vergil zur exemplarischen *pietas* stilisiert. Aeneas wurde so zum Beispiel par excellence für wahrhaftes Römertum: noch unter Lebensgefahr kümmerte er sich vor allem anderen um das Andenken an die Ahnen und Väter. Dabei ist diese *pietas* nicht als ein Glauben in dem Sinn zu verstehen, der diesem Begriff nach der christlichen Reformation gegeben wurde: Die *pietas* ist kein innerliches Fürwahrhalten einer metaphysischen Tatsache, sondern sie ist in demonstrativen Treuebezeugnissen zum Römertum zu erkennen. Dass die römische Religion weniger in einem verinnerlichten und zum Bekenntnis drängenden Glaubenssystem, sondern mehr in einer ausagierten Verpflichtungshaltung ‚dem Römischen' gegenüber bestand, wurde schon von dem nüchternen Historiker Polybios analysiert, der mit einer Pragmatik, die an einen Durkheim'schen Funktionalismus erinnert, die Feststellung macht, dass die Römer das religiöseste aller Völker seien, und dass es eben diese skrupulös befolgte Religiosität sei, die anderen Völkern ein wenig lächerlich erscheine, die aber das römische Gesellschaftssystem so stabil und effektiv mache.[40] In dieser Volkstugend der *pietas* erkennt Augustinus nichts als ein inhaltsleeres und toten Göttern verpflichtetes Pflichthandeln; nur den Aspekt der Initiative des Aeneas, bei der Flucht kurzerhand die Götter einzustecken, greift er als positiv heraus. Aeneas' Hoffnung auf eine Kontinuität der gescheiterten Religion und ihres Staates ist für Augustinus somit eine fatale Torheit, der beherzte und pragmatische Abtransport der Götter scheint ihm aber dennoch positiv und nachahmenswert: Aeneas zeigt sich wie Odysseus in seiner Handlungsfähigkeit den Göttern überlegen; er nimmt sie in Schutz und sie fallen unter seine Souveränität, wie das Palladion von Odysseus beansprucht werden konnte. Augustinus schätzt dieses Element der Initiative, die heidnischen Götter souverän aufzugreifen und sie einem neuen, anderen Diskurs verwendbar zu machen, der bei Odysseus der barbarisch-griechische und bei Aeneas der patriotische und pietätvoll römische ist.

Allerdings hatte Augustinus für diese Geste des Zugriffs auf die Götter nicht nur heidnische Vorbilder: Niemand anderes als der Apostel Paulus, der als der Diskursbegründer des Christentums gelten kann, machte vor, wie ein solches Aufgreifen

---

39 Vergil: *Aeneis*. S. 109.
40 Polybius: *The Histories*. Übers. v. Evelyn S. Shulburgh. Band I. Westport 1962. S. 505. (Buch VI.56)

ausgedienter oder randständiger Götter funktionieren konnte. In Paulus' berühmter Rede auf dem Areopag, die eher hellenistische als im strengen Sinn theologische Züge aufweist, greift er die polytheistische Tradition eines in seiner Bedeutung und Zuständigkeit offen gelassenen Platzhaltergottes auf, dem irgendwo ein kleiner Altar geweiht war. Diesen „unbekannten Gott"[41] benutzt Paulus als Referenzpunkt, um das Christentum zu präsentieren, das auf dem Areopag als eine neue Lehre, bzw. als eine philosophische Denkschule eingeführt werden sollte. Dass Paulus unter den gebildeten Griechen, die hier als Epikureer und Stoiker, also als Anhänger einer eher religionsskeptischen und einer mythenarmen deistischen Denkweise vorgestellt werden, weitgehend auf erwartbare Ablehnung stieß, ändert nichts an seiner versuchten Geste des Aufgreifens der Götter und ihrer symbolischen Überführung in neu entstehende Diskursmöglichkeiten. Paulus versucht, das Christentum an das polytheistische Denken anknüpfbar zu machen, indem er von der Stelle des verlegensten und abseitigsten aller Götter in es eintritt. Die „goldenen, silbernen und steinernen"[42] Gottheiten werden, darin ähnelt Paulus' Anliegen der symbolischen Umdeklarierung, die Augustinus an der *Aeneis* vornimmt, rein in ihrer Bedeutung übernommen und weiterverwendet, ihre materielle Präsenz wird nebensächlich, bzw. sogar irrelevant und verdammungswürdig. Auch wenn Paulus nach der Darstellung des Lukas scheitert, ist diese Geste weitgehend dieselbe wie wir sie von Augustinus, aber auch schon von Rahel und Moses kennen: Die menschliche Hermeneutik und Initiative eignet sich die in die Krise geratenen oder wenigstens disponibel gewordenen traditionellen Signifikanten an und macht sie für einen neu entstehenden Diskurs der Übernahme und Anknüpfung fruchtbar, indem sie sie in ihrer symbolischen, ihnen zugesprochenen Bedeutung und der Beweglichkeit dieser Bedeutung, nicht aber in ihrem materiellen Wert und in ihrer lokalen Verortung übernimmt und umdeklariert. Die Symbole sollen sich, so Paulus' Anliegen, von ihrer Bindung an die Gegenstände und Kontexte lösen. Das, was Paulus auf dem Areopag versucht, als Diebstahl zu beschreiben, würde zu weit gehen, aber es bleibt ein rhetorisches Experiment einer raffinierten Übernahme und Aneignung von fremdem Denken, dessen Struktur uns nicht unbekannt ist.[43]

Erst das Ereignis der Eroberung Roms 350 Jahre nach Paulus durch die Goten machte es möglich, endgültig die entscheidende Frage zu stellen: Sind die alten römisch-trojanischen Götter nicht endgültig gescheitert, wenn sie die Eroberung ihrer Stadt nicht verhindern konnten? Und ist dieses Scheitern nicht schon in der *Aeneis* vorgezeichnet, wo sie schon in mythischer Vorzeit nicht in der Lage waren, Troja vor seinen Angreifern zu schützen?[44] Dieses grundlegende Versagen der Götter schon bevor sie zu den römischen Staatsgöttern wurden, wird von Augustinus

---

41 Apostelgeschichte 17,23.
42 Apostelgeschichte 17,29.
43 Zu Paulus' hellenistischer Bildung, zu seiner Rede und zur Verortung des christlichen Diskurses in den antiken Denkschulen, siehe: Andreas Lindemann: *Paulus, Apostel und Lehrer der Kirche.* Tübingen 1999. S. 241ff. Und Tor Vegge: *Paulus und das antike Schulwesen.* Berlin 2006. Insbes. S. 352ff.
44 Vergil: *Aeneis.* 71f, 160ff.

auf den ersten Seiten des *Gottesstaates* mit den genannten Beispielen ausgeführt: Die Götter zeigen sich in der *Aeneis* gleich zwei Mal völlig hilflos, zu Symbolen degradiert und in die Hände der initiativ handelnden Menschen Odysseus und Aeneas gegeben. Augustinus zeigt sich in den Auftaktargumenten des *Gottesstaates* als radikaler Religionskritiker: Die Verantwortung der heidnischen Götter für den Menschen wird zur Verantwortung der Menschen für den Kosmos – die Götter eingeschlossen.[45] Die Götterfiguren, die Odysseus raubt und die Aeneas schützend mitnimmt, stellen sich Augustinus in einer radikal neuen Form dar: Sie sind zu reinen Verkörperungen menschlichen Tuns geworden, zu affektiv besetzten Gegenständen ohne eigenständige Kraft oder Wirkfähigkeit. Der Mensch, der sie ergreift und verehrt, tut dies aus einer Treue zu dem, was sie bezeichnen, nicht mehr aus einem Glauben an das, was sie bewirken. Diesem Gedanken der Überlegenheit des Menschen über die Götter gibt Augustinus in einem späteren Teil des *Gottesstaates* einen noch radikaleren Ausdruck in der Beschreibung des Hermes Trismegistus, der, so berichtet Augustinus, die Kunst erfand, „Götter zu machen"[46], also Figuren und Verkörperungen zu erfinden, die eine religiöse, das Kollektiv zusammenbindende und das Geschehen der Welt erklärende Funktion haben.

Richtet man in dieser über drei Jahrhunderte geführten Debatte um die Gültigkeit der römischen Götter die Aufmerksamkeit auf die dabei verwendeten Medien, fällt auf, dass zunehmend die Bilder entwertet und durch textuell präsente Inhalte abgelöst werden: Bücher, Bekenntnisse und Gebete ersetzen in den Jahrhunderten nach Christus die Götterbilder, Opfer und Rituale der polytheistischen Religion. Augustinus steht so mit seiner schriftlich-ikonoklastischen Entwertung des Palladion und des römischen Pantheon in einer schon früher begonnenen Tradition, die den primären intellektuellen und religiösen Bezug des Menschen zur Welt nicht in Bildern und Statuen, sondern in der Schrift und dem lesbaren, gesprochenen und geglaubten Text sieht.[47] Die Entstehung der Buchreligionen in der Spätantike und das Ende der Opferreligionen war nicht zuletzt die Durchsetzung eines neuen medialen Programms, das sich auf die Schrift statt auf das Bild stützte,[48] und Augustins beeindruckende Invektive gegen die Götterbilder findet sich nicht zufällig am

---

45 Der für einen polytheistischen Kontext deutliche atheistische Anklang in dieser Gedankenfigur war den Zeitgenossen offensichtlich. Dafür ist nur auf den bekannten Vorwurf zu verweisen, der die Christen als Atheisten und Gottesleugner bezeichnete. Siehe dazu: Anders Bjørn Drachmann: *Atheism in pagan Antiquity*. London u. Kopenhagen 1922. Insbes. S. 10ff.

46 Augustinus: *Gottesstaat*. S. 410ff.

47 Siehe zur Verlagerung der Verehrung der Götter in die Schrift und zur menschlichen Fähigkeit, ‚Götter zu machen' das Kapitel dieser Arbeit über den Gott Hermes, der den Menschen die Schrift gebracht haben soll. Schon im frühesten Entstehen einer vom Kultus unabhängigen Schriftlichkeit ist die Tendenz zu bemerken, dass der bildlich vorgestellte Gott sich diesem neuen Medium zuneigt und es sich aneignet, genauso wie das Heilige von der Schrift angeeignet wird.

48 Andreas Holzem (Hg.): *Normieren, tradieren, inszenieren. Das Christentum als Buchreligion*. Darmstadt 2004. Insbes. der Artikel von Walter Burkert: „Im Vorhof der Buchreligionen. Zur Rolle der Schriftlichkeit in Kulten des Altertums." S. 25-39.

Anfang des intellektuellen Großprojektes des *Gottesstaates*, das an der Scharnierstelle von der Antike ins Mittelalter steht.[49]

Unsere Deutung der ersten Argumente des *Gottesstaates* kann also folgendermaßen zusammengefasst werden: Augustinus führt eine zeitkritische philologische Interpretation des wahrscheinlich kanonischsten aller Texte der römischen Antike durch. Diese Interpretation der *Aeneis* wendet sich gegen die traditionelle Bildlichkeit und rituelle Statuenverehrung, während sie die menschliche Initiative der Ergreifung dieser Bilder und ihrer allegorischen Deutung aber stehen lässt: An die Wahrheit von Bildern und an die göttliche Präsenz und Wirkmächtigkeit in Statuen zu glauben ist unvernünftig, sie jedoch zu verwenden und als Symbole zu begreifen, die eine eher textuell zu verstehende, abstraktere, interpretierbare und metaphorisch nützliche Wahrheit tragen, ist die in den Augen des Kirchenvaters richtige und förderliche Vorgehensweise. Mit einer einem anderen Kontext entstammenden, aber nicht völlig unpassenden Metapher könnte man sagen, dass Augustinus mit dieser metaphysischen Souveränitätsumkehrung von den Göttern zum Menschen den Antiken Kosmos ‚vom Kopf auf die Füße stellt': Er nimmt den idealisierten und teilnahmslosen Göttern ihre Autorität und überträgt dem Menschen ihre Handlungsfähigkeit und Souveränität. Die Sorge um den Kosmos, die die Aufgabe der Götter war, wird zur Aufgabe der Menschen. Diese Umkehrung der Verhältnisse, die Augustinus' Anthropologisierung des Denkens erst ermöglichte, tritt in der Forschung oft hinter den zweiten Schritt in Augustinus' Philosophie zurück, der den zum selbständigen und willensfreien Akteur geadelten Menschen unverfügbar zum Sünder macht:

> Regrettably, too much emphasis on the fact of Augustine's conversion to Christianity as a logical step away from skepticism toward the certainty of faith has tended to distract attention from the implications of this ‚conversion' for life inside creation and time.[50]

Was auch immer der zum Handeln in der Welt befreite Mensch tut, es trägt nicht zu einer Verbesserung dieser Welt bei. Die Unvermeidlichkeit zu sündigen und in jeder Handlung nicht nur potenziell, sondern substanziell zwingend von Sünde affiziert und letztlich gewissenlos zu sein, ist eine Position, die Augustinus insbesondere in der Auseinandersetzung mit Pelagius deutlich machte, für den Sünde

---

49 Zur Entstehung einer auf Schriftlichkeit statt auf Bildlichkeit gestützten Religiosität, siehe Guy Stroumsa: *Opferkult*.
50 M. B. Pranger: „Politics and finitude. The Temporal Status of Augustine's *Civitas Permixta*". In: Hent de Vries u. Lawrence E. Sullivan. (Hg.): *Political Theologies*. S. 113-121. – Die Hinwendung Augustinus' zur Gnadentheologie mit ihrer absoluten Auslieferung an den Gott, der diese Gnade spendet, wurde regelmäßig als sein Fall in eine metaphysische Diesseitsverleugnung kritisiert. Dass aber dieser Hinwendung zu einem jenseitigen und ewigen Prinzip eine Anerkennung des menschlichen Lebens im Diesseits und in der Zeit zugrunde liegt, wurde im Rahmen dieser Kritik meist weitgehend ignoriert. In dieser Arbeit wird bewusst versucht, einen Akzent auf Augustins anthropologische Aspekte zu legen und den vielbehandelten Sturz in die Metaphysik in den Hintergrund treten zu lassen.

ein nicht zwingendes Akzidens des Menschen darstellte.[51] Dieser unumgänglichen Sündigkeit menschlichen Tuns bei Augustinus werden wir uns erst im Kapitel über seine autobiografischen *Bekenntnisse* näher zuwenden, denn hier soll seine der Sündhaftigkeit vorhergehende Feststellung der menschlichen Souveränität nicht in ihrer Bedeutung abgemildert werden: Um den Menschen zum Sünder zu machen, musste ihm zuerst das ganze Geschick der Welt in die Hände gelegt werden. In dieser Ermächtigung des Menschen werden selbst die Götter zu menschlichen Erfahrungen bzw. Bildungen und sind dem Menschen völlig verfügbar, was wie eine erstaunlich moderne These klingt. Auch die These der Modernität dieser Aspekte aus Augustins Denken wird im Abschluss des bereits angekündigten Kapitels über Augustins Biografie nochmals genauer belegt, so dass hier nun zuerst der Gedanke der Appropriation weiter verfolgt werden kann.

Die Figuren der häuslichen und staatlichen Götter Trojas werden in Augustinus' radikaler Umdeutung der Gründungsszene Roms zu rein materiellen Gegenständen; ihrer Kultfunktion beraubt, werden sie zu Symbolen für die religiöse Aktivität des Menschen. Alle sinnstiftende und gesellschaftstragende Funktion der Götterbilder ist in diesem Verständnis des römischen Ursprungsmythos dem Menschen übergeben, der sich ihrer auf fromme Weise bedient, wie Aeneas, oder der in ihrem Namen zu schrecklicher Gewalt tendiert, wie Odysseus. Statt eines genuinen und wirksamen Kultwerts kommt den Göttern in der mythenkritischen Betrachtung der ersten Seiten des *Gottesstaates* nur noch ein jeder Aura entleerter ‚Ausstellungs- und Erinnerungswert' zu.[52] Was Aeneas also tat, war aus einer Treue zum alten Symbolsystem motiviert, war aber – in Augustinus' Verständnis – eine Aeneas nicht bewusste Profanierung im wörtlichen Sinn: eine Heraustragung des Heiligen aus dem sakralen Bereich des Tempels in die Welt. Dieser Aneignungshandlung der heiligen Symbole selbst gesteht Augustinus den neuen Sinn zu, mit der der Mensch zum Zentrum des philosophischen Fragens wird. Der Gedanke der Ersetzung der göttlichen Souveränität durch menschliches Handeln, der vielen Lesern der *Aeneis* in den ersten zwei Jahrhunderten wahrscheinlich absurd vorgekommen wäre, hatte erst in der Erfahrung des Vergehens der Welt, die diese Götter beschützen sollten, seine Denkbarkeit erhalten, und durch den Fall Roms kam ihm plötzlich ein immenses Gewicht zu. Augustinus nutzte dieses aufklärerisch zu nennende Verständnis der Menschen und Götter mit noch heute beeindruckender argumentativer Wucht aus.

Augustins Lektüre des Gründungsmythos Roms besteht aber, dies ist nochmals zu betonen, nicht nur in einer ikonoklastischen Provokation der römischen Glau-

---

51 Siehe zum Sündenbegriff bei Augustinus: Volker Henning Drecoll: *Augustin Handbuch*. Tübingen 2007. S. 190-197.
52 Diese Begriffe aus Walter Benjamins *Kunstwerk im Zeitalter seiner technischen Reproduzierbarkeit* (GS VII/1. S. 350-384.) entstammen einem völlig anderen Kontext und einer anderen Problemstellung. Sie sind sicher nicht ganz zutreffend, können aber illustrieren, wie radikal sich Augustins Verständnis des Kultbildes von dem unterscheidet, das in der klassischen Antike gepflegt wurde. Insgesamt könnte die Apologetik und die frühe Theologiegeschichte beschrieben werden als ein medialer Wandel vom ‚Vertrauen ins Bildnis' zur ‚Wahrheit der Schrift'.

benswelt. Denn würde man Augustins Text nur als eine Schmährede über das Scheitern des polytheistischen Kosmos lesen, würde die neue Rolle, die Augustinus' Interpretation dem in Aeneas verkörperten Menschen zugesteht, nämlich selbst zum Hüter und souveränen Akteur der Welt zu werden, die nun ganz selbstverständlich auch die Götter beinhält, nicht beachtet werden. Augustinus dreht in dieser knappen, aber revolutionären Neulektüre der *Aeneis* den Ursprungsmythos der römischen Götterwelt und der rechtschaffenen Sorge für die Götter konsequent um: Aeneas hängt in Augustinus' Deutung mit seiner *pietas* einem religiösgesellschaftlichen Modell an, das seine Gültigkeit verloren hat, und das sogar schädlich ist, weil es Krieg und Gewalt fördert. Dieses Modell wird im *Gottesstaat* unter dem Begriff der *civitas terrena* gefasst, der Gemeinschaft des Menschen auf der Welt, die durch die Abwesenheit von Frieden definiert ist, und für die das Paar Odysseus-Aeneas einsteht, die beide, auf eine jeweils andere Weise, an die ungebrochene Macht der Götter glauben.

Augustins Gegenvorschlag gegen die unkritische Praxis der *pietas* ist die Gemeinschaft der *civitas dei*, die in der gewaltsamen Welt einen Ort der *caritas* und des Friedens darstellen soll. Damit beendet Augustinus die „Naherwartungshoffnung"[53] der frühen Kirche und bindet die christliche Gemeinschaft ins Weltgeschehen ein. Diesem Vorschlag Augustins zum Verständnis der Kirche als einer Gemeinschaft, die in der Welt perenniert, die sich aber nicht in sie einfügt und die weder die zukunftsgerichtete Erwartung des unmittelbar bevorstehenden Wiederkommens Christi noch die vergangenheitsbetonte römisch-weltliche *pietas* akzeptiert, die sich aber doch der Symbole und Kulturtechniken ihrer Umgebung bedienen will, ist nun etwas genauer nachzugehen. Die *pietas* ist für Augustin nur eine formale Haltung, die noch nichts besagt, wenn nicht gewagt wird, mit der Mitnahme der Götter eine Blasphemie zu begehen, indem das alte Material neuen und völlig anderen Zwecken zugeführt wird. Es gilt, wie Rahel eine gezielte Entwendung zu begehen und die bisherige Kultur zu verlassen, statt an der Annahme festzuhalten, man könne in einer solchen Krisensituation eine Kontinuität herstellen. Dass sich Augustinus dabei ebenfalls auf eine Aneignungsgeste stützt, die aber weder legitim noch räuberisch, sondern ausgerechnet diebisch ist, mag auf den ersten Blick ein wenig überraschen, wird sich aber rasch aufklären. Nachdem der Raub des Odysseus und die legitime Übernahme Aeneas' untersucht wurde, kommen wir zur Handlung des Diebstahls, und zur auf den ersten Blick etwas überraschenden Definition, die Augustinus der Kirche gibt: Die Gemeinschaft der Heiligen ist eine Gemeinschaft kluger Diebe.

---

53 Mit der Absage an die seit Paulus und Jesus selbst gepflegte Naherwartung steht Augustins ganze Theologie eschatologischen Spekulationen entgegen, die eine Form der Inkulturation des Christentums als einer Art ‚Gegenkultur' innerhalb der Welt als *civitas terrena*, bzw. als Gegenteil der *civitas diaboli* verhindern wollen. Zur Naherwartung siehe die Beiträge in: Christoph Breitsamer (Hg.): *Hoffnung auf Vollendung. Christliche Eschatologie im Kontext der Weltreligionen*. Berlin 2012.

Zweites Kapitel:
Der Diebstahl des Wahrheitsgoldes

4|2|1
Die ‚Gemeinschaft der Heiligen' als Diebesbande

Was im Rahmen des hier vorliegenden Gedankenganges auffällt, ist, dass Aeneas' Mitnahme der Hausgötter dem bereits beschriebenen Diebstahl der Hausgötter durch Rahel ähnelt. Wie Rahel flieht Aeneas aus einer unerträglichen Situation und beide sorgen für eine symbolische Kontinuität, die sich in ihrem Besitz der Götterfiguren ausdrückt. Auch die Hebräer nehmen beim Verlassen der sie bis dahin umgebenden Kultur die Götter und Kultgeräte mit und begründen damit eine neue Kultur aus der brüchig und hilflos gewordenen alten. Während Aeneas' Handeln als eine rechtmäßige Aneignung beschrieben werden kann, mit der die bruchlose Fortführung des Kultes bezweckt ist, war Rahels Aneignung deutlich illegitim und Odysseus' Tun sogar frevelhaft. Aeneas, Odysseus, Rahel und die Israeliten stiften Kontinuität, indem sie die Götter mitnehmen. Dass Rahel aber mit ihrem Diebstahl des Hausgottes die Verbindung zu ihrem Vater trennte, Odysseus dabei die Priester tötete, und Aeneas eine treue Anknüpfung und das Fortführen der Sitten der Vorfahren bezweckt, sind wesentliche Unterschiede. Diese Differenz verschiedener Aneignungsformen im Motiv der ‚Mitnahme der Kultgegenstände' bildet den Argumentationskern der kommenden Seiten und führt die Diskussion der spätantiken Rezeption der biblischen Texte fort.

Es handelt sich hier um ein Bündel erstaunlich ähnlicher Geschichten der Flucht und der Appropriation von Symbolen des Heiligen, bzw. der kollektiven semantischen Ordnung. In den Details und Motivationen tragen aber die einzelnen Erzählungen von kulturellen Aneignungen völlig differente Ausgestaltungen: Aeneas flieht in einer Affirmation des gescheiterten Alten und um den verlorenen Staat neu zu gründen, während die Israeliten aus einer Situation der Unterdrückung, d.h. aus einer funktionalen, ungebrochenen Kultur und in einen Status als Wandernde fliehen. Aeneas ist als Verkörperung der *pietas* ein Staatsneugründer und auf die Kontinuität der Welt ausgerichtet, Rahel ist eine Nomadin, die in einem weniger affirmativen, ambivalenten Bereich des ‚Dazwischen' verbleibt und die die starken Beziehungen innerhalb ihrer Gruppe betont, während sie sich von der familialstaatlichen Gemeinschaft abtrennt. Aeneas handelt in Übereinstimmung mit seinem Vater und zu seiner Rettung und stellt mit seinem Getragenwerden eine fast körperliche Einigkeit mit ihm her; Rahel dagegen bestiehlt ihren Vater und differenziert sich von ihm. Odysseus, der aggressiv eine andere Kultur schädigt und ihre

Eroberung und Ersetzung intendiert, ist der eine Extrempunkt, Aeneas, der nur ergreift, was ihm bereits zugeordnet ist, ist der entgegengesetzte Pol. Rahels Handeln liegt wie das Josefs und der Israeliten dazwischen, wodurch es zum Vorbild für die Kirchenväter werden konnte, weil es so gewaltlos und selbstverständlich ist wie das von Aeneas, aber eine dennoch illegitime Aneignung, die sich vom Bestohlenen gezielt distanziert. Dadurch beinhaltet es das Element der Opposition zur anderen Kultur durch eine kluge, etwas parasitäre Aneignung und nicht durch Odysseus' aggressiven und gewaltsamen Raub. Um die Unterschiede in Aeneas' und Rahels ähnlichem Handeln zu begreifen, ist die jeweilige Haltung zu ihrem Vater am bezeichnendsten: Aeneas nimmt, ganz der pietätvolle, starke, männliche Römer, die Last seines Vaters und der Götter auf die Schultern und rettet beide, während Rahel den Hausgott von ihrem Vater stiehlt, vor diesem flieht und ihn, als er ihr nachsetzt, über den Verbleib der Götterfigur belügt. Odysseus tötet den Priester ganz einfach, raubt die Statue und nutzt die so entstandene Schwäche seiner Feinde aus, um Troja niederzubrennen.

Diese Unterscheidungen in der Legitimitätswahrnehmung der Handlungen bedeuten auch, dass das mitgenommene heilige Eigentum eine jeweils ganz andere Wertigkeit hat und dass die mit der Aneignung entstehenden Weltbezüge sich jeweils diametral unterscheiden. In ihrem ursprünglichsten Punkt und in der Tathandlung sind sie sich gleich, aber die Motivationen und die Vektoren der Entwicklung zeigen in unterschiedliche Richtungen. Diese dreifache Tendenz des Aneignungs-Mythos wurde im Prometheus-Kapitel differenziert: als ‚konservierende' Richtung der Gabe und des Erbes, die Kontinuität und Stabilität zu affirmieren sucht, als zerstörende und gewaltsame enteignende Richtung des Raubes, und als ‚schelmische' Richtung des Diebstahls, die die Listigkeit und Differenz vom Alten betont, ohne ihm etwas neues, vollständiges entgegen zu setzen oder eine klare Nachfolgekultur zu erfinden.[1] Diesen Unterschied zwischen Aeneas und Rahel bei gleichzeitiger Analogie ihrer Situation macht sich der *Gottesstaat* zunutze und geht dabei so weit, die Kirche als eine Bande von Dieben in der geistigen Nachfolge Rahels zu beschreiben. An dieser Linie der Differenz zweier Weltausrichtungen entwickelte Augustinus im *Gottesstaat* die Unterscheidung zwischen den beiden verschiedenen Arten der Gemeinschaft in der Welt: der *civitas terrena*, die sich durch Gewalt, Staatlichkeit und pietätvolle Tradition auszeichnet und der *civitas dei*, die durch eine gegenseitige Liebe, durch Nicht-Zugehörigkeit und Autonomie gekennzeichnet ist. Die *civitas terrena* zielt unablässig darauf, eine autori-

---

1 Im Folgenden wird Odysseus' Frevel ausgeklammert, da in ihm das Element der Kontinuitätsherstellung weitgehend ausfällt. Odysseus könnte präsent bleiben, wenn man das hier entworfene Dreierschema auf Walter Benjamins „Kritik der Gewalt" (Ders.: „Zur Kritik der Gewalt." In: *GS* II/1. S. 179-203.) mit „rechtssetzender Gewalt" (Odysseus), „rechtserhaltender Gewalt" (Aeneas) und „göttlicher", also unblutiger und symbolischer Gewalt (Rahel und die Israeliten) abbilden würde. Sowohl methodisch als auch motivisch bietet sich Benjamins Einteilung tatsächlich an, sie würde sich aber zu weit von der Fragestellung der Funktionsweise der kulturellen Aneignung entfernen, die ohne allzu großen Theorieballast klarer zu untersuchen ist, weswegen Benjamins Schema der drei Gewalten hier nur als Theoretisierungsoption erwähnt werden soll.

täre Herrschaft einzurichten und aufrechtzuerhalten, während die *civitas dei* sich dieser Herrschaft entzieht und sich als in der Welt fremde, schweifende Gemeinschaft konstituiert, die aus Heiligen, bzw. in Augustins Konzeption eben erstaunlicherweise ebenso aus Dieben besteht.² Dieser Gleichklang der Gemeinschaft der Heiligen und der Diebe in Augustins politischem Konzept der Kirche wurde von Hannah Arendt bemerkt und in die moderne politische Philosophie eingeführt. Die Verweise und Bezüge auf Augustinus in Arendts Werk sind äußerst vielfältig, aber ihr Aufgreifen des augustinischen Modells der Kirche als einer Verbrecherbande ist besonders bemerkenswert:

> Historisch ist uns nur ein einziges Prinzip bezeugt, das stark genug ist, Menschen in einer Gemeinschaft zusammenzuhalten, die das Interesse an einer ihnen gemeinsamen Welt verloren haben und so von ihr nicht mehr zusammengehalten werden, weder voneinander getrennt noch miteinander verbunden sind. Ein solches Band zu finden, das sich als stark genug erweisen könnte, um die Welt zu ersetzen, war offenbar die Hauptaufgabe christlicher Philosophie, als die noch junge Gemeinde zum ersten Mal mit politischen Aufgaben konfrontiert wurde. In dieser Situation schlug Augustin vor, nicht nur die spezifische christliche „Brüderlichkeit" und ihre Bruderschaften, sondern alle menschlichen Beziehungen aus der Nächstenliebe zu verstehen und auf sie zu gründen. Dies war natürlich nur möglich, weil die Nächstenliebe zwar in ihrer Weltlosigkeit etwas mit Liebe gemein hat, aber sich doch von ihr dadurch klar unterscheidet, daß sie, gleich der Welt, die sie ersetzt, zwischen allen Menschen obwalten und einen nur ihr eigentümlichen Zwischenbereich zu stiften imstande sein soll. [Augustinus:] „Selbst Räuber haben zwischen sich (inter se) etwas, was sie Nächstenliebe nennen." Die Räuberbande als Illustration gerade des christlich politischen Prinzips mag überraschen, doch stellt sich bei näherem Hinsehen schnell heraus, wie zutreffend es gewählt ist. Handelt es sich doch im wesentlichen darum, eine Gruppe prinzipiell weltloser Menschen durch die Welt zu bringen, und eine solche Gruppe ist eine Räuberbande in einem gewissen Sinne genausogut wie eine Schar von Heiligen.³

Dass Augustinus sich allerdings eher auf die Diebesbande als auf die eher einem Imperium im Kleinformat ähnliche Räuberbande stützte, wird sich gleich zeigen; zwei Dinge haben die frühe Kirche und eine Diebesbande Arendt und Augustinus zufolge gemein:⁴ eine Differenzierung und Abwendung von der sie umgebenden Welt und die Nächstenliebe, die sie zusammenhält. Diese „Weltlosigkeit" und politische wie moralische Unzugehörigkeit der Verbrecherbanden und der Kirche verdienen, etwas genauer betrachtet zu werden: Die Kirche sollte nach Augustins Ver-

---

2 Es ist hier nicht unwichtig, dass Augustinus mit der *civitas dei* nicht von der Kirche spricht und keine Ämter oder Hierarchien innerhalb der *civitas* beschreibt, sondern eine gemeinschaftliche Weise des In-der-Welt-Seins.
3 Hannah Arendt: *Vita Activa oder Vom tätigen Leben*. München u. Zürich ³ 2005. S. 66f. [Klammern im Original.] Das Augustinus-Zitat stammt aus: Augustinus: *Contra Faustum Manichaeum*. Hg. v. Joseph Zycha. Prag u. a. 1891. S. 249-797, hier S. 276f.
4 Arendt, die sonst sehr auf begriffliche Schärfe achtet, differenziert nicht zwischen Räubern und Dieben. Was die Weltlosigkeit dieser Gruppen betrifft, ist diese Unterscheidung auch nicht notwendig. Dass Augustinus sich aber dezidiert auf eine Diebesbande bezog, wird im Folgenden gezeigt.

ständnis – er bezeichnet sie schon in den ersten Sätzen des *Gottesstaates* so – eine *civitas peregrina*[5] sein, eine pilgernde, fremdbleibende Gemeinschaft. Mit dem Begriff *peregrinus* wurden im Mittelalter vor allem Pilgerer und Heimatlose bezeichnet, während damit zu Augustins Zeit vor allem diejenigen Bewohner des Imperiums gemeint waren, die nach der Ausweitung des römischen Bürgerrechts durch Caracalla auf alle Reichsbewohner im Jahr 212 von außen als Wirtschafts- und Kriegsflüchtlinge ins Reich eingewandert waren: Immigranten im Imperium, ohne Bürgerrecht und ohne Zugehörigkeit zu seinen Prinzipien, Institutionen und Kulten.[6] Die Christen betrachteten sich in Augustins Verständnis also als weltlos in einem noch weiteren Sinn als Arendt dies ausführt: Sie waren die Gemeinschaft derjenigen, die aus Staat und Gesetz ausgeschlossen waren.[7] Innerhalb dieser ausgeschlossenen, negativ definierten Gemeinschaft, in einem Zwischenbereich, der bei Arendt und Augustinus der jüdischen Diaspora ähnelt, bildeten sie aber eine gemeinsame Verbindung heraus, die sie von der Welt abhob.[8] Dieses Band ist die Nächstenliebe, die *caritas*, die diese Recht- und Heimatlosen bis zur Gütergemeinschaft zusammenschweißt, was sie den Räuberbanden noch ähnlicher macht. Das Gegenmodell zur *civitas terrena* ist also in den Begriffen der *caritas* und der Weltlosigkeit definiert: die Mitglieder der *civitas dei* sind nicht durch Herrschaft oder geteiltes Interesse an der Welt verbunden, sondern durch die zwischen ihnen bestehende Liebe, die den Staat Gottes zu dem Ort macht, an dem das Asyl von der Welt besteht, also Freiheit und Frieden herrscht.[9] Augustinus schreibt das Programm einer Kirche, die sich nicht mehr daraus definiert, dass mit der baldmöglichst erhofften Wiederkunft Christi die Welt endet, sondern die ein Asyl in einer gescheiterten Welt bietet, deren Symbolsystem für den Zusammenhalt einer Gemeinschaft und für die Bildung von Subjektivität nicht mehr die notwendige Konsistenz bietet.

Die Analogie zwischen der Kirche und einer Diebesbande geht bei Augustinus aber noch wesentlich weiter und ist umfassender, als an der Beschreibung Hannah Arendts deutlich wird, die sich hier nur auf den Passus aus *contra faustum* stützt. Für Arendt ist die Räuberbande nur ein beiläufiges Beispiel, mit dem Augustinus

---

5 Augustinus: *Gottesstaat*. S. 3.
6 Zum Begriff und zur rechtlichen Stellung der *peregrini*, siehe: Bernhard Kübler: „Peregrinus." In: *Paulys Realencyclopädie*. Band XXXVII. Stuttgart 1937. Sp. 639-655. – Dass Augustinus diesen Begriff noch 200 Jahre nach der Ausweitung des Bürgerrechtes auf alle Reichsbewohner so prononciert verwenden konnte, zeigt seine bleibende Bedeutung auch bei juristischer Gleichstellung aller Reichsbewohner. ‚Peregrinus' blieb ein Begriff für Ausgeschlossene und ihre Gemeinschaften.
7 Der Vers, der als wenn auch vereinzelte, so doch zentrale Grundlage dieser politischen Konzeption herangezogen wurde, war Johannes 18,36, wo Jesus sagt, dass sein „Reich nicht von dieser Welt" sei.
8 Zum Verhältnis der beiden *civitates*, die weniger antithetisch und manichäisch, also streng dualistisch und getrennt zu betrachten sind, als miteinander verwoben, siehe: Johannes van Oort: „Civitas dei – terrena civitas: The Concept of the Two Antithetical Cities and its Sources." In: *Augustinus: De civitate dei*. Hg. v. Christoph Horn. Berlin 1997. S. 157-169.
9 Zum „Asyl" als dem Ort, an dem man von Gewalt und Plünderung beschützt ist, siehe die Begriffsgeschichte dazu in: Heller-Roazen: *Der Feind aller*. S. 50ff.

die Kirche vom Römischen Reich absetzen wollte. Ein späterer Abschnitt des *Gottesstaates*, in dem Augustinus einen namenlosen Piraten zitiert, der gesagt haben soll, dass er mit seinem einen Schiff als Seeräuber gelte, Alexander aber, weil er eine ganze Flotte habe, als Imperator,[10] lässt erkennen, dass die Teilung der Beute, die auf der in der Diebesbande ausgeübten *caritas* beruht, diese noch nicht zu einem Modell für die Kirche macht: Räuberbanden und Piratenhorden sind weltliche Herrschaften, Imperien im Kleinformat; Diebe und Heilige werden sich erst durch die zusätzliche Gewaltlosigkeit ihres Tuns ähnlich. Der Verzicht auf Gewalt differenziert sie von den kriegerischen *civitates* der Räuber und Herrscher. So taucht die Diebesbande bei Augustinus nicht nur wegen ihrer aktiven, sie verbindenden *caritas* als Negativdefinition gegen das Reich auf, sondern auch als Metapher einer bejahten und geforderten Handlungsweise der Distinktion und der Aneignung philosophischer Konzepte. Mit merklicher Freude an der Kühnheit der Formulierung beschreibt Augustinus in *de doctrina christiania* die ihm vorangegangenen heiligen Kirchenväter als Diebe. Die Beziehung zur heidnischen Kultur und die Gründung einer eigenen Gemeinschaft sind ihm zufolge nur dadurch möglich, dass die Kirche vom heidnischen Denken stiehlt, was sie für ihre verbundene weltlose Wanderschaft durch die Welt braucht:

> Sehen wir nicht, mit wie viel Gold, Silber und Kleidung vollgeladen Cyprian, der allerangenehmste Gelehrte und glückseligste Märtyrer aus Ägypten ausgezogen ist? Mit wie viel Victorin, Optat und Hilarius, um von den noch Lebenden zu schweigen? Mit wie viel die unzähligen griechischen Kirchenlehrer? Dies hatte zuvor der gläubigste Diener Gottes, Moses selbst, getan, von dem geschrieben steht, daß er mit der ganzen Weisheit der Ägypter gebildet war.[11]

Diese Aufforderung zur Plünderung der alten Kultur stützt Augustinus auf die Erzählung vom Auszug des jüdischen Volkes aus Ägypten. Was dort schon als ein Diebstahl auftaucht, wird von ihm in einen geschichtsphilosophischen Kontext gestellt, affirmiert und zur Begründung der *civitas peregrina* aktualisiert. Die Güter, zu deren Diebstahl Augustinus so eindringlich auffordert, sollen die Wissenschaften und die Kulturtechniken sein, die in der Welt zu finden sind und als bewahrenswert gelten: die Schrift, die Kosmologie, die Erzählungen und Philosophien, die Geschichtswissenschaft, Mathematik, Astronomie, Dialektik und die Kulturleistungen der *civitas terrena*:[12] Es wird eine Kulturappropriation durch Studium und Überbietung propagiert. Augustinus ist nicht der einzige der Kirchenväter, der den ‚Diebstahl an Ägypten' als philosophische Metapher für das Verhältnis der

---

10 Augustinus: *Gottesstaat* S. 174. – Dieser Gedanke taucht bereits bei Tacitus auf: Tacitus: *Agricola*. Übers. v. Ludwig C. von Döderlein. Aarau 1817. S. 30.
11 Aurelius Augustinus: *De doctrina christiana*. – Die christliche Bildung. Übers. v. Karla Pollmann. Stuttgart 2002. S. 97.
12 Augustinus verwendet einen guten Teil der *doctrina* (S. 50-101) darauf, aufzuzählen, was er als aneignenswert, also als „Gold" betrachtet, und was er einem leeren Aberglauben zuordnet.

Kirche zur Welt verwendet. Bereits Tertullian[13] und Origenes[14] nutzen diesen Topos, um das Verhältnis der christlichen Religion zur Welt zu beschreiben. Das erste Auftauchen des Motivs der *spolia aegyptiorum* liegt wahrscheinlich bei Irenaeus[15], der eine Relation zwischen dem Verhältnis der Israeliten mit den Ägyptern und dem Verhältnis der Kirche mit Rom herstellt. In allen diesen Anführungen der Rechtmäßigkeit des Diebstahls oszillieren die Gründungsfiguren der heiligen christlichen Kirche zwischen der Rechtfertigung des Handelns der Israeliten und der Rechtfertigung ihrer eigenen Aneignung des heidnischen Weltwissens.

Dieses Verständnis der Exodusstelle von der Plünderung der Ägypter als einer Aneignung von vorhandenem Wissen ist eine im Vergleich zu anderen in dieser Zeit gängigen Deutungen der Exodus-Erzählung geradezu nüchterne und ‚unesoterische' Deutung. In bestimmten Richtungen der Gnosis war es üblich, die „Kleider", die die Israeliten aus Ägypten stahlen, als spirituelles Bild des Gottessohnes zu begreifen, der sich in der diesseitigen Welt in das Gewand der Materie kleiden muss, um eine Befreiung aus Ägypten, dem Symbol der materiellen Welt, erreichen zu können. Insbesondere für Augustinus stellen die Kleider nicht mystische Akzidenzien des Heiligen, sondern weltzugewandte, diesseitige Wissenschaften und Kulturtechniken dar.[16] Augustinus verwendet nicht die Begriffe und Konzepte eines mystischen und metaphysischen Vokabulars, sondern er spricht von einer rationalen Kulturappropriation und vom Studium fremder Wissenschaften und Philosophien. Es darf nicht vergessen werden, dass diese Selbstklassifikation als Diebe von zentralen Protagonisten der Kirchengeschichte stammt, die sämtlich einen Platz im katholischen Heiligenkalender gefunden haben. Das Unbehagen, das ihnen diese rücksichtslose Aneignung gelegentlich bereitet haben mag, ist am besten in einem Traum überliefert, in dem Hieronymus vor Gott steht und von diesem den Vorwurf hört, er beschäftige sich so viel mit Cicero, dass er kein Christ sei, sondern Ciceronianer.[17]

Auch wenn das Motiv der *spolia aegyptiorum* und der Plünderung der Heiden schon bei früheren Kirchenvätern verbreitet war, ist zu bemerken, dass Augustinus diese Metapher auf eine wesentlich höhere Ebene hebt. Er beutet diese Bildlichkeit

---

13 Quintus Septimius Florens Tertullianus: *Against Marcion*. Hg. u. übers. v. Peter Holmes. Edinburgh 1868. S. 98-100. (Buch II,20.)
14 Origen: „Letter to Gregory." In: The *Ante-Nicene Fathers. Recently Discovered Additions to Early Christian Literature*. Band IX. Hg. v. Allan Menzies. New York 2007. S. 295-296.
15 Irenaeus: *Writings. Adversus Haeres*. Band I. Hg. u. übers. v. Alexander Roberts u. a. Edinburgh 1863. S. 475-480. (Buch IV,30.)
16 Zur Deutung der Exodus-Stelle im Gnostizismus siehe: Hans Jonas: *Gnosis. Die Botschaft des fremden Gottes*. Übers. v. Christian Wiese. Frankfurt a. M. 2008. S. 150ff.
17 „ciceronianus es, non christianus" Hieronymus: „An Eustochium." In: Ders.: *Des Heiligen Kirchenvaters Hieronymus ausgewählte Briefe*. Hg. u. übers. v. Ludwig Schade. München 1936. S. 58-118, hier S. 101. – Hieronymus wird für dieses Vergehen im Traum ausgepeitscht. Der Topos, sich vom Studium der heidnischen Texte zu lösen, findet später eine eigene Tradition in der Kirche: Von Benedikt wurde gesagt, dass er das Studium aufgab, um sich ganz Gott hingeben zu können, und berühmt ist Franziskus' Wendung an einen übereifrigen Mönch, den er mit den Worten über die Nutzlosigkeit seines Lesens aufklärte „unus solus daimon plus scit quam tu". Wenn die ‚Dämonen', also die heidnischen Götter, Träger eines höheren Wissens sind, ist das Studium entweder aufzugeben, oder sie sind ebenfalls ins eigene Wissen zu integrieren.

wesentlich stärker aus als seine Vorgänger und gibt ihr einen affirmativeren, heiteren Charakter. Von den kulturellen Errungenschaften, die als sorgfältig zu studierendes und anzueignendes „Wahrheitsgold"[18] zu behandeln sind, das den Heiden zu stehlen ist, ist Augustinus insbesondere die Schrift als eine unbedingt zu übernehmende Kulturtechnik wichtig, die als Medium im Zentrum der christlichen Philosophie steht, die sich nicht zuletzt als eine Kritik an der Bildergläubigkeit der heidnischen Religionen definierte. Es dürfe kein Hindernis sein, meint Augustinus, heidnisches Wissen zu übernehmen, auch wenn es mit dem heidnischem Mythos, also letztlich mit dämonischem Einfluss verbunden ist: Hermes – bezeichnenderweise der Gott der Diebe – hat zwar als heidnischer Gott, den Augustinus euhemeristisch auf eine entfernte, aber reale Person zurückführt, die Buchstaben und die Schrift erfunden, aber dieses Wahrheitsgold soll der *civitas dei* zur Verfügung stehen.[19] Damit findet auch Hermes neben Prometheus seinen Platz im funktionalisierten Parapantheon der Monotheisten. Die alten Götter und ihre Bedeutungsmöglichkeiten sollen weiterverwendet werden – wie Aeneas es vorgemacht hat –, aber eben vom entleerten Aberglauben gereinigt und zu einem anderen und politisch alternativen Ziel: nicht im Sinne der *pietas* und des Vertrauens auf ihre Wahrheit, sondern ihr radikal entgegengestellt als Symbole und Techniken der Welterklärung. Augustinus begreift die Gegenstände und Kulturtechniken, die als *spolia aegyptiorum*, als Beute aus Ägypten mitgenommen wurden, als die Wissenschaften, die von der *civitas peregrina* wie Fahrzeuge auf ihrer Reise durch die Welt gebraucht werden sollen. Schon Origenes verweist in seinem Brief an Gregor von Nyssa auf den „rechten Gebrauch" der Beute: die *chrêsis*,[20] die eng zusammenhängt mit Augustinus' Begriff des *uti* – der Haltung zur Welt und ihrer Nutzbarmachung, die im Gegensatz zum *frui* steht, also zum Genuss um seiner selbst willen statt zu einem besseren Zweck –, ist die Verwendung der Wissenschaften, der Philosophie und der Schrift für die *civitas dei* statt für die *civitas terrena*. Der ‚rechte Gebrauch' ist dann erreicht, wenn das von der Welt Entwendete im Geist Christi verwendet wird, also in Liebe und Demut – zwei dem römischen Denken weitgehend fremde Begriffe. Erst wenn das übernommene Wissen und die Kulturtechniken in Gott als dem festen Punkt jenseits der Zeit und der Welt verankert sind, sind sie zum rechten Gebrauch verwendet (*uti*) und dürfen damit, dass sie Erkenntnis nicht um

---

18 Das Bild der ‚Wahrheit' als ‚Gold' erreichte im theologischen, und besonders im protestantischen Diskurs des zwanzigsten Jahrhunderts eine gewisse Prominenz und kann sogar als eine Art „absoluter Metapher" der Bergung des geistig wahren aus der schmutzigen Welt verstanden werden. Vgl. z.B.: A. G. Rudelbach u. H. E. F. Guericke: „Allgemeine kritische Bibliographie der deutschen neuesten theologischen Literatur." In: *Zeitschrift für die gesammte Lutherische Theologie und Kirche*. Band XV. Hg. v. ders. Leipzig 1854. S. 751.
19 Augustinus: *De doctrina Christiana*. S. 71. Zur Schrift und ihrem Nutzen auch S. 81ff.
20 Siehe zur *chrêsis* und zum *uti* und *frui* in Augustins Wissenschaftsdenken auch: Thorsten Krämer: *Augustinus zwischen Wahrheit und Lüge. Literarische Tätigkeit als Selbstfindung*. Göttingen 2007. S. 109ff.

ihrer selbst willen, wie z.B. in der skeptischen Philosophie, sondern zur Absicherung in Gott dienen, *frui* genannt werden.[21]

Hannah Arendt verwendet die Diebesbande also nur als ein beiläufiges Analogon zum Selbstbild der Kirche, dabei liegt diesem Gedanken schon im frühesten theologischen Selbstverständnis der Kirche ein noch wesentlich fundamentaleres Motiv zugrunde, das Arendt nicht erwähnt, und das ihr wahrscheinlich zu gewagt erschienen wäre: Die Christen sollten nicht nur durch eine Unbeheimatetheit in der Welt und durch die Nächstenliebe, sondern auch durch die gemeinsame kluge Aneignung der symbolischen Güter der Welt verbunden sein. Dass Augustinus gerade den Diebstahl als die Geste der Begründung anwendet, wird in Gehalt und Provokationsfähigkeit noch deutlicher, wenn man sich vor Augen hält, dass die römische Kultur der griechischen wenig Neues oder Innovatives hinzugefügt hat – außer dem römischen Privatrecht, das bis in feinste Verästelungen den Besitz und das Eigentum als Kern der Gesellschaft entwickelte. Dass gerade ein raffiniertes Eigentumsverbrechen das sein sollte, was die alternative Gemeinschaft der Kirche ausmacht und begründet, kann als bewusst besonders provozierend gewählt angenommen werden.[22]

Um zum Ende dieses Abschnitts auf Aeneas und die Rettung Trojas zurückzukommen: Es ist deutlich geworden, was Augustinus an der Mitnahme der Götter fasziniert und gleichzeitig abstößt: indem Aeneas die Penaten kritiklos aus dem Krieg rettet, um mit ihrer Hilfe ein neues Troja zu gründen, führt er auch das Prinzip des Krieges und der Gewalt fort, das 410 auch Rom heimsuchte. Die *civitas terrena* bleibt für immer die Stadt, die durch den Brudermörder Kain gegründet wurde,[23] und deren Gründungsgeste schon vor Urzeiten die Gewalt war. Augustinus zählt eine ganze Reihe an großen archetypischen Gründungsverbrechern des irdischen Staates auf: Kain, Nimrod und Romulus.[24] Wird nicht durch Mord gegründet, dann durch die Übernahme in einer Gewaltsituation, wie bei Odysseus und Aeneas: Die *civitas terrena* hat als zentrales Merkmal die Gewalt. Schon Augustinus verstand also, wie viel später wieder die Psychoanalyse, die Gemeinschaften der Menschen als aus symbolisch gewordenen Gewaltakten entstehend. Ganz zu

---

21 Zum Begriff des „rechten Gebrauchs" bei Augustinus siehe: Christian Gnilka: ΧΡΗΣΙΣ. *Die Methode der Kirchenväter im Umgang mit der Antiken Kultur*. Band I „Der Begriff des „rechten Gebrauchs". Basel u. Stuttgart 1984. S. 8off. Aber auch ein Aufsatz von Therese Fuhrer hat sich als besonders erhellend herausgestellt, insbesondere weil dort Augustins Konzept der *spolia aegyptiorum* verarbeitet wird: Therese Fuhrer: „‚Usus iustus – usus christianus'. Augustinus zum ‚rechten' Umgang mit paganem Bildungswissen." In: Cornelius Mayer u. Christoph Müller (Hg.): *Augustinus. Bildung – Wissen – Weisheit. Beiträge des VI. Würzburger Augustinus-Studientages*. Würzburg 2011. S. 49-68.
22 Siehe zum römischen Eigentumsrecht und seiner Einheit mit der römischen Religion: Emile Durkheim: „Dreizehnte Vorlesung. Das Eigentumsrecht (Fortsetzung)." In: Ders.: *Physik der Sitten und des Rechts. Vorlesungen zur Soziologie der Moral*. Frankfurt a. M. 1999. S. 204-221.
23 Der biblischen Urerzählung zufolge gründete Kain eine Stadt, nachdem er seinen Bruder erschlagen hatte: „Und Kain erkannte seine Frau; die ward schwanger und gebar den Henoch. Und er baute eine Stadt, die nannte er nach seines Sohnes Namen Henoch." (Genesis 4,17.)
24 Augustinus: *Gottesstaat*. S. 218ff.

Anfang steht Kain, der erste Vertreter der *civitas terrena* überhaupt, der Abel erschlägt, dann kommt der Mörder Nimrod, der für Augustinus die mit Rom konkurrierenden Staaten des Ostens darstellt, und als letzte Iteration dieses Gründungskonzeptes erschlägt Romulus seinen Bruder Remus. Der Mord ist das Gründungsverbrechen der *civitas terrena*, die deshalb über die Geschichte hinweg die „Stadt Kains" bleibt,[25] deren konstituierendes Prinzip nur noch die Sünde und die Gewalt sind. Ihr gegenüber steht eine innerhalb der *civitas terrena* bestehende, aber ihren Prinzipien nicht gehorchende Gemeinschaft: Die *civitas dei*, deren Reihe der Gründungsfiguren nicht Kain, Nimrod, Romulus, Aeneas und Odysseus umfasst, sondern die heilige Genealogie der Diebe Rahel, Josef, Moses, aller gebildeten Kirchenväter – und zuletzt Augustins selbst.

4|2|2
Der Diebstahl zur Begründung des wahren Christentums – und der *multitude* gegen das kapitalistische *Empire*

Dass der Diebstahl als ein Prinzip zur Gründung des wahrhaft Christlichen, bzw. zur Neubegründung der wahren *civitas dei* auch im Mittelalter fortgesetzt wurde, soll hier nur gestreift werden. Am Anfang von politischen Gemeinschaften und radikalen christlichen Reformbewegungen, die behaupten, dass sie selbst eine ähnlich notwendige Erneuerung der Wahrheit leisten wie die von Augustinus betriebene Ablösung des Heiden- und Judentums als Träger der Wahrheit durch das Christentum, sind noch Jahrhunderte später Diebstähle zu finden. Hier soll nur ein Beispiel genannt werden, das der Biografie des 1181 geborenen Franziskus' von Assisi entnommen ist: In allen Berichten über das Lebens dieses Heiligen, und insbesondere in der *Dreigefährtenlegende*, die als der kanonische Text seiner Lebensgeschichte die Erzählungen und Legenden über ihn zusammenstellt, liegt am Anfang seiner Tätigkeit als christlicher Heiliger ein Diebstahl: Er nimmt wertvolle Stoffballen von seinem Vater, der ein wohlhabender Tuchhändler war, verkauft sie, und spendet das Geld zur Renovierung einer kleinen, baufälligen Kirche.[26] Die buchstäbliche Renovierung der Kirche, die das Lebensziel Franziskus' und des von ihm gegründeten Ordens werden sollte, beginnt mit einem Diebstahl am Vater, der alle Eigenschaften der bisher untersuchten Diebstähle trägt: er hat die Tendenz einer ödipalen Handlung, die aber nicht auf die Beseitigung und Ersetzung des Vaters zielt, sondern darauf, mit Hilfe seiner eigenen Mittel eine Individualität und Institution aufzubauen, die eine radikal alternative und bessere Gemeinschaft begründet. Dass der materielle Wert des Gestohlenen in den Hintergrund tritt und

---

25 Donald X. Burt: „Cain's City: Augustines Reflections on the Origins of the Civil Society". In: Christoph Horn (Hg.): *Augustins De Civitate dei*. S. 195-210.
26 Engelbert Grau (Hg. u. Übers.): *Die Dreigefährtenlegende des hl. Franziskus von Assisi*. Kevelaer ² 1993. S. 100ff.

Eigentum überhaupt einen niedrigen Status haben soll, wird in der Franziskusbiografie dadurch vermittelt, dass das Geld zunächst achtlos in einen Winkel geworfen wird, als es der Vorsteher der Kapelle nicht annehmen will, die Franziskus mit seiner Entwendung der Tuchballen zu unterstützen vorhatte. Der Franziskanerorden, der in seiner Radikalität der gelebten Armut[27] und der theologisch-gesellschaftstheoretischen Kritik an den Machtstrukturen der Kirche die vorhergehenden Reformorden der Zisterzienser und Karthäuser weit übertraf, und der deswegen dauernd in Gefahr stand, als Ketzerbewegung exkommuniziert zu werden, bildete eine *civitas*, die mit vollem Recht in die Reihe der hier aufgezeigten Gemeinschaften eingeordnet werden kann, die durch Diebstähle begründet werden: Rahels Götterstatue, das Wahrheitsgold der Ägypter, das Wissen der Heiden und die Tuchballen des reichen Vaters, über alle diese Gegenstände wird in Gründungslegenden von Gemeinschaften radikal alternativer, weltloser, der Nächstenliebe gewidmeter und in ihrer Gründung eben ‚diebischer' Selbstauffassung erzählt.[28]

Von Franziskus' Diebstahl der Tuchballen seines Vaters zur Gründung einer idealen und vor allem gerechten Gemeinschaft können in der Untersuchung des Diebstahls-Mythologems zwei Wege gegangen werden: derjenige, der das Motiv der systemkritischen, weltlosen Gemeinschaft bis in die Neuzeit verfolgt, und dem in der letzten Iteration dieses Motivs noch Michael Hardts und Antonio Negris *Empire*[29] folgt. *Empire* als für die postmoderne politische Theorie äußerst wichtiges Werk, das die Bildung oder Wahrnehmung der „multitude" als der Gemeinschaft der Ausgestoßenen beschreibt, beruht in seinen grundlegendsten Überlegungen auf Augustinus' Idee einer radikal alternativen Gemeinschaft der *civitas peregrina*[30], die bei Hardt und Negri als die ‚*multitude*' bezeichnet wird. Die postmoderne linke

---

27 Hierzu sind auch die Bemühungen von Bedeutung, die in der Werttheorie der Franziskaner darauf verwendet wurden, den Gebrauch der Dinge von ihrem Besitz zu trennen: Nach Bonagratia de Bergamos *De paupertate* besaßen Adam und Eva die Bäume im Paradies nicht, nutzten sie aber. – Dass der eine Baum in der Mitte des Gartens aber einem deutlichen Besitzanspruch Gottes unterlag, wird in dieser Arbeit im Kapitel über den Sündenfall näher besprochen. (Zur franziskanischen Eigentumstheorie siehe: Giorgio Agamben: *Höchste Armut. Ordensregeln und Lebensform.* Übers. v. Andreas Hiepko. Frankfurt a. M. 2012. S. 154f, 179ff.)

28 In diese Reihe gehört auch die Gründung Venedigs, die sich in der Entwendung der Markus-Reliquien im Jahr 828 aus Byzanz ereignete, womit eine ähnliche Autoritätsübertragung stattfand wie durch Aeneas Mitnahme der Götterstatuen, jedoch mit der schelmischen Selbstverständlichkeit Rahels und der Israeliten. Für diesen Diebstahl und ähnliche Begründungen durch entwendete Reliquien siehe: Patrick J. Geary: *Furta Sacra. Thefts of Relics in the Central Middle Ages.* Princeton ² 1990. Insbes. S. 87-107.

29 Hardt/Negri: *Empire* – Nur nebenbei kann in dieser Reihe Georges Batailles Acéphale-Projekt erwähnt werden, das seinen ganz spezifisch mythologischen Antifaschismus daraus entwickeln sollte, bestimmte Aspekte faschistischer Mythen zu stehlen und sie umgewendet gegen diesen zu verwenden. (Siehe zu Batailles Acéphale-Projekt: Bischof: *Tragisches Lachen*)

30 Ebd. S. 145, 207ff, 370f, 390, 393ff, 407f. An dieser Stelle wird die *multitude* als direkt von der *civitas dei* beeinflusst beschrieben. Hardt und Negri beziehen sich aber nicht nur explizit auf Augustinus und die *civitas dei*, sondern der Einfluss Augustins geht wesentlich tiefer: Es wird eine Theorie des Wertes und der Subjektivität entwickelt, die den Anspruch hat, ebenso tiefgehend und radikal zu sein wie das *caritas*-Projekt der frühen Kirche. Siehe dazu: Ebd.: S. 29f, 157, 185, 303f, 361f.

Theorie des autonomen Marxismus mit ihrem „Exodus-Konzept" soll sich zum Empire des Kapitalismus verhalten wie die frühe christliche Theologie zum Römischen Imperium. Es verwundert nicht, dass die Formierung des Selbstverständnisses der *multitude*, die Hardt und Negri vorschlagen, aus einem Diebstahl an den besten Aspekten des Empire geschehen soll. Hardt und Negri sprechen der *multitude* das Recht auf eine umfassende „reappropriation"[31] zu: Was immer sich im Kapitalismus als für eine humanere, gerechtere Gemeinschaft nützlich und richtig herausstellt, soll ihm weggenommen und zu besseren Zwecken verwendet werden. Das ist eine Vorgehensweise, die tatsächlich ganz dem Dieb Augustin entspricht. Die *multitude* ist eine *civitas*, die sich in der Welt so wie sie ist, nicht beheimatet fühlen kann, und die deswegen eine offenere, geistig anspruchsvolle und politisch alternative Gemeinschaft bildet, die im Kern ihrer Gründungslegende davon erzählt, wie sie ihre Legitimation durch einen Diebstahl am vorhandenen System erhielt. Mit der Gründung im Diebstahl soll in ihrer spätantiken genau wie in der franziskanischen und der postmodern-linksradikalen historischen Ausformung keine offene Rebellion und kein Umsturzversuch legitimiert werden, sondern die Bildung einer offenen Gemeinschaft radikal anderer Form, die in einer kritischen Distanz und im subversiven Selbstentzug aus dem Wirksamkeitsbereich der bestehenden Herrschaftsordnung eine neue, entschieden differierende und ethisch bessere Gemeinschaft begründet.

Eine umfassendere Behandlung von Hardt und Negri würde in die politische Theoriebildung führen. Das würde bedeuten, weniger der Geste des Diebstahls als mehr die Frage nach den Möglichkeiten der Bildung eines systemkritischen Bewusstseins zu untersuchen: Hardt und Negri entwerfen eine Theorie des Widerstands gegen ein spätkapitalistisches Empire, das sie in den Farben des Römischen Imperiums zeichnen. Dieser durchaus gangbare und hochinteressante Weg der Argumentation durch die postmoderne politische Theorie würde die Frage nach dem Diebstahl allerdings eher zweitrangig betreffen und würde eher Fragen der politischen Legitimität und der Subversion untersuchen, statt nahe am Motiv des Diebstahls zu bleiben. Allerdings sind der Frage nach dem Diebstahl selbst Aspekte der politischen Subjektivität und der ‚Subversion ohne Rebellion' inhärent. Alle Diebe des folgenden Kapitels befinden sich in einer ambivalenten Position des ‚Widerstands ohne Aufruhr', sondern durch die kleine Geste einer Aneignung von wertlosen Kleinigkeiten wie Obst, Süßigkeiten oder Spielzeug, das gestohlen zu haben ihnen eine momentane Freiheit von den Zwängen und Gesetzen des Eigentums bedeutet. Auch Hardt und Negri können Augustinus somit nur durch die Brille Jean-Jacques Rousseaus und all der anderen Diebe erkennen, die ihnen die Stichworte des Selbstentzugs aus einer gewaltsam beherrschten Welt gaben, eines Exils, das sich aber das beste mitnimmt, was die ansonsten abzulehnende Welt beinhält. Das Projekt einer politisch-gemeinschaftlichen oder individuellen Subversion durch die Kritik einer unterdrückenden und entindividualisierenden Eigentumsform, das den motivierenden Kern der hier versuchten Untersuchung darstellt, soll

---

31   Ebd.: v.a. aber S. 406ff, aber auch schon S. 398ff, 403f.

hier durch die Ergebnisse der kulturtheoretischen und literaturwissenschaftlichen Untersuchung sichtbar werden, ihre politische Theoretisierung kann später oder durch berufenere Denker erfolgen.³²

Der andere mögliche Weg der Untersuchung neben dem durch die politische Theorie ist daher derjenige, der hier gegangen werden soll: Der Bericht über Franziskus' Jugenddiebstahl ist eine normative Legende für seinen Orden, ist aber als eine individuelle biografische Anekdote erzählt. Ähnliche biografische und vor allem autobiografische Berichte von Diebstählen, die zur Herausbildung eines kritischen, schelmischen Selbstbewusstseins führen, gibt es in der abendländischen Literatur unzählige. Einige davon, insbesondere der Jugenddiebstahl Augustins selbst und die Diebstähle Jean-Jacques Rousseaus, sollen im nun folgenden Kapitel untersucht werden. Die Untersuchung wendet sich damit vom Diebstahl als einer kulturgründenden Geste ab und diesem Verbrechen als einer Handlung der individuellen Begründung und Selbstaneignung zu. Dieser scheinbare Sprung ist aber, wie wir sehen werden, nicht sehr groß: die individuelle und die kulturelle Selbstbegründung sind zwei Ausformungen desselben Mythologems der Differenzierung durch illegitime Aneignung.

---

32 Dazu könnte auf Jacques Rancières Formel des vielleicht stehlbaren „Anteils der Anteilslosen" aufgebaut werden. Jacques Rancière: *Das Unvernehmen. Politik und Philosophie.* Frankfurt ⁵ 2014. S. 41ff.

FÜNFTER TEIL

Diebstahl in autobiografischen Texten: Naschen von den Süßigkeiten des Herrn

Erstes Kapitel:
Jugendliche Fehltritte in Autobiografien

5|1|1
Individuelle Verfehlungen und ihre Bekenntnisse

> Wir stehlen alle Dinge und Sonnen in uns hinein, wir tragen alles
> für uns fort, was da ist, ja ehemals geschehen ist. Wir denken nicht
> an die Anderen dabei. Jeder individuelle Mensch sieht zu, was er
> alles für sich bei Seite schaffen kann.[1]
>
> *Friedrich Nietzsche*

„Jeder Geist, den man gewaltig findet, beginnt mit einem Fehltritt, der ihn bekannt macht"[2] – mit diesen Worten definiert Paul Valéry in seinem *Monsieur Teste* implizit, aber apodiktisch alle Geister als klein, in deren Biografie kein berühmter jugendlicher Fehltritt überliefert ist. Über die statistische Wahrheit dieses Satzes braucht nicht spekuliert zu werden; dass es aber für die späte Selbsterforschung großer Denker üblich ist, in ihrer frühesten Jugend einen Irrtum oder ein Vergehen aufzufinden, das so einschneidend erlebt wurde, dass es zur Urzelle der gründlichen Selbstbetrachtung werden sollte, ist ein Topos fiktionaler wie nicht-fiktionaler Biografien und Autobiografien.[3]

Dieses Motiv des jugendlich-leichtsinnigen Vergehens, das den großen Geist zur tiefen Selbstreflexion anleitet, ist nicht auf seine Wahrheit für das jeweilige Leben hin zu überprüfen: ob der so bedeutsame Fehltritt jeweils tatsächlich und genau so

---

1 Nietzsche: *Nachgelassene Fragmente.* In: *KSA.* Band IX. S. 241.
2 Paul Valéry: *Monsieur Teste.* Übers. v. Max Rychner. Leipzig u. Weimar 1983. S. 16.
3 Dass hier nicht nur die enge Gattung der tatsächlichen Autobiografie, sondern auch Autobiografien mit offenem Wirklichkeitsbezug zum Leben des Autors wie der *Lazarillo* oder Kracauers *Georg*, rein fiktionale autobiografische Literatur wie *Felix Krull*, legendenhafte Erzählungen wie Franz von Assisis Heiligenvita und normativ-lehrhafte Texte wie John Bunyans *Pilgrims Progress* als Beispiele herangezogen werden, ist nicht schwer zu begründen: Durch die Verbreitung des Motivs in allen Gattungen biografischer und autofiktionaler Literatur würde die Beschränkung auf ‚echte' Autobiografien das Ergebnis verzerren; die schwer bestimmbaren Grenzen innerhalb der Gattung ermöglichen, das Genre als Ganzes in den Blick zu nehmen. Zu den Differenzierungen zwischen historisch und gattungstheoretisch unterschiedlichen Formen des biografischen Erzählens siehe: Martina Wagner-Egelhaaf: *Autobiografie.* Stuttgart u. Weimar ²2005 und Bernhard Fetz u. Wilhelm Hemecker (Hg.): *Theorie der Autobiografie. Grundlagentexte und Kommentar.* Berlin u. New York 2011.

stattgefunden hat, ist einer literaturwissenschaftlichen Untersuchung nicht zugänglich. Trotzdem nimmt dieser ‚delinquente Moment' als Extremfall der Selbsterfahrung und als Urmoment des Ich häufig eine motivische Schlüsselposition für die Ergründung des Selbstbildes der schreibenden Persönlichkeit ein. Das Vergehen beginnt in der individuellen Mythologie des Berichtenden eine solch große Rolle zu spielen, dass der Autor seines eigenen Lebens die selbstgestellte Aufgabe der Ergründung seiner Selbst in diesem einen Moment beginnen und gleichzeitig gipfeln lässt. Kaum eine literarische Autobiografie oder Biografie, ob sie nun rein fiktional ist oder den Anspruch erhebt, ein wirkliches Leben zu beschreiben, kommt ohne das von Valéry beschriebene Vergehen aus, und insbesondere der kindliche Diebstahl ist in literarischen und philosophischen Selbstergründungen geradezu endemisch: Er taucht auf bei Makarios von Ägypten[4], Aurelius Augustinus[5], Franziskus von Assisi[6], Johannes Butzbach[7], Lazarillo de Tormes[8], Martin Luther[9], Erasmus von Rotterdam[10], John Bunyan[11], Jean-Jacques Rousseau[12], Salomon ben Maimon[13], Eugène François Vidocq[14], Giacomo Casanova[15], William Wordsworth[16], Charles Darwin[17],

---

4 Siehe dazu: Danuta Shanzer: „Pears before Swine: Augustine, Confessions 2.4.9". In: *Revue des Études Augustiniennes*. Vol. 1/42. Paris 1996. S. 45-55, hier S. 48.
5 Aurelius Augustinus: *Bekenntnisse*. Lateinisch u. Deutsch. Übers. v. Joseph Bernhardt. Frankfurt a. M. 1987. S. 79f.
6 Grau (Hg. u. Übers.): *Dreigefährtenlegende*. S. 100ff. Siehe dazu auch: Achim Wesjohann: *Mendikantische Gründungserzählungen im 13. und 14. Jahrhundert. Mythen als Element institutioneller Eigengeschichtsschreibung der mittelalterlichen Franziskaner, Dominikaner und Augustiner-Eremiten*. Berlin 2012. S. 144.
7 Johannes Butzbach: *Odeporicon. Wanderbüchlein*. Übers. v. Andreas Beriger. Zürich 1993. S. 93f.
8 *Lazarillo de Tormes*. Spanisch u. Deutsch. Übers. u. hg. v. Hartmut Köhler. Stuttgart 2006. S. 28f.
9 Martin Luther: „Tischreden oder Colloquia, so er in vielen Jahren gegen gelahrten Leuten, auch fremden Gästen und Tischgesellen geführet." In: Ders.: *Sämmtliche Schriften*. Band XXII. Hg. v. Karl E. Förstemann u. Heinrich E. Bindpfeil. Berlin 1848. S. 129.
10 In: John Locke: „Sentiments d'Erasme de Rotterdam." In: Jean Leclerc (Hg.): *Bibliothèque universelle et historique*. Band II. Genf 1968. S. 325. (Im Original 1686-1693: Band VII. S. 140.)
11 John Bunyan: *The Pilgrim's Progress*. Hg. v. James Hugh Moffatt. London 1905. S. 251.
12 Jean-Jacques Rousseau: *Bekenntnisse*. Übers. v. Ernst Hardt. Frankfurt a. M. 1985. S. 74f.
13 Salomon ben Maimon: *Salomon Maimons Lebensgeschichte. Von ihm selbst geschrieben und herausgegeben von Karl Philipp Moritz*. Hg. v. Zwi Batscha. Frankfurt a. M. 1984. S. 48.
14 Eugène François Vidocq: *Aus dem Leben eines ehemaligen Galeerensklaven, welcher, nachdem er Komödiant, Soldat, Seeoffizier, Räuber, Spieler, Schleichhändler und Kettensträfling war, endlich Chef der Pariser geheimen Polizei unter Napoleon sowohl als unter den Bourbonen bis zum Jahre 1827 wurde*. Weimar ² 1971.
15 Giacomo Casanova: *Memoiren*. Band I. Übers. v. Franz Hessel u. Ignaz Jezower. Hamburg 1958. S. 13f.
16 William Wordsworth: *The Prelude, or Growth of a Poet's Mind. An Autobiographical Poem*. London 1850. S. 18ff.
17 Charles Darwin: *The Autobiography of Charles Darwin. With original remissions restored*. Hg. v. Nora Barlow. London 1958. S. 24.

Felix Dahn[18], Georg Ebers[19], Mark Twain[20], Karl May[21], in Siegfried Kracauers *Georg*[22], Thomas Manns *Felix Krull*[23], bei Hermann Hesse[24], Walter Benjamin[25], Michel Leiris[26] und Jacques Derrida[27]. Heinrich Heine entging diesem Schicksal eines frühen Diebstahls nur, weil seine Mutter, als sie mit ihm hochschwanger war, einen verlockenden Apfel aus einem fremden Garten nicht stahl, damit ihr Sohn später kein Dieb werde.[28] – Die reine Zahl dieser jugendlichen Diebstähle im Kern von Autobiografien mit unterschiedlichen Graden an historischer Tatsächlichkeit und Fiktionalität oder moralischer Beispielhaftigkeit zeigt, dass diesem Motiv wissenschaftliche Aufmerksamkeit zu widmen aufschlussreiche Ergebnisse verspricht. Aus der hier angeführten Liste von Biografien der mitunter wichtigsten Denker und Gestalter der westlichen Kultur, die gewiss nicht vollständig ist und durch eine gezielte Suche mit weiteren Beispielen angereichert werden könnte, kann hier selbstverständlich nur eine Auswahl untersucht werden.

Die für das Motiv einschlägigsten und wirkmächtigsten dieser Texte sind gleichzeitig die prominentesten und meistuntersuchten Autobiografien unserer Zivilisation: Die *Bekenntnisse* Augustins und Rousseaus. Augustinus' *Bekenntnisse* sind eines der sehr wenigen antiken Werke, die über mehr als tausend Jahre ununterbrochen gelesen wurden, und Rousseaus Autobiografie ist der Vorläufer der modernen Lebensbeschreibung. Deshalb stehen diese beiden für alle anderen literarischen Autobiografien maßgeblichen Werke hier im Zentrum der Untersuchung und werden in einem intertextuellen Beziehungszusammenhang mit anderen Texten gele-

---

18   Felix Dahn: *Erinnerungen*. Leipzig 1890. S. 29-44. – Dahns ausführliche Beschreibung ähnelt der Rousseaus bis in Details. Unter den Verfassern der im neunzehnten Jahrhundert beliebten „Professorenromane" scheint der jugendliche Diebstahl grassiert zu haben, auch der Georg Ebers der nachfolgenden Angabe gehört dazu.
19   Georg Ebers: *Die Geschichte meines Lebens*. München 1893. S. 278.
20   Mark Twain: „Morals and Memory." In: Ders.: *Mark Twain's Speeches*. New York u. London 1910. S. 224-237, hier S. 228. Dieser Melonendiebstahl war Twains zentrales Beispiel der Reflexion über Moral. Er taucht daher auch in anderen seiner Reden auf: Ebd.: „Theoretical Morals." S. 130-135, hier S. 135, und ebd.: „Missouri University Speech." S. 338-340, hier S. 339.
21   Karl May: *Mein Leben und Streben*. Freiburg o.J. (1910). S. 100ff.
22   Siegfried Kracauer: *Georg*. Frankfurt a. M. 1995. S. 251.
23   Thomas Mann: *Bekenntnisse des Hochstaplers Felix Krull*. Stuttgart 1954. S. 52.
24   Hermann Hesse: „Kinderseele." In: Ders.: *Ausgewählte Werke*. Band II. Frankfurt a. M. 1994. S. 247-283, hier S. 259.
25   Walter Benjamin: „Berliner Kindheit um Neunzehnhundert." In: Ders.: *Gesammelte Schriften*. Band IV.1. Hg. v. Tillmann Rexroth. Frankfurt a. M. 1991. S. 235-304, hier S. 250.
26   Michel Leiris: *La Règle du Jeu*. Band IV: *Frêle Bruit*. Hg. v. Denis Hollier. Paris 2003. S. 870ff. – Eine genaue Untersuchung eben dieser Diebstahls-Szene gibt es in: Manfred Schneider: *Die erkaltete Herzensschrift. Der autobiographische Text im 20. Jahrhundert*. München u. Wien 1986. S.230ff.
27   Geoffrey Bennington u. Jacques Derrida: *Jacques Derrida. Ein Porträt*. Übers. v. Stefan Lorenzer. Frankfurt a. M. 1994. S. 172f. Auf S. 258 wird dieselbe oder eine ähnliche Szene mit einem Diebstahl von Feigen statt Trauben erwähnt.
28   Heinrich Heine: „Aufzeichnungen." In: *Sämtliche Schriften*. Band 6/I. Hg. v. Klaus Briegleb. München 2005. S. 607-666, hier S. 659. – Damit beweist Heine ein Bewusstsein für den biografischen Imperativ zum Diebstahl, umgeht ihn aber elegant, indem er mit dem magischen Glauben der vorgeburtlichen Beeinflussung durch die Mutter spielt.

sen, in denen das jugendliche Diebstahlsmotiv ebenfalls auftritt. Eine Deutung des Motivkomplexes als Ganzem, die also versucht, nicht nur einzelne dieser Texte, die alle mit demselben Recht eine umfassende Einzeldeutung verdient hätten, sondern das jeweils aktualisierte Mythologem der ‚Selbstwerdung durch die heimliche Entwendung einer Kleinigkeit von einer Repräsentation der Macht' als Ganzes zu beschreiben, käme kaum umhin, eine tendenziell universalistische These aufzustellen und Begriffe einer philosophischen Anthropologie anzuwenden. Um diese Problematik zu vermeiden, wird Augustinus' Birnendiebstahl und Rousseaus Apfeldiebstahl eine ins Detail gehende und den jeweiligen historischen Kontext berücksichtigende Deutung gegeben, damit die Akzentuierungen dieser Urszene auch in anderen Variationen dieses ebenso individuellen wie ontogenetischen Mythos beschrieben werden können. Der autobiografisch erzählte Diebstahl wird durch die Wiederholung seines Erscheinens in der Literatur zu einem unendlich variierbaren Mittel der individuellen literarischen Selbstbefragung und Subjektivierung. Schon in seiner Präfiguration in der Bibel – im Sündenfall als Akt der Menschwerdung schlechthin, in dem illegitimerweise von einem Baum des Paradieses, den Gott für sich beansprucht, eine Frucht genommen wird –, hat die Szene alle Eigenschaften der später immer wieder individuell erzählten, aber nie explizit auf die Bibel verweisenden Erlebnisse der Autobiografen. Dieses Kapitel versucht, die einzelnen Diebstähle und ihre Verbindungen und Parallelen zu umreißen und am Ende das hinter allen diesen Einzelbeispielen liegende biblische Motiv der Menschwerdung darzustellen, das in einer illegitimen Aneignung geschieht.

Augustins und Rousseaus Autobiografien ruhen aber nicht nur auf dem hier völlig literarisch und atheologisch verstandenen Sündenfall Evas auf. Sie sind in ein komplexes intertextuelles Geflecht aus anderen Werken eingebunden, das berücksichtigt werden muss, wenn man die Herkunft, Entwicklung und Wichtigkeit des Diebstahlsmotivs erkennen will: Augustinus beruft sich auf Vergil, ist von Horaz beeinflusst, verarbeitet Makarios von Ägypten und stützt sich zentral auf die Sündenfallerzählung der Bibel. Rousseaus *Bekenntnisse* wiederum sind in weiten Teilen aus Augustins Vorbild entwickelt, beziehen sich auf Lazarillo, auf Herakles' Diebstahl der Hesperiden-Äpfel und indirekt ebenfalls auf die biblische Erzählung von Evas Griff nach dem Apfel. Vor allem aber hat die so einflussreiche Doppelgestalt des kindlichen Diebes ‚Augustinus-Rousseau' alle danach entstehenden Autobiografien unmittelbar oder indirekt beeinflusst, so dass die Diebstähle bei Maimon, Vidocq, Darwin, Twain und Derrida motivisch mit dem Apfeldiebstahl Rousseaus bis in Details äquivalent sind. Sie alle erzählen von einem wegweisenden Kleinstverbrechen, das sie als Kind aus eigenem Antrieb begangen haben, das in seiner Beschreibung aber in einer oft genetischen, ansonsten aber sehr dichten topologischen Beziehung zu Augustinus' und Rousseaus Diebstahlsanekdoten steht. Es kann vorhergeschickt werden, dass es bemerkenswert ist, wieviel Reflektion solch teils eminente Denker darauf verwenden, dass sie als Kinder irgendwo Süßigkeiten stibitzt haben.

Bemerkenswert ist auch die Ähnlichkeit des Gestohlenen: Birnen (Erasmus und Augustinus), Feigen (Makarios und Hesse), süßer Wein und eine Wurst (Lazarillo), eine verlockende Nuss (Luther), Äpfel (Rousseau, Heine, Dahn und Darwin), eine Melone (Twain), Kerzenstummel (May), Leckereien aus dem mütterlichen Vorratskeller (Benjamin), Bonbons (Krull) und süße Trauben (Derrida). Das hübsche Schächtelchen Maimons, das Lustboot Wordsworths, die funkelnde Glaslinse Casanovas, der dekorative Pferdeschwanz Butzbachs und die Stoffballen Franziskus' von Assisi stellen zwar insofern Ausnahmen dar, als dabei keine Süßigkeiten oder wohlschmeckendes Obst gestohlen wird; das Schächtelchen und die Glasmurmel Maimons und Casanovas werden aber aus demselben Grund gestohlen wie die Naschereien der anderen Autoren, nämlich aus einem naiven und lustvollen kindlichen Wollen, das die Einschränkungen seines Begehrens nicht akzeptieren will. Auch in Abweichungen von der strengen Süßigkeiten-Motivik lässt sich leicht das Leitmotiv der diebischen Erfüllung kindlichen Begehrens erkennen. Bis auf Franziskus' Stoffballen, die er mit Gewinn verkauft, handelt es sich immer um Gegenstände von äußerst geringem Wert, Naschereien oder Kleinode, die kaum als wesentliche Bereicherung aufgefasst werden können, die jedoch als Lustobjekte eine umso größere symbolische Bedeutung haben: Sie erfüllen ein naives und argloses Begehren nach einem Genuss, der dem Kind untersagt ist; sie stellen eine minimale Subversion der besitzenden und vorenthaltenden Autorität dar. Nur wenn der so aufgeladene Gegenstand verbotenerweise angeeignet wird, kann dem ganz ungezügelten und triebhaften Begehren nachgegangen werden, das dem Kind oder Jugendlichen durch die Eltern, durch kulturelle Konventionen oder den Lehrmeister untersagt ist. So sehr das Gestohlene symbolisch einheitlich ist, so disparat und wesentlich undeutlicher ist die Figur des Bestohlenen. Derjenige, von dem die Leckerei oder das Kleinod gestohlen wird, ist immer ein Vertreter kultureller Normen oder sozialer Macht: Gott (Augustinus), die Mutter (Luther und Benjamin), ein tyrannischer Lehrmeister (Lazarillo und Rousseau), ein gieriger Abt (Erasmus), ein Nachbar (Maimon, Heine und Darwin), der Vater (Casanova), ein Straßenhändler (Twain), die Schule (May), ein Ladenbesitzer (Krull) oder ein reicher Bourgeois (Derrida). Der Bestohlene ist immer, selbst bei Franziskus, die Repräsentation einer kontingent verbietenden, lustabschneidenden Macht, gegen die sich der junge Mensch mit seinem Diebstahl zur Wehr setzt. Mit dem lustvollen Regelbruch der Aneignung des Begehrten, also dem Nachgeben vor einem zügellosen Begehren, setzt sich der Dieb über die Konventionen des Eigentums und des hegemonialen Lustverbotes hinweg. Das Bild des gefürchteten rechtmäßigen Besitzers wird dabei brüchig und sein alleiniger Anspruch auf das Obst oder die Nascherei zeigt sich als ein künstlich hergestelltes und gewaltsam sanktioniertes Genussverbot. Die spontane und etwas anarchische Zügellosigkeit, die sich über den Besitzanspruch des Mächtigeren hinwegsetzt, macht die Tat erst zu dem, als was sie in den Biografien auftaucht, nämlich zu einer listigen Überwindung der verneinenden und verbietenden Herrschaft und ein Erlebnis der persönlichen Lustverschaffung. Alle Erzähler jugendlicher Diebstähle erleben ihre Fähigkeit zur Brechung und Missachtung der elterlichen, staatlichen, sozialen, oder diskursiven und unbewussten Gesetze in genau dem Moment, in dem sie trotz des Verbots ihrem Begehren nachgeben und sich einfach nehmen, was ihnen verwehrt ist. Oftmals ist es nicht zuletzt das Aneignungsverbot, das den wertlosen Gegenstand so attraktiv macht und das Vergehen über die reine Eigentumsaneignung hinaushebt. In der handelnden und reflektierenden Feststellung der Möglichkeit, auch gegen das Gesetz das Begehrte erlangen zu können, wird der Machtanspruch des großen Anderen unterlaufen und eine widerständige Souveränität ausagiert. Mit dem Diebstahl der Leckerei wird daher nichts anderes beschrieben als ein individueller und für das einzelne Leben immens symbolträchtiger Sündenfall.

Drei weitere allgemeine Beobachtungen zu all diesen Texten sind der genaueren Untersuchung Augustins, Rousseaus und Evas voranzustellen: Erstens fällt auf, dass der Dieb erst nach langer Zeit über seine Tat sprechen kann. Es braucht viel Zeit, einer solchen grundlegenden Schuld zu entweichen, die das ganze Leben, das eigene Selbstbild und die Entwicklung des Selbst so massiv bestimmt hat. Alle diese Autoren schrieben ihre Bekenntnisse erst, nachdem sie lange schon nicht mehr in der Situation leben mussten, in der sie zum Diebstahl hingerissen wurden. Erst wenn sie souverän auf ihr erfolgreiches Leben zurückblicken können, können sie sich eingestehen, was sie als Kinder oder Jugendliche an Frevelhaftem getan haben, das ihr Bild von sich selbst so sehr geprägt hat. Damit hängt auch die zweite Beobachtung zusammen: Der Diebstahl bleibt lange in Erinnerung. Noch Jahrzehnte nach der Tat ist er den Autoren so präsent, dass sie ihn detailliert als Wendepunkt in ihrem Leben beschreiben können. Es scheint fast, als wäre ein noch so verzeihlicher jugendlicher Spitzbubenstreich eine Tat, die noch sehr lange zu ihrem Bekenntnis drängt. Dass die Erinnerung sich durch die große Distanz zum Ereignis umso mehr durch eine Anlagerung kollektiver Formen und Topoi auszeichnen kann, liegt dabei nahe; die Erinnerung vermischt sich mit anderem Erlebtem, mit Gelesenem und allgemeinen diskursiven Annahmen. Dennoch fällt auf, dass das Vergehen des Diebstahls nicht verdrängt und in ein unbewusstes Vergessen verschoben wird, sondern zu seinem Bekenntnis herausfordert. Wenn der Diebstahl als ein so wichtiges und auf traumatisierende Weise prägendes Erlebnis nicht der Verdrängung unterliegt, sondern ganz im Gegenteil eine Eigendynamik entwickelt, die darauf drängt, dass dieses Ereignis prominent in die eigene Lebensgeschichte aufgenommen wird, verdient dieser Prozess, näher untersucht zu werden.

Daran schließt sich eine dritte, oben bereits angesprochene Beobachtung an: Der Diebstahl ist nicht individuell. So sehr er als ein genuin eigenes, das Selbst intim und einzigartig prägendes Erlebnis betont wird, wird im Überblick über die vielen sich ähnelnden Diebstähle der autobiografischen Literatur deutlich, dass er mindestens ebenso ein kollektiver Topos wie ein individuelles Erlebnis ist. Es sind eben diese individuellen und historisch gleichbleibenden Bekenntnisse, die den Diebstahl zu einem Motiv machen, auf das sich so viele Autobiografien so unveränderlich beziehen können. Während ein so persönlichkeitsbegründendes Kapitalverbrechen wie der Vatermord dazu tendiert, ins Unbewusste verschoben, verschlüsselt und nur symbolisch ausagiert zu werden, wird der Diebstahl offensiv ausgeführt und ebenso offen erzählt. Wie der Vatermord tendenziell nur in Tiefenschichten von Texten aufzufinden ist, so wird der Diebstahl an deren Oberfläche durchgeführt und berichtet. Diese Vorgänge der Verdrängung des Mordes und der

Offenlegung des Diebstahl wurden bereits anhand von Sigmund Freuds Untersuchung der Moses-Bücher beschrieben und werden in der Untersuchung des *Entwendeten Briefes* von Edgar Allan Poe in einem späteren Kapitel nochmals aufgegriffen.[29] In den autobiografischen Diebstahlstexten ist ein ähnliches Geschehen zu beobachten: gewissermaßen auf der kulturellen Ebene des historischen Narrativs der Subjektivität und der Entwicklung der Selbstbeschreibung wird der Diebstahl zu einem Motiv, dessen Bekenntnis den Autor ins kulturelle Gedächtnis einschreibt. Seine Subjektivität kann an das kulturelle Gedächtnis und an die kulturell gültigen Annahmen über Subjektivität anknüpfen, wenn er sich in die Reihe der Diebe stellt, die mit Eva und Augustinus ihren Anfang nimmt.

Dadurch wird nicht nur die Wichtigkeit des einzelnen Diebstahls in diesem oder jenem biografischen Text interessant, vielmehr wird durch die extreme Häufigkeit und Übereinstimmung dieses Motivs in verschiedenen literaturhistorisch wichtigen Autobiografien der jugendliche Diebstahl zu einem Motiv der Bekenntnisliteratur, das dieser Gattung letztlich widerspricht: Wo, so könnte man fragen, bleibt die Einlösung des Versprechens einer beispiel- und rücksichtslosen Selbstergründung, wenn einer der ersten zentralen, bewusst erlebten Momente des erzählenden Selbst sich bei näherer Betrachtung als Zitat und als Bezüglichkeit nicht auf sich, sondern auf jemand anderen erweist? Vielleicht ist also Monsieur Teste doch recht zu geben: Wenn man davon absieht, ob der erzählte Fehltritt wahr in einem strengen Sinn ist, und wenn man stattdessen – nicht weniger folgenreich – davon ausgeht, dass von einer gelungenen Selbstbildung, die von sich und ihrem Entwicklungsprozess erzählen kann, erwartet wird, dass sie einen solchen Fehltritt berichten kann. Für diese Wichtigkeit, einen Diebstahl berichten zu können, spricht zum Beispiel auch, dass der Diebstahl, von dem Michel Leiris gegen Ende der *Spielregel*[30] erzählt, eigentlich nicht stattgefunden hat. Leiris verspürte den ihm selbst befremdlichen Drang, für seine Lebensbeschreibung einen Diebstahl bekennen zu können, auch wenn er keinen begangen hatte. Zuerst war Leiris überzeugt, gestohlen zu haben, doch davon blieb ihm wenige Zeilen später auf der Polizeistation nur noch die Überzeugung, schuldig zu sein, und dann ein seltsames Gefühl einer stumpfen Forderung eines eigentlich nötigen Diebstahls in seiner Situation und seiner Biografie.[31] Heine hat diesen Zwang zum Diebstahlsbekenntnis noch präziser gespürt und erzählt mit entschuldigend oder ironisch klingenden Worten, weshalb er nicht gestohlen hat. Es scheint also, als habe Monsieur Teste recht damit, in der Jugend von zur Reflektion begabten Menschen mit sicherem Erfolg nach einem Vergehen fahnden zu können. Wenn der jugendliche Täter und sein Vergehen allerdings berühmt werden, so nicht, weil es so exemplarisch für den einzelnen Geist ist, der es beschreibt, sondern weil es als eine Marke der Glaubwürdigkeit an jede Erzählung eines großen Geistes angeheftet werden muss, damit man ihm sowohl seine Größe

---

29 Siehe die Seiten 169-177 für Freuds Archäologie der Moses-Bücher und die Seiten 339-345 für Jacques Lacans Lektüre Poes.
30 Leiris: *Règle du Jeu*. S. 870ff.
31 Siehe hierzu: Schneider: *Herzensschrift*. S. 230-241.

als auch die Reflexionsfähigkeit über sich selbst zugesteht. Es handelt sich dann bei diesen Fehltritten gleichzeitig um einen Topos des Berichtens über die Genese und den Selbsterkennungsmoment eines Geistes variabler Größe, aber auch um ein ernst zu nehmendes individuelles Erleben des Autors selbst.

Im Folgenden wird daher mit Augustinus und Rousseau aufzuzeigen versucht, wie diese Autoren, die mit der christlichen Religion in einem positiven oder negativen, aber jedenfalls produktiven Verhältnis standen, mit ihrem Vergehen auf die menschheitsbegründende Tat Evas im Paradies rückverweisen. Nachdem an Augustinus anknüpfend Rousseaus Wahrnehmung des Motivs der illegitimen Aneignung untersucht wurde, wird auf Eva zurückzukommen sein: dort wird gefragt werden, was die Erkenntnis, dass dem Genuss der Frucht ihre Aneignung vorausgehen muss, für ein neues Verständnis der Sündenfallerzählung leisten kann. Der Sündenfall des Menschen, der traditionell im Verzehr der verlockenden Frucht gesehen wird, die Eva sich verbotenerweise von dem berühmten Baum nahm, wird zwar mit ihrem Biss in den Apfel vollendet, er beginnt aber mit ihrer Aneignung dieser Frucht. Die Argumentationslinie des Kapitels schreitet also mehr oder weniger chronologisch die einschlägigsten Texte ab, um am Ende dieser Reihe individueller Anfangserzählungen zur wichtigsten Erzählung des Anfangs der Menschen überhaupt zu gelangen. Die Stärke der direkten Beeinflussung der Autoren durch den Genesis-Mythos ist nicht abschließend zu beweisen, auch wenn die Häufigkeit, mit der sich der Mensch gerade in einem Obstdiebstahl selbst entdeckt und der immense kulturelle Einfluss der Tat Evas eine Verwandtschaft, wenigstens aber die These einer unbewussten Rückbezüglichkeit des persönlichen Sündenfalls auf den gemeinmenschlichen Sündenfall plausibel machen. Fest steht: Jeder individuelle Sündenfall in unserer Kultur muss sich messen mit der Erzählung von der ursprünglichen Sünde Evas. Wenn glaubhaft wird, dass der persönliche Diebstahl für das jeweils eigene Leben dieselbe Bedeutung hatte wie die Tat Evas für die gesamte Menschheit, kann sich eine intime Lebensbeschreibung in die Nachfolge der sündigen, genießenden und sich Gott widersetzenden Mutter der ganzen Menschheit stellen.

Zweites Kapitel:
Für eine Hand voll Birnen –
Die Dringlichkeit einer Jugendsünde

5|2|1
Der Birnendiebstahl des Heiligen Augustinus

> [Jesus von Nazareth:] Wer Schätze häufte, die die Diebe stehlen
> können, der brach zuerst das Gesetz, indem er seinem Nächsten
> nahm, was ihm nöthig ist. Wer ist nun der Dieb: der dem Nächsten
> nahm das, dessen er bedurfte, oder der dem Reichen nahm das,
> deß er nicht bedurfte?[1]
>
> *Richard Wagner*

Die Diebe, die in dieser Arbeit bisher untersucht wurden, waren alle im weitesten Sinn mythisch: Prometheus war eine beispielhafte Gestalt des Mythos, und ebenso sind Hegels, Diderots und Diodors fiktionale ägyptische Diebe die Gestaltungen eines mythischen „verfemten Teils". Auch Rahel, Josef und Mose, denen wir im vorigen Kapitel begegnet sind, waren Gestalten aus der Mythensammlung der Mosesbücher. Die Erzählungen, die über alle diese Figuren geschrieben wurden, fungieren für ihre Autoren dazu, ihre eigene gegenwärtige kulturelle Situation zu reflektieren und die Gegenwart mit der Geschichte zu verknüpfen, die auf diese Situation hinführte. In den nun folgenden Überlegungen stellt sich die Situation scheinbar anders dar, weil der Dieb, von dem erzählt wird, gleichzeitig der Autor der Erzählung ist. Dabei muss dieser Schritt aus der Ideengeschichte in die literarische Gattung der Autobiografie – also von der Phylo- in die Ontogenese – nicht als Sprung in eine andere Kategorie des Erzählens wahrgenommen werden. In Autobiografien wird ebenso eine bestimmte kulturelle Situation abgebildet und sprachlich zugänglich gemacht wie in historischen, gesellschaftskritischen oder philosophischen Texten. Ein Autor ist in seinem Denken immer von den ihn umgebenden kulturellen Bestimmungen geleitet, und welcher Gattung sein Text zugeordnet

---

1 Richard Wagner: *Jesus von Nazareth. Ein dichterischer Entwurf aus dem Jahre 1848.* Leipzig 1887. S. 35.

wird, ist dann zweitrangig, wenn in diesem Text eine spezifische Lebenswirklichkeit zu erkennen ist; alle Texte einer Epoche speisen sich aus dem Erleben derselben Wirklichkeit:

> Die Geschichte, die wir schreiben, ist im Grunde immer unsere eigene intellektuelle und politische Autobiografie und unser Versuch, zu einem genetischen Verständnis unserer eigenen Lebens-, Handlungs- und Empfindungsweise zu gelangen. Die Bedeutungen solcher Begriffe wie ‚Durchbruch' und ‚Achsenzeit' werden nur dann klar, wenn wir erkennen, daß die Wichtigkeit von Erkenntnissen und Daten von dem Platz bestimmt wird, den wir ihnen in unserer Autobiografie zuweisen, und nicht von ihrem materiellen Gewicht.[2]

Mit dem Begriff der „Achsenzeit" und der in einer solchen Zeit entstandenen Autobiografie kommen wir zu Aurelius Augustinus als dem Denker zurück, der wie kein anderer an der Epochenschwelle von der Antike zum Mittelalter stand.[3] Seine philosophisch-theologischen und zeitkritischen Positionen wurden oben bereits untersucht, und die Untersuchung seiner Autobiografie ist davon nicht zu scheiden: in seinen persönlichen *Bekenntnissen* drücken sich dieselben Verunsicherungen über einen unverfügbaren kulturellen Wandel aus wie in seinem theologisch-politischen *Gottesstaat*. Augustinus war nicht nur Geschichtsphilosoph und Theologe, dem das Diebstahls-Motiv auf einer abstrakten und kulturtheoretischen Ebene präsent war, sondern es betraf ihn ganz individuell. An vier unterschiedlichen Stellen in seiner Autobiografie spricht Augustinus von Diebstählen: Er nahm sich verbotenerweise Leckereien aus dem Keller der Eltern, er stahl Nüsse, Murmeln und Sperlinge,[4] und die berühmten Birnen vom Baum des Nachbarn.[5] Seinen engen Freund Alypius trifft der Vorwurf des Blei-Diebstahls,[6] und Augustinus thematisiert auch in seiner Lebensbeschreibung den „Wahrheitsdiebstahl"[7], mit dem er die *civitas dei* begründet sehen wollte. Es liegt bei der Vielzahl und Bedeutsamkeit der erwähnten unerlaubten Aneignungen nahe, den Diebstahl als Augustinus' zentrales Beispiel für das sündige Tun des Menschen zu verstehen.[8] Die Sünde, die bei Augustinus das den Menschen bestimmende Weltverhältnis darstellt, wird so nachhaltig im Zusammenhang mit dem Exempel des Diebstahls diskutiert, dass diese Handlungsweise nicht nur als ein untergründig leitendes, sondern als ein wiederholt an zentralen Stellen der Argumentation angebrachtes, aber bisher nicht untersuchtes Motiv der Augustinischen Theologie und Subjektphilosophie zu ver-

---

2 Zitiert nach: Yehuda Elkana: „Die Entstehung des Denkens zweiter Ordnung im antiken Griechenland." In: Eisenstadt (Hg.): *Kulturen der Achsenzeit*. Band I. S. 52-88, hier S. 59f.
3 Für diese Verortung Augustins siehe: Peter Seele: *Philosophie der Epochenschwelle*. Berlin u. New York 2008.
4 Augustinus: *Bekenntnisse*. S. 61.
5 Ebd. S. 77ff.
6 Ebd. S. 273ff.
7 Ebd. S. 335.
8 Zu Begriff und Häufigkeit des Diebstahls in Augustins Werk, siehe auch: Hans Armin Gärtner: „Fur, furtum." In: Cornelius Mayer u. a. (Hg.): *Augustinus-Lexikon*. Band III. Basel 2004. Sp. 79-82. – Demnach findet sich „fur" etwa 330 Mal, „furtum" etwa 220 Mal im Werk Augustins.

stehen ist. Jedoch verkennt man Augustinus, wenn man von ihm als einem einheitlichen Denker und Systematiker spricht: er erlebte so regelmäßig radikale Umwandlungen und Neuausrichtungen seines Denkens, dass es möglich ist, stringent mit seinen Texten arbeitend zu konträren Ergebnissen zu gelangen. Hier wird ein ganz spezifisch diesseitiges und anthropologisches Moment seines Denkens betont, das sich bewusst der Kritik aussetzt, dass Augustinus aber doch ein theologisch wesentlich strengerer, metaphysischerer und christlicherer Denker sei, dessen Fragen nach dem Menschen immer im Rahmen einer Jenseitskonzeption und eines Gottesbildes stehen, die hier hinter seine Anthropologie zurücktreten. Es lohnt sich aber, das Risiko einzugehen, in Augustinus für einen Moment eher einen Theoretiker der Immanenz und des Lebens in der Welt zu sehen und das transzendente Gebäude, das er entwickelt hat, etwas in den Hintergrund treten zu lassen. Augustinus war ebenso der Theoretiker des absoluten Ausgeliefertseins des Menschen an Gott, wie er derjenige war, der die diesseitige menschliche Handlungsmöglichkeit ins Zentrum seiner Theologie stellte.[9]

Was für Augustinus eine individuelle Ursünde darstellt, verweist in einer dezidiert literarischen Weise auf den Mythos zurück: Sein Sündenfall, eine der vielleicht einflussreichsten Szenen der Literaturgeschichte, ist eine individuelle Wiederholung des Sündenfalls der gesamten Menschheit. In jeder Untersuchung der *Bekenntnisse* des Kirchenvaters vermischen sich daher theologische Überlegungen mit psychologischen Beobachtungen an der Person Augustins. Das ist schon daran bemerkbar, dass die Anekdote vom Birnendiebstahl eine Episode darstellt, die den Interpreten aller Zeiten nicht zuletzt dadurch ins Auge fiel, dass sie dem pastoral-allegorisierenden und tendenziell kerygmatischen Stil, der den Rest der *Bekenntnisse* beherrscht, nicht ganz entspricht. Innerhalb der rhetorisch hochgradig konstruierten und sehr sorgfältigen Strukturierung des Buches ist die Birnen-Episode ein auffallend konkretes Geschehen, von dem Augustinus bemüht ist, einen möglichst glaubwürdigen Wirklichkeitsbezug und eine handfeste Tatsächlichkeit des Erzählten herzustellen: Er will diese Szene als Anknüpfungspunkt aller weiteren Selbstergründung verstanden wissen und der Diebstahl der Birnen soll unbedingt in Augustinus' Jugend tatsächlich so stattgefunden haben, wie er ihn ausmalt; er ist das Ereignis, mit dem Augustinus' Selbstreflexion einsetzt, und damit ist dieser Moment der Augenblick, auf den alle folgende Erinnerung rekurriert. Vor dem Birnendiebstahl, also schon im ersten Buch der *Bekenntnisse* stellt sich Augustin als Kind und als unfertigen Menschen dar, der erst mit dieser Tat zu einem Bewusstsein seiner selbst in der Schöpfung und in Bezug auf Gott erwacht ist.[10] Wo vorher eine unhinterfragte Verankerung des Kindes in der Familie und der nordafrikani-

---

9 Grundlegend für die hier versuchte Augustinus-Lektüre, zu seiner Theologie, seiner historischen Verortung und zu seinen philosophischen Einflüssen, siehe die bereits zitierten: Drecoll: *Augustinus*. und Flasch: *Augustin.*, aber auch Leonore Stump u. Norman Kretzmann (Hg.): *The Cambridge Companion to Augustine*. Cambridge 2001. Und: Brian Stock: *Augustine the Reader. Meditation, Self-Knowledge, and the Ethics of Interpretation*. Harvard ² 1998.
10 Larissa Carina Seelbach: „Confessiones 2. Augustin – ein Birnendieb!" In: Norbert Fischer u. Dieter Hattrup: *Irrwege des Lebens. Augustinus: Confessiones I-VI*. München 2004. S. 55-74.

schen heidnisch-römischen Kultur gegeben war, wird damit ein Bruch sichtbar, der den jungen Menschen der Welt als ganzer gegenüberstellt und ihm erst den Blick auf die Welt und auf seinen Ort in ihr ermöglicht.

Was in den vielfältigen Besprechungen des Birnendiebstahls bisher kaum beachtet wurde, ist die Tatsache, dass es sich beim Birnendiebstahl nicht um Augustins ersten Diebstahl handelt. „Auch Diebstähle beging ich im Keller der Eltern und vom Tisch weg."[11] Und noch mehr: Er erzählt, dass er auch Nüsse, Murmeln und Sperlinge stahl, und dass er darin eine gewisse Fertigkeit entwickelte, die ihn vor seinen Freunden auszeichnete.[12] Dem Diebstahl dieser Naschereien und Spielzeuge gibt Augustinus jedoch kein so immenses Gewicht wie den stibitzten Birnen aus dem Garten eines unbekannt bleibenden Nachbarn. Dennoch sind diese ersten, lässlichen Entwendungen aber eben in ihren Unterschieden zum Birnendiebstahl bezeichnend: Insbesondere ist wichtig, dass es dem noch nicht mündigen Kind Augustinus dabei um das Gestohlene selbst ging, um den Genuss des Gestohlenen. Auch dass er diese Spielzeuge und Leckereien wirklich wollte, unterscheidet diese Tat vom unnützen Diebstahl der Birnen, dem Augustinus so viel mehr Gewicht gibt. Zudem kannte er im ersten Fall die Bestohlenen und wusste um ihre Vergebung für die Aneignung der Leckereien. Den Eigentümer des Birnbaums kannte er dagegen nicht und vor allem wollte er die Birnen im Grunde gar nicht wirklich besitzen. Der willentliche und von Selbstbeobachtung begleitete jugendliche Fehltritt der Obstbaumplünderung erhält in Augustinus' *Bekenntnissen* eine psychologische Dringlichkeit, durch die diese Tat zu einer theologischen Exemplarität und zur Veranschaulichung der Funktionsmechanismen der menschlichen Sündigkeit erhoben werden kann. Einmal unerlaubt einige Birnen gepflückt und weggetragen zu haben, wurde für Augustinus zu dem individuellen Achsenmoment, ab dem er sich von der Unschuld des Kindes gelöst hatte. Er hatte ein Gründungsverbrechen begangen, mit dem er erst als sündiger, also als ganzer Mensch in die Welt eintrat. Der Birnendiebstahl ist der Augenblick, mit dem Augustinus die Ruhelosigkeit zu spüren beginnt, die den Menschen durchs Leben treibt und die er in den berühmten ersten Sätzen der *Bekenntnisse* als bestimmendes Prinzip alles Menschlichen der Beschreibung seines persönlichen Lebens voranstellt.[13]

Die enorme Wertigkeit, die Augustinus diesem Jugendstreich gibt, machte schon seine kirchenväterlichen Nachfolger etwas ratlos:[14] Ein paar Birnen gestohlen zu haben, eine so verzeihbare Lässlichkeit sollte schwerer wiegen als die ebenso

---

11 Augustinus: *Bekenntnisse*. S. 61.
12 Ebd. S. 62. – Dass Augustinus die Birnen nur aus Gruppenzwang gestohlen haben soll, wie es in vielen Interpretationen behauptet wird, ist aufgrund seiner Übung und Gewohnheit unwahrscheinlich. Er hatte sich vorher schon als geschickter Dieb profiliert, und es liegt daher näher, anzunehmen, dass er in der Plünderung des Birnbaums mit einigen Nachbarskindern eine relativ initiative Rolle spielte.
13 Ebd. S. 13.
14 Die unmittelbar auf Augustins Tod folgenden Biografien vermeiden nicht nur seine offensichtlichen Fehler, sondern auch die, auf die Augustinus seine Theologie gründete. Siehe dazu: Possidius von Calama: *Sancti Augustini Vita*. Übers. u. hg. v. Herbert T. Weiskotten. Oxford 1919.

verbotenen kindlichen Entwendungen vom Tisch seiner Eltern? Sie sollte schlimmer sein als das Verhalten seiner gekränkten und von ihm verlassenen Mutter gegenüber, schlimmer als das unzüchtige Verhalten in der Jugend, als seine Faulheit und pauschale Lernverweigerung und sogar noch schlimmer als der gegen die Wahrheit gepredigte manichäische Irrtum oder die für den persönlichen Gewinn und für die Karriere aufgekündigte Ehe?[15] Für die Leser der Lebensbeschreibung Augustins lag zu allen Zeiten die Bewertung nahe, dass dieser Diebstahl nicht mehr war als ein eigentlich mit Milde zu betrachtendes, typisches Vergehen einer kleinen Gruppe gelangweilter Heranwachsender – aber Augustinus selbst findet sein Vergehen schlimmer als die berühmten Verbrechen Catilinas.[16] Catilinas Ausplünderung ganzer Kolonien, durch die der ganze römische Staat in Gefahr geriet, wurden, so versichert uns Augustin, durch seinen Birnendiebstahl an Verwerflichkeit noch weit übertroffen: Sein Diebstahl musste schwerer wiegen als die Ausbeutung ganzer Landstriche und Bevölkerungsgruppen. Besondere Aufmerksamkeit verdient daher die im Vergleich zu Catilina sehr geringe Beute, die Augustinus macht: Eine Hand voll Birnen, von denen er aber nur isst, weil sie den Reiz und Geschmack des Verbotenen haben und die er, kaum dass er von ihnen gekostet hat, den Schweinen vorwirft. Catilina wollte die Beute wirklich, Augustinus mochte Birnen gar nicht, oder wenigstens diese nicht, weil er zuhause bessere hätte bekommen können.[17] Es stellt sich die Frage, weshalb Augustinus ausgerechnet Birnen stiehlt, statt eine beliebige Frucht oder einen Apfel – der in der Doppeldeutigkeit des lateinischen ‚malum' als ‚Apfel' und als ‚Übel' ein viel bedeutungsreicherer Gegenstand gewesen wäre. Weshalb stahl Augustinus ein Obst, das er nicht mochte, und dazu noch eines von schlechter Qualität?

In einer bewundernswerten Untersuchung klärt Danuta Shanzer die Frage, weshalb es gerade ein Birnbaum ist, den der junge Augustinus plündert. Statt des mythischen Apfels, des *malum* der Genesis in der Vulgata-Übersetzung, oder eines nicht weiter bezeichneten Obstes, was eine viel deutlichere Anknüpfung der Tat an die biblische Urgeschichte möglich gemacht hätte, sind es ausgerechnet Birnen, die er stiehlt. Shanzer arbeitet zwei wesentliche Aspekte heraus: zum einen kann sie überzeugend zeigen, dass sich Birnen in der Antike durch ihre geradezu sprichwörtliche Wertlosigkeit auszeichneten.[18] Birnen galten, was heute etwas überra-

---

15 Zur Biografie Augustins ist hier auf die brillante Arbeit von Peter Brown hinzuweisen: *Augustine. A Biography.* Berkeley and Los Angeles 2000. Zum letzten Punkt siehe auch: Marjorie O'Rourke Boyle: *Christening Pagan Mysteries. Erasmus in Pursuit of Wisdom.* Toronto 1981. S. 4.
16 Augustinus: *Bekenntnisse.* S. 83.
17 Ebd. S. 79.
18 Danuta Shanzer: „Pears before Swine." S. 45-55. – Der Rückbezug dieser Szene auf einen Horaz-Brief, den Augustinus offensichtlich kannte, ist insofern interessant, als in dieser Horaz-Stelle ein Geschenk aus Birnen zurückgewiesen wird, das nichts wert gewesen wäre, den Beschenkten aber an den Gebenden gebunden hätte. Die strukturelle Parallele der Szenen Horaz' und Augustinus' zum oben behandelten Verhältnis der Gabe und dem Diebstahl Epimetheus' und Prometheus' liegt auf der Hand.

schend scheint, als das minderwertigste und verschmähteste Obst der Spätantike.[19] Zu ihrer Erntezeit wurden Birnen damals in einem solchen Überfluss gepflückt und verkauft, dass ihnen eine Wahrnehmung entgegen gebracht wurde, die in etwa als „the ancient equivalent of too many zucchini in August"[20] zu erkennen ist. Diese Wertlosigkeit von Birnen lässt sich an Augustins Texten selbst darlegen. Um die Herzlosigkeit der Manichäer zu zeigen, behauptet Augustinus folgendes: Die Manichäer seien wegen ihrer unmenschlichen Moralvorstellungen nicht einmal dazu bereit, diese wertlosen Früchte für einen Verhungernden von einem Baum zu ernten, um ihn zu retten. Sie würden den Menschen lieber verhungern lassen als die Sünde auf sich zu laden, dieses Obst vom Zweig zu reißen. Augustins Beispiel steigert das biblische Gleichnis des barmherzigen Samariters, und sein bitterer Spott ist unüberhörbar wenn er darin schreibt:

> Gesetzt nämlich jemand läge, durch Krankheit körperlich entkräftet, erschöpft vom Marsch und seinem verderblichen Leiden, halbtot auf dem Weg und vermöchte nichts weiter, als, so gut es geht, ein paar Worte hervorzubringen, und es nützte ihm schon, gäbe man ihm zu Straffung des Körpers eine Birne, gesetzt dieser bäte dich bei deinem Vorübergehen, ihm zu helfen, und flehte dich an, ihm vom nächsten Baum eine Frucht zu bringen, woran dich kein menschliches und letztlich kein wahres Recht hindert, er würde aber, wenn du es nicht tätest, ein wenig später sterben – dann wirst du christlicher und heiliger Mann lieber vorübergehen und einen so geschwächten und flehentlich bittenden Mann im Stich lassen, damit der Baum nicht jammert, wenn ihm eine Frucht abgenommen wird, und du als Auflöser des Siegels für die manichäischen Strafen bestimmt wirst. O was für Sitten und welch einzigartige Unschuld![21]

---

19 Wer die „Birne" im *Oxford Guide to the Historical Reception of Augustine* nachschlägt (Helene Heil u. Christian Pirus: „Pear." In: *The Oxford Guide to the Historical Reception of Augustine*. Band III. Hg. v. Karla Pollmann. Oxford 2013. S. 1508-1511.), wird dort nicht wenig von ihrer scheinbaren historischen Bedeutung überrascht: Es wird die Pseudo-Augustinische Predigt „De piris diaboli" zitiert, in der der große Kirchenvater diese Frucht buchstäblich verteufelt haben soll. Dieser Sermon bezeichnete die Birne als eine urböse Obstsorte, die ein wahrer Christ tunlichst zu meiden habe. Dies führte, schenkt man dem Birnen-Eintrag Glauben, zu einer absurden konfessionellen Polarisierung des Obstbaus: Die nordafrikanischen Vandalen pflanzten, im Gegensatz zu den Katholiken, Birnbäume an, und die vehemente Ablehnung der Frucht wurde zu einem Symbol der wahren christlichen Rechtgläubigkeit. Im Spätmittelalter galt es als Akt der Konversion, den Birnbaum des eigenen Gartens zu fällen, und fromme Flagellanten rissen angeblich die Birnbäume in fremden Gärten aus und schrieben mit Birnensaft Spottverse an die Hauswände von Birnbaumbesitzern. Besonders der letzte Satz der Predigt, der dem Birnengenuss mit der Höllenstrafe drohte, war hier angeblich sehr beliebt: „Vos, qui gaudetis de piris, mox gehennam inventis." In Frankreichs Mittelalter wurden, so erzählt der Birnen-Artikel, aus allen Klostergärten die Birnbäume entfernt und noch Luthers Satz, er würde, selbst wenn morgen die Welt unterginge, einen Baum pflanzen, handelte ursprünglich von einem antikatholischen Birnbaum, den zu pflanzen selbst dann nötig wäre, wenn die Welt direkt vor ihrem Ende stünde. – Diese amüsante Verdammung einer unschuldigen Obstsorte ist allerdings, wie mir Karla Pollmann, die Herausgeberin des *Guide* bestätigt hat, reine Fiktion. Das Lemma ist ein fiktionaler Artikel in der stolzen Tradition von Mischa Meiers „Apopudobalia" und der „Steinlaus" im Pschyrembel.

20 Shanzer: „Pears before Swine." S. 51.

21 Augustinus: *De moribus ecclesiae catholicae et de moribus manichaeorum*. Zweisprachige Ausgabe. Übers. u. hg. v. Elke Rutzenhöfer. Paderborn u.a. 2004. S. 219ff.

Diese Nennung der Birne bei Augustinus ist bezeichnend, weil sie hier zwar als materiell wertlose, aber allegorisch als rettende Frucht auftaucht, die unbedingt gepflückt werden muss, wenn man sich als wirklicher Christ zeigen will.

Augustinus übertrifft mit seiner Tat die Urmutter Eva also noch um einige Punkte: Im Gegensatz zu ihr wollte er die Birnen nicht um ihrer selbst willen und für den Genuss. Die Früchte, von denen er stahl, hatten „nichts Verlockendes, weder nach Aussehen noch Geschmack"[22], während Eva im Paradies fand, „dass von dem Baum gut zu essen wäre und dass er eine Lust für die Augen"[23] sei. Er versucht mit seiner Erzählung noch die Bibel zu übertreffen, seine Tat soll noch einen Schritt schlimmer sein als die Evas, weil sie die Frucht wirklich begehrte, um damit Erkenntnis zu gewinnen und er die minderwertigen Früchte aus dem Nachbargarten nur um der Handlung des Stehlens selbst willen stahl. Augustinus ist sich im Augenblick der Tat der Selbsterkenntnis gar nicht bewusst, die er dadurch erreichen sollte: „Erat mihi enim meliorum copia, illa autem decerpsi, tantum ut furarer."[24] Nur für die verwerfliche Tat, für diese Erfahrung der Selbstbezüglichkeit und des Tun-Könnens stiehlt er, was er schon im Überfluss besitzt.[25] Er beißt nach der Tat auch nur einmal von den Früchten ab und wirft sie dann den Schweinen vor. Damit, dass er sie mit den Schweinen teilte, wird eine Parallele zu einer weiteren biblischen Erzählung eröffnet: Derjenigen des verlorenen Sohnes, der am Ende seines verwerflichen Weges so erniedrigt war, dass er sein Essen zusammen mit den Schweinen einnehmen musste.[26]

Augustinus stiehlt etwas, dessen Sinn- und Wertlosigkeit ihm offensichtlich ist: Er stiehlt nur, um zu stehlen. Wenn also in modernen Bezugnahmen auf den Birnendiebstahl so oft und entschieden über dessen Trivialität und eigentliche Bedeutungslosigkeit gespottet wird – zum Beispiel von Friedrich Nietzsche[27], Bertrand Russell[28] oder Bertolt Brecht[29] –, so muss dem hinzugefügt werden, dass Augustinus sich dieser Banalität seiner Tat voll bewusst war. Dadurch wird sie ihm aber keineswegs verzeihlicher, sondern dies lässt sie ihm nur noch schamvoller werden. Augustinus weiß um die Leere und Belanglosigkeit des Geschehenen, und eben das ist es, was ihn quält: Er wusste damals schon, wie sinn- und nutzlos seine Tat war, und genau deswegen beging er sie. Sie war für ihn der Inbegriff des Leeren und

---

22 Ders.: *Bekenntnisse.* S. 79.
23 1. Mose 1,6.
24 Ders.: *Bekenntnisse.* S. 82.
25 Siehe dazu auch: Frederick van Fleteren: „Confessiones 2. Prolegomena zu einer Psychologie und Metaphysik des Bösen." In: Norbert Fischer u. Cornelius Mayer (Hg.): *Die Confessiones des Augustinus von Hippo. Einführung und Interpretation zu den 13 Büchern.* Freiburg 1998. S. 107-131, hier S. 124.
26 Lukas 15,16.
27 Friedrich Nietzsche: „Brief an Franz Overbeck in Basel vom 31. März 1885." In: *Sämtliche Briefe. Kritische Studienausgabe.* Hg. v. Giorgio Colli u. Mazzino Montinari. Band VII. Berlin 1986. S. 34.
28 Bertrand Russell: *Philosophie des Abendlandes.* Übers. v. Elisabeth Fischer-Wernecke u. Ruth Gillischewski. München 2004. S. 358.
29 Bertolt Brecht: *Tagebücher 1920-1922.* Hg. v. Hertha Ramthun. Frankfurt a. M. 1975. S. 212.

Falschen. Für Augustinus war diese Sinnlosigkeit höchst schmerzhaft, während seine späteren Leser sie als belanglos abtun können, dabei aber riskieren, den kritischen Aspekt zu übersehen, den Augustinus eben darin sieht, dass sich Sünde als Differenzkriterium nicht nur in großen, wirkungsvollen und berichtenswerten Handlungen, sondern auch in trivialen Taten und abseitigem Handeln zeigt. Oft genug sind die jugendlichen Verfehlungen, die Paul Valéry im Herzen der Lebensbeschreibungen erkennt, kleine, abseitige Momente, die in der Erinnerung über Jahrzehnte eine äußerst quälende und schamvolle Präsenz behalten. Sie wie Nietzsche, Russell und Brecht interpretativ zu trivialisieren, trägt nichts zu ihrem Verständnis bei.

Augustinus bedient sich in der Beschreibung des Birnendiebstahls einer so angespannten Rhetorik der Verwerflichkeit und der psychologischen Dringlichkeit, dass damit spätestens für die Rezeption der Aufklärung die Grenze einer Parodie des biblischen Sündenfalls berührt wurde.[30] Der Birnenstreich wirkt, darin ist sich die Literatur zu den *Bekenntnissen* einig, zumindest auf den ersten Blick willkürlich und übertrieben. Kurt Flasch nennt die Bewertung, die Augustinus ihm in seiner Lebensgeschichte gibt, „verschroben und proportionslos wirkend"[31], an anderer Stelle der *Confessiones*-Forschung wird die Szene als „kapriziös"[32] bezeichnet oder man wundert sich darüber, dass er den Birnendiebstahl „at puzzling length"[33] berichtet. Der Birnendiebstahl erhält seine Glaubwürdigkeit und literarisch-psychologische Intensität aber gerade durch die scheinbare Zufälligkeit, die genau diese Sünde zu Augustinus' Urmoment werden lässt. ‚Dies', dessen versichert Augustinus gewissermaßen seine Leser, ‚ist meine Erinnerung; kein anderes Erlebnis hat mich mehr geprägt als diese schrecklich unnütze Tat.' Augustinus riskiert, mit dem zerknirschten Bekenntnis zu einer eigentlich verzeihlichen Tat ein wenig exzentrisch und sonderlich zu wirken, aber er steigert damit die Wirkung immens, die diese Szene auf den Leser haben kann. Sie wird erst durch die merkliche Überspanntheit des Autors und durch die empfindsame Exaltiertheit der Schilderung wirklich glaubwürdig.

Im Aufbau der Argumentation dieser Arbeit bietet sich auch ein psychoanalytisches Verständnis des Birnendiebstahls an. Demnach könnte der Birnendiebstahl für Augustinus eine solch große Bedeutung erhalten haben, weil darin der im Kapitel über den „Diebstahl des Wahrheitsgoldes" besprochene Diebstahl der Wahrheit verschlüsselt lag. Er verschob gewissermaßen unbewusst die Problematik des Diebstahls des Wahrheitsgoldes auf seinen Diebstahl der Birnen. Im Diebstahl des

---

30 Vergleiche dazu weiter unten John Lockes Lexikoneintrag über Erasmus von Rotterdams Leben, dem er einen Birnendiebstahl als Grund andichtet, aus dem Kloster geworfen worden zu sein: Eine Szene, die Augustins Birnenmoment humoristisch aufgreift und als Klostersatire übersteigert.
31 Flasch: *Augustin.* S. 239.
32 Wolf Streidle: „Augustins *Confessiones* als Buch. Gesamtkonzeption und Aufbau." In: *Romanitas Christianitas. Untersuchungen zur Geschichte und Literatur der römischen Kaiserzeit.* Hg. v. Gerhard Wirth. Berlin 1982. S. 436–528, hier S. 487.
33 James O'Donnell: *Augustine. A New Biography.* New York 2005. S. 38.

Obstes erlebte er demzufolge stellvertretend die Scham für die Plünderung und Entwertung der heidnischen Philosophie und des Judentums. Seine von ihm nicht für problematisch befundene intensive Propagierung der christlichen Ideologie einer symbolisch-intellektuellen Enteignung der Heiden und Juden schlägt im Birnendiebstahl auf ihn zurück. Doch ein solches psychobiografisches Verständnis verbleibt zwangsläufig im Bereich der Spekulation und es tendiert dazu, in einem argumentativen Kurzschluss Lösungen zu akzeptieren, wo bei näherem Hinsehen komplexere Prozesse zu beobachten sind. Augustins so befremdlich wirkende Zerknirschung über den Birnendiebstahl muss ernst genommen werden, um die Wichtigkeit zu verstehen, die dieser Moment für sein Leben und Denken hatte. Diese Sünde ist der Kern der Bekenntnisse Augustins, und damit der intimste Moment dieses Lebens. Auch auf die Gefahr hin, ein etwas wunderliches Bild seiner selbst zu entwerfen, versucht Augustinus, dem Leser möglichst begreiflich zu machen, was diese kleine Sünde für ihn bedeutete und wie es geschehen konnte, dass erst mit diesem Vergehen in ihm der differenzierende Gedanke einer selbständigen Identität wach wurde.

Wenn Augustinus in den Büchern zehn und elf der *Confessiones* seine geistesgeschichtlich so extrem wirkmächtige Philosophie der Zeit und der Erinnerung entwickelt, so geschieht das vor dem Hintergrund des Birnendiebstahls im zweiten Buch: Die Erinnerung an vergangene Ereignisse kann noch Jahrzehnte später eine gegenwartsbestimmende Dringlichkeit haben. Einmal erlebte Scham kann sich dem Gedächtnis unauslöschlich einbrennen, und es kann ein ganz nebensächliches oder sogar kontingentes Geschehen sein, das zum Kristallisationspunkt des Erinnerns wird. In dieser Hinsicht ist Augustins Erinnerung an den Birnendiebstahl Marcel Prousts Erinnerung an die Madeleine und an Geruch des Lindenblütentees, in den das süße Gebäck getaucht wurde, ähnlich.[34] Dass es gerade dieser Erinnerungssplitter ist, um den sich das Bild der Kindheit ordnet, ist dem Erinnernden unverfügbar, aber die Kontingenz der Intensität dieser Erinnerung mildert die Emotion nicht ab, die hervorgerufen wird, wenn die Szene noch viele Jahre später wieder ins Bewusstsein tritt. Augustins theoretische Reflexionen über den Realitätsgehalt der Welt, über die Zeit und die Beschreibbarkeit eines Lebens und über die Identität des Subjekts über die Zeit hinweg werden erst über den Birnendiebstahl legitimiert und an einem einzelnen Leben greifbar.

Wie Augustin seinen Birnendiebstahl erlebte, soll nach dieser ausführlichen Hinleitung umfassend zitiert werden:

> Den Diebstahl – daran ist kein Zweifel – ahndet Dein Gesetz, Herr, und zwar schon das ins Menschenherz geschriebene Gesetz, das nicht einmal die Schlechtigkeit zum Erlöschen bringt. Oder welcher Dieb ließe sich ruhig einen Diebstahl gefallen? Nicht einmal einer, der's hat, von einem, der's braucht. Und ich, ich wollte einen Diebstahl begehen und beging ihn, von keiner Not gedrungen, nur vom Mangel und Überdruß am Gutsein und vom feisten Behagen am Bösen.

---

34 Marcel Proust: „In Swanns Welt." In: Ders.: *Die Suche nach der verlorenen Zeit.* Erster Teil. Übers. v. Eva Rechel-Mertens. Frankfurt a. M. 1981. S. 61ff.

> Denn was ich stahl, davon besaß ich selbst im Überfluß und noch viel besser. Ich wollte mich ja auch gar nicht an der Beute letzen, auf die ich beim Stehlen ausging, sondern allein an der Dieberei und der Sünde.
> Ein Birnbaum stand in der Nähe unseres Weinbergs, schwer mit Früchten beladen, die aber nichts Verlockendes hatten, weder nach Aussehen noch Geschmack. Wir Bürschchen, eine Bande von Taugenichtsen – es war schon tief in der Nacht, und so lang hatten wir uns nach übler Gewohnheit auf den Spielplätzen herumgetrieben – zogen los, den Baum zu schütteln und die Beute fortzuschaffen. Birnen, die schwere Menge, schleppten wir weg – nicht für unseren Verzehr, denn höchstens den Schweinen wollten wir sie hinwerfen –, und wenn wir einiges davon aßen, so taten wir's, nur damit wir etwas täten, was eine Lust ist, weil es nicht erlaubt ist.
> Ja, so war mein Herz, Gott, Du weißt es, so war mein Herz, dessen Du in der Tiefe seines Abgrunds Dich erbarmt hast. Siehe, nun soll dieses Herz Dir auch sagen, was es dabei suchte: daß ich um nichts und wieder nichts schlecht war, meine Bosheit eben nur die Bosheit zum Grunde hatte. Abscheulich war sie, und ich liebte sie; ich liebte es, zu verkommen, ich liebte meine Sünde: nicht das, wonach die Sünde griff, sondern mein Sündigen selbst. Schändliche Seele! Von dem festen Grunde, der Du bist, sprang sie ab ins reine Nichts: denn nicht ein Etwas begehrte sie, ob auch schändlicherweise, sondern das Schändliche selbst.[35]

Den vielen umfangreichen Deutungen dieser Szene noch eine weitere minutiöse und weiter abstrahierende Interpretation hinzuzufügen, würde nicht viel neue Erkenntnis zutage fördern. Aber eine Akzentuierung bestimmter Aspekte und Begriffe lohnt sich dennoch. Insbesondere die Frage nach der Funktion der reinen Diebstahlshandlung muss natürlich näher untersucht werden. Neben der Feststellung, dass sich Augustinus bei dieser Schilderung ein wenig überspannt zeigt, ist es einer der seltenen Konsensmomente der Augustinus-Forschung, dass der Birnendiebstahl eine Verarbeitung der Ursünde des Menschen in der Genesis ist: „The enormity of sin enters the *Confessions* with the stealing of the pears, just as it entered the story of humanity with the theft of the forbidden fruit in the Garden of Eden."[36] Man muss hier den wesentlichen Punkt betonen, dass damit Adam genau genommen aus dem Sündenfallsgeschehen ausgenommen wird und Eva zur Handlungsträgerin wird, was im entsprechenden Kapitel weiter ausgeführt wird: Eva stiehlt die Frucht – das kann aus Augustins literarischer Verarbeitung gesehen werden –, während die theologische Verarbeitung sich etwas zu Unrecht auf Adam und den Verzehr konzentriert. Die Parallelität des Geschehens ist aber deutlich: Der Diebstahl ist die Sünde schlechthin, und er ist eine individuelle Wiederholung des gesamtmenschlichen Sündenfalls. Der Diebstahl vom Birnbaum hat eine inverse Parallelität zu Augustins etwas später erlebter Bekehrung unter dem Feigenbaum, in der er von jenseits der Gartenmauer das berühmte „tolle, lege"[37] hört, also die Aufforderung des Empfangs einer Gabe: Augustinus sündigt, indem er unter dem einen Baum stiehlt, und er

---

35 Augustinus: *Bekenntnisse*. S. 77f.
36 Leo Charles Ferrari: „The Pear-Theft in Augustine's ‚Confessions'." In: *Revue des Études Augustiniennes*. 16 (1970). S. 233-242, hier S. 238.
37 Augustinus: *Bekenntnisse*. S. 415ff.

bekehrt sich von seiner Sünde, indem er unter einem anderen Baum die Gabe der Heiligen Schrift und der Gnade annimmt. Die Symbolik der beiden Bäume wurde bereits einleuchtend beschrieben:[38] Der Birnbaum steht für den Baum der Erkenntnis und den freien Willen, während der Feigenbaum, unter dem er die Aufforderung zum Empfang der Gabe der Erlösung hört, für die Gnade Gottes und den Baum des Lebens steht. Augustinus' individuelle Wiederholung des menschlichen Sündenfalls ist in seinen Augen die denkbar verwerflichste Anwendung des freien Willens. Sie betrifft nur den Sünder selbst und Gott: Es liegt darin ein Vergehen ‚an sich' vor, das den Menschen von seiner kindlichen oder paradiesischen Einigkeit mit Gott trennt und ihn zum Sünder und Individuum vereinzelt. Die Bekehrung besteht in der Umkehrung dieser Handlungsweise: Die illegitime Aneignung wird durch das Annehmen der Gabe der Gnade Gottes aufgewogen, das von da an das individuelle, von Gott differenzierte Leben, das mit dem Diebstahl begann, zurück in die Hände Gottes legt. Mit dem Annehmen des Geschenks Gottes stellt sich Augustinus vollständig unter seine Hoheit: Dadurch erhält er von Gott die Freiheit, die er im Diebstahl erreichen wollte, als Geschenk. Die *felix culpa*[39] in Augustinus' Theologie ist damit nicht nur ein Mechanismus der Schuldigkeit und Erlösungsbedürftigkeit, der von Gott radikal zurückgenommen wird, sondern der Griff nach der verbotenen Frucht wird in Augustinus' Verständnis von Gott erlösend zum Griff nach dem Christus am Kreuz umgewandelt. Er unterwirft sich darin Gott und erkennt sein Gesetz ebenso an, wie er anerkennt, dass nur Gott die Verfehlungen dagegen verzeihen kann. Die Dialektik von Gabe und Diebstahl, die bereits im Bruderpaar Epimetheus und Prometheus vorgefunden wurde, wird hier von Augustinus allein erlebt und in eine zeitliche Ordnung gebracht: Durch die Gabe wird verziehen, was vorher im Diebstahl verbrochen wurde.

Augustins ‚subjektive Individualtheologie' seines Birnendiebstahls ist in den meisten ihrer Details auf die Genesiserzählung der Bibel zurückzuführen; diese Feststellung der Rückbezüge des Lebens Augustins auf die biblische Szenerie, die viele Interpretationen der *Bekenntnisse* dominiert, verdrängt aber bestimmte Fragen, deren Klärung dringlich ist, um die Szene jenseits der zirkulären Selbstbestätigung theologischer Motive zu verstehen. Vor allem wird durch ein zu stark der Motivik der traditionellen Theologie verhaftetes Verständnis das Moment des Diebstahls geringwertiger, denn Evas Sünde bestand der theologischen Tradition zufolge im Essen der Frucht, während Augustin in der literarischen Erzählung der

---

38 Leo Charles Ferrari: „The Arboreal Polarization in Augustine's ‚Confessions'". In: *Revue des Études Augustiniennes* 25 (1979). S. 35-46. Dort schematisiert Ferrari das Verhältnis der Bäume folgendermaßen: „*Scriptures*: Fall of Mankind/Tree of Knowledge of Good & Evil; Redemption of Mankind/Tree of Cross (i.e. of Life). *Confessions*: Fall of Augustine/Pear-Tree; Salvation of Augustine/Fig-Tree." – Es muss das Detail bemerkt werden, dass Ferrari einer der wenigen Augustinus-Forscher ist, der Evas Tat, abgeleitet von der Augustins, als Diebstahl bezeichnet und damit die Fokussierung vom Verzehr der Frucht auf ihre Aneignung lenkt.

39 Der Begriff der „felix culpa" taucht bei Augustinus nicht explizit auf, ist aber als Konzept bei ihm entwickelt: Augustinus: *Enchiridion ad Laurentium de fide, spe et caritate*. Hg. v. Georg Krabinger. Tübingen 1861. S. 34.: „Melius enim iudicavit de malis benefacere, quam mala nulla esse permittere."

Bekenntnisse darauf besteht, dass die Sünde in der Aneignung der Frucht besteht. Dadurch unterscheiden sich die Gewichtungen in der Rezeption der Narrative von Eva und von Augustinus wesentlich. Augustins Verschiebung der archetypischen Versündigung vom unerlaubten Genuss auf die illegitime Aneignung muss also näher betrachtet werden. Um zu einem Verständnis zu gelangen, weshalb der Diebstahl einiger Birnen für Augustinus zum bedeutsamsten aller Verbrechen werden konnte, sind folgende Fragestellungen zentral: Warum entscheidet sich Augustinus dafür, gerade einen Diebstahl als Übersetzung und Aktualisierung des Sündenfalls des Menschen zu verwenden? Werden vielleicht mit der überdeutlich wahrgenommenen Präsenz des biblischen Mythos des Sündenfalls andere literarische Bezüge übersehen? Und wie ist diese Selbstbeschreibung als Sünder und explizit als Dieb in die Gesamtphilosophie Augustins einzuordnen? – Diesen Fragen soll hier in einer Weise nachgegangen werden, die die historischen Kontexte berücksichtigt und die sich nicht damit zufrieden gibt, dass der Heilige Augustinus sich damit zum Erneuerer der Sünde Adams und Evas macht; seine spezifische Erneuerung und Subjektkonzeption war zu folgenreich und eigenständig, um sie nur als Verlängerung und Bestätigung der biblischen Szene zu begreifen.

5|2|2
Die Sünde des Diebstahls und die Möglichkeit anthropologischen Erkennens bei Augustinus

Augustinus beschreibt seinen Diebstahl explizit als ein Delikt, das gegen ein allen Menschen unterschiedslos gegebenes Gesetz verstößt. Der Diebstahl richtet sich gegen eine „ins Menschenherz geschriebene" Naturordnung, und verstößt nicht nur gegen ein partikulares Moralgesetz, das sich eine bestimmte Gruppe selbst auferlegt hat, wie zum Beispiel gegen die sexuellen Reinheitsregeln des Christentums, die Augustinus im Umfeld des Birnendiebstahls ebenfalls erwähnt. Gegen diese hat er seinem Bekenntnis nach zwar auch verstoßen, doch diese Sünde der Unkeuschheit erscheint ihm harmlos im Vergleich zu dem, was im Nachbargarten geschah. Das Verbot des Diebstahls ist ein universal gültiges, nicht nur von menschlichen Gemeinschaften, sondern von Gott selbst sanktioniertes Gesetz: Selbst Diebe, die von anderen Dieben bestohlen werden, empfinden das als ungerecht, und der Arme, der den Reichen bestiehlt, wird dennoch verfolgt. Dieses ins Menschenherz eingegrabene Gesetz wird im konkreten Handeln der Menschen aber nicht wiedergespiegelt. Ganz im Gegenteil: Augustinus selbst verstößt, wie er berichtet, gegen dieses Naturgesetz, und er tut es rein um des Verstoßes selbst willen. Augustins Diebstahl geschieht nicht aus einer körperlichen Not, sondern, was ihn viel bedeutsamer macht, aus einem „Mangel am Guten"[40]. Diese *privatio boni* ist in der

---

40 Augustinus: *Bekenntnisse*. S. 344. „Et quaesivi, quid esset iniquitas, et non inveni substantiam, sed a summa substantia, te deo, detortae in infirma voluntatis perversitatem […]."

frühkirchlichen Theologie als eine grundsätzliche Negativität des Menschen vor einer Gutheit der Schöpfung und einer perfekten Abgeschlossenheit der Welt zu begreifen. Im Neuplatonismus, dem Augustinus seine philosophische Ethik weitgehend verdankt, ist dieser privative Begriff des Bösen definiert als das Nicht-Existente, Nicht-Erschaffene, bzw. als das, dessen Vektor statt auf Gott als Grund allen Seins in die Leere und ins Nichtsein zielt.[41] Der Mensch ist plural, wandelbar und zeitlich, wo Gott einzig, unveränderlich und ewig ist. Der Mensch steht negativ der positiven Schöpfung gegenüber, er zeigt sich dadurch als böse, dass er sich gegen die von Gott ins Sein gerufene und für gut befundene Welt wendet. Die *privatio boni* und die grundlegendere *deprivatio* des Menschen werden zu Zentralbegriffen der philosophischen Sündenlehre Augustins.[42] Der ‚Mangel am Guten' ist also ein Mangel am makellos geschaffenen Sein selbst, er ist eine negative Existenz aus dem Nichts des Bösen. Diese Betonung der absoluten Sündenverfallenheit des Menschen ist nicht nur in Augustins antipelagianischen Texten zu finden, sondern durchzieht sein ganzes Werk und ist in den *Bekenntnissen* am deutlichsten spürbar.

Augustinus' Handeln versetzt ihn also in eine ontologische Position, in der sein Dasein in der Welt als Mangel, bzw. als Nicht-Sein definiert ist. Sünde ist ein Fehl an Existenz. Augustins eigener Begriff für diese Nichtigkeit seines Wesens, die zu einer Handlung führt, deren Ziel nichts anderes als die trotzige Affirmierung dieser Nichtheit ist, ist *abyssum*, der „Abgrund" seiner Existenz.[43] Die grundsätzliche Defizienz dessen, was den Menschen ausmacht, von der – bei aller offensichtlichen Differenz – durchaus eine strukturelle Ähnlichkeit mit Hegels oben nachgezeichnetem Begriff des Mangels behauptet werden kann, besteht bei Augustin aber nicht in einer Art Abkehr von Gott und einer Handlungsweise, die Gott entgegenarbeitet, sondern in dem, was in der Theologie als seine *perversa imitatio Dei* bezeichnet wird. Diese fehlgeleitete Nachahmung Gottes zeigt sich nicht in einem intellektuellen Streben, sondern in einem ganz diesseitigen und alltäglichen menschlichen Handeln: Der Diebstahl wertlosen und geschmähten Obstes ist für Augustinus von nun an der Grenzfall und das beste Beispiel menschlicher Existenz, denn er zielt weder auf das Angenehme noch auf das Nützliche.[44] Wo die allegorische und sündentheoretische Deutung der Genesis durch die Kirchenväter in den meisten Fäl-

---

41 Welche „libri platonicorum" es nun waren, die Augustins nachweislich platonisch-neoplatonisches Denken so stark beeinflusst haben, ist eine zentrale und endgültig nicht zu beantwortende Frage der Augustinus-Forschung. Siehe hierzu: Pierre Courcelle: *Les Confessions de Saint Augustin dans la tradition littéraire. Antecédents et Posterité*. Paris 1963. S. 22ff.
42 Zur *privatio boni* und zur *deprivatio* siehe: Esa Rannikko: *Liberum Arbitrium and Necessitas. A philosophical enquiry into Augustine's Conception of the will*. Helsinki 1997. S. 60ff.
43 Augustinus: *Bekenntnisse*. S. 79.
44 Siehe auch: Augustinus: *Soliloqua/Selbstgespräche*. Hg. v. Hanspeter Müller. Zürich 1954. S. 63, und Endnote 22, S. 275. – Zu „uti" und „frui" in der Augustinischen Theologie, siehe: Henry Chadwick: „Frui-Uti". In: *Augustinus-Lexikon*. Band III. Hg. v. Cornelius Mayer. Basel 2010. Sp. 70-75. Und: Perry Cahall: „The Value of Saint Augustine's Use/Enjoyment Distinction to Conjugal Love." In: *Logos: A Journal of Catholic Thought and Culture*. Band VIII. St. Paul 2005. S. 117-128. Zum Gebrauch der uti- und frui-Begrifflichkeit im Rahmen des Wahrheitsdiebstahls, siehe S. 245ff.

len die Ursünde in einem spirituellen und abstrakten Akt der Hoffart, des Ungehorsams, der Verführbarkeit oder der fehlgeleiteten Wissbegierde erkennt, oder noch allgemeiner eine Rebellion und ein Ungenügen an Gottes Schöpfung in dem Griff nach dem Apfel ausgedrückt sieht, erlebt Augustinus in seiner persönlichen Erinnerung an den Birnendiebstahl die lebensweltliche, diesseitige und ungemein lebenspraktische Bedeutung dieser Überlegungen. Er übernimmt in seiner Theologie weitgehend die hamartiologische Theorie seiner theologischen Vorläufer,[45] aber er begreift die Gesamtheit der Sündhaftigkeit des einzelnen Menschen als in der Handlung des Diebstahls vereint. Augustinus fügt der Sündentheorie mit seiner Autobiografie also ein Element der Handlung, der alltäglichen Wirklichkeit und einer intensiv erlebten Innerlichkeit hinzu. Der in den *Bekenntnissen* auf den Birnendiebstahl folgende Sündenkatalog zählt auf, nach welchen Wesenszügen Gottes der Mensch strebt und zu welchem Bündel sündiger Haltungen dies führt:[46] Wo Gott sich durch Erhabenheit (excelsus) auszeichnet, zeigt der Mensch Hoffart (superbia), Gottes Ruhm (gloria) ist beim Menschen Ehrgeiz (ambitio), Wissensdrang (scientia) ist Neugier (curiositas), Unschuld (simplicitas) ist Einfalt (ignorantia), Ruhe (quietus) wird zu Trägheit (ignavia) und Überfluss (plentitudo) ist beim Menschen nichts als Verschwendung (luxuria). Alle diese negativen Einstellungen und Motivationen sind in Augustins Diebstahl vereint, und er selbst sah in seinem jugendlichen Diebstahl ein Beispiel für jedes einzelne der Laster des Kataloges. Der Birnendiebstahl der *Bekenntnisse* ist die allumfassende, universale Sünde; in ihm zeigt sich Augustins Hoffart, sein Ehrgeiz, seine Neugier, Einfältigkeit, Trägheit und seine Verschwendung. Alle Eigenschaften Gottes, die der Mensch begehrt und zu erlangen sucht und die Gott liebt und in sich vereint, sind abgeleitet aus ganz irdischen Genüssen. Auch wenn Augustinus Gott auf andere Weise liebt als er Blumen, Musik, Sex oder Honig[47] liebt und genießen will, so ist es dennoch genau dieses materielle Erleben, diese ‚Phänomenologie des Begehrens', die ihm die Stichworte für seine in manchen Momenten sehr menschliche Theologie gibt.[48] Ohne ein Begehren der Genüsse der Welt gäbe es keine Sprache, um die Liebe zu Gott auszudrücken. Augustins Theologie hat ihren Ausgang im genuin menschlichen Genuss und Handeln, und ruht damit, anders als weite Teile der späteren Scholastik, in der Faktizität des Lebens und in den Bedürfnissen und Begehrlichkeiten des einzelnen Menschen. Die Grundlage der Theologie Augustins ist damit eine Anthropologie mit Vektor auf Gott als der Möglichkeit der absoluten Erfüllung des menschlichen Begehrens. In Hannah Arendts Worten: „Undoubtedly, insofar as Augustine defines love as a kind of desire, he hardly speaks as a Christian. His start-

---

45 Siehe hierzu: Drecoll (Hg.): *Augustin-Handbuch*. S. 92ff.
46 Augustinus: *Bekenntnisse*. S. 84ff.
47 Ebd. S. 497.
48 Diese Phänomenologie der Welt, die Augustinus erst ein Sprechen über die unintelligible Welt und über sich selbst möglich macht, wird auch in den posthum edierten Fragmenten Jean-François Lyotards über die *Confessiones* besonders betont. *La Confession d'Augustine*. Hg. v. Dolorès Lyotard. Paris 1998.

ing point is not God who revealed himself to mankind, but the experience of the deplorable state of the human condition".[49]

Trotz allem Begehren des Menschen, Gott ähnlich zu sein, kann diesem nichts entrissen werden, sondern er kann nur unvollkommen nachgeahmt werden. „Quis a te separat quod diligis,"[50] fragt Augustinus rhetorisch: Wer kann Gott wirklich wegnehmen, was dieser liebt? Die Antwort auf diese rhetorische Frage ist klar: auch wenn der Mensch auf sündige Weise dauernd versucht, sich Gottes Eigenschaften anzueignen, scheitert er. Für Augustinus steht aber ebenso fest, dass der Mensch dennoch dauernd versucht, diese Eigenschaften Gottes zu erlangen. Es ist das Wesen des Menschen, nach Gottes Eigenschaften zu streben, und es ist sein Schicksal, daran zu scheitern. Für dieses Begehren nach Gottebenbildlichkeit konnte Augustin kein besseres Beispiel finden als den Diebstahl von etwas Wertlosem. In keiner anderen Tat ist die Sünde ‚an sich' besser zu erkennen als im Diebstahl.

Doch Augustins theologische Parallelisierung geht noch weiter. Sie betrifft nicht nur die Wesenseigenschaften des Menschen, also nicht nur das, was der Mensch ist, ist Gottes Sein ähnlich, sondern der Diebstahl ist auch als Handlung äquivalent zum Handeln Gottes. Um das untersuchen zu können, muss der Protagonist „Gott" in den *Bekenntnissen* als eine rein literarische Gestalt gesehen werden, die ebenso modelliert ist wie jede andere literarische Figur. Augustins Gott ist in dieser narratologischen Perspektive eine Figur derselben Kategorie wie Thomas Manns Hans Castorp oder Goethes Werther: Die suggestive Gestaltung einer fiktiven Erzählung. Noch der moderne säkulare Leser tendiert dazu, Gott in literarischen oder mythischen Texten mit monotheistischen Vorurteilen der Unbetroffenheit von menschlicher Charakterisierung und als Träger metaphysischer Eigenschaften zu verstehen, auch wenn das über die Eigenschaften hinausgeht, die ihm im jeweiligen Werk zugesprochen werden. Betrachtet man Gott im Versuch einer atheologischen[51] Lektüre aber als einen werkimmanenten Charakter, der der narrativen Ordnung des Textes unterworfen ist, der also bestimmte Handlungsmöglichkeiten hat, die sich aus der Struktur des Textes ergeben, geht man also in den *Bekenntnissen* ebenso vor, wie es schon in der Lektüre der Josefs-Geschichte versucht wurde, so taucht die literarische Figur „Gott" jenseits ihrer seinsfundierenden, allmächtigen und absoluten Transzendenz als eine Gestalt auf, die ganz diesseitigen Annah-

---

49 Arendt: *Love*. S. 21.
50 Augustinus: *Bekenntnisse* S. 86.
51 Zum Begriff der Atheologie, siehe: Georges Bataille: *Die innere Erfahrung nebst der Methode der Meditation und Postskriptum 1953. (Atheologische Summe I)*. Übers. v. Gerd Bergfleth. München 1999. – Bataille versuchte, an Nietzsche anknüpfend, das Projekt einer Philosophie zu entwickeln, die sich eben solcher mythischer und religiöser Vorurteile enthält und die eine radikal immanente Hermeneutik sozialer Phänomene und der Kunst darstellt. Der Versuch, eine literaturwissenschaftliche Interpretation von Texten zu erreichen, in der Gott als eine Gestalt auftaucht, die ebenso dem Text unterworfen ist wie alle anderen, ist eine so herausfordernde wie interessante Aufgabe: Noch in den scheinbar aufgeklärtesten Texten wird Gott unmerklich eine Sonderrolle zugestanden, er wird ontologisiert und mit Eigenschaften der Welt- und Textunbetroffenheit ausgestattet. Dabei ist Gott einem Franz Biberkopf vielleicht ähnlicher als es ein Denken zulassen kann, das zweitausend Jahre christlicher Geschichte noch nicht abgearbeitet hat.

men, Projektionen und vor allem den narrativen Zwängen eines Textes gehorcht. Im Erzählkomplex von Augustinus' Birnendiebstahl und seiner Bekehrung erfüllt Gott die narrative Funktion, allem Handeln des Menschen in einem normativen Handeln zu antworten und dem menschlichen Tun einen Sinn zu geben. Er ist in Augustins Erleben die Figur, die das unvollkommene Tun des Menschen in einem diesem Tun korrespondierenden Geschehen mit Sinn erfüllt. Gott ist damit das imaginäre, allegorische Pendant zum Menschen selbst, er ist seine ideale Spiegelung. Am deutlichsten wird das in der Szene der Bekehrung Augustins, die, wie oben beschrieben, invers parallel zum Birnendiebstahl verläuft. Wo der Mensch als Dieb handelt, handelt Gott als Gebender. Gott gibt der illegitimen Aneignung Augustins einen allegorischen, projektiven Sinn, indem er den illegitimen Diebstahl der Birnen mit einem legitimen Aneignungsangebot beantwortet. Damit bildet der Diebstahl die Handlungsvorlage, die Gott mit der Gabe in ein Erlösungsgeschehen umwandeln kann. Diese Umkehrung der Versündigung zur Erlösung macht auch klar, weshalb Augustin seinen anderen großen Diebstahl, den des Wahrheitsgoldes, mit so viel Gewissheit durchführen kann, Gottes Segen dafür zu haben: Das sündige, diebische Handeln des Menschen ist der Ausgangspunkt für das Erlösungshandeln Gottes, dessen Tun dem des Menschen korrespondiert und es legitimiert. Damit wird Augustins Konzept der *felix culpa* und der Willensfreiheit verständlich: Dem Menschen ist in der kosmischen und individuellen Dialektik von Ver- und Entschuldung die Initiative überlassen. Die Sünde tritt als Diebstahl in die Welt, und sie wird im Mechanismus der Gabe als göttliche Reaktion auf den Menschen aufgehoben und in einen höheren, idealen Sinn überführt.

Damit ist der Diebstahl Augustins eine Art unbewusste Vorwegnahme des Handelns Gottes, er bereitet *ex negativo* Gottes Errettung vor. Als Augustinus die *Bekenntnisse* schrieb, musste ihm die Parallelität der Diebstahls- mit der Gabenszene bewusst sein, sie ist rhetorisch so modelliert, dass beide Geschehen jeweils als Antworten aufeinander verstanden werden können. Die Ähnlichkeit des Menschen mit Gott in der Aneignung ist eine Art präfigurierende Nachahmung des später geschehenden göttlichen Gnadenhandelns. Diesem komplexen Aspekt der Spiegelbildlichkeit der beiden Szenen und damit des Menschen mit Gott muss noch etwas mehr Aufmerksamkeit geschenkt werden, weil darin nicht nur Augustins Konzept der Sünde verständlich wird, sondern auch der Grund, weshalb seine Jugenderinnerung noch Jahre später eine so enorme Bedeutung für ihn hatte. Dieses Verhältnis der anthropologisch-theologischen Spiegelung wird besonders in einem Absatz der *Bekenntnisse* deutlich, in dem Augustinus seine Tat reflektiert:

> Was also hab ich denn an jenem Diebstahl geliebt? Worin wollte ich – freilich auf die üble, zerrbildliche Weise der Sünde – mich ähnlich machen meinem Herrn? War meine Lust, wenigstens als heimlicher Betrüger gegen Dein Gesetz zu handeln, weil ich es mit offener Gewalt ja nicht vermochte, – war es die Lust des Sklaven, im straflosen Treiben des Verbotenen mir Freiheit, eine verkrüppelte Freiheit vorzuspielen, als ich nur das schattenschwarze Spottbild von Allmächtigkeit war? Ja, das ist er, „der Sklave, der seinem Herrn entläuft und einen Schatten greift". O Verderb! O Unnatur

von Leben, in Wahrheit Tod im Bodenlosen! War's denn möglich, zu wollen was nicht sein sollte, und dies einzig deshalb, weil es nicht sein sollte?[52]

Der Dieb will dem gebenden Herrn ähnlich sein. Augustinus erkennt, dass er in seinem Diebstahl nicht das Ziel hatte, offen gegen Gott zu rebellieren, sondern dass er ihm mit dem Verstoß gegen sein Gesetz auf paradoxe Weise ähnlich werden wollte.[53] Die Motivation Augustins war der Wunsch, wie Gott zu sein, der auch schon Evas Tat herausgefordert hatte. Augustins Ähnlichkeit mit Gott durch den Diebstahl hat jedoch ganz spezifische Eigenschaften: Die Ähnlichkeit ist „zerbildlich" und stellt ein „schattenschwarzes Abbild von Allmächtigkeit"[54] her. Weiter spricht Augustinus in dieser Überlegung mit Begriffen der Dialektik von Herrschaft und Knechtschaft. Er stellt sich, was präzise den im Hegel-Kapitel entwickelten Begriffen entspricht, als Sklave dar, der sich bewusst ist, dass die offene Rebellion gegen den Herrn aussichtslos wäre, und der sich, statt zu kämpfen, auf den Diebstahl am Eigentum des Herrn verlegt.[55] Die schlimmste Sünde des Menschen besteht also nicht in der Rebellion gegen Gott, sondern im Versuch, wie Gott zu werden, Gott zu bestehlen. Dass die Figur des monotheistischen Gottes tatsächlich darauf bedacht sein muss, der souverän Gebende zu bleiben und dass ihm nicht durch Diebstahl wichtige Attribute abhandenkommen, wurde im Prometheus-Kapitel behandelt, als die Konsequenzen untersucht wurden, die entstanden, als Gott in der Kopernikanischen Revolution die Eigenschaft der Unendlichkeit gestohlen wurde.

Eine zu einfache Betrachtung des frühen christlichen Sündenkonzepts sieht den Menschen als durch die Sünde von Gott getrennt. Dies ist bei Augustinus jedoch offensichtlich wesentlich komplexer: Durch die Sünde und durch sein eigenständiges Handeln wird der Mensch Gott ähnlich, indem er sich göttliche Attribute aneignet. Gott ist damit ein spiegelbildliches Ideal, dem sich das Ich des Sünders anzunähern versucht. Diese Idealisierung behält ihre imaginäre, unerreichbare Idealität aber bei, wodurch es sich dem handelnden Ich konsequent entzieht. Gott ist die gleichbleibend perfekte Projektion des wandelbaren Menschen. Augustinus formuliert hier am deutlichsten sein Konzept der oben erwähnten ‚Phänomenologie des Begehrens', das augenfällige Ähnlichkeiten mit Jacques Lacans Konzept des Spiegelstadiums hat.[56] In Gott findet Augustinus nichts anderes als ein ideales Ab-

---

52 Augustinus: *Bekenntnisse* S. 87.
53 Ebd. „[…] in quo dominum meum vel vitiose atque perverse imitatus sum."
54 Das verzerrte Spiegelbild ist eine Anspielung auf 1. Korinther 13,12: „Wir sehen jetzt durch einen Spiegel ein dunkles Bild; dann aber von Angesicht zu Angesicht. Jetzt erkenne ich stückweise; dann aber werde ich erkennen, wie ich erkannt bin." Im lateinischen Original, das Augustinus vorlag: „Videmus nunc per speculum inænigmate: tunc autem facie ad faciem. Nunc cognosco ex parte: tunc autem cognoscam sicut et cognitus sum."
55 Der „Sklave, der dem Herrn entläuft und einen Schatten greift" ist ein Zitat aus Hiob 7,2: „Muß nicht der Mensch immer im Dienst stehen auf Erden, und sind seine Tage nicht wie die eines Tagelöhners? Wie ein Knecht sich sehnt nach dem Schatten und ein Tagelöhner auf seinen Lohn wartet, so hab ich wohl ganze Monate vergeblich gearbeitet, und viele elende Nächte sind mir geworden."
56 Lacan: *Spiegelstadium*. S. 61-70.

bild seiner selbst, dessen Idealität zu erreichen die Zielrichtung seines Handelns darstellt. Wo bei Lacan allerdings das Element des Imaginären im Spiegelbild, also in der Projektion des Ich liegt, nimmt in Augustins platonisierendem Weltverständnis das real-Ich diese Position dieses Zerrbildes ein.[57] Durch die Sünde wird Augustinus ein verzerrtes Spiegelbild der Göttlichkeit. Wenn Sünde ein ausagiertes Ähnlichkeitsbegehren und eine Annäherung an das Ideal-Ich ist, wird klar, weshalb sich kein Vergehen besser eignet, um alle Sünden zusammenzufassen als ein impulsiver Diebstahl: er bündelt das auf ein überlegenes, imaginär absolut selbsteigentümliches Ich ausgerichtete Begehren des Menschen, das am Ideal teilhaben will. Der Diebstahl stellt prototypisch für alle Sünde die Konsequenz des sündigen Begehrens dar, das den Menschen ein nur unbefriedigendes Abbild seines Ideals werden lässt, was aber wiederum Gott als Ideal die Grundlage für die Vergebung bietet. In der Erlösungsgabe hebt Gott den Diebstahl nicht einfach auf, sondern er vervollständigt diese Tat, indem er dem Sünder die tatsächliche Gottesebenbildlichkeit des ewigen Lebens und der Welterkenntnis garantiert. Der Diebstahl wird weniger negiert als vollkommen gemacht. Gott ergänzt den Dieb, statt ihn zu bestrafen, indem er ihm den erlösenden Christus am Kreuz – als dem Baum der Erlösung – vorhält, nach dem der Mensch nun ein weiteres Mal greifen muss, um erlöst zu werden.[58] Hier ist Gott nicht mehr der heimliche Komplize der Schelme, aber er ist nicht weniger in den textuellen Hergangskomplex der Tat und ihre Entschuldigung einbezogen.

Neben der metaphysischen Mechanik der Analogie von Sünde und Erlösung dürfen aber Augustins Betroffenheit und seine individuell psychologische Wahrnehmung der Situation seiner Versündigung nicht aus dem Blick geraten. Im Birnendiebstahl liegt die Gewichtung noch ganz auf der Sünde. Was Augustinus so tiefgreifend erlebt, und was aus dem Text nicht ganz zutreffend als Überspanntheit erkannt wurde, ist die doppelte Bewegung eines gleichzeitigen Ähnlichwerdens und der Selbstbefremdung, was eine existenzielle Selbstverunsicherung auslöst, die in seiner Beschreibung auch heute noch zu spüren ist: Die Affirmation seiner Handlungsfähigkeit geht einher mit dem Erleben einer Distanzierung zum bisherigen Bild seiner selbst. Handlungsfähigkeit bedeutet den Verlust von Selbstidentität. Die Möglichkeit, durch sein Handeln eine Ähnlichkeit mit Gott zu erreichen, die Lacan als Augustins hypothetischer Analytiker wohl unterstrichen und gefördert hätte – man stelle sich Jacques Lacan zur Erheiterung des trockenen Gedankenganges nur für einen Moment als Seelenführer und Traumdeuter im nordafrikanischen Hippo Regius des fünften Jahrhunderts nach Christus vor –, weist Augustinus aber weit von sich: Stattdessen unterwirft er sich der Vergebung durch Gott als seinem Idealbild, der ihn zu einer legitimen, segensreichen Aneignung

---

[57] Zum Spiegelbild als Topos der Verantwortung für Augustinus siehe auch: James Wetzel: *Augustine and the Limits of Virtue*. Cambridge 1992. S. 43f.
[58] Zur mythischen Entsprechung des Baums der Erlösung mit dem Kreuz Christi, siehe: Ferrari: „Pear-Theft." S. 240, und Joseph Campbell: „The Interpretation of Symbolic Forms." In: Ders.: *The Mythic Dimension. Selected Essays 1959-1987*. Novato 2002. S. 179-207, hier S. 189ff.

auffordert. Erst dadurch findet Augustinus die wesenhafte Ruhe, die zu erstreben er im ersten Satz der *Bekenntnisse* als sein Ziel herausgestellt hat. Nur wenn er das Geschenk der Erlösung von Gott ergreift, findet er diese Beruhigung. Der Mensch Augustinus kann seine Spiegelbildlichkeit zu Gott nur dann erträglich finden, wenn sie ihm die fremdbestimmte Absicherung seiner selbst bedeutet. Die Ebenbildlichkeit ist dem jungen und empfindsamen Augustinus unerträglich, wenn sie gestohlen ist. Sie verspricht ihm aber absolute Ruhe, wenn sie als Gabe empfangen wird, in der die Aneignungsgeste affirmiert und entschuldet wird.[59]

Augustinus ist damit der einzige der in dieser Arbeit behandelten Diebe, der seine Tat als absolut negativ verwirft. Er kann den Diebstahl nur als notwendig anerkennen, wenn er von der Gabe gefolgt wird, die ihn regressiv in die Vergebung durch seinen Herrn, also in die Position zurückkehren lässt, die den Diebstahl aufhebt, d.h. ihn zwar nicht ungeschehen macht, aber ihn ergreift und in seiner Wirkung umkehrt. Er begibt sich in die sichere Position des legitimierten Gabenempfängers, der sich der symbolischen Ordnung und den „naturgegebenen" wie kulturbedingten Gesetzen erneut unterstellt. Mit seiner Bekehrung ist die Hierarchie zwischen Gebendem und Empfangendem wiederhergestellt, die durch den Diebstahl für einen kurzen Moment außer Kraft gesetzt war. Diese Außerkraftsetzung der Regeln wird von Rousseau, wie noch gezeigt werden wird, als das wesentliche Element des Diebstahls gefeiert. Die Regression in die Obhut Gottes vermindert für Augustin aber nicht die für seine Selbstwahrnehmung revolutionäre Erfahrung, die er im Birnendiebstahl gemacht hatte. Augustinus hatte, als er die Birnen pflückte, nicht weniger als die nachhaltig verstörende Gottesebenbildlichkeit des Menschen entdeckt. Und er hatte sie – darin liegt die bahnbrechende persönliche Relevanz der Birnendiebstahls-Episode – nicht nur aus einer abstrakten theoretischen Reflexion oder aus einer allegorisierenden Hermeneutik der Heiligen Schrift abgeleitet, sondern sie war ihm unvermittelt *erfahrbar* geworden. Auch wenn er darüber zutiefst erschrak und sich mit aller Macht von dieser Realisierung des Menschlichen distanzierte, die Tatsache dieser Erfahrung wurde zu einem unauslöschlichen Erkenntnisaugenblick in seinem Leben. Die in der Augustinus-Rezeption einheitlich festgestellte Überspanntheit, mit der Augustinus den Birnendiebstahl als so wichtigen Wendepunkt in seinem Leben darstellt, entsteht daraus, dass er darin mit großem Schrecken erfahren hat, was ihm als Abstraktum bewusst war: dass der Mensch gerade in der Sünde gottähnlich ist. Das allegorische Verständnis der Genesis, das sich in feinsinnigen hamartiologischen Erwägungen und höchst gebildeten Gedankenverknüpfungen ergeht, tritt ihm in seinem Dieb-

---

59 Eine ähnlich aporetische christliche Psychologie wie hier bei Augustin findet sich bei der bereits erwähnten Simone Weil: „Wir sind Gott gegenüber wie ein Dieb, dem die Güte desjenigen, bei dem er eingebrochen ist, erlaubt hat, Gold mitzunehmen. Dieses Gold ist, vom Standpunkt des rechtmäßigen Besitzers aus gesehen, ein Geschenk; vom Standpunkt des Diebes aus gesehen, ein Diebstahl. Er muß wieder hingehen und es zurückgeben. Dasselbe gilt auch für unser Sein. Wir haben Gott ein wenig Sein gestohlen, um es zu unserem zu machen. Gott hat es uns geschenkt. Aber wir haben es gestohlen. Wir müssen es zurückgeben." (Weil: *Cahiers*. Band IV. S. 266.)

stahl plötzlich sehr nahe, und der gealterte Augustinus fühlt in seinem Nachdenken über die Theorie der Sünde immer noch die Scham und Betroffenheit durch dieses Erleben. Diese Erinnerung, die eine Proust'sche Intensität hat und dem distanzierten Leser zuerst etwas willkürlich und übertrieben erscheint, wird nur verständlich, wenn der existenzielle Schock begreifbar wird, den Augustinus darin erlebte. Er stellte fest, dass ihn die ihm so geläufigen theologischen und philosophischen Erwägungen und Begriffsbestimmungen unmittelbar betrafen. Es ist dieses Zurückschrecken vor dem erlebten Schlüsselereignis, das ihn zur Ausarbeitung einer so umfassenden wie komplexen Gnadentheorie bewegt, die aber immer der Versuch der Entschuldung ist, und die dadurch immer an dieses reale Geschehen rückgebunden ist.

Die Diskrepanz zwischen psychologischem Erleben und theologischer Theorie bei Augustinus ist auffallend: Von ihm wird nicht nur eine hilflose Verfallenheit des Sünders an eine negative und sündige materielle Welt betont, sondern der Sünde liegt die freie Handlungsfähigkeit und Weltzugewandtheit des Sünders zugrunde, die die negative Folie ergibt, vor der „Gott" als absolut positiver Begriff der Theologie Augustins überhaupt erst zu verstehen ist.[60] Augustins ganze Theologie ruht auf einer Intensität des Sündenerlebens auf, die in heutigen Begriffen neurotisch zu nennen zwar nicht verfehlt ist, die aber auch in seinem philosophischen Werk herausragend sublimiert ist. Der mit höchstem philosophischem und literarischem Aufwand konstruierte Gott Augustins kann nur so gut sein wie der Mensch schlecht ist, und er kann nur das tun, was erlösend dem Tun des Menschen korrespondiert. Der Vorwurf, die Position des Subjekts im Verhältnis zur es determinierenden Sünde und zur absoluten Gnadenherrschaft massiv zu schwächen, der Augustinus vielfach gemacht wurde, muss im Kontext der Betonung des Sünders als ‚souverän auf Gottähnlichkeit hin Handelndem' gesehen werden. Auf der abstrakt-hamartiologischen Ebene trifft die Beobachtung der absoluten Sündigkeit zu, sie ruht aber auf einer Annahme der subjektiven und individualpsychologischen Freiheit auf, die diese Schuld erst erschafft. Erst durch die Willensfreiheit wird der Mensch Sünder – und er selbst. Dadurch wird die gegenteilige Beobachtung möglich, dass Augustinus eine „Verfälschung biblischer Theologie durch Subjektivität"[61] betreibe: er fügt der Theologie für den Geschmack von auf Abstraktion zielenden Theologen zu viel eigenes Erleben ein.

---

60 Hans Blumenberg: *Legitimität*. S. 63ff. – Blumenberg versteht den Gedanken, dass bei Augustinus der Mensch als Verantwortlicher für alle Schlechtigkeit der Welt bestimmt wird, als das wichtigste Moment der Überwindung der Gnosis durch das Christentum. Die Gnosis betrachtete eine durch einen Demiurgen mangelhaft erschaffene Welt als Urgrund ihrer Unzureichendheit, während Augustinus diesen Gott dadurch entschuldete, dass er – extrem folgenreich – dem Menschen die Verantwortung für die gefallene Welt zusprach. Diese Übertragung der Schuld an der Schlechtigkeit der Welt auf den Menschen ist ein Paradigma, das alle folgende westliche Philosophie und den Weltbezug der Menschen zur Welt ultimativ prägen sollte.

61 Reinhart Herzog: „Partikulare Prädestination – Anfang und Ende einer Ich-Figuration. Zu den Folgen eines augustinischen Theologoumenon." In: *Poetik und Hermeneutik XIII. Individualität*. Hg. v. Manfred Frank u. Anselm Haverkamp. München 1988. S. 101-105, hier S. 103.

5|2|3
Die literarische und philosophische Wirksamkeit Augustins

Die Funktion Gottes als einer Korrespondenzfigur des Menschen, deren narrative und subjektbildende Funktion darin besteht, spiegelbildlich die Selbsterkenntnis des Menschen zu unterstützen, ist bei Augustinus schon in seinen frühesten Texten angelegt. Es ist damit eines der wenigen philosophischen Motive, die in Augustins ganzem Werk, das von vielfachen Wendungen und Umkehrungen durchzogen ist, konstant bleibt. In den *Selbstgesprächen*, einem seiner ersten philosophischen Texte, lässt sich Augustinus von der personalisierten Stimme der Vernunft auffordern, zu Beginn des Buches das denkbar kürzeste und prägnanteste Gebet zu sprechen. Seine Antwort lautet: „Deus semper idem, noverim me, noverim te. Oratum est."[62] In dieser minimalen Theologie drückt Augustinus zwei Wünsche aus, die bezeichnenderweise nichts als sein Begehren nach Erkenntnis zeigen. Augustinus erbittet keinen göttlichen Segen oder die spirituelle Leitung des Vernunftgesprächs durch Gottes Gnade, sondern er postuliert ein rationales Erkenntnisstreben das seine Gedanken leiten soll. In diesem Willen zur Wahrheitserkenntnis ordnet Augustin den Willen zur Selbsterkenntnis dem Willen zur Erkenntnis Gottes voran. Die Erkenntnis Gottes ist gewissermaßen nur einen Buchstaben von der des Menschen entfernt und sie folgt auch erst auf die menschliche Selbsterkenntnis. In der bemerkenswerten Knappheit des Gebets und der entschlossenen Abruptheit seines Endes kann sogar eine gewisse Ungeduld erkannt werden, zu Wichtigerem zu gelangen. Zudem ist das Gebet keine normative Ausrichtung auf Jenseitiges und auf das Rätsel der Gottheit, sondern eine Antwort an die Vernunft, die das erste Wort hat. Es ist ihm daran gelegen, aus dem Dialog mit der Vernunft kein Dreiergespräch werden zu lassen, in dem neben der Autorität der Vernunft auch Gott eine allzu präsente Stimme hat. Für den Kirchenvater liegt im rationalen Wunsch, sich selbst und dadurch gespiegelt auch Gott zu erkennen, alles, was sich im Gebet überhaupt auszusprechen lohnt: Augustinus will, so könnte man sagen, nicht beten, er will verstehen. Die späteren Bekenntnisse, deren Text von Anrufungen und Danksagungen an Gott durchsetzt sind, haben mehr Mühe, die Position Gottes zu verorten, bleiben diesem Selbsterkenntnisdrang über die Spiegelbildlichkeit zu Gott aber treu. Wo in den *Soliloquia* die Präsenz und Handlungsfähigkeit Gottes in die komplexe Grammatik dieser knappen Formulierung verschoben ist, liegt sie, wie wir gesehen haben, in den *Bekenntnissen* in seinem Handeln, das auf das des Menschen antwortet. Der individuelle Erkenntniswille Augustins bleibt aber im Zentrum seines Denkens. Es ist nicht das rituelle oder spirituell-gläubige Gebet zu Gott, sondern das verstehende Zwiegespräch mit der Vernunft und über sich selbst, was die menschliche Erkenntnis ausmacht; nur aus der willentlich und individuell betriebenen und sorgfältigen Suche nach Selbsterkenntnis kann Augustinus' Philosophie zufolge eine Erkenntnis Gottes erreicht werden. Das Gespräch der *Soliloquia*

---

62 Augustin: *Soliloquia*. S. 116. – In eigener Übersetzung: „Ewig gleicher Gott, ich will mich begreifen, ich will dich begreifen. – Ende des Gebets."

setzt sich, dieser bezeichnenden Gottesverortung als Erkenntnisgegenstand folgend, in einem Wortwechsel über die Frage fort, was Augustinus bereits über sich selbst als Protagonist der Erkenntnis zu wissen glaubt. So wird die Verfasstheit der Welt und die Erkenntnis Gottes in mehreren Schritten so weit ins erkennende Individuum verlegt, dass die Gotteserkenntnis der Selbsterkenntnis nicht nur nachgeordnet wird und an sie erst anschließt, sondern das zweifelnde, denkende Frage-Antwort-Spiel geht so weit, das berühmte „cogito ergo sum", mit dem René Descartes tausend Jahre später die neuzeitliche Revolution in der Philosophie zum Subjekt hin einleitete, explizit vorwegzunehmen.[63]

Wo Augustinus von Gott spricht, tut er dies aus der Perspektive des Menschen, der sich bewusst diesem spezifischen Konzept von Göttlichkeit zuwendet. Augustinus interessiert sich in erster Linie für sich selbst als Menschen, und daraus hervorgehend für Gott als denjenigen Gott, der der menschlichen Erkenntnis korrespondiert. Dass Augustinus die cartesianische Wende der Philosophie vom Blick auf einen transzendenten Gott hin zur Frage nach dem Menschen und zur Erkenntnis bereits Jahrhunderte vor der Cartesianischen Revolution der Philosophie formuliert hat, widerspricht weiten Teilen der Rezeption, die der wichtigste der katholischen Kirchenväter erfahren hat. In seiner theologischen Philosophie sind jedoch, das soll im Folgenden gezeigt werden, bereits Momente einer Anthropologie ent-

---

63 Bei Augustinus klingt das so: „Ratio: Cogitare te scis?, Augustinus: Scio., Ratio: Ergo verum est cogitare te?, Augustinus: Verum." (Ebd.) Siehe zu dieser Stelle auch: Charles Taylor: *Quellen des Selbst. Die Entstehung der neuzeitlichen Identität*. Übers. v. Joachim Schulte. Frankfurt a. M. 1996. S. 235-261, und mit einem leicht veränderten Akzent: Russell: *Philosophie des Abendlandes*. München und Zürich 2004. S. 367. – Was Taylor und Russel nicht ausführen, was aber für uns interessant ist: Descartes wurde bereits von seinen ersten Kritikern vorgeworfen, sich diesen Gedanken unmarkiert von Augustinus angeeignet zu haben. Pascal, sonst ein vehementer Kritiker Descartes' und seines Philosophengottes, nimmt ihn hier aber bezeichnenderweise in Schutz:

„Wirklich bin ich weit davon entfernt zu meinen, Descartes wäre nicht der wirkliche Urheber des Satzes, selbst wenn er ihn nur aus der Lektüre dieses großen Heiligen kennen würde. Denn ich weiß, welch ein Unterschied besteht zwischen der zufälligen Niederschrift eines Satzes, ohne daß man eine ausführliche und ausgedehnte Überlegung daran anknüpft, und der Erkenntnis einer bewunderungswürdigen Folge aus einem Satz, die die Unterschiede der materiellen und geistigen Naturen beweist und aus ihnen einen festen Grund und die Stütze einer ganzen Physik macht, wie es Descartes getan zu haben vorgibt. Denn ohne hier prüfen zu wollen, ob ihm sein Vorsatz gelungen ist, nehme ich an, es sei ihm geglückt, und dies vorausgesetzt, behaupte ich, daß dieser Satz in seinen Schriften ebenso verschieden ist von dem gleichen Satz in den Schriften anderer, die ihm voraufgingen und die ihn nur nebenbei erwähnten, wie ein Mensch voller Leben und Kraft von einem toten verschieden ist."

(Blaise Pascal: „Von der Kunst, innerhalb der Ordnung des Geistes zu überzeugen, und vom Nutzen der Philosophie in den Fragen des Glaubens." In: Ders.: *Die Kunst zu überzeugen und die anderen kleineren philosophischen und religiösen Schriften*. Hg. u. übers. v. Ewald Wasmuth. Heidelberg 1950. S. 53-138, hier S. 108f.) Zur Frage, ob Descartes an Augustinus dachte, als er sein Diktum formulierte, siehe auch: Zbigniew Janowski: *Cartesian Theodicy. Descartes' Quest for Certitude*. Dordrecht 2000. Und zur Methode Descartes als „unbedingte Skrupellosigkeit gegenüber älteren Theorien" und als „Plünderung", siehe Michel Authier: „Die Geschichte der Brechung und Descartes' vergessene Quellen." In: *Elemente einer Geschichte der Wissenschaften*. Hg. v. Michel Serres. Übers. v. Horst Brühmann. Frankfurt a. M. 2002. S. 445-486, hier S. 476f.

halten, die erst sehr viel später zum Kern der neuzeitlichen Philosophie werden sollte. Es sind diese Momente eines manchmal sehr diesseitigen, auf den Menschen ausgerichteten und konkreten Denkens, die ihn für eine moderne Rezeption so anschlussfähig gemacht haben.[64]

Die Selbst- und Welterkenntnis als Konsequenz des jugendlichen Diebstahls ist nicht nur abstrakt aus den nachdenklichen Selbsterkundungen der Diebe abzuleiten, sondern auch daraus, was nach dem Diebstahl ganz konkret mit den Dieben geschieht. Die Veränderung des Weltbezugs, die die Diebe erleben, hat eine bestimmte Struktur und bestimmte Merkmale, die nicht nur in einer gesteigerten Möglichkeit zur Selbstreflektion bestehen, sondern in einer Hinwendung zum Text und zur Lektüre. Augustins Bekehrungsszene mit der berühmten Aufforderung, zu nehmen und zu lesen ist nicht ohne Grund die Aufforderung zum Griff nach einem Buch. Augustinus beginnt zu lesen und dieser Beginn seines intensiven Studiums der Heiligen Schrift und der Philosophen steht, wie oben beschrieben, parallel zu seinem neugierigen Griff nach den Birnen.

Dass das Lesen dem Stehlen korrespondiert, was auf den ersten Blick etwas zufällig erscheint, wird deutlicher, wenn Jean-Jacques Rousseaus autobiografische Verarbeitung des augustinischen Diebstahlsstoffes als Interpretation und Variation der *Bekenntnisse* Augustins herangezogen wird. Rousseau stellt fest, dass der Drang zu seiner jugendlichen Kleptomanie in dem Augenblick aufhörte, als er zu lesen begann. „Ich gab mich meinem neuen Hange so völlig hin, daß überhaupt nichts anderes mehr tat als lesen: ich stahl nicht einmal mehr."[65] Das gleicht den *Bekenntnissen* Augustins, der ebenfalls durch die Hinwendung zur Lektüre von der Last seines Diebstahls erlöst wurde. Der Dieb wird zum Leser. Das neugierige Begehren, das ihn zum Diebstahl verleitete, wird umgelenkt auf eine Neugier am Text. In dieser Dialektik von Diebstahl und Text kann aber sogar noch einen Schritt weiter gegangen werden, wenn die Texte der Diebe selbst berücksichtigt werden. Zuerst stehlen sie, dann lesen sie, und dann schreiben sie darüber, und werden so selbst zum Text und zum Buch, das wiederum gelesen wird. Berühmt ist Augustins Begegnung mit dem Kirchenvater Ambrosius, als dieser leise lesend über seine Bücher gebeugt war, was den jungen Augustin, der nur lautes Lesen kannte, verwirrte.[66] Die Lektüre eines Buches wurde ein „innerer Prozeß"[67], der nicht nur die Technik der Wissensaufnahme revolutionierte, sondern auch den Leser und den Text enger aneinanderband und gewissermaßen ineinander verschränkte.[68] Die Betonung, die

---

64 Zum Einfluss Augustins auf die Anthropologie, siehe: Thomas Pitour: „Anthropology." In: *The Oxford Guide to the Historical Reception of Augustine*. Band II. Hg. v. Karla Pollmann. Oxford 2013. S. 540-548.
65 Rousseau: *Bekenntnisse*. S. 82ff.
66 Augustinus: *Bekenntnisse*. S. 250f.
67 Stroumsa: *Ende des Opferkults*. S. 54.
68 Vgl. zur Entwicklung des stillen Lesens auch: Ivan Illich: *Im Weinberg des Textes. Als das Schriftbild der Moderne entstand*. Übers. v. Ylva Eriksson-Kuchenbuch Frankfurt a. M. 1991. Illich sieht diesen Bruch vom lauten zum stillen Lesen als den zentralen Diskursbruch der westlichen Zivilisation, verortet ihn aber erst im Hochmittelalter, in dem sich diese Praxis in den Mönchsklöstern endgültig durchgesetzt hat.

Guy Stroumsa dem Selbstverständnis der in der Spätantike entstehenden Kulten als ‚Religionen des Buches' gibt, kann kaum überschätzt werden: nicht nur war es dem Christentum, dem Manichäismus, dem Judentum und etwas später dem Islam wichtig, ihre Mitglieder als ‚Menschen des Buches' zu bezeichnen, sondern mit dieser Idee der Erklärbarkeit der Welt aus dem Buch entstand auch „die Idee der Reflexion auf das Selbst, [...] das wie ein Buch zu lesen ist."[69] Diese Metapher von der ‚Lesbarkeit des Selbst' wurde durch Augustins ‚Selbstverfassung', durch die er sich selbst zu einem Buch macht, zum Ursprung autobiografischen Erzählens.[70] Seine *Bekenntnisse* sind der Versuch, ein einzelnes Leben im Medium der Schrift einem Publikum vollständig zu offenbaren. Augustinus lieferte mit seinem Diebstahl das Beispiel für die Selbsterkenntnis und mit seiner Reflexion darüber das Modell für alle folgenden Lebensbeschreibungen. Die Diebesbekenntnisse, von denen die autobiografische Literatur so voll ist, stammen daher fast ausschließlich von intensiven Lesern und hochproduktiven Autoren. Wie sich die Sprache und die geschriebene und mündliche Poesie zum Diebstahl verhält, wird zum Ende dieses Buches hin untersucht werden. Davor aber wird nun die intensivste und wirkmächtigste Aktualisierung des diebischen, schreibenden Augustinus besprochen: Jean-Jacques Rousseaus *Bekenntnisse* über seine habituellen Entwendungen, die einen unbestreitbaren Höhepunkt der abendländischen Diebstahlsliteratur darstellen.

Spätestens mit Rousseaus Aufgreifen der Gattung des Lebensbekenntnisses wurde das Motiv des Jugenddiebstahls endgültig ein zentraler Topos der autobiografischen Selbsterkenntnis. Aber auch schon am Anfang der Aufklärungszeit konnte der Birnendiebstahl als eine ironisch gewendete Überwindungsformel versteifter kirchlicher Autorität verwendet werden: John Locke, der den Eintrag über Erasmus von Rotterdam für die *Bibliothèque universale et historique* Jean Leclercs schreibt, berichtet darüber, wie Erasmus als Mönch aus dem Kloster Tergon geworfen wurde, weil er den im Klostergarten stehenden persönlichen Birnbaum des tyrannischen Abtes unter dessen Augen in aller Ruhe plünderte, indem er sich unter der seine Person verheimlichenden Kutte für einen anderen, hinkenden Mönch ausgab.[71] Über diese ansonsten unbestätigte Anekdote aus dem Leben Erasmus' kann man sagen, dass sie, wenn sie vielleicht nicht wahr ist, so doch gut genug erfunden ist, um ihr die Gültigkeit einer Wahrheit nicht nur für seine Biografie zu

---

69 Stroumsa: *Opferkult*. S. 53.
70 Vor Augustinus entstanden Lebensbeschreibungen nur als Rahmungen für Reiseberichte oder als Verteidigungsreden vor Gericht. Siehe dazu: Manfred Fuhrmann: „Rechtfertigung durch Identität. Über eine Wurzel des Autobiographischen." In: *Poetik und Hermeneutik VIII. Identität*. Hg. v. Odo Marquard u. Karlheinz Stierle. München 1979. S. 685-690.
71 Locke: *Sentiments d'Erasme*. S. 325. (Im Original: Band VII. S. 140.) Von hier aus fand Erasmus' Birnendiebstahl seinen Weg in die Biografien. Siehe z. B. Adolf Müller: *Leben des Erasmus von Rotterdam. Mit einleitenden Betrachtungen über die analoge Entwicklung der Menschheit und des einzelnen Menschen*. Hamburg 1828. Er führt die Anekdote ein mit den Worten: „Man erzählt noch, ohne anzuzeigen, woher man die Nachricht genommen, einen lustigen Mönchsstreich von ihm, den er in seinem Kloster ausgeführt haben soll." (S. 105.) Was mit anderen Worten heißen kann: Diese Anekdote fällt in die Kategorie ‚Wenn nicht wahr, dann gut erfunden.'

geben, sondern auch für die Verwendung, die das Diebstahlsnarrativ in der Neuzeit bekommen sollte. Die Zerknirschung Augustins wird abgelöst durch die parodisierende Symbolkraft einer mit der Aufklärung weniger als sündig denn mehr als witzig und renitent wahrgenommenen Widersetzung gegen einen tyrannischen Herrn. Das ist es, was Rousseau fort führt und er entwickelt den Diebstahl zur Herausforderung aller innerlich verankerten Subjektivität.

Drittes Kapitel:
Die kleptomanen Tendenzen des Bürgers Jean-Jacques Rousseau

5|3|1
Die Unaufrichtigkeit Rousseaus als Erzähler

> Wir sprachen über Diebstahl.
> „Ja, das ist interessant", sagt er. „Wissen sie, ich war früher Dieb. Dann entschied ich, das sei es nicht wert, hörte auf, und nun werde ich nichts mehr stehlen."
> Ich staunte. „Sie waren ein Dieb?"
> „Was ist daran so seltsam? Die meisten Menschen sind Diebe. Wenn sie nicht stehlen, so aus Furcht oder Zufall. Doch innerlich ist fast jeder Mensch ein Dieb."[1]
>
> *Gaito Gasdanow*

Augustinus' auf der Genesis aufruhender Urmoment wurde oft zitiert, allerdings konnte kaum einer der darauf folgenden Texte die literarische Wucht des Birnendiebstahls erreichen. Dennoch ist das treffendste Beispiel für Valérys metabiografisches Axiom, dass „jeder Geist, den man gewaltig findet, mit einem Fehltritt beginnt, der ihn bekannt macht", nicht in der Antike, sondern in den *Confessions* Jean-Jacques Rousseaus zu finden. Zusammen bilden diese beiden Lebensbeschreibungen eine fast normativ zu nennende Grundlage für alle Autobiografien, die nicht nur die Zeitläufte und Lebenswege eines Menschen beschreiben wollen, sondern die den Anspruch erheben, eine vollständige Selbstergründung des erzählenden und erzählten Individuums zu leisten. In diesem Abschnitt wird nun Rousseau als Autor der wichtigsten Bekenntnis-Biografie der Neuzeit an Augustinus angeschlossen, es wird seine Rezeption untersucht und die moderne Diebes-Figur skizziert, um anschließend mit Rousseau und Augustinus zur Genesis zurückzukehren

---

1 Gaito Gasdanow: „Schwarze Schwäne." In: *Sinn und Form.* Ausgabe 6 (2013). Berlin. S. 773-787, hier S. 775.

und zu klären, ob das Problem des Sündenfalls vielleicht nicht erst auftauchte, als Adam den Apfel *aß*, sondern schon, als Eva ihn von Gottes Baum *nahm*.

Bezeichnend für Jean-Jacques Rousseaus hochliterarische Lebensbeschreibung sind die vielfältigen im Lauf seiner Jugend und noch im Erwachsenenalter begangenen Eigentumsdelikte, die ebenso eine Aktualisierung des bei Augustinus auftauchenden Diebstahls-Mythologems darstellen, wie sie mit dieser Aktualisierung der kollektiven Gültigkeit des Narrativs eine ganz bestimmte Inszenierung geben, die auf eine gebrochene Subjektivität hinweist. Diese gebrochene Subjektivität, die bei Augustinus durch göttliche Intervention geheilt wird, taucht bei Rousseau in radikalisierter Form und schon in den ersten Worten seiner Lebensbeichte auf: Die erste Zeile der *Confessions* betont, er „plane ein Unternehmen, das kein Vorbild hat und dessen Ausführung auch niemals einen Nachahmer finden wird"[2]. In diesen Worten liegt ein Selbstwiderspruch, der schon beim ersten Erscheinen – und noch heute – jedem gebildeten Leser auffallen muss. Im Titel wird ein Anspruch auf Originalität und auf eine unabhängige Selbstkonstitution erhoben, wo doch eigentlich ein Zitat gemacht und eine Aneignung betrieben wird. Der Titel ist ganz deutlich ein Bezug auf das Vorbild Augustinus: Eine so offensichtliche Dissonanz zwischen dem eindeutigen Verweis auf Augustins *Confessiones* im Titel der *Confessions* und dem ersten Satz, es gebe keine Vorbilder für eine solche Selbstbeschreibung, musste den Kritikern und Feinden Rousseaus, von denen er sich zeitlebens umlagert sah und die er mit beinahe pathologischer Deutlichkeit wahrnahm, als erste große und grundlegende Unwahrhaftigkeit des Autors der *Confessions* ins Auge fallen: Rousseaus Bekenntnisse beginnen mit einem Satz, der seinem eigenen Anspruch auf Wahrhaftigkeit nicht entsprechen kann, und dem er vielleicht tatsächlich gar nicht entsprechen will. Schon die ersten Worte des Textes bringen diesen Anspruch und seine Ausführung in eine Schieflage, die aus einer Art nur schlecht verheimlichter Übernahme zu entstehen scheint und deren Funktion äußerst interessant ist: Rousseau nimmt von Augustinus, behauptet in dieser Geste aber, völlig unabhängig zu sein.

Es wurde zu einem philologischen Topos kritischer Rousseau-Leser, diese so prominent an den Anfang seines Sprechens über sich gesetzte Selbstaussage als ein so uneinlösbares wie eitles Postulat zu entlarven. Verwendet man diese Ungereimtheit aber nicht zu einer literarischen Autorkritik und versucht also nicht, die Person Rousseaus etwas hämisch schon im ersten Satz zu unterbrechen, weil er hier bei einer Unaufrichtigkeit oder Nachlässigkeit ertappt wird, sondern lässt die Möglichkeit zu, dass der ‚Erzähler Rousseau' seine triumphalen Kritiker schon mit dem etwas ostentativen ersten Satz seiner Bekenntnisse in eine Falle zu locken versuchte, die sie glauben ließ, sie könnten noch Jean-Jacques Rousseau, den Meister der Selbstentblößung, so leicht entlarven und als *imposteur* und Dieb präsentieren, dann gewinnt das Spiel zwischen dem erzählenden ‚Rousseau', dem zitierten Augustinus, dem erzählten Leben Rousseaus und den herausgeforderten Lesern der *Bekenntnisse* erst seinen philologischen Reiz: Wenn es mit dem plakativen Kunst-

---

2 Rousseau: *Bekenntnisse*. S. 37.

griff des performativen Widerspruchs zwischen Titel und erstem Satz so leichtfertig und elegant möglich war, die Irritation des gebildeten und kritischen Lesers hervorzurufen, und ihm den Eindruck zu geben, er könne noch hinter den so offen geschilderten Selbstentblößungen verborgene Schwachstellen und Unaufrichtigkeiten aufdecken, die der vielkritisierte Aufklärer in seinem Werk übersehen zu haben schien, dann hat dieser erste Satz seine paradoxe Funktion der gleichzeitigen Enthüllung und Verschleierung erfüllt.

Aber nicht nur für die Kritik, die durch Rousseaus so skandalöse wie banale Enthüllungen tatsächlich zu harschen Urteilen gereizt wurde,[3] sondern auch für eine poetologische Untersuchung ist ein so deutlich markierter Bruch zwischen den beiden ersten Aussagen eines Textes von unmittelbarer Bedeutung. Im Ursprung des performativ widersprüchlich begonnenen autobiografischen Berichts Rousseaus steht damit nicht eine Selbstbezüglichkeit und ein Sprechakt der gesicherten Selbstverortung, wie etwa in Goethes „Glockenschlage zwölf kam ich in Frankfurt am Main auf die Welt"[4], mit dem der selbstbewusste Dichterfürst seine fulminante Ankunft auf dieser Welt zur rechten Zeit und am rechten Ort feiert. Stattdessen beginnt Rousseaus Autobiografie mit einem Bruch zwischen dem Subjekt, dessen Erschaffung durch die Erzählung projektiv versprochen wird und den textuellen Referenzlogiken, die es zu dieser Selbstbeschreibung verwenden muss: Schon nach dem ersten Satz kann der Leser nicht davon ausgehen, dass er Rousseau begegnen wird, ‚wie er ist', sondern Rousseau, ‚wie er beschrieben werden kann und wie er entsteht.' Am Anfang der *Confessions* hebt ein prekäres Subjekt zu sprechen an, das sich seiner selbst nicht sicher werden kann.

Nicht nur in der ersten Zeile, sondern auch im darauf folgenden Satz der *Bekenntnisse* wird eine Ambivalenz des sprechenden Ichs deutlich: „Ich will einen Menschen [...] zeigen, und dieser Mensch werde ich sein."[5] – Das sprechende Ich wird auffällig in zwei Zeitformen getrennt: ein Mensch soll beschrieben werden durch einen Sprecher, der dadurch selbst erst projektiv zu diesem Menschen werden soll. Rousseau stellt damit an den Beginn seiner Lebensbeschreibung eine Aussagenkette, die als Prinzip der Subjektbeschreibung eine Unentschiedenheit und eine vage Bezüglichkeit herstellt, wo vom gattungskonformen autobiografischen Text – wie von Goethes *incipit* beispielhaft demonstriert – doch eigentlich Gewissheit, Wahrhaftigkeit und kategoriale Vollständigkeit des eigenen Ursprungs erwartet werden. Rousseau geht ambivalenter vor und zeigt hier also nicht nur ein Beispiel für den autobiografietheoretischen Topos, dass ein Individuum vom Ursprung seiner Existenz nur über andere Sprecher und über die Sprache überhaupt vermittelt – in diesem Fall über Augustinus – von sich selbst berichten kann, sondern es wird ebenso deutlich, dass das Versprechen, ein Leben zu beschreiben, noch bei

---

3 Siehe zur Rezeption und Kritik Rousseaus: Philippe Lejeune: *Der autobiografische Pakt*. Übers. v. Wolfram Bayer u. Dieter Hornig. Frankfurt a. M. 1994. S. 55ff.
4 Johann Wolfgang von Goethe: *Aus meinem Leben. Dichtung und Wahrheit*. In: Hamburger Ausgabe. Band 9. Hg. v. Erich Trunz. Hamburg 1948. S. 10.
5 Rousseau: *Bekenntnisse*. S. 37.

höchster Bemühung um Aufrichtigkeit dazu tendiert, artifiziell, brüchig und vermittelt zu bleiben: um von sich selbst zu sprechen, muss Rousseau Augustinus zitieren, und um sich selbst zu beschreiben, wie er ist, muss er im Futur sprechen. Das deutet die Idee eines Subjekts an, das nicht als solches schon existiert, bevor es beschrieben wird, sondern das erst in der Erfahrung und Beschreibung seiner selbst und in der Aneignung von Fremdem entsteht.

Statt eines autobiographischen Paktes, der mit dem Leser geschlossen wird,[6] ist der erste Satz der *Confessions* nichts anderes als eine Infragestellung der Möglichkeit eines solchen Paktes: Wo Philippe Lejeune den autobiografischen Pakt zwischen Rousseau und seinem Leser explizit im Titel der *Confessions* verortet, ist einzuwenden, dass dieser bei näherem Hinsehen etwas verschmitzt wirkende Titel, der offensichtlich ein Zitat ist, keinen Pakt mit Rousseau zulässt, sondern dass darin der Pakt zitiert wird, der in Augustinus' *Bekenntnissen* mit seinen Lesern geschlossen wurde. Der von Rousseau angebotene Vertrag ist damit kein Versprechen im strengen Sinn, sondern ein etwas zweifelhafter Verweis auf ein ganz anderes Versprechen und auf eine fremde Glaubwürdigkeit. Dieser Betrug liegt allerdings so offen zutage, dass er schon eine gewisse Ähnlichkeit zu anderen Paradoxien zeigt, wie zum Beispiel dem berühmten kretischen Lügnerparadox. Die *Bekenntnisse* funktionieren damit eben nicht als das eingelöste Versprechen eines selbstgewissen, sprachmächtigen Individuums, schlicht weil dieses Individuum zu Anfang des Textes noch gar nicht existiert: Das Subjekt „Rousseau" soll erst im Laufe der Erzählung entstehen und bedient sich am Anfang bereits vorhandener Texte und bekannter Motive. Die *Bekenntnisse* sind, so könnte man hier bereits sagen, ein Versuch, zu zeigen, wie sehr ein ‚Selbst' aus Fremdem bestehen muss, um sich selbst überhaupt beschreiben zu können. Selbst noch die Aufrichtigkeitsbeteuerungen und die Verwünschungsformeln, mit denen Rousseau einige hundert Seiten später seine *Bekenntnisse* beendet, und die er denen zuwirft, die seinen Geständnissen keinen Glauben schenken wollen, ernten unter seinen Zuhörern statt Zustimmung und Bestätigung nur ein betretenes Schweigen.[7] Das Publikum reagiert aber nicht nur auf den Schock solch radikaler Offenheit, sondern seine Stille mag ebenso durch das unbehagliche Gefühl hervorgerufen werden, dass selbst mit einer absoluten Bloßlegung einer Lebensgeschichte kein Leben beschrieben wird, wie es im Kern *ist*, sondern nur, wie es zusammengesetzt und -konstruiert, und – man möchte im Hinblick auf Rousseaus kleptomane Tendenzen sagen: zusammengestohlen – wird.

Rousseaus Paradigma der unbedingten Bezüglichkeit des Selbst auf Andere bringt kein Subjekt hervor, das sich mit völliger Selbstverständlichkeit an einen für diesen Menschen gedachten Platz in der Welt einfügt und sich von diesem Ursprung an nur noch weiter zu sich selbst hin fortentwickelt. Stattdessen ‚stiehlt'

---

6 Lejeune: *Pakt*. S. 33f. – Weshalb, so könnte man Lejeune entgegenhalten, der völlig auf Rousseaus Bekenntnisversprechen vertraut, weshalb sollte man einem so infamen Menschen gerade diese offensichtlich ambivalente Aussage unhinterfragt glauben, wo er uns über die folgenden hunderte Seiten unzählige Beispiele für die Gründe vor Augen führt, ihm nicht zu vertrauen? Warum Rousseau glauben, der sein Leben und Sprechen doch als so unglaubwürdig beschreibt?
7 Rousseau: *Bekenntnisse*. S. 900.

sich gewissermaßen eine naive, selbstinteressierte Subjektivität ins Geschehen und versucht, ihre Entwicklung nicht anhand von erhaltenen Eigenschaften und kulturell verliehenen gesellschaftlichen Dispositionen zu beschreiben, sondern anhand dessen, was im Prozess individueller Subjektwerdung aktiv von außen übernommen und angeeignet wird. Diese Entstehung seiner selbst aus Anderen ist bei Rousseau untrennbar verknüpft mit seinen kleinen Diebstählen und jugendlichen Spitzbübereien, die in diesem Kapitel untersucht werden.

Zu Rousseaus Lebzeiten wurde die rezeptionsästhetische Enttäuschung über die bleibende Uneindeutigkeit des ‚Subjekts Rousseau' und die Ahnung seiner beibehaltenen schelmisch-verzweifelten Unaufrichtigkeit zum Beispiel von Voltaire in eine triumphale Entlarvung der Verworfenheit und primitivistischen Trivialität Rousseaus oder in eine Diagnose eines naiven Wahnsinns umgewandelt:

> Noch niemand hat soviel Geist verschwendet, uns wieder zu Bestien zu machen. Man bekommt richtig Lust, wieder auf allen vieren zu gehen, wenn man Ihr Werk liest. Indessen habe ich diese Gewohnheit schon seit sechzig Jahren aufgegeben, und es ist mir unmöglich, sie wieder aufzunehmen.[8]

Es liegt nahe, dieser Haltung zu folgen und zu versuchen, aus Voltaires kritischer Entlarvung, deren Stoßrichtung auch Moses Mendelssohn und Christoph Martin Wieland teilten,[9] eine wissenschaftlich-unbeteiligte Aufdeckung des Primitivismus Rousseaus zu machen, die letztlich zu denselben Ergebnissen kommt: dass es sich bei Rousseau um einen geistesscharfen Schwärmer handelt, dessen Ideen jedoch unausgegoren und letztlich sinnlos sind. Doch die schnell plausible Feststellung, mit seinen anderen Schriften seien auch Rousseaus *Bekenntnisse* nicht wirklich ernst zu nehmen, und die rücksichtslose Selbstdemaskierung hin zum ‚reinen Menschen' bringe nur noch schlichtere Masken zum Vorschein, verliert sich schnell in einem leerlaufenden Enthüllungsmechanismus; anstatt die *Bekenntnisse* nach offenen oder verschleierten Zitaten zu durchsuchen und Rousseaus Lebensbeschreibung in wichtigen Teilen als eine Bricolage früherer Motive zu beschreiben, ist es wesentlich ergiebiger, diesen Vorgang der Aneignung anderer Identitätserklärungen selbst zu untersuchen. Wenn wesentliche Elemente des Textes, und damit des Lebens Rousseaus aus Bezügen auf andere Texte und andere Leben bestehen und sich dies in einer vorsichtigen Lektüre des Textes zu einem paradigmatischen

---

8 Zitiert nach: Otto Hansmann (Hg.): *Seminar: Der pädagogische Rousseau*. Band II. Weinheim 1996. S. 2. – Dass Voltaire Dieben und ihren Motiven gegenüber überhaupt nicht gerade sehr verständnisvoll war, wird auch in der Anekdote kolportiert, laut der er in seiner berühmten Privatkapelle „eines Tages in seinem elastischen, beblümten Schlafrock und mit der Nachtmütze die Kanzel bestieg, und der andächtigen Versammlung, die dann die Messe hören wollte, eine Strafrede über den Diebstahl improvisierte". Auf seinen Landbesitzungen war gewildert worden, was ihm scheinbar sehr übel aufstieß. (Gustav Kühne: „Tabletten vom Genfer See." In: *Zeitung für die elegante Welt*. Ausgabe 153 vom 7. August 1841. Hg. v. Leopold Voß. Leipzig 1841. S. 1-3, hier S. 1.)

9 Zur Rezeption und Kritik Rousseaus in Deutschland, siehe: Claus Süßenberger: *Rousseau im Urteil der deutschen Publizistik bis zum Ende der Französischen Revolution. Ein Beitrag zur Rezeptionsgeschichte*. Bern u. Frankfurt a. M. 1974. Insbes. S. 21-42.

Programm einer Subjektivität der Nicht-Identität verdichten lässt, die sich in kalkulierten oder unbewussten heimlichen Aneignungen fremder Texte und Motive ausdrückt, kann anhand dessen die Figur des in den *Bekenntnissen* gestalteten Jean-Jacques Rousseau als für die vorliegende metatextuelle Untersuchung herausragend geeignetes Beispiel einer diebischen Subjektivität gelesen werden, die kollektive Wahrnehmungen individuell ausdrückt.

5|3|2
Das Leben *Lazarillo de Tormes'* als schelmischer Bezugspunkt Rousseaus

Es ist nicht nur der Titel der *Bekenntnisse* Rousseaus, dessen Aneignung nicht eingestanden wird, sondern auch Rousseaus berühmter und für ihn so wichtiger Apfeldiebstahl ist direkt dem Birnendiebstahl nachgeformt, wie Rousseau ihn bei Augustinus vorfand: die Momente der Bewusstwerdung dieser beiden Denker überschneiden sich in ihren ersten Diebstählen, die sie in ihrer Jugend begehen und die ihnen ein Erwachen zur eigenen Subjektivität ermöglichen. Wo in den *Confessions* die Einzigartigkeit eines völlig bloßgelegten und erzählten Lebens versprochen wird, zeigt sich bald, dass diese scheinbar singuläre Offenheit mit altbekannten Motiven arbeitet. Dem Leser eines so radikal offenen Bekennsnistextes muss sich fast zwangsläufig der Verdacht aufdrängen, dass ein zeitweise so sehr dem Diebstahl und dem Betrug verfallener Mensch, der von sich selbst erzählt, vielleicht auch in seinem Erzählen ebenso viel Fremdes wie Eigenes berichtet: Mit dem Versprechen autobiografischer Ehrlichkeit und Singularität kann es jedenfalls nicht weit her sein, wenn die Identität des erzählten Ich durch die textuellen Einflüsse anderer Werke und Motive vorgeformt wird. Was damit entsteht, ist ein Subjekt, das vielleicht nicht mit der Goethe'schen Selbstsicherheit die historische Richtigkeit und Pünktlichkeit seiner selbst proklamieren kann, sondern das etwas vorsichtiger und mit weniger metaphysischem Brustton von sich selbst sprechen will, weil es weiß, dass es nicht am Anfang der Geschichte steht, sondern mit jedem Wort Bedeutungen übernimmt, die bereits eine jahrhundertelange Geschichte haben.

Es ist nämlich nicht nur der Gestus und die Gestalt des heiligen Kirchenvaters Augustinus, die Rousseau als Bezugspunkt dient, sondern auch die Kindheitsbeschreibung des Schelms *Lazarillo de Tormes* ist ein Modell und Vorbild zur Beschreibung seiner selbst. Seine eigenen Taten werden von ihm als „Schelmenstücke"[10] charakterisiert und zeigen einige deutliche Bezüge zu Lazarillo auf. Deswegen muss, bevor zu Rousseaus Diebstählen und zu ihrer literarischen Wirkung direkt nach dem Erscheinen der *Bekenntnisse* und ihrer philologischen Rezeption im zwanzigsten Jahrhundert übergegangen wird, nicht nur Augustinus, sondern auch

---

10 Rousseau: *Bekenntnisse*. S. 76. – In der verwendeten Übersetzung wurde „des espiègleries" direkt und wörtlich mit „Eulenspiegeleien" übersetzt.

der kleine Lazarus vom Tormes besprochen werden. Danach wird die immense Rezeption und Berühmtheit Rousseaus, die er explizit als Dieb, und nicht nur als Aufklärer hatte, anhand einiger Beispiele beschrieben, um daraufhin den Grund für seine Bekanntheit als schelmisch-kritischer Dieb aus seiner habituellen Diebstahlssucht zu erklären und zu untersuchen, wie er die Ausführung seiner kleptoman anmutenden Beutezüge in seinen *Bekenntnissen* beschreibt und so zum einflussreichsten und meistkopierten Dieb der Neuzeit werden konnte.

Im Schelmenroman *Lazarillo de Tormes* werden eine ganze Reihe an raffinierten Nahrungsmittel- und Naschwerkbeschaffungen beschrieben, die in ihrer Dreistigkeit bemerkenswert sind, und die von einer Heiterkeit und spitzbübischen Selbstgerechtigkeit gekennzeichnet sind, die Rousseau nicht vom doch etwas neurotisch und bedrängt wirkenden Augustinus übernommen haben konnte. Der *Lazarillo*, der als Begründung der Gattung des Schelmenromans gilt, wurde 1552 anonym veröffentlicht und erreichte schon zwei Jahre später eine Neuauflage in Burgos, Antwerpen, Alcalá und Medina de Campo, war also ein immenser literarischer und kommerzieller Erfolg und wurde mehrfach von der katholischen Kirche indiziert. Der Schelm ist eine Figur, die sich durch eine Überlegenheit auszeichnet, die in ihrer scheinbaren Naivität liegt; eine etwas egoistische, prekäre Gestalt, die den Repräsentanten der Macht immer wieder unerwartet ein Schnippchen schlägt, die die Wahrheit ausspricht, und die, das wurde in der Forschung zum Pikaro bisher weitgehend ignoriert, ganz selbstverständlich stiehlt, wo sie anders ihre Bedürfnisse und Begehrlichkeiten nicht befriedigen kann.[11] Dieter Arendt widmet der Figur des Schelms als einer zum Diebstahl verführten und gedrängten Gestalt ein eigenes Kapitel, in dem er treffend feststellt:

> Der Schelm ist der personale Repräsentant der Armut und weil er, um nicht zu verkommen im Elend, sich durchschlägt mit Hilfe des Diebstahls und sich mit der Zeit sogar perfektioniert im Handwerk der Dieberei, ist er, zugleich stellvertretend für seine Brüder, der Prügelknabe der Eigentumsgesellschaft.[12]

Hier soll nun ein besonders prägnanter, exemplarischer Bericht des Lazarillo über einen seiner Diebstähle angeführt und analysiert werden. Lazarillo erlebt den Beginn seines Lebens in bitterster Armut und ist tatsächlich ein Prügelknabe seines nur wenig reicheren, aber viel stärkeren Herrn. Die Strukturelemente, die wir in Lazarillos Bericht finden, sind die des tumben, aber gewalttätigen und gefährlichen Herrn, des Begehrens, der zu überwindenden Hindernisse, der improvisierten Verlängerung der Reichweite des Diebes, des mehrfach verbesserten Versuchs und des

---

11 Das Standardwerk zum Schelmenliteratur hat Matthias Bauer vorgelegt: *Der Schelmenroman.* Stuttgart u. Weimar 1994.
12 Dieter Arendt: *Der Schelm als Widerspruch und Selbstkritik des Bürgertums. Vorarbeiten zu einer literatur-soziologischen Analyse der Schelmenliteratur.* Stuttgart 1974. S. 73. – Arendt verbindet den Schelm mit der systematischen Eigentumskritik Proudhons, Marx' und der Kirchenväter. Die unsystematische, regellose Gattung des Schelmenromans mit der bürgerlich-sozialistischen Eigentumsphilosophie zu verbinden ist allerdings gewagt, weswegen sie hier getrennt behandelt werden, um die Ähnlichkeiten wie die Differenzen deutlicher werden zu lassen.

Ertapptwerdens und der schmerzhaften Strafe. Diese Elemente finden ihre Entsprechung, wie wir sehen werden, in dem Apfeldiebstahl Jean-Jacques Rousseaus, den dieser zusätzlich mit der existenziellen Bedeutung von Augustins Birnendiebstahl auflädt. Lazarillos vielleicht schönster Diebstahl wird so beschrieben:

> Er war gewohnt, wenn wir aßen, einen kleinen Krug mit Wein neben sich zu stellen, den griff ich mir dann schnell, gab ihm ein paar stille Küsse und stellte ihn wieder an seinen Platz. Doch das währte nur kurz, denn er erkannte den Frevel an meinen Schlucken, und um seinen Wein unangetastet zu behalten, ließ er den Krug nie mehr los, vielmehr hielt er ihn am Henkel fest. Doch kein Magnetstein konnte so stark anziehen wie ich mit einem langen Roggenstrohhalm, den ich für diesen Zweck bereit hielt; den schob ich in die Öffnung des Kruges, saugte den Wein an und ließ jenen in guter Nacht. Doch da der Schuft so schlau war, musste er mich hören; jedenfalls änderte er von da an sein Verfahren; er klemmte sich den Krug zwischen die Beine und hielt ihn mit der Hand zu. So hatte er den Trank sicher. Ich aber, an den Wein gewöhnt, kam um vor Verlangen danach, und wie ich sah, dass jener Behelf mit dem Halm mir nichts mehr einbrachte, verfiel ich darauf, in den Boden des Kruges ein Spundloch zu machen, eine winzige Öffnung, und sie behutsam mit einem dünnen Wachsplättchen zu verstopfen; und zur Essenszeit vortäuschend, mir sei kalt, drängte ich mich dem trüben Blinden zwischen die Beine, vorgeblich, um mich an der kümmerlichen Kerze, die wir hatten, zu wärmen.[13]

Die zunehmend aufwendiger werdenden Diebstahlsversuche entgehen der Wachsamkeit des blinden Herrn nicht, und Lazarillo wird empfindlich bestraft. Die Verwandtschaft zwischen diesen Bekenntnissen des ersten Schelms Lazarillo und Rousseaus Beutezügen muss nicht philologisch über eine Motivähnlichkeit oder topologische Übereinstimmung konstruiert werden: In *Rousseau, juge de Jean-Jacques*, das nach den *Bekenntnissen* erschien, zitiert Rousseau eine Stelle aus dem zweiten Teil der Lebensbeschreibung des Lazarillo.[14] Darin behauptet Rousseau eine Vergleichbarkeit seiner eigenen Situation als äußerst miserablem, missverstandenem Menschen, wie er sich in seinem letzten Lebensabschnitt selbst erschien, mit der Lebenslage des in seinem späteren Leben auf Jahrmärkten als Monster ausgestellten Lazarillo.[15] Das Unverständnis gegenüber der reinen Menschlichkeit Lazarillos, der mit Seetang behängt und übelriechend aus dem Meer gefischt und zum Gespött ausgestellt wurde, sei, so Rousseau, dem Unverständnis ähnlich, mit dem ihm selbst begegnet werde. Tilo Klaiber spricht in Bezug auf diese Stelle etwas emphatisch von einer „emblematische[n] Dignität"[16] dieser ein wenig theatralischen Bemerkung für die Psychologie Rousseaus. Wie zentral diese Stelle für Rous-

---

13 *Lazarillo*. S. 28f.
14 Rousseau: *Rousseau, Juge de Jean-Jacques*. S. 233.
15 In der neueren Forschung wird immer wieder betont, dass der Lazarillo auf eine Ähnlichkeit mit Moses hin konstruiert ist. Das ist für die hier vorliegende Überlegung insoweit interessant, als Moses, wie oben beschrieben, einer der Prototypen des identitätsstiftenden Diebes ist. Vgl. dazu: Susanne Zepp: *Herkunft und Textkultur. Über jüdische Erfahrungswelten in romanischen Literaturen. 1499-1627*. Göttingen 2010. S.85-107.
16 Tilo Klaiber: *Ce triste Système. Anthropologischer Entwurf und poetische Suche in Rousseaus autobiografischen Schriften*. Tübingen 2004. S. 225. Siehe dazu auch: Jean-Pierre Le Bouler: „Lazarillo-

seaus Psychologie auch sein mag, in jedem Fall wird daraus deutlich, dass Rousseau den *Lazarillo de Tormes* gelesen hatte, und dass er eine Analogie zwischen sich selbst und dem Lazarillo erkannte, die über eine bloße Ähnlichkeit der beiden als Autoren von Bekenntnistexten hinausgeht.

Es sind bereits an dieser Stelle einige Aspekte des Diebstahls und der Subjektivität aufzuzählen, die Rousseau im Lazarillo finden konnte und die bei Augustinus nicht vorhanden waren. Zuerst fällt auf: das Konzept der Kindheit ist bei Rousseau und Lazarillo ähnlich – und für ihre Zeit sehr modern. Beide nehmen bezüglich des Kindes und seiner Entwicklung eine zu ihrer jeweiligen Zeit unübliche Position ein: das Kind wird als die uns heute vertraute eigenständige, lernende, sich entwickelnde und einübende Konzeption des jungen Menschen wahrgenommen, nicht als eine von Beginn an gleichbleibend erwachsene, stabile Subjektivität. Entsprechend ist die Betonung der verderblichen Wirkung der Kultur auf den Heranwachsenden bei Lazarillo und Rousseau ähnlich; die Diebe Lazarillo und Rousseau kamen durch die in ihrem Umfeld erlebte Prägung zu ihrer Neigung, und dass sie stehlen, ist keine sich langsam zeigende ontologisch festgelegte Grundkonstitution ihres Charakters. Dazu kommt das Merkmal der spielerisch-kreativen Renitenz des Kindes, mit der es sich aneignet, was ihm vorenthalten werden soll. Später wird noch genauer auf diese Raffinesse eingegangen, mit der sich Lazarillo und dann auch Rousseau unter Zuhilfenahme einer technisch-improvisierten Erweiterung ihrer Reichweite stehlen, was ihre Meister ihnen nicht freiwillig geben wollen. Dieser wichtige Aspekt stimmt bei Lazarillo und Rousseau genau überein: Sie zeigen beide eine kreative Beharrlichkeit und Experimentierfreude im Überwinden der Barrieren, die der Herr vor sein eifersüchtig gehütetes Eigentum gestellt hat. Ihre in mehreren Schritten ausgeklügelten Techniken des Diebstahls sind in Augustinus' Birnendiebstahl noch nicht zu finden. Mit der subversiven Tendenz, die auf Seiten des Diebes eine Intelligenz impliziert, die höher ist als die des Herrn und mit der narrativen Genauigkeit, die fast eine ‚Anleitung zum gelingenden Diebstahl' darstellt, werden mit dem Lazarillo pikareske Elemente und der Aspekt der technischen Improvisation in die Diebstahlsliteratur eingebracht, die das existenzielle Geschehen, das der Diebstahl bei Augustinus ist, um ein subversives und sogar nachahmenswertes Moment erweitern.

Auch die absolute Bezüglichkeit des Diebes auf seinen Herrn sowie die Differenzierung und Selbsterfahrung des erzählten Kindes sind im Lazarillo und bei Rousseau fast deckungsgleich. Die Macht und Verfügungsgewalt des Herrn wird entwertet, indem die von ihm gesetzten Schranken und Kontrollen durch eine gewagte Konstruktion überwunden werden. Die Beute wird gegenüber dem Vorgehen fast nebensächlich, und die Erfahrung der eigenen Listigkeit und Entschlossenheit wird ein wesentlicher Aspekt des Diebstahlsmythologems. Dadurch wird der Herr dialektisch zu einem etwas tumben, aber nach wie vor stärkeren, mächtigeren und gewaltbereiten Opfer des raffinierten Diebes. Es ist diese Infragestellung der besit-

---

Jean-Jacques: Sur une page des Dialogues." In: *Annales de la Société J.-J. Rousseau*. Band XXXIX. Paris 1972-1977. S. 281-292.

zenden, disziplinierenden Macht durch den experimentellen, mit improvisierter Technik und von einem so prekären wie gerissenen Selbst ausgeführten Diebstahl, die Lazarillo und Rousseau miteinander verbindet.

5|3|3
Rousseau in der zeitgenössischen Rezeption als der Prototyp des Diebes und Eigentumsverächters

Nachdem mit Augustinus und Lazarillo die beiden wichtigsten Vorläufer für Rousseaus *Bekenntnisse* untersucht wurden,[17] zeigt sich, dass Rousseaus Bekenntnis, seine eigene Identität zuerst im Diebstahl erlebt zu haben, ebenfalls eine bedeutende Reihe an Nachfolgern gefunden hat. Mit Rousseau wird der Diebstahl gewissermaßen als salonfähige Tat in die europäische Literatur eingeführt: der Diebstahl als Motiv jugendlicher Selbstwerdung taucht, wie oben bereits erwähnt, in den Autobiografien Salomon ben Maimons, Eugène François Vidocqs, Charles Darwins, Mark Twains und Jacques Derridas auf und findet seinen Widerhall auch in fiktionalen Autobiografien wie in Thomas Manns *Die Bekenntnisse des Hochstaplers Felix Krull*, Siegfried Kracauers *Georg* und Hermann Hesses *Kinderseele*. Im Folgenden soll die unmittelbare Wirkung und Verbreitung von Rousseaus Diebstahls-Anekdoten dargelegt werden, um zu zeigen: Rousseaus Diebstähle wurden bereits wenige Jahre nach Erscheinen der *Bekenntnisse* fast sprichwörtlich zitierbare Taten. Rousseau war nicht nur als Aufklärer berühmt, sondern – und das soll hier bewiesen werden – sein Name stand im aufklärerischen Europa auch für eine kritische Haltung zur Idee des Privateigentums, die sich nicht nur in wohlformulierten und wirkmächtigen Texten, sondern auch in notorischen Diebstählen ausdrückte. Um 1800 stand der Name ‚Rousseau' für die Verkörperung des prototypischen, berüchtigten Diebes. Im Anschluss an diese Darstellung der Rezeption des ‚Diebes Rousseau' im aufklärerischen Diskurs wird Rousseaus Apfel-Diebstahl näher auf die Frage hin untersucht, wie darin die Entstehung der Subjektivität eines jugendlichen Diebes funktioniert.

Ein Subjekt, das so offen von sich berichtet, wie es lügt, stiehlt und betrügt, um die Liebe und Zuneigung der Menschen und dadurch erst eine Anerkennung als Mensch zu erhalten,[18] dem über seine eingestandenen Unrühmlichkeiten hinaus leicht skandalöse verschwiegene Zitate und Übernahmen nachgewiesen werden können, und dessen Bekenntnisse über sein infames Leben so intensiv rezipiert

---

[17] Diese Voruntersuchung wurde bewusst reduziert auf Texte, die einen nachweisbaren, direkten Einfluss auf Rousseau hatten. Andere Texte wie Grimmelshausens *Simplicissimus* und Defoes *Moll Flanders*, die in dieselbe Kategorie des Schelms zählen, wurden übersprungen, da nicht nachgewiesen werden kann, dass Rousseau sie kannte oder von ihnen beeinflusst war.

[18] Siehe hierzu Rousseaus Leitbegriff der „amour propre" als grundlegende Motivationsstruktur seines Handelns. Frederick Neuhouser: *Pathologien der Selbstliebe. Freiheit und Anerkennung bei Rousseau*. Frankfurt a. M. 2006.

wurden, kann zu einem literarischen Archetyp an Durchtriebenheit und Unredlichkeit werden. Der Erzähler der *Bekenntnisse* verwendet tatsächlich sehr viel Arbeit darauf, sich als Beispiel für einen solchen habituellen Dieb und Lügner zu etablieren. Auf Rousseaus ersten Diebstahl, der weiter unten im Detail gelesen wird, folgen eine Reihe von Entwendungen, in denen er mit Augustinus und Lazarillo nicht nur gleichzieht, sondern sie beide weit zu überbieten versucht: Rousseau stiehlt Werkzeuge, Zeichnungen und Stempel[19], Wasser[20], Spargel[21], Schreibpapier[22] und später das berühmt gewordene abgetragene Band, für dessen Entwendung er eine unschuldige Magd verantwortlich macht[23] – all das fällt einer Kleptomanie zum Opfer, die die Bereitwilligkeit Augustins zum ‚Diebstahl im Dienste der Wahrheit' weit übertrifft. Es wundert daher nicht, dass die literarische Gestalt Rousseaus aus den *Bekenntnissen* in der literarischen Welt um 1800 sehr schnell zu einer allegorischen Verkörperung des unreifen, kleptomanen Spitzbuben wurde. Wie sehr das öffentliche Bild Rousseaus auf die Rolle des kleinen Diebes festgelegt wurde, der alle Möglichkeiten der bürgerlichen Welt nutzt, um seiner Neigung nachzugehen, sich an Besitz und Individualität seiner Mitbürger zu vergreifen, kann exemplarisch anhand zweier direkt auf die *Confessions* Bezug nehmender Autobiografien gezeigt werden.

Die erste dieser Autobiografien stammt von Salomon ben Maimon. Maimon war der einzige Philosophenkollege, dem Immanuel Kant, nachdem er seinen *Versuch über die Transcendentalphilosophie* gelesen hatte, zugestand, „daß nicht allein niemand von meinen Gegnern mich und die Hauptfrage [der *Kritik der reinen Vernunft*] so wohl verstanden, sondern nur wenige zu dergleichen tiefen Untersuchungen soviel Scharfsinn besitzen möchten, als Hr. Maymon."[24] Diese außergewöhnliche Anerkennung Kants für das Werk eines Kollegen machte Maimon in Deutschland zu einem beachteten Philosophen. Maimon war jedoch nicht nur Transzendentalphilosoph, sondern er versuchte sich auch an einer literarischen Beschreibung seines wechselhaften Lebens: Seine Autobiografie, die 1792, also nur knapp zehn Jahre nach dem Erscheinen der *Confessions* von niemand geringerem als Karl Philipp Moritz herausgegeben wurde, erzählt auf ihren ersten Seiten von einem kleinen, aber vielsagenden Diebstahl, den sich Maimon als Kind zuschulden kommen ließ. Dem jungen Salomon hatte es ein kleines, hübsch verziertes, aber wertloses Holzkästchen angetan, das in einer Vitrine im Wohnzimmer eines Nachbarn stand. Maimon stahl es und fand darin zu seinem Schrecken einige Münzen. Er beschließt daraufhin, das Geld in den Schrank zurück zu legen und nur das Kästchen zu behalten – und wird dabei ertappt. Maimon erlebt zum ersten Mal Sanktionen für falsches Handeln und er erlernt die moralische Reflexion über sein

---

19 Rousseau: *Bekenntnisse*. S. 70.
20 Ebd. S. 60f.
21 Ebd. S. 73f.
22 Ebd. S. 77.
23 Ebd. S. 140ff.
24 Immanuel Kant: „Brief an Marcus Herz vom 26. Mai 1789." In: Ders.: *Akademieausgabe*. Band XI. Hg. v. der Preußischen Akademie der Wissenschaften. S. 48-55, hier S. 49.

Tun. Es ist bezeichnend, wie Salomon ben Maimon einerseits sein kindliches Begehren und andererseits die Wertlosigkeit der Schachtel als das Wesentliche dieser Episode betont. Er habe, so führt er aus, als Kind von der subjektiven Schönheit des kleinen Kästchens verführt, nur dieses haben wollen, der tatsächliche Wert des darin befindlichen Geldes und damit seiner ganzen Beute hatte für ihn wie schon für Augustinus und für Rousseau keinerlei Bedeutung.

So weit wäre Maimons Kindheits-Anekdote ein etwas bangloser autobiographischer Diebstahl und würde für unsere Argumentation wenig Zusätzliches beitragen; Ben Maimon gibt aber dem Kapitel, in dem er dieses Vergehen berichtet, die lakonische Überschrift „Ein Diebstahl à la Rousseau".[25] Die Beiläufigkeit und das Wissen darum, mit dieser Anspielung verstanden zu werden, zeigen, wie groß Rousseaus Bekanntheit als Dieb gewesen sein muss: Damit dieser nicht weiter ausgeführte Verweis auf den französischen Aufklärer verstanden werden konnte, mussten die Diebstähle Rousseaus innerhalb weniger Jahre so berühmt und ikonisch geworden sein, dass die Nennung seines Namens genügte, um die Natur dessen zu charakterisieren, was Maimon unter dieser Überschrift als seine Jugendsünde erzählt. Maimon konnte 1792 also annehmen, dass mit der beiläufigen Nennung Rousseaus sein Diebstahl keiner weiteren Erklärung bedurfte: er war die Tat eines naiv-kindlichen Gewissens, das sich an einem Punkt seiner Entwicklung für einen unwiderstehlich begehrenswerten Gegenstand über die bürgerlichen Eigentumsgesetze hinwegsetzte und aus dieser Tat und ihren Konsequenzen als ein bewussteres und reflektierendes Selbst hervorging. Es ist bemerkenswert, dass die Diebstähle Rousseaus innerhalb von wenigen Jahren so berühmt werden konnten, dass sein Name sogar im Nachbarland als eine Allegorie des juvenilen Kleptomanen funktionierte, der sich aber nicht für tatsächliche Werte interessierte, sondern der sich in seinen Taten von seinem individuellen Begehren leiten ließ und sich skrupellos aneignete, was immer einen subjektiven Reiz für ihn hatte.[26] Was „à la Rousseau" geschah, war eine ganz spezifische, unschuldige, aber für den Dieb enorm prägende Tat, die ihm die Wirkungen seines Tuns erlebbar machte, und deren Kontur und Bedeutungszusammenhang einem damaligen Leser so eindeutig war, dass eine literarische Anspielung auf Rousseau reichte, um den Charakter und die Tragweite des Geschehens zu illustrieren.

Ebenso vielsagend wie die Tatsache, dass ein deutscher Philosoph seinen Kindheitsfehltritt ganz selbstverständlich als Variation von Rousseaus autobiografisch-archetypischem Diebstahl markieren konnte, ist das Auftauchen Rousseaus in der Lebensbeschreibung des französischen Berufskriminellen und späteren Gründers

---

25 Salomon ben Maimon: *Lebensgeschichte*. S. 48.
26 Ein späterer Herausgeber der *Lebensgeschichte* Salomon Ben Maimons, Jacob Elias Poritzky, beschreibt in seiner eigenen Autobiografie, die er in seiner *Sammlung menschlicher Dokumente* als ersten Band vor Maimons Autobiografie veröffentlicht, seine selbst bei größter Not bestehenbleibende Hemmung davor, zu stehlen, was Maimons unbekümmerten Diebstahl als eine Art besonders mutige und gelingende Rebellion gegen die Familie und gegen das jüdische Gesetz erscheinen lässt. (Jacob Elias Poritzky: „Meine Hölle." In: *Sammlung menschlicher Dokumente*. Berlin 1906.)

der Pariser Sûreté, Eugène François Vidocq. Die Memoiren Vidocqs tragen den recht barocken Titel *Aus dem Leben eines ehemaligen Galeerensklaven, welcher, nachdem er Komödiant, Soldat, Seeoffizier, Räuber, Spieler, Schleichhändler und Kettensträfling war, endlich Chef der Pariser geheimen Polizei unter Napoleon sowohl als unter den Bourbonen bis zum Jahre 1827 wurde*. Das Buch ergeht sich in einer fast unendlichen Reihung von Verbrechen und Streichen in der ersten Lebenshälfte Vidocqs, bevor der Berufskriminelle gewissermaßen die Seiten wechselte und 1812 mit der Pariser Sûreté, die später zur ‚Sûreté Nationale' werden sollte, die erste moderne Polizei-Institution gründete,[27] die Generationen von Verbrechern mit größter Härte und mit modernen kriminalistischen Mitteln verfolgte.[28] Vidocqs Memoiren sind fast das Gegenteil zu Maimons biederer, Ehrlichkeit und Glaubwürdigkeit wahrender, ruhig und bedächtig erzählter deutscher Lebensbeschreibung. Fast kein Verbrechen wird von Vidocq ausgelassen: Mord, Verrat, Betrug, Vergewaltigung, Raub, Erbschleicherei und Heiratsschwindel. Ganz am Anfang dieses Lebens in sozialen Extremen steht aber – selbstverständlich – ein Diebstahl. Als noch sehr kleines Kind stiehlt Vidocq Geld aus der Kasse seiner Eltern. Für die hier vorliegende Argumentation ist allerdings ein anderes Detail aus Vidocqs Text noch viel wesentlicher: Dieses infame Leben des andauernden kriminellen Widerstands gegen eine Gesellschaft, die nach dem Urteil Vidocqs geradezu zu diesen Verbrechen herausfordert, wird von ihm in weiten Teilen unter dem Decknamen ‚Rousseau' geführt. Er legt sich diesen Namen bewusst zu, als er bei seinem Eintritt in die Armee im Jahr 1791 nach dem damals, vor Aufkommen der militärischen Dienstnummern üblichen *nom de guerre* gefragt wird.[29] Ein solcher Kriegsname war in der französischen Armee ab 1716 aus verwaltungstechnischen Gründen für alle Soldaten unterhalb des Offiziersranges obligatorisch und wurde, wenn nicht selbst gewählt, von der Militärverwaltung zugeordnet.[30] Diese Namen waren nicht arbiträr, sondern mit Bedacht gewählt, und sie hatten immer eine Bedeutung für den Träger, der damit sich selbst charakterisieren, auf seine Herkunft hinweisen oder eine Neigung ausdrücken konnte. Anstatt sich ‚Lafidélité', ‚Sans-Gêne', ‚Bienvivant' oder ‚Prettaboire' zu nennen, entscheidet sich Vidocq mit ‚Rousseau' für einen Spitznamen, der seinen Lesern ebenso sprechend erscheinen musste wie die anderen Charakternamen der Soldaten der französischen Armee. Vidocq entnimmt diese Bezeichnung seiner begeisterten Lektüre der *Bekenntnisse* Rousseaus, die er als die Verbrecherbekenntnisse eines ihm geistesverwandten Rebellen gegen die fran-

---

27 Zur Geschichte der Sûreté siehe: Christian Chevandier: *Policiers dans la ville. Une histoire des gardiens de la paix*. Paris 2012.
28 Dass der Dieb sich wie kein anderer als Ermittler von Diebstählen eignet, ist schon in der Alypius-Episode in Augustins *Confessiones* angelegt (S. 273ff.) und taucht mit besonderer Klarheit wieder in Edgar Allan Poes *The Purloined Letter* auf, in der Detektiv und Dieb in einer einzigen Figur zusammenfallen.
29 Vidocq: *Leben*. S. 50.
30 Zu dieser wenig dokumentierten Praxis, siehe: Luc Lépine: „Les noms de guerre et la patronymie québécoise." In: *Traces*. Ausgabe 43/4. Montreal 2005. S. 19-24.

zösische Gesellschaft versteht.³¹ Den damit für sein militärisch-verbrecherisches Leben übernommenen Namen Rousseaus verwendet Vidocq zunehmend nicht nur als seinen militärischen Spitznamen, sondern besorgt sich die entsprechenden Papiere und führt ein Leben als ‚Rousseau, der Dieb und Betrüger': „[D]ie Baronin, sage ich, willigte ein, mich unter dem Namen Rousseau zu heiraten. Ich hatte alle Papiere, um mich als dieser ausgeben zu können."³² Dass sich ein so berüchtigter Berufskrimineller wie Vidocq ausgerechnet für Rousseau als Deck- und Kampfnamen entscheidet, verstärkt die Strahlkraft noch, die Jean-Jacques' Selbstbeschreibung nicht nur in aufklärerisch-schöngeistigen, sondern auch in kriminellen Kreisen hatte: Vidocq benutzte Rousseaus Namen so intensiv und verkörperte seinen Habitus als dreister Dieb mit solcher Vehemenz, dass ‚Eugène François Vidocq alias Rousseau' in den publizistisch unübersichtlichen Wirren der Französischen Revolution gelegentlich sogar mit der Person Jean-Jacques Rousseaus verwechselt wurde.³³ Wenn Vidocqs Rousseau in manchen Momenten auch den wahren Jean-Jacques Rousseau überlagerte, so ist damit die Figur ‚Rousseau' als prototypischer Dieb nur noch klarer konturiert: Um 1800 war Rousseau fast schon das populäre Klischee eines skrupellosen und etwas naiven Eigentumsverbrechers, das sich bis ins deutsche Philosophen- und ins französische Verbrechermilieu herumgesprochen hatte.

Salomon ben Maimons und Eugène François Vidocqs an die *Bekenntnisse* anknüpfende Selbstbeschreibungen ihres Lebens zeigen, dass der Name „Rousseau" noch vor 1800 in Frankreich und Deutschland nicht nur für einen der schärfsten Denker und einflussreichsten Aufklärer stand, sondern als Signifikant „Rousseau" auch auf die vielleicht nicht vorbehaltlos nachahmenswerte, so doch auch nicht vollkommen zu verurteilende, unbekümmerte Geisteshaltung eines schelmischen und selbstbewussten Diebes verwies, der die Konventionen des bürgerlichen Eigentumsdenkens nicht beachtete, sondern sich mit mehr oder weniger großer Raffinesse, ohne Gier, aber mit großer Symbolwirkung vom Eigentum anderer nahm, was er wollte und was ihm begehrenswert erschien. Inwieweit die Mythenbildung über Jean-Jacques Rousseau und Eugène François Vidocq diesen Eigennamen zur Allegorie des habituellen Diebes ineinanderfließen lässt, ist für die moderne Interpretation allerdings weniger von Belang als die Tatsache, dass Jean-Jacques Rousseau in den Augen seiner Zeitgenossen sehr deutlich nicht nur der passive Erleider seines Schicksals war, wie es in der neueren Forschung zu Rousseau oft wiederholt wird, sondern dass sein Name synonym zur schelmischen Figur des gerissenen, jugendlich-rebellischen und etwas egomanen Diebes wurde, der sich mit seinen Taten nicht nur ermöglichte, keiner Arbeit nachgehen zu müssen, sondern aus seinem Leben auch eine offene und subversiv-kriminelle Kritik des Privateigentums machte.

---

31 Paul Metzner: *Crescendo of the Virtuoso. Spectacle, Skill and Self-Promotion in Paris during the Age of Revolution*. Berkeley 1998. S. 84ff.
32 Vidocq: *Leben*. S. 56.
33 Metzner: *Crescendo*. S. 84ff.

5|3|4
Die moderne Interpretation Rousseaus als der Prototyp des Empfangenden und Bestraften

Wie schon angedeutet, liegt der literaturwissenschaftlichen Perspektive des zwanzigsten Jahrhunderts auf die *Bekenntnisse* eine ganz andere Wahrnehmung Rousseaus zugrunde als der direkt auf ihr Erscheinen folgenden Rezeption. Wo Maimon und Vidocq Rousseau als fragiles, aber durchaus renitentes Subjekt auffassen, wird er im zwanzigsten Jahrhundert zu einer Figur von geradezu bemitleidenswerter Passivität. Jean Starobinski und Philippe Lejeune fokussieren ihre Analysen Rousseaus auf seine Traumatisierung und Belastung durch ein über ihn gesprochenes absolutes, unumstößliches und lähmendes Urteil. Jean Starobinski erkennt in einer brillanten Analyse die Bedeutung eines umfassenden Schuldkomplexes für die Subjektivität Jean-Jacques Rousseaus. Seine berühmte und für die Autobiografieforschung stilprägende Lektüre der *Bekenntnisse* sieht den Urmoment von Rousseaus Subjektivität in der Episode des zerbrochenen Kammes, für dessen Beschädigung der daran unschuldige Jean-Jacques zu Unrecht verantwortlich gemacht wird.[34] Dieser fragile Gegenstand, der eines Tages zerbrochen in einem Zimmer gefunden wird, wird sofort mit dem kleinen Rousseau in Verbindung gebracht, der die Tat nicht zugeben will, weil er nichts mit ihr zu tun hat, der aber dennoch dafür bestraft wird. Diese sich unvermittelt auf Rousseau herabsenkende absolute Schuldigkeit, für die es keine Ursache in seinem Handeln gibt, führt Starobinski zufolge zu einem Selbstverständnis der sich bildenden Subjektivität, die durch die Unverfügbarkeit einer auf ihm lastenden, fast kafkaesk erdrückenden Schuld determiniert ist. Rousseau steht unter dauernder Beobachtung durch seine Mitmenschen und durch sein Über-Ich: Er ist in diesem Verständnis „das Opfer eines anonymen Blickes, eines Zuschauers ohne Identität".[35] Nach Starobinski bedeutet für Rousseau der „‚Kampf um Anerkennung' (um einen Ausdruck Hegels zu gebrauchen)" nicht weniger als „vor einem Gerichtshof zu erscheinen. Anerkannt werden heißt für ihn im Wesentlichen, gerechtfertigt und für unschuldig erklärt zu werden."[36] Für Starobinski ist Rousseau diesem dauernden, schuldsuchenden Blick absolut ausgeliefert, er steht ununterbrochen vor einem universalen Gericht, dessen Urteil unumgänglich ist und unter dem Rousseau zu einer minimalen, völlig passiven und unauffälligen Subjektivität zusammenschrumpft: Vom gerissenen und unbekümmerten ‚Rousseau' Vidocqs und Maimons ist nichts mehr übrig. Die vorliegende Deutung will diesen konsequenten Fatalismus – gewissermaßen die umgekehrte Prädestination zu einem unentschuldbaren Subjekt – aus dem Winkel zeigen, aus dem sichtbar wird, welche Strategien Rousseau entwickelt, diesem Blick zu entgehen oder ihm zum Trotz eine Identität zu behaupten, die nicht gegen das Urteil

---

34 Jean Starobinski: *Rousseau. Eine Welt von Widerständen.* Übers. v. Ulrich Raulff. München u. Wien 1988. Insbes. S. 17ff. – Die Episode findet sich in den *Bekenntnissen* auf Seite 54f.
35 Ders.: *Das Leben der Augen.* Übers. v. Henriette Beese. Berlin u. Wien 1984. S. 68.
36 Starobinski: *Rousseau.* S. 274.

über sie aufbegehrt, die aber mit der Schuld umzugehen lernt, indem sie sie selbst verursacht. Auf die von Starobinski betonte traumatisierende Wirkung der Kamm-Episode folgt nur wenige Seiten später eine Reihe zielgerichteter und selbständiger Handlungen Rousseaus: Alle seine Diebstähle wirken unbetroffen von der Lähmung durch das Schuldbewusstsein, die Starobinski ihm attestiert.[37] Rousseau wird durch die auf ihm lastende Schuldigkeit und den über ihn wachenden Blick offensichtlich nicht handlungsunfähig, sondern behauptet sich dagegen, indem er eine differenzierende Schuld auf sich nimmt, die ihn als Individuum markiert. Er gibt der imaginierten Strafe einen Grund in der Realität und wandelt Angst in Realangst um. In Genets Diktum gesprochen, agiert Rousseau eine Differenzierungshandlung durch Schuldigwerdung aus: „Schuld schafft Einzigartigkeit (sie entmischt)".[38] Rousseau befreit sich durch seine Diebstähle von der indifferenten Schuldigkeit und erschafft seine Einzigartigkeit durch in der Hartnäckigkeit ihrer Ausführung fast obsessiv anmutende Diebstähle. Starobinskis Deutung der *Bekenntnisse* kann durch die Beschreibung der Diebstähle Rousseaus ergänzt werden, in denen Rousseau der ihn beherrschenden Schuld zwar nicht entkommt, durch die er aber selbstbestimmt einer Schuldigkeit gerecht wird, die vorher kontingent und unbestimmt über ihn gekommen war.

Rousseau versucht nicht, gegen sein universales Verurteiltsein zu rebellieren, sondern das Ziel seiner Diebstähle und Falschmünzereien liegt darin, eine Anerkennung seiner ‚wirklichen' Schuld zu erreichen, indem er individuell und heimlich handelt: Für diese Erfahrung seiner selbst als Eigentümer einer ihn differenzierenden Schuld begeht Rousseau seine Diebstähle. Ignoriert man dieses bewusste und zielgerichtete Schuldigwerden, in dem Rousseau sich nicht materiell bereichert, dafür aber in einen Besitz seiner selbst kommt, und behauptet, dass es „Rousseau nie [gelang] – der Zufall mag geholfen haben – dem inquisitorischen Blick zu entgehen",[39] dann werden damit eine Vielzahl von subjektivierenden Handlungen übersehen. Rousseau entwickelt Handlungsweisen, die ihn zu einem Störer der Ordnung machen, statt nur ihr Opfer zu sein: „bald zog ich so guten Nutzen aus meiner Wissenschaft, daß nichts vor mir in Sicherheit blieb".[40] Diese Technik der Überlistung all dessen, was Macht über ihn hat, wurde von Rousseau zur Perfektion gebracht und ist mehr als nur die moralische Defizienzstufe eines passiv bleibenden Begehrens, die Starobinski darin sehen möchte. In Bezug auf die *Bekenntnisse* nur von der ungerechtfertigten, anonymen Schuld zu sprechen, die auf den erleidenden Rousseau geworfen wurde, ohne ihn auch als den aktiven, planenden und seine Situation reflektierenden und ohne Skrupel verändernden

---

37 Sie wirken auch eleganter als Heinrich Heine es fand, der von Rousseau behauptete, er habe „gewiss kein Talent zum Stehlen" gehabt, „er war viel zu blöde und täppisch, er, der zukünftige Bär der Eremitage. Er hat vielleicht eines anderen Verbrechens sich schuldig gemacht, aber es war kein Diebstahl." Heinrich Heine: „Geständnisse." In: *Sämtliche Schriften*. Band 6/I. Hg. v. Klaus Briegleb. München 2005. S. 443-514, hier S. 448.
38 Genet: *Tagebuch*. S. 254.
39 Starobinski: *Augen*. S. 73.
40 Rousseau: *Bekenntnisse*. S. 74.

Dieb zu beschreiben, der sich im Angesicht der Allverurteilung und zu ihrer Kritik eine schelmenhafte, spezifische Schuldigkeit zueignet, übersieht die Möglichkeit einer dritten Strategie, die zwischen der stillen Dreingabe in das eigene Schicksal und einer pathosgeladenen Rebellion gegen die Repräsentanten der Macht liegt. Die hier beschriebene Innerlichkeit Rousseaus, die befriedigt wird, wenn er begehrt, sein Begehren illegitim sättigt und damit schuldig wird, hat also einen etwas anderen Akzent als die Innerlichkeit im Verständnis Starobinskis. Derrida beschreibt den Rousseau Starobinskis als einen „voleur volé",[41] wobei die Betonung auf dem Bestohlensein Rousseaus und auf seinem Mangel und unbefriedigten Begehren liegt.[42] Dagegen soll hier der Akzent auf Rousseau als Dieb gelegt werden, der listige Strategien und Techniken der kleinen Lustbefriedigung entwickelt und sich punktuell gegen seine absolute Bedingtheit durchsetzen kann.

Philipp Lejeune sieht, damit auf Starobinski antwortend, nicht das Urteil, sondern erst die Züchtigung für das Zerbrechen des Kamms als das Geschehen, aus dem das Subjekt Rousseau entspringt.[43] Bei Lejeune ist Rousseau damit ebenso ein ertragendes, nur aus seinem Erleiden und aus seinem verzweifelten Bekenntnis entstehendes Wesen: Rousseau ist ihm zufolge durch die Schläge umfassend traumatisiert, und dieses Trauma der ungerechtfertigten Bestrafung bestimmt Lejeunes Verständnis der Entwicklung Rousseaus. Es ist bezeichnend, dass Lejeunes Lektüre des ersten Buches der *Bekenntnisse* die Diebstähle Rousseaus und besonders den Apfeldiebstahl nur knapp als das Vorspiel zu einem Wendepunkt erwähnt und sie als Ersatzhandlungen für das unter seinem Meister ausbleibende Beschenktwerden Rousseaus charakterisiert.[44] Rousseau versieht sich in Lejeunes Verständnis nur notgedrungen und übergangsweise selbst mit den ausbleibenden Geschenken. Lejeunes Lektüre ist in sich ebenso stringent wie die Starobinskis, denn dadurch kann Rousseau als Subjekt des reinen Empfangens und der Annahme gezeichnet werden: alles, was ihn ausmacht, kommt von außen: Urteile, Bestrafungen, Liebkosungen, Geschenke, Kritik und die Deutungen seines Handelns. Dass Rousseau mit seinen Diebstählen aber vom Erleidenden zum Handelnden und vom Beschenkten zum Dieb wird, der sein Begehren selbst erfüllt und seine Strafwürdigkeit selbst erschafft, der also die Vorzeichen dessen umkehrt, was ihm geschieht, wird von Lejeune nur als eine Vorstufe zur wahren Bewusstwerdung Rousseaus verstanden. Im Folgenden soll daher der Augenblick untersucht werden, den Lejeune übergeht und an dem Rousseau, statt nur zu empfangen, selbst aktiv wird und sich anzueignen beginnt, was er begehrt.

---

41 Jacques Derrida: *Grammatologie*. Übers. v. Hans-Jörg Rheinberger u. Hanns Zischler. Frankfurt a.M. 1974. S. 244.
42 Zum Konzept des Mangels bei Rousseau, siehe: Jean Starobinski: „The Motto Vitam Impendere Vero and the Question of Lying." In: *The Cambridge Companion to Rousseau*. Hg. v. Patrick Riley. Cambridge 2006. S. 365-396, hier S. 376.
43 Lejeune: *Pakt*. S. 58. – Die Frage der willkürlichen Strafe ist auch schon bei Augustinus präsent: Es war das erste Gebet des Kirchenvaters, er möge nicht geschlagen werden. (Augustinus: *Confessiones*. S. 35.)
44 Lejeune: *Pakt*. S. 161f.

Während Starobinski und Lejeune von einer Art unverfügbarem und universal hemmendem Schuldkomplex als Schlüssel für das Verständnis Rousseaus ausgehen – das Trauma der unschuldigen Verurteilung bei Starobinski und das Trauma der ungerechten Bestrafung bei Lejeune – ist die Wahrnehmung Rousseaus durch seine Zeitgenossen eine ganz andere: Rousseau wird als ein spitzbübischer Rebell gegen die bürgerliche Eigentumsordnung gesehen. Diese beiden Verständnisweisen Rousseaus müssen sich nicht wiedersprechen: die Diebstähle Rousseaus können als eine Reaktion auf die Traumatisierung und als ihre Verarbeitung verstanden werden. Es geschieht darin ein Erwachen einer nicht nur erlebenden, sondern Handelnden und selbstbewussten Individualität. Es wird eine Technik erprobt und verfeinert, die zu nichts anderem dient als dazu, einen Widerstand zu überwinden: das Gitter zwischen ihm und den begehrten Äpfeln und den Widerstand seines lähmenden Schuldkomplexes.

Hier soll also eine Lektüre der *Confessions* vorgeschlagen werden, die die Entwendungen Rousseaus als eine widerständige Strategie versteht, die zwar dem Trauma der ungerechtfertigten Verurteilung nicht entgeht, die aber einen Handlungsspielraum schafft, der es Rousseau ermöglicht, in einer „Welt von Widerständen" seinem Begehren nachzugehen, indem Strategien entwickelt werden, die diese Widerstände und Hindernisse überwinden. Rousseaus offensichtlichem Schuldkomplex in der Deutung der *Bekenntnisse* ein Übergewicht zu geben, bedeutet, ihn als durch sein Über-Ich bestimmt zu betrachten und die Strategien und Symptome außer Acht zu lassen, mit denen Rousseau sich gegen seine universale Schuldigkeit behauptet.

Lejeunes und Starobinskis Deutungen werden damit nicht verneint, aber relativiert und in den Kontext einer Wahrnehmung Rousseaus als Dieb eingeordnet: Während Starobinski die Tatsache hervorhebt, dass Rousseau schuldig zu sein scheint, ohne es wirklich zu sein, hebt Lejeune auf den Masochismus und auf den Genuss der Strafe ab, der Rousseau zum Ausweg aus der Schuld wird. Die beiden einander eher ergänzenden als widersprechenden Interpretationen Starobinskis und Lejeunes beschreiben allerdings ein nur unvollständiges Subjekt, das sich in sein defizitäres Dasein fügt. Lejeune und Starobinski geben den planvollen und trotzigen Taten Rousseaus so wenig Gewicht, dass er ein rein passiv Erleidender wird, dem die Dinge zerbrechen, die Situationen entgleiten und die Projekte misslingen und der dafür ein ums andere mal seine Strafe zu tragen hat. Wirft man einen genaueren Blick auf diese Taten und berücksichtigt dabei, wie diese von Maimon und Vidocq wahrgenommen wurden, dann erscheint Rousseaus Reaktion nicht ganz so abwartend und geduckt, wie von Lejeune und Starobinski behauptet wird. Wo Rousseau von Lejeune erst im Ablassen und Geheiltwerden vom Diebstahl, also im Zurückfallen in eine abwartende Haltung, die dauernd mit Geschenken oder Schlägen rechnet, ein individueller Fortschritt zugetraut wird, kann dieser Fortschritt tatsächlich schon in den Diebstählen selbst gefunden werden. In Hegel'scher Begrifflichkeit, die Starobinski wie oben zitiert auf Rousseau anwendet, ist der beschenkte und bestrafte Rousseau nur „für sich", also er selbst in einer Welt ohne andere Wesen, die ihm ähneln, sondern nur von einer gebenden und strafenden, gesichtslosen Welt umschlossen. Durch die Diebstähle tritt er in eine komplexere Relation zu den ihn umgebenden Menschen, die nicht mehr nur passiv und erwartend ist, sondern die das eigene Begehren nach Anerkennung – und sei es die Anerkennung, die in der Bestrafung für eine spezifische Tat liegt – erkennt und zu kalkulieren lernt.

5|3|5
Der Apfeldiebstahl des kleinen Rousseau

Wenige Seiten nach der Kamm-Episode mit Rousseaus vermeintlichem Missgeschick und seiner strengen Bestrafung wird das erste Buch der *Bekenntnisse* mit der Erzählung der Diebstähle Rousseaus abgeschlossen. Am Ende dieses Kapitels, das Lejeune als in sich geschlossen und als Modell der gesamten *Bekenntnisse* sieht, berichtet Rousseau von dem Diebstahl, mit dem er sich zum ersten Mal in seinem Leben nicht als untätig Begehrender und Empfangender, sondern als ein selbst in eine Relation zu seiner Umwelt tretendes Individuum und als Autor seines Schicksals erlebt. Mit Hilfe einer komplexen Apparatur bemächtigt er sich der Äpfel in der vergitterten Vorratskammer seines Lehrmeisters Ducommun, der als „ein junger, ungeschlachter und gewalttätiger Mensch"[45] beschrieben wird. Es lohnt sich, wie bei Augustinus' und Lazarillos Diebstählen, auch diese Episode ausführlich zu zitieren:

> Die Äpfel lagen hinten in einer Vorratskammer, die ihr Licht durch ein hochgelegenes Gitterfenster von der Küche her empfing. Als ich nun eines Tages allein im Hause war, stieg ich auf einen Trog, um im Garten der Hesperiden die köstlichen Früchte anzuschauen, die ich nicht erreichen konnte. Ich holte einen Bratspieß, um zu sehen, ob er hinlangte: er war zu kurz. Ich verlängerte ihn durch einen anderen, kleineren Spieß, der zum Braten des Kleinwildes diente – mein Meister liebte nämlich die Jagd. Ich stach mehrere Male erfolglos zu, aber endlich spürte ich voller Freude, daß ein Apfel haftengeblieben war. Ich zog den Spieß behutsam zurück, schon berührte der Apfel das Gitter, schon wollte ich ihn ergreifen ... Wer beschreibt meinen Schmerz? Der Apfel war zu groß, er ging nicht durch den Spalt! Welche Erfindungsgabe verschwendete ich nicht, um ihn doch noch hindurchzudrängen. Ich mußte Stützen finden, um den Spieß in seiner Lage zu erhalten, ferner ein ausreichend langes Messer, um den Apfel durchzuschneiden, und endlich ein langes schmales Brett, um ihn von unterwärts zu stützen. Mit Aufwand von Zeit und Geschicklichkeit gelang es mir schließlich, den Apfel zu teilen, so daß ich hoffen konnte, die beiden Hälften nacheinander durch das Gitter zu ziehen. Kaum waren sie jedoch ganz voneinander getrennt, so fielen sie auch schon alle beide in die Vorratskammer hinab ... Mitleidiger Leser, teile meinen Kummer![46]

Lejeune bezeichnet diesen ebenso komplizierten wie mühseligen Aneignungsvorgang als „Routinediebstahl"[47] und übersieht dabei die Aspekte der tastenden Erfahrung, der Aufregung, des Versuchs und der Einübung, die diese Beschreibung kenn-

---
45 Rousseau: *Bekenntnisse*. S. 70.
46 Ebd. S. 74f.
47 Lejeune: *Pakt*. S. 163.

zeichnen. Rousseau bringt sich hier erst das Diebeshandwerk bei. Die angespannte Konzentration auf das Ziel, die gewagte technische Improvisation und der Experimentcharakter der ganzen Anordnung machen es unmöglich, hier treffenderweise von Routine zu sprechen. Dieser Diebstahl ist, was man einen ‚Versuch in Selbstwirksamkeit' nennen könnte: ein für Rousseau völlig neuer und ungewohnter Vorgang, der nichts weniger darstellt als eine Erprobung seiner selbst und seiner Fähigkeiten, seinen tyrannischen Meister zu überlisten. Das Kind Jean-Jacques testet mit der tentativ in die gefüllte Vorratskammer seines Meisters gestreckten Verlängerung seiner selbst die Grenzen der Macht des Herrn und seiner eigenen Wirksamkeit. Nachdem der Apfel ihm bei seinem ersten Versuch entglitten und in die Kammer zurück gefallen ist, geht Rousseau das Projekt am nächsten Tag von neuem an. Ein so planvoller und beharrlich durchgeführter Bruch der Disziplinierung und Selbstdisziplinierung seines Begehrens ist mit einer Deutung wie der Starobinskis, die dazu tendiert, Rousseau aufgrund früherer Erlebnisse auf ein rein rezeptives Subjekt zu reduzieren, nicht leicht zu versöhnen. Die technisch aufwändige Konstruktion, die der junge Rousseau entwickelt, ist ein gewagtes Experiment in Selbstwahrnehmung und Selbsterweiterung und zeigt etwas anderes als ein „Unvermögen, dem inquisitorischen Blick zu entgehen."[48] Rousseau ist hier unbeobachtet und auch sein sonst so wachsames Über-Ich schweigt. Allein von seiner technischen Seite betrachtet hat dieser Vorgang alle Eigenschaften einer Probe auf Handlungsfähigkeit. In der Überwindung der Hindernisse und Gesetze erweitert Rousseau die eigene Verfügung über die äußere Welt: Die Konstruktion aus zwei Spießen, einer Stützvorrichtung, einem Brett und einem Messer, um einen weggeschlossenen und verbotenen Gegenstand zu erreichen, ist trotz ihrer Improvisation technisch so ausgereift, dass die Sicherheitsvorkehrung Ducommuns überwunden werden kann. Die Freude, die der junge Rousseau an der Herstellung seines Gestells hat, übertönt die Verbote und Sanktionen, die ihm dafür drohen. In Freud'scher Begrifflichkeit kann der bei der Ausgestaltung seiner Tat in Rousseau vor sich gehende Vorgang formuliert werden als eine Einspannung der Ratio des Ich für das triebhafte Begehren des Es und gegen die Widerstände und Unterdrückungen des Über-Ich. Wieder geschieht hier, wie in der Erwartung der Strafe, eine Realitätsanpassung: Rousseau formt die Realität so um, dass sie zu seinem Begehren passt, so wie er darin auch die Schuld erschafft, für die er bestraft werden wird. Auf eine prägnante Formel zugespitzt könnte man sagen: Wo Über-Ich war, soll Ich werden.[49] Michel Serres stellt zu dieser Szene auf unnachahmlich emphatische, etwas ungenaue, aber zutreffende Weise fest: „Die Angst schließlich, auf frischer Tat – die langen Finger noch im Beutel – ertappt zu werden: ein Fest für den Psychoanalytiker"[50].

---

48 Starobinski: *Augen.* S. 73.
49 Sigmund Freuds berühmtes Diktum „Wo Es war, soll Ich werden." ist seiner späten *Neuen Folge der Vorlesungen zur Einführung in die Psychoanalyse* entnommen, die eine erstaunlich skeptische Position zur Wirksamkeit der Psychoanalyse zur Bändigung des Es einnehmen. (Sigmund Freud: „Neue Folge der Vorlesungen zur Einführung in die Psychoanalyse". In: Ders.: *Studienausgabe.* Band I. Hg. v. Alexander Mitscherlich. Frankfurt a. M. 1969. S. 448-610, hier S. 516.)
50 Serres: *Parasit.* S. 156.

Die Parallelisierung seiner Selbst mit niemand anderem als dem Heros und Halbgott Herakles, der als eine seiner zwölf Aufgaben die Äpfel der Hesperiden stehlen musste, ist ein weiterer Hinweis darauf, welche Wichtigkeit diese Probe seiner Wirksamkeit und Autonomie in Rousseaus *Bekenntnissen* hat. Die Erfahrung der Erweiterung und Überschreitung seiner bisherigen Möglichkeiten führt zu einer radikalen Veränderung in der Wahrnehmung der Legitimität seiner selbst und seines Herrn. Wo Rousseau bis dahin in einen Gesetzeskomplex aus strafbegründender Verurteilung und verbotenem Begehren eingeschlossen war und von der selbsttätigen Erfüllung dieses Begehrens ausgeschlossen blieb, erfährt er in der sich über zwei Tage erstreckenden Planung und Entwicklung des Diebstahlswerkzeugs eine gegen die Gesetze gerichtete Kreativität. Das klug improvisierte und trotz der Widrigkeiten zu einer beachtlichen Funktionalität fortentwickelte Gestell ist das erste Werkzeug, das nach Rousseaus Willen funktioniert.[51] Auch wenn Rousseau bei seinem zweiten, verbesserten Versuch erwischt wird, bleibt die Erinnerung an die Erfahrung der Erweiterbarkeit seiner selbst durch Reflexion und Initiative erhalten. Die Welt, die von ihm begehrt wird, ist ohne durchdachte Hilfsmittel nicht zu erreichen. Dem Apfeldiebstahl entspricht darin auch der geheime Wassergraben, den er einige Seiten zuvor bereits gebaut hat, um heimlich Wasser zu einem von ihm gepflanzten Baumschössling abzuzweigen.[52] Die ersten Erfahrungen Rousseaus, die ihn zu seinen Taten des Wasserableitens und des Obstdiebstahls motivieren, sind Erfahrungen der Distanz zu dem, was er begehrt. Er kann, so lernt er, das Begehrte nur durch die Erweiterung seines Radius erreichen. Das das Begehren stillende System der Gabe, das Rousseau erfahren hat, bis er in die Lehre ging, wird dort nicht fortgesetzt. Er erfährt diese Situation als krisenhaft: die Geschenke, die Versorgung bleiben aus: Wenn er haben möchte, was ihm erfahrungsgemäß zusteht, wenn er sein Begehren erfüllen möchte, muss er initiativ handeln.[53] Und nicht nur muss er initiativ und kreativ handeln, er muss es auch heimlich tun; er muss den Wassergraben verstecken und den Apfelraub aus Zeitgründen auf unbeobachtete Zeiträume verschieben.

Rousseau wird den Apfel, den zu genießen er sich so sehr gewünscht hat, nie essen, denn er wird ertappt und verprügelt. Er hat dennoch eine Beute gemacht: Die bei seiner Konstruktion verwendeten und ihrer ursprünglichen Funktion beraubten Dinge sind ihm gewissermaßen zu Komplizen seines Vergehens geworden. Den Apfel bekommt er nicht zu schmecken, aber die Gegenstände, die er in der Küche findet, erhalten plötzlich eine Verwendbarkeit für ihn. Die andere Wertigkeit und die den Gegenständen von Rousseau gegebene Umdeutung und Ausrichtung auf sich selbst werden besonders sichtbar, wo die Verwendung des „Bratspie-

---

51 Zur Wichtigkeit des rechten Werkzeuggebrauchs für den Menschen bei Rousseau siehe: Jean-Jacques Rousseau: „Über den Ursprung der Ungleichheit unter den Menschen". In: Ders.: *Schriften zur Kulturkritik*. Französisch-Deutsch. Übers. v. Kurt Weigand. Hamburg⁵ 1995. S. 77-268, S. 87ff.
52 Rousseau: *Bekenntnisse*. S. 58ff.
53 Die Analogie dieser Situation als „Krise der Gabenökonomie" zu derjenigen, aus der Prometheus heraus das Feuer stiehlt, ist deutlich.

ßes" des Meisters beschrieben wird: Mit diesem Spieß erscheint zwar mitten in der erfolgversprechenden Erzählung der heimlichen Diebesarbeit die bedrohliche Präsenz des jagenden Meisters, aber diese unvermittelte Erwähnung des Herrn und seiner Potenz als Jäger ist ebenfalls durch eine Aneignung markiert, die mindestens ebenso wichtig ist wie die Aneignung des Apfels: Der Spieß zum Braten des vom Meister getöteten Kleinwildes wird von Rousseau zielgerichtet für seine Pläne zweckentfremdet. Rousseau weist dem Spieß eine wesentlich komplexere Rolle zu als er sie für den Herrn hat und verwendet den Bratspieß, der auch als irgendein beliebiger Spieß hätte bezeichnet werden können, explizit als zentrales Werkzeug in seinen Plänen mit dem Inhalt der Speisekammer. Der Spieß hat für Rousseau eine Funktion erhalten, die dieses Gerät dem Herrn entzieht und ihm selbst zuordnet. Auch wenn es Rousseau letztendlich nicht gelingt, den Apfel zu stehlen, hat sein Meister die unhinterfragte Verwendungshoheit über die Geräte verloren und Rousseau hat gelernt, dass das Begehrte, das in der Distanz liegt, durch Überlegung, Geduld und durch die ‚Komplizenschaft der Dinge' erlangt werden kann: Was Rousseau sich letztlich effektiv angeeignet hat, ist bezeichnenderweise nicht der Apfel, sondern die Erkenntnis, die Dinge der Welt zur Erfüllung seines Begehrens benutzen zu können. Dazu nochmals Michel Serres' akzentuierte Nacherzählung des Geschehens aus seinem Buch über die Figur des Parasiten:

> Gerade ist er beim Apfeldiebstahl ertappt worden. Natürlich nicht, als er etwa die Tür der Speisekammer aufbrach und sie keck plünderte, sondern bei dem Versuch, sie durch ein kleines Fenster, ein Gitterfenster, zu erreichen. Für eine Tat dieses Kalibers braucht man Werkzeug. Einen Bratspieß, eine Latte, ein Messer. Betrachten Sie nun einmal die Jagd des Herrn, die Spießjagd, und das, was Rousseau in einer Verdrehung der Wortbedeutung als Apfeljagd bezeichnet. Es ist wahr, daß dies Vorratslager, die Speisekammer des Meisters, die Früchte der Jagd des Meisters und seine Waffen und Werkzeuge enthält. Sein Lehrling nun entwendet sowohl die Jagdbeute (oder Ernte) als auch den Spieß. Der Meister ist ein Räuber, das bleibt noch zu sehen, und der Geselle ein Parasit. Es geht nie darum, den Garten der Hesperiden zu erobern oder den Drachen zu töten, es gilt vielmehr, heimlich auf ihm zu speisen.[54]

Michel Serres beobachtet scharf, dass für Rousseau die Aneignung der Werkzeuge ebenso wichtig ist wie die des Apfels, und dass Rousseau das zum Diebstahl einsetzt, was der Herr zum ‚Raub' verwendet. In der geschickten Entwendung und Verwendung der Werkzeuge wird Rousseau zum Sieger über den Herrn. Serres entgeht in seiner philologisch scharfsinnigen Untersuchung des Parasiten aber ein Aspekt, der die Unterscheidung zwischen dem Dieb und der parasitären Figur markiert: Rousseau scheitert; es kommt nie zum Genuss des Apfels. Darin liegt ein wesentliches Unterscheidungsmerkmal zwischen dem Dieb und dem Parasiten: der Dieb kann scheitern und nie in den Genuss des Begehrten kommen – und bleibt dennoch ein Dieb. Einem Parasiten dagegen, der nichts verzehrt, geht sein zentrales Merkmal ab: wenn der Parasit nichts aufnimmt und sich nichts einverleibt, also

---

54 Serres: *Parasit*. S. 155.

in der Aneignung und im Verzehr scheitert, ist er kein Parasit, sondern nur ein ungeschickter Dieb – wie der junge Rousseau. Wo Starobinski, den kindlichen Rousseau beschreibend sagt, dass „der primitive Mensch gut [ist], weil er nicht aktiv genug ist, um das Böse zu tun,"[55] sehen wir in Rousseau einen durchaus aktiven, nicht mehr absolut guten Menschen, von dem man aber ebenso zu sagen zögert, dass er böse sei; zu schelmisch und harmlos sind seine Diebstähle und zu wenig zielen sie auf etwas, das als wirklich verwerflich wahrgenommen werden müsste. Sie zeigen zwar einen sehr aktiven Menschen und seine spontane Lusterfüllung, aber sie intendieren zu wenig einen Schaden, der einem anderen Menschen geschehen soll. Die offene Auflehnung gegen den Herrn ist schon bei Augustinus keine Option, und so bleibt es auch bei Lazarillo und Rousseau. Keiner der Diebe zielt in seiner Tat auf die Begründung und Demonstrierung einer Eigenständigkeit und Einzigartigkeit, aber es soll damit eine parasitäre, einseitige Abhängigkeit von einem Gebenden beendet werden. Augustinus, Rousseau und Lazarillo ist gemeinsam, die Erfahrung und Erfüllung ihres Begehrens nicht durch die Beschenktheit oder durch die tätliche Rebellion erreichen zu wollen – also mehr oder weniger im Kontext orthodox freudianisch erklärbarer Abhängigkeit von der Mutter oder der Rebellion gegen den Vater – sondern durch das prekäre und unscheinbare Mittel des Diebstahls, der ebenso den Wunsch nach der verweigerten Gabe ausdrückt, wie er eine Distanz zwischen dem Bestohlenen und damit Überwundenen und dem Dieb einführt. Die Form dieser Überwindung ist dabei nicht von dem Ziel der Unterwerfung des Anderen bestimmt, sondern von dem Ziel, klüger zu werden und geschickter mit den Dingen der Welt umzugehen als er. Als Rousseau begann, Werkzeuge, Zeichnungen, Stempel und andere für seine Lehrlingstätigkeit wichtige Kleinigkeiten zu stehlen, „bildete [er sich] ein, mit den Erzeugnissen auch das Talent zu stehlen."[56] Rousseau will, wie auch schon Augustinus, mit dem Diebstahl seinem Herrn ähnlich werden.

Allerdings kommt Rousseau auch bei den auf diese erste Entwendung folgenden Diebstählen nie an den Punkt, das Begehrte genießen zu können: Seine Ähnlichkeit besteht immer nur in der ebenbürtigen Geschicklichkeit, nie im ebenfalls erreichten Genuss des Herrn: Rousseau wird mit der Konstruktion in der Hand ertappt,[57] der Spargel wird ihm von seinem körperlich überlegenen Lehrlingskollegen abgenommen,[58] die Theaterkarten einzulösen versagt er sich selbst,[59] Geld zur Erfüllung seiner Wünsche stiehlt er trotz vielfältiger Gelegenheit nie[60] und das berühmte Band verliert er wieder.[61] Selbst wenn er im Besitz von verdientem Geld ist, versagt er sich den Genuss: er kauft keine Birnen[62] und auch keinen Kuchen, mit

---

55 Starobinski: *Rousseau*. S. 43.
56 Rousseau: *Bekenntnisse*. S. 76.
57 Ebd. S. 75.
58 Ebd. S. 73.
59 Ebd. S. 81.
60 Ebd. S. 78.
61 Ebd. S. 140f.
62 Ebd. S. 79.

dem er den heimlich abgezapften Wein genießen könnte.⁶³ Sein Begehren wird auf der Ebene des rein körperlichen Genusses nie gestillt. Durch diesen psychologischen Mechanismus der Entwertung der Beute und der Versagung der Benutzung wird der Vorgang des Stehlens selbst zum Zentrum der Erfahrung des Genießens. Die Momente der Aneignung und der Vorgang der Versetzung in den Status des Besitzenden, der genießen könnte, es aber dann nicht tut, sind die Augenblicke, in denen Rousseaus Begehren am deutlichsten wird. Der stehlende Rousseau der *Bekenntnisse* wird damit zu einem Paradebeispiel für Lacans kategorischen Imperativ des ‚Ne cède pas sur ton désir!'.⁶⁴ Rousseau lässt in seinem Begehren niemals nach, er gibt ihm aber auch nie erfüllend nach; er richtet all sein Handeln auf die Erfüllung seines Begehrens aus, erlebt aber immer wieder die grundlegende Hemmung und Unmöglichkeit, es befriedigt zu sehen. Rousseau verliert den Apfel wie alle seine Beute und wird bestraft. Was ihm jedoch bleibt, ist das Wissen über das Funktionieren von Eigentum und Diebstahl, und dass er sein Begehren über das Gesetz stellen kann:⁶⁵ Er kann gegen das Gesetz und die symbolische Ordnung verstoßen, und selbst wenn er dadurch keinen körperlich-alimentären Vorteil hat und ihm seine Beute wieder abhanden kommt, weiß er doch um den schelmisch-kreativen Genuss, den ihm die Übertretung bereitet. Und den Genuss an der Übertretung kann ihm sein Herr trotz all der Prügel nicht mehr nehmen.

Rousseau geht im Zusammenhang der Strafe mit der Tat sogar noch einen Schritt weiter: er kehrt ihn um und erkennt in der Strafe statt eine Affirmation des Verbots die Erlaubnis zur Tat. Damit verliert er alle Angst vor dem Gesetz. Das laut Starobinski über ihn gefällte, lähmende Urteil, das seine Subjektivität zu bestimmen scheint, wird umgekehrt zur Legitimation seiner Diebstähle. Rousseau beschreibt seine Wahrnehmung der Logik des Strafens, die ihn nicht von seinen Taten abbringt, sondern ihn erst dazu anstachelt, sehr genau: die Prügel, die er erhält, geben

---

63 Ebd. S. 384f.
64 Jacques Lacan: *Le Séminaire. Livre VII. L'éthique de la psychanalyse.* Paris 1986. S. 368. – Die Formulierung lautet genauer: „Je propose que la seule chose dont on puisse être coupable, au moins dans la perspective psychanalytique, c'est d'avoir cédé sur son désir."
65 Ein weiteres Verbrechen, das Rousseau in dieser Zeit vorgeworfen wird, und dessen Ähnlichkeit mit dem Diebstahl offensichtlich ist, ist das der Falschmünzerei. Rousseau hat sich aus der Werkstatt seines Meisters ein paar Blechplättchen gestohlen und sie mit einigen Verzierungen zu Spielzeug gemacht, mit dem er und seine Kameraden in ihren Ritterspielen handeln. Als das bemerkt wird, wird Rousseau der Vorwurf gemacht, die Münzen der Stadt Genf gefälscht zu haben. (Rousseau: *Bekenntnisse.* S. 70f.) – Wo, wie hier, das Verbrechen der Falschmünzerei beschrieben wird, ist darin ein Verweis auf den berühmten Kyniker Diogenes von Sinope zu lesen, der als Falschmünzer verurteilt wurde und daraufhin vom Orakel von Delphi den vieldeutigen Rat des *paracharáttein tó nómisma* bekam, was übersetzt werden kann als Rat, „die Münze umzuprägen" oder „zu fälschen", oder aber, in ebenso strenger Übersetzung, „die Gesetze zu ändern". (Diogenes Laertios: *Leben und Meinungen berühmter Philosophen.* Band I. Übers. v. Otto Appelt. Hg. v. Klaus Reich. Hamburg 2008. S. 287.) In der etwas freieren Übertragung, die die delphischen Sprüche meist zulassen und die die kynische und herrschaftskritische Haltung Diogenes' einbezieht, kann diese Aufforderung auf eine Weise verstanden werden, die auch für Rousseau in den *Bekenntnissen* die zentrale Frage war: seine Haltung zu den Gesetzen und die Gültigkeit der Richtersprüche über ihn zu hinterfragen und selbst zu bestimmen. – Der Rousseau der *Bekenntnisse* hat nicht nur an dieser Stelle Elemente und Handlungsweisen des kynischen Schelms.

ihm rückwirkend das Recht, die zu bestehlen, die ihn so unangemessen behandeln. Oder genauer: die Schläge legitimieren ihn, diejenigen bestohlen zu haben, die ihn daraufhin bestrafen.[66] Ein juristisches Paradox, das in Rousseaus intimer Selbstwahrnehmung aber absolut logisch ist, macht die Verwerflichkeit seines Handelns erst legitim: es ist der Besitzer, der im Unrecht ist; wenn Schuld und Strafe ohnehin unausweichlich und absolut sind, kann ihnen in den verbotenen Entwendungen ein individueller Grund gegeben werden. In Rousseaus eigenen Worten:

> Ich fand, dass Stehlen und Geschlagenwerden zusammengehörte, und schuf gewissermaßen ein Ganzes daraus, dessen einen Teil mir zu erfüllen oblag und dessen anderen ich der Sorgfalt des Meisters ruhig überlassen konnte. Mit diesem Gedanken im Kopfe stahl ich viel ruhiger als vorher. Ich sagte mir: was bringt es schließlich? Ich werde geschlagen werden. Gut, sei es, es ist einmal nicht anders.[67]

Rousseau wird nicht bestraft, weil er stiehlt, sondern er stiehlt, weil er ohnehin damit rechnen muss, ohne bestimmten Grund bestraft zu werden.[68] Das bedeutet, dass er sich letztlich nicht nur die Äpfel und die Geräte aneignet, sondern dass er auch das Urteil und die Strafe zu seinem Eigentum macht. Urteil und Strafe werden ihm zu Elementen, die er aktiv in seine Selbstwahrnehmung integriert, indem er sie sich aneignet. Rousseaus Diebstähle sind damit nicht der Grund für die Bestrafungen, die ihm weiterhin unverfügbar bleiben, aber durch diese Strafen wird legitim, was sonst eine verschuldende Tat gewesen wäre: die Ungerechtigkeit des Machttragenden und Strafenden legitimiert für Rousseau nicht, ihm mit Gewalt zu antworten, aber sie rechtfertigt, sich heimlich an ihm gütlich zu halten und ihn in kleinen Gesten und Dezimierungen seiner Speisekammer und Schubladen zu depotenzieren. In einem Kosmos, in dem Schuldlosigkeit unmöglich ist, wird das differenzierende Schuldigwerden die einzige Option auf Individualität. Die Ungerechtigkeit der kulturellen Ordnung, die seinem Meister Herrschaft über ihn gibt, erteilt ihm ein höheres Recht, diesen Meister zu bestehlen. Dass Rousseau geschlagen wurde, gilt ihm als eine „Art Ausgleich des Diebstahls, der mir ein Recht gab, ihn fortzusetzen."[69] Die paternale Macht erreicht das Ziel der Durchsetzung des Gesetzes nicht, sondern ihre Gewalt wird zur Lizenz des Verbrechens. Rousseau nimmt das Urteil und die Strafe an, wie er die Dinge aus der Küche nimmt, um sie umzuwandeln und für sich selbst nutzbar zu machen. Das Gesetz wird zur Erlaubnis seiner Übertretung. – Dass Gewalt denjenigen delegitimiert, der sie anwendet, ist nichts Neues. Dass jedoch diese Delegitimierung nicht zu seinem Sturz und zu seiner Ersetzung führt, sondern dazu, dass der Unterdrückte sich an der Blindheit

---

66 Wo der katholische Augustinus von Gott mit Gnade rechnen konnte, konnte der protestantische Rousseau von seinem Herrn nur Strafe erwarten.
67 Rousseau: *Bekenntnisse*. S. 75.
68 Diese Umkehrung der Rechtsordnung taucht schon beim *Lazarillo de Tormes* auf: auch er wird von seinen Herren grundlos geschlagen und bestraft, und auch er nimmt sich daraus die Erlaubnis, dem Meister auf seine eigene Art zu schaden und seine Vorräte zu plündern. (*Lazarillo*. S. 21, 25.)
69 Rousseau: *Bekenntnisse*. S. 75.

und Tumbheit des Herrn gütlich tut, ist ein wesentlich komplexeres und ambivalenteres Motiv.

Rousseau rechtfertigt sein Handeln, abstrakter formuliert, in einer Art antitheologischem ‚Ergehens-Tun-Zusammenhang', der den „Tun-Ergehen-Zusammenhang" des Christentums umkehrt.[70] Dieses Moment der Reflektion seines Diebstahls ist bei Rousseau direkt analog zu Augustinus' Sündenreflektion nach seinem Obstdiebstahl, in der er feststellt, dass er stahl, um Gott in seiner Omnipotenz und Schaffenskraft gleich zu werden und doch nur ‚nichts' wurde, während Rousseau verwerflicherweise stiehlt, um seinem Meister ähnlich zu werden und bemerkt, dass diese Diebstähle zwar nicht zu einer Bereicherung und einem ‚mehr' an Existenz führen, aber zu einer Differenzierung zwischen den Interessen und Begehren seiner selbst und seines Herrn. Darin sind sich der schelmische, allverurteilte Aufklärer und der kluge, etwas neurotische Kirchenvater erstaunlich einig: Augustinus erreicht die Differenz des unbedingt freien Willen des Menschen vom Willen Gottes, und Rousseau erreicht die Differenz seines Willens von dem seines Meisters. Dass Augustinus in seiner Theologie auf eine Möglichkeit der Versöhnung und Aufhebung dieser Differenz hinarbeitet, ist ein Bestreben, das bei Rousseau zwar nicht in dieser Klarheit vorliegt, wodurch jedoch die Ähnlichkeiten ihrer Diebstähle als ‚gesetzesbrecherische Differenzhandlungen' nicht aufgehoben werden. Rousseau nimmt die Stillung seines Begehrens als aus sich selbst heraus erreichbar an, wo Augustin davon ausgehen will, dass das Begehren letztlich doch durch die Gabe – die in seinem „Tolle, lege!" liegt – besänftigt werden kann. Die Gabe Gottes als Vergebung legitimiert rückwirkend den Diebstahl. Bei Rousseau dagegen kommt von außen nur Leiden, sein Genießen dagegen liegt in seinem eigenen Tun. In Rousseaus eigenen Worten: „Meine Leiden sind das Werk der Natur, aber mein Glück ist mein Werk."[71] Eben dies erlaubt ihm, sich sein Glück selbst zu verschaffen. In psychoanalytische Begriffe gefasst, kann man paradoxerweise über Augustinus wie über Rousseau sagen: die Instanz des Über-Ich gerät dazu, die Handlungen des Es zu legitimieren.

---

70 Zur theologischen Idee des Tun-Ergehen-Zusammenhangs siehe: Bernd Janowski: „Die Tat kehrt zum Täter zurück. Offene Fragen im Umkreis des ‚Tun-Ergehen-Zusammenhangs." In: *Zeitschrift für Theologie und Kirche*. Jg. 91, Heft 3. Tübingen 1994. S. 247-291. – In diesem tatsächlich nicht ganz unkritischen Aufsatz bindet Janowski den Tun-Ergehen-Zusammenhang an das ägyptische Konzept der *maat* an, um den Eindruck zu mildern, es gehe dabei um eine metaphysische Vergeltungslogik. Stattdessen wird das Ergehen des Einzelnen einer struktural zwangsläufigen sozialen Wirklichkeitslogik unterstellt. Rousseaus Wahrnehmung ist dem in der Tat ähnlich, nur kehrt er die Folgerungen daraus um: wo Ergehen ohne merkliche Ankoppelung ans Tun vorliegt, und dazu tendiert, schmerzvoll zu sein, besteht nichts mehr, das das Tun einschränken müsste und der Einzelne darf ohne allzu große Rücksicht auf moralische Besitzregelungen für sein Wohlergehen sorgen.

71 Jean-Jacques Rousseau: *Ich sah eine andere Welt. Philosophische Briefe.* Übers. v. Henning Ritter. München 2012. S. 129.

Viertes Kapitel:
Gott der Eigentümer, Eva die Diebin

5|4|1
Rousseaus Mythos vom Sündenfall der bürgerlichen Gesellschaft

> In the oldest type of society impious acts or breaches of taboo were the only offences treated as crimes; *e.g.* there is no such crime as theft, but a man can save his property from invasion by placing it under a taboo, when it becomes an act of impiety to touch it.[1]
> *William Robertson Smith*

Der heranwachsende Rousseau macht bei seinem Herrn zum ersten Mal die Beobachtung, wie Eigentum entsteht: Es wird dadurch hergestellt und gesichert, dass Dinge zu Eigentum deklariert werden. Die Erschaffung und Markierung von Eigentum ist ein Sprechakt, der durch das Aufstellen von Hindernissen und Mauern und durch gewaltsame Strafen begleitet wird. In dieser Produktion von Eigentum durch den Entzug der gemeinschaftlichen Verfügung liegt für Rousseau ein Vorgang, der den Diebstahl herausfordert und überhaupt ermöglicht. Dem Diebstahl gehen der Entzug und die Sicherung der Dinge durch Proklamationen, Zäune, Gitter und Schläge voraus. Erst durch diese willkürlichen Maßnahmen der Eigentumsherstellung und -sicherung wird der Diebstahl eine ausführbare Tat.

Das Motiv des Eigentums und der Entwendung hatte für Rousseau – wie auch für Augustinus – nicht nur eine biografische Bedeutung, sondern fand, wie beim Kirchenvater, auch einen Niederschlag in seiner Theoriebildung. Rousseaus wichtigste kulturkritische Schrift, der 1755 erschienene Diskurs *Über den Ursprung der Ungleichheit unter den Menschen*[2], der, wie Jan Philipp Reemtsma es formuliert, „das sozialistische Schrifttum des 19. Jahrhunderts präludiert"[3], formuliert am Anfang des zweiten Teils, also genau in der Mitte des Textes, einen Ursprungsmythos

---

[1] William Robertson Smith: *Lectures on the Religion of the Semites*. London 1894. S. 163. [Kursivierung im Original.]
[2] Rousseau: *Ursprung der Ungleichheit unter den Menschen*. S. 191f.
[3] Jan Philipp Reemtsma: „Wielands philosophisches Wirken in Erfurt." In: *Die politische Meinung*. 1/380. Sankt Augustin 2001. S. 75-80, hier S. 77.

der bürgerlichen Zivilisation. Dieser Mythos, der auf den ersten Blick als eine Fiktion Rousseaus erscheint – wir werden uns seinem überraschenden mythischen Vorläufer in diesem Kapitel intensiv widmen –, lautet folgendermaßen:

> Der erste, der ein Stück Land eingezäunt hatte und dreist sagte: ‚Das ist mein' und so einfältige Leute fand, die das glaubten, wurde zum wahren Gründer der bürgerlichen Gesellschaft. Wieviel Verbrechen, Kriege, Morde, Leiden und Schrecken würde einer dem Menschengeschlecht erspart haben, hätte er die Pfähle herausgerissen und seinesgleichen zugerufen: ‚Hört ja nicht auf diesen Betrüger. Ihr seid verloren, wenn ihr vergeßt, dass die Früchte allen gehören und die Erde keinem!'[4]

Die Ursünde des Menschen ist das Aufstellen von Gittern und Zäunen um persönliches Eigentum, und die Rettung kann Rousseaus Aufforderung zufolge nur in der Nichtanerkennung dieses Anspruchs auf Privateigentum liegen. In dieser philosophischen Eigentumskritik, derzufolge die bürgerliche Gesellschaft begann, als das Land und die Früchte der Gemeinschaft der Menschen durch einen Einzelnen in Anspruch genommen wurden, ist Rousseaus Infragestellung der ganzen Zivilisation enthalten, und es klingt eine tiefere Eigentumskritik an, die den Diebstahl wenn schon nicht rechtfertigt, so doch nicht als eine illegitime Untat, sondern vor allem als eine philosophisch legitimierbare Reaktion auf eine Untat formuliert. Mit mehr Dringlichkeit als Rousseau drückte diesen Gedanken 1793 der an ihn anschließende Begründer des philosophischen Anarchismus, William Godwin aus:

> To consider merely the present order of human society, it is evident that the first offence must have been his who began a monopoly, and took advantage of the weakness of his neighbors to secure certain exclusive privileges to himself. The man on the other hand who determined to put an end to this monopoly, and who peremptorily demanded what was superfluous to the possessor and would be of extreme benefit to himself, appeared to his own mind to be merely avenging the violated laws of justice. Were it not for the plausibleness of this apology, it is to be presumed that there would be no such thing as crime in this world.[5]

Rousseau geht im *Ursprung der Ungleichheit* nicht so weit, aus der ungerechten Verteilung die Gerechtfertigtheit der Umverteilung abzuleiten. Doch noch in seinem fast dreißig Jahre später beschriebenem Apfeldiebstahl, der dieselbe Struktur des Entzuges, des Verbots, der Absperrung und der trotzigen Missachtung trägt, hallt eine Haltung nach, die privates Eigentum nicht anerkennen will und die gegen das Unrecht zu handeln beginnt. Gewissermaßen kann in diesem philosophischen Narrativ nichts weniger als ein theoretischer Kommentar Rousseaus auf die vergitterte Speisekammer seines Genfer Lehrmeisters erkannt werden. Die

---

4 Rousseau: *Ursprung der Ungleichheit*. S. 191.
5 William Godwin: *An Enquiry Concerning Political Justice*. Oxford 2013. S. 425. – Godwin führte diese Handlung in fiktionalisierter Form weiter aus: In: Ders.: *Things as They Are; or, The Adventures of Caleb Williams*. New York 1926. Besonders die Gespräche, die Caleb Williams zu Beginn des dritten Bandes mit einer Räuberbande führt, stellen weitergehende Kommentare zur Legitimität der Kriminalität in einer ungerechten Gesellschaft dar.

Äpfel, die sein Meister in der Vorratskammer wegschließt und sie damit allen – und insbesondere dem kleinen Jean-Jacques – vorenthält, sind ein individuell erlebtes Beispiel für die ersten Früchte, deren Vorenthaltung er in diesem Ursprungsmythos kritisiert. Sie sollen „allen gehören und die Erde keinem!" Der Name ‚Ducommun', den Rousseaus Lehrmeister in den *Bekenntnissen* trägt, und der als ‚vom Gemeinsamen' übersetzt werden muss, trägt noch zu dieser wenigstens anzudeutenden Interpretation des Lehrmeisters als konkretem Wiedergänger der Hauptfigur dieses Mythos bei:[6] In Ducommun hallt dieser erste Eigentümer der Menschheit nach, der aus dem, was allen zugänglich sein sollte, einen Teil für sich selbst abtrennte.[7] Rousseau reißt in den *Bekenntnissen* die Pfähle nicht aus und zerbricht nicht demonstrativ das Gitter vor der Vorratskammer, aber er führt in seiner Autobiografie den Beweis, wie jedes Kind in der Lage ist, Techniken und Listen zu entwickeln, die zeigen, dass alles private Eigentum noch so sehr gesichert – und doch gestohlen werden kann.

Diese leisen und wenn, dann nur als Andeutungen zu verstehenden Bezüge zwischen den *Bekenntnissen* und dem *Ursprung der Ungleichheit* wären für sich genommen schon ausgesprochen faszinierend, doch hinter dem zivilisatorischen Urverbrecher, der Rousseaus philosophisch-geschichtstheoretischem Mythos zufolge als erster einen Anspruch auf privaten Besitz anmeldete, ist nicht nur Rousseaus persönlicher Lehrmeister zu erkennen, sondern das Ursprungsverbrechen der Privatisierung von bis dahin ebenso niemandem wie auch allen gehörenden Gütern hat eine noch wesentlich weiter reichende Konnotation. Die Figur desjenigen, der als erster privates Eigentum für sich reklamierte, ist älter als Rousseaus Diskurs über die Ungleichheit unter den Menschen.

Dazu müssen wir uns dem fiktionalen Mythos etwas ausführlicher widmen: Rousseau kritisiert vor allem anderen, dass dieser mythischen Gestalt die Autorität eines so weitreichenden Sprechakts zugetraut wurde, eine solch folgenreiche Reservierung vorzunehmen, die den idyllischen Naturzustand beendete. Rousseau deutet ihn als einen herausgehobenen Sprecher an, der mit seinen Worten Fakten schaffen konnte. Über diesen Sprecher und die ganze Szenerie von Rousseaus Ursprungsmythos kann die folgende These aufgestellt werden: Diese Szene einer idyllischen Erde, die durch den faktenschaffenden, einteilenden Sprechakt des ersten Privateigentümers gestört wird, der sich im Gemeinbesitz der Erde ein Stück Pri-

---

6 Dass Rousseau in den *Bekenntnissen* bei eher randständigen Figuren auf sprechende Namen zurückgriff, darauf deutet auch der treffende Name seines Lehrlingskollegen ‚Verrat' hin, dessen deutsche Bedeutung Rousseau nicht entgangen sein kann.

7 Ebenfalls nicht unerwähnt bleiben darf das berühmte Pamphlet der englischen Digger-Bewegung von etwa 1650, das als eine Art frühsozialistische Deklaration gelten kann, und das explizit die gemeinschaftlichen *Commons*-Waldrechte der Bevölkerung gegenüber den Lords einfordert. Waldungen und Bäume scheinen die Orte gewesen zu sein, an dem sich der frühe Gedanke sozialer Gerechtigkeit am hellsten entzündete. Gerrard Winstanley: „A Declaration from the Poor oppressed People of England, Directed To all that call themselves, or are called Lords of Manors, through this Nation; That have begun to cut, or that through fear an covetousness, do intend to cut down the Woods and Trees that grow upon the Commons and the Waste Land." In: Ders.: ‚The Law of Freedom' and Other Writings Hg. v. Christopher Hill. Cambridge 1983. S. 97-108.

vatland mit den Worten zusichert: „Das ist mein", ist eine Variation der biblischen Szene, in der Gott sich im Paradies einen Privatbereich sichert, indem er einen Baum mitten im Paradies als sein Eigen bezeichnet und ihn den Menschen unter Androhung höchster Gewalt verbietet.[8] Stellt man die Frage nach dem Ursprung des Eigentums, überschneiden sich alle wesentlichen Elemente der mythischen Szene des Aufklärers Rousseau und des biblischen Mythos: In eine paradiesisch angelegte Szene des Überflusses gemeinschaftlich geteilter Früchte werden durch den Anspruch eines Einzelnen auf alleinigen Besitz Elemente der Ungerechtigkeit und der Gewalt eingeführt, und der Bruch dieser Regelung wird imminent. Gott ist, so ist die Genesis in Rousseaus Perspektive lesbar, der erste Privateigentümer. Wenn er den Menschen zu Beginn der Welt auch das ganze Paradies überlassen haben mag, den Anspruch auf Privatbesitz am verlockendsten aller Bäume behält er sich selbst vor. Die Krise der Gabenökonomie mit all ihren Folgen kann jedoch schon durch die Vorenthaltung nur einer Kleinigkeit ausgelöst werden. Es lässt sich also diskutieren, ob die Welt ihren Fall in Evas Tat erlebte, oder ob schon in der Eigentumsfeststellung Gottes, der als Verwalter und Einteiler des Gartens auftritt, ein Geschehen vorliegt, das Ungleichheit und Ungerechtigkeit in die Welt brachte. Gleich nach der Schöpfung begann also ihre Privatisierung – man hätte es sich denken können.

Rousseau ist nicht bereit, einen solch ungerecht privilegierten Eigentumsanspruch anzuerkennen, selbst wenn er sich nur auf einige Stücke Obst oder einen einzigen Baum erstreckt: Weder den Anspruch seines Lehrmeisters, der die verlockenden Äpfel für sich behält noch den des Begründers der menschlichen Zivilisation, der den ganzen Ort und alle darauf wachsenden Früchte verbietet. In Augustins Birnendiebstahl liegt der Bezug zur Genesis auf der Hand, in Rousseaus Apfeldiebstahl ist er über den Gegenstand und vermittelt über das Vorbild Augustins sowie über diesen fiktionalen Mythos zu erkennen, der merkliche Züge der Genesiserzählung trägt. Diese Parallele zwischen dem Besitzanspruch des ersten Eigentümers der Geschichte und Gottes Anspruch auf den Baum in der Mitte des Paradieses ist bemerkenswert: Beide stellen diesen Anspruch aus Willkür auf und aus dem Wissen um die eigene Stärke,[9] und dieser autoritär-unbegründete Anspruch auf Alleineigentum darf folglich in Frage gestellt werden. Liest man Rousseaus Diebstähle, seinen Ursprungsmythos der Zivilisation, Augustins Birnendiebstahl und die vielen folgenden Erzählungen von individuellen Sündenfällen als nicht nur eine vage Inspiration aus der Sündenfallserzählung aufnehmen, sondern als dezidierte literarische Kommentare und als Lesarten der Paradieserzählung und

---

[8] 1. Mose 2,8-17. – Das Wort „Paradies" wird durch Xenophons *Anabasis* in die westliche Literatur eingeführt, wo er dessen Bedeutung als eine persönliche Lust- und Jagdanlage des Großkönigs definiert. Xenophon: *Anabasis. Der Zug der Zehntausend.* Übers. v. Helmuth Vretska. Stuttgart 1958. S. 16. (Buch I, Kapitel 2.) – Es gibt der ganzen biblischen Szene eine grundlegend andere Konnotation, versteht man sie so, dass sie sich in einer gottköniglichen Gartenanlage abspielt.

[9] Rousseau verfolgt im *Ursprung der Ungleichheit* dieses Motiv der Stärke und des Eigentumsschutzes weiter, indem er die Strategien der Starken und Besitzenden beschreibt, die sie anwenden, um ihr Eigentum zu schützen. Siehe S. 225ff.

blickt gewissermaßen durch das Teleskop aller oben aufgezählten, durch die Geschichte verteilten individuellen Sündenfälle auf den Mythos des Sündenfalls der ganzen Menschheit, dann erscheint der Gott der Genesis als ein eifersüchtiger Eigentümer, der den Menschen die besten Früchte nicht gönnt und sie für sich selbst reserviert, indem er ihren Genuss unter Todesstrafe stellt. Der Mensch wurde von Gott nicht unschuldig in die Welt gelassen: noch bevor er sein müheloses Leben im Paradies beginnen durfte, demonstrierte Gott ihm die Prinzipien von Aneignung und Privateigentum.[10] Er beschenkt die Menschheit mit der Gesamtheit des Paradiesgartens, doch die Krise der Gabenökonomie bricht herein, als er nur einen kleinen Teil davon für sich zurückhält. Wenn Gottes absoluter Anspruch, über den einen Baum alleine verfügen zu dürfen, als ein Vorgang der Eigentumssetzung erkannt wird, erscheint die Tat Evas, die von diesem verbotenen Baum pflückte, in einem ganz anderen Licht und wird zu einer illegitimen Aneignung; dann besteht der Sündenfall der Menschheit in nichts anderem als in einem Diebstahl.[11]

5|4|2
Was geschah im Paradies?

Die ersten Erzählungen der Menschheit drängen in jeder folgenden Epoche danach, verstanden und der Epoche angemessen interpretiert zu werden. Für keine andere Ursprungserzählung gilt dies in solchem Maß wie für die des biblischen Sündenfalls. Hans Blumenberg formuliert dieses Drängen der Genesis auf ihre Deutung, von der ganze historische und gegenwärtige Paradigmen des Verhältnisses der Menschen zur Welt und zueinander abhängen, mit ebensoviel Faszination wie amüsierter Frustration: „Immer wieder" stelle sich die Frage: „was geschah im Paradies?"[12] Tatsächlich kann man die historische und kulturelle Distanz zu diesem bronzezeitlichen Mythos als unüberbrückbar bezeichnen. Nach mehr als zweitausend Jahren ununterbrochener Deutung und Bearbeitung kann man feststellen: keine Übersetzung oder Erklärung wird je imstande sein, zu beschreiben, was wirklich geschah, als Adam und Eva erschaffen wurden und als sie auf den listigen Ratschlag der Schlange hin beschlossen, sich der Weisung ihres Schöpfers zu widersetzen. Die ersten Kapitel der Genesis werfen immer mehr Fragen auf, als sie beant-

---

10 Außerhalb des Argumentationsganges soll hier die frühchristliche doketistische Gruppe der Ophiten erwähnt werden, die die zum Diebstahl verführende Schlange der Genesis als Retter verehrte, verknüpft mit der „ehernen Schlange" aus 4. Mose 21,7-9, die zur Heilung der Israeliten „erhöht" wird. Die „Schlangenanbeter" verstanden die Schlange als eine frühere Verkörperung Christi: als Wesen wahrhaft göttlicher Natur, das den Menschen zum Verstoß gegen die willkürlichen Gebote des tyrannischen, besitzenwollenden, demiurgischen Weltenherrschers anleitet.
11 Grundlegend zum Topos des Falles als eines Ursprungs sei hier hingewiesen auf: Inka Mülder-Bach: „Am Anfang war… der Fall. Ursprungsszenen der Moderne." In: Dies. u. Eckhard Schumacher (Hg.): *Am Anfang war… Ursprungsfiguren und Anfangskonstruktionen der Moderne*. München 2008. S. 107-130.
12 Blumenberg: *Matthäuspassion*. S. 95-99.

worten können und jede Interpretation dieses Textes sagt weit mehr über die Zeit aus, in der sie verfasst wurde als über den Text selbst, der hinter den undurchdringlichen Schichten der Deutungen zu verschwinden droht. Die neuere Theologie, die nach wie vor ihr Hausrecht auf Bibelexegesen behaupten will, tendiert dazu, vor der Fülle dieser Bedeutungsmöglichkeiten und der bereits versuchten Deutungen dieses kargen, jedem letzten Verständnis widerstehenden Textes zu kapitulieren. Wenn in einem der wichtigsten theologischen Lexika steht, dass die moderne katholische Theologie aufgrund dieses Textes „in kaum lösbare Aporien"[13] gerät, und mit Andreas Schüle eine berufene theologische Stimme in einer der neuesten umfassenden Bearbeitungen eingesteht, dass es in der Geschichte vom Sündenfall Aspekte gibt, die „der Interpretation ein letztlich nicht lösbares Rätsel"[14] aufgeben, dann spricht daraus eine Theologie, die müde geworden ist, die Verantwortlichkeiten und die Legitimitäten der Ansprüche der Urgeschichte zu klären. Die Interpretationen, Ausdeutungen, Reformulierungen und häretischen wie aufklärerischen Kritikversuche an dieser Urerzählung des Menschen und seiner *conditio* sind nicht zu zählen, und selbst der Versuch, in neutraler Distanz nur zu verstehen, welche Motive und Grundannahmen über den Menschen in der Genesis-Erzählung übermittelt werden, hat eine Tradition, die nicht zu überblicken ist. Man kann ohne Übertreibung sagen, dass es keine andere Erzählung unserer Kultur gibt, die eine vergleichbare Herausforderung für ihre Interpreten darstellte wie die des Falls der Menschheit vom Stand der Gnade in den der Sünde in dem Garten namens Eden.

Hans Blumenberg betrachtet daher die Genesis-Erzählung als eine der wenigen mythischen Erzählungen, die, weil sie bis heute unaufgelöst ist, unablässig zu ihrer Bearbeitung und Überwindung herausfordert.[15] An kaum einem anderen Gründungsnarrativ stellt sich die Arbeit am Mythos als so mühsam, langwierig und mit Rückschlägen verbunden heraus wie am Genesis-Mythos. Und dennoch hat der Sündenfall nie seine unbehagliche Virulenz verloren: Kurt Flasch bezeichnet die „Geschichte von Eva und Adam" als „eines der mächtigsten Bild- und Denkmotive im Einflussbereich der drei mittelmeerischen Religionen."[16] Diese Bewertung wäre jedoch ein wenig unausgewogen, würde man nicht das immense Gewicht erwähnen, das diesem Mythos besonders im christlich geprägten Denken gegeben wurde. Während das Alte Testament an keiner Stelle auf Evas Tat zurückkommt und sie im Judentum und im Islam keine allzu große Bedeutung hat, stellt Paulus diese Erzählung ins Zentrum der christlichen Theologie. Paulus legt den Vektor aller folgenden Interpretationen des Mythos fest, indem er bestimmte Kategorisierungen und für den Anfang christlicher Theologie nötige Hinzufügungen macht, die dann von

---

13 Friedrich Mildenberger über die Frage systematisch-theologischer Aspekte im Lemma „Adam." In: *Theologische Realenzyklopädie*. Band I. Berlin u. New York 1977. S. 414-437, hier S. 434.
14 Andreas Schüle: *Die Urgeschichte. Genesis 1-11*. Zürich 2009. S. 62.
15 Sogar Immanuel Kant, der sonst zu mythischen Texten eher Distanz hielt, ließ sich zu der „Lustreise" hinreißen, eine Interpretation des Sündenfalls zu schreiben: Immanuel Kant: „Muthmaaßlicher Anfang der Menschengeschichte." In: *Werke in sechs Bänden*. Band VI. Hg. v. Wilhelm Weischedel. Darmstadt ⁵ 1983. S. 83-102, hier S. 83.
16 Kurt Flasch: *Eva und Adam. Wandlungen eines Mythos*. München ² 2005. S. 10.

Augustinus, dem zweiten großen Genesis-Theologen aufgegriffen und noch verstärkt werden. Diese Grundannahmen, die den allermeisten Genesis-Interpretationen zugrunde liegen, sind: die Schlange als den Satan zu begreifen, der ganzen Erzählung eine robuste Frauenfeindlichkeit zu geben und sie um den im Text selbst eher passiven Adam kreisen zu lassen. Eva ist nach wie vor in den meisten theologischen Lexika, wenn überhaupt, dann nur unter Verweis auf das Lemma ‚Adam' behandelt. Das ist insofern beachtlich, als den Auswirkungen ihrer Tat eine so gravierende Wirkung zugeschrieben wird, wie sie sonst aus keinem der Gründungsverbrechen unserer Kultur abgeleitet wird. Es gibt kulturgeschichtlich keine wichtigere oder folgenreichere Tat als die Evas. Rousseaus Mythos oder der des Prometheus sind in ihrer Wirkung dagegen fast harmlos: Evas Handeln „führte zu einer Störung der ursprünglich heilen Gemeinschaft zwischen Mensch und Gott, Mensch und Tier, Mensch und Erde, Mann und Frau. Die Mühsal des Lebens wird als Fluch der bösen Tat des ersten Menschen erklärt".[17] Die Konsequenzen sind aber, mehr noch, von geradezu kosmischer Art: „Auch die enge Beziehung zwischen Mensch und Erde ist aufgehoben, da die letztere unter dem Fluch Gottes sich der Bearbeitung durch den Menschen widersetzt."[18] Kein anderer Mythos kann mit dem Sündenfall gleichziehen, was den Umfang der Folgen des recht harmlos wirkenden Bisses von der falschen Frucht betrifft. Die nachhaltige Wirkung des Paradies-Mythos liegt nicht zuletzt in dieser Radikalität des Kontrastes zwischen der vorgängigen Situation paradiesischer Geborgenheit und Versorgtheit und dem kosmischen Verhängniszusammenhang, der dem Menschen durch den Genuss der Frucht erwuchs.

Hier soll keine vollständige Neuinterpretation der Genesis versucht werden – das wäre neben den unzähligen bereits bestehenden minutiösen Ausdeutungen ebenso unnötig, wie es nicht versprechen würde, überhaupt neue Ergebnisse zu bringen. Aber dennoch soll das Augenmerk auf bestimmte Details im Vorgang des Sündenfalles gerichtet werden, die die Frage der Aneignung der Frucht betreffen, während das theologische Augenmerk bisher fast ausschließlich auf ihrem Verzehr lag. Wie im neuzeitlichen gerichtlichen Untersuchungsverfahren üblich, kann Evas Tat dazu in kleinere Tateinheiten zerlegt und versucht werden, die Motivation sowie das Bewusstsein der Täterin hinter den Einzelhandlungen zu ergründen. Das geläufige Verständnis der Genesis sieht das gemeinsame Vergehen Adams und Evas schlicht darin, dass sie von den Früchten aßen, die Gott ihnen verboten hatte. Der „Apfelbiß"[19] ist der unbestrittene Kern der mächtigsten Deutungen des Sündenfalls. Tatsächlich kann aber angemerkt werden, dass diese Tat ihren Anfang bereits darin hatte, dass die Früchte überhaupt erst von dem Baum genommen wurden, den Gott den Bewohnern des Paradieses so vehement verboten hatte. Diese Beobachtung ist letztlich selbstevident, aber sie ist dennoch relevant: Wenn vor dem Biss in den Apfel sein Ergreifen liegt, wenn der Anfang der in ihren Einzelschritten

---

17 Mildenberger: *Adam*. S. 415.
18 Ebd.
19 Flasch: *Eva*. S. 30.

verstandenen Tat des Sündenfalls darin liegt, dass die Frucht genommen wurde, und der Mensch damit seine Trennung von Gott herbeigeführt hat, erhält der Biss in den Apfel die Anmutung einer letzten Konsequenz, die auf die Aneignung des Apfels folgt.[20]

Eine Betonung auf das Detail zu legen, dass die Frucht, um gegessen zu werden, erst einmal berührt und ergriffen werden musste, wurde in der Fülle der Lektüren der Genesis kaum je versucht und scheint auf den ersten Blick auch nicht am Bibeltext belegbar zu sein. Ein etwas genauerer Blick, der sich Hilfe in der jüdischen Kommentarliteratur holt, findet aber ein erstaunliches Detail: Der berühmte Bibelkommentar Raschis, oder, mit ausgeschriebenem Namen, Salomon ben Isaaks, der mit seinen basalen Beobachtungen des Textinhaltes einem modernen ‚close reading' sehr nahe kommt, bemerkt eine wichtige Einzelheit des Tatkomplexes, die in anderen Kommentaren meist übersehen wurde: Als sich die Schlange bei Eva rhetorisch übertrieben nach dem Inhalt des göttlichen Verbots erkundigt, und, Erstaunen simulierend, die Frage stellt, ob Gott denn wirklich verboten haben könnte, von allen Bäumen des Gartens zu essen,[21] gibt Eva eine defensive Antwort: „Wir essen von den Früchten der Bäume im Garten. Aber von den Früchten des Baumes mitten im Garten hat Gott gesagt: Esset nicht davon, rühret sie auch nicht an, dass ihr nicht sterbet!"[22] Raschi kommentiert in einem fast lakonischen Tonfall, dass Gott nie davon gesprochen habe, dass schon die Berührung der Früchte verboten sei.[23] Gottes Gebot betraf tatsächlich nur den Verzehr der Frucht. Die Berührung wurde von Eva zur Sünde erklärt, nicht von Gott. Eva, so Raschi, macht sich damit des schwerwiegenden Vergehens schuldig, den Gesetzen Gottes ein weiteres hinzugefügt zu haben, wodurch sie Gottes Gebote überhaupt entwertete.[24] Im jüdisch-rabbinischen Verständnis ist dies tatsächlich ein äußerst schwerwiegendes

---

20 Simone Weil gibt in einem der letzten Notizbücher vor ihrem Tod dieser Annahme in einem Gedanken Ausdruck, der lautet: „Die Geburt ist ein Anteil an Adams Diebstahl." (Weil: *Cahiers.* Band IV. S. 195.) Ganz ursprünglich ist der Mensch geboren, hat das, was ihn selbst ausmacht, seinen Körper, jemand anderem weggenommen. Die Geburt so als Entstehung durch Differenzierung und Wegnahme zu lesen, und das auf Adams – oder eigentlich genauer: Evas – Tat hin zu deuten, ist bei Weil eingebettet in einen Gedankengang, der dem ähnlich ist, was hier als „Krise der Gabenökonomie" bezeichnet wird. Die Gaben Gottes können durch den Menschen nicht beantwortet werden, er steht im christlichen Denken in einer Schuldigkeit, die ihm ursprünglich ist. Und weil er Gottes Gabe nicht angemessen beantworten kann, bleibt der Diebstahl, also exzessiv von Gott noch mehr zu nehmen und dadurch seinem Anspruch und seiner Satisfaktionsforderung zu entkommen, für Weil der einzige Ausweg. Dass Gott den Menschen als Ganzes fordert und dass diese Forderung nie erfüllt werden kann, ist der Kern der Theologie Weils. Das ist illustriert in einem anderen, sehr persönlichen Gedankengang Weils: „Wichtig ist, dass kein Teilchen von ihr [der Gott darzubringenden Willensenergie, A.G.] übrigbleibt, weder für die Laune noch für die Ausübung des Willens. Wenn auch nur ein Teilchen bleibt, ist es Diebstahl. (Ich habe nie aufgehört zu stehlen.)" (Ebd. S. 208.)
21 Genesis 3,1.
22 Genesis 3,2f.
23 Raschi (Salomon ben Isaak): *The Pentateuch and Rashis Commentary: A linear translation into English.* Hg. u. übers. v. Abraham ben Isaiah. New York 1949. S. 28.
24 Der Vers, auf den Raschi verweist, steht in Sprüche 30,6: „Tu nichts zu seinen Worten hinzu, dass er dich nicht zur Rechenschaft ziehe und du als Lügner dastehst."

Vergehen. Dieser Orthodoxieverstoß, mit dem Raschi die erste menschliche Sünde vielsagend vom Apfelbiss auf Evas Übertreibung des Gesetzes vorverlegt, ist hier aber weniger interessant als der Blickwinkel, den Raschi bei dieser Beobachtung einnimmt: Raschi versucht die Tat aus der Perspektive Evas nachzuvollziehen, eine Leistung, die den tendenziell misogynen späteren Interpreten, die Evas aktive Rolle zugunsten des im Text völlig passiven Adam abwerteten, fast durchweg abgesprochen werden muss. Die Tatsache, dass Eva das Gebot erweitert, wurde daher in geläufigen theologischen Deutungen auf Adam zurückgeführt, der derjenige gewesen sein soll, der Gottes Gebot in verschärfter Form an Eva übermittelt habe: Adam soll, die Schwäche des Weibes ahnend, Eva vorsichtshalber mehr verboten haben als tatsächlich gemeint war.[25] Nur ein Blick, der die Dominanz männlichen Handelns im Mythos aufrechterhalten will, kann dieses Lehrgespräch zwischen Adam und Eva hinzuerfinden, der Text sagt nichts davon, und auch die listige Schlange bleibt nach dem kurzen Wortwechsel stumm und verschwindet aus der Erzählung.

Raschis scharfsinnige Beobachtung lässt Eva selbst zu Wort kommen, die in Gottes Verbot mehr impliziert sieht als nur das reine Essen der Frucht. Das ist für eine Klärung ihres persönlichen Verständnisses der Tat wichtig, weil das Gebot damit in der Wahrnehmung der Täterin schon dann als gebrochen galt, als sie die Frucht nur berührt hatte. Dieses Detail ist von höchster Bedeutung, weil dadurch, juristisch abstrakt formuliert, das Essen der Frucht zu einem nachgeordneten Teil der Handlung wird, der in der Prozessualität der Handlung auf eine primäre Tat folgt. Aus der Perspektive Evas war der kritische Moment derjenige, in dem sie die Frucht pflückte, und nicht erst derjenige, in dem sie sie aß. Eugen Drewermann stellt in diesem Zusammenhang der Vorverlegung der Problematik auf den Zeitpunkt vor dem Apfelbiss fest, dass Eva „nicht durch das Essen vom Erkenntnisbaum wie Gott [wird], sondern sie muß sich bereits Gott überlegen fühlen, noch ehe sie vom Baum isst."[26] Den Vorgang des Sündenfalls auf diese Weise und gewissermaßen juristisch in zwei Handlungsabschnitte zu zerlegen, könnte etwas künstlich erscheinen, aber Evas eigene Aussage bezeugt die Notwendigkeit dieser genauen Analyse: Eva sah, entgegen den meisten Interpreten ihrer Handlung, denen eine Gewissheit über eine weibliche Ungezügeltheit der Begierden die Interpretation leitete, die Sünde im Ergreifen der Frucht, nicht in ihrem ungehemmten Konsum. Die Tat selbst geschah dann auch sehr schnell und fast beiläufig: „eine rasche Handbewegung – und die Sünde ist getan. Dieses Unbegreifliche und Katastro-

---

25 Siehe hierzu auch den Kommentar von Samson Raphael Hirsch: *Der Pentateuch. Übersetzung und Kommentar.* Frankfurt a. M. [4] 1903. S. 64. – Hirsch spricht in Bezug auf das göttliche Gebot von „Zaungesetzen", ein Begriff, dessen Vieldeutigkeit in der hier eingenommenen Perspektive besonders auffällt.

26 Eugen Drewermann: *Strukturen des Bösen. Die jahwistische Urgeschichte in exegetischer, psychoanalytischer und philosophischer Sicht.* Band I. Paderborn u. a. [4] 1982. S. 70. – Drewermanns äußerst beeindruckende und unübertrefflich umfangreiche Studie ist grundlegend für die hier vorgeschlagene Lektüre der Genesis, auch wenn sein Akzent auf der Angst als zentralem Auslöser des Geschehens nicht übernommen wird.

phale wird beschrieben beinahe als wäre es etwas Selbstverständliches und Folgerichtiges."27

Mit Raschi, Drewermann, Morant und vor allem mit Evas eigener Aussage kann also festgestellt werden: Sie weiß um die Problematik, die damit entsteht, dass sie die Frucht vom Baum nimmt. Dieser minimale Einblick, den der Text in die Psychologie Evas gewährt, wurde in den meisten der unzähligen theologisch-philosophischen Deutungen geflissentlich übersehen. Dagegen stellen die nicht denkerischen, sondern narrativen Anspielungen auf diese Szene und insbesondere die Verarbeitung des Motivs in den Autobiografien von Augustinus bis Heine und Darwin diesen Aspekt in aller Deutlichkeit dar. Wie bei Augustins Birnendiebstahl liegt das Problem keineswegs im Essen der Frucht, sondern in ihrer verbotenen Aneignung von demjenigen, der sie für sich reserviert hatte.28 Die theologische Interpretation der Stelle konzentriert sich auf das Detail, dass Adam und Eva von dem Baum aßen, die literarische Interpretation und Modulation, die wir oben mit Augustinus und Rousseau als Hauptzeugen dieser differenten Akzentsetzung beobachten konnten, bezieht sich auf die Handlungsweise, die dem Essen vorausging: Eva nahm sich die Frucht von dem Baum, den Gott als dem Menschen nicht erlaubt bezeichnet hatte, und was sie danach mit ihrer Beute tat, kann als sekundär gesehen werden; die Übertretung des Gesetzes war schon in dem Moment geschehen, als sie sich das aneignete, was Gott für sich reserviert hatte.

Gott hatte für den Fall, dass sein Gebot übertreten und sein Eigentum angerührt würde, mit dem Tod gedroht; und seine Reaktion übertrifft sogar noch das angekündigte Urteil: die Todesstrafe wird aufgeschoben, und ihr sollen im göttlichen Zorn noch die zusätzlichen Strafen der Vertreibung aus dem Paradies, der Geburtsschmerzen und der harten Feldarbeit vorausgehen. Wo Blumenberg darin, dass Eva und Adam nicht, wie angekündigt, noch am selben Tag starben, einen ersten Bruch in der Handlungsweise des allgewaltigen und allgerechten Gottes erkennt, ist Gottes Reaktion, betrachtet man ihn als gekränkten Eigentümer, nur folgerichtig: Er will schützen, was ihm noch unangetastet gehört, nachdem er jetzt bereits die Erkenntnis an den Menschen verloren hat. Um den Baum des ewigen Lebens zu schützen, von dem noch nicht gegessen wurde und der nun, da er schon die Erkenntnis mit dem Menschen teilen muss, sein letzter Besitz ist, werden Adam und

---

27 Peter Morant: *Die Anfänge der Menschheit. Eine Auslegung der ersten Genesis-Kapitel.* Luzern ² 1962. S. 171. (Hier zitiert nach: Drewermann: *Strukturen des Bösen.* S. 70.)

28 Die im frühen Christentum weit verbreitete und so tendenziöse wie kaum am Text belegbare Genesis-Deutung, die den Biss in den Apfel noch als Metapher für eine noch leiblichere Sünde verstanden sehen wollte, wird hier nicht weiter erwähnt: dass die Sünde Adams und Evas nicht eine verbotene Zwischenmahlzeit, sondern Sex gewesen war, wie viele frühe Kirchenlehrer meinten, dem ist eine tendenziöse Lesart nicht abzusprechen. Siehe hierzu: Elaine Pagels: *Adam, Eva und die Schlange. Die Geschichte der Sünde.* Übers. v. Kurt Neff. Reinbek bei Hamburg 1944. S. 82ff. – Doch noch in dieser Position wird eine Art Diebstahl als Ursprung der Sünde gesehen: wie Pagels berichtet, übernahm der Satan die Begattung von den Tieren, die ihn nach göttlichem Plan zu ihrer Fortpflanzung ausführten und gab ihn dem zur Reinheit berufenen Menschen Adam, der ihn fortan aus Lust ausführte. (Ebd. S. 83.)

Eva aus dem Garten vertrieben, der als überreizte Sicherung des verbliebenen metaphysischen Eigentums als ganzer eingezäunt und von ehrfurchtgebietenden Engeln mit Feuerschwertern bewacht wird.[29] Gott handelt ganz wie ein Bürger, der sein Eigentum schützt: Mauern, Wachen und übertribe Bestrafung.[30] So werden Adam und Eva für ihre Tat von Gott ebenso aus diesem Garten davongejagt wie Rousseau für seine Taten aus der Stadt fliehen muss und Augustin in eine metaphysische Heimatlosigkeit fällt, die ihn letztlich zurück in die Arme Gottes treibt.

Liest man Evas Tat durch die Linse ihrer berühmten und zahlreichen erzählerischen Aktualisierungen, wird erst die Brisanz deutlich, die darin liegt, dass Eva in Form des Apfels Gottes Erkenntnis eben nicht nur lüstern verspeist, sondern gestohlen hat. Eva ist dann nicht mehr die zweitrangige Figur eines erstrangigen Ursprungsmythos, sondern sie tritt durch ihren Erkenntnisdiebstahl in eine Verwandtschaft mit niemand anderem als den diebischen Kulturheroen Prometheus, Hermes, Rahel und Mose.[31] Der Unterschied zu den anderen tricksterhaften Diebesfiguren ist dann nur der, dass diese keine solch extrem harte Strafe eines eifersüchtigen Gottes traf – und dass die anderen Trickster auch nicht die despektierlich-misogyne Abwertung ihrer Tat durch die Interpreten ihrer Mythen erleben mussten. So hart wie Eva wurde keiner der anderen Diebe bestraft, die in dieser Arbeit besprochen wurden, und so sehr wie sie wurde in ihrer Rezeption auch keine andere Figur verzerrt. – Man könnte einwenden, dass die Strafe, die Prometheus traf, derjenigen, die Eva und Adam auf sich nehmen mussten, nur wenig nachsteht. Und die Strafen ähneln sich sogar darin, dass in beiden Fällen die ‚Ursünder' aus dem Bereich ausgeschlossen wurden, in dem Leben überhaupt möglich ist: Prometheus' Verbannung in den Kaukasus war ebenso ein Rauswurf aus der zivilisierten Welt wie die Vertreibung des Menschen aus dem Paradies, und die Ketten und Schmerzen, die von Prometheus und Eva erduldet werden mussten, sind ebenfalls fast äquivalent. Aber auch die Entsprechungen Evas zu Rahel sind nicht zu übersehen: der Diebstahl geschieht von einer Vaterfigur, und das anschließende Verstecken vor ihm geschieht nicht aufgrund einer Reue über die Tat, sondern aufgrund einer körperlichen Scham. Die männlichen Partner Rahels und Evas bleiben in beiden Fällen absolut im Hintergrund und die Tat führt zu einer neuen Subjektivität, weniger durch den Besitz des Gestohlenen als mehr durch das verwandelte

---

29 „Warum klagen wir wegen des Sündenfalles? Nicht seinetwegen sind wir aus dem Paradiese vertrieben worden, sondern wegen des Baumes des Lebens, damit wir nicht von ihm essen." (Kafka: „Aphorismen." In: *Gesammelte Werke*. Band 6. S. 241f.)

30 Zur „Interpretation des Strafmythos" der Bibel, siehe: Paul Ricœur: *Hermeneutik und Psychoanalyse. Der Konflikt der Interpretationen II*. Übers. v. Johannes Rütsche. München 1974. S. 239-265.

31 Analogien zwischen Adam und Prometheus wurden erst ab der Renaissance denkbar: Bacon, Boccaccio und Giordano Bruno sind die dafür wichtigsten Beispiele. Blumenberg kommentiert die in der Neuzeit plötzlich virulent werdende Ähnlichkeit, die Prometheus und Adam darin zeigten, sich Verbotenes anzueignen, so: „Um an Vorbehaltsgüter heranzukommen, deren Entzug geschichtlich unerträglich geworden war, genügte nicht die Verzweiflung der Selbsterhaltung, waren List und Hinterhältigkeit nötig – ein Vorspiel zum Geist einer Wissenschaft, die sich nichts schenken lassen wollte." (Blumenberg: *Arbeit am Mythos*. S. 394.)

Selbstbewusstsein, zur Tat in der Lage gewesen zu sein: Rahel und Eva erleben ihre Emanzipation und Trennung vom Vater und von Gott, indem sie von ihm nehmen, was er als Symbol seiner Autorität besaß.

Ein weiteres, philologisch nicht unbedingt allzu belastbares, aber heiteres und spitzfindiges Detail der Übereinstimmung Evas mit Augustins Birnen-Episode muss noch erwähnt werden: Augustinus führt das unbedeutend scheinende Detail aus, das er die Früchte nach vollendeter Tat, statt weiter von ihnen zu essen, lieber den Schweinen gegeben habe.[32] Eva, die nach dem ersten Bissen die Frucht nicht den Schweinen, sondern dem Mann Adam gibt – diese Parallele ist von pikanter Bedeutung –, begeht die Sünde in dem Moment, als sie sich die Frucht aneignet und gibt mit der Frucht die Sünde dann an Adam weiter. Nirgends in der Bibel steht, dass sie dies affirmativ getan hat: sie kann das Obst auch ebenso angewidert und enttäuscht weggegeben haben wie Augustinus. Mit diesem bisher unbemerkten Detail der Übereinstimmung des Sündenfalls in der Weitergabe der Beute an den Mann, bzw. an die Schweine kann die Täterpsychologie Augustins und Evas präzise zur Deckung gebracht werden: Die Tat besteht in der Aneignung, das Essen wird zweitrangig und der dritte Teil der Tat, die Weitergabe der schalen Beute, das Teilen der Frucht mit anderen Wesen, erhält damit wie bei Augustinus auch bei Eva eine etwas nachdenklichere Färbung und hat Elemente einer Gabe: Eva gab die für sie nun wertlos und vielleicht sogar etwas abstoßend gewordene Frucht aus der Hand und an das nächstbeste Wesen im Paradies weiter, das in ihrem Fall Adam war, während Augustinus die Birnen mit einer resignierten Geste in eine nahegelegene Abfallgrube fallen ließ, in der sich Schweine daran gütlich tun konnten. Mit der Weitergabe der Beute taucht auch hier eine uns bereits bekannte Parallele auf, die in der Logik des Diebstahlmythologems auch bei Prometheus und Epimetheus zu finden ist: Wird das göttliche Urteil über die Menschheit von einem Menschenpaar provoziert, versündigt sich der eine, indem er den erkenntnisbringenden Gegenstand aus dem Bereich des Göttlichen stiehlt, und der andere wird ebenso schuldig, weil er das Gestohlene als eine Gabe annimmt. Eva, und, wie nochmals zu betonen ist: nicht der passive Adam begeht wie Prometheus die Ursünde, das Symbol der Erkenntnis aus dem Besitz Gottes zu stehlen. Adam, der damit deutlich zu Unrecht als der zentrale Protagonist des Sündenfalls gilt, ist nur ein passiver Empfänger – eine Tatsache, die er vor Gott noch wortreich und entschuldigungsheischend betont, als er sich damit verteidigt, dass er die Frucht nur von Eva angenommen habe, aber selbst mit der Tat nichts zu tun habe.[33]

Beleuchtet man die Genesis durch die literarische Aktualisierung Augustins und gesteht ihr mit derselben Selbstverständlichkeit ein prometisches Element zu, wie

---

32 Augustinus: *Bekenntnisse*. S. 79.
33 Genesis 3,12: „Da sprach Adam: Die Frau, die du mir zugestellt hast, gab mir von dem Baum und ich aß." – In diesem Vers kann man lesen, dass Adam ebenfalls die Sünde nicht im Konsum, sondern in der Aneignung sah. Seine Verteidigung würde dann reformuliert lauten: „Es stimmt, ich habe zwar auch davon gegessen, aber ich habe die Frucht nur *von Eva genommen*, nicht von dem verbotenen *Baum* – folglich habe ich weniger Schuld als die Frau!" Auch Adam problematisiert eher die Aneignung als den Verzehr.

man es in andere Ursprungsmythen einzuführen immer bereit gewesen ist, dann erhält die Weitergabe des Apfels weniger ein verführendes als mehr ein resignatives Element, und Eva entfernt sich noch weiter von dem völlig triebgesteuerten Wesen und wird zu jemandem, der die Tat schon vorher reflektiert hat und auch hinterher nicht so gedankenlos ist, wie es das Bild vermittelt, das das Selbstverständnis der theologischen Interpretation seit Jahrtausenden aufrecht zu erhalten versucht. Eva handelt, so kann man die Genesis-Geschichte im Widerspruch zu den meisten ihrer Deutungen ebenfalls lesen, bewusst, gezielt und überlegt.

In diesem Kapitel, das das Motiv des individuellen Sündenfalls zu einem Abschluss bringt, wurde mit einer bewusst für Eva voreingenommenen Lektüre, die aber das konjunktivische dieser Zeilen nicht völlig übertönen soll, versucht, einen Beitrag zur Rehabilitierung Evas zu leisten. Doch kann mit Gewissheit gesagt werden, dass der Bibeltext der Genesis schon ganz andere Interpretationen auszuhalten hatte, und dass das hier vorgeschlagene alternative Verständnis so unannehmbar nicht ist: Unter dieser Perspektive erscheint Eva nicht mehr wie eine schwache, lüsterne und überlistete Gestalt, die den Beeinflussungen Gottes, der Schlange und Adams willenlos ausgeliefert ist, sondern sie nimmt eine handelnde Position ein und erscheint als eine ebenso bewusste, bedachte Diebin wie die Figuren all der anderen hier besprochenen literarischen und mythischen Texte. Dadurch erhält sie vielleicht einige der ihr lange vorenthaltenen, aber eindeutig verdienten Sympathiepunkte zurück.

Exkurs 2:
Möglichkeiten einer alternativen Literaturgeschichte: Der Diebstahl als eine abgemilderte Version von Harold Blooms ödipaler *Anxiety of Influence*

Der jugendliche Diebstahl wurde so zahlreich beschrieben und wiederholt das Motiv mit so bemerkenswerter Vergleichbarkeit, dass er als literarischer Topos begriffen werden muss. Will man aber gleichzeitig den psychologisch-individuellen Bekenntnisgehalt eines autobiografischen Textes ernst nehmen, den der Autor ihm beizulegen versucht, ergibt sich eine Schwierigkeit der Definition und Einordnung dieser Szenen, da eine Ambivalenz zwischen unbewusst oder kalkuliert aus der Literaturgeschichte heraufbeschworenen Topoi und einer individuellen und selbstbildenden Mythologie entsteht. Das Subjekt der Erzählung hat seinen Anfang gleichzeitig im intimen Bekenntnis einer äußerst persönlichen Delinquenzhandlung und in einem literarischen Topos. Die Erzähler der Autobiografien, in denen das Diebstahls-Motiv auftaucht, lassen an ihrem Anfang nicht eine souveräne Selbsterschaffung stehen, sondern eine Bezüglichkeit ihrer selbst. Sie erkennen sich darin, dass sie *wollten*, was jemand anderes *hatte*. In der Distanz der jahrzehntelangen Reflexion ihrer Jugend entlarven sie sich in genau dem Text als Dieb, der seiner Gattung nach doch so autonom wie möglich sein sollte. Im Ursprung der in ihrer Autobiografie beschriebenen Subjektivität liegt damit keine Vollständigkeit und Einheit ihrer Existenz, sondern sie ist von Anfang an auf andere bezogen und aus ihnen hervorgehend. Dadurch wird die Gestaltung des Anfangs einer sich selbst bewussten, einzigartigen Individualität, der immer schon ein Problem der Autobiografie war, insofern akzentuiert, als dieser Anfang selbst ambivalent wird. Wenn das implizite Paradigma der erzählten Individualität nicht mehr die Ergründung der Wahrheit einer „Herzensschrift"[1] ist, sondern ein komplexes Begehren, sein zu wollen wie jemand anderes, so wird deutlich, welche Funktion das Diebstahls-Motiv für die einzelne Autobiografie hat: ihr Subjekt erkennt sich als ambivalent zwischen Existenz und Imitation, zwischen einem Selbst und dem Begehren eines Anderen.[2]

---

1 Schneider: *Herzensschrift*. S. 9ff.
2 Die Frage der Imitation und des Begehrens wird im Kapitel über Poes *Der Entwendete Brief* nochmals zentral: Dort imitieren Lacan und Derrida in ihren Interpretationen des Poe'schen Textes gewissermaßen die Handlung des Hauptprotagonisten: Ihre *anxiety* liegt darin, mit der Interpretation das Motiv der Geschichte nicht nur zu deuten, sondern ebenso fortzuschreiben. Auch theoretische und wissenschaftliche Texte unterliegen einer „anxiety of influence" durch die Texte, die sie bearbeiten.

Das Motiv eines jugendlichen Vergehens gegen die je herrschende Besitzordnung hat in autobiografischen Lebensbeschreibungen eine so bemerkenswerte historische Stabilität, die sogar in Details und sprachlichen Wendungen Jahrhunderte überbrückt, dass es verlockend wird, zu behaupten, dass das Bekenntnis, als Kind einige Birnen, einen Apfel, Feigen, ein leeres Schächtelchen oder andere Kleinigkeiten gestohlen zu haben, selbst ein strategisches oder unbewusstes Diebesgut ist, das von literarischen Vorbildern übernommen und in die eigene Lebensbeschreibung integriert wird. Dass sich jeder Autor in einer bestimmten Weise auf die über ihm wachenden Vorbilder bezieht, die ihm in der Erschaffung eines ‚eigenen' Werkes größtes Unbehagen bereiten können, ist seit Harold Blooms Beschreibung einer *Anxiety of Influence*[3] ein Gemeinplatz einer nach beobachtbaren Einflüssen und Genealogien suchenden Literaturwissenschaft geworden. Irgendwann, so Blooms These, bemerkt jeder Autor, dass er die Simulation, er füge der Literaturgeschichte etwas wesentlich Neues hinzu, nicht aufrechterhalten kann. Jedes bemerkenswerte Werk der Literaturgeschichte, darin erscheint Blooms These als ähnlich apodiktisch wie Monsieur Testes Axiom vom Fehltritt des großen Geistes, hat Vorbilder, denen es mehr verdankt, als es zugeben kann. Literatur, auch und sogar besonders auffällig in der Gattung der Autobiografie, ist in erster Linie eine Vereinnahmung und Verarbeitung anderer Literatur. Diesem Unbehagen, aus sich selbst heraus nicht vollständig zu sein, attestiert Bloom eine Teleologie auf den Vatermord hin. Wenn das Unbehagen der Bezüglichkeit zu stark wird, ist es verlockend, das zu beseitigen, worauf ein zu starker Bezug besteht.

Dieser ins vatermörderische kippenden Unerträglichkeit geht jedoch eine andere *anxiety* voraus: Um zu fühlen, dass man dem Einfluss des Vaters nicht entrinnen kann und er beseitigt werden muss, muss dem zuerst eine zwar verehrende, aber doch als schuldhaft wahrgenommene Aneignung zu Grunde liegen. Die illegitime Entwendung ist gewissermaßen eine Abmilderung und Vorstufe des ödipalen Geschehens: Eine Übernahme von Stoffen und Motiven kann als ein Diebstahl und muss nicht als Mord erzählt werden. Anstatt eine Motivübernahme gleich als eine Präfiguration von Vatertötung und als *damnatio memoriae* zu verstehen, kann sie zuerst als eine wahrscheinlich illegitime, auf jeden Fall aber als schuldbeladen wahrgenommene Aneignung gelesen werden. Der verdrängte und unbewusste Wunsch, den unmittelbaren Vorgänger als den Platzhalter seiner selbst zu beseitigen, liegt im Diebstahl an ihm (noch) nicht vor. Eher im Gegenteil scheinen die Diebstähle wie eine Affirmation des Vorbildes zu wirken: Der Dieb hat das Bestreben, wie der Andere zu sein, an ihm teilzuhaben. Zwischen dem verehrenden Zitat und der plagiierenden Entwendung liegen höchstens Nuancen. In gewisser Weise kann der Diebstahl damit ebenso als Vorstufe zum ödipalen Ersetzungsgeschehen verstanden werden wie als dessen Gegenteil: statt den Anderen gewaltsam oder symbolisch zu töten und zu ersetzen, strebt der Dieb danach, an ihm Anteil zu nehmen und ihn zu vermehren.[4]

---

3 Harold Bloom: *The Anxiety of Influence. A Theory of Poetry.* Oxford u. New York ² 1997.
4 Zur Imitation als Motivation für den Diebstahl sind auch Augustinus und Rousseau Beispiele. Der Diebstahl als eine gewaltlose Mimesis, die aus einem mimetischen Begehren entsteht, aber

In literarischen Texten ist dort das von Bloom vermutete große Verbrechen des Vatermordes nicht angekündigt, wo mit großer Vorsicht und an der Grenze zwischen bewusstem Zitat und unbewusster Imitation Motive, Stoffe, Metaphern oder Gedanken von einem Text in einen späteren übernommen werden. Dabei erscheint die anekdotische Beschreibung eines jugendlichen Diebstahls selbst als Metaphorisierung dieser Motivwanderung: In der Beschreibung seines Diebstahls eignet sich der jeweilige Autor im kulturellen oder individuellen Gedächtnis vorliegende Diebstahlsnarrative an und macht sie zu seinen eigenen. Rousseau hat die oben ausführlich behandelte Diebstahlsszene ebenso sorgfältig aus Augustinus' Autobiografie herauspräpariert, wie er in ihr von der Sorgfalt erzählt, mit der er einen Apfel aus der Vorratskammer seines Herrn herauszubugsieren versuchte, und es spricht einiges dafür, dass auch Augustins Diebstahl eine neurotische Übersteigerung des biblischen Sündenfalls war, den er sich somit motivisch angeeignet und nur minimal umgewandelt hätte. Solche Bezüge und Überlappungen als Plagiierung[5] oder Epigonentum zu kritisieren und zu verwerfen, verschließt die Möglichkeit der Frage, weshalb in der Literatur dieselben Szenen und Geschehnisse immer wieder in so offensichtlicher Ähnlichkeit bearbeitet und transformiert werden. Das regelmäßige Verwenden eines autobiografisch erzählten anfänglichen Fehltritts in Form eines Diebstahls als reine Themenwanderung, als indirektes Zitat oder als Verweis auf ein Vorbild aufzufassen, wird dem Diebstahl nicht gerecht; zu häufig wird dieses Ereignis an den Anfang der Lebenserzählungen gestellt, und zu bedeutsam wurde ihr jugendliches Eigentumsdelikt für die hier behandelten Autoren.

Versteht man damit die höchste Singularisierung eines Menschen im Erzählen seiner eigenen Geschichte als mythische Variation eines kollektiven Motivs, bleibt dem Individuum nur noch die Tatsache des Erzählens und seiner eigenen Stimme als etwas eigenes bestehen, auch wenn darin die Verschuldetheit an alle anderen erst deutlich wird. Ohne diese Problematik von Plagiat und *anxiety of influence* lösen zu wollen, kann vielleicht gesagt werden, dass die schweigende Enthaltung vom Diebstahl seiner Selbst kaum ein vielversprechender Weg sein kann, sondern vielleicht ein lutherisches *pecca fortiter!* der produktivste Weg sein mag.[6]

---

eben nicht durch Opfer und Gewalt ausagiert wird, könnte mit René Girards Theorie des „mimetischen Begehrens" weitergedacht werden. Vgl. René Girard: *Das Heilige und die Gewalt*. Übers. v. Elisabeth Mainberger-Ruth. Stuttgart ² 2012.

5 Zum Plagiat als einer spezifischen Form des Diebstahls siehe auch die Abschlussbemerkungen dieser Arbeit.

6 Zur theologischen Verwendung des *pecca fortiter* siehe den Kommentar John Alfred Faulkners: „Critical Notes. Pecca Fortiter." In: *The American Journal of Theology*. Band 18/4. Chicago 1914. S. 600-604. – Insbesondere werden hier die Begriffe der „anxiety" und der potenziellen Fiktivität der Sünde verhandelt, was diese kritische Notiz nicht nur für die Theologie, sondern auch für die Literaturwissenschaft relevant macht,

SECHSTER TEIL

Entwendete Worte, stehlende Dichter, diebische Götter: Elemente einer Sprachphilosophie des Diebstahls

Erstes Kapitel:
Der Herrensignifikant wird gestohlen

6|1|1
Edgar Allan Poes *Der Entwendete Brief*

> In a closed society where everyone is guilty, the only crime is getting caught. In a world of thieves, the only final sin is stupidity.[1]
>
> *Hunter S. Thompson*

Mit Edgar Allan Poes *The Purloined Letter*[2] soll im Folgenden eine der berühmtesten und komplexesten Diebstahlserzählungen der modernen Literatur besprochen werden. In keinem anderen Text sind die Implikationen dessen, was ein Diebstahl bewirkt und wie ihm begegnet werden kann – durch herrschaftlich-gewaltsame Verfolgung oder durch einen Gegendiebstahl –, konsequenter ausgeführt und hellsichtiger durchdacht. Den Erzählungen von Diebstählen, die bisher in einem antiken oder explizit auf die Antike Bezug nehmenden Rahmen stattfanden, wird damit ein literarisches Beispiel eines Diebstahls hinzugefügt, das explizit in der Moderne verortet ist. Die dennoch vorliegenden Verschränkungen dieser Erzählung mit schon in der Antike bekannten, insbesondere die Sprach- und Schrifttheorie betreffenden Motiven sind Thema des zweiten Teils dieses Kapitels, in dem die erstaunliche Entsprechung bestimmter Aspekte des *Entwendeten Briefes* mit Konzepten und Figuren aus dem Umkreis der Hermes-Mythologie aufgezeigt wird. Dies geschieht, nachdem *The Purloined Letter* auf das Diebstahlsgeschehen hin untersucht und die berühmten Interpretationen Jacques Lacans und Jacques Derridas zum *Entwendeten Brief* besprochen wurden, die diese Erzählung zu einem so ikonischen Text für die späte moderne Literaturwissenschaft und Philosophie werden ließen.

---

[1] Hunter S. Thompson: *Fear and Loathing in Las Vegas. A Savage Journey to the Heart of the American Dream.* New York 1972. S. 72.

[2] Alle Zitate aus *The Purloined Letter* sind der sorgfältigen Ausgabe von Matthew Pearl entnommen: Edgar Allan Poe: „The Purloined Letter. In: *The Murders in the Rue Morgue. The Dupin Tales.* Hg. v. Matthew Pearl. New York 2006. S. 83-100.

Die knappste denkbare Zusammenfassung der Erzählung vom entwendeten Brief könnte lauten, dass sie eine Illustration des englischen Sprichwortes ‚it takes a thief to catch a thief' ist. Doch das würde dieser Erzählung, die übervoll ist mit Referenzen auf die Antike, auf die Wissenschaftstheorie, die Kriminalistik, die Poetologie und die Geschichte Frankreichs, nicht gerecht werden. Deshalb soll hier zunächst eine etwas ausführlichere Zusammenfassung gegeben werden, die bereits auf die Interpretation hinleitet: Die Erzählung Poes beginnt mit sorgfältig gewählten Andeutungen über den gesellschaftlichen und historischen Kontext, in dem sie spielt; die Handlung des *Entwendeten Briefes* ist im Pariser Fin de Siècle verortet, und in allen Aussagen und Handlungen der Protagonisten ist der *ennui* einer Zeit zu bemerken, die ihrer eigenen symbolischen Ordnung müde geworden zu sein scheint. Insbesondere das nach der Revolution wiedereingesetzte Königtum und seine institutionellen und moralischen Strukturmuster sind durch die komplexeren Souveränitäten anderer Akteure unterlaufen worden. Alle Bereiche symbolischer Macht werden subtil zur Disposition gestellt: das Königtum, die Polizei, das Gesetz, das Eigentum, die Wissenschaften, sie alle finden sich als überkommene sprachliche oder institutionelle Hülsen wieder und dienen einem grundlosen und kritikwürdigen Machterhalt, der seine Legitimität nur noch aus einem starren Verweis auf die Tradition beziehen kann. Insofern ähnelt dieses Gefühl einer überlebten Kultur dem Empfinden, dem Augustinus am Ende der römischen Antike Ausdruck verleiht.

Auguste Dupin, der zentrale Charakter des *Entwendeten Briefes*, ist ein leicht exzentrisches Mitglied einer höchst gebildeten, gelangweilten bürgerlichen Bohème, deren einziges Tun in einer leerlaufenden intellektuellen Tätigkeit und in feinsinnigen Spielen mit Sprache und mit Macht zu bestehen scheint. Die statische Anfangsszene des *Entwendeten Briefes* beschreibt einen quietistisch-saturierten Rückzug ins verdunkelte Lesezimmer und in die pfeiferauchende Meditation abstrakter Problemstellungen. Die Szene findet eine willkommene Unterbrechung, als unvermittelt G—, der Präfekt der Pariser Polizei, in Dupins privates Studierzimmer tritt, um die Hilfe Dupins für die Lösung eines Kriminalfalls zu erbitten; Dupin hat sich in zwei vorherigen Fällen als äußerst scharfsinniger Privatdetektiv erwiesen und ist die letzte Rettung für den hilflos gewordenen Polizisten, einen Nachfolger auf dem Posten Eugène François Vidocqs, dem wir weiter oben schon begegnet sind. Der etwas tumbe, pflicht- und ordnungsversessene Polizeipräfekt, der nicht mehr die diebische Raffinesse des Gründers der *Sûreté* aufweisen kann, erzählt Dupin und seinem ebenfalls anwesenden Freund, dem weitgehend im Hintergrund bleibenden Erzähler des *Entwendeten Briefes* von folgender Begebenheit: Ein Minister mit Namen D— hatte einige Monate zuvor im Boudoir der französischen Königin einen unbeobachteten Moment ausgenutzt, um einen für die Königin ausgesprochen wichtigen Brief zu stehlen, indem er ihn, intuitiv seine politische Wichtigkeit erkennend, beiläufig und unauffällig vom Schreibtisch nahm und durch ein ähnliches Schriftstück ersetzte. Die Königin, die ihn dabei beobachtete, konnte ihn nicht zur Rede stellen, weil sie damit sonst vor dem ebenfalls anwesenden König die Aufmerksamkeit auf die ihr peinliche Bedeutung des Briefes gerichtet hätte. Dieser gestohlene Brief ist der MacGuffin, der extrem überdeterminierte, aber quasi undeutbare Gegenstand, um den sich die Erzählung kristallisiert; von seinem Inhalt ist nichts weiter bekannt, als dass seine Veröffentlichung für das Königshaus äußerst gefährlich wäre. Dadurch erfährt dieses Schriftstück eine Erhöhung zum symbolischen Träger einer immensen subversiven Macht. Es selbst ist nichts wert, aber die Worte darauf sind von größter Wichtigkeit: Durch sie ist es ein Machtsymbol, ein Beweisstück, Träger einer Handschrift und ein Unikat. Es wird also Sprache gestohlen, Bedeutung. Durch den Besitz dieser Bögen beschriebenen Papiers bekommt der Minister eine lähmende Gewalt über die Regentin, die sich nicht anders zu helfen weiß, als mit dem unbedingten Wiederbeschaffungsauftrag an den Polizeipräfekten den gesamten Apparat der Pariser Geheimpolizei auf die Rückeroberung des Briefes anzusetzen.

Dieser Sachverhalt des Falles wird Auguste Dupin und dem Erzähler von dem verzweifelten Polizeichef erzählt, der zu dem Zeitpunkt, an dem die Geschichte einsetzt, schon drei fruchtlose Monate damit verbracht hat, den Minister in regelmäßigen Abständen nachts überfallen zu lassen und zu durchsuchen, in seine Wohnung einzubrechen, die Bediensteten zu betäuben und den Brief, der irgendwo in der Wohnung D—s zu finden sein muss, damit er schnell zur Hand ist, wenn dieser ihn braucht, mit minutiösen kriminalistischen Mitteln zu suchen. Diese invasive Überwältigung und Durchforschung der Wohnräume und Privatsphäre D—s, bei der jeder Spalt und jeder noch so kleine möglicherweise als Versteck dienende Raum pedantisch abgeklopft und mit mathematischer Genauigkeit dokumentiert wurde, ist völlig erfolglos geblieben. Dennoch ist die Anwesenheit des Briefes in der Wohnung des Ministers absolut sicher, er muss dort irgendwo sein, und seine Präsenz erhält eine erzählte Affirmation, die sie fast wie eine mystische Immanenzgewissheit dieses Symbols der Macht erscheinen lässt. Deswegen wendet sich der in all seiner Professionalität als etwas tölpelhaft portraitierte Polizist an den Privatier Auguste Dupin, der berühmt ist für die Auflösung von Fällen, die jedem anderen Aufklärungsversuch widerstanden haben. Dupin, der den Minister zufälligerweise aus einer früheren Begegnung persönlich kennt, lässt sich den Sachverhalt genau beschreiben und überreicht dem Präfekten schon beim darauffolgenden Treffen einige Tage später wie selbstverständlich das ominöse Schriftstück. Auf die Frage, wie er es geschafft habe, dem Minister so leicht und schnell das Dokument wieder zu entwenden, erklärt Dupin, begleitet von ausschweifenden theoretischen Ausführungen, die bis in die Linguistik, die Mathematiktheorie und die pädagogische und epistemologische Betrachtung von Kinderspielen reichen, die grundlegenden Methoden seines Denkens: Der Fehler bei der polizeilichen Fahndung nach dem Brief lag darin, das Papier in einem hypothetischen Versteck zu suchen: Der Minister hatte den Brief offen und prominent im Zimmer aufbewahrt, und eben diese Offenheit – dass der Brief eben gar nicht versteckt war – hatte es Dupin, der diese simple Strategie bei der Erzählung des Präfekten sofort erkannt hatte, möglich gemacht, ihn durch die Inszenierung einer kleinen Ablenkung zurückzustehlen. Das zu lösende Geheimnis lag an der Oberfläche, mitten im Raum, und nicht in der Tiefe, in einem Versteck, einer Mauerritze oder einem verschlossenen

Tresor. Entgegen der Konvention wird die Suche danach zu einfach gemacht. Das Rätsel ist nicht zu schwer, es ist zu leicht. In Dupins Worten an den Polizeipräfekten: „Perhaps it is the very simplicity of the thing which puts you at fault."[3] Dupin, der den Brief elegant gegen eine Kopie ausgetauscht hat, die eine Spottbemerkung gegen den Minister enthält, konnte das Rätsel lösen, weil er anders denken konnte als die Polizei, gleichzeitig abstrakter und einfacher: Die Königin hat ihren Brief zurückerhalten, der Präfekt nimmt die ausgeschriebene Belohnung in Anspruch, von der und Dupin einen großen Teil oder vielleicht alles einstreicht und der Minister, der sich immer noch im Besitz des Druckmittels wähnt, ist nun in der Hand der Königin, die ihn enttarnen kann, wann immer es ihr beliebt.

Poes Erzählung, in deren Zentrum also der Diebstahl und Rückdiebstahl eines symbolisch enorm wichtigen Objektes stehen, hat nicht nur als Detektivgeschichte unzählige Varianten und Nacherzählungen hervorgebracht, sondern wurde auch zum Gegenstand vielzähliger und teilweise äußerst bedeutender literaturwissenschaftlicher Untersuchungen. Insbesondere Jacques Lacans[4] und Jacques Derridas[5] miteinander konkurrierende Interpretationen der Poe'schen Kurzgeschichte waren, was die literaturwissenschaftliche Methode und ihre Theoriebildung im zwanzigsten Jahrhundert angeht, ebenso grundlegend wie stilbildend. Die postmodernen Interpretationen des *Entwendeten Briefes* – sowohl die Lacans und Derridas als auch alle darauf aufbauenden Interpretationsversuche[6] – teilen zwei grundlegende Annahmen: Zum einen betonen alle Interpretationen, dass sich das individuelle Begehren aller Protagonisten in dem Brief trifft: die individuellen symbolischen Besetzungen des Briefes mögen unterschiedlich sein – für die einen bedeutet er Macht, für die anderen die Belohnung, das Wissen um oder die Geheimhaltung eines pikanten Geheimnisses oder der Besitz oder Nichtbesitz des Briefes stärkt oder gefährdet die jeweilige gesellschaftliche Position. Damit sind die Motivationen für den Besitz und die Aneignung unterschiedlich, doch jeder will dieses Dokument haben, weil es in irgendeiner Weise integral für die eigene Subjektivität und Stellung ist. Diese basale Beobachtung am *Purloined Letter* wird relevant, wenn der zweite Punkt bemerkt wird, in dem eine noch selbstverständlichere Einigkeit unter den Interpreten Poes herrscht: Der Inhalt des Briefes ist unbekannt, was darin steht, bleibt für die Protagonisten und auch für den Leser ein Geheimnis.

---

3 Ebd. S. 84.
4 Jacques Lacan: „Das Seminar über E. A. Poes ‚Der entwendete Brief.'" In: Ders.: *Schriften I*. Übers. v. Rodolphe Gasché. Frankfurt a. M. 1975. S. 7-60.
5 Jacques Derrida: „Der Facteur der Wahrheit." In: Ders.: *Die Postkarte von Sokrates bis an Freud und jenseits. – 2. Lieferung*. Paris 1987. Übers. v. Hans-Joachim Metzger. S. 183-281. – Es muss angemerkt werden, dass diese – wie schon im Buch- und Aufsatztitel bemerkbar ist – etwas spezielle Übersetzung Derridas unbedingt versucht, die grammatische Struktur der französischen Sprache beizubehalten, was der selbst schon tendenziell kreisenden und sprachlich experimentierenden Argumentation den Klang eines zum Teil schlicht agrammatischen Pidgin-Deutsch verleiht. Alle folgenden Zitate sind daher von mir unter Zuhilfenahme des französischen Originals in ein leserliches Deutsch übertragen worden.
6 Die wichtigsten Interpretationen, inklusive derer Lacans und Derridas sind zusammengestellt in: John Muller u. William Richardson (Hg.): *The Purloined Poe*. Baltimore u. London 1988.

Jeder weiß, dass das, was in diesem Papier steht, von einer staatstragenden Bedeutung ist, aber eben diese so wichtige Bedeutung wird nicht verraten. Der Brief kann, in diesem Aspekt sind sich alle Interpretationen einig, als ein unbekannter, mysteriös leerer Signifikant verstanden werden. Er bedeutet irgendetwas sehr wichtiges, doch was er bedeutet, ist unergründbar. Der Brief ist „infolge seiner Natur nur das Symbol einer Abwesenheit"[7], wie Lacan es formuliert. Derrida führt dies noch weiter aus und bemerkt, dass der suchende Detektiv, der Polizist und mehr noch der interpretierende Leser immer versucht ist, den Brief mit Bedeutung zu füllen und ihn als „Liebesbrief, Verschwörungsbrief, delatorischer Brief oder Instruktionsbrief, fordernde[n] Brief oder Brief aus Herzensnot"[8] zu begreifen. Um Poes Erzählung verstehen zu können darf aber, so Derrida, dem Begehren nicht nachgegeben werden, den Brief mit Bedeutung zu füllen. Der Brief wird so der „reine Signifikant"[9]; er wird einer der in der postmodernen Literaturtheorie so beliebten und nirgends sonst so angestrengt verwendeten und dramatisch inszenierten rätselhaften *„Signifikanten ohne Signifikat*e"[10], auf die das wechselweise Begehren aller Protagonisten des *Entwendeten Briefes* und auch seiner postmodernen Interpreten gerichtet ist: Wer über den entwendeten Brief verfügt, wer mit ihm hantieren kann und ihn zu enträtseln in der Lage ist, hat Macht über alle anderen Teilnehmer an diesem semantischen Spiel. Poes Erzählung und der in ihr erzählte Brief stehen in einer Platzhalterrelation. Der Konflikt der Protagonisten der Erzählung setzt sich im Kampf um die Interpretation der Erzählung fort: Ein Signifikant, dessen semantisches Gewicht so weit gesteigert ist, dass er die Funktion einer Herrschaft über das Symbolsystem des späten französischen Königtums oder der späten postmodernen Theorie einnimmt und der dadurch zum Fluchtpunkt des Begehrens aller wird, ist dadurch, dass ein Signifikat fehlt, ein nur noch nackteres Zeichen der Herrschaft. Wenn ein Signifikant kein Signifikat hat, wenn seine Bedeutung leer ist, ist ihre Ersatzbedeutung nichts anderes als die Macht schlechthin.

Der Begriff dieses „Signifikanten ohne Signifikate" ist hier dezidiert von Pierre Bourdieu übernommen, der darin etwas wie eine Bekenntnisformel der postmodernen Philosophie entdeckt. Bourdieu, der mit seiner ebenso scharfsinnigen wie scharfkantigen ‚Soziologie der Intellektuellen' die Praktiken und Sprachspiele der pariser akademischen Welt zu entzaubern versucht, steht dieser paradoxen Formulierung eines bedeutungsfreien Zeichens äußerst kritisch gegenüber: ein solches selbsterschaffenes Enigma kann Bourdieus Analyse des Habitus und der Sprachformeln der französischen Nachkriegsphilosophie zufolge nur in einem weltenthobenen, um sich selbst kreisenden „sozialen und kommunikativen Paradies [von Bedeutung sein], aus dem jede Spur von Arbeit und Ausbeutung getilgt wurde"[11]. Für den theoretischen Soziologen und praktischen Ethnologen muss die Prämisse, es

---

7 Lacan: „Das Seminar über E. A. Poes ‚Der entwendete Brief.'" S. 23.
8 Derrida: *Facteur.* S. 275.
9 Lacan: „Das Seminar über E. A. Poes ‚Der entwendete Brief.'" S. 14.
10 Bourdieu: *Meditationen.* S. 56. [Kursiv im Original.]
11 Ebd.

gäbe Zeichen ohne Bedeutung, eine unsinnige und absurde Behauptung an der Grenze zu einer wissenschaftsvergessenen Sprachmystik sein. Diese Analyse der kritischen Soziologie zu erwähnen, ist für die hier vorgeschlagene Interpretation insofern wichtig, als das philosophische Paradies, das Bourdieu dem intellektuellen Milieu Derridas und Lacans attestiert, nicht unähnlich zu dem ist, was oben als die ennuiierte Bürgerlichkeit beschrieben wurde, in der sich der Minister D—, Auguste Dupin und sein erzählender Freund aufhalten.[12] Ein ‚Signifikant ohne Signifikat' ist nichts als der Ausdruck eines um seine eigene Blasiertheit kreisenden *ennui*. Durch die reine Bedeutung des gestohlenen Briefes, auf die alles Streben der Protagonisten in und um *The Purloined Letter* ausgerichtet ist, einer Signifikation, die durch keine Bedeutung getrübt ist, symbolisiert der Brief nichts anderes als die uneingeschränkte Bedeutungsmacht der Zeichen und das Privileg, an ihrer Entschlüsselung, Verschiebung und Umbesetzung zu arbeiten, ohne dabei von einer Realität gestört zu werden, in der Zeichen selbstverständlich Bedeutungen haben. Der *Entwendete Brief*, der *Signifikant-ohne-Signifikat* ist – im Text wie in den theoretischen Differenzen um seine Interpretation – das Symbol einer Herrschaft, und sein Besitz verspricht die Erfüllung des eigenen Begehrens, ebenso wie es die Beherrschung aller anderen auf den Brief ausgerichteten Individuen ermöglicht. Der Kampf um Anerkennung ist hier der Kampf um das leere Symbol der Herrschaft.

Dabei vereint die Konfliktpartner mehr, als sie unterscheidet. Auch das ist eine Feststellung Pierre Bourdieus: Um an einem solchen Konflikt teilnehmen zu können, müssen ganz grundlegende Annahmen über die Regeln und den Raum dieses Konfliktes und ganz konkrete, klare Bedeutungen der Zeichen geteilt werden.[13] Um zu streiten, muss in vielen Bereichen eine Einigkeit über die Bedingungen, die Mittel und die Voraussetzungen des Streites vorliegen. Entsprechend kann festgestellt werden, dass sich alle Teilnehmer dieses habituellen Spiels um den Brief auf ein starkes symbolisches und semantisches System stützen, das die Protagonisten umgibt und ihr Handeln bestimmt. Bei Lacan ist das die „symbolische Ordnung"[14], bei Derrida die logozentrische Sprache[15], bei Siegfried Kracauer, der eine der ersten intensiven Lektüren des *Entwendeten Briefes* vorgelegt hat, der „Ordo"[16] als eine „Totalität des (philosophischen oder legalen) Systems"[17], beim Polizeipräfekten ist es das Vertrauen auf eine mathematisch-empirische Ordnung der Welt und bei Dupin ein umfassendes Konzept einer impliziten Mythologie, die alle Handlungen und Denkvorgänge begründet – alle Protagonisten in diesem Spiel teilen eine be-

---

12 An dieser Stelle muss ich dem kritischen Kriminologen Helge Peters danken, der durch kritische Anmerkungen zu diesem Kapitel gezeigt hat, dass die Realität des Verbrechers eine völlig andere sein muss als der einiger blasierter Philosophen, die sich um die Form der Leerheit oder Bedeutung eines Signifikanten zanken.
13 Bourdieu: *Meditationen*. S. 20f.
14 Zum ersten mal taucht die „symbolische Ordnung" auf in: Lacan: *Funktion und Feld des Sprechens*.
15 Jacques Derrida: *Grammatologie*. S. 16ff.
16 Siegfried Kracauer: *Der Detektivroman. Ein philosophischer Traktat*. Frankfurt a. M. 1979. S. 32ff.
17 Ebd. S. 72. [Klammer im Original.]

stimmte Grundannahme, nämlich den Glauben an die imperative Macht einer vorfindlichen symbolisch-gebieterischen Struktur, eines Gesetzes oder einer symbolisch präsenten Autorität, zu der sich das Subjekt in all seinem Sprechen und Handeln verhalten muss und der es nur entgehen, sie befragen und beherrschen kann, wenn es in den Besitz des Briefes kommt. Der Brief kann nur deswegen eine leere Bedeutung haben, weil er von einem rigiden und klar umgrenzten Gerüst gesicherten Bedeutens umgeben ist.

6|1|2
Jacques Lacans Deutung des *Entwendeten Briefes*:
Die Ellipse des Subjekts und die Rückkehr der Worte zum Ursprung

Der entwendete Brief zog nach seinem Erscheinen 1845 schnell prominente Aufmerksamkeit auf sich: er wurde von Charles Baudelaire ins Französische übertragen und dort von Marie Bonaparte, Freuds hochadeliger Pariser Statthalterin der Psychoanalyse kommentiert und damit der tiefenhermeneutischen Forschung überhaupt eröffnet.[18] Siegfried Kracauer besprach *The Purloined Letter* in seinem trennscharfen philosophischen Traktat über den *Detektivroman* als leitendes Beispiel; aber die wichtigste Bearbeitung dieser Erzählung ist Jacques Lacans berühmte Interpretation, die er in seinem 1954-1955 gehaltenen Seminar ausarbeitete, und deren schriftliche Form er für seinen wichtigsten Text hielt – er betrachtete diese Interpretation als so zentral für sein Werk, dass er sie an die erste Stelle der Veröffentlichung seiner *Gesammelten Schriften* setzte, als eine Einführung in seine Arbeit und als methodische Grundsatzüberlegung für seine Erneuerung der Psychoanalyse. Lacan bezeichnet den *Entwendeten Brief* als „eine absolut sensationelle Novelle, die man sogar als für einen Psychoanalytiker grundlegend ansehen könnte",[19] und auch einige andere der Lacan'schen *Écrits* sind als Anspielungen oder Erweiterungen dieses ursprünglichen Textes zu verstehen.[20] Die erstrangige Bedeutung, die Lacan seinem Text über Poes Geschichte gibt, legt nahe, dass darin paradigmatische Annahmen zu Lacans sprachzentrierter Überholung der Psychoanalyse ausgeführt werden.

Lacan betrachtet, wie oben beschrieben, den Brief als reinen, unteilbaren und herrschaftlichen Signifikanten. Der Brief steht dabei als ein „Herrensignifikant" für Lacans Begriff der „symbolischen Ordnung", also für die oben definierte semantische Herrschaftsstruktur, innerhalb derer und von der bestimmt alles Handeln und Sprechen der Subjekte geschieht. Das ist Lacans so knapper wie bedeutsamer Be-

---

18 Marie Bonaparte: *Edgar Poe. Eine psychoanalytische Studie. Teil II. Die Geschichten: Der Zyklus der Mutter.* Wien 1934. Zum *Entwendeten Brief*: S. 416f.
19 Jacques Lacan: *Das Ich in der Theorie Freuds und in der Technik der Psychoanalyse. Das Seminar. Buch II.* Übers. v. Joachim Metzger. Berlin u. Weinheim ²1991. S. 228.
20 Zu nennen sind hier z.B.: „D'un dessein", ein Zitat aus der französischen Übersetzung des *Entwendeten Briefes* und „L'instance de la lettre dans l'inconscient", das explizit auf die Bewegung des Poe'schen Briefes referiert.

griff von „Wahrheit": „daß nämlich die symbolische Ordnung konstitutiv sei für das Subjekt."[21] Diese symbolische Ordnung Lacans, an anderer Stelle auch „Diskurs" genannt, befindet sich in einer Bewegung: „Auch das Subjekt, das als ein Sklave der Sprache erscheinen kann, ist mehr noch einem Diskurs hörig in der universalen Bewegung, in der sein Platz niedergeschrieben ist bereits bei seiner Geburt".[22] Diese diskursive, subjektdeterminierende, gewissermaßen ontische Bewegung des Sprachlichen beobachtet Lacan auch im *Entwendeten Brief*, und sie ist seiner Analyse zufolge in der Rückkehr des Briefes an seinen Ursprungsort, an den Platz seiner Geburt zu beobachten. Lacan entwickelt hieraus den Begriff der „signifikanten Kette"[23], die in einer zirkulierenden Rückkehr[24] des Signifikanten diesen an seinen ursprünglichen Ort restituiert. Dupins Diebstahl ist eine Rückholung, die die Entwendung des Signifikanten durch D— wiederholt und annulliert. Das psychoanalytische, literaturhermeneutisch überformte Konzept der ‚Wiederholung' wird dadurch ein tragendes Moment der Lacan'schen Interpretation Poes, was er auch in seiner Einführung zur englischen Ausgabe seiner Schriften betont.[25] Das bei Lacan tendenziell zurückführ- und damit abschließbare „purloining of the letter", was etymologisch mehr noch für eine temporäre ‚Verlängerung'[26] als für den ‚Diebstahl' steht, verbindet er auch mit Alexander Popes *Rape of the Lock*.[27] Im Vorwort zu seinen *Schriften*, die eine knappe Pope-Interpretation ausführen, assoziiert er den Diebstahl also mit einem weiteren zirkulierenden Entwendungsnarrativ. Die französische Übersetzung Popes, die *Le vol de la boucle* heißt, ermöglicht es Lacan, im „boucle" die Bedeutung der Schleife des begehrten Objektes zu sehen.[28]

---

21 Lacan: „Das Seminar über E. A. Poes ‚Der entwendete Brief.'" S. 9. – Die Breite der Anwendbarkeit des Begriffs der symbolischen Ordnung wird dann klar, wenn erkannt wird, was darin einbeschlossen ist. Das Autorenkollektiv des ‚Unsichtbaren Komitees' zum Beispiel erkennt Poes zirkulierenden Brief und die Organisation der symbolischen Ordnung auch „in Form einer Hochspannungsleitung, einer Autobahn, eines Kreisverkehrs, eines Supermarkts oder eines Informatikprogramms." Unsichtbares Komitee: *An unsere Freunde*. Übers. v. Birgit Althaler. Hamburg 2015. S. 65.
22 Jacques Lacan: „Das Drängen des Buchstabens im Unbewußten oder Die Vernunft seit Freud." In: Ders.: *Schriften II*. Hg. v. Norbert Haas. Übers. v. Chantal Creusot. Freiburg 1975. S. 15-55, hier S. 19f. – Der Begriff des Sklaven ist dabei von Hegels, bzw. Kojèves ‚Knecht' übernommen, der für Lacans Denken immer grundlegend blieb.
23 Jacques Lacan: „Das Seminar über E. A. Poes ‚Der entwendete Brief.'" S. 9.
24 Ebd. S. 28.
25 Gilles Deleuze ordnet Lacans Interpretation in mehrere, sich ergänzende und die Rückführung auf den Ursprung ermöglichende Serien: Gilles Deleuze: *Woran erkennt man den Strukturalismus?* Übers. v. Eva Brückner-Pfaffenberger u. Donald Watts Tuckwiller. Berlin 1992. S. 37ff. Er thematisiert den *Entwendeten Brief* auch in *Differenz und Wiederholung*: Gilles Deleuze: *Differenz und Wiederholung*. Übers. v. Joseph Vogl. München 1992. S. 136ff.
26 Ebd.
27 Jacques Lacan: *Ecrits. The first Complete Edition in English*. Übers. v. Bruce Fink. New York 2006. S. 4.
28 Er beschreibt in diesem vielsagenden Vorwort das „Auseinanderfallen" zwischen dem Subjekt und seinem Objekt A als „la chute", und damit als ebenso im biblischen Sündenfall vorliegend. (Ebd. S. 5.) Dass die Ursünde des Menschen von Lacan auf diese Weise in seine subjekttheoretischen Überlegungen eingebaut und individualisiert wird, wirkt für die hier geführte Argumentation ebenso bestätigend wie die psychologischen und subjektivitätstheoretischen Beobachtungen im Autobiografie- und Genesisteil dieser Arbeit dadurch gestützt werden.

Dem Subjekt, das so von Anfang an den kursierenden und diskursivierenden Signifikanten folgt und von ihnen zu einer defizitären Existenz gegängelt wird, bleibt kein Handlungsspielraum: Es ist absolut determiniert von der Bewegung der symbolischen Ordnung, dem Objekt A, und Lacans Blick ist auf die Strukturen und Bewegungen dieser das Subjekt mitführenden und lähmenden Ordnung gerichtet: Für Lacan steht nicht das Subjekt im Zentrum, sondern was ihn „interessiert, ist die Art und Weise, wie sich die Subjekte in ihrer Verschiebung im Laufe der intersubjektiven Wiederholung ablösen".[29] In Lacans Erneuerung der Psychoanalyse bleibt nur sehr geringer Raum für individuelle Handlung, und man muss sein Denken nicht weit überspitzen, um das Subjekt nur noch als passives Anhängsel einer überwältigenden semantischen Macht zu begreifen:

> Wenn das, was Freud freigelegt hat, und immer von neuem wieder in überraschender Weise freilegt, einen Sinn hat, dann, weil die Verschiebung des Signifikanten die Subjekte in ihren Handlungen, in ihrem Geschick, in ihren Weigerungen, in ihren Verblendungen, in ihrem Erfolg und ihrem Schicksal ungeachtet ihrer angeborenen Anlagen und ihrer sozialen Erwerbungen, ohne Rücksicht auf den Charakter und das Geschlecht bestimmt, und weil wohl oder übel dem Zug des Signifikanten als Sack und Pack alles psychologisch Gegebene folgt.[30]

Dieses Ausgeliefertsein des Subjekts an den überwältigenden Signifikationsprozess führt Lacan auf den Brief bezogen noch weiter aus: Die Subjekte sind dem Prozess der Signifikation völlig ausgeliefert, „der Brief und sein Umweg [führt] über ihre Auftritte und ihre Rollen Regie"[31], der Brief bestimmt, dass dem Subjekt die Sprache zu jedem Zeitpunkt uneinholbar entzogen ist und es dem autoritären Wirbel der Zeichen nur passiv folgen kann. Das Subjekt ist unwiderbringlich von seinem Zugriff auf die Zeichen getrennt, die nun als mystische Gesamtheit selbst die Eigenschaften einer Subjektivität erhalten.[32] Am deutlichsten wird diese Entsubjektivierung der Subjekte und die dafür eingefügte Subjektivierung des Briefes in einigen Sätzen aus dem Subjekt-Seminar Lacans selbst: „Der Brief", so Lacan, „ist das Synonym des initialen, radikalen Subjekts."[33] Der Sender des Briefes „hat tatsächlich nur fiktive Bedeutung, während der Brief tatsächlich eine Person ist."[34] Eine radikalere Entmächtigung des Subjekts ist kaum zu denken. Mit der Zentralstellung der Sprache werden die Menschen gewaltsam aus ihrem Herrschaftsbereich herausgeworfen, und individuelle Psychologie ist nur noch eine ursprüngliche Einschreibung von präexistenter Macht.

---

29 Lacan: „Das Seminar über E. A. Poes ‚Der entwendete Brief.'" S. 14.
30 Ebd. S. 29.
31 Ebd.
32 Das Subjekt ist nicht mehr als „eine Fiktion, die nur durch ihre symbolische Funktion, nur durch den Signifikanten Existenz besitzt." François Dosse: *Geschichte des Strukturalismus. Band I: Das Feld des Zeichens. 1945-1966.* Frankfurt a. M. 1999. S. 166.
33 Jacques Lacan: *Das Ich in der Theorie Freuds.* S. 250.
34 Ebd.

Von diesen Grundannahmen Lacans ausgehend, die Althusser als „*Primat* der formalen Struktur der Sprache"[35] beschreibt, kann der Blick darauf gewendet werden, wie in seiner Interpretation des *Entwendeten Briefes* diese Entmachtung und Ausklammerung des Subjekts erreicht wird. Dazu ist es äußerst aufschlussreich, Lacans wichtigsten analytischen Kunstgriff im Umgang mit den Diebstählen im *Entwendeten Brief* zu untersuchen. Dass Poes Kurzgeschichte nämlich um zwei kriminelle Handlungen zweier äußerst aktiver Subjekte kreist – einen Diebstahl und seine Aufhebung durch einen Rückdiebstahl – wird von Lacan dezidiert ausgeklammert: Er verwendet einige argumentative Mühe darauf, klarzustellen, dass die individuellen kriminellen Handlungen in der Erzählung für ihn nebensächlich sind. Für Lacan ist allein die erzählte Illustration der symbolischen Ordnung von Bedeutung, also die Bewegung des Briefes als reinem Signifikanten unter Verzicht auf die Bedeutung der sprachverwendenden Subjekte. Alle Elemente des Kriminellen, also auch die Diebstahlshandlungen werden von Lacan explizit als Versuch einer „Rationalisierung"[36] begriffen: Die Elemente des Diebstahls und der Kriminalität sind ein verfälschender Erzählmodus, der dort, wo ein unbewusster, von der symbolischen Ordnung diktierter Wiederholungszwang oder ein anderes neurotisches Handeln berichtet wird, rationalisierende Erklärungen vorschiebt, die der Analytiker erkennen und aus seiner Deutung ausschließen muss, will er den Kern oder den latenten Inhalt in der Tiefe der Erzählung begreifen. – Indem also das Element des Diebischen und des Kriminellen übergangen wird, werden auch die zentralen Handlungsweisen der Protagonisten im *Entwendeten Brief* und damit ihre Subjektivität für Lacan nebensächlich. Mit den kriminellen Aspekten gerade die namensgebende ‚Entwendung' aus dem *Entwendeten Brief* auszuklammern, ist eine gewagte Operation, die riskiert, Poe bewusst misszuverstehen, oder wenigstens die Betonungen so zu legen, dass dadurch Raum bleibt für eine Interpretation, wie sie hier versucht wird, die spezifisch dieses ausgeklammerte, rationalisierende Element in den Blick nimmt.

Als Ersetzung für den Diebstahl im *Entwendeten Brief* führt Lacan den Neologismus der „autruicherie" ein.[37] Dieses von ihm selbst nicht unzutreffend als „Monstrum"[38] bezeichnete Wort fand in der Rezeption von Lacans Deutung des *Entwendeten Briefes* keinerlei Widerhall und hat sich für eine weitere Bearbeitung Poes oder eine Fortführung der theoretischen Position Lacans als weitgehend unbrauchbar erwiesen. Die ‚autruicherie' taucht in keinem der für diese Arbeit rezi-

---

35 Louis Althusser: *Freud und Lacan*. Übers. v. Hanns-Henning Ritter u. a. Berlin 1976. S. 5-42, hier S. 24. [Kursivierung im Original gesperrt.]
36 Lacan: „Das Seminar über E. A. Poes ‚Der entwendete Brief.'" S. 14.
37 Bei dem Begriff der *autruicherie* handelt es sich um eine Zusammensetzung der Worte „autruche", also dem Vogel Strauß, der seiner Fabel zufolge bei Gefahr „den Kopf in den Sand steckt" und sich damit – wie die Akteure der Erzählung – bewusst oder unbewusst blind macht, während ihm von einem Anderen die Federn aus dem Hinterteil gerupft werden. Der zweite in die „autruicherie" eingebaute Begriff ist „autrui", also der federrupfende und selbst auch gerupfte „andere". Der dritte Begriff ist der der „tricherie", des Betrugs oder der Mogelei. (Ebd. S. 13f, 29f.)
38 Ebd. S. 30.

pierten Texte zu Lacan auf, und ist nicht einmal im Index von John P. Mullers für die Poe-Lacan-Rezeption maßgeblichen Sammelband aller einschlägigen Texte zu Poe und Lacan zu finden.[39] Der Diebstahl, den Lacan als verfälschende Rationalisierung begreift, unterliegt damit einem Vorgang, der nicht unzutreffend als Verdrängung beschrieben werden kann: die mit aller Deutlichkeit auf die väterlich-symbolische Ordnung ausgerichtete Interpretation des *Entwendeten Briefes,* in der das handlungsfähige, stehlende Subjekt keinen Platz hat, wehrt den Gedanken an dieses Subjekt ab und verdrängt es in eine bewusst oder unbewusst gewollte Bedeutungslosigkeit. Das stehlende Subjekt wird durch die phantasmatische Szene von Straußenvögeln ersetzt, die die Köpfe in den Sand stecken und sich gleichzeitig gegenseitig die Federn ausraufen.[40]

Diese psychoanalytische Entfernung der offensichtlichen, an der Textoberfläche präsenten Diebstahlshandlungen erinnert an den Vorgang, der weiter oben an Freuds Deutung der Mosesbücher beobachtet wurde.[41] Lacans Perspektive ist tatsächlich analog zu der Freuds: beide finden in einer archäologischen Tiefe des Textes eine Struktur, die das Subjekt ödipal entmachtet und unter die Herrschaft des großen Signifikanten des Urvaters oder des Briefes stellt. Während im Unbewussten des Textes nach der hegemonial-symbolischen Machtinstanz gefahndet wird, geschehen aber an der Oberfläche der mosaischen und poe'schen Erzählungen die offensichtlichen und wiederholten Diebstähle, durch die dem renitenten Subjekt als Dieb erneut eine aktive Rolle zugestanden werden kann: Hier trifft Dupins Kommentar, dass es manchmal das ganz Offen-Sichtliche ist, das dem forschenden Blick entgeht, sehr präzise zu: Die Diebstähle liegen so offen vor aller Augen wie der Brief in D—s Arbeitszimmer, und nur allzu leicht beginnt ein suchender Blick, in der Tiefe des Raumes und in den metaphorischen Geheimverstecken des Textes nach ihm zu fahnden.

Die Deutungen Lacans und Freuds verlieren dadurch nichts von ihrer Gültigkeit, denn das Subjekt bleibt dieser Deutung zufolge völlig von den es umgebenden Signifikanten beherrscht – aber es erhält die prekäre Handlungsmöglichkeit, dieser Herrschaft punktuell zu widersprechen, das Gesetz zu brechen und die symbolische Ordnung zu stören. Es soll also hier wie im Kapitel über die alttestamentarischen Diebstähle nicht eine radikale Ablehnung der psychoanalytischen Hermeneutik exerziert werden – die die hier versuchte Interpretation überhaupt erst ermöglicht – sondern es soll auf die paradigmatische Ausrichtung des strengen psychoanalytischen Blickes in eine Tiefe des Textes hingewiesen werden, in der die renitenten Intentionen der Protagonisten tatsächlich nichts mehr bewirken kön-

---

39 Das Stichwortverzeichnis in John P. Muller (Hg.): *The Purloined Poe.* S. 389-394, in dem weder die ‚autruicherie' noch der ‚Diebstahl' aufgeführt werden.
40 Dass dieses ‚In-den-Sand-Stecken' des Kopfes selbst ebenfalls ein Vorgang der Ablenkung ist, ist bezeichnend, da es ein Modell der Realitätsverweigerung vorzuschlagen scheint, das nicht auf der Ersetzung beruht, sondern auf einer ersatzlosen Ausschließung, die bei den Rezipienten Lacans zu beobachten ist: der Diebstahl ist ersatzlos gestrichen und auch nicht mehr durch das „Monstrum" der *autruicherie* ersetzt.
41 Siehe in dieser Arbeit: S. 169-177.

nen. Die allzu orthodoxe Psychoanalyse ist geradezu besessen von der ödipalen Beherrschung aller sprachlichen Äußerung, ihre symbolische Ordnung ist das Gesetz des Vaters. Das tiefe Graben der psychoanalytischen Hermeneutik läuft stets Gefahr, das Subjekt zugerichtet und leblos in der so entstehenden Grube zurückzulassen und dafür die Allmacht des paternalen Zeichens zu entdecken und zu verehren. Es ist daher eine relevante Beobachtung, dass an diesen zentralen literarischen oder mythischen Texten – Moses und Poe –, deren Deutungen als Exempla der psychoanalytischen Methode fungieren, die Entmachtung des Subjekts im Namen einer „ödipalen" (Freud) oder „symbolischen" Ordnung (Lacan) beschrieben wird, während sich das Subjekt an der Oberfläche dieser Texte unbeschwert und fast schelmisch als ein listiger Dieb betätigt, der zwar nicht sehr machtvoll und ohne direkte oder anhaltende Wirkung ist, der aber umso selbstbestimmter handeln kann, indem er das Gesetz des Vaters und seines herrschaftlichen Signifikanten bricht und sich ein eigenständiges Sein aneignet: Um diesen Gedanken zu illustrieren, muss nur auf das Kapitel zu autobiografischen Diebstählen hingewiesen werden, die alle nach diesem Schema des für das Subjekt existenzbegründenden Bruches einer symbolisch-gesetzlichen Ordnung funktionieren. Akzeptiert man das Subjekt als mit einem Willen zur Devianz ausgestattet, also mit einer individuellen Tendenz zur Subversion des universalen väterlichen Gesetzes, ist die Annahme einer machtvollen symbolischen Ordnung nicht außer Kraft gesetzt, ganz im Gegenteil: ihre Struktur als Gesetz wird dadurch erst möglich und sichtbar, dass dieses Gesetz wiederholt gebrochen werden kann und sich selbst wiederherstellt, also seine Gültigkeit behält.[42]

Wo Lacan *The Purloined Letter* als eine literarische Illustration des Freud'schen „Wiederholungszwanges"[43] begreift, soll hier also eine Akzentverschiebung vom ‚Zwang' auf das ‚Subjekt' der Handlung gelegt werden, das den Wunsch hat, sich dem Zwang zu widersetzen, den es zwar nicht aussetzen, aber unterlaufen kann und das sich punktuell den Signifikanten zum eigenen Gebrauch aneignet. Unse-

---

[42] Die Tendenz, das Moment der illegitimen Enteignung in kulturellen Artefakten zugunsten einer Aufmerksamkeit für das des Vatermordkonzept zu übersehen oder zu ignorieren, ist in der Psychoanalyse noch weiter verbreitet: z.B. erwähnt Freud in seiner psychobiografischen Deutung der *Brüder Karamasow* an keiner Stelle, dass der Vater nicht einfach nur getötet wurde, sondern dass die Frage nach der Entwendung der 3000 Rubel für den Text, mindestens aber für die Protagonisten ebenso wichtig ist. Die Frage, ob es sich bei der Entwendung um Raubmord oder Diebstahl gehandelt hat, ist als detektivisches Element der Erzählung das treibende Motiv. (Sigmund Freud: „Dostojewski und die Vatertötung". In: Ders.: *Studienausgabe*. Band X. S. 267-286.) Die einzige Stelle, an der Freud die Möglichkeit andeutet, dass der jugendliche Diebstahl eine Funktion haben könnte, findet sich in dem kleinen Text „Die Verbrecher aus Schuldbewußtsein" (Sigmund Freud: „Die Verbrecher aus Schuldbewußtsein." In: Ders.: *Gesammelte Werke*. Band X. Hg. v. Marie Bonaparte u. Anna Freud. London 1946. S. 389-391.), in dem er von kindlichen „Diebstählen, Betrügereien und sogar Brandstiftungen" (Ebd. S. 389) spricht, die aus einem ödipalen Schuldgefühl des Todeswunsches bezüglich des Vaters herrühren. Er ordnet den Diebstahl damit als eine Ersatzhandlung in seine ödipale These ein und gesteht ihm keinerlei Eigenständigkeit als psychologisches oder mythisches Motiv zu.

[43] Sigmund Freud: „Jenseits des Lustprinzips." In: *Studienausgabe*. Band III. Hg. v. Alexander Mitscherlich u. a. Frankfurt a. M. 1975. S. 213-272.

ren angedeuteten Neologismus wiederholend kann hier also vom Diebstahl als einer aktiven Tätigkeit der ‚Wieder-Holung' gesprochen werden, die den Brief von dem Ort zurückholt, wohin er entwendet wurde, bevor er wiederum potenziell vom nächsten Dieb, der ebenfalls im Namen einer höheren Ordnung agiert, gestohlen werden kann. Das bedeutet, dass es möglich ist, dem Subjekt eine Handlungsfähigkeit zurückzuerstatten, ohne den *linguistic turn*, auf den Lacans Philosophie neben der Psychoanalyse aufbaut, zu entwerten: Der gestohlene Brief ist nicht eine ungreifbare, vom Ballast eines Signifikats befreite und so frei wie herrschaftlich zwischen den Subjekten flottierende Letter, denn diese Letter findet ihre Bewegung erst dadurch, dass sie von eben jenen Individuen, die zu dominieren die symbolische Ordnung angetreten ist, willentlich und gezielt gestohlen, versteckt, ersetzt, gefälscht, getauscht und weitergereicht wird. Wo bei Lacan das ganze Leben „unter der Herrschaft des Gesetzes" steht, „des Code[s] menschlichen Anweisens, der menschlichen Kommunikation und nicht-Kommunikation"[44] und er *The Purloined Letter* präzise entlang der Linien dieser unantastbaren Herrschaft interpretiert, kann ebenso festgestellt werden, dass in der Entwendung des entwendeten Briefes eine Verletzung dieses universellen semantischen Gesetzes zu beobachten ist. Der machtvolle Brief wandert nicht selbsttätig und unverfügbar, sondern weil er durch Subjekte bewegt wird, und vor allem: weil er gestohlen wird. Es ist insbesondere diese illegitime Aneignung des Briefes – so die Behauptung dieses Kapitels –, die sich als Metapher zur Beschreibung der ambivalenten Beziehung des Subjekts zur Sprache anbietet. Anstatt die Sprache einseitig als eine jede Subjektivität dominierende Macht zu betrachten, sie also als die feste Struktur einer *langue* zu verstehen, die ein unsichtbares, aber absolutes Gefüge darstellt, kann der Diebstahl als eine Beschreibung dessen aufgefasst werden, dass mit jeder *parole* die Autorität der *langue* punktuell in Frage gestellt wird. Die Diebe Poes sind auch hier Schelme, die die symbolische Ordnung subversiv aufgreifen, um sie bloßzustellen und ihr ihre herrschaftlichen Bedeutungen zu nehmen. Sie sind Trickster wie Prometheus, Rahel, Rousseau und Eva, die sich entgegen ihrer Prägung und symbolischen Determinierung und gegen den imperativen Charakter des Gesetzes einfach nehmen, was ihnen vorenthalten wird.

Zusammenfassend sollen drei Punkte wiederholt werden: erstens Lacans trennscharfe Feststellung, dass der Brief als zentraler Gegenstand der Erzählung zu verstehen ist als ein enigmatischer, unzugänglicher und reiner Signifikant. Zweitens muss festgehalten werden, dass Lacan in seiner psychoanalytischen Interpretation den Diebstahl ausklammert – ihn also auf gewisse Weise verdrängt – und ihn durch ein fast traumartiges, fabelhaftes Assoziationsgebilde ersetzt, und drittens ist zu bemerken, dass der Brief in Poes Kurzgeschichte mit seiner „signifikanten Kette" eine Kreisbewegung macht, die ihn an einen ursprünglichen Ort restituieren soll.

---

44 Althusser: *Freud und Lacan*. S. 28.

6|1|3
Jacques Derridas Antwort auf Lacan:
Der entwendete Brief wird dem Dieb erneut gestohlen

Jacques Derrida greift in „Der Facteur der Wahrheit"[45] Lacans Deutung des Briefes als reinem Signifikanten und die Annahme der subjektbildenden Zirkulation dieses Signifikationsprozesses auf, entfernt sich aber von Lacan in dem Aspekt, der das Funktionieren und die Teleologie dieser Kette betrifft. Wo Lacan eine letztendliche Rückerstattung annimmt, geht Derrida von einer tendenziell unendlichen Reihe von Austauschungen, Ersetzungen und Supplementierungen des Briefes aus, die in das Zeichen eine fortschreitende Differenz des Signifikanten zu sich selbst einschreiben, die letztlich uneinholbar wird. Der Brief mag am Ende wieder im Besitz der Königin sein, aber die Konstellation zwischen den Figuren der Erzählung ist so nachhaltig verändert, dass von einer Rückerstattung der Bedeutung – so Derrida – keine Rede sein kann. Um zu dieser Deutung zu gelangen, setzt Derrida noch wesentlich stärker als Lacan auf die Doppeldeutigkeit des französischen Begriffes „voler", bzw. „volant" als gleichzeitig „stehlen" wie „fliegen", bzw. „stehlend" und „fliehend" oder „flüchtig".[46] In dieser Betonung der Flüchtigkeit und des Sich-Entziehens im Begriff des Stehlens liegt Derridas wesentlicher Akzent: statt einer abschließenden Rückführung des Signifikanten will er seine endlose Uneinholbarkeit beweisen; die semantische Kette besteht im Modus einer unablässigen Dissemination und in einer unendlichen Verschiebung von Bedeutung.

Derrida wie Lacan haben Grund für ihre jeweilige Diagnose. Beide Feststellungen sind ebenso trennscharf, wie sie am Text belegbar sind: Lacans Feststellung einer Rückkehr ist ebenso richtig wie Derridas Kritik, dass Lacan damit ein dauerndes Kreisen um einen phallischen Zentralsignifikanten beschreibt. Hier soll vor allem auf die raffinierte Geste hingewiesen werden, mit der Derrida Lacans Überlegungen aufgreift. Für die vorliegende Untersuchung zum Diebstahl ist weniger das Ergebnis der Lektüre Derridas interessant als mehr die Art und Weise, wie er diese Lektüre inszeniert: Derridas Rezeption Poes und Lacans stellt nämlich die Situation der Erzählung selbst nach.

Bereits in einem frühen Kommentar, der sein Verhältnis zur Philosophie Lacans reflektiert, bezeichnet Derrida den Bezug seines eigenen Œuvre auf das Lacans als einen Gestus der „Reappropriation"[47]. Als eine solche zurückholende Aneignung kann auch die Herangehensweise Derridas an Lacans Text über Poe beschrieben werden: „Der entwendete Brief" ist für Derrida nicht nur ein Begriff, mit dem auf den Brief als Gegenstand innerhalb der Erzählung Poes referiert wird, sondern der *Entwendete Brief* ist für Derrida nichts anderes als Poes Erzählung selbst.[48] Die

---
45 Derrida: *Facteur*. S. 183-281.
46 Ebd. z.B. S. 196. – Der ähnlich gelagerte Zusammenhang des lateinischen „furtum" mit dem französischen „furtif" wird weiter unten weiter besprochen.
47 Jacques Derrida: *Positions*. Paris 1972. S. 113, Fn. 33.
48 Derrida: *Facteur*. S. 278.

Kurzgeschichte Poes ist selbst das Schriftstück, um das in ihr gestritten wird; in dem Brief ist die Geschichte des Briefes selbst erzählt, in dem wiederum die Geschichte des Briefes erzählt wird, die von dem Brief erzählt, der von dem Brief erzählt.... Diese Feststellung Derridas muss nicht nur als ein gezielter rhetorischer Effekt einer *mise en abyme* verstanden werden, also als ein typischer Kunstgriff poststrukturalistischer Philosophie, sondern mit dem Postulat, dass der Brief und die Geschichte Poes identisch sind, wird erstens der literarische Text selbst zu der umstrittenen und inhaltlich immer unbekannt bleibenden Letter, die Derrida Lacan mit seiner reappropriierenden Gegen-Interpretation zu entwinden versucht, und zweitens wird eine bemerkenswerte Kontinuität zwischen der Handlung innerhalb der Erzählung und ihrer außertextuellen Rezeption hergestellt: Wie oben schon mit Bourdieu festgestellt, ähnelt der Konflikt um die postmoderne Deutungshoheit selbst dem Streit um den Brief der Königin. Die Handlung der Geschichte wird auf die Ebene ihrer Rezeption transzendiert und die Abfolge von Diebstählen und Gegendiebstählen, die nach Lacans Verständnis abgeschlossen ist, setzt sich Derrida zufolge in der Interpretation und Wiedererzählung unendlich fort. Derrida präzisiert diese Verdopplung in einer sorgfältigen Parallelisierung der Szenerie des *Entwendeten Briefes* mit den realweltlichen philosophischen Protagonisten der französischen Poe-Interpretation: Lacan hat demnach den *Entwendeten Brief* einem ‚weiblichen Mitglied des französischen Königshauses' weggenommen, wie es bei Poe angedeutet ist,[49] und Derrida stiehlt ihn zurück.

Diese Konstellation wird für Derrida möglich durch den historischen Zufall, dass gerade Marie Bonaparte, eine Urgroßnichte Napoleon Bonapartes und Prinzessin von Griechenland und Dänemark als absolute Autorität auf dem Gebiet der psychoanalytischen Poe-Forschung galt und dass sich Lacans Deutung explizit gegen die ihrige richtete.[50] Das ermöglichte Derrida die Gleichsetzung Marie Bonapartes mit der Königin in der Geschichte Poes.[51] Marie Bonaparte, die eine mehrbändige psychobiografische Poe-Interpretation verfasst hat, galt von den zwanziger bis in die fünfziger Jahre als Freuds Statthalterin und ‚Prinzessin' in der psychoanalytischen Orthodoxie, die es sich zur Aufgabe gemacht hatte, die Freud'sche reine Lehre gegen die Erneuerungs- und Umgestaltungsversuche insbesondere der strukturalistischen Psychoanalyse zu verteidigen. Dies ging so weit, dass sie in psychoanalytischen Kreisen etwas mokant als ‚Madame Freud-a-dit' bezeichnet wurde. Wenn eine grundlegende Erneuerung der Psychoanalyse in Frankreich Erfolg haben wollte, musste sie gegen Bonapartes Buchstabentreue antre-

---

49 Poe: *Letter.* S. 85.
50 Ob dies in Derridas, Lacans oder Freuds Denken wirklich als Zufall oder als adäquate mythische Struktur wahrgenommen worden sein müsste, in der die Realität die Erzählung reproduziert, muss offen bleiben und ist letztlich funktional äquivalent.
51 „Ebenso wie Dupin, indem er sich ‚Parteigänger der Dame' nennt, die Königin verpflichtet und den Kontrakt mimt, der sie an den König bindet, ebenso gäbe es gleichsam einen Pakt zwischen Freud, der, wie der König zu früh gestorben, der also nie etwas gewußt haben wird von der Konsequenz seiner Schriften – und dem Autor (genauer: dem Platz des Autors) des *Seminars.*" [Die Übersetzung wurde von mir etwas geglättet. A.G.] (Derrida: *Facteur.* S. 233f).

ten.⁵² Lacan, der immer auf die unbedingte Orthodoxie seiner Fortführung der Psychoanalyse pochte, befasst sich allerdings in seiner Arbeit zu Poe an keiner Stelle explizit mit den Ansätzen Bonapartes.⁵³ Derrida wirft Lacan aber vor, Bonapartes Lektüre unausgesprochen im Hintergrund seiner Überlegungen mitzuführen, ohne sie irgendwo zu erwähnen. Es gehe Lacan darum – so Derrida – die psychoanalytischen Begriffe zurückzuholen, sie „Freud zurückzugeben"⁵⁴, nachdem sie, wie der Brief in der Geschichte Poes, durch fehlgeleitete Theoretiker der Psychoanalyse auf einen Um- oder Abweg gebracht wurden. Damit versetzt Derrida Lacan in die Rolle des Ministers D—, der der Königin den Brief stiehlt, um ihn zu veröffentlichen, zu popularisieren und als Druckmittel verwenden zu können. Lacan wäre dann ein Wiedergänger des subversiven Ministers D—, Marie Bonaparte wäre die Königin, Freud der absolute, distanzierte und in der Geschichte nur indirekt auftauchende Herrscher – und Derrida impliziert für sich selbst die Rolle des Auguste Dupin, der Lacan auf raffinierte Weise die Verfügung über den entwendeten Brief nimmt, um ihn der wahren Psychoanalyse zurückzuerstatten, die für Derrida in der ewigen, unabschließbaren Analyse des Spiels der Zeichen besteht.

Dass Lacan im französischen intellektuellen Klima der gegenseitigen Bezichtigung, unrechtmäßig über den Buchstaben Freuds zu verfügen, ausgerechnet einen Text über Poe zur Einführung in seine Erneuerung der Psychoanalyse verwendet, ist tatsächlich als strategisch motiviert zu verstehen. Wenn Lacan den Text Poes unter dem Paradigma der Wiederholung und der ‚Rückkehr des Briefes' interpretiert, deutet er damit an, dass darin Aussagen über die Frage nach der Autorität über den Herrensignifikanten des legitimen Sprechens im Namen der Psychoana-

---

52 Es ist bemerkenswert, dass in der psychoanalytischen Bewegung Marie Bonaparte für Frankreich eine ähnliche Position einnahm wie Anna Freud für die angelsächsische Welt und Sabina Spielrein für Russland. Freud schien keinem seiner so regelmäßig verstoßenen Lieblingssöhne zugestehen zu wollen, was er seinen Töchtern überließ.

53 Wobei hier zu bemerken ist, dass Lacan eine deutliche Anspielung auf Marie Bonaparte macht, wenn er das Übersetzungsproblem bespricht, ob der Brief in D—s Arbeitszimmer *auf* oder *unter* dem Kaminsims hängt und Lacan lakonisch konzediert, diese Frage könne „ohne Schaden den Schlußfolgerungen der Interpretationsküche" überlassen werden, bzw. „sogar der Köchin", wie er in einer Fußnote hinzufügt. (Lacan: „Das Seminar über E. A. Poes ‚Der entwendete Brief.'" S. 36.) – Marie Bonapartes psychobiografische Interpretation des Poe'schen Werkes dreht sich in allen drei Bänden um das Fehlen des mütterlichen Phallus. Dieses Thema, das Bonaparte mit bemerkenswerter Penetranz in jeder Zeile des Poe'schen Werkes aufzuspüren bemüht ist, führt zu ihrer Deutung des Konfliktes zwischen Dupin und dem Minister D— als einem ödipalen Konflikt um den Besitz des nackten Körpers der Mutter, deren Klitoris sie in dem Brief erkennen will, der zwischen den „Beinen" des Kamins und damit über der „Kloake" hängt und der mit seiner Leere das absolute Fehlen eines männlichen Phallus bei der Frau symbolisiert. (Siehe dazu: Marie Bonaparte: *Edgar Poe. Eine psychoanalytische Studie. Teil II. Die Geschichten: Der Zyklus der Mutter.* Wien 1934. S. 416.)

Lacans spöttische und sogar despektierliche Haltung zu dieser Interpretation Bonapartes, der es tatsächlich nicht an hermeneutischem Wagemut mangelt, braucht nicht geteilt zu werden; das sexuelle Element des Diebstahlsnarrativs aber, wie in den Abschlussbemerkungen dieser Arbeit begründet, auch an dieser Stelle auszuklammern und nur beiläufig erwähnen zu können, entlastet von einiger Komplikation und Kühnheit, die die Argumentation dadurch zwangsläufig erhalten hätte.

54 Derrida: *Facteur.* S. 233f.

lyse getroffen werden, die nicht zuletzt als ein Kommentar und eine Positionierung in den Grabenkämpfen innerhalb der Psychoanalyse in Frankreich gesehen werden können. Lacan will sich den Brief und die Interpretationsmacht aneignen, über die Bonaparte verfügt. Was dagegen Derrida in *Der Facteur der Wahrheit* versucht, ist nicht nur eine erneute Interpretation Poes nach Lacan, sondern zuvorderst eine metatheoretische Aus- und Fortführung der Rezeptionsgeschichte von Poes rätselhaftem Text – und ein erneuter Diebstahl, für den sich Derrida in die Rolle Dupins projiziert, der eine Entwendung des Entwendeten unternimmt.

Die Diskussion um Poes *Purloined Letter* löst sich damit von der Interpretation des literarischen Textes und wird auf einer anderen Ebene in den wissenschaftlichen Konflikt um die Legitimitäten der interpretierenden und den Text in ihren Deutungen wiederholenden Protagonisten eingeschrieben. *Der Entwendete Brief* wird zu dem Signifikanten, um deren rechtes Verständnis alle Bemühungen und Schachzüge der Sprachphilosophen und diebischen Nachfolger des Ministers D— kreisen. Nur wer den entwendeten Signifikanten versteht, bzw. wer *The Purloined Letter* richtig zu deuten weiß und ihn sich somit aneignen kann, profiliert sich als Dieb und Analytiker im Sinne des wissenschaftskritischen Dupin. Die Kämpfe um die Definitionshoheit des machtvollen ‚leeren Signifikanten', die von der literarischen Ebene auf die der Theorie wechseln, werden damit aber auch potenziell unendlich fortsetzbar. Derridas Annahme, dass der Signifikant nicht in der Bewegung einer unaufhaltsamen Rückkehr zu seinem Ursprung begriffen ist, sondern in einem dauernden Kreisen immer neue Bedeutungen hervorbringt und unsteuerbar durch das Sprechen und die sprachtheoretische Theorie wandert, hat hier ihren Ursprung: wo Lacan auf die Rückkehr des Briefes pocht, betont Derrida seine Dissemination, eine unendliche Kette von Bedeutungsproduktion, die andauernd und in jedem Signifikanten entspringt. Diese dekonstruktive Kette ist dem Subjekt allerdings noch weniger greifbar als in Lacans Auffassung, derzufolge die Rückkehr immerhin eine Rückkehr zum sprechenden Subjekt darstellt: Im Fluss der Zeichen ist das Subjekt Derridas mindestens so passiv wie das Lacans, und es hat zudem auch die Orientierung an einem Ursprungs- und Endpunkt verloren, den man bei Lacan noch als relativ feste Größe annehmen kann.

Derridas Poe-Lektüre zusammenfassend können ebenfalls drei Punkte festgehalten werden: erstens, dass er das Diebstahlsgeschehen des *Entwendeten Briefes* von der literarischen Ebene auf die Rezeptionsebene hebt und er damit Lacan die Bedeutung des Briefes ‚stiehlt', zweitens, dass dadurch die Bewegung des Signifikanten unendlich wird, statt wie bei Lacan zu einem Ursprung zurückzukehren und drittens, dass das Subjekt, ähnlich wie bei Lacan, in einem Strom aus Zeichen untergeht.

6|1|4
Die Perspektive auf die Entwendung im *Entwendeten Brief*: Der Dieb wird zum schelmisch-poetischen Akteur der Sprache

In Lacans Deutung von Poes Erzählung ist das Subjekt nur ein ontologisches Scharnier für die Selbstverwirklichung der Sprache; Lacan klammert die dem Subjekt eigene Souveränität als Dieb und Dichter, also als Akteur des Signifikanten, den Auguste Dupin verkörpert, weitgehend aus. Die kriminelle Handlungsweise Dupins und D—s und alle Elemente des Kriminellen seien ihm zufolge nichts als ein Rationalisierungsfirnis, der die eigentlichen Bedeutungen verdeckt. Die These der hier versuchten kritischen Anknüpfung an Lacans Poe-Deutung beruht daher auf der simplen Insistenz, dass die Geschichte Poes trotz allem abwehrenden Überbau nichts anderes ist als eine Kriminalgeschichte. Poe schrieb eine Geschichte von Dieben, die erst in zweiter Linie als Narrativ eines Signifikanten ohne Signifikat gedeutet werden kann. Ignoriert man die beiden Diebstähle, die Einbrüche und Überfälle des Polizeipräfekten, die Machtspiele und Intentionen, bleibt vom *Entwendeten Brief* tatsächlich nicht mehr als das Skelett einer Erzählung, in der der zentrale Signifikant frei flottiert und in der die sprachlich-symbolische Gesetzesmacht der Interpretation nicht nur die Verbrechen, sondern auch jedes Handeln des Subjekts verneint. Wenn hier dagegen das Funktionieren der radikalen Entwertung der Subjektivität in einer Deutung des *Entwendeten Briefes* in Frage gestellt wird, geht es dabei nicht um eine Wiederherstellung der „Autonomie des Subjekts"[55], die zwangsweise „illusorisch"[56] bleiben müsste. Das Subjekt bleibt heteronom bestimmt durch das Gesetz der symbolischen Ordnung, doch wie jedes Gesetz kann auch dieses gebrochen werden und wie jedes Gesetz braucht es den Bruch, um überhaupt wirksam werden zu können. Das Subjekt bleibt immer der es umgebenden semantischen Ordnung unterworfen und auf sie angewiesen, doch die Form des Zugriffs auf diese Ordnung muss nicht zwingend positiv oder affirmativ sein: Oft genug verhält sich das Subjekt deviant zum es umgebenden Ordo, in der Haltung einer Negativität und Ablehnung, nimmt sich von ihm, was es braucht und lässt sich nie ganz in ihn einpassen. Das Subjekt besteht in dem dauernden Versuch, eine Differenz zur symbolischen Ordnung zu erreichen und seiner eigenen Nivellierung zu entgehen. Diese Differenz äußert sich als Handlungsweise der Devianz, als Versuch, sich vom Ordnungsimperativ zu distanzieren, seine Wirkungen auszuhebeln und gegen ihn zu verstoßen. Die Frage, welche Bewegung der Diskurs der Sprache als ganzer macht, eine Bewegung, der die Subjekte hilflos folgen müssen, tritt für die hier vorgestellte Überlegung also in den Hintergrund: Ob es sich um die Rückkehr im Sinne Lacans oder um die end- und richtungslose Kette Derridas handelt, kann – und muss – nicht endgültig geklärt werden. Viel interessanter ist die Frage, wie es das Subjekt schafft, in flüchtigen Augenblicken

---

55 Samuel Weber: *Rückkehr zu Freud. Jacques Lacans Ent-stellung der Psychoanalyse*. Wien 2000. S. 32.
56 Ebd. S. 258.

immer wieder auf die symbolische Ordnung zuzugreifen und ihr in jedem Signifikanten die Möglichkeit des Sprechens zu entwenden.[57] Hier wird also gewissermaßen ein Blick an der ödipalen Machtstruktur vorbei auf die Mikrostruktur geworfen, in der minimale Augenblicke der Autonomie zu finden sind.[58]

So prominent der Brief in D—s Zimmer präsentiert ist, so sehr liegt auf der Hand, dass *Der Entwendete Brief* eine Erzählung von Diebstählen eben dieses Briefes ist. Der Polizeipräfekt, der mit seinen Helfern den Raum minutiös strukturiert und protokolliert, um das *corpus delicti* zu finden, verfehlt das Ziel seiner Suche genau deshalb, weil der Brief so offen daliegt: Der geschulte Gesetzeshüter stellt unter strikter Anwendung seiner Vorgaben und Anweisungen ein gerastertes und abstrakt-mathematisches Raumkonzept her, das bis auf den Bruchteil eines Millimeters eingeteilt und katalogisiert ist.[59] In diesem ‚gerasterten Raum' werden überall zusätzliche weitere Räume angenommen, und diese werden mit allen Mitteln sichtbar gemacht: Die Kissen, Bettbezüge, Buchdeckel, Stuhlbeine, Teppiche, die Säume der Vorhänge, alle Mauerritzen, die Dielenbretter und die Rückseite der Tapeten nicht nur des Hauses D—s, sondern auch der angrenzenden Häuser werden mit mikroskopischer Genauigkeit untersucht.[60] Der Raum erhält eine Tiefe und Intensität, die in jedem im Raum anwesenden Gegenstand andere, geheime Räume vermutet. Die Herangehensweise der Polizei beruht also auf Paradigmen der Rasterung, der Sichtbarmachung und des Verdachts einer Tiefenstaffelung des Raumes. Jeder Gegenstand kann eine zweite Bedeutung als Versteck haben: Ein Buch ist nicht nur ein Buch eines bestimmten Inhalts, sondern es weist darauf hin, was in ihm alles verborgen liegen kann. Die Vorgehensweise des Polizeipräfekten ähnelt einer Textlektüre, die den Bedeutungen der Worte nicht traut, sondern hinter jedem Wort einen weiteren, ‚eigentlichen' und enigmatischen Sinn vermutet. Jedes Ding und jedes Wort bedeutet es selbst, aber vor allem das Versteck eines

---

57 Ein anderer Weg der Argumentation, mit der der Diebstahl ebenfalls in einer zeichentheoretischen Fragestellung in den Blick genommen werden könnte, liegt in der Anekdote aus dem Leben Charles Sanders Peirces vor, dem auf einer Atlantiküberquerung eine Uhr aus seiner Kabine gestohlen wurde, die er sich, ähnlich wie Dupin, an den Methoden der versagenden Polizei vorbei und unter Anwendung semiotischer Tricks zurückstiehlt. Siehe dazu: Thomas A. Sebeok u. Jean Umiker-Sebeok: *‚Du kennst meine Methode' – Charles S. Peirce und Sherlock Holmes*. Übers. v. Achim Eschbach. Frankfurt a. M. 1982. S. 25-40. Kommentierend zu Peirces Methode als Detektiv: Jo Reichertz: „Folgern Sherlock Holmes oder Mr. Dupin deduktiv? Zur Fehlbestimmung in der semiotischen Analyse von Kriminalpoesie." In: *Ars Semiotica*. Vol. 13. Tübingen 1990. S. 307-324.
58 So wie Simone de Beauvoirs Helène sich mit dem Fahrraddiebstahl gegen eine sowohl bürgerlich-reale wie kommunistisch-utopische symbolische Ordnung wehrt, und damit einen Ausdruck ihrer selbst erreicht.
59 Diese Genauigkeit der Suche ist erstaunlich: Der Polizeichef erklärt: „The fiftieth part of a line could not escape us." (Poe: *Letter*. S. 87f.) Die ‚Linie' ist eine alte Maßgabe für das Zwölftel eines Zolls, also ein wenig mehr als zwei Millimeter, wovon ein Fünfzigstel 0,04 mm darstellen würde. Ein heute reguläres Papier mit 80 g/qm ist etwa 0,1 mm dick; Bibelpapier hat etwas weniger als die Hälfte dieser Dicke, ist damit aber immer noch dicker als die von der Polizei detektierten Spalten und Ritzen, in die der Brief also niemals gepasst hätte. Die Suche erhält damit eine Art manischen Charakter.
60 Ebd. S. 88f.

zweiten, geheimen Sinns. Mit den Annahmen von Geheimverstecken und haarfeinen Spalten und dem Verdacht, dass alle Dinge Zeichen und Gefäße für andere Dinge sein können, produziert die polizeilich-strukturierende Analyse eine Tiefe und Verzweigtheit des Raumes, die die Suche unweigerlich in die Irre gehen lässt, denn der Brief, der Signifikant, um den sich alles Suchen und Lesen dreht, befindet sich nicht in einer Tiefe, sondern demonstrativ und scheinbar nachlässig und fahrlässig an der Oberfläche des Raums.

Dieser Vorgehensweise der pedantischen, fast manischen Durchleuchtung und minutiösen Aufdeckung steht die detektivische Vorgehensweise Dupins gegenüber, die genau diametral funktioniert.[61] Der größte Teil des *Entwendeten Briefes* besteht darin, wie Dupin demonstriert und erklärt, dass die Tiefenanalyse mit ihren Techniken der kriminalistischen Abstraktion und mit ihrem archäologischen Paradigma der Sichtbarmachung versagt. Dies tut Dupin, indem er Momente eigener Heimlichkeit und Dunkelheit herstellt. Schon seine erste Handlung ist die, eben kein Licht zu machen, als der Polizeipräfekt ihn im verrauchten Bücherzimmer um Hilfe bittet.[62] Dupins Methode der Reflexion funktioniert im Dunkeln und im Heimlichen. Diese Heimlichkeit und Unkonventionalität als Paradigma der Dupin'schen Ermittlung geht noch weiter: Als er D— besucht, um nach dem Brief zu fahnden, versteckt er seine suchenden Augen etwas unhöflich hinter einer Sonnenbrille und sorgt für eine lautstarke Ablenkung vor dem Haus, um den Brief unbemerkt gegen eine Fälschung austauschen zu können, die zu ihrem Inhalt eine Beleidigung hat.[63] Auch seine ausschweifenden Erklärungen erhellen nichts, sondern funktionieren als ‚Nebelkerzen', die mehr verschleiern, als sie erhellen. Dupin tut genau das, was einer konventionellen Weisheit zuwiderläuft: Er handelt nicht wie ein kluger Erwachsener, sondern wie ein verschlagener Schuljunge beim Kinderspiel, der die Oberhand behält, nicht weil er die Regeln des Spiels sehr genau kennt und sie am besten auszunutzen weiß, sondern weil er sich in sein Gegenüber einfühlt und intuitiv antizipierend vorgeht, statt räsonierend, intellektuell und maschinell die Ordnung und Struktur der Welt und des Spiels nachzubilden. Der von ihm als methodisches Beispiel angeführte Schuljunge versucht, möglichst nicht zu denken, sondern intuitiv zu spüren. Es ist bezeichnend, dass Lacan den größten Teil seines Seminars über den *Entwendeten Brief* damit verbringt, die Funktionsweise einer Maschine zu imaginieren, die das berühmte „odd or even"-Spiel aus der Erzählung spielt.[64] Die Begrifflichkeit des „odd", die im *Entwendeten Brief* immer wieder auftaucht, ist hier wichtig: Als „odd" wird vom Polizeipräsidenten der Fall selbst und sofort darauf auch Dupin bezeichnet, als er das Licht nicht einschaltet.[65] Dupin greift diese Einteilung der Welt in *odd* und *even*, die schon im Motto der

---

[61] Es muss hier nicht nochmals betont werden, dass die Geschichten um Auguste Dupin die ersten ‚Detektivgeschichten' waren. Poe führte damit eines der wichtigsten Genres der Literatur der Moderne ein.
[62] Poe: *Letter*. S. 83f.
[63] Ebd. S. 97ff.
[64] Lacan: *Das Ich*. S. 241ff.
[65] Poe: *Letter*. S. 84.

Erzählung – „Nil sapientiae odiosus acumine nimio"[66] – angelegt ist, für sich selbst auf: es gibt die ‚gerade Denkweise' derjenigen, die die Gesetze und Denkregeln der mathematischen *ratio* einhalten, die sie beschützen und perpetuieren, und es gibt diejenigen, die sich ‚odd' verhalten, die den Denkregeln nicht entsprechen und sich quer zu ihnen stellen, die die Regeln der symbolischen Ordnung brechen und sich gewissermaßen ‚anarchisch' zum Kracauer'schen Ordo oder pathologisch zur Lacan'schen symbolischen Ordnung verhalten. Dadurch wird klar, weshalb Dupin dort erfolgreich sein kann, wo die Polizei es nicht war: er handelt und denkt ähnlich ‚odd' wie D—, indem er die Welt nicht abtastet und reproduziert, sondern indem er sich zu ihren Regeln und mathematischen Ordnungen abweichend und parasitär verhält. Statt das Verbrechen aufzuklären, spiegelt er den Verbrecher; Dupin ist ein Detektiv dadurch, dass er auch ein Dieb ist. Sein Ziel ist nicht die Aufklärung oder Deutung eines Tatherganges, sondern er zielt auf eine Rückgängigmachung und Wieder-Holung des Gestohlenen mit Mitteln einer Hermeneutik und Imitation der Person D—s. Der Verbrecher und der Detektiv werden geradezu austauschbar, und dort, wo Lacan eine Rückkehr und Derrida eine unendliche Dissemination der Zeichen sehen, kann, wenn man ebenfalls eine solche physikalisierende Metapher anwenden will, eine unendliche Doppelspiegelung von Subjekten erkannt werden, die die dauernde Rückkehr ebenso wie die unendliche Reihe aufgreift.

Dupins wissenschaftskritischer Monolog, in dem er die Mathematiker mit denjenigen gleichsetzt, die unkritisch antike Mythen als wahr annehmen, lautet so:

> I dispute, in particular, the reason educed by mathematical study. [...] The great error lies in supposing that even the truth of what is called *pure* algebra, are abstract or general truths. And this error is so egregious that I am confounded at the universality with which it has been received. [...] But the mathematician argues, from his *finite truths*, through habit, as if they were of an absolutely general applicability – as the world indeed imagines them to be. Bryant, in his very learned „Mythology", mentions an analogous source of error, when he says that „although the pagan fables are not believed, yet we forget ourselves continually, and make inferences from them as existing realities."[67]

Man könnte diesen Monolog zu einer Kritik der psychoanalytischen Interpretation umformulieren, zu einer, wie Barbara Johnson formuliert, „subversion of any possibility of analytical mastery"[68]. Dann würde Dupins Kritik sinngemäß lauten, dass insbesondere die Strenge der Logik in Frage zu stellen ist, die die analytische Inter-

---

66 Ebd. S. 81.: „Nichts hasst die Weisheit mehr als allzu große Schlauheit." – Dieses Zitat, das Seneca zugeschrieben wird, ist tatsächlich aus Petrarcas *de remediis utriusque fortunae*, wo der athenischen Weisheit die allzu große Gerissenheit und Kunstfertigkeit der Spinne Arachne entgegengestellt wird. Siehe dazu: Stavros Theodorakis: „The Motto in Edgar Allan Poe's ‚The Purloined Letter.'" In: *ANQ: A Quarterly Journal of Short Articles, Notes and Reviews*. 22/1. London u.a. 2009. S. 25.
67 Poe: *Letter*. S. 94f. [Kursivierungen im Original.]
68 Barbara Johnson: „The Frame of Reference: Poe, Lacan, Derrida." In: *The Purloined Poe*. Hg. v. John Muller. S. 213-251, hier S. 214.

pretation anwendet. Ihr Missverständnis liegt darin, die Wahrheit in einer mythisch-dominanten oder mathematisch-strukturellen Tiefe der Sprache jenseits des Subjekts zu suchen. Aber Lacan als der Analytiker argumentiert von der Position seiner Wahrheit als einem rein sprachlichen System, als ob dieses System eine absolute Anwendbarkeit habe. Doch sind es eben die Subjekte, die handelnden und sprechenden Menschen, die sich jeder allzu einfachen Definition entziehen, indem sie die Anwender des Sprachlichen und seine Entwender sind. Dupins Gegenvorschlag, der sich dezidiert von abstrakten Wahrheiten der Sprache und der Signifikation entfernt, beruht gewissermaßen auf der dezidierten Missachtung der symbolischen Ordnung und stattdessen auf der Identifikation mit dem Gegenüber.

Dupin klammert aber dezidiert die antike Mythologie nicht aus, sondern verwendet ihre Zitierbarkeit und Wandelbarkeit als Maßstab für sich selbst: Der Vektor aller seiner intertextuellen Verweise zielt auf antike Begriffs- und Wissensdefinitionen, auf mythische, philosophische und literarische Konzepte der Antike.[69] Die überlieferte Mythologie und vormoderne Wissenschaftlichkeit wird damit zu dem flottierenden, beweglichen Wissenskonzept, das der modernen, mathematischen und analytischen Mythologie entgegentritt. Dupin als die Figur, die diese mythisierenden Bezüge einführt und verkörpert, wirkt dadurch selbst auf eine gewisse Weise historisch deplatziert und gelegentlich mehr wie ein antiker Gelehrter mit einer fein austarierten Weltabgewandtheit, die zwischen modern-blasiertem *ennui* und epikureisch-skeptischer Ataraxie liegt. Mythologie ist in Dupins philosophischer Poetologie dann zulässig, wenn sie nicht als die Reflexion überragende paradigmatische Grundlage eines Gedankens, sondern als metaphorische oder allegorische, jedenfalls aber mindestens so sehr verwirrende wie aufklärende Kommunikation und als alternatives Wissen verwendet wird.

Der Detektiv Dupin ist erfolgreich, nicht weil er einen schärfer analysierenden Intellekt hat als die Polizei, sondern weil er bereit ist, abseitige Gedankengänge, Perspektivwechsel und ambigue Ähnlichkeiten zuzulassen und den Verbrecher zu imitieren: Dupin will die Welt nicht verstehen, indem er sie strukturiert und kategorisiert; er hat nur Spott übrig für die Mathematik, die Linguistik und jedwede dogmatische Mythologie und jede partikulare Weisheit, die sich die Erklärung und Aufdeckung der Gesamtheit der Welt zutraut.[70] Er muss als Detektiv so denken wie ein Dieb, um dann so zu sein wie der Dieb. Und die beiden Diebe im *Entwendeten Brief* ähneln sich in einem für den Literaturwissenschaftler äußerst interessanten

---

69 Als unvollständige Liste sei hier das bekannte Eingangszitat der Erzählung genannt, der Vorwurf an den Präfekten einer „*non distributio medii* (Poe: *Letter.* S. 94 [Alle Kursivierungen im Original]), die philologische Diskussion der antiken Bedeutung der Worte „*ambitus*", „*religio*" und „*homines honesti*" (ebd.), die Verwendung der Aristotelischen Konzepte der „*vis inertiæ*" und „*momentum*" durch Dupin (S. 96), die Zitate „*facilis descensus Averni*" (S.99) aus Vergils *Aeneis* und des „*monstrum horrendum*" (ebd.) aus der *Odyssee,* der Verweis auf Atreus und Thyestes. Die Figur Dupins wird in jeder möglichen Weise einer etwas diffus bleibenden, aber immens betonten Konzeption der Antike zugeordnet.

70 Poe: *Letter.* S. 94ff.

Punkt: beide sind nicht nur mathematisch begabt, sondern sie sind Dichter.[71] Betont man diesen Aspekt und betrachtet das, was Dupin und D— tun als ein poetisches Spiel, als eine spezifisch dichterische Umgangsweise mit dem Signifikanten, den der Brief darstellt, erscheinen ihre Handlungen in einem ganz anderen Licht. Das Objekt der Poe'schen Erzählung ist kein wandernder oder weitergereichter, sondern ein vor allem entwendeter Brief: Wo bei Lacan das Geschehen der signifikanten Kette für die Interpretation so insistent die Interpretation bestimmt, ist es für den auf das Motiv des Diebstahls hin geschulten Blick eben diese Geste der Entwendung und der Aneignung, die ins Auge fällt, wenn nicht die symbolische Tiefenstruktur des Textes, sondern die offenere, oberflächlichere Handlungsstruktur in den Blick genommen wird. Dupin funktioniert darin als der Akteur der Sprache selbst, die sich dem Subjekt dauernd entzieht und die nur von den Poeten, also von Dupin und D— für Momente eingeholt werden kann.

Der souverän-listige Akteur der Sprache stiehlt und besitzt den Brief aber nicht nur, sondern er formt den Signifikanten um, er gibt ihm ein verändertes äußeres Auftreten, einen anderen Inhalt und eine eigene Bedeutung: der ursprüngliche Brief der Königin wird vom Minister D— gegen einen ihm ähnlichen ausgetauscht,[72] dann in einen anderen, halb zerrissenen und abgeschabten Umschlag gesteckt, dieser wiederum von Dupin gestohlen[73] und durch eine sorgfältige Fälschung mit einer spöttischen Note ersetzt[74] und schließlich von ihm mit dem Präfekten gegen einen Scheck, also gegen „den annihilierendsten Signifikanten, den es in Bezug auf Signifikation überhaupt gibt: das Geld"[75] getauscht,[76] der ihn wiederum selbst der Königin gegen Geld überreicht. Lacans Insistieren auf der „signifikanten Kette" und die Betonung der grundlegenden und selbsttätigen Teleologie der Letter auf eine Rückkehr hin lassen für ihn die unterschiedlichen und unterschiedlich funktionierenden Übergangsweisen und Verwandlungen des Signifikanten vom einen zum nächsten Subjekt der Kette irrelevant oder zu einer magischen Metamorphose ohne Akteur werden. Diebstahl, Rückdiebstahl und potenziell erneuter und erneuter Diebstahl lassen die Verkörperung des Herrschaftssignifikanten Gefahr laufen, in eine Oszillationsbewegung zwischen extremer Privatisierung und Stabilisierung der symbolischen Machtstruktur im Königshaus und Veröffentlichung, also anarchischer Un-

---

71 Ebd. S. 87, 93f.
72 Ebd. S. 85.
73 Ebd. S. 98.
74 Ebd. S. 100. – Slavoj Žižek erkennt darin eine besondere Raffinesse des Diebes und eine tiefe psychoanalytische Weisheit: „This is the proper deception of the crime of stealing: to occlude the fact that, ultimately, *there is nothing to steal* – this way, the constitutive lack of the Other is concealed, i.e. the illusion is maintained that the Other possessed what was stolen from it." (Slavoj Žižek u. Boris Gunjević: *God in pain. Inversions of the apocalypse*. New York 2012. S. 56. [Kursivierung im Original.])
75 Lacan: „Das Seminar über E. A. Poes ‚Der entwendete Brief.'" S. 37. – Wobei hinzuzufügen ist, dass Geld nicht nur als ein absolut annihilierender Signifikant, sondern auch als ein universaler und damit absolut allbedeutender Signifikant verstanden werden muss. Es bedeutet also, wie der Brief gleichzeitig alles und nichts.
76 Poe: *Letter*. S. 90.

terlaufung und Unterminierung der Symbole der Macht zu geraten. Der Signifikant wird mit jeweils einem bestimmten Interesse ergriffen und soll eine bestimmte Funktion erfüllen, für die er modifiziert, ausgetauscht und verwandelt wird.

Die völlig unterschiedlichen möglichen Formen der Aneignung und Übermittlung des Briefes durch die so initiativen und kreativen Akteure Dupin und D— werden von Lacan wie auch von Derrida nur in ihrer Reihung und Gesamtstruktur behandelt. Um ausklammern zu können, dass der Brief immer wieder dem einen Subjekt vom anderen aktiv entwendet wird, legen Lacan wie Derrida den Akzent auf die darunter liegende, universale und letztlich mythische Ordnung der Rückkehr oder des ewigen Fortschreitens statt auf den Diebstahl als partikulares Geschehen. Mit dieser psychoanalytischen Vorgehensweise der Suche dessen, was als universale Ordnung unter der Oberfläche des Textes liegt und der Bezeichnung all dessen als Rationalisierung, was dieser universalen Wahrheit im Wege steht, geht Lacan ähnlich vor, wie Freud in Bezug auf das Alte Testament vorgegangen ist. Dementsprechend ist dort wie hier die die Interpretation Lacans ergänzende Antwort, dass in der Tiefe des Textes tatsächlich eine Struktur vorliegen mag, die das Subjekt ödipal entmachtet und unter die Herrschaft des großen Signifikanten des Vaters oder des Briefes stellt, während aber an der Oberfläche des Textes die wiederholten Diebstähle geschehen, die dem Subjekt erneut eine stärkere Rolle zuweisen. Auf der Theorie-Ebene gesprochen: Mit dem Hinweis darauf, dass *The purloined Letter* ohne die Handlungsfähigkeit der Subjekte nicht zureichend verstanden werden kann, soll hier nicht die Wiedereinführung eines souverän-selbstbestimmten und erschaffenden oder zerstörenden descartes'schen Subjekts vorgenommen werden, sondern auf das Bleiben und Insistieren einer bestimmten minimalen Subjektivität hingewiesen werden, die trotz ihrer ödipalen oder symbolischen Determination ein schelmischer Autor ihrer eigenen Sprache bleibt. Das Subjekt *ist* nicht mehr, aber es *hat* immer noch gewisse Möglichkeiten, und darin vor allem die Möglichkeit, zu stören. Die Subjektivität sollizitiert gewissermaßen die Symbolstruktur, es ruft sie an, indem sie sie stört und gegen sie verstößt.[77] Jedes den Sub-

---

77 Der Begriff der „Sollizitation" als einer reagierenden, aber dabei das, worauf reagiert wird, erst hervorrufenden und gleichzeitig mit sich selbst ins Werk treten lassenden Handlungsform ist hier aus Hegels *Wissenschaft der Logik* übernommen, der von einer Kraft der Sollizitation spricht, die ein Äußerliches als Anstoß aufhebt und zur Selbstsetzung macht:
„Da die voraussetzende Tätigkeit ebensosehr Reflexion in sich ist, ist sie das Aufheben jener ihrer Negation und setzt dieselbe als sich selbst oder als ihr Äußerliches. So ist die Kraft als bedingend gegenseitig ein *Anstoß* für die andere Kraft, gegen den sie tätig ist. Ihr Verhalten ist nicht die Passivität des Bestimmtwerdens, so daß dadurch etwas anderes in sie käme; sondern der Anstoß *sollizitiert* sie nur. Sie ist an ihr selbst die Negativität ihrer; das Abstoßen ihrer von sich ist ihr eigenes Setzen. Ihr Tun besteht also darin, dies aufzuheben, daß jener Anstoß ein Äußerliches sei; sie macht es zu einem bloßen Anstoß und setzt es als ihre eigene Abstoßen ihrer selbst von sich, als *ihre eigene Äußerung*."
G.W.F. Hegel: Wissenschaft der Logik. Hg. v. Georg Lasson. Teil II. Hamburg 1975. S. 147. [Kursivierungen im Original gesperrt.] – Die Sollizitierung ist damit eine Äußerung in dem Sinn, dass das Äußerliche, das den Anstoß gibt, als eigenes aufgehoben und geäußert wird. Dadurch wird dieses Äußerliche sowohl unterlaufen und zum Eigenen als es als Bestimmung des eigenen selbsttätig anerkannt und zur eigenen Äußerung wird.

jekten äußerliche Symbolsystem braucht solche schelmischen und irritierenden Faktoren: Das Gesetz braucht das Verbrechen, das Götterpantheon den Trickster, die Ratio braucht den dauernden phantasierenden und assoziierenden Widerspruch gegen sie und die Sprache benötigt eine Ungreifbarkeit und poetische Wandelbarkeit der Signifikanten, um nicht zur unbeweglichen Struktur und zum ausdruckslosen Gerüst zu erstarren. Der Dieb ist eine metaphorische, oder – wie weiter unten beschrieben – mythische Ausdrucksform dieser störenden und anarchischen Faktoren: Er stört in der symbolischen Ordnung, indem er den kreisenden oder endlosen Fluss der Signifikanten in die Hand nimmt, und er stört wie Prometheus, Josef, Helène oder Eva die mythische Ordnung der Götter.

Diese Parallelisierung des Detektivs mit dem diebischen Trickster muss für diese Arbeit nicht eigens entwickelt werden, sondern liegt schon in einer der ersten umfassenden Interpretationen des *Entwendeten Briefes* vor: In seinem oben bereits zitierten Text *Der Detektivroman. Ein philosophischer Traktat* lässt Siegfried Kracauer den Detektiv, dessen erste und typischste Ausformung Dupin ist, in eine erstaunliche Verwandtschaft treten: die Figur Dupins ist Kracauer zufolge analog zu der des Gottes Hermes, dem Trickster und Begründer der Hermeneutik und der Poesie. Hermes und Dupin sind beide Diebe, Hermeneuten, Poeten und Störer ihres Ordo. Dupin steht zur rationalen Ordnung auf dieselbe Weise quer wie Hermes, der durch seine Taten die ruhige mythische Ordnung der olympischen Götter stört. Hermes und Auguste Dupin sind sich, verwendet man den Begriff des Archetypus ohne seinen ontologischen oder essenzialistischen Ballast, auf eine archetypische Weise ähnlich und funktionieren als die gleiche Allegorie des gerissenen Diebes und Poeten, der die Unfähigkeiten institutionalisierter Macht und Sprache beweist. Kracauer impliziert aber eine noch spezifischere Verwandtschaft zwischen Hermes und dem Detektiv: Der Detektiv erscheint, sobald dessen Spiegelbildlichkeit zum Verbrecher anerkannt wird, als eine Gestalt, an der eine „angemaßte Göttlichkeit"[78] bemerkbar wird, die sich als Göttlichkeit aber nicht in die rationalistische und damit göttliche Gesamtordnung einfügt; vielmehr stellt der Detektiv, der sich kritisch und gesetzesbrüchig verhält eine gegenstrebige Göttlichkeit dar, er wird „zum Widerspiel Gottes selber".[79] Das „Widerspiel Gottes" zu sein ist eine Rolle des Diebes, die wir auch bei Augustinus beobachtet haben. Das ist, wie im folgenden Kapitel noch näher zu besprechen sein wird, genau, was Hermes tut: er nutzt seinen Diebstahl, um sich selbst in den Rang eines für die Götter ärgerlichen Gottes zu erheben. Kracauer stellt in seiner Betrachtung, wie der Detektiv als ein störender Gott erscheinen kann, ebenfalls fest, dass diese Göttlichkeit durch „Diebstahl"[80] angeeignet ist. Die von Kracauer in der Kriminalgeschichte diagnostizierte diebische Anmaßung der Rolle eines Gottes ist genauso bei Dupin wie im Mythos des Hermes zu finden, der sich laut seinem *Homerischen Hymnos*[81] selbst

---

78 Kracauer: *Detektiv-Roman*. S. 53.
79 Ebd.
80 Ebd. S. 54.
81 *Homerische Hymnen*. Hg. u. übers. v. Anton Weiher. München ³1970. S. 63-93.

anmaßend in den Stand eines Gottes erhebt, indem er sich selbst dasjenige als Brandopfer darbringt, was er zuvor gestohlen hat. Hermes macht sich ebenso zum Gott wie der stehlende Detektiv sich in diese Position begibt – und beides sind Götterfiguren, die eine Ordnung eher unterlaufen als sie zu bestätigen. Die Argumentation dieses Kapitels geht also den Umweg über Poe, Lacan und Derrida, um zu beweisen, was schon im antiken Mythos gezeigt wird, und vielleicht dort noch deutlicher und weniger bewusst verrätselt als in der postmodernen Moderne: Der Dieb ist, mehr noch als der Schelm, dem er als höhere Kategorie zuzuordnen ist, die bedeutsamste und stabilste Allegorie eines Störers der symbolischen Ordnung. Der Detektiv erhält an der Stelle, an der er seine Identität als gestohlene bemerkt, einen Moment lang etwas von einem schwachen, anmaßenden und aus der Art geschlagenen Gott, der, statt die Diebe zu fangen, selbst zum Dieb wird: Darin liegt eine fast wörtliche Analogie zu Abschnitten des *Hermes-Hymnos,* der auf den folgenden Seiten besprochen wird, bevor versucht wird, ein noch vielsagenderes Fragment aus der Hermes-Mythologie zu interpretieren, das das Verhältnis von Dieb und Sprache noch deutlicher macht und mit dem die Überlegungen zum Diebstahl abgeschlossen werden.

Wenn hier also die „Fiktion" vom Dieb Auguste Dupin als dem listig-souveränen Akteur in der Sprache in eine Beziehung gesetzt wird zum „Mythos" vom Dieb Hermes als dem Erfinder der Poesie und als einem ebensolchen philosophisch gefassten Sprach-Akteur, so geschieht das im Anschluss an die Blumenberg'sche Annahme einer Kongruenz von Fiktion und Mythos. Es soll gezeigt werden, dass poetische Darstellungen von Dieben, ob in literarischer Fiktion und metaphorisch gedeutet oder im altüberlieferten Mythos, zu allen Zeiten eine ganz spezifische und erstaunlich konstante Beziehung zur Möglichkeit von Bedeutung überhaupt zugesprochen wurde: Jedes gesprochene Wort, jede Aussage und jedes Gedicht werden dem selbst- und sprachbewussten Sprecher vom Munde oder unter dem Stift weggestohlen und seiner Hoheit entzogen. Der Sprache selbst und ihren Verkörperungen in bestimmten ihrer Akteure scheint dabei ein anarchisch-diebisches Potenzial zu eignen, das dem Sprecher die Bedeutung und Signifikanz seines Sprechens entzieht und sie im Raum des Verstehens durch andere Menschen freilässt. Jeder Leser, der einen Text ‚wiederholt', legt ihm dabei eine eigene, souveräne und unverfügbare Signifikation bei und gibt dem von ihm angeeigneten sprachlichen Gefüge eine Bedeutungsebene, die die Worte aller Sprecher vor ihm wegstiehlt und die sich dem vollständigen Verstehen durch einen Dritten wiederum ebenfalls so lange entzieht, bis dieser sich bewusst oder im unbewussten Verstehen und Wiederholen um seine Aneignung bemüht, bevor er selbst bemerkt, dass auch ihm eine endgültiges Verfügung über die Sprache versagt ist. Dieses Geschehen des Selbstentzugs der Bedeutung in der Sprache kann – das zeigen sowohl die modernen Texte Poes, Lacans und Derridas wie auch in mindestens ebensolcher Komplexität der *Homerische Hymnos* und das faszinierende Hermes-Gedicht des Simias von Rhodos – durch die Reflexion auf den Vorgang der Sprachbildung als ein Vorgang der Entwendung beschrieben werden.

Zweites Kapitel:
Hermes, der Gott der Diebe und der Sprache

6|2|1
Der Trickster Hermes als kindlicher Dieb, als Dichter und als angemaßter Gott

Die Beantwortung der Frage nach dem Diebstahl im Feld der Sprache und der Analyse von diskursiven Aneignungen ist in einer Behandlung der Entwendungsgesten der französischen Philosophie nicht befriedigend abzuschließen. Die Fragen nach dem Gesetz der Sprache und die Interpretationsmöglichkeiten des *Purloined Letter* lassen es kaum mehr zu, eine weitere Position einzunehmen, die sich nicht von Anfang an einem Angriff von allen Seiten ausgesetzt sieht. Theoretische Texte über semantische Aneignungen und gegenseitige Entwendungen von Begriffen und Theorieaspekten sind in der Nachkriegsphilosophie fast überall aufzufinden und beginnen umeinander und um sich selbst zu kreisen, so dass es manchmal scheint, als wäre der gesamte französische Diskurs der Nachkriegsphilosophie unter Anwendung einer von Foucault für sein Werk eingestandenen „Technik der interessierten Plünderung"[1] derer entstanden, die vorher oder gleichzeitig geschrieben haben. Deswegen sollen an dieser Stelle die philosophischen, rezeptionstheoretischen und tendenziell zirkulären oder dezidiert und strategisch ziellosen Überlegungen Lacans und Derridas verlassen werden, um einen anderen Primärtext als den *Entwendeten Brief* zu untersuchen und daran die oben versuchte Argumentation in einem unendlich dicht besetzten theoretischen Raum in etwas freierer Luft nochmals zu erproben und mit klareren Konturen beweisen. Der Text, der untersucht werden soll – das Gedicht *Ei* des Simias von Rhodos – zeichnet sich nicht zuletzt dadurch aus, dass er noch nie Gegenstand einer umfassenden systematischen Deutung war, dass darin aber sehr ähnliche Konzepte des Diebstahls, der Sprache und der Subjektivität verhandelt werden, wie sie oben bereits beschrieben wurden. Dieser Sprung aus der kreisenden Interpretationskette des entwendeten Signifikanten, der die Argumentation ein weiteres Mal in die Antike führt, soll aber nicht in erster Linie eine radikale Kritik der poststrukturalistischen Philosophie sein, sondern vor allem in einer Distanz dazu das Moment und das Funktionieren des literarischen Diebstahls deutlicher illustrieren. Weder soll dabei aus der Antike eine neue, die Erkenntnisse der französischen Philosophie noch überragende Ein-

---

[1] Michel Foucault: „Die gesellschaftliche Ausweitung der Norm" In: Ders.: *Dits et Ecrits*. Band III. Hg. v. Daniel Defert u. François Ewald. Frankfurt a. M. 2003. S. 99-105, hier S. 104.

sicht gewonnen werden, noch soll in einer impliziten Behauptung, dass jeder philosophische Gedanke bereits in der Antike vorhanden war, ihr eine – damit immer etwas fahl bleibende – Aktualisierung geschenkt werden. Intendiert ist hier stattdessen, zu zeigen, wie zu denkbar unterschiedlichen Zeiten und in differenten kulturellen Konstellationen die Metapher des Diebstahls konstant als sprachphilosophische Überlegung zur Verfügung stand. Der Diebstahl soll in seiner Verwendung im Sinne einer Blumenberg'schen „absoluten Metapher" umrissen werden, die dem Ausdruck zu verleihen versucht, was nicht in der Reinheit philosophischer Begriffe reflektiert werden kann: Sprache operiert, wie einleitend zu diesem Kapitel beschrieben, zwangsläufig mit wenigstens punktuellen Unklarheiten, wenn man in ihr selbst über sie nachzudenken beginnt. Das Motiv des Diebstahls als eine Metaphorisierung dieser Unklarheit des Signifikanten und der Ungreifbarkeit des Signifikats oder des sprechenden Subjekts in der Sprache hat eine Funktion, die nicht erst in der Postmoderne bemerkt und reflektiert wurde, sondern die sich anbietet, sobald ein diskursives Reflektieren über Sprache möglich wird. Das ist im antiken „Wahrheitsprogramm"[2] als mythischer Grundordnung ebenso möglich wie in einem der modernen rationalistischen oder rationalitätskritischen Wahrheitsprogramme. – Menschliche Wahrheitsformationen stehen in ihrer letzten Ebene immer auf einem sprachlichen Fundament, daran ändern einige tausend Jahre nicht viel.

Die Götter des griechischen Pantheon hatten die Aufgabe, die Welt einer klaren Zuständigkeit entsprechend zu durchwalten. Neben den elf olympischen Göttern, deren Ergänzung zum vollständigen Dutzend durch den Dieb Hermes im Folgenden nachgezeichnet wird, benennt Hesiod die Menge aller höheren und niederen Gottheiten mit der phantastischen Zahl von 30.000, die eine unüberblickbare, überwältigende Fülle bezeichnen soll.[3] Jeder dieser Götter Hesiods ist dabei nicht nur als eine metaphysische Wahrheit und ontologische Präsenz zu verstehen, sondern dient als Allegorie einer lebensweltlichen Erfahrung des Menschen, die in dieser begrifflichen Gottheit einen metaphorischen Ausdruck und einen dem Menschen überlegenen Aktanten finden kann. In der Antike geschahen Dinge nicht einfach, sondern sie hatten immer einen Akteur. Anstatt eine lebensweltliche Tatsache und ein Geschehen einem unbehausten und rational geleerten Symbolsystem oder einem harten monotheistischen Gefüge zu überlassen und das Subjekt unter den Zwang dieses Systems zu stellen, ist das fluide frühantike Wahrheitsprogramm in der Lage, eine mythische Gesamtordnung anzunehmen und sich einer blinden Notwendigkeit in Begriffen einer göttlich-polytheistischen Ordnung zu verpflichten: In der Antike kann jedem historischen Ereignis und jedem noch so kontingenten Alltagsgeschehen ein spezifischer Akteur zugeordnet werden. Hesiod exemplifiziert diese plurale Omnipräsenz des Göttlichen im Alltag, wenn er in den *Werken*

---

2 Paul Veyne: *Glaubten die Griechen an ihre Mythen?* Übers. v. Markus May. Frankfurt a. M. 1987. S. 34. – Der Begriff des „Wahrheitsprogramms" und des Glaubens, mit dem Paul Veyne arbeitet, ist deutlich christlich konnotiert und trägt daher zu einem Verständnis des antiken religiösen Denkens, das immer in der Lage war, einem Geschehen einen bestehenden oder neu erschaffenen Gott zuzuordnen, nicht allzu viel bei.

3 Hesiod: *Werke und Tage.* Vers 760. S. 59.

und Tagen nebenbei die Frage stellt und dezidiert offen lässt, ob man nicht auch hinter dem ‚Gerücht' so etwas wie eine Gottheit vermuten könne.[4] Mit dieser bei Hesiod eher beiläufigen Bemerkung wird deutlich, dass noch in der alltäglichsten Erfahrung die Götter über den antiken Menschen regierten: diese Götter wurden als solche bezeichnet und erst zu Göttern ernannt, wenn über sie gesprochen werden sollte, was Hesiod an dieser Stelle bewusst nicht tut, sondern im ungeklärten Modus der Frage belässt. Das Gerücht besteht als solches, und erst wenn ein Nachdenken darüber begonnen wird, wie es auf den Menschen wirkt und sein Verhalten bestimmt, wird es nötig, es als Wesenheit zu bezeichnen. Das Gerücht als Gottheit ist eine „gesellschaftliche Tatsache"[5] ganz im Sinne Durkheims: es liegt als Tatsache vor und erhält erst dann eine religiös-symbolische Signifikanz, wenn diese Tatsache thematisiert und zu verarbeiten versucht werden soll. – Je poetischer und spielerischer ein Text auftritt, desto leichter fällt ihm der Umgang mit dieser Möglichkeit der Einteilung der Welt in neue Götter und alte, irrelevant gewordene Geister.[6]

Ein weiteres Beispiel für die Flexibilität der antiken religiösen Vorstellungen findet sich in Aristophanes' Komödie *Die Ritter*, in der auf den Ausruf eines verzweifelten Sklaven, jetzt bliebe nichts mehr, als sich vor den Göttern in den Staub zu werfen, ein anderer Sklave mit der so provokativen wie nüchtern-süffisanten Frage antwortet, ob er denn wirklich noch glaube, dass es tatsächlich so etwas wie Götter gäbe.[7] Hier wird in der Komödie unterlaufen, was Durkheim als die gesellschaftliche Tätigkeit der Religion diagnostiziert hat, nämlich immer wieder Trennungen und Einteilungen zwischen dem Heiligen und dem Profanen und damit innerhalb der Gesellschaft vorzunehmen. Die Literatur, egal ob im Theater, in der Poesie oder in der episch-belehrenden Erzählung Hesiods, kann die Differenzierungsbemühungen der Religion infrage stellen und die das Kollektiv konstituierenden Trennungen auf eine schelmische Weise, wie bei Aristophanes, unterlaufen, oder sie kann, wie bei Hesiod, durch ein demonstratives Ignorieren dieser Erschaffungsnotwendigkeit des Heiligen aus dem Profanen demonstrieren, wie der Mensch sich seine Götter selbst erschafft. Veyne beschreibt den renitenten Sklaven als Mitglied einer in jeder Kultur vorhandenen agnostischen Minderheit, um zu beweisen, dass die Griechen im Grunde wirklich an ihre Götter glaubten. Es ist aber ebenso möglich, die blasphemische Tendenz dieses Sklaven als grundlegende Möglichkeit des damaligen Denkens zu betrachten: die Götter wären dann keine ontologischen und unumgehbaren Präsenzen, sondern Möglichkeiten, der kollektiven und physi-

---

4 Ebd. Vers 250. S. 21.
5 Émile Durkheim: *Die elementaren Formen des religiösen Lebens*. S. 604: „Diese Wesen sind nichts anderes als objektivierte Kollektivzustände. Sie sind die Gesellschaft selbst, gesehen unter einem ihrer Aspekte."
6 Noch bezeichnender für Hesiods unbeschwerte Erfindung von Göttern ist die elegante Trennung der Göttin Eris in eine gute und eine schädigende Eris, die er gleich zu Beginn der *Werke und Tage* vornimmt.
7 Aristophanes: „The Knights." In: Ders.: *The Comedies of Aristophanes*. Übers. u. Hg. v. William James Hickie. London 1853. S. 50-114, hier S. 55. In „The Clouds" bemerkt ein ähnlich blasphemisch eingestellter Protagonist: „The gods are not a current coin with us." In: Ebd.: „The Clouds." S. 115-179, hier S. 128.

schen Realität Ausdruck zu verleihen und der literarische Text hätte die Funktion, eine Variabilität des Bezugs zu dem auszudrücken, was als heilig und zwingend gilt. Die Götter der Antike hatten nicht nur eine kultische Funktion, sondern konnten von einem beschreibenden und kreativen Denken als Begriffe zur Darstellung und Hinterfragung der Welt gewählt oder gezielt im Ungewissen gelassen werden. Auch in der späteren Antike konnte noch mit ähnlicher Unbetroffenheit von der Macht des Heiligen gesprochen werden, wenn Ovid zu Beginn seiner *Metamorphosen* die Erschaffung und Ordnung der Welt, die für seine Erzählung nicht von Belang ist, schulterzuckend „dem Handeln irgendeines Gottes"[8] überlässt und damit wie Hesiod offen lässt, ob diese spezifische Göttlichkeit überhaupt von Belang sein muss. Ein letztes Beispiel für die Modifizierbarkeit und Relativität der Idee des Göttlichen ist dem *Misanthropen* Lukians zu entnehmen, wo im satirischen Göttergespräch ein müde wirkender Zeus vor Hermes zugeben muss, dass er schon längere Zeit nicht mehr in Attika gewesen sei und er sich dort nur noch ungern aufhalte, schlicht, weil er dort nicht mehr gefragt sei: all die Tempeldiebe würden die Götter nicht mehr achten und seine alten Blitze würden an den Philosophen stumpf werden, die behaupten, es gäbe ihn gar nicht.[9] Der absolute und für das Denken zwingende Gott, der nach der Antike entstand, der ihre Flexibilität durch ein starreres System klarer Kategorisierbarkeit ablöste und durch den alles Erleben und Denken unumgehbar bestimmt wurde – und der nicht mehr so leichtfertig vom Sprechenden als beiläufige Gottheit beiseitegelassen werden konnte – war zum Zeitpunkt Hesiods noch nicht eingeführt und hatte sich zur Zeit Lukians noch nicht durchgesetzt.[10]

Über dem alltäglichen und unübersichtlichen Gewimmel der niederen Götter thronen, vom starken Zeus angeführt, die olympischen Gewalten, die dem Kosmos sein geordnetes Gefüge geben. Aber dieser Kosmos als Ganzes ist ebenfalls nicht als eine regelmäßige und ewige Struktur zu begreifen, sondern als ein ständig zu bändigendes und im Fluss befindliches a-statisches Werden. Unter den Großen der griechischen Götter herrschen Rivalitäten und Konflikte, die die Ordnung der Welt unablässig verwandeln. Dazu kommen mit den Moiren, Erinnyen und Musen die Gestalten der Unverfügbarkeit, die selbst die Sicherheiten der Olympier durchkreuzen können, und die buchstäblich als Faktoren der Kontingenz beschrieben werden können. Dem berühmten Zitat von Heraklit zufolge stieg der antike Mensch „nie zweimal in denselben Fluss"; um diese Erfahrung einer in dauerndem Wandel befindlichen Welt zu veranschaulichen, müsste man diesem Paradigma des konstanten Werdens heute noch hinzufügen, dass sich auch niemand sicher sein konnte, aus dem Fluss je wieder ans selbe Ufer zurückkommen zu können.

---

8 Ovid: *Metamorphosen*. S. 9: „quisquis fuit ille deorum".
9 Lukian von Samosata: *Timon der Misanthrop*. Übers. v. August Friedrich Pauly. Stuttgart 1827. S. 60-97, hier S. 65.
10 Dieser Wechsel vom antiken zum christlichen Denken und die immense Bedeutung dieses Geschehens wurden bereits im Zusammenhang mit der Aufgabe der öffentlichen Opferreligionen und dem Aufkommen der privaten monotheistischen Bekenntnisreligionen besprochen. Siehe dazu die Kapitel und Abschnitte dieser Arbeit, die sich theologischen und religionsphilosophischen Fragen widmen.

Eine besondere Rolle in solchen polytheistischen Welten der unablässigen Veränderung spielen die Gottheiten, die die moderne Religionswissenschaft als „Trickster" bezeichnet hat.[11] Diese archetypischen Schelme befinden sich meist in einer Mittlerposition zwischen den Göttern und den Menschen: sie stehen den Gewaltigen ebenso nah, wie sie ihre Pläne grundlos und oft zugunsten der Menschen vereiteln. Sie durchkreuzen die Absichten der Götter, haben dafür aber keinen festgelegten Plan und keine Ideologie, sondern sind subversive Störer, deren Handeln ein mögliches Gleichgewicht und eine fatale Stillstellung des Kosmos verhindert. Der Trickster hat als Gottheit in der symbolischen Struktur des jeweiligen kulturellen Gefüges die Aufgabe, eben die Symbole zu unterlaufen, die die Religion ausmachen und stabilisieren. „[The trickster] is positively identified with creative powers, often bringing such defining features of culture as fire or basic food, and yet he constantly behaves in the most antisocial manner we can imagine."[12] Die Figur des Tricksters steht damit weniger für eine Arbeit am ‚Absolutismus der Wirklichkeit', sondern ist durch seine punktuelle Infragestellung der göttlichen Ordnung ein Agent der Arbeit an der Störung des Absolutismus des Mythischen, das droht, durch Erstarrung zum Dogma zu gerinnen. Damit ist der Trickster eine Figur der Depotenzierung schlechthin. Jedes symbolische Feld hat solche Funktionen der Prüfung der Zeichen auf ihren Sinngehalt. Trickster müssen nicht unbedingt als personifizierte Aktanten auftreten, sondern können als Begriffe und philosophische Konzepte schelmisch agieren und in sprachlichen Feldern vorhandene Sinngefüge unterlaufen, indem sie allzu sichere Verbindungen zwischen machtvollen Signifikanten und ihren Signifikaten in Unruhe versetzen.

Mit Prometheus wurde ein solcher Trickster, den Blumenberg ins Zentrum seiner *Arbeit am Mythos* gestellt hat, bereits besprochen, und seine Bedeutung als derjenige, der dem Menschen die gestohlene Vernunft als göttliche Eigenschaft schenkt und dadurch die Ruhe der Götter untergräbt ist offensichtlich.[13] Eine nicht weniger prominente Tricksterfigur ist Hermes, der Gott, der den Menschen über Prometheus' Geschenk des ‚Feuers an sich' hinaus die Fähigkeit brachte, selbst Feuer machen zu können. Hermes sticht sogar im für seine Wandlungsfähigkeit bekannten griechischen Pantheon noch durch die Vielgestaltigkeit seiner Rollen heraus: „Hermes is not only the Thief, but also the Shepherd, the Craftsman, the Herald, the Musician, the Athlete, and the Merchant."[14] Vor allem aber ist Hermes der Gott der Sprache und des sich immer entziehenden Verständnisses dessen, was

---

11 Claude Lévi-Strauss: *Strukturale Anthropologie I*. S. 247ff. Zur Übersetzbarkeit des Trickster-Begriffs in „Narr" oder „Schelm" vgl. *Die Intrige* von Peter von Matt. München u. Wien 2006. S. 277-287. Siehe in dieser Arbeit auch die Seiten 187ff. u. 102ff.
12 Barbara Babcock-Abrahams: „A Tolerated Margin of Mess. The Trickster and his Tales Reconsidered." In: *Journal of the Folklore Institute*. Indiana 1974. S. 147-186, hier S. 147.
13 Auch der hebräische Gott der Mosesbücher wurde oben schon als ein Trickster besprochen, der aber kein Trickster unter anderen Göttern, sondern unter den Menschen ist. (Siehe S. 194f.)
14 Norman Brown: *Hermes the Thief. The Evolution of a Myth*. Wisconsin 1947. S. 3. – Alle diese Rollen sind, wie wir noch sehen werden, um die des Diebes herum organisiert, bzw. sind sekundär und unterstützend für Hermes' rege Diebstahlstätigkeit.

Sprache kommuniziert. Derrida beschreibt ihn in der Rolle des „Götterboten", des „listigen, erfindungsreichen und subtilen Zwischenträgers, der Entziehende und der sich stets Entziehende. *Le dieu (du) signifiant*: der signifikante Gott/der Gott Signifikant – der Gott des Signifikanten."[15]

Hermes brachte den Menschen die geordnete Sprache in Form der Poesie, der Erzählung und der mythischen Bannsprache, er lehrte die Menschen die Schrift, machte ihnen die Botschaften der Götter entzifferbar, und Hermes ist vor allem, was einem zum Legalismus und zur bürgerlichen Ruhe neigenden Denken wohl am befremdlichsten ist, der Gott, der die Diebe beschützt, ja mehr noch, der selbst vor allem ein Dieb ist.[16] Das früheste Zeugnis Hermes' als Gott der Diebe und der Poesie liegt in den *Homerischen Hymnen*[17] vor, die zwar aller Wahrscheinlichkeit nach nicht von Homer selbst stammen, die aber etwa zur selben Zeit entstanden sind wie die homerischen Epen, und die neben Homers tatsächlichen Werken und Hesiods *Theogonie* als die ersten kanonischen Texte zur griechischen Götterwelt rezipiert wurden. Im *Hermeshymnos* wird berichtet, wie es ein kleiner Gauner in das olympische Zwölferpantheon schaffen und sich ganz buchstäblich in diesen erlauchten Kreis ‚hineinstehlen' konnte.

6|2|2
Der *Hermeshymnos*, der von der Überlistung Apollons und der Selbstvergöttlichung eines Diebes erzählt

Um Hermes als Gott der Sprache und als den Prototypen aller nachfolgenden literarischen Diebe zu beschreiben, muss bei der ältesten und stichwortgebenden Erzählung von ihm eingesetzt werden. Die *Homerischen Hymnen* erzählen in einem der Hymnen von Hermes, wie er unmittelbar nach seiner Geburt und noch ‚in Windeln liegend' zweierlei tut: Er entführt Apollons Rinderherde und er erfindet die Lyra.[18] Mit ihr ist Hermes nicht nur der Erfinder des Saitenspiels, sondern auch der erste Hymnensänger und der Erfinder der poetischen und berichtenden Sprache, da das Instrument der Leier in der Antike nie ohne lyrisch-erzählende Stimmbegleitung gedacht werden kann.[19] Diese beiden Handlungen des Diebstahls und der Einführung der Poesie sind keine getrennten Geschehnisse, sondern verschmel-

---

15 Jacques Derrida: *Dissemination*. Übers. v. Hans-Dieter Gondek. Wien 1995. S. 98. [Kursivierung im Original.]
16 Vgl. hierzu das kultgeschichtliche Werk des Schulmeisters Christian Mehlis: *Die Grundidee des Hermes vom Standpunkt der vergleichenden Mythologie*. Band I. Erlangen 1875. S. 52f, wo Hermes' Patronat der Diebe innerhalb weniger Zeilen mit moralisch distanzierter Ablehnung belegt und in seine Beziehung zum Nächtlichen, Listigen aufgelöst wird.
17 *Homerische Hymnen*. S. 62-92.
18 Für einen ausführlichen und sehr genauen Kommentar zum Hymnos, siehe: Athanassios Vergados: *The ‚Homeric Hymn to Hermes'. Introduction, Text and Commentary*. Berlin 2012.
19 *Homerische Hymnen*. S. 149.

zen zu einem einzigen Vorgang: bereits auf der Suche nach Apollons Rindern findet der durchtriebene Junge vor der Höhle, in der seine Geburt durch die von Zeus geschwängerte Nymphe Maia geschah, die Schildkröte, aus deren Panzer er kunstfertig und folgenreich den Körper des Instruments herstellt.[20] Der Hymnos, der ihm gewidmet ist, wird damit durch ihn selbst erst ermöglicht: er ist der Autor und Urheber seiner eigenen Preislieder, so wie er als einziger der Olympier selbst für seine Erhebung in den olympischen Götterstand sorgt. Die Betonung, die im *Homerischen Hymnos* darauf gelegt wird, dass Hermes der Gott ist, bei dem „Worte und Taten", *epos* und *ergon* direkt zusammenfallen,[21] unterstreicht, dass sein Gesang und sein Handeln, also die Lyrik und der Diebstahl eine zusammengehörige Tätigkeit sind, und dass also auch sein Gesang und sein Bericht von den Leben und Meinungen der Götter schon etwas von einer schelmischen Infragestellung der göttlichen Autorität hat. Hermes ist ein Gott, dessen Hymnos dauernd einen etwas humorvollen Tonfall hat; das illustriert seine Figur als Ganzes: Er ist derjenige, durch den das ganze Pantheon mit der Möglichkeit des Gelächters ausgestattet wird, und mit dem die gravitätische Herrlichkeit der Götter vielleicht nicht ins Lächerliche gezogen werden, aber sicherlich Elemente eines entlastenden Humors erhalten kann.[22]

Die Beschreibung, wie Hermes als geschickter Handwerker aus dem Schildkrötenpanzer, aus Zweigen und aus Schafsdarm die Leier baut, ist strukturell und inhaltlich parallel zu der direkt darauf folgenden Beschreibung, wie er den gestohlenen Kühen Sandalen aus Reisig anlegt, um die Spur der fortgetriebenen Rinderherde unleserlich zu machen. Hermes verdreht die Ordnung, die die Götter der Welt gegeben haben: Er geht rückwärts und dreht auch den Kühen die Hufe um, er formt den Rindern seltsame Schuhe aus Zweigen und fordert die Menschen, denen er begegnet auf, den Verfolger Apollon in die Irre zu leiten; Hermes improvisiert die Verschleierung seiner Tat mit derselben Kunstfertigkeit, mit der er die Lyra erfindet und den Menschen die poetische Sprache gibt. Was Hermes hier tut, dient nicht einfach nur dazu, sich selbst an Apollons Herde zu bereichern, sondern der Vorgang ist, was viel bedeutsamer ist, ein Exempel der Überlistbarkeit der Götter und die Präsentation seiner selbst als desjenigen, der diesen Göttern mit seinen Listen und seiner verschleiernden Zeichengebung überlegen ist: Der allsehende Sonnengott Apollon wird durch Hermes in die Irre geführt – ihm wird die Welt unlesbar gemacht, während den Menschen die hymnische Literatur gegeben wird, mit denen die Beschreibung der und die Entlastung von der göttlichen und sozialen Welt möglich werden. Hermes ist nicht nur ein etwas aufmüpfiger junger Gott und der Götterbote, der den Menschen die Pläne der Götter verrät, sondern er verwirrt das olympische Gremium und stellt seine Macht infrage.[23] Ähnlich wie

---

20 Ebd. S. 65.
21 Ebd. S. 64f.
22 Zu Aspekten des Humors im *Hymnos*, siehe: Vergados: *Homeric Hymn*. S. 26ff.
23 Als Bote der Götter und treuer Dienstmann des Zeus wird Hermes in Aischylos *Gefesseltem Prometheus* von seinem Diebeskollegen hart angegangen: Er sei nichts als ein „Götterknecht" und Prometheus wolle sein Leiden als Gefesselter nicht „vertauschen gegen [Hermes] Dienstbarkeit."

der Minister D— mit seiner poetischen Vorgehensweise die Macht des Königshauses, die durch das analytische Denken des Polizeipräfekten beschützt werden soll überlistet, verschafft sich Hermes einen ebenso subversiven Vorteil vor dem gewaltigen Apollon, der mit seinen wolfsartigen Hütehunden sein Eigentum zurückerobern will. Die ergebnislosen Nachforschungen Apollons in der Höhle, in der Hermes in seinen Windeln in der Krippe liegt, deuten auf die Unschuld und Unfähigkeit des Knaben hin, was heißt, dass Apollons rigide Denkweise der subversiven List Hermes' nicht gewachsen ist. Apollon und der Polizeipräfekt glauben an die Zuverlässigkeit der Welt, an ihre Berechenbarkeit durch gründliche Spurensuche und durch Indizienparadigmen, Hermes und Dupin beweisen ihnen die verwirrende Zwiespältigkeit der Welt.

Während Hermes seine für den in diesem Hymnos recht plump und hilflos wirkenden Apollon nicht mehr verfolgbare Beute wegschafft, begegnet er einem Bauern, den er warnt, nur ja einem möglichen Verfolger nicht zu verraten, was er gesehen habe, weil er sonst der eigenen Sache schaden werde.[24] Was Hermes tut, hilft indirekt immer den Menschen, und sein Rat ist der zu einer Zurückhaltung im Kontakt mit allem Göttlichen, die der Warnung Prometheus' an seinen Bruder ähnelt, im Umgang mit den Göttern nur ja ihre Geschenke zu meiden. Als Apollon mit seinen vier wilden Hütehunden die Rinder endlich aufspürt, weil der Bauer ihm trotz Hermes' Warnung verrät, in welche Richtung der Dieb geflohen ist, dringt er in die Höhle der Maia ein und untersucht sie mit derselben Gründlichkeit wie der Polizeipräfekt das Haus des Ministers. Apollon nimmt den harmlos in seiner Wiege liegenden Knaben gewaltsam mit und schleppt ihn vor Zeus, der zwischen ihnen Recht sprechen soll.[25] Auf Zeus' Befehl hin verrät Hermes Apollon, wo er die Herde versteckt hat, und Apollon verzeiht ihm seine Tat unter der Bedingung, dass Hermes ihm die Leier überlässt. Hermes aber, der davor das Feuermachen erfunden hatte, hat zwei von den Kühen bereits den *zwölf* olympischen Göttern geopfert. Das ist der letzte und vielleicht raffinierteste Zug dieses Trickstergottes, der nicht nur den elf schon bestehenden Göttern, sondern auch sich selbst dieses Opfer darbringt, und sich mit dieser so gewagten wie selbstverständlichen Beanspruchung der olympischen Würde selbst zu den großen Zwölf rechnen lässt: Er erfindet das Tieropfer und schleicht sich damit zugleich listig ins Pantheon ein, indem er von seiner Diebesbeute sich selbst opfert. Die Selbstreferenz, die im ‚Hymnos an sich selbst' liegt, wird im Opfer des Diebesgutes wiederholt: Hermes

---

(Aischylos: *Der gefesselte Prometheus*. S. 43f.) Diese Doppelgestalt des Diebes ist nichts ungewöhnliches: fast alle in dieser Arbeit besprochenen Diebe befanden sich in einem Knechtschaftsverhältnis, bevor sie sich durch ihre Tat von ihrem Herrn zu distanzieren versuchten, und auch Prometheus wird als der Helfer des Zeus gegen die Titanen beschrieben, bevor er sich den Menschen zuwendet und für sie stiehlt.

24 *Homerische Hymnen*. S. 67.
25 Genauer: er hebt Hermes aus seiner Krippe, woraufhin dieser laut vernehmlich furzt und seinem Entführer ins Gesicht niest. Daraufhin wird er vom glänzenden Apollon nochmals pikiert fallen gelassen, der mit einer solchen unerhörten Respektlosigkeit offenbar nur schwer umgehen kann. *Homerische Hymnen*. S. 79. Zeilen 293-298.

erhebt sich mit dem Gesang zum Besungenen und mit dem Diebstahl zum Gott. Aus seinem großen postnatalen Hunger auf Rindfleisch ist nun die symbolische Bemächtigung geworden, die ihn zwar nicht sättigt, aber ein Gott werden lässt.

Der lyrische Gesang des Hermes, den er mit der Leier dem Sonnengott im Tausch gegen Straffreiheit vermacht, ist das Mittel, mit dem die Kommunikation zwischen den Göttern, der symbolischen Ordnung und den Menschen möglich wird. Der Kultus des Opfers und der Mythos der Erzählung werden in der ambivalenten Hermes-Geschichte als kultische Unterwerfung und narrative Auflehnung miteinander verschränkt: der Opfernde unterwirft sich dem Gott, aber in der Erzählung von der Entstehung dieses Opfers geschieht eine umfassende Depotenzierung alles Göttlichen. Der Mythos und die Poesie sind die Erzählung und die Hermeneutik der göttlichen Macht: Der Mythos erzählt nicht nur von Übermächtigem, sondern ermöglicht gleichzeitig, sprachlich über es zu verfügen. Die Macht wird präsentiert, aber sie wird auch erzählbar, und damit veränderbar. Die Mythologie, die von den Göttern erzählt, ist damit als eine Form der Welterklärung bestimmt, die es dem Menschen ermöglicht, unter dem Willen der übermächtigen Götter bestehen zu können. Dieses Bestehenkönnen vor den Göttern, das Hermes mit der Lyra und der Demonstration der Beschränktheit apollinischer Gewalt ermöglicht, ist in allen seinen Handlungen zusammengefasst: er stiehlt von den Göttern, er verwirrt ihr Verständnis der Welt, er gibt den Menschen die Beschreibung der Götter und macht sie dadurch begreifbar, er opfert den Göttern und erhebt sich damit selbst zum Gott. Sein Handeln ist immer darauf ausgelegt, zu zeigen, dass es der trickreich handelnde, poetisch denkende und listige Schelm ist, der vor den Göttern bestehen kann: Derjenige ist ein erfolgreicher Dieb, der nicht nur zum eigenen Gewinn stiehlt, sondern der das Gestohlene in Bezug auf sich selbst semantisch umbesetzen und so das Geschehen auf der Ebene der symbolischen Ordnung auf seine eigene Subjektivität hin umdeuten kann.

6|2|3
Hellenistische Hermesdichtung als philosophierende Sprachreflexion: Das gestohlene *Ei* des Simias von Rhodos

Der *Homerische Hymnos* ist die älteste Beschreibung des Diebes Hermes, die die Möglichkeiten zu einer immensen Variabilität seiner Figur eröffnete. Vor dem Hintergrund dieses in die symbolische Gestalt des Gottes der Diebe und der Poesie einführenden Textes soll nun ein später entstandenes Gedicht beschrieben werden, das das poetisch-diebische Handeln dieses Tricksters auf einer metapoetischen Ebene verhandelt. In diesem Gedicht beggnen uns sogar noch deutlicher als im *Hermeshymnos* bestimmte Motive, die oben in der Interpretation des *Entwendeten Briefes* besprochen wurden: die Reihung und die Austauschbarkeit der Akteure, die unvermittelt den Platz des vorherigen Akteurs einnehmen, der mehrfache Entzug der Bedeutung, eine bedrohliche Veröffentlichung, Verbreitung und Disseminierung des Textes, die Selbstthematisierung des Textes bei gleichzeitiger Entzogenheit seiner ‚eigentlichen' Bedeutung und die Souveränität über die Sprache, die nur dem Dieb und auch diesem nur temporär ermöglicht wird. Es handelt sich dabei um ein Gedicht des Simias von Rhodos, eines hellenistischen Autors literarischer Kommentare und Gedichte.[26] Die überlieferten Gedichte des Simias fallen auf den ersten Blick dadurch auf, dass sie als Figurengedichte verfasst sind und damit in ihrer äußeren Form einer variierenden Zeilenlänge ikonisch den behandelten Gegenstand abbilden. Wegen dieser Auffälligkeit fanden sie bisher auch fast ausschließlich aufgrund ihrer erstaunlichen äußeren Form wissenschaftliche Aufmerksamkeit.

Simias von Rhodos war um 300 v. Chr. ein Mitglied des Schreiberkollegiums der Bibliothek von Alexandria, wo nicht nur die Kopie und die Übersetzung von Texten betrieben wurden, sondern in der neben Kommentaren zu schwierigen oder unklaren Abschnitten aus der Poesie und den Mythen auch grundlegende literaturtheoretische Überlegungen und poetologische Theorien entwickelt wurden.[27] Die *technopaignien* des Simias ähneln in ihrer äußeren Form erstaunlich der avantgardistischen Konkreten Poesie, die im Expressionismus ab dem Anfang des zwanzigsten Jahrhunderts entstand: Ein *Flügel* benanntes Gedicht von Simias ist in der Form zweier Flügel geschrieben, eines, das den Namen *Beil* trägt, hat die Form einer doppelflügligen Axt.[28] Diese piktografischen Texte überschreiten damit bildlich die Grenze der Textualität und werden selbst zu dem Gegenstand, den sie behandeln: Das besungene Beil und die dichterisch beschriebenen Flügel sind die Gedichte selbst. Damit ist die Selbstreferenzialität des Textes auf eine denkbar prägnante Weise präsent. Besonders im dritten überlieferten Gedicht des Simias, das den Namen und die Form von einem *Ei* hat, springt der Rezipient, wie im Folgenden zu zeigen sein wird, aufgrund einer besonders verwirrenden Anordnung der Zeilen zwischen der schriftlichen und bildlichen Wahrnehmung hin und her.

In der philologischen Rezeption des neunzehnten Jahrhunderts wurde vor allem die Frage diskutiert, ob diese metrisch und stilistisch extrem durchdachten und innovativen Texte als Epigramme in einem kultischen oder magischen Kontext auf Weihgaben genau der Gegenstände geschrieben wurden, deren Form sie nachahmen: die *Flügel* auf die Flügel einer Statue, das *Beil* auf ein Beil, das einem Gott geschenkt und an seinem Altar geweiht wurde. Solche aus der Antike durchaus bekannten Weihinschriften auf Gegenständen, die einem Gott gestiftet oder geop-

---

26 Den Hinweis auf dieses Gedicht, eine äußerst hilfreiche Übersetzung und eine sehr erhellende Erklärung des Textes verdanke ich einem Vortrag Irmgard Männlein-Roberts, ohne deren Hilfe ein Zugang zu diesem ausgesprochen schwierigen Text wahrscheinlich unmöglich gewesen wäre. Siehe dazu auch das Kapitel über dieses Gedicht in: Irmgard Männlein-Robert: *Stimme, Schrift und Bild. Zum Verhältnis der Künste in der hellenistischen Dichtung.* Heidelberg 2007. S. 142-150.
27 Zu Simias: Manuel Baumbach: „Simias". In: *Der Neue Pauly.* Band XI. Hg. v. Hubert Cancik u. Helmuth Schneider. Stuttgart u. Weimar 2001. Sp. 567f.
28 Zur Überlieferungs- und Rezeptionsgeschichte der *technopaignien* siehe: Silvia Strodel: *Zur Überlieferung und zum Verständnis der hellenistischen Technopaignien.* Frankfurt a. M. u.a. 2002. Auf den Seiten 236-272 wird dort das das *Ei* übersetzt und kommentiert.

fert wurden, sind allerdings gewöhnlich wesentlich kürzer, funktionaler und weit weniger poetisch verrätselt als die Simias-Gedichte.[29] Meist wird darin nicht mehr als der Name des Stifters, des empfangenden Gottes und der Grund der Weihgabe genannt. Die Gedichte des Simias sind wesentlich länger und komplexer und haben eine literarische Dichte und spielerische Selbstreferenzialität, die weit über die Schlichtheit und Funktionalität einer solchen Sakralinschrift hinausgeht. Diese Komplexität und Selbstbezüglichkeit der Gedichte spricht daher nicht für eine ausschließlich rituelle Verwendung, sondern dafür, dass es sich um Beispiele einer experimentellen Poesie handelt, die wie die modernen Figurengedichte die Vermittlungsstrategien des Schriftlichen selbst reflektieren soll. Es ist nicht nötig, ihnen einen kultischen Zweck völlig abzusprechen, aber die Tatsache, dass sie mit den Funktionen der schriftlichen und bildlichen Signifikation zu spielen beginnen, spricht dafür, dass sie über den Bereich der reinen Ritualgebundenheit hinaus rezipiert wurden: die Signifikanten des Textes finden ihr Signifikat nicht nur im rituellen Raum, sondern im Text selbst. Obwohl in der Antike konventionell die gesprochene und gehörte Rezeption von Texten dominiert, müssen diese Gedichte, damit diese doppelte Signifikation von Bildlichkeit und Textualität erkannt werden kann, auch als geschriebene Texte rezipiert werden, und also nicht nur im lyrischen Vortrag, in dem die ikonische Kommunikationsebene wegfallen würde.

Die singulären, gemischten Versmaße und die Länge und Komplexität der Texte weisen auf die damals entstehende zunehmende Selbständigkeit des Mediums der Schrift hin, die sich vom rein kultischen Kontext zu lösen beginnt und eine poetische und mythisch-poetologische Selbstreflektion als selbständiges Medium und Zeichensystem zu entwickeln beginnt. Die Schrift verliert im hellenistischen Mittelmeerraum in dieser Zeit die Fixierung auf eine nur magische Funktion – die zum Beispiel die jüngere Runenschrift über einen wesentlich längeren Zeitraum beibehielt – und kann ihre eigene Bedeutungsstruktur und intersubjektive Kommunikationsweise in den Blick nehmen. Schrift wird als nicht nur magisches, sondern auch selbstreflexives Medium begriffen und zunehmend zu einer Untersuchung der Bedingungen ihrer selbst eingesetzt. Allein diese Tatsache macht diese Gedichte an der Grenze zwischen magischem Ritual- und sprachlichem Gebrauchscharakter schon äußerst bemerkenswert. Dem von Simias von Rhodos neben den *Flügeln* und dem *Beil* überlieferten Gedicht *Ei*, das hier besprochen werden soll, kann eine reine Kultfunktion also mit ziemlicher Sicherheit abgesprochen werden. Beim *Ei* handelt es sich um ein metrisch und stilistisch äußerst diffizil konstruiertes zwanzigzeiliges Gedicht, das dem Gott Hermes gewidmet ist.[30] *Flügel* und *Beil* können noch problemlos in einen kultischen Opferkontext eingeordnet werden, und das *Beil* hat noch eindeutig die Struktur eines klassischen Weiheepigramms. Auch dort

---

29 Für Beispiele von Epigrammen, siehe: *Die griechische Literatur in Text und Darstellung*. Band I. Hg. v. Joachim Latacz. Stuttgart 1991. S. 306ff.
30 Zur Diskussion der Epigrammatik von Texten siehe weiter: Jon S. Brus: „Epigram". In: James J. Clauss u. Martine Cuypers (Hg.): *A Companion to Hellenistic Literature*. Oxford 2010. S. 117-135, hier insbes. S. 123f.

liegt aber schon eine Komplexität vor, die das Gedicht „in den Kontext der literaturkritisch-philologischen Studien"[31] seines Verfassers stellt. Das *Ei* entzieht sich einer kultischen Deutung auch schon insofern, als dass Eier keine sichere und auch aus der historischen Distanz nachvollziehbare kultische Funktion hatten.[32] Das *Ei* ist nicht einem Gott geweiht, sondern dem Rezipienten des Gedichtes. An seinem Beginn wird nicht ein Gott gnädig gestimmt, sondern ein Leser, bzw. ein Zuhörer: „der ursprüngliche Weihgestus ist also säkularisiert."[33] Dieses verwirrende Gedicht, das in keine bekannte Gattung einzuordnen ist, fand seine neuzeitliche Beachtung dadurch bisher fast ausschließlich wegen seiner äußeren Form und der scheinbar bedeutungslosen Verspieltheit seines Inhalts.

Ulrich von Wilamowitz-Moellendorf, der daran festhält, dass die Gedichte des Simias ihre Form durch den Gegenstand erhielten, auf den sie geschrieben wurden, versteht das Ei nur als ein sinnlos-heiteres und höchstens gewitzt konstruiertes Figurengedicht.[34] Er begnügt sich mit dem Gestus des großen Philologen, das *Ei* als ein „spaßiges Vexierstück" zu erklären, das Simias vielleicht „zum Feste irgendeiner Kneipgenossenschaft" mitgebracht haben könnte, „wie wir so viele aus seiner Heimat kennen"[35]. Mit dieser Einordnung in die niedrige Kategorie der Dichterwitze wird eine nähere Interpretation unterbunden, die den Inhalt des Gedichtes ernster nehmen und ihm eine tatsächlich poetische Absicht zugestehen könnte. Bei einer weniger voreingenommenen Betrachtung kann allerdings schnell festgestellt werden, dass das *Ei* wesentlich mehr ist als nur ein scherzhaftes Sprachspiel mit Metrik und Bildlichkeit, das möglichst in angeheitertem Zustand genossen werden sollte. Mehr noch: Die vielfältigen und äußerst komplexen Bezüge zwischen dem Inhalt, der Form und der metrischen Gestalt des Textes nur als gewitzten Dichterjokus abzutun, ignoriert die metapoetische und sprachtheoretische Dimension, die das Gedicht in jeder Zeile mitführt.

Bleibt man bei der Annahme, dass das *Ei* tatsächlich auf ein Hühner- oder Gänseei geschrieben wurde – was nicht endgültig ausgeschlossen werden kann, und auch nicht ausgeschlossen werden muss –, so dient die im folgenden Absatz besprochene komplexe Zeilenanordnung nicht nur der rezeptiven Verwirrung des Lesers, sondern diese besondere materielle Präsentationsform des Textes erschwert das Lesen noch zusätzlich dadurch, dass der Leser das fragile Ei in den Händen dauernd hin- und her, aufwärts und abwärts wenden muss, um den Text lesen zu können: Der Leser muss nicht nur in der geistigen Rezeption, sondern auch ganz

---

31 Männlein-Robert: *Stimme, Schrift und Bild.* S. 142.
32 Allerdings spielt das Ei als Weltursprung und als eine Art Universalmetapher eine Rolle in der ägyptischen Mythologie: Aus ihm ist der Gott Ra geboren, und damit haben sowohl die Welt wie die Sprache an ihrem Ursprung ein Ei. Siehe dazu: James P. Allen: *The Philosophy of Ancient Egyptian Creation Accounts.* New Haven 1988.
33 Männlein-Robert: *Stimme, Schrift und Bild.* S. 144.
34 Strobel: *Technopaigien.* S. 265.
35 Zitiert nach: Hermann Fränkel: *De Simia Rhodio.* Göttingen 1915. S. 61. – Man ist versucht, hinzuzufügen, dass man vom heutigen Standpunkt aus solche Kneipgenossenschaften wenigstens so sehr aus dem neunzehnten Jahrhundert zu kennen glaubt wie aus der Antike und dass diese Deutung damit mindestens ebensosehr Wilamowitz' Heimat geschuldet ist wie der des Simias.

stofflich äußerst vorsichtig mit dem Text umgehen, um ihn überhaupt wahrnehmen zu können, ohne ihn zu zerstören. Man kann sich vorstellen, dass das Ei fast komplett von Schrift bedeckt war, und damit der Text in sich geschlossen und unendlich kreisend ist. Das Lesen wird dann zu einem in sich zirkulierenden, schwindelerregenden Vorgang, eine palindromartige Zeichenkette, die einen so empfindlichen, fragilen Gegenstand wie ein Ei umschließt, das dauernd zu zerbrechen oder zu verderben droht. Die gebotene Vorsicht beim Lesen des Gedichtes wäre damit so weit getrieben, dass Simias' *Ei* nicht nur ein Wortkunstwerk, sondern auch ein materielles, stoffliches Kunstwerk wäre, dessen Rezeption performativ geschehen müsste, und das damit sogar noch mehr an moderne und postmoderne Kunstformen erinnert, die mit der radikalen Überschreitung ihrer klassischen Felder und mit einer Einbeziehung des Rezipienten experimentieren.

Zu einer genaueren und vorsichtigeren Betrachtung und Beurteilung als der Wilamowitz-Moellendorfs muss noch etwas näher auf die Form eingegangen werden, in der das Gedicht uns vorliegt: Das Gedicht hat zwanzig Zeilen, auf die erste Zeile entfällt eine einzige Hebung, die zweite Zeile hat zwei Hebungen, die dritte drei, usw., bis hin zur Mitte des Gedichts, ab der die Hebungen wieder abnehmen. So entsteht durch die vom Monometer zum Dekameter aufsteigende Zeilenlänge die äußere Form des Eis. Die Lektüre des Gedichtes wird allerdings noch wesentlich komplizierter, denn die Zeilen sind in einer besonderen Weise angeordnet: Nach der ersten muss die letzte Zeile gelesen werden, dann die zweite und die zweitletzte, die dritte, die drittletzte, usw., hin zur Mitte des Gedichts. Diese Anordnung der Zeilen, die nicht nur in angeheitertem Zustand das Lesen extrem erschwert, ergibt eine äußere Form, die schematisiert so aussieht:

Durch die unterschiedliche Länge der Zeilen wird die Ei-Form hergestellt – die das Gedicht jedoch erst zu einem einfachen Figurengedicht machen würde, das zur Mitte hin immer schneller, und dann wieder langsamer zu lesen wäre, bis es in der letzten Hebung einen rhythmischen Abschluss finden würde. Durch die besondere und äußerst seltene Anordnung der Zeilen kommt es aber bei der Lektüre zusätzlich zu einer Beschleunigung der Lesebewegung, die durch die ungewöhnlichen Auf- und Abwärtssprünge entsteht, die das Auge neben der normalen links-rechts-Bewegung bei der Lektüre dauernd vollziehen muss. Der Papyrus oder das Ei, das als Träger der Schrift funktioniert, muss dauernd und sehr schnell in alle Richtungen gewendet und bewegt werden. Das führt dazu, dass der Rhythmus des Gedichts beim Lesen kaum gehalten werden kann und der Leser im Leseprozess dauernd hinter die mit der Zeilenlänge schneller werdenden Metren des Gedichts zurückzufallen droht.[36] Das Gedicht im korrekten Rhythmus zu lesen, es also, wie in der Antike üblich, laut zu sprechen, wird zu einer sprachlich-rezeptiven Herausforderung, die fast nicht gelingen kann. Diese schon in der Form präsente Bewegung des getriebenen Hinterhersetzens hinter dem Takt des Gedichtes wird auch im Text thematisiert: Die Jagd hinter den Zeilen her entsteht, weil es der Hirte Hermes ist, der hinter dem Gedicht steht, und der die Hebungen wie eine Tierherde zu einer solchen Eile anstachelt. Hier soll der Versuch einer Prosa-Übertragung des *Eis* angeführt werden, die weder die äußere Form der Zeilenlänge und ihrer Lesereihenfolge noch den Rhythmus des Gedichts wiedergeben kann, in der aber auch noch inhaltlich die Beschleunigung zu spüren ist, die ihren Ausgangspunkt darin nimmt, dass Hermes das Gedicht seinem Autor stiehlt und die Metren wie ein Rudel junger Hirsche davontreibt:

> Hier, nimm dieses neue Ei der zwitschernden Mutter, der dorischen Nachtigall [gemeint ist der Dichter selbst, A.G.], nimm es mit geneigtem Sinn an. Denn der hell tönende Wehenschrei der heiligen Mutter brachte das Gewebe mit großer Mühe hervor; das nun bringt der stimmgewaltige Hermes, der Bote der Götter, zu den Stämmen der Sterblichen, nachdem er es unter den Flügeln der Mutter gestohlen hat. Er befiehlt, die Zahl der Versfüße, vom einfüßigen Metrum ausgehend, jeweils so anwachsen zu lassen, dass sie so groß wird, bis zur höchsten Anzahl von zehn Versfüßen und er bestimmt dazu die Ordnung der Rhythmen. Er bringt es eilend [den Menschen] und macht dadurch die schräge Neigung der einzelnen Füße von oben her deutlich; er schlägt dazu mit dem Fuß den Takt des vieltönenden, harmonischen Liedes der Musen, und er wechselt die Glieder gleich den geschwinden Hirschkälbchen, den Kindern der schnellfüßigen Hirsche gleich. Diese drängen in großer Sehnsucht geschwind zur ersehnten Brust der liebenden Mutter, eilend über steile Hügel mit schnellen Füßen auf der Spur der lieben Ernährerin; das Blöken der Kitze geht dabei über die Weiden der vielnährenden Berge und bis zu den Höhlen der schlankfüßigen Nymphen hinab. Und ein wildes Tier mit rohem Sinn vernimmt im Innersten seiner Höhle die wiederhallenden Stimmen und springt schnell auf, mit der Absicht, ein verirrtes Kind der gefleckten Mutter zu packen. Es stürzt hurtig aus der waldigen Schlucht der schneebedeckten Berge dem Klang dieser Stimmen nach. Den Hirschkälbchen gleich mit flinken Füßen lässt nun der berühmte Gott mit schnellen Füßen schlagend die vielgeflochtenen Metren des Liedes erklingen.[37]

Der Urheber des Gedichtes führt sich selbst als die dorische Nachtigall ein, aus deren Obhut der diebische Hermes das Ei entwendet, sobald es gelegt ist. Dem Poeten wird dieses bildliche Ei, also das Gedicht selbst, von dem Gott der Poeten selbst aus seinem Besitz gestohlen. Am Ursprung des Gedichtes steht also ein Diebstahl am Autor. Berücksichtigt man wieder die Tatsache, dass Gedichte in der An-

---

36 Der Rhythmus wird im Gedicht selbst betont, er soll beim Lesen mit dem Fuß mitgeklopft werden.
37 Diese Übertragung, die nur näherungsweise sein kann, ist eine Zusammenstellung der Übersetzung aus Strobel: *Technopaignia*. S. 240f. und der Übersetzung von Irmgard Männlein-Robert, (*Stimme, Schrift und Bild*. S. 142), abgeglichen mit der englischen Übersetzung aus J. M. Edmonds (Hg.): *The Greek Bucolic Poets*. Cambridge ^{8} 1960. S. 497.

tike nicht privat, sondern im laut gesprochenen Vortrag rezipiert wurden, ist es niemand anderes als der Leser, der das eiförmige Gedicht in die Hand nimmt und es einem Publikum vorträgt. Der Vortragende nimmt performativ die Rolle Hermes' ein, der das vom Dichter geschaffene Gewebe, das Ei den „Stämmen der Sterblichen" bringt. Damit werden durch die im Vortrag geschehende Veröffentlichung der Dichter zum Bestohlenen und der Leser zu Hermes. Das Gedicht, das mit seiner äußeren Form ermöglicht, dass es sich selbst im Text als Ei thematisieren kann, geht in der Referenz auf seine außertextuelle Darstellung aber noch einen Schritt weiter: Das Gedicht, das dem Dichter durch Hermes gestohlen und den Sterblichen gebracht wird, wird damit popularisiert und in dieser Geste jedem Menschen als zwiespältige Gabe zugänglich gemacht: Es wird dem menschlichen Autor weggenommen und den Menschen gegeben, die es zu verstehen versuchen. Der öffentliche oder private Leser des Gedichtes nimmt die Rolle Hermes' ein, indem er es vom Autor nimmt und es den Menschen präsentiert, wird aber sofort, wenn sich das gestohlene Ei unter seinen Augen in ein Rudel vor ihm fliehender Hirsche verwandelt, selbst das Opfer eines Diebstahls: der Text, die schriftliche Sprache ist schneller als er, das Gedicht entzieht sich dem Rezipienten. Wer sich einzelne Zeilen und Textteile anzueignen versucht, wird zu dem Raubtier, das die Bilder, den Takt und den Inhalt des Gedichtes ergreifen will. Der Leser stiehlt das Gedicht, aber es entflieht ihm, er kann die Worte nicht festhalten, sie jagen ihm davon.[38]

---

38 Eine weitere mögliche mythische Bedeutungsebene des Eis kann hier nur kurz angerissen werden: Derrida behandelt in *Dissemination* im Kapitel über das „Pharmakon" die Funktion, die dem Gott Theuth als dem Gott der Schrift in Platons *Phaidros* und im *Philebos* zukommt. Er betont dabei die singuläre und bemerkenswerte Entlehnung, die Platon damit an der ägyptischen Religion macht, und die einer kulturellen Aneignung des Fremden zur Begründung des eigenen Diskurses gemäß unserer Definition recht nahe kommt. (S. 94f.) Derrida weist auf die funktionale Entsprechung der Götterrolle hin, zwischen dem ägyptischen Theuth, bzw. Thot, und dem griechischen Hermes, den Platon in seinem Werk bezeichnenderweise nirgends erwähnt. Derrida definiert Hermes – in Äquivalenz zu Thot – mit dem oben angeführten Zitat als „Gott des Signifikanten." Was aber für unsere Überlegung ein noch wesentlich interessanterer Hinweis ist (S. 97.): Thot steht als Sohn eines Gottes, der aus einem Ei schlüpft, nämlich des Weltenschöpfers und Sonnengottes Amun-Re, in einer direkten Verbindung zum Konzept des Eis als einer Schöpfungsmetapher, die für den griechischen Hermes nicht nachgewiesen werden kann: nirgendwo außer bei Simias werden im griechischen Denken Hermes' Diebstähle mit einem Ei in Verbindung gebracht.
Die idiosynkratische Verbindung des Hermes mit dem Ei könnte also daher stammen, dass der in Alexandria lebende und schreibende Simias mit seinem Hermes, der das Ei des Autors und damit Schöpfers stiehlt, ein spezifisch ptolemäisches Konzept dieses Gottes verwendete, das ihn mit Thot verschmolzen hatte. Diese Verschmelzung der beiden Götter Thot und Hermes im Hellenismus, die mit Hermes Trismegistos, dem Begründer der Alchemie, eine eigenständige Figur hervorbrachte, ist historisch tatsächlich gegeben und war in der kulturellen Umgebung des Simias virulent: Thot, der als Figuration des Mondes der schöpferischen Sonne nächtlich-parasitär ihr Licht nimmt, und Hermes, der das Ei stiehlt, stehen zudem in einer Konstellation, von der man behaupten könnte, dass man sie im Gedicht des Simias wiedergespiegelt sehen kann. In Simias' Hermes wäre damit auf Thot und den Hermes Trismegistos gedeutet – und mit ihm, besonders in späterer Zeit, auch auf Moses, dessen Eigenschaft als Dieb und zauberischer Träger des ägypti-

Hermes selbst, der dem Dichter die Worte des Gedichtes und in seiner Bildlichkeit den ganzen Text stiehlt, legt den komplexen und getriebenen Takt des Metrums fest, mit dem das Gedicht dann dem noch so konzentrierten Leser davonzulaufen beginnt. Der flüchtige Inhalt jeder Zeile enteilt durch die metrische Beschleunigung jedem Versuch, mit dem Text Schritt halten zu wollen. Der Dichter wie der Leser werden damit Opfer einer Entwendung durch den diebischen Gott, der ihnen die Worte des sprachlichen Gewebes ungreifbar macht, sobald sie geschrieben oder gesprochen werden. Der Gott der Sprache bringt den zuhörenden Rezipienten selbst das Gedicht, das der Dichter wie eine Nachtigall gezwitschert, aber auch wie eine Geburtswehe gerufen hat. Hermes verhilft dem Gedicht ähnlich wie oben schon im *Hermes-Hymnos* an ihn selbst dadurch zur Existenz, dass er es stiehlt und es den sterblichen Menschen bringt – und auch ihnen wieder entzieht. Er ist als Dieb also gleichzeitig derjenige, der es dem Poeten und den Lesern wegnimmt, aber auch der, der erst ermöglicht, dass es überhaupt vernommen werden kann. Damit ist Hermes als der Gott der Sprache die Figuration einer sehr spezifischen, buchstäblich flüchtigen und ungreifbaren Sprachkonzeption. Wer das Gedicht lesen will, muss dem schnellen Rhythmus des Gedichtes zeilenspringend hinterhersetzen, um es sich raubend und gewaltsam aneignen zu können. So wird aus dem Ei unvermittelt eine Zahl wendiger junger Hirsche, die Hermes in seiner Funktion als Schäfer über die Berge treibt, und der Leser findet sich in der Position des Raubtieres wieder, der die Metren einzufangen versucht.

Aber es sind nicht nur diese äußeren Lektüre-Regeln, die das Gedicht zu einem so komplexen Text werden lassen. Ebenso leichtfüßig wie das Metrum des Gedichtes ist die fast surreale Metaphernkette der darin verwendeten Bilder: der Dichter ist eine Nachtigall, das Gedicht ein von ihm gelegtes Ei, und dieses Ei wird selbst zu den Hirschkälbern, die über die Berge zu ihrer Mutter eilen und dabei von einem Raubtier verfolgt werden, das das Gedicht unterbrechen und einfangen will. Was zuerst ein Ei war, das gestohlen und gelesen wird, erlebt in den ersten Zeilen eine Metamorphose zu den polyphonen Rufen eines Rudels flinker Hirsche und Zeilen, die nicht in dem Rhythmus gelesen werden können, die der Text vorgibt, und die auch der Leser nicht mehr greifen kann. Hermes stiehlt das Gedicht dem Dichter, verwandelt es in Hirschkälber und entzieht es dadurch dem Leser und nimmt es zuletzt auch dem Rezipienten, der für seine Deutung eine stringente und kausale Ordnung erhofft und benötigt. Das hinter den Hirschen hereilende Raubtier, von dem Ulrich Ernst sich sicher ist, dass es nichts „anderes bedeuten [kann]

---

schen Wissens im Kapitel über die Mosesbücher in dieser Arbeit besprochen wurde. Weil diese Beobachtung aber nur auf mythologischen Indizien beruht, die nicht am vorliegenden Text festgemacht werden können, soll sie nur angedeutet werden; da diese Verbindungen aber auch mehr sind als nur eine gegenstandslose Assoziation, sollen sie nicht unerwähnt bleiben. (Zu Thot siehe: Adolf Rusch: „Thoth". In: *Paulys Realencyclopädie der classischen Altertumswissenschaften*. Band VI. Stuttgart 1968. Sp. 351-388. Dort zu Hermes: Sp. 383ff., zu Trismegistos: Sp. 386-388, zu Moses: Sp. 388. Aber auch Männlein Robert: *Stimme, Schrift und Bild*.)

als den aggressiven Kritiker"³⁹, kann auch als dieser letzte Rezipient gesehen werden, egal ob Dichter, Leser, Hörer oder Kritiker, der, aufgeschreckt und verwirrt von dem Gedicht, hinter den schnellen Füßen, die Hermes dem fliehenden Text einschreibt, her zu lesen, ihn zu deuten und sich einzuverleiben versucht. – Alle Gestalten und Begriffe wandeln sich unvermittelt und niemand der an diesem Text Beteiligten behält seine ursprüngliche Figur: die Nachtigall wird zur Hirschkuh, das Ei zu ihren Kindern, Hermes wird zum Leser selbst und dieser dann zum zunehmend außer Atem geratenden Raubtier, das mit den Hirschen hinter dem Gedicht hersetzt, zurück zur Mutter oder – auch das lässt der Text zu – zu einer ganz neuen mütterlichen und behütenden Figur, die wieder für Hermes stehen könnte. Diese plötzlichen und richtungslosen Metamorphosen lassen sich den Text jeder geradlinigen, auf Einheitlichkeit und Verständlichkeit zielenden Interpretation widersetzen: ein greifbarer Sinn und eine sichere Bedeutung eines einzelnen Signifikanten findet sich nur in der Atemlosigkeit seines Interpreten und in der Unsicherheit der Bedeutung der Worte. In dem Gedicht können also deutliche Entgegensetzungen gegen die klassischen Regeln der Logik gefunden werden: Das Identitätsprinzip des A=A ist für den Text dann außer Kraft gesetzt, wenn der Dichter gleichzeitig die Nachtigall und die Hirschkuh ist; und wenn die Hirschkälber, die das Ei, und damit das Gedicht selbst sind, durch Hermes von der Mutter fort und gleichzeitig über die Berge zu ihr hin getrieben werden, so kann man das beschreiben als Verletzung des Prinzips des ausgeschlossenen Widerspruchs (A≠B).⁴⁰ Jedes einzelne Element des Gedichtes scheint alles daranzusetzen, dass hier keine Kausalität oder Stringenz erfüllt wird und dass ein analysierender Rationalismus an ihm schlicht abgleiten muss.⁴¹ Die Zeilen und Bilder des Gedichtes entkommen sofort wieder, sobald beim deutenden Lesen geglaubt wird, einen Ansatz eines Verständnisses entwickelt zu haben. Die implizite, weniger beschreibdenn mehr erlebbare Sprachkonzeption des Gedichts ist nur mit Worten des unverfügbaren Entzugs und einer semantischen Atemlosigkeit anzudeuten. Der Trickster Hermes, der die verlässliche Ordnung des Bedeutens infrage stellt, der die Sprache und die Poesie in der vorläufigen Form des Eis in seiner Hand hat und der die Zeilen und Metren durch die Welt treibt, ist nicht einzuholen. Hermes, der Gott alles Sprachlichen, demonstriert und verkörpert, wie die Sprache nie endgültig zu greifen ist.

Der Mythos vom Diebstahl des Hermes, der in Simias' Gedicht auf einer sprachtheoretischen Ebene buchstäblich auf den Gipfel getrieben wird, demonstriert, wie

---

39 Ulrich Ernst: *Carmen Figuratum. Geschichte des Figurengedichts von den antiken Ursprüngen bis zum Ausgang des Mittelalters.* Köln u.a. 1991. S. 68.
40 Vgl. zur Widersetzlichkeit der Poesie gegen die Logik auch: Roman Jakobson: „Linguistik und Poetik." In: Ders.: *Poetik. Ausgewählte Aufsätze 1921-1971.* Hg. v. Elmar Holenstein u. Tarcisius Schelbert. Frankfurt a. M. 1979. S. 83-121, hier S. 95ff.
41 Zum Gedanken des Hermes als der Figur der griechischen Welt, die in einer dauernden und unsteuerbaren Metamorphose gegen die strengen Regeln der formalen Logik verstoßen konnte und musste, siehe auch: Umberto Eco: *Die Grenzen der Interpretation.* Übers. v. Günter Memmert. München 1992. S. 59ff.

es sprachlich möglich ist, nicht eine bestimmte Bedeutung und einen Sinn, sondern die Flüchtigkeit von Bedeutung auszudrücken. Die Sprache des Gedichts hat keinen festlegbaren, greifbaren Sinn, sondern bedeutet nur ihre Ungreifbarkeit. Anstatt von ‚Signifikanten ohne Signifikate' erlebt man in diesem Fragment einer hellenistischen Sprachphilosophie und Sprachperformanz Signifikanten mit einer uneinholbar flüchtigen, fragilen und ephemeren Bedeutung. Statt die Frage nach einem Warum und einer Bedeutung zu beantworten und einen klaren Ordo zu zeigen, steigert der Mythos des Hermes-Diebstahls hier seine Metaphern so weit über sich selbst hinaus, dass sie, statt eine logische Kausalität zu erlauben, zur Metamorphose ihrer selbst werden. Diese mythische Poesie erklärt und analysiert nicht, sondern spielt mit den Versuchen, ihr eine Erklärung zu verleihen. In Blumenbergs Worten: „Der Mythos braucht keine Fragen zu beantworten; er erfindet, bevor die Frage akut wird und damit sie nicht akut wird."[42] Sobald der Mythos zur Beantwortung einer Frage herangezogen wird, hat man seine Bedeutung verfehlt, die nur in der Stellung der Frage und in der Unabschließbarkeit ihrer Beantwortung liegen kann.

Das Ende der oben angeführten Übersetzung steht, wie bereits erwähnt, durch die Zeilenanordnung im Original in der Mitte des Textes, in der Mitte des Eis, dem Leser wird also nicht der Gefallen getan, jemals ein befriedigendes Ende des Gedichtes erreichen zu können: er wird nach der aufreibenden Jagd in die Mitte des Textes entlassen, ohne einen Zugriff auf den Inhalt oder den Takt zu bekommen, und die Lektüre, die der Jagd des Raubtieres parallelisiert wird, hört ohne ein Ende einfach auf. Statt wenigstens einen beruhigenden Abschluss des Textes erreicht zu haben und die Erleichterung, wenn schon nichts verstanden, so doch die Hetzjagd nun überstanden zu haben, wird dem Leser auch dieses Ende verwehrt: nach der längsten Zeile in der Mitte will die herkömmliche Augenbewegung wieder am Anfang der nächsten Zeile einsetzen und die scheinbar verbliebenen Zeilen weiter lesen, doch das Gedicht ist zu Ende. Der Leser wird abrupt mitten aus dem Text herausgeschleudert. Die mögliche Deutung, dass das im und durch den Text geweckte Raubtier nicht über die Berge hinter den Hirschkälbchen her, sondern in die Schlucht hinunterstürzt,[43] könnte damit sogar ebenfalls gestützt werden. In jedem Fall ist von einem Scheitern des hermeneutischen Räubers zu lesen, der trotz seiner Behändigkeit seine Beute nicht erreichen kann und am Ende erschöpft auf eine gescheiterte Jagd zurückblicken muss.

Über diesen Prozess der Rezeption und des Entzugs des Verständnisses hinaus eine endgültige symbolische oder metaphorische Deutung der Hirschkälbchen, des Eis, der Nachtigall, der Hirsche, des Raubtieres, der Textform und des Hermes als den Diebes der poetischen Sprache zu erreichen, ist kaum oder nur unter Anwendung einer Reduktion möglich, die dem Gedicht gewaltsam eine Ordnung überstülpt, die in ihm nicht gegeben ist. Simias' Gedicht zieht sich in eine so selbstreferenzielle wie zentrifugale Reflexion über das Funktionieren poetischer Sprache

---

[42] Blumenberg: *Arbeit am Mythos*. S. 219.
[43] Strobel: *Technopaignien*. S. 261.

zurück, der ein möglicher Sinn nur in der Form einer Affichierung gegeben werden könnte, die dem Gedicht fremd bleibt. Die Funktion des Textes und seiner einzelnen Zeichen kann in der mythischen Form hellenistischer Sprachreflexion aber anders und spielerischer formuliert werden als in der Postmoderne Lacans und Derridas mit ihren Implikationen von Sprachkrise und Bedeutungsverlust: Ein schelmischer ‚Gott der Sprache' entwendet dem Leser dauernd die verstehbare Bedeutung der Worte, die Worte fliehen und die Signifikate werden dem Sprecher unablässig von einem Sprachdieb weggenommen; Lektüre, Interpretation und Verständnis sind ein dauerndes Hinterhersetzen hinter den flüchtigen Bedeutungen der Wörter. Der Dichter, der in den ersten Zeilen und noch bevor die Hirsche eingeführt werden, als Nachtigall und als „große Mutter" bezeichnet wird, wird der Fluchtpunkt des Gedichtes: Die Hirschkälbchen fliehen zu ihrer Mutter zurück und das Sprechen findet seinen Ausgang und seinen Endpunkt in der hochkonzentrierten poetischen Sprache, die gleichzeitig versiegt und noch weiterklingt. Nachdem sie den Weg über die Menschen gemacht hat, liegt die Sprache wieder beim Sprecher, Dichter und Sprachtheoretiker, bei demjenigen, der es auch auf die Gefahr hin, seiner Signifikanten bestohlen zu werden, wagt, bedeutsam zu sprechen, bevor der ordnungslose Prozess des Fliehens der Zeilen, der Metamorphosen und der Entwendung des Sinns von neuem beginnt. Derridas und Lacans Gedanke einer Rückkehr und gleichzeitigen Dissemination treffen hier verstärkend zusammen, und was in dieser polytheistisch-polymorphen und in gewisser Weise ‚anarchischen' Sprachkonzeption übrigbleibt ist der Sprecher, der wissen kann, dass ihm jedes Festhalten und Bedeuten letztlich entzogen ist – und der dennoch spricht.

6|2|4
Die Sprache der Dichter, das Sprechen der Diebe

Der Gott Hermes ist in diesem erstaunlichen Gedicht des Simias von Rhodos keine mythische Gewalt, die eine kultische Verehrung einfordert, sondern er ist eine Allegorie des Bedeutens. Es liegt eine ständige Entwendung der Bedeutungen durch die listige Kunst des Hermes vor, die in diesem Fall nicht die Götter, sondern den Dichter und den Leser zum Opfer dieses Tricksters werden lässt. Gleichzeitig wird aber der Leser selbst zu demjenigen, der dem Dichter die Worte aus dem Munde, bzw. von der Feder nimmt, wodurch eine Depotenzierung und gewissermaßen eine Menschwerdung des göttlichen Hermes geschieht, indem der Leser selbst zum Akteur der diebischen Tätigkeit, zur *per-sona* wird – und dann aber wiederum durch die Aktanz der Sprache selbst den Zugriff auf den Text verliert. Hermes ist damit nicht als eine simple personale Allegorie des Diebstahls oder ein einfacher archetypischer Vertreter aller Diebe zu verstehen, sondern er ist vielmehr die Bezeichnung eines permanent entwendenden und sprachentfremdenden Prinzips der Zeichen.

In diesem ptolemäischen Fragment der Arbeit am Hermes-Mythologem wird das Bewusstsein beschrieben, dass alles *poein* – was sowohl verfertigendes Handeln wie auch gezieltes Sprechen bedeuten kann – sich verselbständigt und seinem Autor entflieht, sobald es in die Welt gesetzt wird. In dem Moment, in dem ein Signifikant ausgesprochen wird und sich der Verfügung des poetisch Handelnden entzieht, findet – so die implizite These Simias' – ein Diebstahl der Sprache selbst und an der Sprache statt. Sobald Worte, Symbole oder kulturelle Handlungen im Kosmos verständlich, selbstbedeutend und damit selbsttätig werden – sobald also die Signifikanten von Hermes, Dupin, Josef oder Eva oder einem beliebigen Sprecher entwendet werden –, werden sie dem Sprechenden gestohlen, dessen Reaktion nur sein kann, weiter zu sprechen und von der Sprache, die ihn unablässig bestiehlt, dauernd zurückzuholen, was sie ihm nimmt. Im Gedicht ist das der bestohlene Dichter, der in seine Rolle als Mutter zurückkehrt. Die symbolische Ordnung der *langue* kann nicht räuberisch, durch raubtierartiges Verstehenwollen überwältigt, beherrscht und geordnet werden, sondern ihr kann nur mit der dreisten und unverschüchterten *parole* begegnet werden, die darum weiß, dass sie nur ein kleiner Diebstahl ist, der aber in jedem der Sprache abgejagten Wort einen kleinen Triumph der Aneignung von Sprache darstellt und weiß, dass Sprache kein Eigentum sein kann. Entsprechend könnte man literaturtheoretisch denkend andeuten, dass die Figur des Autors vielleicht nicht als gestorben verstanden werden muss, weil Gestorbene zu ihrer symbolischen Rückkehr und Tote zu einer machtvollen symbolischen Permanenz tendieren. Den Autor allerdings als Bestohlenen zu begreifen dürfte den ödipalen Mythos vom *Tod des Autors*[44] ebenso aufgreifen wie entschärfen. Ist der Autor nicht getötet, aber durch seine Leser und schon durch sein eigenes Sprechen seiner Sprache bestohlen, dann ist sein Sprechen jedem überantwortet, der es sich nehmen und selbst fortführen kann – und weiß, dass er es auch wieder verlieren wird. Der Diebstahl stellt damit die Möglichkeit dar, dass jeder zwar sprechen, aber jedes Wort dieses Sprechens jederzeit verlieren kann.

In Simias' Gedicht ist also eine ebensolche Zirkularität von der Sprache zur Sprache angelegt, wie sie Lacan in der Poe'schen Diebstahlsgeste findet, die in einer Rückführung auf ihren Ursprung zu enden scheint, die aber nicht in ein wirkliches Ende zurückführt, sondern in die Mitte des Gedichtes und damit, so könnte man sagen, in die Mitte der Sprache – und auch dieses Ende ist wiederum nur der Punkt, an dem eine Entwendung stattfindet. Durch diesen Vektor, der das Gedicht zwar zur Mutter zurück kreisen lässt, der dort aber auch wieder den Ausgangspunkt der Kette darstellt, ist auch Derridas unendliche Kette auf den Text abzubilden: Der Verlust der Bedeutung zirkuliert, ist aber richtungslos und endet nie. Wo Derridas und Lacans aufgeklärte und mythoskritische Philosophie auf relativ blasse und hilflose Begriffe von einer „Verlängerung", einem „Zirkulieren" oder einer perennierenden, passiven Differenz und Selbstdifferenz des Signifikanten ausweichen muss, ist es dem hellenistischen Simias, der zu einem Zeitpunkt und an einem Ort schrieb, an dem mythische und theologische Elemente und ihre radikale Um- und Umwendung erlaubt waren, wesentlich einfacher, einen solchen Sachverhalt zu be-

---

44 Roland Barthes: „Der Tod des Autors." In: Fotis Jannidis. (Hg.): *Texte zur Theorie der Autorschaft*. Stuttgart 2000. S. 185–193.

schreiben, in dem Bedeutung als nicht abschließbar und stets unklar bleibend vorliegt. Wo Derrida und Lacan das Element des Diebstahls in ihrer Deutung des entwendeten Briefes als aktives Tun der Protagonisten nicht weiter beachten, bzw. enorme Probleme haben, es zu integrieren, wird dieser Selbstentzug der Bedeutung in der Sprache in Simias' Gedicht elegant und offen als Entwendung beschrieben: Sprache, in ihrer mythischen Verkörperung durch Hermes, entwendet sich selbst dem Sprecher und flieht in ihrer Bedeutung ins Zentrum des poetischen, also bewussten Sprechens selbst. Statt eine Position außerhalb des Textes anzunehmen und eine analytisch-distanzierte Entzifferung der Bedeutungen vorzunehmen, ist in der Vorgehensweise Simias' von Rhodos die poetische und metapoetische Methode dargestellt, die auch der Dieb Auguste Dupin anwendet. Derrida und Lacan verbleiben mit ihrer reduzierenden Leseweise gewissermaßen im analytischen Modus des Polizeipräfekten, Apollons oder des raubenden Tieres, die alle eine Aufklärung und Restitution des Verbrechens – oder des das Verbrechen darstellenden, allegorisierenden Textes – anhand einer externen, machtvollen, selbst göttlichen Position versuchen. Die rückkehrende Schleife ist ebenso wie die tendenziell linear fortschreitende Dissemination eine letztlich mathematische Ordnungsfigur. Dagegen kann der Vorgang der regellosen, punktuellen und pluralen Entwendung tatsächlich nur anhand einer selbst poetischen, mythischen Operation und auch hier nur in einer weiterstehenden Anverwandlung begriffen werden, die jedem Interpretierenden letztlich unzugänglich bleibt. Einer scheinbaren Verstehbarkeit tritt in jedem Wort eine tatsächliche A-Signifikation und ein Entzug der Bedeutung entgegen. In der gestohlenen Letter, sei sie in Form des Briefes, in Form des Eis oder in jeder beliebigen sprachlichen und schriftlichen Äußerung, liegt die Erfahrung des Diebstahls überhaupt, der in jedem Wort geschieht, das gesprochen und verstanden werden will, das aber nie endgültig greifbar wird: Jede Bedeutung, so kann man sagen, entzieht sich, sie stiehlt sich aus dem Mund jedes Sprechers davon und läuft zu den Menschen über. Das Erleben dieses Vorgangs kann nur in der Form einer literarischen Metapher oder eines Mythos von der semantischen illegitimen Aneignung fühlbar gemacht, aber nicht endgültig in philosophische Begriffe übersetzt werden.

Abschlussbemerkungen

Shakespeare lässt den auf dem Umschlag dieses Buches abgebildeten Misanthropen *Timon von Athen* folgende resignierte Worte über den Diebstahl sagen:

> Do villainy, do, since you protest to do't,
> Like workmen. I'll example you with thievery:
> The sun's a thief, and with his great attraction
> Robs the vast sea: the moon's an arrant thief,
> And her pale fire she snatches from the sun;
> The sea's a thief, whose liquid surge resolves
> The moon into salt tears; the earth's a thief,
> That feeds and breeds by a composture stol'n
> From gen'ral excrement – each thing's a thief.[1]

Ein jedes Ding ist ein Dieb. Dieser umfassenden Diagnose der Welt kann, nachdem ein intensiver Blick auf die Figur des Diebes geworfen wurde, nicht mehr allzu leichtfertig widersprochen werden. Wenn Timon bemerkt, dass die unerlaubte Aneignung eine universale Handlung ist, derer sich nicht nur kein Mensch, sondern auch keine Pflanze und kein Himmelskörper erwehren können, spricht daraus eine resignierte und pessimistische Betrachtung der Verhältnisse der Welt. Es braucht nicht den misanthropischen Unterton, mit dem Timon seine Beobachtungen der Menschen und der Natur unterlegt, doch inhaltlich ist seiner Bilanz durchaus zuzustimmen: Allen Relationen zwischen vereinzelt wahrgenommenen Wesenheiten liegt das Problem eines dauernden Austausches zugrunde, der nie ohne hierarchisierte Verhältnisse zwischen den Beteiligten stattfindet und durch den entweder der eine beraubt oder der andere bestohlen wird. Fast in jedem symbolischen oder materiellen Austausch findet bei näherem Hinsehen eine Verheimlichung, Unterschlagung oder Übervorteilung statt. Die Kosmosdiagnose Timons ist aber tatsächlich weniger misanthropisch und pessimistisch, als sie auf einen ersten Blick klingen mag. Sie ist vielmehr die besonders milde Form eines affirmativen Pessimismus wie ihm Nietzsche Ausdruck verliehen hat: „Leben selbst ist *wesentlich* Aneignung, Verletzung, Überwältigung des Fremden und schwächeren, Unterdrückung, Härte, Aufzwängung eigner Formen, Einverleibung und mindestens, mildestens, Ausbeutung […]."[2]

---

[1] William Shakespeare: *Timon of Athens*. Hg. v. J. C. Maxwell. Cambridge 1957. S. 70f. Das Umschlagbild ist eine leicht bearbeitete Version des *Misanthropen* von Pieter Bruegel dem Älteren von 1568.
[2] Nietzsche: *Jenseits von Gut und Böse*. In: *KSA*. Band V. S. 7-243, hier S. 207. [Kursivierung im Original gesperrt.]

Wo Nietzsche, von dieser Beobachtung über das Leben ausgehend, in den darauf folgenden Zeilen den „Willen zur Macht" entwickelt und im Zusammenleben der Menschen nur Härte, Zwang und Überwältigung entdecken kann, ist Timons allumfassender Diebstahl aller an allem leichter als mehrseitig, interdependent und unhierarchisch zu erkennen: ein jeder stiehlt, und es sind nicht nur die Gewaltbereiten und Entschlosseneren, die die andere Hälfte der Welt unter ihre Faust zwingen, denn diese andere Hälfte mag vielleicht nur die zurückhaltendere, klügere, überlegtere Hälfte sein, die die Zeitpunkte abwartet, an denen sie nicht mit Gewalt und Machtwillen vorgehen muss, sondern mit List erreichen kann, was die anderen zur restlichen Zeit durch Zwang zu erreichen versuchen. Es gilt, das könnte als die knappste Zusammenfassung dieses Buches gelten, nicht nur das berühmte Diktum von Thomas Hobbes, das vielleicht zu Unrecht so berühmt gemacht und immer sehr einseitig gelesen wurde: „homo homini lupus"[3], „der Mensch ist dem Menschen ein Wolf". Stattdessen könnte man etwas weniger misanthropisch ebenso behaupten: Homo Homini Vulpes, der Mensch ist für den Menschen ein gerissener, diebischer Fuchs.

In Timons Beschreibung der Welt sind es die sekundären und unterlegenen Elemente, die heimlich von den bändigenden und unterwerfenden Wesenheiten zehren: Der fahle Mond bestiehlt die alles überstrahlende Sonne, das Meer stiehlt spiegelnd den Mond, der es unter die Gezeiten zwingt. Was Shakespeares Misanthrop, an Lukian von Samosatas Vorbild[4] anknüpfend beschreibt, ist die Erfahrung, die der starke Apollon und der unüberwindliche Zeus mit Hermes und Prometheus machen mussten: Die gewaltigen Götter müssen erleben, von zweitrangigen und unterlegenen, aber gewandten, wechselhaften und unzuverlässigen Figuren bestohlen zu werden, die bei ihren Diebstählen aber punktuell sehr gewissenhaft und sorgfältig vorgehen können – "like workmen", wie Timon sagt. Solche Kränkungen sind dem olympischen Sonnen- und Donnergott nicht leicht zu verwinden. Bestohlen zu werden ist unter der Würde jedes Gottes. Ähnlich stellt sich die Situation dar, als Eva den Baum des alleinigen Gottes anrührt, der eine sogar noch erweiterte, in seiner Macht und Unerreichbarkeit gesteigerte Version der Göttlichkeit der Olympier war: Die Erkenntnis, die er zuvor in einem verlockenden Baum symbolisch als sein Alleineigentum reserviert hatte, wurde ihm von einer unerwartet entschlossenen Konkurrentin streitig gemacht. Die Empfindlichkeit, die Gott in Bezug auf den Eingriff in sein Privateigentum zeigt, ist bemerkenswert: Er verbannt die Diebin und ihren Komplizen, verurteilt sie zu Zwangsarbeit, Leiden und letztlich zum Tod, und er baut, einem nahezu bürgerlichen Reflex folgend, zum

---

3 Thomas Hobbes: *Über die Freiheit. Widmungsschreiben, Vorwort an die Leser und Kapitel I-III aus ‚De Cive'*. Hg. v. Georg Kreismann u. Karlfriedrich Herb. O. Übers. Würzburg 1988. S. 41.
4 Lukian v. Samosata: *Timon der Misanthrop*. – In der ersten Rede des Hermes erklärt er dem resignierten Zeus, dass die Beinamen des höchsten der Götter nicht mehr zum Preis seiner Größe, sondern nur noch zur metrischen Auffüllung der Gedichtzeilen genannt werden, und Zeus antwortet, dass er sich wegen der Philosophen und Tempeldiebe nicht mehr gerne in Attika aufhält. Es sind also auch hier wieder die Dichter, Diebe und Philosophen, die den Göttern am meisten zusetzen.

Schutz seines Eigentums Mauern, auf die er hochgerüstete Engel als Wachen stellt. Es scheint: Die Götter bekommen in schöner Regelmäßigkeit Konkurrenz von denen, die sie niemals überwinden, aber als Diebe doch so weit betreffen und depotenzieren, dass sich die göttliche Unfehlbarkeit und Allmacht als leer erweisen. Es sind aber nicht nur die religiösen Ordnungen, die von den Dieben heimgesucht werden, sondern auch die vernunftbegründeten Eigentumssysteme und Ideologien können zu ihrem Tatort werden. Es reicht eine kleine Verschiebung, die die austarierte Gabenökonomie in ein Ungleichgewicht bringt, dass der Diebstahl zu einer Handlungsoption wird.

Was die in Texten auftretenden Diebe stehlen, ist immer in irgendeiner Form Erkenntnis. Diese Erkenntnis, für deren wiederholte mythische Einführung bei den Menschen sowohl Prometheus, Hermes als auch Eva und Augustinus ebenso wie Rousseau und Dupin stehen, wurde immer wieder durch ihre jeweilige Entwendung zu einem erreichbaren Attribut des Menschen. Durch diese Schelme wurde lebens- und überlebenswichtige Erkenntnis demokratisiert und sogar popularisiert. Das ist ein mindestens ebenso wichtiges Ereignis wie die gewaltsame Bezwingung der tyrannischen Titanen durch die Olympier oder die gnadenhafte Erschaffung und Beschenkung des Menschen zu Beginn der Welt. Die Kosmosrevolution, die durch Zeus und seine Verbündeten errungen wurde, setzte die Olympier mit viel Getöse als Gewaltherrscher über die Welt ein. Hermes und Prometheus, wie sie in dieser Arbeit beschrieben wurden, waren dagegen keine Protagonisten eines solchen ‚Willens zur Übermacht', sondern handelten aus etwas, was man einen leisen, aber hartnäckigen ‚Willen zum Überleben' nennen könnte. Und Eva, die sich nicht nur mit den gnädig dem Menschen gegönnten *meisten* der Bäume im Paradies und damit mit einer unterworfenen, eingeschränkten Existenz zufrieden geben wollte, sondern die auch vom *letzten*, verlockendsten und wichtigsten der Bäume essen wollte, wurde bisher zu Unrecht nicht neben Prometheus gestellt. Auch ihre Kolleginnen Rahel und Hélène, die die in ihrer Raffinesse und in ihrem Erfolg beeindruckendsten Diebstähle dieser Arbeit begehen, sind als Tricksterinnen zu betrachten, die die herrschenden Ideologien und Väter nicht nur bestehlen, sondern damit auch die Brüchigkeit ihrer Legitimation aufzeigen.

Der Diebstahl ist offensichtlich kein Thema für Tragödien, deren Konflikte zu harsch sind und deren Lösungen oft radikal sein müssen, um die Polaritäten klar zeigen zu können, auf denen das Tragische aufbaut. Der Diebstahl ist keine Handlung, die für eine Theaterbühne geeignet zu sein scheint – es gibt kaum Theaterstücke, die von Dieben handeln.[5] Das ist nicht verwunderlich: der Dieb handelt heimlich, er darf nicht gesehen werden, sein Tun muss möglichst ohne Publikum bleiben, es ist darauf ausgerichtet, dass ihn niemand dabei beobachtet. Erst wesentlich später kann der Dieb sich zu seiner Tat bekennen und darüber erzählen. Öffentlichkeit verhindert den Diebstahl und die große, theatralische Geste entspricht

---

[5] Ausnahmen bilden zum Beispiel das oben zitierte Stück von Shakespeare und Arthur Schnitzlers *Der grüne Kakadu*. (Arthur Schnitzler: „Der grüne Kakadu." In: Ders.: *Das dramatische Werk*. Band III. Frankfurt a. M. 1978. S. 7-44.)

eher dem Mord und dem Raub, aber kaum einer heimlichen Entwendung. Der Diebstahl ist daher – will man in alten Gattungsbegriffen sprechen – eher eine epische Handlung, die in langsamen Beschreibungen und immer wieder auf diesen Augenblick der intimen, heimlichen Tat zurückgehenden Reflexionen erzählt wird. Er besitzt nicht die große Polarität, die der unnachgiebige, heroische Prometheus im Angesicht der donnernden Götter hat, sondern die irritierende Ambivalenz des kleinen Diebes, der Prometheus in dem Moment ist, wenn er den Narthex-Stängel vorsichtig und darauf bedacht, dass Apollon ihn nicht bemerkt, an den Feuerwagen hält, um den überlebenswichtigen Funken zu entzünden und heimlich zur Erde zu tragen. Es liegt kein schönes Pathos und keine tragische Rebellion darin, schleichend und geduckt Feuer, Birnen, Äpfel, Brot oder Götterfiguren einzustecken. Und doch verändert diese unscheinbare Handlung das Verhältnis zwischen demjenigen, der so viel hat, dass ein verschwindender Bruchteil davon – selten hat der Bestohlene etwas Wesentliches verloren – das Leben des Diebes ebenso nachhaltig verändert wie das Verhältnis zwischen den beiden Protagonisten. Ein Diebstahl, so unpathetisch und verschämt oder beiläufig er auch geschehen mag, kann eine Situation und eine Hierarchie ebenso nachhaltig verändern wie eine radikale Unterwerfung oder eine empörte Rebellion. Selbst wenn das Gestohlene für beide letztlich wertlos war und wie Augustins Birnen weggeworfen oder wie Maimons Kästchen zurückgegeben wird, sind alle Beteiligten danach andere geworden.

Was man als Bescheidenheit und heimliche Listigkeit der Diebe beschreiben kann, kann auch als ihre feige Mittelmäßigkeit ausgedrückt werden. Rousseaus, Augustins und Hermes' Taten zeichnen sich dadurch aus, dass sie nicht besonders bemerkenswert sind. Sie sind die Handlungen von unscheinbaren und kleinmütigen[6] Schlingeln, die sich nicht trauen, ihren Neid oder ihren Groll gegen denjenigen, von dem sie stehlen, offen zu zeigen. Sie handeln verschämt und versteckt und tendieren dazu, ihre Tat zu vertuschen oder zu tarnen. Vielleicht wurde der Diebstahl auch deswegen bisher als historisch konstantes Phänomen der Literatur übersehen: weil er im Vergleich zum Pathos, zum großen Charakter, der heldenhaft aufsteht, der immenses Begehren zeigt oder von größter Last bedrückt ist und höchstes Leid erlebt, so gewöhnlich, unauffällig und immer ein wenig farblos ist. Der Dieb hat keinerlei Pathos, keine Öffentlichkeit, und er hat keinen Anspruch darauf, bemerkt zu werden, im Gegenteil: seine Tat funktioniert nur dann, wenn keiner sie sieht und wenn sie sich nicht herumspricht. Oft ist der Dieb eine pikareske Gestalt, hinter deren auffälligen Possen und Streichen seine Diebstähle nicht bemerkt werden. Den Schelm in seiner spezifischen Figuration als Kriminellen zu betrachten ist nicht sehr attraktiv, weil er als auf sich selbst bezogener, egoistischer Dieb sein Element der provokativen und witzigen Machtkritik verliert. Und doch

---

6 Walter Benjamin benutzt für die vorsichtige, listige, aber erfolgversprechende Feigheit vor Übermächtigem, die uns in Märchen immer wieder begegnet, einmal den auch hier passenden Begriff des „Untermuts" als dem Gegenteil des törichten, stärkebewussten Übermuts, der in den Märchen oftmals gedemütigt wird. Walter Benjamin: „Der Erzähler. Betrachtungen zum Werk Nikolai Lesskows." In: *Gesammelte Schriften*. Band II/2. Hg. v. Rolf Tiedemann u. Hermann Schweppenhäuser. Frankfurt a. M. 1977. S. 438-465, hier S. 458.

sind Diebe oft erfolgreichere Kulturgründer als rebellierende Heroen: Sie handeln überlegt und kalkuliert, und erst, nachdem sie eine Situation genau bedacht und eine Schwachstelle ausgemacht oder den Zeitpunkt der Krise abgewartet haben. Dass Moses mit den Israeliten Ägypten verlassen und dabei noch so gut ausgestattet sein konnte, und dass Hélène, Rahel, Lazarillo, Rousseau und Maimon ihre Taten so erfolgreich begehen konnten, war vor allem eine Frage des Abpassens des richtigen Zeitpunkts und eine Frage der Ausgereiftheit ihrer Technik. Sie haben die Situation analysiert und ihre Beute sowohl nach Überlegungen ihres Werts als auch ihrer Erreichbarkeit präzise ausgesucht, bevor sie sie sich mit raffinierten Mitteln angeeignet haben. – Diebe sind schwach, aber klug, und weil sie klug und schwach sind und ihr Vorhaben scheitern kann, reflektieren sie nicht nur sich und ihre Möglichkeiten sehr genau, sondern sie müssen auch über die kulturellen und interpersonalen Möglichkeiten, Regeln und Hindernisse sehr genau Bescheid wissen: Der Knecht, der seinen Herrn bestiehlt, muss viel mehr an Überlegung aufwenden als der selbstbewusstere Knecht, der plötzlich beschließt, auf die Barrikaden zu steigen und den Herrn zu stürzen.

Der Diebstahl muss aber nicht nur negativ definiert werden: Neben den Konzepten des Tausches, der Arbeit, der Gabe und des Raubes ist das des Diebstahls dasjenige, das einen etwas heitereren Ton anschlägt als die Erzählungen von Gewalt, Rebellion, Ausbeutung und Ausnutzung, gnädig-unterwerfender Beschenkung und Beherrschung. Der Dieb ist eine positive Gestalt, die sich durch ein schelmisches Element auszeichnet, der aber auch eine Entschlossenheit und Tatkraft nicht abzusprechen ist, die der nur mahnende und possenreißende Schelm nicht hat. Der Dieb begnügt sich nicht, wie der Pikaro, mit einer reinen und desinteressierten Bloßstellung der Macht und ihrer oft nur nachlässig versteckten Lächerlichkeit, sondern in seinen illegitimen Aneignungen von Protagonisten der Macht wird der diebische Schelm als eine eigenständige Figur sichtbar, die ein Bewusstsein über ihr eigenes Begehren hat. Der Dieb teilt die Listigkeit und intellektuelle Überlegenheit des Schelms, aber er hat ganz handfeste Eigeninteressen: Er klagt nicht nur an oder stellt bloß, sondern er nutzt seine Fähigkeiten, um in einer Welt zu überleben, in der er der Unterlegene ist. Er nimmt sich, was ihm nicht gehört, er erhebt Anspruch auf ein Leben, das sich nicht durch große Taten und Eroberungen beweisen muss, sondern das auch dann existieren kann, wenn alles dafür spricht, dass er als verfemte und ärmliche Gestalt verschwinden, übersehen und vergessen werden muss.

Zwei Aspekte wurden auf den vorhergehenden Seiten nicht behandelt, weil sie die Perspektive vom klar fassbaren Diebstahlsmotiv weg auf andere Bereiche geleitet hätten, die für sich genommen von größter Wichtigkeit sind, und die deswegen eine eigenständige Behandlung verdienen: Das Plagiat als spezifischer Aneignungsvorgang von fremden Texten und das Thema der Sexualität, das in vielen der hier behandelten Diebstahlserzählungen mitschwingt. Zu beiden Aspekten sollen hier noch einige Worte gesagt werden: Es gibt einen deutlichen Zusammenhang des Diebstahls mit der Sexualität der Diebe. Besonders in den autobiografischen Texten geschieht das sexuelle Erwachen des Protagonisten oft in zeitlicher und motivischer Nähe zu ihrer ersten oder wichtigsten Entwendung. In vielen der hier untersuchten Texte wird der erzählte Diebstahl in einen Zusammenhang mit einer Erwähnung oder Beschreibung der Anfänge der sexuellen Aktivität des Protagonisten gebracht, die meistens mit Konnotationen der Befreiung und überhaupt der Entstehung des individuellen Sex beschrieben wird. In Augustinus' *Bekenntnissen* wird das offen thematisiert, in Rousseaus *Bekenntnissen* ist der Diebstahl ebenso omnipräsent wie Rousseaus ausgelebte Sexualität. Der Zusammenhang des Prometheus mit seinem phallischen, brennenden Zweig ist seit Freuds Prometheus-Studie präsent, und dass die Genesis-Erzählung sexuelle Obertöne hat, braucht nicht eigens erwähnt zu werden. Auch im *Entwendeten Brief* Poes werden Anspielungen auf sexuelle Aspekte erwähnt, die in den Deutungen Lacans und vor allem Marie Bonapartes ausgebeutet wurden. Hélène spielt ein vieldeutiges Spiel mit Blomart, als sie ihn zum Diebstahl verführt, und in Rahels Geschichte weist sie selbst auf die sexuelle Komponente hin, als sie den gestohlenen Hausgott unter ihrem Sattel versteckt und ihrem zornigen Vater sagt, sie könne nicht aufstehen, da sie ihre Periode habe. Doch auch auf einer abstrakteren Ebene ist die Sexualität im Diebstahl stets präsent: Das heimliche Einschleichen in den Raum oder in die Tasche eines anderen, wo dann lustvoll eine Süßigkeit oder ein Stück Obst entwendet und verzehrt wird, hat deutliche sexuelle Anklänge. Es geht um Motive der Berührung, des Begehrens und Eindringens und der Lust und des Verbotenen. Die Frage nach der Funktion der Sexualität im Rahmen des Diebstahlsmotivs stellt sich als ein sehr vielversprechender Aspekt weiterer Forschung dar; sie bereits in der hier vorliegenden Untersuchung zu berücksichtigen, hätte eine grundlegende Veränderung und Ausweitung der Arbeit bedeutet; der Akzent, der auf den Diebstahl gelegt wurde, hätte sich fast zwangsläufig in die Richtung der Sexualität verlagert, deren Fragestellungen und Konnotationen ein so großes Gewicht haben, dass eine Einbeziehung dieses Motivs in eine Untersuchung fast zwangsläufig dazu tendiert, andere Themen zu überlagern und sie als reine Akzidenzien zum seit Freud größten Thema der Kulturwissenschaften zu machen. Deswegen wurde die Sexualität in dieser Untersuchung konsequent an den Rand gestellt. Damit wurde riskiert, bedeutsame Aspekte auszuklammern, doch der Gewinn ist eine größere Trennschärfe im Kern der Ausführungen: Die Aufnahme eines so starken und suggestiven Motivs hätte bedeutet, den Fokus auf den Diebstahl und seine motivische Eigenständigkeit zu verlieren.

Ein weiteres Thema, das eine eigenständige Behandlung verdient, ist das Plagiat. Rousseau hat in seinen *Bekenntnissen* sein Vorbild Augustinus plagiiert. Im Rahmen von Überlegungen, die sich nicht nur der Frage nach der Einhaltung und Sanktionierung gegenwärtiger Gesetze und Eigentumsordnungen, sondern gerade auch den Genealogien und kulturellen Grundlagen solcher Ordnungen widmen, kann ein solches Ergebnis allerdings irrelevant sein: Sonst könnte Jean-Jacques Rousseau, der Augustinus' Birnendiebstahl auf eine Weise übernimmt, in der heute ein unbestreitbares Plagiat vorliegen würde, nur noch durch diese Brille gesehen werden. Das Plagiat ist eine Reproduktion und Umarbeitung mit einem im Vergleich zum Original meist als minderwertig angesehenen Ergebnis. Und doch ist es eindeutig ein heimlicher, illegitimer Entwendungsvorgang; es ist ein Beispiel für das Motiv des Diebstahls, das hier ausgeklammert wurde, was auch daran liegt, dass der Plagiator ein Hochstapler ist, der sich mit dem Gestohlenen öffentlich schmückt und sich zu profilieren und hervorzuheben versucht.

Die Antiplagiatserklärungen, die jeder an einer Hochschule entstandenen Arbeit anzufügen sind, erinnern in ihrer Strenge und Konsequenzandrohung an säkularisierte Beschwörungsformeln, die einen potenziellen Dieb „mit fünffachen Banden"[7] binden und sein gemeines Handeln verunmöglichen sollen, noch bevor er es beginnt. Das Plagiat ist ein gegenwärtig so schwerwiegendes und eigenständiges Diebstahlsgeschehen, dass es verdient, gesondert behandelt zu werden.[8] Die hochaktuelle Thematik unmarkierter oder ungerechtfertigter textueller Übernahmen ist ein komplexes und ungemein wichtiges Beispiel des Diebstahls, das auf diesen Seiten seiner Bedeutung und seiner zwingenden Implikationen wegen nicht weiter angesprochen werden konnte, und das ein immenses eigenes Forschungsprojekt darstellen würde. Der um das Plagiatsproblem herum gesponnene Diskurs beschränkt sich bisher weitgehend auf den recht schmalen Bereich kommerziell-juristischer oder moralischer Überlegungen, ohne zu bedenken, dass im Diebstahl auch eine Tätigkeit vorliegt, die nicht nur juristisch beurteilt werden kann, sondern die ebenso als philosophisches und mythologisches Konzept und als mediale Reflexions- und Aufarbeitungsform auftritt. Das Phänomen des Plagiats lässt sich, sieht man es vor dem Hintergrund des Diebstahls-Mythologems, ideengeschichtlich einordnen und erhält eine ganz andere Wirkung und Akzentuierung, wenn es mehr auf die Namen Augustinus und Rousseau als auf Guttenberg und Schavan bezogen werden kann. Oft genug sind textuelle Übernahmen nämlich keine faulen Diebstähle ob ihrer eigenen bescheidenen Produktivität in Verlegenheit geratener Wissenschaftler oder Literaten, sondern ein motivisches Aufgreifen und Variieren von Ideen, für die neue und eigene Begriffe erst noch gefunden werden müssen. Die Übernahme, Kopie oder zu große Beeinflussung von fremden Texten findet in der Praxis des Schreibens in wesentlich diffuseren und komplexeren Prozessen statt als es in einem noch so detailliert ausgearbeiteten Immaterialgüterrecht abgebildet werden kann. Das Thema des Plagiats muss daher dringend in eine literarisch-philosophische Untersuchung des Diebstahls eingebettet sein, weil es ohne diesen Kontext nichts als das undeutliche Schreckwort ist, als das es derzeit verwendet wird und das eine ganze Wissenschaftler- und Politikergeneration unter Druck setzt.

Émile Durkheim stellt in seinen *Regeln der soziologischen Methode* fest, dass ein Verbrechen durchaus ein produktives, der Gesellschaft dienliches Moment sein kann: „Lediglich von der Tatsache ausgehend, daß das Verbrechen verachtet wird und verächtlich ist, schließt der gesunde Menschenverstand mit Unrecht, daß es

---

7 Aus dem Diebeszauber „Maria in dem Kindbett lag". In: Margarete Ruff: *Zauberpraktiken als Lebenshilfe. Magie im Alltag vom Mittelalter bis heute.* Frankfurt u. New York 2004. S. 192.
8 Was auch schon in einiger Ausführlichkeit geschehen ist: Philipp Theisohn: *Plagiat. Eine unoriginelle Literaturgeschichte.* Stuttgart 2009.

vollständig verschwinden sollte."⁹ Für diese Position hat Durkheim viel Kritik geerntet. Insbesondere das Verbrechen der heimlichen Aneignung als produktiven Aspekt der Gesellschaft zur Bildung ihrer selbst zu begreifen, dürfte im Bereich der Literatur und der Geisteswissenschaften aber durchaus auch Anerkennung finden: Die wenn auch nicht besonders originelle, so doch oftmals sehr kluge Variation von Motiven, die sich in der Neuauflage des jugendlichen Obstdiebstahls zeigt, ist eine Reformulierung und spitzfindige Aktualisierung, die einfach als Plagiat zu bezeichnen nicht richtig wäre. Infolge der öffentlichen Diskussion um das Plagiat als unlauteres wissenschaftliches und künstlerisches Arbeiten sind insbesondere in Erstlingswerken und wissenschaftlichen Qualifizierungsarbeiten Neuakzentuierungen von Stoffen, die vielleicht wenig Eigenes beitragen, die aber helfen, Altes in neuer Perspektive zu sehen, seltener geworden. Die geisteswissenschaftlichen Disziplinen unterwerfen sich in der Frage nach dem Plagiat gegenwärtig weitgehend kritiklos einem juristisch-ökonomischen Diskurs, ohne sich bisher intensiv literaturtheoretisch mit der Frage befasst zu haben, wie in der Literatur und Philosophie mit dem Gedanken des Eigentums umgegangen wird. Eine Untersuchung zu einem literaturwissenschaftlichen oder historischen Begriff des Plagiats oder des Diebstahls jenseits von kommerziellen Verwertungslogiken von dichterischen oder wissenschaftlichen Werken setzt voraus, dass eigenständige Überlegungen und Forschungen zu Fragen des Eigentums und der illegitimen Entwendung vorliegen. In dieser Hinsicht leistet die vorliegende Arbeit, die die Frage des Plagiats bewusst umgangen hat, vielleicht einen Beitrag zu einer Art propädeutischer kulturwissenschaftlicher Grundüberlegungen zu einem Thema, das dringend bearbeitet werden muss, denn die Frage, ob Prometheus das Immaterialgüterrecht verletzt hat, als er den Göttern ihr Feuer stahl, verdient nicht nur juristisch, sondern auch kulturwissenschaftlich aufgearbeitet zu werden.

Diese Arbeit beansprucht nicht, einen umfassenden oder gar abgeschlossenen Überblick über Beispiele des Diebstahls in der Literatur, der Philosophie und dem Mythos zu geben. Um die bearbeitete Stoffmenge nicht zu groß werden zu lassen, wurden mit der Untersuchung von Texten des neunzehnten Jahrhunderts die aktuellsten Beispiele genannt. Das zwanzigste Jahrhundert wurde weitgehend ausgeklammert, obwohl auch dort viele Beispiele für das Diebstahlsnarrativ zu finden sind. Besonders prägnante Beispiele sind etwa der Meisterdieb Arsène Lupin, der eine französische Antwort auf den biederen britischen Ermittler Sherlock Holmes darstellt. Ein weiterer Autor, den unter dem Blickwinkel des Diebstahl zu untersuchen sehr vielversprechend ist, ist Jean Genet, der mit seinem *Tagebuch eines Diebes*[10] auf besonders akzentuierte Weise den Unterschied zwischen dem Revolutionär und dem Dieb formuliert und selbst verkörpert. Auch die modernen autofiktionalen Texte Jacques Derridas oder der abgebrochene Roman Thomas Manns über den Hochstapler und Dieb *Felix Krull* und die in der Einleitung er-

---

9 Emile Durkheim: *Die Regeln der soziologischen Methode*. Frankfurt a. M. 1984. S. 86.
10 Jean Genet: *Tagebuch eines Diebes*. Reinbek b. Hamburg 1982. Aber auch: Ders.: *Notre-Dame-des-Fleurs*. Reinbek b. Hamburg 1984, und ders.: *Querelle*. Reinbek b. Hamburg 1998.

wähnten filmischen Verkörperungen von Dieben stellen ein immens umfangreiches Material für weitere Forschungen dar. Die Untersuchung auf Diebe des zwanzigsten Jahrhunderts auszudehnen hätte bedeutet, dem Ursprung und der langen Geschichte des Diebstahlsmythologems nicht in ausreichender Sorgfalt nachgehen zu können, weswegen bis auf einige Beispiele die Perspektive nicht über das neunzehnte Jahrhundert hinaus ausgeweitet wurde.

Weiterhin werden auch die Mythenerzählungen anderer Kulturen nur begleitend erwähnt: insbesondere von der islamischen und der nordisch-germanischen Mythenwelt ist zu erwarten, dass sie weitere Beispiele für das Diebstahlsmotiv liefern können, das hier nur im Rahmen seiner griechischen, hebräischen, römischen und christlichen Traditionen behandelt wurde.

Mit der uneingeschränkten Konzentration auf die sehr spezifische Handlung des Diebstahls wurde auf den vergangenen Seiten ein Mythos fortgeschrieben, der untergründig seit dem Anfang unserer Kultur viele Handlungen und Erzählungen leitet, ohne dass diese sich ihrer Anlehnung an dieses Mythologem bewusst waren. Das immer wieder aktualisierte Mythologem der illegitimen, heimlichen Aneignung hat einen festen Platz in unserer Kulturgeschichte. Wie Sigmund Freuds Beschreibung des Ödipus vor allem eine Erneuerung und ein Zur-Geltung-Bringen eines alten Mythos ist, soll auch diese Arbeit dazu beitragen, auf ein vielleicht etwas uneinheitlicheres und untergründigeres, aber auch offener und leichtfertiger erzähltes Mythologem aufmerksam zu machen. In den emphatischen Worten Roland Barthes' könnte diese Aktualisierung und Anwendbarmachung des Mythos von der Sprache und dem Diebstahl so klingen:

> Der Mythos kann in letzter Instanz immer auch den Widerstand bedeuten, den man ihm entgegensetzt. Die beste Waffe gegen den Mythos ist in Wirklichkeit vielleicht, ihn selbst zu mythifizieren, das heißt einen *künstlichen Mythos* schaffen. Dieser konstruierte Mythos würde eine wahre Mythologie sein. Da der Mythos die Sprache entwendet, warum nicht den Mythos entwenden?[11]

Barthes fordert in seinen *Mythen des Alltags* zu einem umfassenden Rückdiebstahl der Mythen und der Sprache auf, die von einer fehlgeleiteten Kultur absorbiert wurden. Mythen sind zu jeder Zeit umkämpft, und wie ihr Verständnis immer wieder so modifiziert werden sollte, dass die Bedeutung der Mythen zur persönlichen Agenda des Mythologen passen konnte, wurde in dieser Arbeit mehrfach demonstriert. Unumgänglich scheint daher, dass Mythen in dem Augenblick, in dem sie als Weltdeutungen akzeptiert werden, dazu tendieren, ent- und gewendet zu werden. Ihre Sprache entzieht sich zwar unter den Augen desjenigen, der sie für sich ergriffen hatte, aber seine Sprache ist auch die einzige Möglichkeit, der ihn umgebenden, ihm enteigneten Welt etwas eigenes abzugewinnen. Daher liegt die Frage nahe: Wenn wir schon immer bestohlen werden, weshalb sollte man dieses

---
11 Roland Barthes: *Mythen des Alltags*. Übers. v. Hartmut Scheffel. Frankfurt a. M. 1964. S. 121. [Kursivierung im Original.]

Geschehen nicht selbst einleiten und den Sündenfall selbst begehen, bevor er an einem geschieht? Wenn die Enteignung ein unabwendbares Geschehen ist, wieso sollte ihr dann nicht offensiv mit einer Entwendung begegnet werden? Heinrich von Kleist formuliert seinen persönlichen Widerspruch zum gültigen Verständnis des mythischen Sündenfalls so:

> ‚Mithin', sagte ich ein wenig zerstreut, ‚müßten wir wieder vom Baum der Erkenntnis essen, um in den Stand der Unschuld zurück zu fallen?' ‚Allerdings', antwortete er, ‚das ist das letzte Kapitel von der Geschichte der Welt.'[12]

Jeder der hier behandelten Diebe vollzieht mit seiner Erneuerung der Sünde Evas genau diesen Schritt: er wiederholt persönlich die Ursünde der Menschheit, indem er mit einem mehr oder weniger entschiedenen Griff erneut vom Baum der Erkenntnis stiehlt. Damit leitet der Dieb das Ende der Welt ein, also der Gültigkeit einer universalen, religiösen oder kollektiven symbolischen Norm, die die Welt einteilt, beherrscht und zum Eigentum macht. Aber nur durch diese Setzung eines individuellen, kleinen Weltendes und des eigenen Anfangs ist es den Dieben möglich, als ein Selbstbewusstsein zu entstehen. Den Menschen gibt es nur, wenn er den Sündenfall wagt. Herbert Marcuse drückt diesen Gedanken Kleists, auf ihn Bezug nehmend, im Tonfall der Kritischen Theorie so aus: „Wenn die in der kulturellen Herrschaft des Menschen angehäufte Schuld je durch Freiheit eingelöst werden kann, dann muß die ‚Ursünde' noch einmal begangen werden."[13] Was dem Menschen gewaltsam genommen wurde, kann er sich oft genug, das demonstrieren die vielen Diebe, ohne großen Aufruhr zurückholen. Weshalb also nicht stehlen in einer Welt, deren Symbolsysteme und Legitimationen fast vollständig unglaubwürdig geworden sind? Wirft man einen intensiven und geduldigen Blick auf die vielen Diebstähle, in denen ein produktives, kreatives und kluges Verhältnis zur Welt begründet wurde, fällt es schwer, dieses Verbrechen rückhaltlos zu verurteilen.

---

12 Heinrich von Kleist: „Über das Marionettentheater." In: *Sämtliche Werke*. München 1952. S. 882-888, hier S. 888.
13 Herbert Marcuse: *Triebstruktur und Gesellschaft. Ein philosophischer Beitrag zu Sigmund Freud*. Übers. v. Marianne Eckhardt-Jaffe. Frankfurt a. M. 1967. S. 196.

Literaturverzeichnis

Adorno, Theodor W.: *Negative Dialektik.* Frankfurt a. M. 2003.
Agamben Giorgio: *Höchste Armut. Ordensregeln und Lebensform.* Übers. v. Andreas Hiepko. Frankfurt a. M. 2012. (Ital. *Altissima Povertà. Regole monastiche e forma di vita*, 2011)
Aischylos: *Der gefesselte Prometheus.* Übers. v. Walter Kraus. Stuttgart 2006.
Allen, James P.: *The Philosophy of Ancient Egyptian Creation Accounts.* New Haven 1988.
Althusser, Louis: *Freud und Lacan.* Und Tort, Michel: *Die Psychoanalyse im historischen Materialismus.* Übers. v. Hanns-Henning Ritter u. a. Berlin 1976. S.5-42. (Franz. *Écrits sur la psychanalyse: Freud et Lacan,* 1993)
— : *Materialismus der Begegnung.* Hg. u. übers. v. Franziska Schottmann. Zürich 2010.
Ambrosius: *De officiis ministrorum.* Hg. v. Johann G. Krabinger. Tübingen 1857.
Anderson, John E.: *Jacob and the Divine Trickster: A Theology of Deception and YHWH's Fidelity to the Ancestral Promise in the Jacob Cycle.* Warschau 2011.
Anonymus: *Der Koran.* Übers. v. Rudi Paret. Stuttgart [12] 2014.
Anonymus: *Traktat über die drei Betrüger. Traité des trois imposteurs. (L'esprit de Mr. Benoit de Spinoza).* Französisch-Deutsch. Hg. v. Winfried Schröder. Hamburg 1992.
Anonymus: *Codex Hammurabi. Die Gesetzesstele Hammurabis.* Hg. u. übers. v. Wilhelm Eilers. Wiesbaden 2009. (Nach der Ausgabe Leipzig [5] 1932.)
Anonymus: *Homerische Hymnen.* Übers. u. hg. v. Anton Weiher. München [3] 1970. S. 62-93.
Anonymus: *Lazarillo de Tormes.* Spanisch u. Deutsch. Übers. u. hg. v. Hartmut Köhler. Stuttgart 2006. (Span. *La vida de Lazarillo de Tormes y de sus fortunas y adversidades*, um 1552)
Aquin, Thomas von: *Summa Theologica. Secunda Secundae Partis.* Editio Altera Romana. Rom 1844.
— : *The Summa Theologica.* Übers v. ‚Fathers of the English Dominican Province.' London u. a. 1918.
Arendt, Dieter: *Der Schelm als Widerspruch und Selbstkritik des Bürgertums. Vorarbeiten zu einer literatur-soziologischen Analyse der Schelmenliteratur.* Stuttgart1974.
Arendt, Hannah: *Über die Revolution.* München 1963.
— : *Die verborgene Tradition. Essays.* Frankfurt a. M. 1976.
— : *Was ist Existenzphilosophie?* Frankfurt a. M. 1990.
— : *Love and Saint Augustine.* Hg. v. Joanna Vecciarelli Scott u. Judith Chelius Stark. Chicago 1996.
— : *Denktagebücher.* Hg. v. Ursula Ludz u. Ingeborg Nordmann. München 2002.
— : *Vita Activa oder vom tätigen Leben.* München u. Zürich [3] 2005.
— : u. Jaspers, Karl: *Briefwechsel 1926-1969.* Hg. v. Lotte Köhler u. Hans Saner. München u. Zürich 1987.
Aristophanes: *The Comedies of Aristophanes.* Übers. u. hg. v. William James Hickie. London 1853.
Aristoteles: „Metaphysik". In: *Philosophische Schriften.* Band V. Übers. v. Hermann Bonitz. Hamburg 1995.
— : „Politik." In: *Philosophische Schriften.* Band IV. Übers. v. Eugen Rolfes. Hamburg 1995.

Assmann, Jan: *Ägypten. Eine Sinngeschichte.* München u. Wien 1996.
— : „Antijudaismus oder Antimonotheismus? Hellenistische Exoduserzählungen." In: *Das Judentum im Spiegel seiner kulturellen Umwelten.* Hg. v. Dietrich Borchmeyer u. Helmuth Kiesl. Neckargemünd 2002. S. 33-55.
— : *Die mosaische Unterscheidung oder der Preis des Monotheismus.* München u. Wien 2003.
— : *Moses der Ägypter. Entzifferung einer Gedächtnisspur.* Frankfurt a. M. [6] 2007.
— : *Religio Duplex. Ägyptische Mysterien und europäische Aufklärung.* Berlin 2010.
— : u. Hölscher, Tonio (Hg.): *Kultur und Gedächtnis.* Frankfurt a. M. 1988.
— : u. Assmann, Aleida: „Kultur und Konflikt. Aspekte einer Theorie des unkommunikativen Handelns." In: Jan Assmann u. Dietrich Harth (Hg.): *Kultur und Konflikt.* Frankfurt a. M. 1990. S. 11-48.
Augustinus, Aurelius: *Soliloquia / Selbstgespräche.* Hg. v. Hanspeter Müller. Zürich 1954.
— : *Bekenntnisse.* Lateinisch u. Deutsch. Übers. v. Joseph Bernhardt. Frankfurt a. M. 1987.
— : *De Doctrina Christiana.* Hg. v. Henry Chadwick. Oxford 1995.
— : *De Doctrina Christiana – Die christliche Bildung.* Übers. v. Karla Pollmann. Stuttgart 2002.
— : *Enchiridion ad Laurentium de fide, spe et caritate.* Hg. v. Georg Krabinger. Tübingen 1861.
— : *Vom Gottesstaat (de civitate dei).* Übers. v. Wilhelm Thimme. München 2007.
— : *De civitate dei.* Hg. v. Bernhard Dombart u. Alfons Kalb. Stuttgart 1981.
— : *Contra Faustum Manichaeum.* Hg. v. Joseph Zycha. Prag u. a. 1891.
— : *De moribus ecclesiae catholicae et de moribus manichaeorum.* Zweisprachige Ausgabe. Übers. u. Hg. v. Elke Rutzenhöfer. Paderborn u. a. 2004.
Authier, Michel: „Die Geschichte der Brechung und Descartes' vergessene Quellen." In: *Elemente einer Geschichte der Wissenschaften.* Hg. v. Michel Serres. Übers. v. Horst Brühmann. Frankfurt a. M. 2002. S. 445-486.
Avineri, Shlomo: *Hegels Theorie des modernen Staates.* Übers. v. Rolf u. Renate Wiggershaus. Frankfurt a. M. 1976. (Engl. *Hegel's Theory* of the *Modern State,* 1972)
Babcock-Abrahams, Barbara: „A Tolerated Margin of Mess. The Trickster and his Tales Reconsidered." In: *Journal of the Folklore Institute.* Indiana 1974. S. 147-186
Bachelard, Gaston: *Psychoanalyse des Feuers.* Übers. v. Simon Werle. Frankfurt a. M. 1990. (Franz. *La Psychanalyse du* feu, 1938)
Bakunin, Michail: *Staatlichkeit und Anarchie und andere Schriften.* Hg. v. Horst Stuke. Frankfurt a. M. 1972.
— : „L'empire knouto-germanique et la révolution sociale. Seconde livraison (1871)." In: Ders.: *Œuvres.* Band III. Paris 1908. S. 1-177.
— : „Die Prinzipien der Revolution". In: Ders.: *Staatlichkeit und Anarchie und andere Schriften.* Hg. v. Horst Stuke. Frankfurt a. M. 1972. S. 100-105.
Balzac, Honoré de: *Die Bauern.* Zürich 1977. (Franz. *Les Paysans,* 1855)
Barthes, Roland: *Mythen des Alltags.* Übers. v. Hartmut Scheffel. Frankfurt a. M. 1964. (Franz. *Mythologies,* 1957)
— : „Der Tod des Autors." In: Fotis Jannidis (Hg.): *Texte zur Theorie der Autorschaft.* Stuttgart 2000. S. 185–193. (Franz. *Le mort de l'auteur,* 1968)
— : „Der Kampf mit dem Engel. Textanalyse der Genesis 32,23-33." In: Ders.: *Das semiologische Abenteuer.* Übers. v. Dieter Hornig. Frankfurt a. M. 1988. S. 251-265. (Franz. *La lutte avec l'ange,* 1971)
Bataille, Georges: *Die psychologische Struktur des Faschismus. Die Souveränität.* Übers. v. Rita Bischof u.a. München 1978. (*La structure psychologique du fascisme.* 1989, und *Le Souverain* 2010)

— : *Das theoretische Werk I: Die Aufhebung der Ökonomie (Der Begriff der Verausgabung – Der verfemte Teil – Kommunismus und Stalinismus.)*. Übers. v. Traugott König, Heinz Abosch u. Gerd Bergfleth. München ² 1985.
— : *Theorie der Religion*. Hg. v. Gerd Bergfleth. Übers. v. Andreas Knop. München 1997. (Franz. *Théorie de la Religion*, 1973)
— : *Die Literatur und das Böse*. Übers. v. Cornelia Langendorf. Hg. v. Gerd Bergfleth. München 1987. (Franz. *La littérature et le Mal*, 1957)
— : *Wiedergutmachung an Nietzsche. Das Nietzsche-Memorandum und andere Texte*. Hg. u. übers. v. Gerd Bergfleth. München 1999. (Franz. *Sur Nietzsche* 1945)
— : *Die innere Erfahrung nebst der Methode der Meditation und Postskriptum 1953. (Atheologische Summe I)*. Übers. v. Gerd Bergfleth. München 1999. (Franz. *L'Expérience intérieure*, 1943)
Bauer, Matthias: *Der Schelmenroman*. Stuttgart u. Weimar 1994.
Baumbach, Manuel: „Simias". In: *Der Neue Pauly*. Band XI. Hg. v. Hubert Cancik u. Helmuth Schneider. Stuttgart u. Weimar 2001. Sp. 567f.
Beauvoir, Simone de: *Das Blut der anderen*. Übers. v. Klaudia Rheinhold. Reinbek b. Hamburg ³² 2008 (Franz. *Le sang des autres*, 1945).
Becham, Matthias: *Vom ‚anderen' zum ‚Anderen'. Die Psychoanalyse Jacques Lacans zwischen Phänomenologie und Strukturalismus*. Frankfurt a. M. u. a. 1988.
Bender, Claudia: *Die Sprache des Textilen. Untersuchungen zu Kleidung und Textilien im Alten Testament*. Stuttgart 2008.
Benjamin, Walter: „Charles Baudelaire. Ein Lyriker im Zeitalter des Hochkapitalismus". In: Ders. *Gesammelte Schriften*. Band I/2. Hg. v. Rolf Tiedemann u. Hermann Schweppenhäuser. Frankfurt a. M. 1991. S. 509-690.
— : „Karl Kraus". In: *Gesammelte Schriften*. Band II/1. Hg. von Rolf Tiedemann u. Hermann Schweppenhäuser. Frankfurt a. M. ² 1999. S. 334-367.
— : „Zur Kritik der Gewalt". In: *Gesammelte Schriften*. Band II/1. Hg. v. Rolf Tiedemann u. Hermann Schweppenhäuser. Frankfurt a. M. 1999. S. 179-203.
— : „Der Reiseabend". In: *Gesammelte Schriften*. Band IV/2. Hg. v. Rolf Tiedemann u. Hermann Schweppenhäuser. Frankfurt a. M. 1991. S. 745-748.
— : „Über den Begriff der Geschichte". In: *Gesammelte Schriften*. Band I/2. Hg. v. Rolf Tiedemann u. Hermann Schweppenhäuser. Frankfurt a. M. 1991. S. 691-704.
— : „Das Kunstwerk im Zeitalter seiner technischen Reproduzierbarkeit". In: *Gesammelte Schriften*. Band VII/1. Hg. v. Rolf Tiedemann u. Hermann Schweppenhäuser. Frankfurt a. M. 1991. S. 350-384.
— : „Berliner Kindheit um 1900." In: *Gesammelte Schriften*. Band IV/1. Hg. v. Tillmann Rexroth. Frankfurt a. M. 1991. S. 235-304.
— : „Der Erzähler. Betrachtungen zum Werk Nikolai Lesskows." In: *Gesammelte Schriften*. Band II/2. Hg. v. Rolf Tiedemann u. Hermann Schweppenhäuser. Frankfurt a. M. 1977. S. 438-465.
Bennington, Geoffrey u. Derrida, Jacques: *Jacques Derrida. Ein Porträt*. Übers. v. Stefan Lorenzer. Frankfurt a. M. 1994.
Bensaïd, Daniel: *Die Enteigneten. Karl Marx, die Holzdiebe und das Recht der Armen*. Hamburg 2012.
Bernsen, Michael: *Der Mythos von der Weisheit Ägyptens in der französischen Literatur der Moderne*. Bonn 2011.
Bischof, Rita: *Souveränität und Subversion. Georges Batailles Theorie der Moderne*. München 1984.
— : *Tragisches Lachen. Die Geschichte von Acéphale*. Berlin 2010.
Bishop, Mike C.: *Lorica Segmentata*. Volume I: *A Handbook of Articulated Roman Plate Armour*. Braemar u. a. 2002.

Bloch, Ernst: *Atheismus im Christentum.* Frankfurt a. M. 1968.
— : *Geist der Utopie. Zweite Fassung.* Frankfurt a. M. 1985.
Bloom, Harold: *The Anxiety of Influence. A Theory of Poetry.* Oxford u. New York ²1997.
Blum, Erhard: *Studien zur Komposition des Pentateuch.* Berlin u. New York 1990.
Blumenberg, Hans: *Die kopernikanische Wende.* Frankfurt a. M. 1965.
— : *Die Legitimität der Neuzeit.* Frankfurt a. M. 1966.
— : „Wirklichkeitsbegriff und Wirkungspotenzial des Mythos". In: *Poetik und Hermeneutik.* Band IV: *Terror und Spiel. Probleme der Mythenrezeption.* Hg. v. Manfred Fuhrmann. München 1971. S. 11-66.
— : *Höhlenausgänge.* Frankfurt a. M. 1996.
— : *Matthäuspassion.* Frankfurt a. M. ⁴1993.
— : *Paradigmen zu einer Metaphorologie.* Frankfurt a. M. 1997.
— : *Lebenszeit und Weltzeit.* Frankfurt a. M. 2005.
— : *Die Verführbarkeit des Philosophen.* Frankfurt a. M. 2005.
— : *Die Arbeit am Mythos.* Frankfurt a. M. 2006.
— : *Theorie der Unbegrifflichkeit.* Frankfurt a. M. 2007.
— : *Zu den Sachen und zurück.* Frankfurt a. M. 2007.
— : *Quellen.* Hg. v. Ulrich von Bülow und Dorit Krusche. Marbach 2009.
Boehncke, Heiner u. Sarkowicz, Hans (Hg.): *Die deutschen Räuberbanden in Originaldokumenten.* (Band I: *Die Großen Räuber,* Band II: *Von der Waterkant bis zu den Alpen,* Band III: *Die rheinischen Räuberbanden.*) Frankfurt a. M. 1991.
Bonaparte, Marie: *Edgar Poe. Eine psychoanalytische Studie.* Teil II. *Die Geschichten: Der Zyklus der Mutter.* Wien 1934.
Bourdieu, Pierre: *Soziologische Fragen.* Frankfurt a. M. 1993. (Franz. *Questions de sociologie,* 1980)
— : *Meditationen. Zur Kritik der scholastischen Vernunft.* Übers. v. Achim Russer. Frankfurt a. M. 2001. (Franz. *Méditations pascaliennes,* 1997)
— : „Die Ökonomie der symbolischen Güter." In: Frank Adloff u. Steffen Mau (Hg.): *Vom Geben und Nehmen. Zur Soziologie der Reziprozität.* Frankfurt a. M. 2005. S. 139-155.
— : „Ökonomisches Kapital, kulturelles Kapital, soziales Kapital." In: *Soziale Ungleichheiten.* Hg. v. Reinhard Kreckel (Hg.) Göttingen 1983. S. 183-198
Boyle, Marjorie O'Rourke: *Christening Pagan Mysteries. Erasmus in Pursuit of Wisdom.* Toronto 1981.
Brecht, Bertolt: *Tagebücher 1920-1922.* Hg. v. Hertha Ramthun. Frankfurt a. M. 1975.
Breitsamer, Christoph (Hg.): *Hoffnung auf Vollendung. Christliche Eschatologie im Kontext der Weltreligionen.* Berlin 2012.
Briesen, Detlef: *Warenhaus, Massenkonsum und Sozialmoral. Zur Geschichte der Konsumkritik im 20. Jahrhundert.* Frankfurt a. M. 2001.
Brissot, Jacques-Pierre: *Recherches philosophiques sur le droit de propriété considéré dans la nature.* Paris 1780.
Brockmeier, Jens: *Die Naturtheorie Giordano Brunos. Erkenntnistheoretische und naturphilosophische Voraussetzungen des frühbürgerlichen Materialismus.* Frankfurt u. New York 1980.
Brown, Norman: *Hermes the Thief. The Evolution of a Myth.* Wisconsin 1947.
Brown, Peter: *Augustine. A Biography.* Berkeley and Los Angeles 2000.
Brus, Jon S.: „Epigram". In: James J. Clauss u. Martine Cuypers (Hg.): *A Companion to Hellenistic Literature.* Oxford 2010. S. 117-135.
Büchner, Georg: *Dantons Tod.* Hg. v. Ulrich Staiger. Stuttgart 2007.
Buck-Morss, Susan: *Hegel und Haiti.* Übers. v. Laurent Faasch-Ibrahim. Frankfurt a. M. 2011. (Engl. *Hegel, Haiti, and Universal History,* 2009).

Bunyan, John: *The Pilgrim's Progress*. Hg. v. James Hugh Moffat. London 1905.
Burt, Donald X.: „Cain's City: Augustines Reflections on the Origins of the Civil Society". In: Christoph Horn (Hg.): *Augustinus. De Civitate dei*. Berlin 1997. S. 195-210.
Butzbach, Johannes: *Odeporicon. Wanderbüchlein*. Übers. v. Andreas Beriger. Zürich 1993.
Cahall, Perry: „The Value of Saint Augustine's Use / Enjoyment Distinction to Conjugal Love." In: *Logos: A Journal of Catholic Thought and Culture*. Band VIII. St. Paul 2005. S. 117-128.
Campanella, Tommaso: „Civitas Solis." In: *Der utopische Staat*. Hg. u. übers. v. Klaus Heinisch. Reinbek b. Hamburg [27] 2004. S. 111-169.
Campbell, Joseph: „The Interpretation of Symbolic Forms". In: Ders.: *The Mythic Dimension. Selected Essays. 1959-1987*. Novato 2002. S. 179-207.
Caputo, John D. u. Scanlon, Michael J.: *Augustine and Postmodernism. Confession and Circumfession*. Bloomington 2005.
Casanova, Giacomo: *Memoiren*. Band I. Übers. v. Franz Hessel u. Ignaz Jezower. Hamburg 1958. (Franz. *Histoire de ma vie*. 1789)
Certeau, Michel de: „Die Fiktion der Geschichte: Das Schreiben von ‚Der Mann Moses und die monotheistische Religion'". In: Ders.: *Das Schreiben der Geschichte*. Übers. v. Sylvia M. Schlomburger-Scherff u. a. Frankfurt a. M. u. New York 1991. S. 240-288. (Franz. *L'Ecriture de l'Histoire*, 1975)
Chadwick, Henry: „Frui-Uti". In: *Augustinus-Lexikon*. Band III. Hg. v. Cornelius Mayer. Basel 2010. Sp. 70-75.
Chesterton, Gilbert K.: *The man who was thursday. A nightmare*. London 1908.
Chevandier, Christian: *Policiers dans la ville. Une histoire des gardiens de la paix*. Paris 2012.
Paul Chevedden: „Artillery in Late Antiquity." In: *The Medieval City under Siege*, Hg. v. Ivy Corfis u. Michael Wolfe. Suffolk 1995. S. 131-176.
Cicero, Marcus Tullius: *De finibus bonorum et malorum*. Übers. v. Harris Rackham. London [9]994.
Clemens von Alexandria: „The miscellanies or Stromata". In: Ders.: *The writings of Clement Alexandrinus*. Band I. Hg. v. William Wilson. Edinburgh u.a. 1876. S. 347-470.
Conner, Clifford D.: *Jean-Paul Marat. Tribune of the French Revolution*. London 2012.
Conrad, Joseph: *The Secret Agent. A Simple Tale*. London 1965.
Courcelle, Pierre: *Les Confessions de Saint Augustin dans la tradition littéraire. Antecédents et Posterité*. Paris 1963.
Dahn, Felix: *Erinnerungen*. Leipzig 1890.
Därmann, Iris: *Figuren des Politischen*. Frankfurt a. M. 2009.
— : *Theorien der Gabe*. Hamburg 2010.
Darwin, Charles: *The Autobiography of Charles Darwin. With original remissions restored*. Hg. v. Nora Barlow. London 1958.
Defoe, Daniel: *The Fortunes and Misfortunes of the famous Moll Flanders*. Oxford 1971.
Deleuze, Gilles: *Woran erkennt man den Strukturalismus?* Übers. v. Eva Brückner-Pfaffenberger u. Donald Watts Tuckwiller. Berlin 1992. (Franz. *A quoi reconnait-on le structuralisme?*, 1967)
— : *Differenz und Wiederholung*. Übers. v. Joseph Vogl. München 1992. (Franz: *Différence et Répétition, 1968)*
— : u. Guattari, Felix: *Anti-Ödipus. Kapitalismus und Schizophrenie I*. Übers. v. Bernd Schwibs. Frankfurt a. M. 1977. (Franz. *L' Anti-Œdipe*, 1972)
Demandt, Alexander: *Zeit und Unzeit. Geschichtsphilosophische Essays*. Köln 2002.
— : *Der Fall Roms*. München 1984.
Derrida, Jacques: *Positions*. Paris 1972.

— : *Grammatologie.* Übers. v. Hans-Jörg Rheinberger u. Hanns Zischler. Frankfurt a. M. 1974. (Franz. *De la grammatologie*, 1967)
— : *Die Postkarte von Sokrates bis an Freud und jenseits.* – *2. Lieferung.* Paris 1987. Übers. v. Hans-Joachim Metzger. S. 183-281. (Franz. *La carte postale de Socrate à Fred et au-delà*, 1980)
— : *Wie nicht sprechen. Verneinungen.* Hg. v. Peter Engelmann, übers. v. Hans-Dieter Gondek Wien 1989. (Franz. *Comment ne pas parler. Dénégations*, 1987)
— : „Die soufflierte Rede." In: Ders.: *Die Schrift und die Differenz.* Übers. v. Rodolphe Gasché. Frankfurt a. M. ⁴1989. S. 259-301. (Franz. *L'écriture et la différence*, 1967)
— : *Falschgeld. Zeit geben I.* Übers. v. Andreas Knop u. Michael Wetzel. München 1993. (Franz. *Donner le temps: 1 – La fausse monnaie*, 1991)
— : *Dissemination.* Übers. v. Hans-Dieter Gondek. Wien 1995. (Franz. *La dissemination*, 1993)
Deutsche Bibelgesellschaft: *Stuttgarter Erklärungsbibel* (Luther 1984). Stuttgart ² 1992.
Dever, Carolyn: *Death and the Mother. From Dickens to Freud. Victorian fiction and the anxiety of origins.* Cambridge 1998.
Diderot, Denis: „Vol". In: Ders. u. a.: *Encyclopédie ou Dictionnaire Raisonné des Sciences des Arts et des Métiers.* (Faksimileausgabe der Edition von 1751-1780) Band 17. Stuttgart 1967. S. 438-440.
— : „Supplément au voyage de Bougainville". In: Ders.: *Œuvres complètes.* Band II. Hg. v. Jules Assézat. Paris 1875. S. 193-250.
Diodoros: *Griechische Weltgeschichte. Buch I-X.* Übers. v. Gerhard Wirth. Stuttgart 1992.
Dosse, François: *Geschichte des Strukturalismus.* Band I: *Das Feld des Zeichens. 1945-1966.* Frankfurt a. M. 1999. (Franz. *Histoire du structuralisme*, 1991/1992)
Doyle, Arthur Conan: *The complete Sherlock Holmes.* London 1981.
Drachmann, Anders Bjørn: *Atheism in pagan Antiquity.* London u. Kopenhagen 1922.
Drecoll, Volker Henning: *Augustin Handbuch.* Tübingen 2007.
Drewermann, Eugen: *Strukturen des Bösen. Die jahwistische Urgeschichte in exegetischer, psychoanalytischer und philosophischer Sicht.* Band I. Paderborn u. a. ⁴ 1982.
Drogin, Marc: *Anathema! Medieval Scribes and the History of Book Curses.* New York 1983.
Duby, Georges: *Die Zeit der Kathedralen. Kunst und Gesellschaft 980-1420.* Übers. v. Grete Osterwald. Frankfurt a. M. 1992. (Franz. *Le Temps des cathédrales*, 1976)
Durkheim, Émile: *Die Regeln der soziologischen Methode.* Frankfurt a. M. 1984.
— : *Über soziale Arbeitsteilung. Studie über die Organisation höherer Gesellschaften.* Übers. v. Ludwig Schmidts. Frankfurt a. M. 1992. (Franz. *De la division du travail social: Étude sur l'organisation des sociétés supérieures*, 1893)
— : *Physik der Sitten und des Rechts. Vorlesungen zur Soziologie der Moral.* Übers. v. Michael Bischoff. Hg. v. Hans-Peter Müller. Frankfurt a. M. 1999. (Franz. *Leçons de sociologie, physique des moeurs et du droit*, 1922)
— : *Die elementaren Formen des religiösen Lebens.* Übers. v. Ludwig Schmids. Frankfurt a. M. 2007. (Franz. *Les formes élémentaires de la vie religieuse*, 1912)
Düttmann, Alexander García: *Zwischen den Kulturen.* Frankfurt a. M. 1978.
Ebers, Georg: *Die Geschichte meines Lebens.* München 1893.
Eco, Umberto: *Die Grenzen der Interpretation.* Übers. v. Günter Memmert. München 1992. (Ital. *I limiti dell'interpretazione*, 1990)
Edmonds, John M. (Hg.): *The Greek Bucolic Poets.* Cambridge ⁸ 1960.
Eisenstadt, Shmuel N. (Hg.): *Kulturen der Achsenzeit. Ihre Ursprünge und ihre Vielfalt.* Band I. Übers. v. Ruth Achlama u. Gavriella Schalit. Frankfurt a. M. 1987.
Engels, Friedrich: „Dialektik der Natur". In: *Karl Marx – Friedrich Engels – Werke.* (*MEW*). Band XX. Berlin 1962. S. 305-570.

Epictetus: *The Discourses as Reported by Arrian*. Griechisch u. Englisch. Band I. Übers. v. W. A. Oldfather. London 1956.
Erdheim, Mario: „Einleitung". In: Sigmund Freud: *Totem und Tabu. Einige Übereinstimmungen im Seelenleben der Wilden und der Neurotiker.* Frankfurt a. M. ¹⁰ 2007. S. 7-42.
Eribon, Didier: *Michel Foucault. Eine Biografie.* Frankfurt a. M. 1991.
Ernst, Ulrich: *Carmen Figuratum. Geschichte des Figurengedichts von den antiken Ursprüngen bis zum Ausgang des Mittelalters.* Köln u.a. 1991.
Eusterschulte, Anne: *Giordano Bruno zur Einführung.* Hamburg 1997.
Ewald, François u. Waldenfels, Bernhard (Hg.): *Spiele der Wahrheit. Michel Foucaults Denken.* Frankfurt a. M. 1991.
Faulkner, John Alfred: „Critical Notes. Pecca Fortiter." In: *The American Journal of Theology.* Band 18/4. Chicago 1914. S. 600-604.
Ferrari, Leo Charles: „The Pear-Theft in Augustine's ‚Confessions'." In: *Revue des Études Augustiniennes* 16 (1970). S. 233-242.
— : „The Arboreal Polarization in Augustine's ‚Confessions'". In: *Revue des Études Augustiniennes* 25 (1979). S. 35-46.
Fetz, Bernhard u. Hemecker, Wilhelm (Hg.): *Theorie der Autobiografie. Grundlagentexte und Kommentar.* Berlin u. New York 2011.
Flasch, Kurt: *Augustin. Einführung in sein Denken.* Stuttgart 1980.
— : *Das philosophische Denken im Mittelalter. Von Augustin zu Machiavelli.* Stuttgart ² 2000.
— : *Eva und Adam. Wandlungen eines Mythos.* München ² 2005.
— : *Meister Eckhart. Philosoph des Christentums.* München 2010.
— : *Nikolaus von Kues in seiner Zeit. Ein Essay.* Stuttgart 2004.
Flatscher, Matthias: „Derridas ‚coup de don' und Heideggers ‚es gibt'. Bemerkungen zur Un-Möglichkeit der Gabe." In: Ders. u. Peter Zeilinger (Hg.): *Kreuzungen Jacques Derridas. Geistergespräche zwischen Philosophie und Theologie.* Wien 2004. S. 35-53.
Fletcher, George P.: *Rethinking criminal Law.* Oxford 2000.
Fleteren, Frederick van: „Confessiones 2. Prolegomena zu einer Psychologie und Metaphysik des Bösen." In: Norbert Fischer u. Cornelius Mayer (Hg.): *Die Confessiones des Augustinus von Hippo. Einführung und Interpretation zu den 13 Büchern.* Freiburg i. Br. 1998. S. 107-131.
Foerster, Werner: *Die Gnosis. Erster Band. Zeugnisse der Kirchenväter.* Zürich u. München ² 1979.
Foucault, Michel: *Die Ordnung der Dinge. Eine Archäologie der Humanwissenschaften.* Frankfurt a. M. 1974 (Franz. *Les Mots et les choses. Une archéologie des sciences humaines,* 1966).
— : *Überwachen und Strafen.* Übers. v. Walter Seitter. Frankfurt a. M. 1976. (Franz. *Surveiller et punir. Naissance de la prison,* 1975)
— : „Vorrede zur Überschreitung." In: Ders.: *Dits et Ecrits. Schriften in vier Bänden.* Band I. Hg. v. Daniel Defert u. François Ewald. Frankfurt a. M. 2001. S. 320-342.
— : „Das ‚Nein' des Vaters." In: Ders.: *Dits et Ecrits.* Band I. Frankfurt a. M. 2001. S. 263-281.
— : „Theatrum Philosopicum". In: Ders.: *Dits et Ecrits.* Band II. Frankfurt a. M. 2002. S. 93-122.
— : „Michel Foucault über Attica." In: *Dits et Ecrits.* Band II. Frankfurt a. M. 2002. S. 653-667.
— : „Nietzsche, die Genealogie und die Historie". In: *Dits et Écrits.* Band II. Frankfurt a. M. 2002. S. 166-191.
— : „Die Entwicklung des Begriffs des ‚gefährlichen Menschen'". In: Ders.: *Dits et Ecrits.* Band III. Frankfurt a. M. 2003. S. 568-594.

— : „Gespräch über die Macht". In: Ders.: *Dits et Ecrits.* Band III. Frankfurt a. M. 2003. S. 594-608.
— : „Die gesellschaftliche Ausweitung der Norm". In: Ders.: *Dits et Ecrits.* Band III. Frankfurt a. M. 2003. S. 99-105.
— : „Verbrechen und Strafe in der UdSSR und anderswo". In: Ders.: *Dits et Ecrits.* Band III. Frankfurt a. M. 2003. S. 93-98.
— : „Omnes et singulatim. Zu einer Kritik der politischen Vernunft". In: Ders.: *Analytik der Macht.* Hg. v. Daniel Defert u.a. Übers. v. Reiner Ansèn. Frankfurt a. M 2005. S. 188-219.
— : *Analytik der Macht.* Übers. v. Reiner Ansén u. a. Hg. v. Daniel Defert und François Ewald. Auswahl und Nachwort v. Thomas Lemke. Frankfurt a. M. 2005.
— : *Der Mut zur Wahrheit. Die Regierung des Selbst und der anderen. Band II. Vorlesung am College de France 1983/84.* Frankfurt a. M. 2009
— : *Sicherheit, Territorium, Bevölkerung. Geschichte der Gouvernementalität.* Band I. Übers. v. Claudia Brede-Konermann u. Jürgen Schröder. Frankfurt a. M. 2006.
— : *Ästhetik der Existenz. Schriften zur Lebenskunst.* Hg. v. Daniel Defert u. François Ewald. Frankfurt a. M. 2007.
— : *Die Anormalen. Vorlesungen am Collège de France 1974-1975.* Übers. v. Michaela Ott u. Konrad Honsel. Frankfurt a. M. [3] 2013. (Franz. *Les Anormaux,* 1974–1975)
Fränkel, Hermann: *De Simia Rhodio.* Göttingen 1915.
Frenzel, Elisabeth: *Motive der Weltliteratur.* Stuttgart [6] 2008.
Freud, Sigmund: „Die Verbrecher aus Schuldbewußtsein." In: Ders.: *Gesammelte Werke.* Band X. Hg. v. Marie Bonaparte u. Anna Freud. London 1946. S. 389-391.
— : „Zur Gewinnung des Feuers." In: *Gesammelte Werke.* Band XVI. u. a. London. 1950. S. 3-9.
— : „Eine Schwierigkeit der Psychoanalyse." In: Ders.: *Gesammelte Werke.* Band XII. London 1947. S. 3-12.
— : „Brief an Arnold Zweig" (30. September 1934). In: Ders.: *Briefe 1873-1939.* Hg. v. Ernst L. Freud. Frankfurt a. M. 1960. S. 414.
— : „Neue Folge der Vorlesungen zur Einführung in die Psychoanalyse". In: Ders.: *Studienausgabe.* Band I. Hg. v. Alexander Mitscherlich u.a. Frankfurt a. M. 1969. S. 448-610.
— : „Drei Abhandlungen zur Sexualtheorie". In: *Studienausgabe.* Band III. S. 37-146.
— : „Jenseits des Lustprinzips." In: Ders.: *Studienausgabe.* Band III. Frankfurt a. M. 1975. S. 213-272.
— : „Psychoanalytische Bemerkungen über einen autobiographischen Fall von Paranoia. (Dementia Paranoides)." In: *Studienausgabe.* Band VII. Frankfurt a. M. 1993. S. 133-204.
— : „Totem und Tabu." In: Ders.: *Studienausgabe.* Band IX. Frankfurt a. M. 1974. S. 287-444.
— : „Der Mann Moses und die monotheistische Religion." In: Ders.: *Studienausgabe.* Band IX. Hg. v. Alexander Mitscherlich u. a. Frankfurt a. M. 1974. S. 455-584.
— : „Die Dichter und das Phantasieren." In: Ders.: *Studienausgabe.* Band X. Hg. v. Alexander Mitscherlich, Angela Richards u. James Strachey. Frankfurt a. M. 1969. S. 169-179.
— : „Dostojewski und die Vatertötung". In: Ders.: *Studienausgabe.* Band X. Frankfurt a. M. S. 267-286.
— : „Das Unbehagen in der Kultur." In: *Studienausgabe. Band* IX. Frankfurt am Main 1974. S. 191-270.
Fromm, Erich: *Haben oder Sein? Die seelischen Grundlagen einer neuen Gesellschaft.* München [20] 1991.

Fuhrer, Therese: „Die Platoniker und die civitas dei". In: Christoph Horn (Hg.): *Augustinus. De Civitate dei*. Berlin 1997. S. 87-108.

— : „Usus iustus – usus christianus'. Augustinus zum ‚rechten' Umgang mit paganem Bildungswissen." In: Cornelius Mayer u. Christoph Müller (Hg.): *Augustinus. Bildung – Wissen – Weisheit. Beiträge des VI. Würzburger Augustinus-Studientages.* Würzburg 2011. S. 49-68.

Fuhrmann, Manfred: „Rechtfertigung durch Identität. Über eine Wurzel des Autobiografischen." In: *Poetik und Hermeneutik. Band VIII: Identität*. Hg. v. Odo Marquard u. Karlheinz Stierle. München 1979. S. 685-690.

Galinsky, Karl: *Aeneas, Sicily and Rome*. Princeton 1969.

Gänssler, Hans-Joachim: *Evangelium und weltliches Schwert. Hintergrund, Entstehungsgeschichte und Anlass von Luthers Scheidung zweier Reiche oder Regimente*. Wiesbaden 1983.

Gantz, Timothy: *Early Greek Myth. A Guide to Literary and Artistic Sources*. Baltimore u. London 1993.

Gärtner, Hans Armin: „Fur, furtum." In: Cornelius Mayer u. a. (Hg.): *Augustinus-Lexikon*. Band III. Basel 2004. Sp. 79-82.

Gasdanow, Gaito: „Schwarze Schwäne?" In: *Sinn und Form*. 6 (2013) S. 773-787.

Gay, Peter: *Freud. Eine Biografie für unsere Zeit.* Übers. v. Joachim A. Frank. Frankfurt a. M. [3] 2006. (Engl. *Freud: A Life for Our Time* , 2006)

Geary, Patrick J.: *Furta Sacra. Thefts of Relics in the Central Middle Ages.* Princeton [2] 1990.

Geertz, Clifford: „Religion als kulturelles System." In: Ders.: *Dichte Beschreibung. Beiträge zum Verstehen kultureller Systeme.* Übers. v. Brigitte Luchesi u. Rolf Bindemann. Frankfurt a.M. 1987. S. 44-95. (Engl. *Thick Description: Toward an Interpretive Theory of Culture*, 1973)

— : „Dichte Beschreibung. Bemerkungen zu einer deutenden Theorie von Kultur." In: Ders.: *Dichte Beschreibung. Beiträge zum Verstehen kultureller Systeme*. Frankfurt a.M. 1987. S. 7-43.

Gehrlach, Andreas: *Die Sorgen eines Diebes. Figur und Funktion des Stehlenden in Literatur, Philosophie und Mythos.* (Magisterarbeit in Neuerer deutscher Literaturwissenschaft, eingereicht in der philologischen Fakultät der Universität Tübingen im Oktober 2009.)

Genet, Jean: *Tagebuch eines Diebes*. Reinbek b. Hamburg 1982 (Franz. *Journal du voleur*, 1949).

— : *Notre-Dame-des-Fleurs*. Reinbek b. Hamburg 1984 (Franz. *Notre Dame des Fleurs*, 1943).

— : *Querelle*. Reinbek b. Hamburg 1998 (Franz. *Querelle de Brest*, 1947).

Gibbon, Edward: *The Decline and Fall of the Roman Empire*. Hg. v. Antony Lentin u. Brian Norman. Hertfordshire 1998.

Gide, André: *Der schlechtgefesselte Prometheus*. Übers. v. Maria Schaefer-Rümelin. Stuttgart 1950. (Franz. *Le Prométhée mal enchaîné*, 1988)

Girard, René: *Das Heilige und die Gewalt*. Übers. v. Elisabeth Mainberger-Ruth. Stuttgart [2] 2012. (Franz. *La violence et le sacré*, 1972)

Gnilka, Christian: ΧΡΗΣΙΣ. *Die Methode der Kirchenväter im Umgang mit der Antiken Kultur.* Band I: *Der Begriff des „rechten Gebrauchs".* Basel u. Stuttgart 1984.

Godelier, Maurice: *Das Rätsel der Gabe: Geld, Geschenke, heilige Objekte.* Übers. v. Martin Pfeiffer. München 1999. (Franz. *L'énigme du don*, 1996)

Godwin, William: *An Enquiry Concerning Political Justice*. Oxford 2013.

— : *Things as They Are; or, The Adventures of Caleb Williams*. New York 1926.

Goethe, Johann Wolfgang v.: „Prometheus." In: *Werke. Vollständige Ausgabe letzter Hand.* Band II. Stuttgart u. Tübingen 1827. S. 76-78.

— : „Aus meinem Leben. Dichtung und Wahrheit." In: *Hamburger Ausgabe*. Band IX. Hg. v. Erich Trunz. Hamburg 1948.
Graeber, David: *Die falsche Münze unserer Träume. Wert, Tausch und menschliches Handeln.* Übers. v. Michaela Grabinger u. a. Zürich 2012. (Engl. *Towards an Anthropological Theory of Value: The False Coin of our Dreams*, 2001)
Grau, Engelbert (Hg. u. Übers.): *Die Dreigefährtenlegende des hl. Franziskus von Assisi.* Kevelaer ² 1993.
Greenberg, Moshe: „Another look at Rachel's Theft of the Teraphim." In: *Journal of Biblical Literature*. Ausgabe 3, Jahrgang 81. Atlanta 1962. S. 239-248.
Groys, Boris: *Einführung in die Anti-Philosophie*. München 2009.
Grunenberg, Antonia: „Die Figur des Paria zwischen Bohème und Politik." In: *Dichterisch denken. Hannah Arendt und die Künste*. Hg. v. Wolfgang Heuer u. Irmela von der Lühe. Göttingen 2007. S. 274-291.
Habermas, Rebekka: *Diebe vor Gericht. Die Entstehung der modernen Rechtsordnung im 19. Jahrhundert*. Frankfurt a. M. 2008.
Haffner, Ernst: *Blutsbrüder. Ein Berliner Cliquenroman*. Berlin 2013.
Hallyn, Ferdinand: *The Poetic Structure of the World. Copernikus and Kepler*. New York 1990.
Hamann, Johann Georg: „Aesthetica in Nuce." In: Ders.: *Sämtliche Werke*. Band II. Hg. v. Josef Nadler. Wien 1949. S. 195-216.
Han, Byung-Chul: *Psychopolitik. Neoliberalismus und die neuen Machttechniken*. Frankfurt a. M. ³ 2014.
Hansmann, Otto (Hg.): *Seminar: Der pädagogische Rousseau*. Band II. Weinheim 1996.
Hardt, Michael u. Negri, Antonio (Hg.): *Empire*. Cambridge u. London 2000.
Häring, Bernhard: *Das Gesetz Christi. Moraltheologie. Dargestellt für Priester und Laien*. Freiburg ³ 1954.
Hegel, Georg W. F.: *Vorlesungen über die Philosophie der Weltgeschichte. Zweite Hälfte*. Band II. Hg. v. Georg Lasson. Hamburg 1976.
— : „Der Geist des Judentums". In: Ders.: *Werke*. Band I: *Frühe Schriften*. Hg. v. Eva Moldenhauer u. Karl Markus Michel. Frankfurt a. M. 1986. S. 274-296.
— : *Einleitung in die Philosophie der Religion. Der Begriff der Religion*. Teil I. Hg. v. Walter Jaschke. Hamburg 1993.
— : *Grundlinien der Philosophie des Rechts*. Hg. v. Johannes Hoffmeister. Hamburg ⁴ 1955.
— : *System der Sittlichkeit (Critik des Fichteschen Naturrechts)*. Hg. v. Horst D. Brandt. Hamburg 2002.
— : *Phänomenologie des Geistes*. Hg. v. Hans-Friedrich Wessels u. a. Hamburg 2006.
— : *Wissenschaft der Logik*. Hg. v. Georg Lasson. Teil II. Hamburg 1975.
Heidegger, Martin: *Die Selbstbehauptung der deutschen Universität. Das Rektorat 1933/34*. Hg. v. Hermann Heidegger. Frankfurt a. M. 1983.
— : „Überlegungen I-XV. (Schwarze Hefte 1931-1948)". Hg. v. Peter Trawny. In: *Gesamtausgabe*. Band 94-97. Frankfurt a. M. 2014.
Hein, Helene u. Pirus, Christian: „Pear." In: *The Oxford Guide to the Historical Reception of Augustine*. Band III. Hg. v. Karla Pollmann. Oxford 2013. S. 1508-1511.
Heine, Heinrich: „Geständnisse." In: *Sämtliche Schriften*. Band 6/I. Hg. v. Klaus Briegleb. München 2005. S. 443-514.
— : „Aufzeichnungen." In: *Sämtliche Schriften*. Band 6/I. Hg. v. Klaus Briegleb. München 2005. S. 607-666.
Heller-Roazen, Daniel: *Der Feind aller. Der Pirat und das Recht*. Frankfurt a. M. 2009.
Herodot: *Historien. Bücher I-V*. Hg. v. Josef Feix. Düsseldorf ⁷2006.
Herzog, Reinhart: „Partikulare Prädestination – Anfang und Ende einer Ich-Figuration. Zu den Folgen eines augustinischen Theologoumenon." In: *Poetik und Hermeneutik*.

Band XIII: *Individualität.* Hg. v. Manfred Frank u. Anselm Haverkamp. München 1988. S. 101-105.
Hesiod: *Werke und Tage – Griechisch u. Deutsch.* Übers. u. hg. v. Otto Schönberger. Stuttgart 1996.
— : *Theogonie – Griechisch u. Deutsch.* Übers. u. hg. v. Otto Schönberger. Stuttgart 1999.
Hesse, Hermann: „Kinderseele." In: Ders.: *Ausgewählte Werke.* Band II. Frankfurt a. M. 1994. S. 247-283.
Hieronymus, Eusebius: „Ad Geruchiam de Monogamia. Brief 123, 16." In: *Corpus Scriptorum Ecclesiasticorum.* Band LVI. Hg. v. Isidorus Hilberg. Wien u. Leipzig 1918. S. 72-95.
— : „An Eustochium." In: Ders.: *Des Heiligen Kirchenvaters Hieronymus ausgewählte Briefe.* Hg. u. übers. v. Ludwig Schade. München 1936. S. 58-118
Hirsch, Samson Raphael: *Der Pentateuch. Übersetzung und Kommentar.* Frankfurt a. M. [4] 1903.
Hobbes, Thomas: *Über die Freiheit. Widmungsschreiben, Vorwort an die Leser und Kapitel I-III aus 'De Cive'.* Hg. v. Georg Geismann u. Karlfriedrich Herb. O. Übers. Würzburg 1988.
Hobsbawm, Eric: *Bandits.* Middlesex 1969.
— : *Das Zeitalter der Extreme. Weltgeschichte des 20. Jahrhunderts.* Übers. v. Yvonne Badal. München 1994.
Höcker, Christoph u.a.: „Überlieferung". In: *Der neue Pauly.* Band XV/3 (Nachträge). Stuttgart und Weimar 2003. Sp. 695-726.
Hofius, Otfried: *Der Christushymnus Philipper 2,6-11. Untersuchungen zu Gestalt und Aussage eines urchristlichen Psalms.* Tübingen [2] 1991.
Hölderlin, Friedrich: „Urtheil und Seyn". In: Ders.: *Sämtliche Werke. Große Stuttgarter Ausgabe. Band IV.* Hg. v. Friedrich Beißner. Stuttgart 1985. S. 216-217.
Hollier, Denis (Hg.): *Das Collège de Sociologie. 1937-1939.* Übers. v. Horst Brühmann. Frankfurt a. M. 2012.
Holzem, Andreas (Hg.): *Normieren, tradieren, inszenieren. Das Christentum als Buchreligion.* Darmstadt 2004.
Homer: *Odyssee.* Hg. u. übers. v. Heinrich Voß. Düsseldorf 2003.
Honneth, Axel: *Der Kampf um Anerkennung. Zur moralischen Grammatik sozialer Konflikte.* Frankfurt a. M. 1994.
— : „Fataler Tiefsinn aus Karlsruhe." In: *DIE ZEIT.* 24.9.2009. S. 60f.
Horkheimer, Max: „Theorie des Verbrechers." In: *Gesammelte Schriften in neunzehn Bänden.* Band XII: *Nachgelassene Schriften 1931-1949.* Hg. v. Gunzelin Schmid Noerr. Frankfurt a.M. 1985. S. 266-277.
Houston, George W.: „A Revisionary Note on Ammianus Marcellinus 14.6.18: When did the Public Libraries of Ancient Rome Close?" In: *The Library Quarterly.* Band LVIII/3 (1988). S. 258-264.
Humm, Antonia: „Friedrich II und der Kartoffelanbau in Brandenburg-Preußen." In: *Friedrich der Große und die Mark Brandenburg. Herrschaftspraxis in der Provinz.* Hg. v. Frank Göse. Berlin 2012. S. 183-215.
Illich, Ivan: *Im Weinberg des Textes. Als das Schriftbild der Moderne entstand.* Übers. v. Ylva Eriksson-Kuchenbuch. Frankfurt a. M. 1991. (Frz. *L'Ere du livre,* 1990)
Irenaeus: *Writings. Adversus Haeres.* Band I. Hg. u. übers. v. Alexander Roberts u. a. Edinburgh 1863.
Jacob, Alexandre Marius: *Travailleurs de la Nuit.* Paris 1999.
Jacoby, Felix: *Die Fragmente der griechischen Historiker.* Band III. Leiden 1954.
Jakobson, Roman: *Poetik. Ausgewählte Aufsätze 1921-1971.* Hg. v. Elmar Holenstein u. Tarcisius Schelbert. Frankfurt a. M. 1979.

Janowski, Bernd: *Gefährten und Feinde des Menschen. Das Tier in der Lebenswelt des alten Israel.* Neukirchen-Vluyn 1993.

— : „Die Tat kehrt zum Täter zurück. Offene Fragen im Umkreis des ‚Tun-Ergehen- Zusammenhangs." In: *Zeitschrift für Theologie und Kirche.* 91/3. Tübingen 1994. S. 247-291.

Jaspers, Karl: *Vom Ursprung und Ziel der Geschichte.* München 1950.

— : *Drei Gründer des Philosophierens. Plato, Augustin, Kant.* München 1957.

Johnson, Charles: *A General History of the Robberies and Murders of the Most Notorious Pyrates.* Connecticut 1998.

Jonas, Hans: *Gnosis. Die Botschaft des fremden Gottes.* Übers. v. Christian Wiese. Frankfurt a. M. 2008.

Jonkers, Peter: „Kampf um Anerkennung." In: *Hegel-Lexikon.* Hg. v. Ders. u. a. Darmstadt 2006. S. 126-128.

Julianus, Flavius Claudius: *Works of the Emperor Julian.* Übers. v. Wilmer Cave Wright. London u. New York 1913.

Kafka, Franz: „Aphorismen." In: *Gesammelte Werke in zwölf Bänden.* Hg. v. Hans-Gerd Koch. Frankfurt a. M. 1994. Band 6. S. 228-248.

Kant, Immanuel: „Kritik der reinen Vernunft." In: *Werke in sechs Bänden.* Band II. Hg. v. Wilhelm Weischedel. Darmstadt ² 1956.

— : „Muthmaasslicher Anfang der Menschengeschichte." In: Ders.: *Werke in sechs Bänden.* Band VI. Hg. v. Wilhelm Weischedel. Darmstadt ⁵ 1983. S.83-102.

— : „Brief an Marcus Herz vom 26. Mai 1789." In: Ders.: *Akademieausgabe.* Band XI. Hg. v. der Preuß. Akad. d. Wissenschaften. Berlin 1922. S. 48-55.

— : „Bemerkungen zu den Beobachtungen über das Gefühl des Schönen und Erhabenen." In: Ders.: *Akademieausgabe.* Band XX. Hg. v. der Preußischen Akademie der Wissenschaften. Berlin 1942. S. 1-192.

Kedar-Kopfstein, Benjamin: Art. „זָהָב ‚zāhāb (Gold)". In: *Theologisches Wörterbuch zum Alten Testament.* Band II. Hg. v. Johannes Botterweck u. Helmer Ringgren. Stuttgart u. a. 1977. S. 534-544.

Kerényi, Karl: *Prometheus. Die menschliche Existenz in griechischer Deutung.* Hamburg 1959.

Kitzler, Petr: „Christian Atheism, Political Disloyalty and State Power in the *Apologeticum*. Some Aspects of Tertullian's ‚Political Theology'." In: *Vetera Christianorum.* Band XLVI. Bari 2009. S. 245-259.

Klaiber, Thilo: *Ce triste Système. Anthropologischer Entwurf und poetische Suche in Rousseaus autobiografischen Schriften.* Tübingen 2004.

Kleist, Heinrich v.: „Über das Marionettentheater." In: Ders.: *Sämtliche Werke.* München 1952. S. 882-888.

— : *Kohlhaas.* München ³ 2008.

Kluge, Friedrich: *Rotwelsch. Quellen und Wortschatz der Gaunersprache und der verwandten Sprachen.* Straßburg 1901.

Kojève, Alexandre: *Hegel – Eine Vergegenwärtigung seines Denkens.* Kommentar zur ‚Phänomenologie des Geistes'. Hg. u. übers. v. Iring Fetscher, Frankfurt a. M. 1975. (Franz. *Introduction à la lecture de Hegel. Leçons sur la phénoménologie de l'esprit, professées de 1933 à 1939 à l'Ecole des Hautes-Etudes,* 1947)

Kolitz, Zvi: *Jossel Rakovers Wendung zu Gott.* Jiddisch-Deutsch. Übers. u. hg. v. Paul Badde. Zürich 2008.

Kopernikus, Nikolaus: *Über die Kreisbewegungen der Weltkörper.* Übers. Carl L. Menzzer. Thorn 1879.

Körner, Friedrich: *Der Mensch und die Natur: Skizzen aus dem Kultur- und Naturleben.* Leipzig 1853.

Koschorke, Albrecht: „System. Die Ästhetik und das Anfangsproblem". In: Robert Stockhammer (Hg.): *Grenzwerte des Ästhetischen*. Frankfurt a. M. 2002. S. 146-163.
— : „Brüderbund und Bann. Das Drama der politischen Inklusion in Schillers ‚Tell'." In: Ders. (Hg.): *Das Politische. Figurenlehren des sozialen Körpers nach der Romantik*. München 2003. S. 106-122.
— : „Zur Logik kultureller Gründungserzählungen". In: *Zeitschrift für Ideengeschichte*. Hg. v. Ulrich Raulff u.a. Marbach a. N. 2/2007. S. 5-12.
Kracauer, Siegfried: *Der Detektiv-Roman. Ein philosophischer Traktat*. Frankfurt a. M. 1979.
— : *Georg*. Frankfurt a. M. 1995.
Krämer, Thorsten: *Augustinus zwischen Wahrheit und Lüge. Literarische Tätigkeit als Selbstfindung*. Göttingen 2007.
Kübler, Bernhard: „Peregrinus." In: *Paulys Realencyclopädie*. Band XXXVII. Stuttgart 1937. Sp. 639-655.
Kuhn, Thomas S.: *The Copernican Revolution. Planetary Astronomy in the Development of Western Thought*. Cambridge 1957.
Kühne, Gustav: „Tabletten vom Genfer See." In: *Zeitung für die elegante Welt*. Ausgabe 153 vom 7. August 1841. Hg. v. Leopold Voß. Leipzig 1841. S. 1-3.
Künzli, Arnold: *Mein und Dein. Zur Geschichte der Eigentumsfeindschaft*. Köln 1986.
Lacan, Jacques: *Le Séminaire. Livre VII. L'éthique de la psychanalyse*. Paris 1986.
— : *Schriften I*. Hg. v. Norbert Haas. Übers. v. Rodolphe Gasché u.a. Frankfurt a. M. 1975.
— : „Das Drängen des Buchstabens im Unbewussten. Oder: Die Vernunft seit Freud." In: Ders.: *Schriften II*. Hg. v. Norbert Haas. Übers. v. Chantal Creusot. Freiburg i. Br. 1975. S. 15-55.
— : „Das Seminar über E. A. Poes ‚Der entwendete Brief.'" In: Ders.: *Schriften I*. Übers. v. Rodolphe Gasché. Frankfurt a. M. 1975. S. 7-60.
— : „Funktion und Feld des Sprechens und der Sprache in der Psychoanalyse (Bericht aus dem Kongress in Rom am 26. und 27. September 1953 im Instituto di Pscicologia della Università di Roma)." In: Ders.: *Schriften I*. Frankfurt a. M. 1975. S. 73-169.
— : „Das Spiegelstadium als Bildner der Ich-Funktion." In: *Schriften I*. Frankfurt a. M. 1975. S. 61-70.
— : *Das Ich in der Theorie Freuds und in der Technik der Psychoanalyse. Das Seminar*. Buch II. Übers. v. Hans Joachim-Metzger. Berlin u. Weinheim [2] 1991.
— : *Écrits. The first Complete Edition in English*. Übers. v. Bruce Fink. New York 2006.
— : *Meine Lehre*. Übers. v. Hans-Dieter Gondek. Wien 2008.
Ladner, Gerhart B.: *The Idea of Reform. Its Impact on Christian Thought and Action in the Age of the Fathers*. Cambridge, Massachusetts 1959.
Laertios, Diogenes: *Leben und Meinungen berühmter Philosophen*. Band I. Übers. v. Otto Appelt. Hg. v. Klaus Reich. Hamburg 2008.
Lafargue, Paul: *Das Recht auf Faulheit. Widerlegung des ‚Rechts auf Arbeit' von 1848*. Übers. v. Eduard Bernstein u. Ulrich Kunzmann. Berlin 2013. (Franz. *Le droit à la paresse. Refutation du droit du travail de 1848*, 1880)
Lakatos, Imre u. Zahar, Elie: „Why did Copernicus' Research Program supersede Ptolemy's?" In: *The Copernican Achievement*. Hg. v. Robert S. Wesman. Berkeley u. a. 1975. S. 354-383.
Lamla, Jörn: „Wirtschaftssoziologie". In: *Handbuch spezielle Soziologien*. Hg. v. Georg Kneer u. Markus Schroer. Wiesbaden 2010. S. 663-684.
Lang, Bernhard: *Joseph in Egypt. A Cultural Icon from Grotius to Goethe*. New Haven u. London 2009.
Laplanche, Jean u. Pontalis, Jean-Bertrand (Hgg.): *Das Vokabular der Psychoanalyse*. Frankfurt a. M. [13] 1996. (Franz. *Vocabulaire de la psychanalyse*, 1967)

Latacz, Joachim (Hg.): *Die griechische Literatur in Text und Darstellung.* Band I. Stuttgart 1991.
Leblanc, Maurice: *Arsène Lupin. Gentleman Cambrioleur.* Paris 1972.
— : *Arsène Lupin contre Herlock Sholmès.* Paris 1963.
Le Bouler, Jean-Pierre: „Lazarillo-Jean-Jacques: Sur une page des Dialogues." In: *Annales de la Société J.-J. Rousseau.* Band XXXIX. Paris 1972-1977. S. 281-292.
Legendre, Pierre: *Vom Imperativ der Interpretation.* Hg. v. Georg Mein u. Clemens Pornschlegel. Übers. v. Sabine Hackbarth. Wien 2010.
Leiris, Michel: *La Règle du Jeu.* Band IV: *Frêle Bruit.* Hg. v. Denis Hollier. Paris 2003.
Lejeune, Philippe: *Der autobiografische Pakt.* Übers. v. Wolfram Bayer u. Dieter Hornig. Frankfurt a. M. 1994. (Franz: *Le Pacte autobiographique*, 1975).
Lepine, Luc: „Les noms de guerre et la patronymie quebecoise." In: *trace.* Ausgabe 43/4. (2005). S. 19-24.
Lessing, Gotthold Ephraim: „Spartacus." In: Ders.: *Werke.* Hg. v. Julius Petersen u. Waldemar v. Olnshausen. Band X. Berlin u.a. 1925. S. 311-315.
Levinas, Emmanuel: *Zwischen uns. Versuche über das Denken an den Anderen.* Übers. v. Frank Miething. München u. Wien 1995. (Franz. *Entre nous. Essais sur le penser-à-l'autre*, 1991)
— : *Jenseits des Seins oder anders als Sein geschieht.* Aus dem Franz. übers. v. Thomas Wiemer. Freiburg i. Br. u. München ^{2} 1998. (Franz. *Autrement q'être ou au-delà de l'essence*, 1974)
— : *Totalität und Unendlichkeit. Versuch über die Exteriorität.* Übers. v. Wolfgang N. Krewani. Freiburg i. Br. u. München ^{3} 2002. (Franz. *Totalité et infini. Essai sur l'extériorité*, 1961)
— : *Wenn Gott ins Denken einfällt.* Übers. v. Thomas Wiemer. Freiburg i. Br. u. München ^{4} 2004. (Franz. *De Dieu qui vient à l'idée*, 1982)
— : *Ausweg aus dem Sein.* Übers. v. Alexander Chucholowski. Hamburg 2005. (Franz. *De l'évasion*, 1935)
— : *Ethik und Unendliches. Gespräche mit Philippe Nemo.* Übers. v. Dorothea Schmidt. Wien ^{4} 2008. (Franz. *Ethique et infini. Entretiens avec Philippe Nemo*, 1982)
Lévi-Strauss, Claude: *Strukturale Anthropologie.* Band I. Übers. v. Hans Naumann. Frankfurt a. M. 1967. (Franz. *Anthropologie structurale*, 1958)
— : „Einleitung in das Werk von Marcel Mauss." In: Marcel Mauss: *Soziologie und Anthropologie.* Band I. Übers. u. hg. v. Wolf Lepenies u. Henning Ritter. München 1974. S. 7-41. (Franz. *Sociologie et anthropologie*, 1950)
Lindemann, Andreas: *Paulus, Apostel und Lehrer der Kirche.* Tübingen 1999.
Linebaugh, Peter: „Karl Marx. The Theft of Wood, and Working Class Composition. A Contribution to the Current Debate." In: *Social Justice.* Ausg. 6/1976. S. 5-16.
Lippold, Georg: „Palladium." In: *Paulys Realencyclopädie der classischen Altertumswissenschaft.* Band XXXVI. Hg. v. Konrat Ziegler. Stuttgart 1949. Sp. 171-201.
Locke, John: *Two Treatises of Government.* London 1824.
— : „Sentiments d'Erasme de Rotterdam." In: Jean Leclerc (Hg.): *Bibliothèque universelle et historique.* Band II. Genf 1968. S. 325. (Im Original 1686-1693: Band VII. S. 140.)
Löwith, Karl: *Weltgeschichte und Heilsgeschehen. Zur Kritik der Geschichtsphilosophie.* Stuttgart 1983.
Luhmann, Niklas: *Funktion der Religion.* Frankfurt a. M. ^{4} 1996.
Lukian v. Samosata: *Timon der Misanthrop.* Übers. v. August Friedrich Pauly. Stuttgart 1827. S. 60-97.
Lukrez: *De rerum natura. Welt aus Atomen.* Lateinisch u. deutsch. Hg. u. übers. v. Karl Büchner. Stuttgart 1973.

Luther, Martin: „Tischreden oder Colloquia, so er in vielen Jahren gegen gelahrten Leuten, auch fremden Gästen und Tischgesellen geführet." In: Ders.: *Sämmtliche Schriften*. Band XXII. Hg. v. Karl E. Förstemann u. Heinrich E. Bindpfeil. Berlin 1848.

Lyotard, Jean-François : *La Confession d'Augustine*. Hg. v. Dolorès Lyotard. Paris 1998.

MacCormack, Sabine G.: Art. „Vergil". In: *Augustine through the Ages. An Encyclopedia*. Hg. v. Allan D. Fitzgerald. Cambridge 1999. S. 865-866.

Macpherson, Crawford B.: *Die politische Theorie des Besitzindividualismus*. Frankfurt a. M. ³ 1990. (Engl. *The Political Theory of Possessive Individualism: Hobbes to Locke*, 1962)

Maimon, Salomon ben: *Salomon Maimons Lebensgeschichte. Von ihm selbst geschrieben und herausgegeben von Karl Philipp Moritz*. Hg. v. Zwi Batscha. Frankfurt a. M. 1984.

Malinowski, Bronislaw: *Argonauten des westlichen Pazifik. Ein Bericht über Unternehmungen und Abenteuer der Eingeborenen in den Inselwelten von Melanesisch-Neuguinea*. Hg. v. Fritz Kramer. Übers. v. Heinrich Ludwig Herdt. Frankfurt a. M. ² 2001.

Männlein-Robert, Irmgard: *Stimme, Schrift und Bild. Zum Verhältnis der Künste in der hellenistischen Dichtung*. Heidelberg 2007.

Mann, Thomas: *Bekenntnisse des Hochstaplers Felix Krull*. Stuttgart 1954.

— : *Der Zauberberg*. Frankfurt a. M. 2008.

Marcuse, Herbert: *Triebstruktur und Gesellschaft. Ein philosophischer Beitrag zu Sigmund Freud*. Übers. v. Marianne Eckhardt-Jaffe. Frankfurt a. M. ¹⁷ 1995. (Engl. *Eros and Civilization. A Philosophical Inquiry into Freud*, 1955)

Markschies, Christoph: „Décadence? Christliche Theologen der Spätantike über den Verfall von Moral und Glauben seit Kaiser Konstantin." In: *Décadence. ‚Decline and Fall' or ‚Other Antiquity'?* Hg. v. Marco Formisano u. Therese Fuhrer. Heidelberg 2014. S. 265-297.

Marquard, Odo: „Identität – Autobiografie – Verantwortung (ein Annäherungsversuch)". In: *Poetik und Hermeneutik*. Band VIII: *Identität*. Hg. v. Odo Marquard u. Karlheinz Stierle. München 1979. S. 690-699.

— : „Entlastung vom Absoluten. In memoriam Hans Blumenberg." In *Poetik und Hermeneutik. Band XVII: Kontingenz*. Hg. v. *Gerhart von* Graevenitz u. Odo Marquard. München 1998. S. XVII-XXVI.

Marx, Karl: „Verhandlungen des 6. Rheinischen Landtages. Von einem Rheinländer: Debatten über das Holzdiebstahlsgesetz." In: *Karl Marx - Friedrich Engels - Werke* (MEW). Band I. Berlin 1961. S. 109-147.

— : „Kritik der Hegelschen Rechtsphilosophie. Einleitung." In: *MEW*. Band I. Berlin 1961. S. 378-391.

— : „Differenz der demokritischen und epikureischen Naturphilosophie." In: *MEW*. Band XL. Berlin 1968. S. 259-305.

— : „Der achtzehnte Brumaire des Louis Bonaparte." In: *MEW*. Band VIII. Berlin 1978. S. 111-207.

— : „Das Kapital. Kritik der politischen Ökonomie. Erster Band." In: *MEW*. Band XXIII. Berlin ¹⁷ 1988.

Matt, Peter von: *Die Intrige. Theorie und Praxis der Hinterlist*. München u. Wien 2006.

Mauss, Marcel: *Die Gabe. Form und Funktion des Austauschs in archaischen Gesellschaften*. Übers. v. Eva Moldenhauer. Frankfurt a. M. 1990. (Franz. *Essai sur le don*, 1923/24)

May, Karl: *Mein Leben und Streben*. Freiburg o.J. (1910).

Mehlis, Christian: *Die Grundidee des Hermes vom Standpunkt der vergleichenden Mythologie*. Band I. Erlangen 1875.

Meister Eckhart: *Deutsche Predigten und Traktate*. Hg. u. übers. v. Josef Quint. München u. Wien 1963.

— : „Bulle Johanns XXII. In agro dominico." In: Meister Eckhart: *Deutsche Predigten und Traktate*. S. 449-455.

— : „Questio parisiensis I, n. 4." In: Ders.: *Die lateinischen Werke*. Band V. Hg. u. übers. v. Albert Zimmermann u. Loris Sturlese. Stuttgart 1936ff. S. 13f.

Metzner, Paul: *Crescendo of the Virtuoso. Spectacle, Skill and Self-Promotion in Paris during the Age of Revolution*. Berkeley 1998.

Mildenberger, Friedrich: „Adam. Systematisch-theologisch." In: *Theologische Realenzyklopädie*. Band I. Berlin u. New York 1977. S. 414-437.

Moebius, Stephan: *Die Zauberlehrlinge. Soziologiegeschichte des Collège de Sociologie (1937-1939)*. Konstanz 2006.

Montesquieu, Charles de Secondat: *Considérations sur les causes de la grandeur des Romains et leur decadence*. Paris 1734.

Morant, Peter: *Die Anfänge der Menschheit. Eine Auslegung der ersten Genesis-Kapitel*. Luzern ² 1962.

Morus, Thomas: *Utopia*. Übers. v. Gerhard Ritter. Stuttgart 1964.

Mosès, Stephane: *System und Offenbarung. Die Philosophie Franz Rosenzweigs*. (Mit einem Vorwort von Emmanuel Levinas.) München 1985. (Franz. *Système et Révélation. La philosophie de Franz Rosenzweig*, 1982)

— : „From Rosenzweig to Levinas. Philosophy of War". In: Hent de Vries u. Lawrence Sullivan (Hg.): *Political Theologies. Public Religions in a post-secular World*. New York 2006. S. 220-231.

Mülder-Bach, Inka: „Am Anfang war… der Fall. Ursprungsszenen der Moderne." In: Dies. u. Eckhard Schumacher (Hg.): *Am Anfang war… Ursprungsfiguren und Anfangskonstruktionen der Moderne*. München 2008. S. 107-130.

Muller, John u. Richardson, William (Hg.): *The Purloined Poe*. Baltimore u. London 1988.

Müller, Adolf: *Leben des Erasmus von Rotterdam. Mit einleitenden Betrachtungen über die analoge Entwicklung der Menschheit und des einzelnen Menschen*. Hamburg 1828.

Mullen, Theodore: *Ethnic Myths and Pentateuchal Foundations: The new Approach to the Formation of the Pentateuch*. Atlanta 1997.

Münzer, Stephen R.: *A Theory of Property*. Cambridge 1990.

Neuhouser, Frederick: *Pathologien der Selbstliebe. Freiheit und Anerkennung bei Rousseau*. Frankfurt a. M. 2006.

Nicholas, Dean Andrew: *The Trickster revisited. Deception as a Motif in the Pentateuch*. New York 2009.

Nietzsche, Friedrich: *Briefwechsel mit Franz Overbeck*. Hg. v. Richard Oehler u. Carl Albrecht Bernoulli. Leipzig 1916.

— : „Brief an Franz Overbeck in Basel vom 31. März 1885." In: *Sämtliche Briefe. Kritische Studienausgabe*. Band VII. Hg. v. Giorgio Colli u. Mazzino Montinari. München 1986. S. 34.

— : „Zur Genealogie der Moral." In: *Sämtliche Werke. Kritische Studienausgabe in fünfzehn Bänden*. Hg. v. Giorgio Colli u. Mazzino Montinari. München ² 1999. S. 245-412.

— : „Die fröhliche Wissenschaft". In: *KSA*. Band III. S. 343-651.

— : „Antichrist." In: *KSA*. Band VI. S. 165-254.

— : „Jenseits von Gut und Böse. Vorspiel einer Philosophie der Zukunft". In: *KSA*. Band V. S. 7-234.

— : *Nachgelassene Fragmente 1880-1882*. In: *KSA*. Band IX.

— : *Nachgelassene Fragmente Frühjahr-Sommer 1883*. In: *KSA*. Band X.

O'Donnell, James: *Augustine. A new Biography*. New York 2005.

Oort, Johannes van: „Civitas dei – terrena civitas: The Concept of the Two Antithetical Cities and Its Sources." In: *Augustinus. De civitate dei*. Hg. v. Christoph Horn. Berlin 1997. S. 157-169.

Origen: „Letter to Gregory." In: The *Ante-Nicene Fathers. Recently Discovered Additions to Early Christian Literature.* Band IX. Hg. v. Allan Menzies. New York 2007. S. 295-296.
Otto, Stephan (Hg.): *Renaissance und frühe Neuzeit. Geschichte der Philosophie in Text und Darstellung.* Stuttgart 1986.
Overbeck, Franz: *Über die Christlichkeit unserer heutigen Theologie.* Darmstadt 1963.
Ovid: *Metamorphosen. Lateinisch-Deutsch.* Übers. u. hg. v. Michael von Albrecht. Stuttgart 2003.
Pagels, Elaine: *Adam, Eva und die Schlange. Die Geschichte der Sünde.* Übers. v. Kurt Neff. Reinbek b. Hamburg 1944. (Engl. *Adam, Eve and the Serpent*, 1988)
Palmier, Jean Michel: *Walter Benjamin. Lumpensammler, Engel und bucklicht Männlein. Ästhetik und Politik bei Walter Benjamin.* Hg. v. Florent Perrier. Übers. v. Horst Brühmann. Frankfurt a. M. 2009. (Franz. *Walter Benjamin. Le chiffonier, l'Ange et le Petit Bossu*, 2006)
Pascal, Blaise: „Von der Kunst, innerhalb der Ordnung des Geistes zu überzeugen, und vom Nutzen der Philosophie in den Fragen des Glaubens." In: Ders.: *Die Kunst zu überzeugen und die anderen kleineren philosophischen und religiösen Schriften.* Hg. u. übers. v. Ewald Wasmuth. Heidelberg 1950. S. 53-138.
Pippin, Robert B.: *Hegel on Self-Consciousness.* Princeton 2010.
Pirenne, Henri u.a.: *Mohammed und Karl der Große. Die Geburt des Abendlandes.* Übers. v. Heigrid Betz. Stuttgart 1987.
Pitour, Thomas: „Anthropology." In: *The Oxford Guide to the Historical Reception of Augustine.* Band II. Hg. v. Karla Pollmann. Oxford 2013. S. 540-548.
Platon: „Philebos." In: *Sämtliche Dialoge.* Band IV. Hg. v. Otto Appelt. Hamburg 1993. S. 1-131.
— : „Gorgias." In: *Sämtliche Dialoge.* Band I. Hg. v. Otto Appelt. Hamburg 1993. S. 25-166.
— : „Timaios". In: Ders.: *Sämtliche Dialoge.* Band VI. Hg. v. Otto Appelt. Hamburg 2004. S. 29-142.
— : „Protagoras." In: *Sämtliche Dialoge.* Band I. Hg. und übers. v. Otto Appelt. Hamburg 2004. S. 37-142.
Poe, Edgar Allan: *Complete Works.* Hg. v. James A. Harrison. New York 1902.
— : *The Murders in the Rue Morgue. The Dupin Tales.* Hg. v. Matthew Pearl. New York 2006.
— : „Der Mann in der Menge". In: Ders.: *Sämtliche Erzählungen.* Band I. Hg. v. Günther Gentsch. Übers. v. Barbara Cramer-Neuhaus u. Erika Gröger. Frankfurt a. M. 2002. S. 378-389.
Polybius: *The Histories.* Übers. v. Evelyn S. Shulburgh. Band I. Westport 1962.
Poritzky, Jacob Elias: „Meine Hölle." In: *Sammlung menschlicher Dokumente.* Berlin 1906.
Possidius von Calama: *Sancti Augustini Vita.* Übers. u. hg. v. Herbert T. Weiskotten. Oxford 1919.
Pranger, M. B.: „Politics and finitude. The Temporal Status of Augustine's Civitas Permixta". In: Hent de Vries u. Lawrence E. Sullivan (Hg.): *Political Theologies. Public Religions in a Post-Secular World.* New York 2006, S. 113-121.
Propp, Vladimir: *Morphologie des Märchens.* München 1972.
Proudhon, Pierre-Joseph: *Qu'est-ce que la propriété?* Paris 1867.
— : *Was ist das Eigentum?* Münster 2009. (Franz. *Qu'est-ce que la propriete?*, 1840)
Proust, Marcel: „In Swanns Welt." In: Ders.: *Die Suche nach der verlorenen Zeit.* Erster Teil. Übers. v. Eva Rechel-Mertens. Frankfurt a. M. 1981.
Jacques Rancière: *Das Unvernehmen. Politik und Philosophie.* Frankfurt ^{5} 2014. (Franz. *La Mésentente. Politique et Philosophie*, 1995)

Rannikko, Esa: *Liberum arbitrium and necessitas. A Philosophical Enquiry into Augustine's Conception of the Will.* Helsinki 1997.
Raschi (Salomon ben Isaak): *The Pentateuch and Rashis Commentary: A linear translation into English.* Hg. u. übers. v. Abraham ben Isaiah. New York 1949.
Rediker, Marcus: „Libertalia: Utopia der Piraten." In: David Cordingly (Hg.): *Piraten.* Übers. v. Sabine Lorenz u. Felix Seewöster. Köln 2006. S. 126-141.
Reemtsma, Jan Philipp: „Wielands philosophisches Wirken in Erfurt." In: *Die politische Meinung.* 1/380 (2001). S. 75-80.
Rehmann, Jan u. Wagner, Thomas (Hg.): *Angriff der Leistungsträger? Das Buch zur Sloterdijk-Debatte.* Hamburg 2010.
Reichertz, Jo: „Folgern Sherlock Holmes oder Mr. Dupin deduktiv? Zur Fehlbestimmung in der semiotischen Analyse von Kriminalpoesie." In: *Ars Semiotica.* Vol. 13. Tübingen 1990. S. 307-324.
Renan, Ernest: *Qu'est-ce qu'une nation?* Paris 2009.
Repgow, Eike von: *Der Sachsenspiegel. Landrecht und Lehnrecht. Nach dem Oldenburger Codex Picturatus von 1336.* Hg. v. A. Lübben. Oldenburg 1879.
Ricœur, Paul: *Hermeneutik und Psychoanalyse. Der Konflikt der Interpretationen II.* Übers. v. Johannes Rütsche. München 1974. (Franz. *Herméneutique et psychanalyse. Conflit des interprétations,* 1969)
Rittstieg, Helmut: *Eigentum als Verfassungsproblem. Zur Geschichte und Gegenwart des bürgerlichen Verfassungsstaates.* Darmstadt 1975.
Rölleke, Heinz (Hg.): „Der Meisterdieb." In: *Brüder Grimm. Kinder- und Hausmärchen. Ausgabe letzter Hand.* Stuttgart 1997. S. 801-809.
Rosenzweig, Franz: „Das Formgeheimnis der biblischen Erzählungen." In: Ders.: *Gesammelte Schriften.* Bd. III: *Zweistromland. Kleinere Schriften zu Glauben und Denken.* Hg. v. Reinhold u. Annemarie Mayer. Dordrecht 1984. S. 817-830.
— : *Der Stern der Erlösung.* Frankfurt a. M. 1988.
Roudinesco, Elisabeth: *Jacques Lacan.* New York 1997.
Rousseau, Jean-Jacques: „Über den Ursprung der Ungleichheit unter den Menschen." In: Ders.: *Schriften zur Kulturkritik.* Französisch-deutsch. Übers. u. hg. v. Kurt Weigand. Hamburg^5 1995. S. 77-268. (Franz. *Discours sur l'origine et les fondements de l'inégalité parmi les hommes,* 1755).
— : *Bekenntnisse.* Übers. v. Ernst Hardt. Frankfurt a. M. 1985. (Franz. *Les Confessions,* 1788)
— : *Über den Ursprung der Ungleichheit unter den Menschen.* Übers. v. Kurt Weigand. Hamburg^5 1995.
— : *Rousseau, Juge de Jean-Jacques. Dialogues.* Band I. London 1782.
— : Vom *Gesellschaftsvertrag oder die Grundlagen des politischen Rechts.* Frankfurt a. M. 1996. (Franz. *Du contrat social ou Principes du droit politique,* 1762)
— : *Ich sah eine andere Welt. Philosophische Briefe.* Übers. v. Henning Ritter. München 2012.
Rudelbach, Andreas G. u. Guericke, Heinrich E. F.: „Allgemeine kritische Bibliographie der deutschen neuesten theologischen Literatur." In: *Zeitschrift für die gesammte Lutherische Theologie und Kirche.* Band XV. Hg. v. ders. Leipzig 1854.
Ruff, Margarete: *Zauberpraktiken als Lebenshilfe. Magie im Alltag vom Mittelalter bis heute.* Frankfurt a. M. u. New York 2004.
Rusch, Adolf: „Thoth". In: *Paulys Realencyclopädie der classischen Altertumswissenschaften.* Band VI. Stuttgart 1968. Sp. 351-388.
Russell, Bertrand: *Philosophie des Abendlandes.* Übers. v. Elisabeth Fischer-Wernecke u. Ruth Gillischewski. München 2004. (Engl. *A History of Western Philosophy,* 1945)

Sade, Marquis de: „Franzosen, noch eine Anstrengung, wenn ihr Republikaner bleiben wollt". In: Ders.: *Schriften aus der Revolutionszeit.* Hg. v. Rudolf Lind. Frankfurt a. M. 1989. S. 149-206.
Sahlins, Marshall: *The Western Illusion of Human Nature.* Chicago 2008.
— : *Stone Age Economics.* Chicago 1972.
Schiller, Friedrich: *Die Räuber.* Hg. v. Joseph Kiermeier-Debré. München ^{5} 2005.
— : *Wilhelm Tell.* Stuttgart 2003.
Schmidt, Hans-Peter u. Weidner, Daniel (Hg.): *Die Bibel als Literatur.* München 2008.
Schmidt, Paul Gerhardt: „Seid klug wie die Schlangen: Strategeme im Mittelalter." In: Harro von Senger (Hg.): *Die List.* Frankfurt a. M. 1999. S. 196-211.
Schneider, Carl: *Geistesgeschichte des antiken Christentums.* München 1954.
Schneider, Manfred: *Die erkaltete Herzensschrift. Der autobiografische Text im 20. Jahrhundert.* München u. Wien 1986.
Schnitzler, Arthur: „Der grüne Kakadu." In: Ders.: *Das dramatische Werk.* Band III. Frankfurt a. M. 1978. S. 7-44.
Scholem, Gershom: *Judaica IV.* Frankfurt a. M. 1984.
— : *Erlösung durch Sünde – Judaica V.* Frankfurt a. M. 1992.
— : *Tagebücher 1917-1923.* Frankfurt a. M. 1995.
Schopenhauer, Arthur: „Kritik der kantischen Philosophie." In: Ders.: *Die Welt als Wille und Vorstellung.* Band I/2. Hg. v. Rolf Tomann. Köln 1997. S. 599-760.
Schrott, Raoul (Übers. u. Hg.): *Gilgamesh Epos.* Frankfurt a. M. 2004.
Schüle, Andreas: *Die Urgeschichte. Genesis 1-11.* Zürich 2009.
Schwartz, Eduard: „Prometheus bei Hesiod." In: Ders.: *Gesammelte Schriften* Band II. Berlin 1956. S. 42-62.
Schweizer, Harald: *Die Josefsgeschichte. Konstituierung des Textes.* Tübingen 1991.
Scott, James C.: *Domination and the Art of Resistance. Hidden Transcripts.* New Haven u. London 1990.
— : *Weapons of the Weak: Everyday Forms of Peasant Resistance.* New Haven 1985.
Sebeok, Thomas A. u. Umiker-Sebeok, Jean: ,*Du kennst meine Methode' – Charles S. Peirce und Sherlock Holmes.* Übers. v. Achim Eschbach. Frankfurt a. M. 1982. S. 25-40. (Engl. „,You know my method': A juxtaposition of Sherlock Holmes and C.S. Peirce." 1979)
Seelbach, Larissa C.: „Confessiones 2. Augustin – ein Birnendieb!" In: Norbert Fischer u. Dieter Hattrup: *Irrwege des Lebens. Augustinus: Confessiones I-VI.* München 2004. S. 55-74.
Seele, Peter: *Philosophie der Epochenschwelle.* Berlin u. New York 2008.
Seidl, Erwin: „Altägyptisches Recht". In: Bertold Spuler (Hg.): *Handbuch der Orientalistik – Ergänzungsband III: Orientalisches Recht.* Leiden 1964. S. 1-48.
Sergent, Alain: *Cambrioleurs de la Belle Epoque.* Toulouse 2005.
Serres, Michel: *Der Parasit.* Übers. v. Michael Bischof. Frankfurt a. M. 1987. (Franz. *Le parasite*, 1980)
Shakespeare, William: *Timon of Athens.* Hg. v. J. C. Maxwell. Cambridge 1957.
Shanzer, Danuta: „Pears before Swine: Augustine, Confessions 2.4.9". In: *Revue des Études Augustiniennes* 42 (1996). S. 45-55.
Shteir, Rachel: *The Steal: A Cultural History of Shoplifting.* London 2011.
Siegmann, Georg: „Selbstverwirklichung als Lebenslüge. Überlegungen zum Birnendiebstahl des Augustinus." In: *Die erscheinende Welt.* Hg. v. Heinrich Hüni u. Peter Trawny. Berlin 2002. S. 161-183.
Simmel, Georg: *Philosophie des Geldes.* Leipzig 1900.
Sloterdijk, Peter: „Die Revolution der gebenden Hand." In: *Frankfurter Allgemeine Zeitung.* Frankfurt a. M. 13.6.2009.

Smith, William Robertson: *Lectures on the Religion of the Semites*. London 1894.
Snell, Christian Wilhelm: „Die Hauptlehren der Moralphilosophie. Ein Buch für gebildete Leser." In: Ders. u. Friedrich Wilhelm Snell (Hg.): *Handbuch der Philosophie für Liebhaber.* Band IV. Gießen 1805.
Sorel, Georges: *Über die Gewalt.* Übers. v. Ludwig Oppenheimer. Frankfurt a. M. 1981.
Sova, Dawn B.: *Critical Companion to Edgar Allan Poe. A Literary Reference to His Life and Work.* New York 2001.
Starobinski, Jean: *Das Leben der Augen.* Übers. v. Henriette Beese. Berlin u. Wien 1984. (Franz. *L'Oeil vivant. Corneille, Racine, La Bruyère, Rousseau, Stendhal*, 1999)
— : *Rousseau. Eine Welt von Widerständen.* Übers. v. Ulrich Raulff. München u. Wien 1988.
— : „The Motto Vitam Impendere Vero and the Question of Lying." In: *The Cambridge Companion to Rousseau*. Hg. v. Patrick Riley. Cambridge 2006. S. 365-396.
Steiner, George: *Von realer Gegenwart. Hat unser Sprechen Inhalt?* Übers. v. Jörg Trobitius. München u. Wien 1989. (Engl. *Real Presences*, 1989)
Stirner, Max: *Der Einzige und sein Eigentum.* Erftstadt 2005.
Stock, Bryan: *Augustine the Reader. Meditation, Self-Knowledge, and the Ethics of Interpretation.* Harvard ^{2} 1998.
Stoellger, Philipp: *Metapher und Lebenswelt: Hans Blumenbergs Metaphorologie als Lebenswelthermeneutik und ihr religionsphänomenologischer Horizont.* Tübingen 2000.
Storch, Wolfgang u. Damerau, Burghard (Hg.): *Mythos Prometheus. Texte von Hesiod bis René Char.* Leipzig 1995.
Streidle, Wolf: „Augustins Confessiones als Buch. Gesamtkonzeption und Aufbau." In: *Romanitas Christianitas. Untersuchungen zur Geschichte und Literatur der römischen Kaiserzeit.* Hg. v. Gerhard Wirth. Berlin 1982. S. 436-528.
Strodel, Silvia: *Zur Überlieferung und zum Verständnis der hellenistischen Technopaignien.* Frankfurt a. M. u.a. 2002.
Stroumsa, Guy G.: *Savoir et Salut. Traditions juives et tentations dualistes dans le christianisme ancien.* Paris 1992.
— : *Das Ende des Opferkults – Die religiösen Mutationen der Spätantike.* Übers. v. Ulrike Bokelmann. Frankfurt a. M. 2011. (Franz. *La fin du sacrifice : Mutations religieuses de l'antiquité tardive*, 2005)
— : „Myth into Metaphor: the Case of Prometheus." In: Ders. u. a. (Hg.): *Gilgul: Essays on Transformation, Revolution and Permanence in the History of Religions. In Honor of R. J. Z. Werblowsky.* Leiden 1987. S. 309-323.
Stump, Leonore u. Krätzmann, Norman (Hg.): *The Cambridge Companion to Augustine.* Cambridge 2001.
Sundermeier, Theo: „Religion, Religionen". In: *Lexikon missionstheologischer Grundbegriffe.* Hg. v. ders. u. Karl Müller. Berlin 1987. S. 411-423.
Süßenberger, Claus: *Rousseau im Urteil der deutschen Publizistik bis zum Ende der Französischen Revolution. Ein Beitrag zur Rezeptionsgeschichte.* Bern u. Frankfurt a. M. 1974.
Tacitus, Cornelius: *Taciti Agricola.* Übers. v. Ludwig C. W. von Döderlein. Aarau 1817.
Taylor, Charles: *Quellen des Selbst. Die Entstehung der neuzeitlichen Identität.* Übers. v. Joachim Schulte. Frankfurt a. M. 1996. (Engl. *Sources of the Self. The Making of the Modern Identity*, 1989)
Tertullianus, Quintus Septimius Florens: *Apologeticum. Verteidigung des Christentums.* Hg. u. übers. Carl Becker. München 1952.
— : *Against Marcion.* Hg. u. übers. v. Peter Holmes. Edinburgh 1868.
Theisohn, Philipp: *Plagiat. Eine unoriginelle Literaturgeschichte.* Stuttgart 2009.
Theodorakis, Stavros: „The Motto in Edgar Allen Poes ,The Purloined Letter'". In: *ANQ: A Quartely Journal of short articles, notes and reviews.* 22/1. 2009.

Thomä, Dieter: „Heidegger und der Nationalsozialismus." In: Ders. (Hg.): *Heidegger-Handbuch. Leben-Werk-Wirkung.* Stuttgart u. Weimar ² 2013. S. 108-132.
Thommen, Lukas: *Sparta. Verfassungs- und Sozialgeschichte einer griechischen Polis.* Stuttgart u. Weimar 2003.
Thompson, Hunter S.: *Fear and Loathing in Las Vegas. A Savage Journey to the Heart of the American Dream.* New York 1972.
Tolkien, John Ronald Reuel: *The Lord of the Rings.* London 1954.
Twain, Marc: „Morals and Memory." In: Ders.: *Mark Twain's Speeches.* New York u. London 1910. S. 224-237.
Unsichtbares Komitee: *An unsere Freunde.* Übers. v. Birgit Althaler. Hamburg 2015.
Valéry, Paul: *Monsieur Teste.* Übers. v. Max Rychner. Leipzig u. Weimar 1983. (Franz. *Monsieur Teste*, 1926)
Veblen, Thorstein: „The beginnings of ownership." In: *The American Journal of Sociology.* Chicago 1898-1899. S. 350-365.
Vegge, Tor: *Paulus und das antike Schulwesen.* Berlin 2006.
Vergados, Athanassios: *The ‚Homeric Hymn to Hermes'. Introduction, Text and Commentary.* Berlin 2012.
Vergil (Publius Vergilius Maro): *Bucolica.* Lateinisch und deutsch. Übers. v. Michael Albrecht. Stuttgart 2001.
— : *Aeneis.* Übers. u. hg. v. Edith u. Gerhard Binder. Stuttgart 2008.
Veyne, Paul: *Glaubten die Griechen an ihre Mythen?* Übers. v. Markus May. Frankfurt a. M. 1987. (Franz. *Les Grecques ont ils cru à leurs mythes?*, 1983)
Vidocq, Eugène François: *Aus dem Leben eines ehemaligen Galeerensklaven, welcher, nachdem er Komödiant, Soldat, Seeoffizier, Räuber, Spieler, Schleichhändler und Kettensträfling war, endlich Chef der Pariser geheimen Polizei unter Napoleon sowohl als unter den Bourbonen bis zum Jahre 1827 wurde.* O. Übers. Weimar ² 1971.
Vries, Hent de: *Minimal Theology. Critiques of secular reason in Adorno and Levinas.* Baltimore 2005.
Wagner, Heinz: „Eigentum." In: *Handbuch der Politischen Philosophie und Sozialphilosophie.* Hg. v. Stefan Gosepath u. a. Band I. Berlin 2010. S. 632-637.
Wagner, Richard: *Jesus von Nazareth. Ein dichterischer Entwurf aus dem Jahre 1848.* Leipzig 1887.
Wagner-Egelhaaf, Martina: *Autobiografie.* Stuttgart u. Weimar ² 2005.
Walter, Michael u.a. (Hg.): *Alltagsvorstellungen von Kriminalität. Individuelle und gesellschaftliche Bedeutung von Kriminalitätsbildern für die Lebensgestaltung.* Münster 2004.
Weber, Samuel: *Rückkehr zu Freud. Jacques Lacans Ent-stellung der Psychoanalyse.* Wien 2000.
Weil, Simone: *Cahiers. Aufzeichnungen.* Band IV. Hg. u. übers. v. Elisabeth Edl u. Wolfgang Matz. München u. Wien 1998.
Weiske, Benjamin Gotthold: *Prometheus und sein Mythenkreis. Mit Beziehung auf die Geschichte der griechischen Philosophie, Poesie und Kunst.* Leipzig 1842.
Weizsäcker, Carl Friedrich von: *Die Tragweite der Wissenschaft.* Band I. Stuttgart 1964.
Welzel, Hans: *Das deutsche Strafrecht: Eine systematische Darstellung.* Berlin ³ 1954.
Wesjohann, Achim: *Mendikantische Gründungserzählungen im 13. und 14. Jahrhundert. Mythen als Element institutioneller Eigengeschichtsschreibung der mittelalterlichen Franziskaner, Dominikaner und Augustiner-Eremiten.* Berlin 2012.
Wetz, Franz-Josef u. Timm, Hermann (Hg.): *Die Kunst des Überlebens. Nachdenken über Hans Blumenberg.* Frankfurt a. M. 1999.
Wetzel, James: *Augustine and the Limits of Virtue.* Cambridge 1992.
White, Edmund: *Jean Genet. Biographie.* München 1993.

Winnefeld, Hermann: „Die Philosophie des Epictetus. Ein Beitrag zur Geschichte des Eklektizismus der römischen Kaiserzeit." In: *Zeitschrift für Philosophie und philosophische Kritik*. Band IL. Hg. v. Hermann Fichte u.a. Halle 1866. S. 1-32.

Winstanley, Gerrard: „A Declaration from the Poor oppressed People of England, Directed To all that call themselves, or are called Lords of Manors, through this Nation; That have begun to cut, or that through fear an covetousness, do intend to cut down the Woods and Trees that grow upon the Commons and the Waste Land." In: Ders.: *'The Law of Freedom' and Other Writings*. Hg. v. Christopher Hill. Cambridge 1983. S. 97-108.

Wittgenstein, Ludwig: „Bemerkungen über Frazers *Golden Bough*." In: *Vortrag über Ethik und andere kleine Schriften*. Hg. u. übers. v. Joachim Schulte. Frankfurt a. M. 1989. S. 29-46.

Woolf, Greg: *Rome. An Empire's Story*. Oxford u. New York 2012.

Wordsworth, William: *The Prelude, or Growth of a Poet's Mind. An Autobiographical Poem*. London 1850.

Wünsche, August (Übers. u. Hg.): *Der babylonische Talmud in seinen haggadischen Bestandteilen*. Band II/2. Leipzig 1888.

Xenophon: *Anabasis. Der Zug der Zehntausend*. Übers. v. Helmuth Vretska. Stuttgart 1958.

Zakovitch, Yair: „Through the Looking Glass: Reflections / Inversions of Genesis Stories in the Bible." In: *Biblical Interpretation* 1 (1993). S. 139-152.

Zank, Wolfgang: „Kampf um Kalorien. Wie die Deutschen die Nachkriegsjahre erlebten." In: *DIE ZEIT*. Nr. 38, 13. September 1991, S. 29.

Zbiginiew, Janowski: *Cartesian Theodizy. Descartes' Quest for Certitude*. Dordrecht 2000.

Zedelmaier, Helmut: *Der Anfang der Geschichte. Studien zur Ursprungsdebatte im 19. Jahrhundert*. Hamburg 2003.

Zenger, Erich u. a.: *Einleitung in das Alte Testament*. Hg. v. Christian Frevel u.a. Stuttgart [8] 2012.

Zepp, Susanne: *Herkunft und Textkultur. Über jüdische Erfahrungswelten in romanischen Literaturen. 1499-1627*. Göttingen 2010.

Zinner, Ernst: *Entstehung und Ausbreitung der Coppernicanischen Lehre*. Vaduz 1978.

Žižek, Slavoj: *Tarrying with the negative*. Durham 1993.

— : *On belief*. London 2001.

— : u. Gunjević, Boris: *God in pain. Inversions of the apocalypse*. New York 2012.

— : *Less than Nothing. Hegel and the Shadow of Dialectical Materialism*. London u. New York 2012.

Zweig, Stefan: „Unvermutete Bekanntschaft mit einem Handwerk." In: Ders.: *Die Reise in die Vergangenheit und andere Erzählungen*. Frankfurt a. M. 2010. S. 176-219.

Filme

Inception. Regisseur: Nolan, Christopher. United Kingdom u. USA 2010.
Ocean's Eleven. Regisseur: Soderberg, Stephen. USA 2001.
Ocean's 12. Regisseur: Soderberg, Stephen. USA 2004.
Ocean's 13. Regisseur: Soderberg, Stephen. USA 2007.
The Italian Job. Regisseur: Collinson, Peter. United Kingdom 1969.
The Italian Job Regisseur: Felix Gray, Gary. USA 2003.
Pickpocket. Regisseur: Bresson, Robert. France 1959.
Du Rififi chez les hommes. Regisseur: Jules Dassin. France 1955.
The Lord of the Rings. Regisseur: Peter Jackson. New Zealand, United Kingdom u.a. 2001.

Internet-Quellen

http://www.banksy.co.uk/manifesto/index.html (Abgerufen 28.08.2009, über archive.org nach wie vor zu erreichen.)

Betz, Dorothea: *Gott als Erzieher im Alten Testament. Eine semantisch-traditionsgeschichtliche Untersuchung der Begrifflichkeit jsr / musar (paideuo / paideia) mit Gott als Subjekt in den Schriften des AT.* Osnabrück 2007.
http://repositorium.uni-osnabrueck.de/handle/urn:nbn:de:gbv:700-2009103017 [urn:nbn:de:gbv:700-2009103017]; (10.3.2014)

O'Donnell, James J.: *Augustines City of God.* www.georgetown.edu/faculty/jod/augustine/civ.html (03.02.2014)

Lektionarium des elften Jahrhunderts
http://brbl-dl.library.yale.edu/vufind/Record/3433683?image_id=10893291 (10.11.2015)

Register

Adam: 167, 248, 270, 272, 288, 317-325
Agamben, Giorgio: 248
Althusser, Louis: 167, 342, 345
Anarchie/anarchistisch: 26f, 38, 45, 61, 63, 65, 70, 125, 139, 204, 257, 314, 353, 355, 357f, 377
Anfang: 12, 18, 26, 42, 55, 57, 65, 74, 88, 99, 106f, 125, 127f, 131, 157-165, 167, 169-173, 182, 196f, 215, 224ff, 229, 235, 247, 259f, 288ff, 292, 299, 317ff, 327, 329, 334, 341, 386, 389f
Anthropologie: 11, 31, 53, 60, 94, 110, 113, 175, 187, 227f, 235, 256, 263, 272-276, 282f, 363
Antike: 37ff, 41f, 44, 69, 94, 100, 103-139, 148, 152, 159f, 162f-168, 198, 203, 215-247, 262-284, 333f, 353f, 359-377
Apfel: 91, 100, 167, 255ff, 260, 265, 274, 288, 292, 294, 296, 305-311, 314ff, 319-325, 328f, 384
Apollon: 94, 103, 149, 153, 167f, 364ff, 379, 382, 384
Aquin, Thomas v.: 18ff
Arbeit: 12, 15, 19, 27, 31-35, 44, 53, 56ff, 64, 68ff, 72, 75ff, 83-87, 93, 99, 104ff, 112f, 116f, 123, 164, 300, 308, 322, 337, 382, 385, 388
Arendt, Hannah: 28, 54, 86-89, 107, 227f, 241f, 246, 274f, 293
Aristoteles: 33, 57, 141f, 144, 159, 354
Armut: 19, 32, 44, 49ff, 68, 74-79, 81-89, 112, 115f, 138, 162, 165, 174, 209ff, 220, 248, 272, 293, 385
Assmann, Jan: 36, 41, 166, 169, 173f, 176, 198f, 203-209
Athene: 126, 130, 167, 228f
Augustinus, Aurelius: 12, 21, 31, 50, 57, 92, 100, 109, 131, 135, 137f, 160, 172, 186, 217-221, 224, 226-237, 240-250, 254-285, 287ff, 292-299, 303, 305, 309, 311ff, 316, 319, 322ff, 328f, 334, 357, 383f, 386

Autobiografie: 12, 253-262, 274, 283ff, 287-292, 296ff, 301-304, 322, 327ff
Autor: 101, 180, 183, 194f, 202, 218, 253f, 257ff, 261, 284, 287-292, 327ff, 347, 356, 365, 372ff, 378f

Bachelard, Gaston: 100
Bakunin, Michail: 62f, 138f
Balzac, Honoré de: 81f
Bataille, Georges: 54, 61, 77ff, 88, 111f, 162, 170, 248, 275
Beauvoir, Simone de: 25ff, 31, 33, 43, 45, 54, 61, 73, 89, 351
Benjamin (bibl. Figur): 181, 184, 188-192, 194, 197, 204
Benjamin, Walter: 54, 79, 164f, 210, 220, 236, 240, 255, 257, 384
Besitz: siehe auch ‚Eigentum': 18, 20, 26, 29-35, 38, 42-56, 59, 63, 67, 69, 72-76, 81, 85-89, 94f, 104, 106f, 115, 124, 135-139, 167, 181, 185, 192, 198, 204, 229, 239, 246, 248, 257, 267, 279, 302, 309ff, 315f, 322ff, 328, 335-339, 346, 348, 355, 372
Beute: siehe auch Diebesgut: 13, 60, 92, 105, 109, 167, 197f, 201, 206, 243ff, 265, 270, 295, 298, 307f, 310, 322, 324, 366, 376, 385
Birne: 26, 31, 50, 91, 100, 109, 256-272, 274, 278f, 283f, 287, 292, 309, 316, 322, 324, 328, 384
Bloom, Harold: 327ff
Blumenberg, Hans: 33, 100f, 123, 130, 132f, 141f, 144f, 148-153, 160-164, 177, 180, 183f, 201, 210, 217, 280, 317f, 322f, 358, 360, 363, 376
Bourdieu, Pierre: 31, 108f, 112, 118, 124, 337f, 347
Bruno, Giordano: 141, 145ff, 323

Campbell, Joseph: 278
Certeau, Michel de: 208

Christentum: 15, 100, 125, 129-147, 149, 158, 160, 163, 179, 201-211, 217ff, 221-237, 239-260, 263-280, 283f, 312, 317-325, 362
Clemens von Alexandria: 108, 133-138
Cusanus, Nicolaus: 216

Därmann, Iris: 12, 56, 58, 110, 113
Darwin, Charles: 143, 254, 256f, 296, 322
Deleuze, Gilles: 11, 121, 340
Derrida, Jacques: 11f, 92f, 100, 109, 113, 153, 174, 255ff, 296, 303, 327, 333, 336ff, 346-350, 353, 356, 358f, 364, 373, 377ff, 388
Devianz: 62, 68, 70, 77f, 167, 344, 350
Dialektik/dialektisch: 25, 28-35, 45, 48ff, 53-65, 68, 78-89, 119, 139f, 143, 205, 271, 276f, 283, 295
Diderot: 37f, 40-44, 261
Diebesgut: siehe auch Beute: 13, 17, 20, 91, 125f, 133, 138, 201ff, 223, 328, 366
Diodorus Siculus: 36-40, 261
Diogenes von Sinope: 310
Diskurs: 12f, 21, 60
Distanz: 67, 123, 136, 140, 150, 159, 161, 165, 168, 172, 184, 201, 204, 206ff, 222, 240, 249, 258, 278ff, 307ff, 317f, 327, 348, 350, 359, 366, 370
Dupin, Auguste: 57, 61, 333-336, 338, 340, 343, 347-358, 366, 378f, 383
Durkheim, Émile: 46f, 51f, 93, 113, 232, 246, 361, 387f

Eckhart (Meister): 139f, 146
Eigentum: siehe auch Besitz: 12ff, 18f, 26-38, 40-53, 55ff, 59f, 63f, 67-78, 81-89, 94f, 111, 114f, 124, 135, 138, 141, 146, 181, 195, 204, 240, 246, 248f, 293, 295, 298, 300, 310f, 313-317, 322f, 366, 378, 382f, 388, 390
Emanzipation: 28, 57, 60, 63, 75, 99, 141, 170, 186, 324
Engels, Friedrich: 32
Enteignung: 19f, 26, 49f, 63, 74ff, 79-85, 88f, 114ff, 146, 269, 344, 389f
Erkenntnis: 29, 56, 91, 100, 118, 132, 136, 141, 145ff, 153, 164, 167, 175, 194, 245, 260, 262, 267, 271, 278f, 281ff, 308, 321-325, 382f, 390

Eva (bibl. Figur): 12, 57, 167, 248, 256, 258f, 260, 267, 270ff, 277, 288, 313, 316-325, 345, 357, 378, 382f, 390
Exil: 162, 170, 186, 208f, 249
Exodus: 40, 171f, 175, 181f, 189, 192, 194, 196-211, 244, 249

Fetisch: 93, 175
Feuer: 17, 31, 84, 89, 91, 94, 99-108, 111f, 118, 120, 124, 126, 129ff, 134f, 138f, 146, 167, 201, 228, 323, 363, 366, 384, 388, 414
Flasch, Kurt: 146, 216f, 219, 227, 263, 268, 318f
Foucault, Michel: 28, 45, 54, 59ff, 68, 70-75, 77f, 84, 89, 112, 159, 192, 359
Freud, Sigmund: 53, 102, 109, 143, 161, 164, 169-176, 179, 183, 186, 196ff, 203, 205, 207f, 210, 259, 306, 309, 336, 339-345, 347f, 350, 356, 386, 389f
Frings, Walter: 15f
Fuhrer, Therese: 217, 227, 246

Gabe/Gabenökonomie: 11f, 32, 34f, 79, 99-121, 123-133, 139ff, 148, 152f, 162, 168, 176f, 189, 201f, 204, 240, 265f, 270f, 276, 278f, 307, 309, 312, 316f, 320, 324, 368f, 373, 383, 385
Geertz, Clifford: 113f, 185f
Geld: 14, 17, 47, 73, 91f, 112, 115, 120, 189f, 247f, 297ff, 309, 355
Genet, Jean: 31, 61f, 64, 302, 388
Gesetz: 14, 16f, 35-43, 51f, 65, 77f, 80-89, 95, 124, 128, 180f, 195, 199, 202f, 204f, 242, 249, 257f, 261, 269, 271f, 276ff, 298, 307, 310f, 320ff, 339, 343ff, 350, 353, 357, 359, 386
Godwin, William: 314
Goethe, Johann Wolfgang: 103, 148, 159, 192, 275, 289, 292
Gott/Götter: 13f, 16, 21, 33, 40, 50, 57, 89, 91, 92, 94, 99-112, 118ff, 123-153, 157ff, 165ff, 171, 175, 75ff, 179ff, 184-211, 227-237, 239-248, 256f, 260, 263, 270-282, 288, 311f, 313, 316-325, 357-377, 379, 382-388
Graeber, David: 94

Hardt, Michael: 139, 172, 248f
Hegel, G.W.F.: 12, 19, 27-36, 38-62, 64f, 67f, 70, 72, 75, 78ff, 83ff, 89, 94, 112, 114, 140, 143, 147, 150, 165, 170, 175, 203f, 261, 273, 277, 301, 304, 340, 356
Heidegger, Martin: 101, 103, 148-153, 199
Heine, Heinrich: 255, 257, 259, 302, 322
Hekataios von Abdera: 37
Hélène: 25-29, 31, 33, 35, 38, 43, 45, 49, 53, 57f, 61-65, 67, 73, 87, 89, 138, 351, 357, 383, 385f
Hermes: 12, 57, 123, 127f, 130f, 167f, 231, 234, 245, 323, 333, 357ff, 362-367, 369, 372-379, 382ff
Herodot: 39
Herr und Knecht: 28, 35, 50, 52-59, 62ff, 75, 77, 81, 83, 88f, 140, 150, 170, 174, 181, 184, 186, 188, 190, 197, 277, 340, 365f, 385
Hesiod: 21, 99-109, 111f, 118f, 125f, 132, 138, 146, 148f, 152, 164, 360ff, 364
Hierarchie: 17, 42, 55, 57, 111, 123, 144, 146, 241, 279, 381f, 384
Hobsbawm, Eric: 34
Honneth, Axel: 33, 45f, 51f, 81, 115f
Horkheimer, Max: 47, 62

Ideologie: 19, 25-29, 61f, 64-66, 69, 77, 80, 85, 88, 124, 131, 158, 170, 208f, 221, 227, 231, 249, 269, 351, 363, 383
Individuum/Individualität: 12f, 16, 19, 26f, 29-35, 42, 44, 46ff, 51, 55, 60, 65, 68, 72, 85ff, 88f, 93ff, 117, 158, 160, 175, 189, 193, 207, 247, 249f, 253-260, 264, 270f, 278, 280ff, 287-292, 297f, 302ff, 311, 327ff, 338, 341, 344f, 390

Jakob (bibl. Figur): 172, 181, 184-194, 196
Jaspers, Karl: 88, 159, 163-167, 198, 207, 217, 222
Jesus (bibl. Figur): 134, 136, 194, 237, 242, 261
Josef (bibl. Figur): 12, 39f, 57, 161, 168, 172, 176, 181f, 184ff, 188-197, 200-204, 211, 240, 247, 261, 275, 357, 378
Julianus Apostata: 101, 129-133, 138, 148, 150, 177, 201

Kafka, Franz: 30, 185, 323, 401
Kant, Immanuel: 30f, 53, 56, 143, 297, 318
Kleist, Heinrich v.: 62, 390
Kojève, Alexandre: 29, 51, 54, 340
Kopernikus, Nikolaus: 141-147
Koschorke, Albrecht: 72, 157ff
Kosmos: 101-107, 118, 120, 124, 127, 130-139, 141-147, 159, 199, 203, 223, 234f, 237, 311, 319, 362f, 378, 381, 383
Kracauer, Siegfried: 253, 255, 296, 338f, 353, 357
Krise: 13, 16, 80, 107f, 116f, 124ff, 139, 144, 163, 171, 176, 189, 211, 216, 223, 233, 237, 307, 316f, 320, 377, 385
Kultur: 12f, 18, 21, 37, 41, 46f, 80, 84f, 92ff, 99ff, 106, 108, 113f, 125, 127-139, 150, 157-168, 171-177, 185f, 199, 204-211, 215-224, 230ff, 237, 239f, 243ff, 259, 260, 295, 311, 318f, 334, 361, 389

Lacan, Jacques: 12, 54, 116, 162, 174f, 259, 277f, 310, 327, 333, 336-350, 352-356, 358f, 377ff, 386
Lafargue, Paul: 77, 112
langue/parole: 345, 378
Lazarillo: 21, 57, 65, 67, 100, 117, 253f, 256f, 292ff-297, 305, 309, 311, 385
Lejeune, Philippe: 289f, 301, 303ff
Levinas, Emmanuel: 31, 54, 65, 116, 152, 199, 209f, 220f
Lévi-Strauss, Claude: 113, 187, 363
Locke, John: 254, 268, 284
Lukrez: 159f, 167, 186

Macht: 13, 20, 27f, 33, 56, 62-66, 94, 100ff, 105, 108ff, 115, 124, 128ff, 139, 142f, 148-153, 157, 172f, 177, 185f, 192, 197, 200, 218, 237, 256f, 293, 296, 302, 306, 311, 334-339, 341-345, 349ff, 355ff, 362, 365ff, 382f, 385
Maimon, Salomon ben: 21, 38, 254, 256f, 296-301, 304, 384f
Marcuse, Herbert: 102, 390
Marquard, Odo: 151, 153, 284
Marx, Karl: 12, 28, 31, 34f, 42f, 45, 48, 53, 56, 59, 61, 73-89, 92f, 102, 109, 112, 115, 147, 249, 293

Mauss, Marcel: 11, 34, 109ff, 113, 117, 124
May, Karl: 255, 257
Moses (bibl. Figur): 12, 39f, 138, 161, 164, 168-173, 175ff, 179, 181-185, 187, 190-194, 196f, 199f, 202-211, 233, 243, 247, 259, 261, 267, 294, 316f, 323, 343f, 363, 374, 385
Mosès, Stephane: 221

Negri, Antonio: 139, 172, 248f
Nietzsche, Friedrich: 40, 53f, 99, 140, 159, 253, 267f, 275, 381f
Notwendigkeit: 13, 15, 21, 44, 51f, 54, 64, 86, 93, 117, 136, 148, 196, 199, 247, 279, 360

Ödipus: 11, 100, 121, 159, 170, 172f, 176, 186, 197f, 200, 203, 209, 247, 327f, 343f, 348, 351, 356, 378, 389
Opfer, rituell: 87, 99f, 103-112, 117ff, 152, 163, 202f, 221f, 234, 329, 358, 362, 366f, 369

Platon: 50, 53, 101, 125-129, 131, 134, 136, 148, 150, 159, 168, 216f, 227, 273, 278, 373
Poe, Edgar Allan: 12, 57, 71, 80, 174, 259, 299, 327, 333f, 336f, 339-355, 357f, 378, 386
prekär/Prekarität: 30, 34, 44, 48, 73, 173, 186, 209, 289, 293, 296, 309, 343
Prometheus: 12, 17, 21, 31, 57, 80, 84, 89, 94, 97, 99-108, 111, 117ff, 123-140, 146, 148-153, 167f, 177, 187, 201f, 225, 240, 245, 261, 265, 271, 277, 307, 319, 323f, 345, 357, 363, 365f, 382ff, 386, 388
Proudhon, Pierre-Joseph: 19, 81, 115, 138, 293
Ptolemäus: 142, 144

Rahel (bibl. Figur): 12, 21, 25, 40, 57, 167f, 176, 179, 181, 184-190, 192, 194, 197, 200ff, 211, 233, 237, 239f, 247f, 261, 232, 323f, 345, 383, 385f
Rancière, Jacques: 250
Raschi (Salomon ben Isaak): 198, 320ff
Raub: 12ff, 16, 18ff, 26ff, 32, 34f, 40, 44-53, 56, 59-65, 67-75, 78f, 81, 84ff, 124, 138, 141, 152, 167f, 172f, 223f, 228ff, 237, 240ff, 299, 308, 344, 373ff, 378f, 384f
Rebellion: 13, 27, 34, 50, 53, 57ff, 62ff, 68f, 73f, 77, 88, 100, 102f, 107, 123, 132, 148, 150, 162, 249, 274, 277, 298ff, 302ff, 309, 384f
Rechtfertigung: 15, 19, 38, 43f, 89, 101, 125, 134, 137f, 158, 161, 224, 244, 284, 301, 311f, 314
Religion: 41, 55, 93, 100, 110, 118, 124f, 127, 130-139, 145, 147, 159, 161-166, 170-177, 180f, 185ff, 191-211, 218ff, 230-237, 244ff, 260, 284, 318, 354, 361ff, 373, 383, 390
Revolution/Revolte: 19f, 25ff, 35, 37f, 53, 58-66, 72f, 76ff, 81, 84-89, 114ff, 123f, 138f, 141ff, 150, 158, 170, 199, 282, 300, 334, 383, 388
Rosenzweig, Franz: 165ff, 180, 196, 220f
Rousseau, Jean-Jacques: 12, 19, 21, 33, 38, 57, 65, 74, 81, 100, 114f, 117, 138, 249f, 254-258, 260, 279, 283ff, 287-316, 319, 322f, 328f, 345, 383-387

Sade, Marquis de: 37f, 42ff
Sahlins, Marshall: 162
Schelm/Pikaro: 21, 26, 35, 40, 61, 65, 67, 71, 101, 120, 125, 129, 131f, 136f, 150, 153, 184, 187ff, 194, 201, 225, 240, 250, 278, 292-296, 300, 309f, 312, 344f, 350, 356ff, 363, 367, 377, 383ff
Scholem, Gershom: 202, 210
Schuld: 13, 17, 21, 82, 85ff, 99, 109ff, 120, 123, 128f, 133, 136, 167, 169, 171f, 187, 258f, 271, 280, 301-306, 311, 320f, 324, 328f, 390
Scott, James C.: 63, 85
Serres, Michel: 25, 27, 57f, 114, 282, 306, 308
Shakespeare: 381ff
Signifikant/Signifikat: 92f, 105, 216f, 233, 300, 333, 337-364, 369, 373, 375-379
Simias von Rhodos: 358f, 367f, 369ff, 373, 375-379
Simmel, Georg: 14f, 93

Sloterdijk, Peter: 114ff
Sorel, Georges: 162
Starobinski, Jean: 301ff, 306, 309f
Stroumsa, Guy: 136, 163, 222, 235, 283f
Subjekt/Subjektivität: 16, 18, 21, 26-35, 42, 44-55, 60ff, 65, 67f, 72, 89, 123, 143, 147, 162, 164f, 168, 173ff, 185, 207, 209, 223, 242, 248f, 259, 269, 272, 280ff, 285, 288ff, 295f, 301-306, 310, 323, 327, 336, 339-346, 349f, 353ff, 360, 367
Subversion: 13, 45, 61, 64f, 79, 100f, 124, 137, 140, 162, 202, 249, 257, 295, 300, 335, 344f, 348, 353, 363, 366

Taylor, Charles: 282
Technik: 17, 100, 105, 126f, 129, 138, 151, 164, 175, 190, 218f, 237, 243ff, 283, 295f, 302ff, 315, 352, 359, 385
Tertullianus, Quintus Septimus Flores: 136f, 244
Tradition: 13, 17, 81, 125, 130, 164f, 168, 174, 179f, 201, 206, 211, 215, 218ff, 225, 233ff, 240, 266, 234
Trickster: 102ff, 124, 131, 187ff, 194f, 200f, 323, 345, 357, 359, 363, 366f, 375, 377, 383

Ursprung: 34, 36, 40, 45, 50ff, 55, 65, 72, 74ff, 83, 92ff, 106, 120, 125f, 134, 139, 141, 153, 157-164-173, 177, 207f, 222-227, 231, 236f, 260, 284, 289f, 313ff, 322f, 325, 327, 339ff, 345, 349, 370, 372, 378, 389

Valéry, Paul: 253f, 268, 287
Vater: 13, 21, 39, 55, 72, 100, 124, 127, 159, 167-177, 179, 181, 184-191, 197, 200, 209, 232, 239f, 247f, 257f, 309, 323f, 328f, 343f, 356, 383, 386
Veblen, Thorstein: 44, 56
Vidocq, Eugène François: 38, 71, 254, 256, 296, 299ff, 304, 334
Voltaire (François-Marie Arouet): 230, 291

Wahrheitsgold: 168, 239, 245, 248, 268, 276
Weil, Simone: 222, 279, 320
Wert: 14, 20f, 37, 47ff, 80, 86, 91-95, 104, 109ff, 138, 181, 186, 189ff, 197f, 200, 207, 220, 229-236, 247ff, 257f, 265ff, 275, 298, 384f

Zeus: 102ff, 107f, 118ff, 127ff, 139, 153, 168, 228, 362, 365f, 382f
Žižek, Slavoj: 19, 175, 355

Quicumque istum librum exemplarum ab aecclesia sanctae christi virginis Caeciliae rapuerit alienaverit vel quocumque modo fraudaverit iudicio sancti spiritu per petuae male dictioni subiaceat. Et cum iudas proditore domini per petuo cremetur incendio nisi redderit nisi emendaverit aut reddiderit. Fiat. Fiat. Fiat. Amen.*

---

*   Dieser Fluch, der einem *Lektionarium* des elften Jahrhunderts entnommen wurde, und der zwischen einer Lesung aus dem Buch Daniel und des Kolosserbriefes steht, soll das Buch, in das er geschrieben wurde, auf magische Weise davor schützen, gestohlen zu werden. Die Übersetzung lautet:
„Wer immer das Exemplar dieses Buches aus der Kirche der heiligen Jungfrau Christi Caecilia stiehlt, entfernt oder auf irgendeine Art und Weise veruntreut, sei durch das Gericht des Heiligen Geistes ewiger Verdammnis unterworfen und er wird wie Judas der Verräter des Herrn im ewigen Feuer verbrannt werden wenn er es nicht ersetzt oder zurückbringt. So sei es. So sei es. So sei es. Amen."
(http://brbl-dl.library.yale.edu/vufind/Record/3433683?image_id=10893291, zuletzt abgerufen am 10. November 2015. Eine kurze Erwähnung dieses Fluches ist auch zu finden in: Marc Drogin: *Anathema! Medieval Scribes and the History of Book Curses.* New York 1983. S. 81.) – Diese Warnung soll hier übernommen werden: Sollte dieses Buch über *Diebe* jemals und gegen alle Wahrscheinlichkeit in einer der seltenen, aber gewiss stattlichen Kirchen der Heiligen Caecilia stehen, wird dringlich davon abgeraten, es heimlich von dort mitzunehmen. Die möglichen Konsequenzen stünden in keinerlei Verhältnis zum möglicherweise erreichten Gewinn.